بادية الشام

Maurus Reinkowski

Geschichte der Türkei

Von Atatürk bis zur Gegenwart

C.H.Beck

Mit 51 Abbildungen und 6 Karten

www.chbeck.de
Umschlaggestaltung: Kunst oder Reklame, München
Umschlagabbildungen: *vorne:* Wachsoldaten am Mausoleum für Mustafa Kemal Atatürk in Ankara, 2014, © ullstein bild/imageBROKER/Michael Nitzschke; *hinten:* Die Galatabrücke in Istanbul, 1930, © Touring Club Italiano/Marka/Universal Images Group/Getty Images
Satz: Fotosatz Amann, Memmingen
Druck und Bindung: CPI – Ebner & Spiegel, Ulm
Gedruckt auf säurefreiem und alterungsbeständigem Papier
Printed in Germany
ISBN 978 3 406 77474 4

myclimate

klimaneutral produziert
www.chbeck.de/nachhaltig

Inhalt

Zweites Kapitel:
Die kemalistische Republik (1923–1950)
125

Drittes Kapitel:
Prekärer Pluralismus (1950–1980)
179

Fünftes Kapitel:

Der Weg in eine andere Republik (seit 2013)

339

Vorbemerkung

Das türkische Alphabet unterscheidet sich vom deutschen nur in einigen wenigen Zeichen: *Ç/ç* ist auszusprechen wie das *tsch* in «tschechisch»; *ğ* führt zu einer Dehnung des vorangehenden Vokals; *I/ı* ist kurz und dumpf wie das *e* in «Sonne»; *J/j* entspricht dem *j* im französischen Wort *Journal*; *Ş/ş* entspricht dem Laut *sch*.

In diesem Buch folgt die Schreibung von Eigennamen und Ortsbezeichnungen grundsätzlich der heute in der Türkei üblichen Schreibung, also Erdoğan und İstanbul statt Erdogan und Istanbul. Für die Zeit vor der Republikgründung werden die im damaligen europäischen Gebrauch üblichen Varianten für Ortsnamen verwendet, dazu die heutigen Formen angeführt, zum Beispiel Smyrna (İzmir) oder Adrianopel (Edirne). Konstantinopel (Kostantiniyye in der osmanischen Version) wurde erst mit dem türkischen Postgesetz vom 28. März 1930 verpflichtend durch İstanbul ersetzt.[1] Dennoch wird hier durchgehend von İstanbul gesprochen, wenn wir uns im Kontext des Osmanischen Reiches und der Republik Türkei bewegen. Bei Orten, die wie in Zypern heute unter verschiedenen Namen bekannt sind, werden beide Bezeichnungen angeführt, etwa griechisch/türkisch Famagusta/Gazimağusa.

Abkürzungen werden in jedem der fünf Kapitel in diesem Buch bei ihrer ersten Nennung aufgeschlüsselt. Bei türkischen Institutionen und Parteien, etwa «Republikanische Volkspartei» (*Cumhuriyet Halk Partisi, CHP*), werden nur die türkischen Abkürzungen verwendet. Für all diese Namen existieren im Deutschen und den anderen europäischen Sprachen keine fest etablierten Abkürzungen. Bei allen Begriffen wird grundsätzlich die Übersetzung – nur beim ersten Mal in Anführungszeichen – vorangestellt; der türkische Originalbegriff folgt in Klammern.

Vor der verpflichtenden Einführung von Familiennamen zum 1. Januar 1935 kannten Muslime in der Türkei nur Vornamen (beziehungsweise weitere erläuternde Zusätze, wie zum Beispiel die Herkunft aus einer Stadt oder Region). Daher stehen für die Zeit vor 1935 die Familiennamen in Klammern, zum Beispiel: Ali Fuat (Cebesoy). Weil von Mustafa Kemal Atatürk sehr oft die Rede sein wird, gilt für ihn eine andere Regel: Für die Zeit vor 1935 wird von Mustafa Kemal gesprochen, danach von Atatürk. Titel, wie «Pascha» für Generäle und hochstehende Würdenträger, werden, wenn überhaupt, nur für die Zeit vor 1935 verwendet. Namen aus osmanischer Zeit weisen einige Abweichungen von der heutigen türkischen Norm auf, zum Beispiel Abdülhamid (statt Abdülhamit), um die damalige Schreibung in arabischer Schrift angemessen wiederzugeben. Mit der Schriftreform zum 1. Januar 1929, also dem Übergang vom arabisch geschriebenen Osmanischen zum lateinschriftlichen Türkisch, wurden manche Zusatzzeichen wie der Zirkumflex auf den Vokalen *a*, *i* und *u* eingeführt, um lange arabische Vokale zu kennzeichnen, etwa in *Resmî Gazete* (Gesetzblatt der Republik Türkei) oder *Millî İstihbarat Teşkilâtı* («Nationale Nachrichtendienstorganisation», also der türkische Geheimdienst). Falls Institutionen diese altertümliche Schreibung heute selbst noch verwenden, wird sie hier übernommen. Begriffe aus der religiösen Tradition des Islam, für die in der gesamten islamischen Welt nahezu ausschließlich aus dem Arabischen stammende Begriffe verwendet werden (eine der wenigen Ausnahmen im Türkischen ist etwa das persische Wort *namaz* für das rituelle Gebet), erscheinen in ihrer modernen türkischen Lautung, etwa *mezhep* für eine der Rechtsschulen im sunnitischen Islam (statt der für das Standardarabische korrekten Umschrift *maḏhab*). Eine Ausnahme bilden Begriffe der islamischen Religion, für die es eine im Deutschen übliche Schreibung gibt, etwa Hadsch, Ramadan oder Scharia.

In den Endnoten erscheinen alle Angaben in der Form von Kurztiteln; im Literaturverzeichnis am Ende des Buches sind die vollständigen bibliographischen Angaben zu finden. Zitate im Text werden in den Endnoten nachgewiesen.

Das Buch verzichtet auf ein durchgehendes Gendern («Musliminnen und Muslime»), so dass, wenn nicht differenziert werden muss, mit der männlichen Form alle Geschlechter gemeint sind.

Einführung

Die Türkei ist ein starkes Land. Sie ist Mitglied der G20, der Gruppe von zwanzig besonders wirtschaftsstarken Staaten. Turkish Airlines (*Türk Hava Yolları*), noch in den 1980er Jahren eine Luftfahrtgesellschaft mit beschränktem Radius, verfügt heute über eines der größten Streckennetze weltweit. Nachdem die Partei für «Gerechtigkeit und Entwicklung» (*Adalet ve Kalkınma Partisi*, AKP) im Jahr 2002 die Regierung übernommen hatte, erlebte das Land einen beeindruckenden wirtschaftlichen Aufschwung. Die Türkei stellt das zweitgrößte Heer innerhalb der NATO; mit dem Ende der Ost-West-Konfrontation in den frühen 1990er Jahren ist ihre geostrategische Bedeutung eher noch gestiegen. Die Türkei ist ein Schlüsselland für zahlreiche brennende Fragen der heutigen Politik, etwa, in welcher Weise mit der zerfallenden Ordnung des Nahen Ostens umzugehen ist und mit welchen Mitteln Europa auf den Migrationsdruck aus Afrika und Asien antworten soll. Die türkeistämmige Diaspora ist eine der bedeutendsten in Europa. Sie rückt, ermöglicht durch die modernen Massenmedien und Transportmittel, die politischen Verhältnisse der Türkei mitten hinein in die europäischen Gesellschaften – und umgekehrt. Die Türkei übertrifft in ihrer Landfläche Frankreich, den größten westeuropäischen Flächenstaat. Sie hat dank ihres dynamischen Bevölkerungswachstums derzeit deutlich mehr als achtzig Millionen Einwohner und wird bald Deutschland, das bevölkerungsreichste Land der Europäischen Union, zahlenmäßig überflügelt haben.

Die Türkei ist ein schwieriges Land. Die Beziehungen zwischen der Türkei und Europa sind immer wechselhaft gewesen und auf beiden Seiten durch identitätspolitische Vorbehalte belastet. Bei einem (derzeit kaum vorstellbaren) Beitritt zur Europäischen Union würde die

Türkei mit Verweis auf ihr politisches, aber auch demographisches Gewicht eine ihrer Bedeutung angemessene Rolle beanspruchen. Die immensen Zweifel und Vorbehalte, die das von seiner imperialen Vergangenheit geprägte Großbritannien der Europäischen Union bis zu seinem Austritt im Januar 2020 immer wieder entgegenbrachte, würden von einem Mitgliedsland Türkei in den Schatten gestellt. Die Türkei galt bis in die frühen 2010er Jahre hinein als dasjenige islamische Land, das in beispielhafter Weise für die Vereinbarkeit von Islam und Demokratie stand. Der Weg hin zu einer autoritären Herrschaft ab den späten 2000er Jahren hat jedoch diesen Vorbildcharakter verblassen lassen. Zudem sind angesichts des neuen Selbstbewusstseins der Türkei die Verhältnisse verwickelter geworden: Auf europäischer Seite verschränken sich alte Gewissheiten der Überlegenheit mit neuen Verunsicherungen; auf türkischer Seite überlagern sich antikoloniale Reflexe mit neuen imperialen Ambitionen.

Die Türkei ist ein großartiges Land. Die räumliche und kulturelle Vielfalt dieses weitläufigen Landes ist beeindruckend. Die Türkei umfasst das historische Kleinasien, eine der kulturell und historisch reichsten Regionen der Welt. Sie ist Nachfolgerin des Osmanischen Reiches, eines der großen vormodernen imperialen Reiche, das mit dem Ende des Ersten Weltkriegs unterging und den Aufbruch in eine neue Türkei, die 1923 gegründete Republik Türkei, notwendig und zugleich möglich machte. Die in europäischen Darstellungen so gerne gehandelte Vorstellung von der Türkei als einer Brücke zwischen «Orient» und «Okzident» ist in der Türkei als Bild nicht so beliebt, da sie die Türkei zu sehr als dienendes Objekt erscheinen lässt; eher sieht man sich heute als einen Schlüsselstaat. Die Türkei ist ein mit Europa verbundenes Land – aber dies keinesfalls ausschließlich. Die Dynamik der türkischen Gesellschaft übertrifft die der westeuropäischen Staaten bei Weitem. Im Gegensatz zu vielen arabischen Staaten, deren Bevölkerungswachstum und Übermaß an jungen Menschen ihnen bisher nur eine Bürde gewesen ist, konnte die Türkei ihre demographische Dynamik, die noch bis in die späten 2020er Jahre hinein tragen wird, für die Entwicklung eines großen

Binnenmarktes nutzen.[1] Die Rastlosigkeit und Lebendigkeit der Großstädte der Türkei ist bisweilen überwältigend.

Die Türkei ist ein zerrissenes Land. Nicht immer ist es ein Vorteil, eine Brücke zwischen verschiedenen Weltgegenden und Kulturen oder sogar ein Schlüsselstaat in einer Region zu sein. Dem Anspruch, unterschiedliche Welten miteinander zu verbinden, kann die Türkei schon in ihrer eigenen Gesellschaft nicht immer gerecht werden. Zwar verweisen Türkinnen und Türken mit Stolz auf ihre Geschichte, die weit hinter die Türkische Republik und das Osmanische Reich zurückreicht, aber dieses reiche Erbe hat zugleich schwierige Vermächtnisse beschert, wie die sich bereits im neunzehnten Jahrhundert herausbildende Frontstellung zwischen einem sich als säkular verstehenden und einem sich als religiös-konservativ deutenden Lager. Da man sich nicht darauf einigen kann, was genau die Geschichte des eigenen Landes ausmacht, lässt sich kein Einvernehmen darüber erzielen, in welcher Weise dieses Erbe ein gemeinsames nationales Selbstverständnis begründen soll. Dementsprechend belastet sind die Beziehungen zu den eigenen großen Minderheiten der Aleviten und Kurden, denen man bisher als einzige Lösung die Aufnahme in den türkischen Nationalstaat – zu den von der türkisch-sunnitischen Mehrheit formulierten Bedingungen – anbieten konnte und wollte.

Während man in den frühen 2010er Jahren in deutschsprachigen Fernsehsendern, gefühlt, nahezu jeden Abend eine Sendung über das kosmopolitische İstanbul sehen konnte (in solchen Berichten ging und geht es allerdings nur um einen sehr kleinen Teil İstanbuls, nämlich die Stadt in ihrer Ausdehnung um 1900), so steht heute der Autoritarismus der türkischen Regierung im Mittelpunkt, ohne dass die Reize der Stadt İstanbul und des Landes insgesamt gewichen wären. Die Türkei ist jedenfalls ein Land, dem selten mit Gleichmut begegnet wird, weder in der Türkei noch außerhalb – ein Zeichen dafür, dass es ausgeprägte Charaktereigenschaften hat und nicht am Rande der Weltpolitik liegt.

Die Türkei: Raum, Grenzen, Nachbarn

Die völkerrechtlich anerkannten Grundlagen und Grenzen der Republik Türkei finden sich im Vertrag von Lausanne, der am 24. Juli 1923 zwischen der Türkei und den Siegern des Ersten Weltkriegs, allen voran Frankreich und Großbritannien, geschlossen wurde. Die Gründung der «Republik Türkei» (*Türkiye Cumhuriyeti*) folgte wenige Monate später am 29. Oktober 1923. Seit Lausanne sind die Grenzen der Türkei – mit Ausnahme der als *Hatay* bezeichneten Region um die Städte Antakya und İskenderun, die nachträglich im Jahr 1939 an die Türkei fiel – grundsätzlich dieselben geblieben. Die mittlerweile einhundertjährige Existenz der Republik Türkei in den Grenzen von Lausanne stützt den Befund, dass das Staatensystem des Nahen Ostens im zwanzigsten Jahrhundert, trotz seines Rufes als Krisenregion, stabiler als das Europas gewesen ist.[2]

Auch ihre geographische Beschaffenheit lässt die Türkei als eine kompakte Einheit erscheinen. Mit einer Küstenlinie von rund 5972 Kilometern Länge (ohne Inseln) gegenüber rund 2750 Kilometern Landgrenze ist die Türkei ein Staat mit vornehmlich maritimen Grenzen: Im Norden wird er durch das Schwarze Meer begrenzt, im Westen durch die Ägäis und im Süden durch das Mittelmeer. Hinzu kommt das Marmarameer, das durch die Meerengen der Dardanellen mit dem Ägäischen und des Bosporus mit dem Schwarzen Meer verbunden ist. İstanbul liegt am oberen Ende des Marmarameers beziehungsweise am südlichen Ausgang des Bosporus und damit zugleich an einer der wichtigsten Schifffahrtstraßen der Welt. Das Staatsgebiet der Türkei, das 780 576 Quadratkilometer umfasst, ist damit «ein Territorium von beeindruckender Geschlossenheit in Fläche und Umriss, ohne extreme Ausbuchtungen und Einschnürungen der Grenzen».[3] Andererseits sticht das bis heute die Türkei prägende West-Ost-Gefälle ins Auge: Während Westanatolien bereits in osmanischer Zeit staatlicher Kernraum war,[4] wirkten in den ersten Jahrzehnten der Republik die östlichen Gebiete noch wie ein Fremdkörper. Südostanatolien war für die in den westanatolischen Groß-

Blick von den auf der asiatischen Seite gelegenen Çamlıca-Anhöhen über den Bosporus hinweg. Die markante Silhouette mit den Bürohochhäusern auf den Höhenzügen des europäischen İstanbul ist erst in den letzten zwanzig Jahren entstanden. In der Bildmitte die älteste und südlichste der mittlerweile drei Brücken über den Bosporus, die seit 2016 den Namen «Brücke der Märtyrer des 15. Juli» trägt.

städten lebenden türkischen Eliten mehr als nur geographisch weit entfernt. Eher reiste man in die große weite Welt als «durchs wilde Kurdistan». Es war und ist in Teilen immer noch ein Ort ungeliebter Bewährung für Ärzte, Beamte, Lehrer und Sicherheitskräfte.

Nur etwas mehr als 3 Prozent (23 721 Quadratkilometer) der Landfläche der Türkei liegen in der Region Thrakien westlich der Meerengen und damit «in Europa»; der Rest ist in Anatolien beziehungsweise Kleinasien. Der Begriff «Kleinasien» bezog sich ursprünglich nur auf den Westen des asiatischen Teils der Türkei – die aus der asiatischen Landmasse herausragende Halbinsel zwischen Schwarzem Meer, Marmarameer und Mittelmeer. Die Wasserscheide zwischen den Flüssen Kızılırmak und Euphrat beziehungsweise eine Linie zwischen den Städten İskenderun (am Mittelmeer) und Trabzon (am Schwarzen Meer) trennt das eigentliche Kleinasien von den weiter östlich gelegenen Gebieten ab. Mit «Anatolien» meinten die Griechen ursprünglich das östlich der Ägäis liegende Festland. Im elften und zwölften Jahrhundert wurde dieser Begriff von den Türken übernommen, aber deutlich ausgeweitet. In diesem Buch wird nicht von Kleinasien gesprochen, sondern von Anatolien. Gemäß dem heutigen türkischen Sprachgebrauch wird unter Anatolien (*Anadolu*) der gesamte asiatische Landesteil der Republik Türkei verstanden.

Kulturgeographisch gehört die Türkei noch zu Europa. Das Fehlen großer geschlossener Flächen von Anökumene (also von aufgrund ihrer physisch-klimatischen Bedingungen nicht bewohnbaren Gebieten) unterscheidet Anatolien deutlich von Iran, der Arabischen Halbinsel oder Ägypten.[5] Die geographische Trennung Europas von Asien durch die beiden Meerengen ist ohnehin eine Konvention: Dardanellen und Bosporus sind ertrunkene Flusstäler, und von İstanbul auf der europäischen Uferseite «blickt man auf das andere Ufer wie von Bingen nach Rüdesheim».[6]

Angesichts ihrer geographischen Lage müsste die Türkei ein mit Portugal oder Süditalien vergleichbares Klima aufweisen. Der größte Teil der Türkei ist jedoch für einen subtropischen Klimacharakter zu hoch gelegen. Die mittlere Höhenlage der Türkei liegt bei 1130 Metern (die in mancherlei Hinsicht mit Anatolien vergleichbare Iberische Halbinsel hat eine durchschnittliche Höhenlage von 640 Metern). Eine zweite Eigenschaft Anatoliens sind zahlreiche, nahezu die gesamte Landmasse durchziehende Gebirgsgürtel, die zu einer Kammerung des Landes in Gebirgsstöcke und Gebirgsketten mit zwischengelagerten Becken (*ova*) verschiedenster Größenordnungen führen. Beim *ova*, dem südosteuropäischen *polje* ähnlich, handelt es sich um ein Stück Flachrelief, das wenigstens teilweise von höherem Gelände umrahmt ist. Ein drittes, Anatolien prägendes Charakteristikum ist die Scheidung Inneranatoliens vom Meer durch unmittelbar hinter der Küstenlinie sich erhebende, parallel zum Meeresufer verlaufende und zum Teil über 3000 Meter hoch aufragende Gebirgsmassive. Zu nennen sind hier das Pontus-Gebirge entlang der Schwarzmeerküste und das Taurus-Gebirge entlang der Südküste. Nur im Westen, an der ägäischen Küste, ist der Übergang zum inneranatolischen Hochland deutlich ins Binnenland zurückgesetzt und fällt weniger jäh aus. Dem subtropischen Klima in den schmalen Küstensäumen steht ein trockenes kontinentales Klima im inneranatolischen Hochland gegenüber.[7] Die Trennung Inneranatoliens von den Küsten und seine zum Teil schwierige Zugänglichkeit in den östlichen Landesteilen haben über Jahrtausende seine wirtschaftlichen Verhältnisse und politische Geschichte geprägt.

Die in der Türkei heute üblichen Regionsbezeichnungen spiegeln die historische Vielfalt der Türkei nicht wider. Antike Landschaftsbezeichnungen wie Lydien (westlich von İzmir) oder Pamphylien (die Region um das heutige Antalya) finden sich heute nur noch in Kunstreiseführern. Das im westlichen Zentralanatolien gelegene Kappadokien (Kapadokya) ist als wichtiges Reiseziel des Tourismus ein gängiger Begriff in der Türkei, ebenso wie Thrakien (Trakya) als Bezeichnung für die europäischen Landesteile der Türkei. In vielen Städtenamen jedoch, vor allem Mittelanatoliens, leben die früheren byzantinischen Ortsbezeichnungen fort, so zum Beispiel in Amasya (Amaseia), Antalya (Attaleia), Bergama (Pergamum), Kayseri (Caesareia), Konya (Iconium), Malatya (Melitene) oder Sivas (Sebasteia).[8] Für fast alle heutigen Provinzen der Türkei wurden die Namen der jeweiligen Verwaltungssitze übernommen. Weite Verbreitung, zum Beispiel in den Wetternachrichten, hat eine Verteilung nach Großregionen gefunden, die physisch und kulturgeographisch gesehen nicht immer zusammengehörige Räume benennen. Es sind dies die Regionen Ägäis (Ege), Marmara (Marmara), Mittelmeer (Akdeniz), Schwarzes Meer (Karadeniz), sowie Zentralanatolien (İç Anadolu), Ostanatolien (Doğu Anadolu) und Südostanatolien (Güneydoğu Anadolu).

Die Türkei grenzt an acht Nachbarländer: Griechenland, Bulgarien, Georgien, Armenien, Aserbaidschan (allerdings nur in Form der Exklave Nachitschewan), Iran, Irak und Syrien. Diese Nachbarländer unterscheiden sich von der Türkei in sprachlicher, ethnischer oder religiöser Hinsicht – und oft in allem zugleich. Die beiden südosteuropäischen Nachbarn der Türkei,[9] Bulgarien und Griechenland, betonen als Grundlage ihrer nationalen Identität die Zugehörigkeit zum orthodoxen Christentum. Beide Staaten haben türkische Minderheiten: Die türkische Minderheit Bulgariens macht rund ein Zehntel der Bevölkerung aus und ist mit einer eigenen Partei im bulgarischen Parlament vertreten. Hinzu kommen noch bis zu zweihundertfünfzigtausend Pomaken (slawischsprachige Muslime), die vor allem im südbulgarischen Rhodopen-Gebirge zu finden sind. Im griechischen Westthrakien, ein Gebiet, das sich von etwa Xanthi bis an die griechisch-türkische Grenze erstreckt, leben über einhunderttausend Muslime, zu denen, neben den Türken als größter einzelner Gruppe, Pomaken und Roma hinzutreten.[10] Die türkischen Minderheiten in Griechenland und Bulgarien sind wiederholt Anlass zu Zerwürfnissen der Türkei mit diesen Ländern gewesen: wegen des türkischen Schutzanspruchs; wegen Versuchen einer nationalen Homogenisierungspolitik durch Bulgarien; wegen der in der öffentlichen Erinnerung Bulgariens und Griechenlands vorherrschenden Vorstellung, dass ihre Völker über Jahrhunderte hinweg unter dem «osmanischen Joch» zu leiden gehabt hätten, also unter einer niederdrückenden, geradezu zerstörerischen osmanischen Herrschaft.[11] Territoriale Streitigkeiten in der Ägäis und die ungelöste Zypernfrage belasten das griechisch-türkische Verhältnis zusätzlich.

Mit den nordöstlichen Nachbarn, Georgien und Armenien, beide Nachfolgestaaten der Sowjetunion, sind die Beziehungen unterkühlt. Georgien sieht sich, ebenso wie Armenien, als eine Insel des Christentums im ansonsten mehrheitlich islamisierten Kaukasus und hat eine belastete Beziehungsgeschichte zum Osmanischen Reich, pflegt aber pragmatische Kontakte zur Türkei.[12] Die Türkei wiederum ist, den schlechten Beziehungen mit Armenien geschuldet, auf Georgien als Landbrücke nach Aserbaidschan angewiesen. So verläuft, um nur ein Beispiel zu nennen, die 2006 eröffnete Erdölpipeline von Baku in den türkischen Mittelmeerhafen Ceyhan über Georgien. Die armenisch-türkischen Beziehungen sind bis heute vergiftet. Zur Last des Genozids an den anatolischen Armeniern in den Jahren des Ersten Weltkriegs tritt der armenisch-aserbaidschanische Konflikt um die Region Nagorny Karabach (Bergkarabach) hinzu, bei dem die Türkei sich auf die Seite Aserbaidschans stellt.[13] Die Landgrenze zwischen Armenien und der Türkei ist bis heute geschlossen. Aserbaidschan, sprachlich, ethnisch, kulturell und politisch der Türkei nahestehend, besitzt keine direkte Landverbindung mit der Türkei. Von der unmittelbar nördlich des Berges Ararat gelegenen türkischen Provinz Iğdır aus gibt es allerdings einen schmalen Korridor zur Autonomen Republik Nachitschewan (Naxçıvan). Diese aserbaidschanische Exklave ist von Iran, Armenien und der Türkei (allerdings hier nur von einem 17 Kilometer langen Grenzabschnitt) umschlossen.

Während die Grenzen der Türkei im Allgemeinen erst zu Beginn des zwanzigsten Jahrhunderts gezogen wurden, hat sich die Grenze zu Persien, heute Iran genannt, schon ab dem siebzehnten Jahrhundert verfestigt, auch wenn das Osmanische Reich und Persien in der Folge noch zahlreiche Konflikte, vor allem über die Kontrolle der Gebiete des heutigen nördlichen Irak, ausfochten. Die persisch-osmanische beziehungsweise die heutige iranisch-türkische Grenze war und ist auch deswegen kaum umstritten, weil sie in wenig besiedeltem Gebiet auf Gebirgskämmen verläuft. Iran und die Türkei haben widersprechende hegemoniale Ansprüche in der weiteren Region, die zum Beispiel im Syrienkrieg seit 2011 deutlich hervorgetreten sind. Die beiden Staaten stehen sich aber, trotz des schiitisch-sunnitischen Gegensatzes, nicht grundsätzlich feindselig gegenüber.[14]

Die Gebiete des heutigen Iraks und Syriens standen vom frühen sechzehnten Jahrhundert an bis 1918 unter osmanischer Herrschaft. Ihrer Agenda als «arabische Nationalstaaten» folgend haben die irakische und syrische nationale Geschichtsschreibung und öffentliche Erinnerungspolitik (darin Bulgarien und Griechenland ähnlich) die vier Jahrhunderte osmanischer Herrschaft als eine Zeit des Niedergangs gedeutet. Hinzu treten neue Anlässe für Auseinandersetzungen, wie etwa die für Irak und Syrien entscheidende Wasserfrage: Die östlichen Teile Syriens erhalten ihr Wasser allein vom Euphrat; der Irak ist in seinen gesamten mittleren und südlichen Landesteilen von der Wasserzufuhr des Euphrats und Tigris abhängig. Die Türkei jedoch hat ein großes Netzwerk von Staudämmen für die im ostanatolischen Hochland entspringenden Flüsse Euphrat (Fırat) und Tigris (Dicle) entwickelt, das von seinen südlichen Nachbarn als «Wasser-Imperialismus» verurteilt wird.[15] Hinzu tritt noch der syrische Anspruch auf die 1939 an die Türkei verlorene Hatay-Region.

Natürliche Freunde hat die Türkei in ihrer unmittelbaren Nachbarschaft nicht. Aserbaidschan und die in Zentralasien liegenden Staaten Kasachstan, Kirgisien, Turkmenistan und Usbekistan sind der Türkei durch die Gewissheit einer gemeinsamen Kultur- und Sprachgeschichte verbunden. Die in diesen Ländern gesprochenen Sprachen, einschließlich des Türkeitürkischen, gehören zur Gruppe der Turksprachen.[16] Dazu zählen viele weitere, vor allem in Russland und China gesprochene Sprachen, die miteinander verwandt, aber untereinander teilweise kaum verständlich sind.[17] Abgesehen vom in der Kaukasusregion liegenden Aserbaidschan sind die zentralasiatischen Turkstaaten Tausende Kilometer entfernt und von der Türkei aus weder zu Lande noch zu Wasser direkt erreichbar. Die türkische Außenpolitik in den 1990er Jahren hatte sich anfangs der Erwartung hingegeben, dass mit dem Zerbrechen der Sowjetunion die Türkei für die Turkstaaten in Zentralasien eine Führungsmacht werden könnte. Die Hoffnung trog aber, da diese – angesichts der starken Überprägung der Region in sowjetischer Zeit und des Status des Russischen als Verkehrssprache – sich von Russland nicht vollständig lösen wollten und konnten. Mittlerweile ist China, dank seiner räumlichen Nähe und seiner starken Wirtschaft, vor allem aber durch sein Vorhaben einer «neuen Seidenstraße» (neuerdings prosaischer gefasst als *One Belt, One Road*), neben Russland zum zweiten bestimmenden Akteur in Zentralasien aufgestiegen.[18]

Wer lebt in der Türkei?

Die Türkei in ihren räumlichen Dimensionen zu beschreiben fällt leicht. Eine unverfängliche Schilderung davon geben zu wollen, wer in der Türkei lebt, ist dagegen schwieriger. Ethnische Gruppen sind keine physischen Gegebenheiten, sondern ihre Beschreibung hängt vom Standpunkt des Betrachters ab, zum Beispiel ob eine Gruppe aus einer äußeren Perspektive (etisch) gedeutet oder von innen heraus (emisch) gesehen wird. Ethnische und religiöse Gruppen sind zudem komplexe Gefüge, die sich gegen eindeutige Beschreibung und Zuordnung sperren. Von einer ethnischen Vielfalt der Türkei zu schreiben, kann leicht den Tadel einbringen, die territoriale Integrität der Republik Türkei nicht anzuerkennen beziehungsweise gar untergraben zu wollen, indem man bewusst die Verschiedenartigkeit in den Vordergrund stelle.[19] Von der Warte eines außenstehenden Betrachters gesehen ist jedoch die ethnische Vielfalt der Türkei Ausdruck ihres historischen und kulturellen Reichtums.[20]

Die ethnische Vielfalt der heutigen Türkei, auf der Basis einer sehr deutlichen türkisch-muslimischen Bevölkerungsmehrheit ruhend, erklärt sich aus ihrer osmanischen, ja sogar vorosmanischen Vorgeschichte. Eine grundsätzliche Wende in der Geschichte der islamischen Welt bedeutet das Vordringen von aus Zentralasien kommenden turkstämmigen Nomaden in die Kernareale der islamischen Welt. Aufgrund ihrer militärischen Stärke konnten diese Nomaden die Gebiete des heutigen Iran für sich erobern und dort die im elften Jahrhundert herrschende Dynastie der Großseldschuken begründen. Die Wanderungsbewegung der Türken von Zentralasien nach Westasien ist mit einer Busreise verglichen worden: Bei der sehr langen Fahrt von Ost nach West steigen viele Passagiere aus oder um (etwa Richtung Afghanistan und Industal), die meisten aber wollen weiterfahren.[21] Sie gelangen bis in den Iran, wo heute rund ein Viertel der Bevölkerung (vor allem im Nordwesten des Landes) azeri-sprachig ist. Allerdings gilt dabei: Die Busfahrer waren immer wieder andere, der Motor musste mehrmals getauscht werden, und selbst das Fahrgestell war nicht mehr dasselbe.

Über eine Ankunftszeit auf dieser langen Reise wissen wir genau Bescheid: Als Byzanz unter Kaiser Romanos IV. Diogenes dem allmählichen Eindringen von turkstämmigen Nomaden in seine östlichen Landesteile Einhalt zu gebieten versuchte, schlug am 26. August 1071 bei Manzikert (heute Malazgirt, nördlich des Vansees in Ostanatolien) ein großseldschukisches Heer, unterstützt von zahlreichen turk-

Die Aufnahme aus dem Jahr 1971 zeigt Frauen und Kinder eines Nomadenverbandes auf ihrem Weg zu den Sommerweiden im Aladağlar-Massiv (Anti-Taurus). Der Nomadismus als Lebens- und Wirtschaftsweise in Anatolien, mit seinem typischen Wechsel zwischen Winterlager (*kışlak*) in den Ebenen und den Sommerweiden in alpiner Höhenlage (*yaylak*), war bereits in der zweiten Hälfte des 20. Jahrhunderts nur noch ein Randphänomen.

stämmigen Nomaden-Einheiten, das byzantinische Heer. Anatolien war damit dem Eindringen dieser neuen Bevölkerung offen ausgesetzt: Bis zur Mitte des dreizehnten Jahrhunderts strömte rund eine Million turkstämmiger Bevölkerung nach Anatolien ein. Diese neu nach Anatolien kommenden Menschen standen in einer nomadischen Tradition, die bis in das zwanzigste Jahrhundert hinein Anatolien prägen sollte.[22] Über die Jahrhunderte hinweg trat die ursprüngliche, ehemals vornehmlich orthodoxe Bevölkerung Anatoliens in Teilen zum Islam über. Auch nach der Etablierung des Osmanischen Reiches um 1300 im Nordwesten Anatoliens und seinem anschließenden Ausgreifen auf ganz Anatolien war die Turkifizierung und Islamisierung des Landes noch im Gange – ein Prozess, der erst im frühen zwanzigsten Jahrhundert zum Abschluss kam.

Die Bevölkerung der Türkei ist sich ihrer Vielfalt bewusst, wie es in der Redewendung «in der Türkei gibt es zweiundsiebzigeinhalb Nationen» (*Türkiye'de yetmiş iki bucuk millet var*) zum Ausdruck kommt.[23] Die Situation in der heutigen Türkei aber verblasst im Vergleich zur außerordentlichen ethnischen, konfessionellen und sprachlichen Vielfalt in osmanischer Zeit. Das Osmanische Reich war – außer in den letzten Jahrzehnten seines Bestehens – nicht daran interessiert, die Bevölkerung im Sinne einer Nationalkultur zu prägen. Die Reichsführung wollte und musste nicht in die innere Ordnung von vielen Regionen und Herrschaftsverbünden eingreifen. Das Osmanische Reich hat der Türkei aber nicht nur das Erbe seiner imperialen Expansion, sondern auch seines späteren Schrumpfungsprozesses hinterlassen. Im neunzehnten und zwanzigsten Jahrhundert strömten aus ehemals osmanischen Herrschaftsgebieten Millionen Flüchtlinge türkischer Sprache bzw. muslimischer Konfession nach Anatolien; ein großer Teil von ihnen kam aus Südosteuropa, das den Osmanen als «Rumelien» bekannt war. Menschen in der Türkei, deren Vorfahren aus Südosteuropa stammen, sprechen heute noch von ihrer Herkunft «aus Rumelien» (*Rumeli'den*). Rund drei Millionen Türken und Muslime mussten Südosteuropa vor und nach dem Ersten Weltkrieg in Richtung der heutigen Türkei verlassen. Die Nachkommen dieser Flüchtlinge, deren Anteil an der Gesamtbevölkerung der Türkei heute vermutlich rund ein Viertel beträgt,[24] sind ein selbstverständlicher Bestandteil der türkisch-sunnitischen Mehrheitsbevölkerung.

Hinzu kommen die Muslime, die vor der im achtzehnten Jahrhundert einsetzenden russischen Expansion im Kaukasus und im nördlichen Schwarzmeergebiet flohen oder vertrieben wurden. Zu ihnen gehören die Nogay-Tataren (aus den Steppen nördlich des Schwarzen Meers) und die Tataren von der Krim, die größtenteils zuerst eine neue Heimat in den osmanischen Territorien Südosteuropas fanden, dann aber, wie die schon immer in Rumelien beheimateten Muslime, nach Anatolien fliehen mussten. Die Tscherkessen, 1864 von Russland aus dem Kaukasus ins Osmanische Reich deportiert, wurden zuerst als Wehrbauern in Rumelien zwischen christlichen und islamischen Ortschaften angesiedelt. Als sie nach den Bestimmungen des Berliner Vertrags von 1878 nicht mehr im europäischen Teil des Osmanischen Reiches bleiben durften, siedelte sie der osmanische Staat unter anderem in Gebieten des heutigen Syrien und Jordanien an.[25] Der Begriff «Tscherkessen» bezeichnet im amtlichen und umgangssprachlichen Gebrauch in der Türkei fast alle ethnischen Gruppen, die ab der Mitte des neunzehnten Jahrhunderts aus dem Nord-Kaukasus in die Gebiete der heutigen Türkei eingewandert sind – zum Beispiel Dagestaner, Osseten oder Tschetschenen. Dieser eigentlich irreführende Dachbegriff geht unter anderem auf das Vorhaben tscherkessischer Vereine ab den 1950er Jahren zurück, aus den in der Türkei lebenden Kaukasiern eine Einheit unter einem tscherkessischen Dach zu bilden. Auch die Tscherkessen (als Oberbegriff für alle Nordkaukasier) sind und verstehen sich als selbstverständlicher Teil der sunnitisch-muslimischen Bevölkerung.[26] All diese aufgrund ihrer muslimischen Konfession in die Türkei fliehenden Bevölkerungsgruppen wurden in spätosmanischer Zeit als *Muhacir* bezeichnet, ein Begriff mit religiösen Anklängen, da er auf derselben arabischen Wortwurzel wie *Hidschra* beruht, der Auswanderung des Propheten Mohammed von Mekka nach Medina im Jahr 622 und zugleich der Beginn der islamischen Zeitrechnung.

Ein weiterer Grund für die ethnische Vielfalt der Türkei liegt in der Existenz ehemals nicht-türkischer *und* nicht-muslimischer Ethnien innerhalb der heutigen Türkei, die schon längst muslimisch geworden sind, die aber ihre ethnische Identität und zum Teil auch ihre Sprache bewahrt haben. Zu diesen gehören etwa die im östlichsten Schwarzmeergebiet (also westlich des georgischen Batumi) lebenden Lasen. Die eigentlichen Lasen, die der kartvelischen Sprachgruppe der Kaukasussprachen (wie Georgisch und Mingrelisch) angehören,[27] sind zu unterscheiden von der volkstümlichen Benennung aller Bewohner der östlichen Schwarzmeerküste als «Lasen». Die über «die» Lasen in der Türkei verbreiteten Klischees sind vergleichbar mit den Witzen über die Ostfriesen in Deutschland – also über einen Menschenschlag angeblich mit seltsamer Sprache und von fragwürdiger Intelligenz.

Da in Südostanatolien Staats- und Sprachgrenzen nicht ineinanderfallen, findet sich auf türkischem Staatsgebiet eine arabischsprachige Bevölkerung, deren Anteil an der Gesamtbevölkerung aber gering ist.[28] Arabische Siedlungsgebiete liegen im Hatay (also der Region um Antakya und İskenderun), in der Çukurova (die zwischen dem Taurus-Gebirge und dem Golf von İskenderun liegende Tiefebene mit den Großstädten Adana und Mersin) und in den weiter östlichen Grenzgebieten zu Syrien und Irak. Der Zuzug von rund vier Millionen Flüchtlingen aus Syrien in den 2010er Jahren verändert natürlich diesen Befund einer allmählich aussterbenden (weil zunehmend das Türkische übernehmenden) arabischen Sprachgemeinschaft in der Türkei.

Diese historisch vielgestaltige muslimische und heute in aller Regel türkischsprachige Bevölkerung, die zu einem beträchtlichen Teil auf Flucht und Vertreibung im neunzehnten und frühen zwanzigsten Jahrhundert zurückgeht, bildet heute die deutliche Mehrheit von mehr als zwei Dritteln der Bevölkerung in der Türkei. Ihr Gefühl der Zugehörigkeit beruht auf zwei Pfeilern, nämlich türkisch und sunnitisch-muslimisch *zugleich* zu sein.[29]

Die Juden in der Türkei sind im besonderen Maße ein Vermächtnis der osmanischen Zeit. Die Osmanen beließen nicht nur die bereits existierenden jüdischen Gemeinden in den von ihnen eroberten Gebieten und Städten, sondern nahmen zudem im späten fünfzehnten Jahrhundert in großer Zahl die von der Iberischen Halbinsel vertriebenen Juden auf.[30] Diese sich neu ansiedelnden sephardischen (also aus Spanien kommenden) Juden machten Saloniki zu einem herausragenden Zentrum des Judentums, das von den deutschen Nationalsozialisten im Holocaust vollständig vernichtet wurde. Auch das osmanische İstanbul hatte vom fünfzehnten Jahrhundert bis in die Gegenwart eine bedeutende jüdische Gemeinde. Seit der Republikgründung und vor allem mit der Gründung des Staates Israel ist jedoch eine ständige Abwanderung zu verzeichnen. Die Zahl der Juden in der Türkei ist mittlerweile auf deutlich weniger als zwanzigtausend gefallen. Ein sich immer offener zeigender öffentlicher und staatlicher Antisemitismus und die deutliche Verschlechterung der türkisch-israelischen Beziehungen seit den späten 2000er Jahren lassen die türkischen Juden an einer guten Zukunft in der Türkei zweifeln. Viele nehmen daher das Angebot einer zweiten Staatsbürgerschaft an, das mittlerweile Spanien und Portugal den Nachkommen sephardischer Juden unterbreiten (zudem ohne die Verpflichtung zum Militärdienst wie etwa in Israel).[31]

Der wichtigste Pfeiler ethnischer und konfessioneller Vielfalt im Osmanischen Reich waren – jenseits der Muslime – die christlichen Gemeinschaften. Die Geschichte der Christen in den Gebieten der heutigen Türkei reicht zwar weit über die osmanische Zeit hinaus zurück. Dennoch können die christlichen Gemeinschaften, vor allem die griechisch-orthodoxe Gemeinde, auch als Erbe des osmanischen Imperiums angesehen werden. Denn sie waren – trotz immer wieder stattfindender Konversionen von Einzelnen oder ganzen Gruppen zum Islam – bis zum Beginn des zwanzigsten Jahrhunderts als Glaubensgemeinschaften vom osmanischen Staat nicht nur geduldet, sondern institutionell anerkannt. Während vor dem Ersten Weltkrieg der Anteil der autochthonen Christen an der Bevölkerung Anatoliens bei rund einem Fünftel lag, ist er mittlerweile auf weniger als 0,1 Prozent der Gesamtbevölkerung der Türkei zurückgegangen. Heute treten die Mitglieder der autochthonen Kirchen Anatoliens zahlenmäßig hinter denjenigen Christen zurück, die sich neu in der Türkei niedergelassen haben, zum Beispiel christliche Ehepartner türkischer Staatsangehöriger, Wirtschaftsmigranten christlicher Konfession oder deutsche Rentner in Antalya.[32]

Die Griechen orthodoxen Glaubens hatten – auf dem Gebiet der heutigen Türkei – in spätosmanischer Zeit vier Siedlungsschwerpunkte: Neben die Hauptstadt İstanbul trat ein großes Siedlungsgebiet an der Ägäis-Küste, das durch Zuwanderung aus Griechenland im neunzehnten Jahrhundert sogar noch gestärkt wurde. Eine dritte Gruppe waren die Karamanlı in Zentralanatolien, die sich durch den Gebrauch des Türkischen in griechischer Schrift auszeichneten. Der vierte Siedlungsschwerpunkt der Griechen lag in den östlichen Küstengebieten des Schwarzen Meeres und hatte seinen Ursprung im Kaiserreich von Trapezunt (Trabzon), das 1461, also erst einige Jahre nach der osmanischen Eroberung Konstantinopels

Das riesige Gebäude des Jungengymnasiums der griechisch-orthodoxen Gemeinde im Stadtteil Fener (Phanar) am östlichen Ufer des Goldenen Horns ist ein Monument der ehemals großen Bedeutung und Zahl der orthodoxen Griechen im osmanischen İstanbul. Die «Phanarioten» galten vor dem neunzehnten Jahrhundert als die politische und wirtschaftliche Elite der griechisch-orthodoxen Bevölkerung im Osmanischen Reich.

im Jahr 1453, an die Osmanen fiel. Im Rahmen eines Bevölkerungsaustauschs nach dem Ersten Weltkrieg zwischen Griechenland und der Türkei mussten alle Menschen orthodoxen Glaubens die Türkei verlassen. Einzig die griechisch-orthodoxe Gemeinde in İstanbul und auf zwei Inseln vor dem südlichen Eingang in die Dardanellen blieb von der Bestimmung ausgenommen. Könnten um 1924 weit über zweihunderttausend orthodoxe Griechen in İstanbul gelebt haben, waren es Anfang der 2010er Jahre nur noch um die zweitausend mit einem Durchschnittsalter von fünfundsechzig Jahren.[33] Die Infrastruktur der griechisch-orthodoxen Gemeinde İstanbuls erscheint heute als überdimensioniert, wie das gewaltige Gebäude des *Fener Rum Lisesi,* des Griechisch-Orthodoxen Gymnasiums im Stadtteil Fener am Goldenen Horn, zeigt oder das 1971 vom türkischen Staat geschlossene, aber von der griechischen Gemeinde aus Prinzip betriebsfertig gehaltene Priesterseminar auf Heybeliada (einer der İstanbul vorgelagerten «Prinzeninseln»). Das 1964 geschlossene Waisenhaus des griechisch-orthodoxen Patriarchats auf einer anderen Prinzeninsel, Büyükada, steht als größtes Holzgebäude Europas kurz vor dem endgültigen Zerfall.[34]

Die Armenier, vor dem Ersten Weltkrieg eine bedeutende Bevölkerungsgruppe mit einem Siedlungsschwerpunkt im östlichen Anatolien, schrumpften im Ersten Weltkrieg durch Tod und Flucht auf eine Gruppe von nur noch wenigen zehntausend Menschen.[35] Angesichts anhaltender Repressionen in der frühen Republikzeit lösten sich die anfangs in der ostanatolischen Provinz noch vorhandenen kleinen armenischen Gemeinden auf; seit den 1950er Jahren konzentriert sich die armenische Bevölkerung der Türkei in İstanbul.[36]

Die Gebiete der heutigen Staaten Iran, Irak, Syrien und Türkei sind die Heimat der «orientalischen Christen», die – ebenso wie die Armenier – aus den Schismen der christlichen Kirche im fünften Jahrhundert hervorgingen.[37] In der heutigen Türkei, und hier nahezu ausschließlich in Südostanatolien, bestanden die orientalischen Christen vor allem aus zwei Gruppen: Die Westsyrer, bekannt auch als Jakobiten (so von Außenstehenden benannt nach ihrem bedeutenden Reformer, dem 578 verstorbenen Jakub Baradai), lebten im Tur Abdin, dem «Berg der Knechte (Gottes)», mit der Stadt Midyat als Zentrum. Sie erlebten in den 1970er Jahren ihren endgültigen demographischen Niedergang. Im Tur Abdin ist ihre Zahl von etwa dreißigtausend zu Ende der 1960er Jahre auf nicht mehr als zwei- bis dreitausend Menschen gesunken, auch wenn es in jüngster Zeit zaghafte Versuche der Rückwanderung gab, vor allem von Menschen, die nicht mehr im Berufsleben stehen.[38] Die große Mehrheit der Westsyrer lebt heute in der Diaspora in Westeuropa. Die ostsyrischen Christen, im Nordirak und ursprünglich auch im äußersten Südosten der Türkei beheimatet und oft als «Assyrer» bezeichnet, setzen sich zusammen aus Nestorianern und den sogenannten Chaldäern, die seit 1681 mit Rom uniert sind.[39] Die ostsyrischen Christen retteten sich 1918 in die von den Briten bereits eroberten

Gebiete Mesopotamiens. Sie leben heute nur noch sehr vereinzelt in der Türkei.

Juden und Christen haben in der Türkei ein beeindruckendes kulturelles und architektonisches Erbe hinterlassen. Die Gegenwart der Türkei aber prägen sie nur noch indirekt, und die Zukunft des Landes werden sie nicht mitgestalten. Zugleich sind Gruppen wie die Lasen, Tataren und Tscherkessen, ja selbst die arabischsprachige Bevölkerung Südostanatoliens aufgrund der türkischsprachigen Schulausbildung, des Einflusses der modernen Massenmedien und der starken Land-Stadt-Migrationsströme nicht länger eine deutlich von den muslimischen Türken Anatoliens geschiedene Bevölkerung. Sie mögen sich zwar ein Bewusstsein ihrer besonderen Herkunft erhalten haben, aber zugleich fühlen sie sich nicht nur der türkisch-sunnitischen Mehrheit zugehörig, sondern werden von dieser als ein Teil von ihr wahr- und angenommen. Dennoch kann die Türkei ihrem selbstgesetzten Anspruch, ein homogener Nationalstaat zu sein, nicht gerecht werden. Dem steht deutlich die Existenz von Kurden und Aleviten entgegen.

Die Hauptsiedlungsgebiete der Kurden finden sich im westlichen Iran, nördlichen Irak, nördlichen Syrien und im Südosten der Türkei.[40] Die Kurden der Türkei lebten ursprünglich in einem recht kompakten Siedlungsgebiet im südöstlichen Anatolien. Ihre überdurchschnittlich hohe Auswanderung in die großen Metropolen der Westtürkei, aber auch nach Westeuropa hat dazu geführt, dass eine rein territoriale Lösung des «kurdischen Problems» in der Türkei, welcher Art auch immer, heute kaum mehr vorstellbar ist. Die Kurden sprechen verschiedene Varianten aus der westlichen Gruppe iranischer Sprachen; die wichtigsten sind Kurmandschi in der Türkei und Sorani im Irak. In der Türkei ist zudem das Zaza(ki) von Bedeutung, das zum Teil auch von alevitischen Türken gesprochen wird. Die Kurden, deren Anteil an der Bevölkerung der Republik Türkei möglicherweise bis zu einem Fünftel beträgt, unterscheiden sich von der türkischen Mehrheitsbevölkerung in sprachlicher Hinsicht. Allerdings können sich viele Kurden, der jahrzehntelangen Assimilations- und Sprachpolitik des türkischen Staates geschuldet, in ihrer Muttersprache (oder der ihrer Eltern oder Großeltern) nurmehr lückenhaft ausdrücken.[41] So bedienen sich nicht nur in der Türkei, sondern auch in der europäischen Diaspora lebende Kurden aus der Türkei meist des Türkischen, wenn sie ihren politischen Anliegen Ausdruck verleihen wollen. Neben den sprachlichen Unterschieden zwischen dem Türkischen und Kurdischen tritt der religiöse Unterschied zwischen hanefitischen Türken und den mehrheitlich schafiitischen Kurden.[42] Die unterschiedliche Zugehörigkeit zu zwei der insgesamt vier Rechtsschulen (*mezhep*) des sunnitischen Islam hat jedoch in den kurdisch-türkischen Beziehungen keine politische Aufladung erfahren.[43]

In der Türkei aufgewachsene Menschen können aufgrund sprachlicher Eigenarten erkennen, ob jemand aus dem Südosten der Türkei kommt. Aber anhand der äußeren Erscheinung, abgesehen von den selten gewordenen lokalen Trachten, lässt sich einer Kurdin oder einem Kurden grundsätzlich nicht ansehen, dass sie oder er kurdisch ist. Auch in sozialer Hinsicht sind die Kurden keine in sich fest gefügte Bevölkerungsgruppe. Wenn also kulturelle, religiöse, soziale und sprachliche Unterschiede nicht entscheidend und die Kurden zudem in sich sehr vielgestaltig sind – was trennt dann die Kurden von den Türken? Viele Kurden, die seit Langem oder gar seit mehreren Generationen in den Großstädten Anatoliens leben, verstehen sich in der Tat nur noch als Türken kurdischer Herkunft. Das im türkischen Nationalitätskonzept innewohnende voluntaristische Prinzip (entscheidend ist demnach der Wille und die Bereitschaft, sich zur türkischen Nation zu bekennen und ihren Grundvoraussetzungen in Sprache und Kultur zu folgen) streckt hier die Hand aus. Ein anschauliches Beispiel ist der frühere Premierminister und Staatspräsident Turgut Özal (1927–1993), der kurdische Vorfahren hatte. Zugleich neigte man dazu, die Existenz der Kurden schlicht zu leugnen: Kurden seien eigentlich – hieß es bis in die 1990er Jahre hinein – nur «Bergtürken»,[44] also Türken, die durch ihre lange Isolation in abgelegenen Berggebieten sich der türkischen Kultur und Sprache entfremdet hätten.[45]

Was Kurden und Türken letztlich trennt, ist die Macht der Selbst- und Fremdzuschreibung. Die meisten Kurden verstehen sich heute eben nicht nur als Türken kurdischer Herkunft, sondern auch als Kurden. Kurden, die in westanatolischen Großstädten gut integriert unter der türkischen Mehrheitsbevölkerung leben, sehen sich gleichwohl als ethnische Gruppe durch die in Südostanatolien gegen Kurden ausgeübte Gewalt in ihren staatsbürgerlichen Rechten verletzt. Von Türken werden Kurden schlicht als Kurden verstanden und in sich zuspitzenden Situationen als Menschen minderen Ranges behandelt, auch wenn viele von ihnen eigentlich in selbstverständlicher Weise Teil der türkischen Gesellschaft sind. Es ist letztendlich die Macht des Nationalismus, die sich durch die Ausschließung der «Anderen» selbst bekräftigt und ein Zugehen auf die Anderen und ihre Anliegen nur als Selbstaufgabe verstehen kann.

Der Anteil der Aleviten an der Bevölkerung in der Türkei beträgt vermutlich, wie bei den Kurden, bis zu einem Fünftel. Da zum Teil Kurden zugleich Aleviten sind beziehungsweise Aleviten zugleich

Kurden, kann man die Zahlen der Kurden und Aleviten nicht einfach addieren.[46] Aleviten unterscheiden sich, wenn sie nicht zugleich Kurden oder Zaza(ki)-Sprecher sind, in sprachlicher Hinsicht nicht von der türkischen Mehrheitsbevölkerung. Das Verhältnis der Aleviten zu Staat und Mehrheitsgesellschaft in der Türkei ist jedoch noch weitaus verschlungener als das zwischen Kurden und Türken. Die ursprünglichen alevitischen Siedlungsgebiete – vor den Umsiedlungsmaßnahmen des türkischen Staates in den 1930er Jahren und vor der in die Großstädte Westanatoliens und Europas führenden Wanderungsbewegung ab den 1950er Jahren – waren Zentralanatolien und das westliche Ostanatolien, also die Gebiete der heutigen Provinzen Adıyaman, Bingöl, Elazığ, Erzincan, Malatya, Kahramanmaraş und Tunceli.[47]

Die Aleviten sind noch viel weniger als die Kurden eine einheitliche und in sich geschlossene Gruppe. Von der Mehrheitsgesellschaft trennt sie ihre Religionsgeschichte; zugleich lässt sich die Frage stellen, ob man mit dem Begriff der Aleviten überhaupt die große Vielfalt von «heterodoxen Gruppen mit stark variierenden Glaubensinhalten und Ritualen» angemessen fassen kann.[48] Wie im Falle der Kurden aber gilt: Aleviten sehen sich als Aleviten, und Aleviten werden von türkischen Sunniten als Aleviten gesehen. Am ehesten ließe sich sagen, dass Aleviten gegenüber der sunnitischen Mehrheitsbevölkerung durch ihren Abstand in religiöser Praxis und kulturellem Ausdruck bestimmt sind.

Die Existenz der Aleviten verdankt sich unter anderem der imperialen Konkurrenz zwischen dem Osmanischen Reich und dem safawidischen Persien im sechzehnten Jahrhundert. Heute erscheint uns Iran als das selbstverständliche Kernland des schiitischen Islam, jedoch erst unter der von Schah Ismail (1487–1524) gegründeten Dynastie der Safawiden wurde die sunnitische Bevölkerung Persiens von oben herab zum schiitischen Islam konvertiert. Als sich der Konflikt zwischen den Safawiden und den Osmanen über die Kontrolle Ostanatoliens im späten fünfzehnten und frühen sechzehnten Jahrhundert zuspitzte, stand die dortige Bevölkerung vor der Entscheidung, sich der sunnitischen oder schiitischen Orthodoxie zuwenden zu sollen, obwohl sie sich noch in einem Zustand der «Metadoxie» befand,[49] also noch jenseits der Vorstellung war, was eine «rechtgläubige» Religion zu bedeuten habe.

Ein politischer Streitpunkt waren die «Rotköpfe» (*Kızılbaş*),[50] so benannt nach ihrer charakteristischen Kopftracht. Sie unterhielten Verbindungen zur Dynastie der Safawiden und wurden von den Osmanen wegen mangelnder Loyalität verfolgt. Nachdem der osmanisch-safawidische Machtkampf zugunsten der Osmanen entschieden war – ausschlaggebend war hier der Sieg Sultan Selims I. (reg. 1512–1520) im Jahr 1514 bei Çaldıran (im heutigen äußersten Nordwesten Irans) –, zogen sich die *Kızılbaş* in unzugängliche Gebiete Anatoliens zurück. Es scheint so, als ob die *Kızılbaş* «oder – wie ihre spätere Selbstbezeichnung lautet – Aleviten erst in der Marginalität ihre endgültige Ausformung» erhielten.[51] Heute besteht der Unterschied zwischen den beiden Bezeichnungen *Alevi* und *Kızılbaş* wohl vor allem darin, dass der soziokulturelle Ausschluss durch die türkisch-sunnitische Mehrheitsgesellschaft mit dem zweiten Begriff der *Kızılbaş* stärker markiert werden kann.[52]

Von einem orthodoxen sunnitischen Standpunkt aus betrachtet können die Aleviten keine Muslime sein, da sie die «Fünf Säulen des Islam» (Glaubensbekenntnis, Gebet, Fasten, Pilgerfahrt und Almosengabe) nicht beachten. Eine der Grundeigenschaften der Aleviten ist, dass ihre religiöse Kultur ein Widerstreben zeigt – gegen den Staat, aber auch gegen klare Deutungen ihrer religiösen Praxis und Identität: So sind die Aleviten, je nachdem wie andere oder wie sie sich selbst sehen wollen, islamische Mystiker, Schiiten, Zoroastrier, Bewahrer der aus Zentralasien mitgebrachten schamanistischen Praktiken oder gar die letzten Vertreter eines religiösen Synkretismus, der Anatolien seit dem elften Jahrhundert prägte.[53]

Das Alevitentum war und ist keine konsolidierte Religion, wie dies Orthodoxie, Katholizismus, sunnitischer oder schiitischer Islam sind. Die esoterische Tradition der Aleviten zeigt Ähnlichkeiten zu jener der Drusen (im heutigen Libanon, Syrien und Israel beheimatet) und der Alawiten (siehe unten) in der Weise, dass die Glaubenswahrheiten einem kleinen Kreis von Eingeweihten vorbehalten blieben. Jedoch ist diese traditionell strenge Trennung zwischen den Laien und den spirituellen Autoritäten und Hütern des Glaubens mittlerweile aufgeweicht.

Die Alawiten (bekannt auch als «Nusairier») sind unter den Arabern des Hatay und der Çukurova zahlreich vertreten. Religionsgeschichtlich gesehen sind sie nicht mit den anatolischen Aleviten verwandt, auch wenn sich natürlich beide, Aleviten und Alawiten, auf ʿAlī (600–661) zurückführen, Muhammads Vetter und Schwiegersohn, der zugleich als erster in der Abfolge der schiitischen Imame gilt. So gibt es bei den Alawiten nicht das «Versammlungshaus» (*cemevi*), das bei den Aleviten von zentraler religiöser Bedeutung ist. Das Kernland der Alawiten, obwohl sie auch in Israel, Libanon und der Türkei zu finden sind, ist Syrien: Dort stellen sie rund ein Zehntel der Bevölkerung und sind unter der Herrschaft des Alawiten Hafiz al-Asad (reg. 1970–2000) und seines Sohnes und Nachfolgers Baschar al-Asad zur machthabenden Ethnie Syriens aufgestiegen. Im Gegensatz zu den Aleviten rechnen sich die Alawiten in Syrien und in der Türkei heute der Schia zu.[54] Ebenso wie für die arabischsprachigen Sunniten gilt für die Alawiten in der Türkei, dass das Arabische zunehmend durch das Türkische verdrängt wird.[55]

Die heutige Türkei ist seit dem neunzehnten Jahrhundert ein Gebiet, das zutiefst von Flucht und Zuwanderung geprägt wurde. Die Türkei nahm in der Republikzeit immer wieder türkische bzw. muslimische Migranten auf, so zuletzt in den späten 1980er Jahren aus Bulgarien und in den 2010er Jahren mehrere Millionen Syrer. Seit den 1990er Jahren tritt die Türkei, der osmanischen Tradition folgend, zunehmend wieder als Land auf, das eine bunte Vielfalt von Immigranten kennt. Viel grundsätzlicher jedoch für das Selbstverständnis der heutigen Türkei ist, dass sie für Millionen von muslimischen beziehungsweise türkischen Flüchtlingen und Migranten Zufluchtsort war und ist.

Ankerpunkte der Geschichtsschreibung

Im Jahr 2023 wird die Republik Türkei mit Stolz den einhundertsten Jahrestag ihrer Gründung begehen. Die meisten, innerhalb und außerhalb des Landes, werden jedoch die Ansicht teilen, dass die Geschichte der Republik Türkei nicht erst am 29. Oktober 1923, dem Tag ihrer Ausrufung, beginnt, sondern dass man weiter zurückblicken muss, um die heutige Türkei zu verstehen – zumindest bis zum «Unabhängigkeitskrieg» (*İstiklal Savaşı*). In diesem Krieg der Jahre 1919–1922 konnte sich die türkisch-muslimische Bevölkerung Anatoliens gegenüber ihren Gegnern, den Armeniern im Osten und den Griechen im Westen, aber auch gegenüber den Entente-Mächten des Ersten Weltkriegs, die nach der Niederlage des Osmanischen Reiches Teile Anatoliens besetzt hatten, behaupten und eine unabhängige Türkei begründen. Um wiederum verständlich zu machen, unter welchen Voraussetzungen diese anatolische Nationalbewegung erfolgreich ihren Krieg führte und auf der Grundlage welcher Erfahrungen eine türkisch-muslimische Bewegung zur Verteidigung Anatoliens überhaupt entstehen konnte, muss man jedoch weiter zurückblicken als nur auf das Jahr 1919. Die Frage ist nur: Wie weit kann und soll sinnvollerweise dieses «Weiter-Zurückblicken» uns führen?

Im Mai 1789 berief Sultan Selim III. (reg. 1789–1807), der erst im Vormonat den Thron bestiegen hatte, eine Versammlung hoher Würdenträger ein, um nach grundsätzlichen Antworten auf die militärische Schwäche des Osmanischen Reiches zu suchen. Die Niederlagen gegen Russland in den letzten Jahrzehnten waren zu zahlreich und zu niederschmetternd gewesen, als dass sie allein der wechselhaften Gunst des Kriegsglücks zuzuschreiben gewesen wären. Die Leistungsfähigkeit des osmanischen Militärs, das hatte die osmanische Elite mittlerweile verstanden, war gegenüber den europäischen Mächten grundsätzlich zurückgefallen. Die Erörterungen unter dem Vorsitz des Sultans führten 1793 zur Ausrufung einer «Neuen Ordnung» (*nizâm-ı cedîd*), mitsamt der Einführung neuer militärischer Einheiten desselben Namens, für deren Unterhalt eine eigene Staatskasse gegründet wurde.[56] Aus dieser Zeit stammen die ersten nach westlichem Vorbild eingerichteten Schulen, die zur Ausbildung des Offizierskorps in den modernen Wissenschaften und europäischer Kriegstechnologie dienten. Die Technische Universität İstanbul zum Beispiel führt sich mit Stolz auf die bereits im späten achtzehnten Jahrhundert eingerichtete «Ingenieursschule der Großherrlichen Marine» (*Mühendishane-i Bahr-i Hümayun*) zurück. Sultan Selim III. stand damit für zwei Überzeugungen, nämlich für das zuversichtliche Beharren darauf, dass das bewährte Alte zu erhalten sei, und die nagende Einsicht, dass das unvermeidlich Neue zu wagen sei. Seine Reformbemühungen gingen unter in einer Revolte im Jahr 1807, die ihn zuerst den Thron und wenig später auch den Kopf kostete.

Man könnte sogar noch weiter zurückblicken in das frühe achtzehnte Jahrhundert, in die Zeit des Großwesirs Damad İbrahim Pascha (im Amt 1718–1730), der – unter dem Eindruck des für die Osmanen unvorteilhaften Friedens von Passarowitz von 1718 – durch die Entsendung von Gesandtschaften nach Wien und Paris ein klareres Bild von Europa gewinnen wollte.[57] Jedoch erst die Reformen Selims III. im späten achtzehnten Jahrhundert stellen einen tiefgreifenden Richtungswechsel dar hin zu einer Politik, die die gesamte spätosmanische Zeit prägen sollte: Der Staat machte es sich zu seiner obersten Aufgabe, durch die Übernahme westlicher Einrichtungen und Innovationen den europäischen Großmächten, allen voran Russland, dem nunmehr bedrohlichsten Gegner, die Stirn bieten zu können. Lange Linien reichen bis in die frühe Republikgeschichte: Die Maßnahmen der 1920er und 1930er Jahre in der jungen Republik Türkei sind ohne die Vorgeschichte der Reformbemühungen seit dem späten achtzehnten Jahrhundert nicht zu verstehen. Eine Geschichte der *modernen* Türkei hat damit unweigerlich im achtzehnten Jahrhundert einzusetzen.[58] Eine Geschichte der *Republik* Türkei sollte sich jedoch nicht in der spätosmanischen Geschichte verlieren – kurzum, der Versuchung einer Überkontextualisierung erliegen.

Ein Blick zurück in die spätosmanische Zeit ist unverzichtbar, um die in der heutigen Türkei verhandelten Fragen und vorgebrachten Argumente zur Vorgeschichte der Republik Türkei verständlich zu machen. Die chronologische Darstellung in diesem Buch jedoch setzt erst mit dem Jahr 1912 ein, also gut ein Jahrzehnt vor der eigentlichen Ausrufung der Republik. Die Jahre von 1912 an sind von umwälzenden Veränderungen gekennzeichnet, die mit der Gründung der Republik im Jahr 1923 zum Abschluss kommen: Im Ersten Balkankrieg im Herbst 1912 werden die osmanischen Armeen von ihren vereinten Gegnern, Bulgarien, Griechenland, Montenegro und Serbien, vernichtend geschlagen; das Osmanische Reich verliert alle seine europäischen Besitzungen, bis auf einen schmalen Gebietsstreifen vor İstanbul. Im Zweiten Balkankrieg, im Sommer 1913, als sich die Sieger des Ersten Balkankriegs gegeneinander wenden, kann das osmanische Militär Adrianopel (Edirne) und das östliche Thrakien zurückerobern. Im Herbst 1914 tritt die Türkei auf Seite der Mittelmächte in den Ersten Weltkrieg ein und muss sich am 30. Oktober 1918 im Waffenstillstand von Mudros den Entente-Mächten geschlagen geben. Nach einer kurzen Pause folgt in den Jahren 1919–1922 der Krieg der anatolischen Nationalbewegung – der «Unabhängigkeitskrieg». Die Dekade 1912–1922 ist nicht nur die Zeit eines äußerst gewaltsamen und verlustreichen Umbruchs; es sind auch diejenigen Jahre, in denen die heutige türkische Identität grundlegend verankert ist.

In diesem Zusammenhang stellt sich die Frage: Bis wann haben wir es mit dem «Osmanischen Reich» zu tun und ab wann mit einer «Republik Türkei»? Der formelle Übergang von einem Staat zum anderen findet in den Jahren 1922–1923 statt. Am 1. November 1922 hebt die Nationalversammlung in Ankara das Sultanat auf; am 29. Oktober 1923 wird die Republik Türkei ausgerufen. Insofern müsste und könnte man also zumindest für die Zeit bis 1922 noch von einem Osmanischen Reich sprechen. Es spricht aber vieles dafür, dass das Osmanische Reich in seiner Eigenschaft als multiethnisches und multikonfessionelles Imperium bereits in den ersten beiden Jahren des Ersten Weltkriegs sein Ende fand. Mit dem Waffenstillstand 1918 und dem Verlust seiner arabischen Besitzungen verliert das

Reich zudem seinen imperialen Charakter und bewahrt nur noch eine staatsrechtliche Hülle. Andererseits lässt sich nicht einfach für die Zeit ab 1914 schon von «der Türkei» sprechen. So existierte noch im Ersten Weltkrieg eine «osmanische» Armee. Zwar wurden Soldaten christlicher Konfession bereits zu Beginn des Ersten Weltkriegs entwaffnet und in Arbeitskompanien zusammengefasst, die unter Bewachung muslimischer Soldaten zu Frondiensten wie dem Eisenbahnbau eingesetzt wurden. Das osmanische Heer war damit zu Beginn des Ersten Weltkriegs zu einem muslimischen Heer geworden, aber angesichts der großen Beteiligung von militärischen Kontingenten aus Kurdistan und den arabischen Provinzen ist der Begriff eines «türkischen» Heeres nicht angemessen. Nahezu jeder fünfte osmanische Offizier kam aus den arabischen Landesteilen des Reiches.[59] Selbst die Konfrontation zwischen der osmanischen Regierung in İstanbul und der neu sich formierenden Nationalbewegung in Ankara in den Jahren 1920–1922 lässt sich nicht allein in den Begrifflichkeiten «osmanisch» vs. «türkisch» fassen. Die Nationalbewegung umfasste nämlich nicht nur viele Akteure, die nicht türkisch waren (wie etwa kurdische Notabeln), sondern auch viele andere, die sich in erster Linie nicht als Türken, sondern als Muslime verstanden. In der Folge wird für die Jahre zwischen 1914 und 1923 neben dem «Osmanischen Reich» dann von der «Türkei» die Rede sein, wenn bereits die Selbstwahrnehmung als türkisch bestimmter Staat im Vordergrund steht beziehungsweise von der Führung der Nationalbewegung in Ankara die Rede ist.

Europäische Darstellungen des achtzehnten und neunzehnten Jahrhunderts trugen zur Verwirrung bei, indem sie meist nicht vom «Osmanischen Reich» sprachen, sondern von der «Türkei». So waren die südosteuropäischen Besitzungen des Osmanischen Reiches als die «europäische Türkei» bekannt. Diese damalige europäische Sichtweise sollte in der heutigen Geschichtsschreibung nicht unbesehen übernommen werden, denn ein allgemeiner Begriff «Türkei», der sowohl für das Osmanische Reich als auch für die Türkische Republik verwendet wird, verwischt den imperialen und multiethnischen Charakter des Osmanischen Reiches und vermittelt zudem den falschen Eindruck, als könne man von einem schon Jahrhunderte zuvor bestehenden Kern eines späteren türkischen Nationalstaats ausgehen. Andererseits wäre es, wie bereits gesagt, wirklichkeitsfremd, für die Jahre 1914–1923 eisern am Begriff «Osmanisches Reich» festzuhalten.

Neben der Falle der Überkontextualisierung, nämlich auf der Suche nach dem richtigen Anker für das Verständnis der modernen Türkei sich in der spätosmanischen Geschichte zu verlieren, lauern in gleicher Weise die Gefahren der Unterkontextualisierung: In der internationalen Geschichtsschreibung zum Osmanischen Reich und zur Republik Türkei fällt ein bemerkenswerter Widerspruch ins Auge: Die heutige internationale Osmanistik (also diejenigen Wissenschaftlerinnen und Wissenschaftler, die sich mit der Geschichte, Kultur, Literatur usw. des Osmanischen Reiches beschäftigen) versucht seit mehreren Jahrzehnten, die Verwobenheit des Osmanischen Reiches mit der europäischen Geschichte zu zeigen. Dabei neigt sie mitunter im Übereifer dazu, die zahlreichen Elemente einer direkten Konfliktgeschichte zwischen dem Osmanischen Reich und seinen europäischen Gegnern, aber auch zwischen den osmanischen Herrschaftsträgern und ihren Untertanen kleinzureden.[60] Im Gegensatz dazu ist sich die moderne türkische wie internationale Historiographie zur Türkei zwar der engen Bindungen der Türkei zu Europa und neuerdings auch speziell zu Südosteuropa sowie zum Nahen Osten oder Zentralasien bewusst, verwendet dann aber doch das Gehäuse des türkischen Nationalstaats als Rahmen ihrer Darstellung. Die Gründe dafür liegen auf der Hand: Die Geschichtsschreibung zu vormodernen Imperien versucht herauszuarbeiten, wie sehr vormoderne Imperien von ähnlichen Herrschaftsmodellen geprägt waren, während die Geschichtsschreibung zu Staaten des zwanzigsten Jahrhunderts kaum dem Auftrag ausweichen kann, das bestimmende Muster des Nationalstaats nachzubilden und nachzuerzählen.

Und in der Tat: Die Türkei steht für sich. Es ist auffällig, dass sich erst einmal kein Land zum unmittelbaren Vergleich anbietet.[61] Ein Grund liegt sicherlich darin, dass bisher zu wenig über die Frage der Kontextualisierung der Türkei in einem näheren oder auch weiteren

Umfeld nachgedacht und geforscht worden ist. Es ist jedenfalls leichter, eine abgeschlossene Einheit Türkei zu umreißen, als größere Einheiten in den Blick zu nehmen.[62] Die ehemaligen osmanischen Besitzungen in Südosteuropa und in der arabischen Welt als einen tragfähigen Deutungsrahmen für eine geographisch erweiterte Geschichte der Republik Türkei wählen zu wollen, kommt der neoosmanischen Agenda der türkischen Politik in den letzten Jahrzehnten gefährlich nahe. Beim Vorhaben wiederum, die Türkei in den Rahmen einer erweiterten europäischen Geschichte zu stellen, überlagern sich allzu schnell Geschichtsschreibung und politische Positionsnahme. Denn die letztlich nur auf politischer Ebene zu beantwortende Frage, ob man die Türkei als Teil Europas sehen will oder nicht, darf nicht dazu führen, den europäischen Charakter der Türkei gar nicht mehr diskutieren zu wollen und zu können – sei es im Sinne einer Zustimmung oder Ablehnung. Die Türkei ist nicht grundsätzlich aus der europäischen Geschichte auszusperren, aber zugleich ist sie nicht ungeprüft und selbstverständlich als zu Europa gehörig zu sehen. Sie hat eine gänzlich andere Position als die arabischen Anrainerstaaten des Mittelmeers, nämlich in der Weise, dass die tragenden Eliten des spätosmanischen Reiches früher als in allen anderen Ländern der islamischen Welt sich intensiv über ihr Verhältnis zu Europa – jenseits von Krieg und Frieden – Gedanken zu machen begannen.

Die Türkei ist also – hier am ehesten wohl mit Russland vergleichbar – weitaus mehr als nur ein zu Europa geographisch exzentrisch gelegener Staat, sondern ein Land, das durch seine historische Tiefe, seine vielen Identitätsoptionen und durch seine verwickelte Beziehungsgeschichte zu Europa ein besonders lohnenswertes Objekt historischer Untersuchung und Beschreibung ist. Dies mag wohl mit ein Grund sein, der manche dazu bewogen hat, dieses Buch in die Hand zu nehmen.

Zwischen Zuversicht und Zorn

Drei Grundgedanken prägen die Darstellung der Türkei im vorliegenden Buch: Erstens der Gegensatz zwischen einem, im weitesten Sinne, kemalistisch-säkularen Lager und einem, ebenfalls im weitesten Sinne, konservativen Lager, das letztlich seine Identität in der Religion des Islam sah. Zweitens der Gegensatz zwischen etablierten städtischen Schichten und einer im ländlichen Anatolien verankerten Bevölkerung, die durch die große Migrationsbewegung ab den 1950er Jahren millionenfach in die Großstädte strömte. Und drittens das für den politischen Gefühlshaushalt der Republik Türkei charakteristische Spannungsverhältnis zwischen Zuversicht und Zorn. Blicken wir zunächst auf die beiden ersteren Phänomene, die sich gegenseitig überlagerten und verstärkten.

Grundlegend für die türkische Gesellschaft heute ist die ab den 1950er Jahren millionenfach gemachte Erfahrung der Migration aus den ländlichen Gebieten Anatoliens in die Großstädte der Türkei oder Westeuropas. Während die Reibungen und Konflikte, die aus einer millionenfachen Wanderungsbewegung entstehen, unmittelbar einleuchten, ist der erstgenannte Gegensatz, also von Säkularismus und Kemalismus versus religiös begründetem Konservativismus, allein schon wegen seiner Begrifflichkeiten weitaus schwerer zu fassen. Unter «Kemalismus» ist im engeren Sinne die politische Agenda von Mustafa Kemal Atatürk (1881–1938) zu verstehen, der bestimmenden Führungspersönlichkeit der frühen Republikzeit. In einem weiteren Sinne ist damit die sehr unterschiedlich ausfallende Deutung des Kemalismus durch nachfolgende Generationen gemeint, um so mehr, als der Kemalismus niemals, weder zu Lebzeiten Atatürks noch später, zu einer voll entwickelten Ideologie ausgebaut wurde. Dennoch lässt sich zu Recht von Kemalismus und Säkularismus in Gestalt eines politischen Habitus sprechen, der über Jahrzehnte hinweg von einer Allianz aus Bürokraten, Offizieren, Professoren, Publizisten, Richtern und anderen tragenden Persönlichkeiten der Gesellschaft gestützt wurde – der «kemalistische bürokratisch-intellektuell-judikativ-militärische Komplex», wie er in diesem Buch genannt werden wird. Unter Komplex ist hier nicht eine hochverdichtete ideologische Klasse zu verstehen, also gewissermaßen ein «Zentralkomitee» des Kemalismus, sondern ein Wirkungsgefüge von Personen, Gruppen und Strömungen, die in vielerlei Hinsicht sich widersprechen, ja sogar politische Gegner sein konnten.[63]

In der zweiten Hälfte des zwanzigsten Jahrhunderts erstarkte eine breite Opposition, die von rechtskonservativen Politikern bis hin zu Verfechtern einer islamistischen Ordnung reichte. Beide, rechtskonservative Strömung und islamistische Bewegung, verwiesen mit Erfolg auf einen Konstruktionsfehler des Kemalismus: Die kemalistische Republik hatte Religion als Relikt des untergegangenen Osmanischen Reiches und als gefährliche Konkurrenz beiseitegeschoben, aber stützte sich auf die Zugehörigkeit zum Islam als Grundlage gemeinsamer nationaler Identität. Hinzu trat, dass der Kemalismus immer eine Fremde und Ferne zu den Menschen Anatoliens ausgestrahlt hatte, obwohl gerade diese eigentlich die Nutznießer seiner Politik sein sollten – und dies zu großen Teilen auch waren.

Der Kemalismus nährte seine Legitimität über Jahrzehnte hinweg aus der heldenhaften Errettung der türkischen Nation im sogenannten Unabhängigkeitskrieg der Jahre 1919–1922, in denen gegen viele Feinde und gegen alle Wahrscheinlichkeit eine neue Türkei erkämpft wurde. Rechtskonservativismus und Islamismus wiederum schufen sich ihren eigenen Opfermythos: Indem die kemalistischen Reformen die ländliche muslimisch-türkische Bevölkerung Anatoliens von ihrem gewohnten kulturellen und religiösen Lebensumfeld entfremdeten (was aber unter den Bedingungen der Migration ohnehin eingetreten wäre), seien diese zur größten Minderheit geworden, die der kemalistische Staat je schuf. Rechtszentristische und islamistische Politiker wiederholten litaneihaft, weil eben über Jahrzehnte hinweg wirksam, dass die (anfangs) schweigende anatolische Mehrheit in Gesellschaft, Politik und Wirtschaft in den Status einer minderen Mehrheit gedrängt worden sei. Der Regierungsantritt der «Partei für Gerechtigkeit und Entwicklung» (*Adalet ve Kalkınma Partisi, AKP*) im Jahr 2002 war deswegen so bedeutend, weil es ihr als erster Partei der Türkei gelang, auf der Grundlage dieses Mythos (der natürlich in manchen Teilen auf der Wirklichkeit gründete) rechtskonservative und islamistische Wählerschaft, zwei eigentlich getrennte Milieus, zusammenzuführen.

Man muss zugeben: Ikonoklastisch ist das hier vorgebrachte Argument des Gegensatzes zwischen einem säkular-kemalistischen und einem religiös-konservativ gesinnten Lager nicht. Es ließe sich nämlich einwenden, dass der Gegensatz von «säkularer» Grundhaltung versus «religiös begründetem Konservativismus» nur einen Ausschnitt aus den wirklichen vielfältigen Konfliktlagen und Gegensätzen in der Republik Türkei wiedergibt. Radikale Linke der 1960er und 1970er Jahre konnten zum Beispiel in beiden Lagern nur falsches Bewusstsein erkennen. Kurdische Aktivisten standen und stellten sich außerhalb dieser beiden Lager, die für sie ohnehin nur die beiden Seiten der Münze des türkischen Nationalstaats waren. Manche würden sogar so weit gehen zu sagen, dass Kemalismus und Islamismus nur Konstrukte sind, die uns das Verständnis der Geschichte der Türkei im zwanzigsten Jahrhundert erschweren.[64] Allzu lange habe man sich an diesem zu einfach gedachten Gegensatz orientiert. Aber dies ist eben der entscheidende Punkt: Über Jahrzehnte hinweg wollte die allergrößte Mehrheit der Türkinnen und Türken an diesen Gegensatz glauben; politische Konflikte wurden entlang dieser Trennungslinien ausgefochten. Sie waren gewissermaßen die gängigste Währung in Selbstdeutung und Fremdzuschreibung in türkischer Gesellschaft und Politik und bestimmten die Kategorien von «Freund» und «Feind».

Das Denken in Feindvorstellungen in der türkischen Republik des zwanzigsten Jahrhunderts ist wohl als ein Zeichen von Verunsicherung und von einem geringen Grad an zwischenmenschlichem Vertrauen zu deuten.[65] Die Erfahrung der Migration vom Land in die Stadt und das Verlassen geordneter sozialer Netzwerke im dörflichen Raum, also diese «grundlegende kulturelle Entwurzelung» in Verbindung mit dem Verlust dörflicher Streitschlichtungsmechanismen,[66] hat die türkische Bevölkerung mehrerer Generationen geprägt. Zudem haben wir ja gesehen, wie hoch der Anteil der Migranten (*muhacir*) in der jungen Republik war, die erst vor wenigen Jahrzehnten oder auch nur Jahren nach Anatolien gekommen waren und die die Erfahrung von Vertreibung und Flucht noch nicht verarbeitet, geschweige denn vergessen hatten.

Fest steht, dass der Konflikt zwischen Stadt und Land auf jeden Fall die Türkei des zwanzigsten Jahrhunderts geprägt hätte. Andersherum lässt es sich nicht fassen: Ohne die zugrundeliegenden gesellschaftlichen und wirtschaftlichen Verhältnisse hätte sich die Lagerbildung kemalistisch-säkularistisch versus religiös-konservativ niemals so vollständig ausgeprägt. Angesichts ihres demographischen Übergewichts, aber vor allem dank der dem Kemalismus weit überlegenen, ja geradezu unschlagbar mächtigen Identitätsressource des Islam sind «die Anatolier», die vor Jahrzehnten in die Städte kamen, mittlerweile an die Schaltstellen der Macht gelangt. Mit den Entwicklungen der letzten Jahrzehnte treten die beiden ersten Grundkonflikte der Republik Türkei, also kemalistisch-säkularistisch versus islamisch-konservativ und urban versus ländliche Herkunft, zurück. Zumindest aber wird die politische Zukunft des Landes nur noch teilweise der aus den vergangenen Jahrzehnten vertrauten politischen Lagerbildung folgen. Welche neuen Konfliktlinien an ihre Stelle treten, ist bisher nur in vagen Umrissen zu erkennen.

Man hätte annehmen können, dass die Auflösung der «klassischen» Gegensätze in der Republik Türkei zu einer Entspannung in der türkischen Politik führt. Wenn wir die Entwicklung der letzten Jahre betrachten, ist jedoch eher das Gegenteil der Fall. Was nämlich für die Republik Türkei des zwanzigsten *und* des einundzwanzigsten Jahrhunderts gilt, und hier kommen wir zum dritten bestimmenden Gedanken des Buches, ist das für die Türkei so bezeichnende Spannungsverhältnis von Zuversicht und Zorn. In der Geschichte der Republik Türkei fällt das Nebeneinander beziehungsweise der rasche Wechsel von Helden- und Opferrolle, von Virilität und Fragilität auf.[67] Türkinnen und Türken fällt es offensichtlich schwer, zu einer gleichmütigen Haltung gegenüber ihrem eigenen Land und ihrer eigenen Geschichte zu kommen. Nicht das Überbordende des türkischen Nationalismus ist das Problem, sondern seine Abgründe: So steht neben der Zuversicht, dass jede Person (oder genauer: jeder Muslim), der von sich sagen will, er sei ein Türke, ein solcher auch sein könne, der Ausschluss all der anderen, die diesem Anspruch nicht gerecht werden können oder wollen. Die sowohl geographisch als auch geschichtlich begründete Sonderstellung der Türkei erfüllt Türkinnen und Türken mit Stolz und mit der Zuversicht, gänzlich für sich allein einstehen zu können, aber zugleich scheint immer wieder tiefe Verunsicherung auf.

Die Türkei hätte eigentlich genug an Stabilität und Stärke gewonnen, um die Fragen, die sich der türkischen Politik und Gesellschaft stellen, guten Mutes angehen zu können: nämlich das Erbe des Alevitentums neu zu verstehen und für die Frage des Status der Kurden eine Antwort zu finden und damit den Entwicklungspfad, den die Türkei seit dem Beginn des zwanzigsten Jahrhunderts genommen hat, weiterzuführen. Was aber macht die Türkei trotz all ihrer Stärke so fragil? Was bewirkt den für die politische Kultur der Türkei so kennzeichnenden Wechsel von Öffnung und Selbstabschließung, von demokratischem Aufbruch und autoritärer Verhärtung, von zupackender Zuversicht und nagenden Zweifeln? Auch auf internationaler Ebene findet sich dieses Gefühl des zwischen den Stühlen Stehens wieder: in der Stellung als «Brückenland», also der Einbettung in westliche Kontexte, und zugleich dem nicht nur von außen an die Türkei herangetragenen Verständnis als Land, das Europa letztlich nicht zugehörig ist. Dieses Buch geht von der Annahme aus – anderes ist wohl von einem Historiker nicht zu erwarten –, dass die tieferen Gründe für diese produktive, oft aber auch sich selbst beschädigende Spannung in den eigenen Vorstellungen über die Vorgeschichte der Türkei liegen.

Die Wurzeln des türkischen Selbstverständnisses finden sich in der Dekade des Wandels vom Vielvölkerreich der Osmanen hin zum türkischen Nationalstaat. In jener hochkomprimierten Phase von Gewalt und Krieg, die vom Beginn des Ersten Balkankriegs im Herbst 1912 bis zum Ende des Unabhängigkeitskriegs im Sommer 1922 dauerte, sind Heroismus und Leidensgeschichte anscheinend untrennbar ineinander verwoben. Hier findet die Zuversicht ihren

Anker, nämlich in jenen Jahren gegen jede Erwartung und gegen eine Vielzahl von Feinden die Grundlagen einer modernen Türkei geschaffen zu haben. Aus den Ereignissen dieser Zeit nährt sich aber auch der Zorn: die verheerende Niederlage im Ersten Balkankrieg und der Verlust der gesamten europäischen Besitzungen (mit der Ausnahme Ostthrakiens); die Verbitterung darüber, dass Europa (und heute der Westen im Allgemeinen) im Falle der Türkei immer mit zweierlei Maß gemessen habe und bis heute messe, dass also etwa die Frage, wie die Türkei mit den Armeniern im Ersten Weltkrieg umging, zum Maßstab ihrer Zivilisationsgeeignetheit erhoben werde, während die millionenfache Vertreibung und der millionenfache Tod von Türken und Muslimen im neunzehnten Jahrhundert kaum ernsthaft wahrgenommen werde.

Dieses Buch möchte nicht einem «Geschichtsmiasmus» das Wort reden, dass also gewissermaßen die Ausdünstungen früherer und immer noch nicht aufgearbeiteter Konflikte die türkische Gesellschaft und Politik zersetzen. Die heutige türkische Gesellschaft kann nicht ihre Vergangenheit verändern, aber sie kann sich dazu entscheiden, zu anderen Sichtweisen überzugehen. Dennoch wirken die Konflikte der osmanisch-türkischen Schwellenzeit nicht nur bis in die heutige Zeit hinein, sondern werden in eingeübten Formen immer wieder neu heraufbeschworen: Die Opfergeschichte wird mit Heldengeschichte verschränkt, der Untergangsmythos des Osmanischen Reiches mit dem Gründungsmythos der Republik Türkei verwoben; die Ereignisse der Jahre 1912–1922 werden zugleich geleugnet und sakralisiert. Insofern ist sich die Türkei auch unter dem autoritären Regime Erdoğans seit den 2010er Jahren auf ernüchternde Weise treu geblieben. Seitdem Recep Tayyip Erdoğan fest im Sattel sitzt, hat er nicht an der Errichtung eines idealen, allen Musliminnen und Muslimen auf der Welt zum Vorbild gedachten islamischen Staates gearbeitet, sondern eines Staates, der die Stärke und Unbedingtheit der Türkei, nun allerdings mit einer «islamischen» Umhüllung versehen, in den Vordergrund stellt.

Mit diesen Thesen soll nicht ein Sonderweg der Republik Türkei behauptet werden. Der Wechsel von emotionalen Hochstimmungen und tiefem Missmut ließe sich für die Geschichte vieler anderer Staaten feststellen. So steht das sozialistische Jugoslawien nach dem Zweiten Weltkrieg für einen zuversichtlichen Aufbruch; die jugoslawischen Zerfallskriege der 1990er Jahre wurden hingegen von Rechtfertigungen für die eigene Wut über die früheren Zurücksetzungen durch die jeweils anderen begleitet. Den Verheißungen des liberalen Westens in den 1990er Jahren begegnet man in Osteuropa mittlerweile mit Ernüchterung, ja offener Zurückweisung. Die arabische Welt wurde nach dem Zweiten Weltkrieg von einer Welle der Euphorie über die Dekolonisierung und die Versprechungen des arabischen Nationalismus getragen, um ab den 1970er Jahren in der bleiernen Zeit der arabischen Autokratien zu versinken. Der «Arabische Frühling» im Jahr 2011 verzehrte seine Magie in wenigen Monaten, um entweder den Beharrungskräften der autoritären Regime zu erliegen oder, wie in Jemen, Libyen und Syrien, in den Abgrund eines nicht enden wollenden Krieges zu führen. In Iran waren die liberalen Phasen noch sehr viel kürzer und zudem von fragwürdiger Natur: die Verfassungsrevolution der Jahre 1905–1911, die Zeit vor dem Putsch gegen Ministerpräsident Mohammad Mossadeq im Jahr 1953 und die frühen Phasen der Revolution von 1978–1979, vor der Monopolisierung der Revolution durch die schiitischen Geistlichen unter Ruhollah Khomeini (1902–1989). Setzt man die Türkei in diese Vergleichskontexte, die sich wohl am meisten anbieten – Südosteuropa und Osteuropa einschließlich Russlands, die arabische Welt und Iran – so fällt der Befund für die Türkei eher günstig aus: Phasen relativer Liberalität erstrecken sich in der Türkei oft über ein Jahrzehnt und sind kein Einzelfall im zwanzigsten Jahrhundert geblieben. Die Geschichte der Republik Türkei im zwanzigsten Jahrhundert lässt sich jedenfalls nicht als eine Niedergangsgeschichte schreiben. Von den ersten beiden Jahrzehnten des einundzwanzigsten Jahrhunderts wird am Ende dieses Buch die Rede sein.

Aus Anlass des einhundertsten Jahrestages der Republik werden viele Bücher erscheinen – in Türkisch und in anderen Sprachen. Alle werden ihre besonderen Stärken und Schwächen haben. Im vorliegenden Buch werden die Leserinnen und Leser manches vermissen, etwa Geschlechterfragen, Literatur, Kultur oder die intellektuelle Geschichte des Landes. Die hier gewählte Darstellung einer politischen Geschichte der Republik Türkei verdankt sich der Vorprägung und den Vorlieben des Verfassers, aber auch der Überzeugung, dass sich ansonsten die Geschichte der Republik Türkei von Atatürk bis zur Gegenwart nicht verstehen lässt.

Erstes Kapitel

Abschied vom Osmanischen Reich

Der Weg vom Reich zur Republik war kein vorgespurter Pfad, auch wenn der Zerfall des Osmanischen Reiches mit dem Ende des Ersten Weltkriegs niemanden überraschte. Gemeinsam mit Österreich-Ungarn und Russland war das Osmanische Reich eines der drei großen europäischen Territorialreiche, die über Jahrhunderte hinweg Bestand gehabt hatten, aber den Verwerfungen des Ersten Weltkriegs nicht standhielten. Zudem gehörte das Osmanische Reich nicht nur zu den Verlierern des Ersten Weltkriegs, sondern es war schon im neunzehnten Jahrhundert vor seiner Zerstückelung nur durch ein Patt in den Interessen der europäischen Großmächte bewahrt worden. Niemand hätte aber 1918 voraussagen mögen, dass es der aus den Trümmern des Osmanischen Reiches hervorgehenden Türkei als einzigem Land gelingen würde, den von den Siegermächten auferlegten Regelungen, in diesem Fall dem Vertrag von Sèvres von 1920, zu trotzen. Durch einen Krieg in den Jahren 1919–1922 erzwang sie einen anderen, neuen Friedensvertrag, den Vertrag von Lausanne im Jahr 1923, der die neue Türkei als völkerrechtlich souveränen Staat begründete.

1. Erbe und Last: Die spätosmanische Zeit (1876–1912)

Spätosmanische und frührepublikanische Geschichte sind eng ineinander verwoben. Um aber der Gefahr zu entgehen, sich in dieser Darstellung der Republik Türkei in der spätosmanischen Geschichte allzu sehr zu verlieren, werden in diesem Kapitel drei beispielhafte Fragen der osmanischen Gesellschaft und Politik des neunzehnten Jahrhunderts angesprochen – exemplarisch in der Weise, dass sie bis heute das Selbstverständnis und die politischen Debatten in der Türkei prägen.

Das erste Unterkapitel widmet sich der Frage, wie der spätosmanische Staat im Zeitalter des Nationalismus sein Verhältnis zu seinen nicht-muslimischen Untertanen gestalten sollte. Der Osmanismus, ein von oben verordneter Staatspatriotismus, suchte nach einem Ausgleich zwischen Muslimen und Nicht-Muslimen. Heute aber herrscht in der Türkei das Empfinden vor, dass diese von der muslimischen Herrschaftselite ausgestreckte Hand von den christlichen Bevölkerungen des Reiches – angespornt von den europäischen Großmächten – schmählich zurückgewiesen worden sei.

Daraus ergibt sich die zweite Frage, nämlich welche Handlungsspielräume das Osmanische Reich angesichts der erdrückenden europäischen Übermacht im neunzehnten Jahrhundert überhaupt noch besaß. Im Ringen mit dem europäischen Imperialismus entwickelte die osmanische Elite Formen von Selbstrechtfertigung und «asymmetrischer Diplomatie», die als kulturelle Techniken in den Bestand der Republik Türkei übergegangen sind.

Ein drittes Vermächtnis der spätosmanischen Zeit sind die Jungtürken, deren Herrschaft seit 1908 auf der ungelösten Frage beruhte: Wenn sich die bisher versuchten Pfade der Erneuerung als Irrwege erwiesen hatten, welche Lösungen, auch radikalen Zuschnitts, wären überhaupt noch möglich? Die von den Jungtürken entwickelten Antworten, vor allem aber die daraus gespeiste politische Kultur prägte die Türkei bis weit ins zwanzigste Jahrhundert hinein.

Nicht-Muslime und der staatspatriotische Osmanismus

Am 3. November 1839 wurde das von Sultan Abdülmecid I. (reg. 1839–1861) erlassene «Ehrwürdige Sendschreiben» (*hatt-ı şerif*) von Gülhane verkündet.[1] Das Edikt garantierte Leben, Ehre und Eigentum der Untertanen, versprach eine systematische und gerechte Steuererhebung und sah ein umfassendes System der Wehrpflicht vor. Das am 18. Februar 1856 ebenfalls von Abdülmecid I. erlassene «Imperiale Sendschreiben» (*hatt-ı hümayun*) bekräftigte die im Edikt von 1839 genannten Reformpunkte und sicherte darüber hinaus Muslimen und Nicht-Muslimen Gleichheit vor dem Gesetz zu.[2] Während manche Bestrebungen, wie eine gerechtere Lastenverteilung von Steuern und Wehrpflicht, innerosmanische Anliegen darstellten, war das Ziel der Gleichheit von Muslimen und Nicht-Muslimen vor dem Gesetz eine an die europäische Öffentlichkeit gerichtete Selbstverpflichtung.

Konfrontiert mit europäischer Übermacht, mangelnder staatlicher und wirtschaftlicher Leistungsfähigkeit und einem in den südosteuropäischen Besitzungen grassierenden Nationalismus versuchte sich die osmanische Staatselite im neunzehnten Jahrhundert an einer neuen Gesellschaftsordnung. Im Gegensatz zu vorherigen, jahrhundertelang gültigen Vorstellungen beinhaltete die von oben herab verordnete Idee eines «Osmanismus» (*Osmanlılık*) den Wandel weg vom Konzept des Untertanen hin zu dem eines Staatsbürgers und zugleich die Idee der rechtlichen und gesellschaftlichen Gleichstellung von Muslimen und Nicht-Muslimen. Ein Reichspatriotismus, unabhängig von Nationalität und Religion, sollte das vereinende Element werden.

Eine bestimmende Eigenschaft des Osmanischen Reiches war immer gewesen, dass eine kleine Elite über eine große Masse von

Untertanen herrschte. Trotz aller Schwankungen in der Herrschaftskonstruktion des Reiches über die Jahrhunderte hinweg und ungeachtet der vielen örtlichen Besonderheiten lässt sich sagen, dass die «Osmanen» nicht nur die Angehörigen der osmanischen Dynastie, also die Nachfolger des ersten Sultans Osman (ca. 1326 gestorben), waren, sondern auch all jene, die zur führenden Schicht des Osmanischen Reiches gehörten. Osmanen beherrschten die schwierige osmanische Sprache, die dem heutigen Türkischen nahestand, allerdings geschrieben in arabischer Schrift und angereichert mit einer Vielzahl von arabischen und persischen Lehnwörtern. Osmane konnte man zudem nur sein, wenn man Mann und Muslim war. Frauen gehörten nur in ihrer Eigenschaft als Familienangehörige zur Elite, selbst wenn etwa die Mutter des Sultans (*Valide Sultan*) in manchen Abschnitten der osmanischen Geschichte durchaus Anteil an der Herrschaft haben konnte. Der Umfang dieser osmanischen Elite, die ethnisch gesehen unterschiedlichster Herkunft war, lässt sich zahlenmäßig kaum erfassen: Bei einer Bevölkerung im gesamten Reich von zwanzig bis dreißig Millionen Menschen waren es wohl nur wenige Zehntausend Menschen.[3] Zudem gab es viele Schattierungen und Abstufungen. Lokale Eliten in den arabischsprachigen Gebieten fühlten sich dem Osmanischen Reich zwar zugehörig, waren aber nicht unbedingt des Osmanischen mächtig und wurden nicht als Teil der Reichselite betrachtet.

Die Osmanen unterschieden zwischen der zu beschützenden «Herde» (*reaya*) einerseits und den Vertretern des militärischen Standes (*askeri*) und den Gelehrten des religiösen Rechts (*ulema*) andererseits. Als von den Herrschenden beschützte Herde waren sich alle Untertanen gleich. Dennoch nahmen Nicht-Muslime in einem islamischen Staatswesen eine niedrigere Position ein als diejenigen, die der Religion des Islam folgten. Nicht-Muslime konnten in islamischen Herrschaftskontexten ihrer Religion treu bleiben, sofern sie – wie der Islam – einer der anerkannten «Buchreligionen» angehörten, also Religionen, deren Heilsbotschaft in Schriften überliefert war. Ursprünglich waren dies nur das Judentum und Christentum. Islamische Rechtsgelehrte dehnten allerdings in der Folge diese Definition

Juden in Jerusalem um die Wende vom neunzehnten zum zwanzigsten Jahrhundert. Die drei Männer könnten der traditionellen jüdischen Gemeinde, dem «alten Yischuv», angehören. Er stand im Gegensatz zur zionistischen Einwanderung und der Begründung eines «neuen Yischuv» seit 1882.

auf andere Religionen wie den Zoroastrismus, Hinduismus und Buddhismus aus. Weitaus größere Probleme hatten die staatlichen und religiösen Autoritäten des Osmanischen Reiches mit dem Islam nachfolgenden Abspaltungen wie den Aleviten oder gänzlich abseitsstehenden Religionen wie der der Jesiden. Jedoch wurden diese – nach orthodoxer islamischer Auslegung – eigentlich nicht hinnehmbaren Religionen beziehungsweise religiösen Gruppierungen halbwegs geduldet, solange sie sich in abgeschiedene Gebiete zurückzogen und sich nicht offen zeigten.[4]

Juden, Christen und Angehörige anderer (Buch-)Religionen genossen unter islamischer Herrschaft den Status der «Schutzbefohlenheit» (*zimma*); das heißt, ihnen wurde die Ausübung ihrer Religion, unter Beachtung des Vorrangs des Islam, zugesichert und kein grundsätzlicher Zwang zur Konversion zum Islam auferlegt. Sie mussten zusätzlich zu den auch für Muslime üblichen Abgaben und Steuern eine «Kopfsteuer» (*cizye*) entrichten, waren allerdings dafür vom verpflichtenden Militärdienst befreit (den es aber bis zum neunzehnten Jahrhundert für die große Mehrheit der muslimischen Bevölkerung auch nicht gab). Die Osmanen erweiterten den *zimma*-Status zur Form des sogenannten *millet*.[5] Unter dem «Millet-System» lässt sich die osmanische Praxis verstehen, nicht-muslimische Bevölkerungsgruppen in Religionsgruppen zusammenzufassen, die sich in judikativen, karitativen, personenstandsrechtlichen und religiösen Angelegenheiten selbst verwalten konnten. Mit Blick auf die in die Gesellschaft vieler Länder des Nahen Ostens bis heute hineinwirkende Organisationsform des *millet* spricht man in der internationalen Forschung nicht von «Religionen», sondern von «Konfessionsgemeinschaften» – eine Wortwahl, die auch in diesem Buch im Folgenden bevorzugt wird. Etwa von «der christlichen Religion» im Osmanischen Reich zu sprechen, würde die sehr ausgeprägte Binnendifferenzierung der Christen im Osmanischen Reich nicht angemessen abbilden. Für Länder wie den Libanon, dessen Gesellschaft und Politik von einem Neben- und Gegeneinander zahlreicher Religionsgemeinschaften geprägt wird, ist der Begriff des «Konfessionalismus» ein Schlüsselwort.

Das Konzept des Konfessionalismus im Nahen Osten hat übrigens in der Forschungsliteratur eine bemerkenswerte Wandlung erlebt. Noch in den 1970er Jahren hielten Autoren Proporzdemokratien, bei denen das Prinzip der Mehrheitsentscheidung zugunsten eines gütlichen Einvernehmens aufgehoben wird, als vorbildhaft für konfessionell gespaltene Staaten wie den Libanon. Unter dem Eindruck des libanesischen Bürgerkriegs 1975–1990 setzten sich Deutungen durch, die den Konfessionalismus als Teil der dunklen Seite der Moderne sehen – allerdings immer noch mit einem Blick allein auf den Libanon. In den 2000er Jahren stand die wissenschaftliche

Debatte über den «Sektarianismus», der mittlerweile den harmloser klingenden Begriff Konfessionalismus abgelöst hatte, unter dem Eindruck der heftigen sunnitisch-schiitischen Auseinandersetzungen im Irak. Mittlerweile hat sich die Aufmerksamkeit auf die Ebene von Interessengegensätzen von Staaten, hier vor allem Saudi-Arabien vs. Iran, verschoben, die den sunnitisch-schiitischen Gegensatz zu ihren Zwecken mobilisieren.[6]

Mit den Reformedikten des neunzehnten Jahrhunderts sollte die innerosmanische Hierarchie zwischen Muslimen und Nicht-Muslimen eingeebnet werden. Die erste osmanische Verfassung von 1876 schrieb offiziell den Begriff des «Osmanen» für alle Bürger fest, formulierte also das Prinzip des Staatsbürgers. Die rechtliche und religiöse Minderstellung der Nicht-Muslime, die am deutlichsten durch die Zahlung der Kopfsteuer (*cizye*) zum Ausdruck kam, wurde aufgehoben und von einer Wehrersatzsteuer (*bedel-i askeri*) abgelöst. Erst ab 1909 wurden Nicht-Muslime verpflichtend zum Wehrdienst herangezogen.[7]

Oft wird darauf hingewiesen, dass die Entwicklungen seit 1839 zu einer Überprivilegierung der Nicht-Muslime führten, die ihre alten Privilegien (wie zum Beispiel nicht zum Militärdienst herangezogen zu werden) durch neue Möglichkeiten, wie den Schutz der europäischen Mächte zu suchen, ergänzen konnten. Angesichts dieser strukturellen Bevorzugung der Christen seien die Muslime im Osmanischen Reich des neunzehnten Jahrhunderts die Verlierer gewesen.[8] Es handelte sich aber wohl eher um eine Klassenfrage. So war ein armenischer Bauer im östlichen Anatolien, der keineswegs auf einen das Recht durchsetzenden Staat vertrauen konnte, gegenüber Waffen tragenden Kurden grundsätzlich im Nachteil. Im Vorteil waren allerdings seit dem neunzehnten Jahrhundert christliche Händler und Kaufleute in den großen Handels- und Hafenstädten, die in vielem an die Kompradorenbourgeoisien Lateinamerikas oder Ostasiens erinnern. In staatsrechtlicher Hinsicht bestand zudem der Vorrang der islamischen Religion fort; so wurde die Verfassung von 1876 als ein der islamischen Staatsreligion untergeordnetes Regelungswerk verstanden.[9]

Die Erfolgsaussichten dieses Projekts eines osmanischen Staatspatriotismus, der nach dem Wunsch der osmanischen Staatsführung die ethnischen, religiösen und regionalen Trennungslinien überbrücken sollte, waren von Anfang an gering – vor allem angesichts der lockenden Aussicht für die christlichen Bevölkerungen Südosteuropas, mit Unterstützung der europäischen Großmächte eigene Nationalstaaten gründen zu können.[10] Der Erste Balkankrieg 1912 brachte die Idee des Osmanismus endgültig zu Fall. An die Stelle der Auffassung, dass das Reich Muslime und Nicht-Muslime zu schützen habe, trat nunmehr als neu zu denkendes Staatsgebilde ein Gemeinwesen allein für Muslime. In und mit einem solchen homogenen Staat sollte eine langfristig tragende Antwort auf die europäische Herausforderung möglich sein. Denn dies war eine weitere Frage, die die spätosmanische Elite über Jahrzehnte hinweg beschäftigte: Wie konnte die Quadratur des Kreises gelingen, den Europäern ebenbürtig zu sein, ohne sich von ihnen vereinnahmen zu lassen?

Selbstbehauptungsversuche des «Kranken Mannes»

Für das Osmanische Reich war das neunzehnte Jahrhundert das «längste» und wohl auch quälendste,[11] denn in diesem Zeitraum, der von einem hartnäckigen Ringen um den Erhalt des Reiches geprägt war, gehörten die Osmanen «zweifelsfrei zur Welt der Opfer».[12] Schon seit dem späten achtzehnten Jahrhundert musste sich die osmanische Staatsführung die – für sie zunächst unerklärlich – angewachsene militärische Macht und wirtschaftliche Leistungsfähigkeit Europas eingestehen. Im achtzehnten Jahrhundert hatte unter der osmanischen Elite noch die Auffassung vorgeherrscht, dass Reformen nur einzelne militärische Bereiche (wie Artillerie und Marine, die einen hohen Anteil an technischem Wissen voraussetzten) beträfen, aber politische Reformen nicht notwendig seien, ja sogar vermieden werden müssten, um das Gleichgewicht in der osmanischen Gesellschaft nicht zu gefährden.[13] Bald aber musste die osmanische Elite einsehen, dass Reformen allein im Bereich des

Militärs wenig ausrichteten. Wenn man moderne Kanonen bedienen wollte, musste man eine Vorstellung von Ballistik haben. Um einen tieferen Einblick in die ballistische Wissenschaft zu gewinnen, war es unumgänglich, die in europäischen Sprachen geschriebenen Hand- und Fachbücher selbst zu lesen – also war die Kenntnis einer europäischen Fremdsprache, vornehmlich des Französischen als der Weltsprache des neunzehnten Jahrhunderts, notwendig. All das war wiederum nur möglich, wenn Offiziere und hohe Verwaltungsbeamte schon in der Jugend die entsprechenden sprachlichen und intellektuellen Grundlagen erwarben. Vom rein militärischen Anliegen ausgehend weitete sich so in immer mehr ausgreifenden Kreisen der Reformzwang auf unterschiedlichste Bereiche des Staatsapparats und der Gesellschaft aus.

1826 gelang es Sultan Mahmud II. (reg. 1808–1839), die Janitscharen, die ehemalige Eliteinfanterie des osmanischen Militärs, zu zerschlagen. Die *yeni çeri*, die «neuen Truppen», waren schon längst nicht mehr das, was sie in den frühen Jahrhunderten des Osmanischen Reiches gewesen waren. Sie waren nicht mehr die aus der «Knabenlese» (*devşirme*) gewonnenen Männer christlicher Herkunft aus Südosteuropa, die als Jugendliche einem harten Ausbildungsprozess (einschließlich der Konversion zum Islam) hin zu Elitesoldaten der osmanischen Infanterie unterworfen wurden, sondern sie waren Teil einer in den Städten ansässigen muslimischen «Bürgerschaft» geworden und zugleich eine gewichtige Stimme der politischen Opposition. Mit der gewaltsamen Auflösung der Janitscharen als militärischer Formation und politischer Gruppierung war der Weg hin zu einer Umstellung des osmanischen Militärs auf europäische Organisationsformen offen.

Der Import von Einrichtungen, Techniken und Objekten aus Europa war aber mit Fußangeln versehen: Die Osmanen übernahmen Elemente der modernen europäischen technischen Zivilisation oft ohne ein genaueres Verständnis ihrer Handhabung – und die Auswahl war willkürlich: Helmuth von Moltke (1800–1891), der spätere Chef des Großen Generalstabs der preußischen Armee, war in den Jahren 1836–1839 ins osmanische Heer abgeordnet worden.

Er sah die zahlreichen, wenig aufeinander abgestimmten Reformanläufe der Osmanen, verknüpft mit dem Wunsch, sich nicht allzu sehr von einem einzelnen europäischen Staat abhängig zu machen. Es entstand, so Moltke, ein Heer nach europäischem Muster, aber «mit russischen Jacken, französischem Reglement, belgischen Gewehren, türkischen Mützen, ungarischen Sätteln, englischen Säbeln und Instrukteurs aus allen Nationen».[14]

Die 1839 mit dem bereits erwähnten Edikt von Gülhane verkündete Reformpolitik der «Anordnungen» (*Tanzimat*) wollte aus eigenem Bemühen und eigener Kraft das Osmanische Reich modernisieren, also den Verwaltungsapparat zentralisieren und straffen, das Erziehungswesen stark ausbauen und die wirtschaftliche Leistungsfähigkeit steigern.[15] Abdülhamid II. (reg. 1876–1909), der letzte Sultan, der über wirkliche Macht verfügte, drängte die *Tanzimat* und ihre Vertreter zur Seite und verlegte sich auf die Strategie einer islamischen Selbstbehauptung, die Anklänge an eine Politik des Panislamismus zeigte. Dennoch bemühte er sich ebenfalls darum, durch eine infrastrukturelle, militärische und wirtschaftliche Stärkung des Reiches Anschluss an die europäische Staatenwelt zu halten. Die Politik einer defensiven und zugleich autoritären Modernisierung während der eigentlichen *Tanzimat*-Zeit (1839–1876) und in dem mehr als drei Jahrzehnte währenden Sultanat von Abdülhamid II. führte tatsächlich zu einer größeren Leistungsfähigkeit des Staates. Das Osmanische Reich konnte aber nicht nur im Verhältnis zum sich ungestüm entwickelnden Europa keinen Boden gutmachen, sondern war immer mehr in Abhängigkeit von den europäischen Großmächten gefangen.

So sind bereits die beiden osmanischen Reformdekrete von 1839 und 1856 auffallend eng mit der europäischen Einflussnahme im Osmanischen Reich verknüpft: Das erste von 1839 fällt mit der englischen Unterstützung für eine Rückgewinnung der osmanischen Provinzen in Syrien und Palästina zusammen. Mehmed Ali beziehungsweise Muhammad Ali Pascha (ca. 1770–1849), offiziell osmanischer Gouverneur (*vali*), aber faktisch eigenständiger Herrscher über Ägypten,[16] versuchte in den 1830er Jahren in einem nach Syrien und schließlich Anatolien führenden Feldzug das Osmanische Reich von innen zu erobern. Nur die Intervention Großbritanniens und Russlands hielt die ägyptische Armee davon ab, İstanbul einzunehmen. Die beiden Großmächte retteten so die osmanische Dynastie vor dem Zusammenbruch und drückten Ägypten 1841 im Vertrag von London auf den Status einer kleineren Macht mit beschränkten militärischen Mitteln herab, versüßt durch das Zugeständnis, eine eigene Dynastie, die Khediven, begründen zu können.[17]

Das zweite Reformedikt von 1856 wurde kurz nach dem Krimkrieg (1853–1856) erlassen, in dem das Osmanische Reich mit Frankreich und Großbritannien auf der Seite der Sieger stand. Im Frieden von Paris am 30. März 1856, der die Ergebnisse des Krimkriegs regelte, bekräftigten die europäischen Großmächte die territoriale Integrität des Osmanischen Reiches und sicherten diesem zu, ab jetzt an den «Vorteilen des europäischen Konzerts» teilzuhaben.[18] Beim Berliner Kongress von 1878 jedoch, nach einer vernichtenden Niederlage des Sultanreiches gegen Russland, wies Bismarck den osmanischen Vertretern die demütigende Rolle eines Hintersassen der europäischen Politik zu.[19] Während die europäischen Mächte noch 1856 versprochen hatten, sich nicht in die inneren Angelegenheiten einzumischen, und das Osmanische Reich unter eine Art von Besitzstandsgarantie stellten, waren die osmanischen territorialen Verluste, die der Berliner Kongress 1878 beschloss, gewaltig: Das Imperium verlor rund ein Drittel seines Territoriums und über ein Fünftel seiner Bevölkerung. Unter anderem wurden die Gebiete des heutigen Serbien, Montenegro, Bulgarien und Rumänien vom Osmanischen Reich abgetrennt und als autonome Entitäten oder sogar souveräne Staaten (mit anderen Staatsgrenzen allerdings als heute) anerkannt; Bosnien und die Herzegowina wurden Österreich unterstellt. Zudem sicherten sich die europäischen Großmächte das Recht auf Intervention in Makedonien und forderten für die sogenannten Sechs Provinzen (*vilâyât-i sitte*) in Ostanatolien mit einem hohen armenischen Bevölkerungsanteil Reformmaßnahmen, zu verstehen hier als erweiterte Schutzrechte für die dortige christliche Bevölkerung.[20]

Dass die Osmanen sich gegen die Überwältigung durch Europa mit Hilfe Europas wehren wollten, führte dazu, dass die Europäer die Lage umso mehr dazu nutzten, die osmanische Macht zu bedrängen und zu unterminieren. Zwar wurde das Osmanische Reich in seinem Kernbestand von den europäischen Mächten belassen, aber in vielerlei Hinsicht wurde seine Souveränität untergraben und es in einen oft demütigenden Zustand der Abhängigkeit gebracht. Zwei Beispiele sollen genügen, um das Ausmaß dieses Bedrängens, Eindringens und Durchdringens zu verstehen:

Da ist zunächst die europäische Schutzpolitik zugunsten der christlichen Minderheiten im Osmanischen Reich, die zwar ein legitimes Instrument des damals geltenden europäischen Völkerrechts war; durch die Verquickung mit politischen Interessen wurde jedoch das gesamte Rechtsinstitut der humanitären Intervention diskreditiert und führte zu seiner Ablehnung im Völkerrecht des zwanzigsten Jahrhunderts.[21]

Die moralische Doppelbödigkeit der europäischen Politik zeigte sich auch in der «Orientalischen Frage» des neunzehnten Jahrhunderts: Dieser Begriff sollte die Besorgtheit der Europäer über den Zustand des «Kranken Mannes» ausdrücken, wobei man selbst Anlass der Sorge war: Seit der ersten Hälfte des neunzehnten Jahrhunderts war das Osmanische Reich – angesichts einer Pattsituation zwischen den europäischen Mächten hinsichtlich der Frage, wie eine mögliche Abwicklung des Osmanischen Reiches zu gestalten sei – als Eckstein in das internationale Mächtegleichgewicht eingemauert worden: Im Kern meinte die Orientalische Frage letztlich, «wieviel vom Osmanischen Reich in welcher Form im Interesse der europäischen Mächte unbedingt erhalten werden mußte».[22]

Das Osmanische Reich war in Wirklichkeit nicht das Sorgenkind, sondern diente vielmehr als eine Art Überdruckausgleichsgefäß des europäischen Staatensystems oder als internationale politische Bank, mit gewissermaßen unbegrenzten Sonderziehungsrechten für die europäischen Großmächte. Erst als das Osmanische Reich in den Balkankriegen endgültig in den Bankrott getrieben wurde, übernahm Österreich-Ungarn den Part des «Kranken Mannes», und das

System des internationalen Interessenausgleichs brach mit dem Beginn des Ersten Weltkriegs zusammen.[23]

Die europäische Unterminierung osmanischer Souveränität zeigt sich noch deutlicher beim zweiten Beispiel – den sogenannten Kapitulationen (*imtiyazat*). Der Begriff bedeutete hier nicht, «sich ergeben» zu wollen, sondern leitete sich von in Kapiteln gefassten diplomatischen Zugeständnissen ab.[24] Die Kapitulationen waren vom Osmanischen Reich vom sechzehnten Jahrhundert an, also in einer Zeit umfassender Machtfülle, als eine Art Meistbegünstigungsklausel an europäische Handelsnationen verliehen worden. Mit der zunehmenden Übermacht Europas ab dem späten achtzehnten Jahrhundert wurden diese Privilegien, die unter anderem eine eigene Konsulargerichtsbarkeit und Steuerbefreiungen für ausländische Staatsbürger sowie für die unter ausländischem Schutz stehenden osmanischen Untertanen beinhalteten, immer mehr europäischen Staaten gewährt und von diesen immer weiter ausgelegt. Aus einer Institution, die unter den Bedingungen osmanischer Überlegenheit eingerichtet worden war, wurde damit im neunzehnten Jahrhundert ein Instrument übermäßiger europäischer Einflussnahme, vor allem im Bereich der Wirtschaft.[25]

In ökonomischer Hinsicht gab es für die außereuropäische Welt des neunzehnten Jahrhunderts nur zwei Möglichkeiten: entweder, mit manchen damit verbundenen Nachteilen, noch nicht Teil des sich globalisierenden europäischen Wirtschaftsraums zu sein oder, mit allen daraus sich ergebenden Nachteilen, in diesen zunehmend eingebunden zu werden. Für das Osmanische Reich bestand, aufgrund der räumlichen Nähe zu und der wirtschaftlichen Verflechtung mit Europa, nur die zweite Option. Die wirtschaftliche Abhängigkeit des Osmanischen Reiches war umfassend. 1913 wurden vier Fünftel der reichsweiten Produktion von Rohbaumwolle exportiert, aber 90 Prozent der Baumwolltextilien aus dem Ausland importiert; das heißt, das Osmanische Reich schickte billige Rohbaumwolle ins Ausland, um sie von dort teuer als Endprodukt wieder einkaufen zu müssen. Häufig – und keineswegs zu Unrecht – sind deswegen auf türkischer Seite Argumente zu finden, dass sich das Osmanische Reich in einem Zustand der «Halbkolonisierung» befunden habe.[26]

Ägypten, das bis 1914 der äußeren Form nach Teil des Osmanischen Reiches war, steht beispielhaft für die verschiedenen Phasen der europäischen wirtschaftlichen, aber auch machtpolitischen Durchdringung, die sich vom Freihandels- über den Finanz- bis hin zum Kolonialimperialismus steigerte. 1876 musste Ägypten den Staatsbankrott erklären, verursacht durch unmäßige Ausgaben, aber vor allem aufgrund einer für Ägypten katastrophalen und für die europäischen Gläubiger äußerst vorteilhaften Verschuldungsspirale. Auch hier galten die Kapitulationen, mit noch verhängnisvolleren Auswirkungen für die ägyptische Wirtschaft und Gesellschaft als in den osmanischen Zentralgebieten: Die Europäer, von allen Steuern und Abgaben befreit, hielten den größten Teil des Kapitalvermögens in Händen. Ägypten war vielleicht das Land, welches weltweit dem Finanzimperialismus «die günstigsten Chancen bot».[27] Bereits ein Jahr zuvor hatte die osmanische Regierung dasselbe Schicksal ereilt: Nach dem Staatsbankrott von 1875, bedingt durch eine allzu hohe Zinslast für früher aufgenommene Kredite sowie durch einige Dürrejahre, wurden weite Teile der osmanischen Wirtschaft einer ab 1881 tätigen internationalen Schuldenverwaltung unterstellt. Noch heute ragt das gewaltige Verwaltungsgebäude der «Administration de la Dette Publique» (*Düyun-i Umumiye*), das heutige *İstanbul Lisesi* (ein deutschsprachiges Gymnasium), sichtbar aus dem Häusermeer der İstanbuler Altstadt heraus.

Die damaligen osmanischen Staatsbeamten und Intellektuellen standen vor der Frage, welche Wege und Möglichkeiten es noch geben könnte, nachdem trotz aller Bemühungen keine Aussicht bestand, jemals ernsthaft als legitimer Teil Europas anerkannt und behandelt zu werden. Die Erörterungen, was die richtige Antwort sein sollte, gingen in die nächste und zugleich letzte Runde.

Freie Radikale: Die Jungtürken

Die politisch-ideologisch vielgestaltige Bewegung der Jungtürken entsprang der Tradition von Oppositionsbewegungen gegen die Autokratie des osmanischen Staates und Sultan Abdülhamids II. im Besonderen. Bereits in der Mitte des neunzehnten Jahrhunderts versammelte sich eine Gruppe von Intellektuellen, «Jungosmanen» (*Yeni Osmanlılar*) genannt,[28] die die Einführung einer konstitutionellen Ordnung forderten, aber sich zugleich – mit Rückgriff auf Konzepte islamischer politischer Theologie – gegen den übermäßigen politischen und kulturellen Einfluss Europas wandten. Die Kritik der Jungosmanen an den *Tanzimat* und ihren Staatsmännern war, dass unter ihnen die Herrschaft des Staates noch willkürlicher und absolutistischer geworden sei als in den vorangehenden Zeiten, in denen noch Institutionen wie die Janitscharen einen mäßigenden Einfluss hätten ausüben können. Deswegen sei eine Rückkehr notwendig zu den ursprünglichen Gedanken der islamischen Religion, unter anderem dem für die Regierenden verpflichtenden Prinzip der Konsultation. Ab den 1860er Jahren war *La Jeune Turquie* ein fester Begriff in der politischen Debatte als Bezeichnung für all diejenigen geworden, die ernsthaft an «Reformen», und zwar an anderen als denen der *Tanzimat* interessiert waren.[29]

Die jungtürkischen Intellektuellen um 1900 zeigten sich bereits deutlich radikaler, aber sie waren, trotz ihrer revolutionären Parolen, in erster Linie dem Erhalt des Osmanischen Reiches verpflichtet. Im Mai 1889 wurde an der Militärakademie für Medizin ein «Komitee der Osmanischen Einheit» (*İttihad-ı Osmani Cemiyeti*) gegründet. Unter den sieben ursprünglichen Gründern dieser geheimen Vereinigung kamen vier aus dem russischen Kaukasus, einer aus den albanischen Gebieten Südosteuropas und zwei aus Kurdistan. Eine bleibende Wirkung hatte nur Abdullah Cevdet (1869–1932), ein Arzt und Schriftsteller kurdischer Herkunft, der sich in den folgenden Jahrzehnten zu einem unerbittlichen Religionskritiker entwickelte. Dass sich unter den Gründungsmitgliedern kein einziger ethnischer Türke befand, zeigt, dass die Jungtürken zu Beginn keineswegs eine türkisch-nationalistisch verengte politische Gruppe waren und dass sich die Frage nach einer Nation unter nicht-türkischen Muslimen früher stellte als unter türkischen Muslimen.[30]

Das Komitee der Osmanischen Einheit legte sich 1894 den Namen zu, unter dem es später bekannt werden sollte, nämlich «Komitee für Einheit und Fortschritt» (*İttihad ve Terakki Cemiyeti*). Politische Schlagkraft und bleibende Bedeutung erlangte es jedoch erst, als es 1908 ein Bündnis mit Offizieren in einigen südosteuropäischen osmanischen Garnisonsstädten einging, so dass es ihnen gemeinsam gelang, die Wiederbelebung der konstitutionellen Ordnung von 1876 zu erzwingen. Sultan Abdülhamid II. hatte im Februar 1878 die osmanische Verfassung suspendiert und das Parlament vertagt, um beide in den folgenden drei Jahrzehnten nicht mehr wiederzubeleben. Der Aufstand von Teilen des eigenen Militärs, der sich nicht mehr eindämmen ließ, zwang nun den Sultan am 24. Juli 1908 dazu, die zentrale Forderung der Aufständischen zu erfüllen: die Wiederbelebung des konstitutionellen Prinzips und des Parlaments.[31] In der türkischen Geschichtsschreibung wird deswegen für die Zeit von 1908 an von der «Zweiten Konstitution» (*İkinci Meşrutiyet*) gesprochen, also der Phase einer zweiten konstitutionellen Herrschaft nach der ersten in den Jahren 1876–1878. Den Versuch einer Konterrevolution im folgenden Jahr, 1909, nahmen die Jungtürken zum Anlass, Abdülhamid II. abzusetzen. Die beiden nachfolgenden und zugleich letzten Sultane des Osmanischen Reiches, Mehmed V. Reşad (reg. 1909–1918) und Mehmed VI. Vahdeddin (reg. 1918–1922), waren weit von der Machtfülle entfernt, die Abdülhamid II. noch in sich hatte vereinen können.

Jungtürken und Militär waren nicht deckungsgleich. Auch als nach den Balkankriegen nahezu alle Führungspositionen im Militär neu besetzt wurden, waren die aufrückenden Offiziere nicht durch die Bank jungtürkisch gesinnt. Jedoch sah sich das nunmehr nahezu vollständig aus den neuen militärischen Lehranstalten hervorgegangene Offizierskorps als Träger und Speerspitze der Reformen und der Modernisierung des Reiches. Einen starken Eindruck hinterließen aus Europa importierte Militärdoktrinen, wie das Konzept vom «Volk in Waffen» (1883 als Buch veröffentlicht), das Colmar von der Goltz (1843–1916) während seiner Jahre 1883–1895 als Inspektor der osmanischen Heeresschulen und später als Lehrer an der Kriegsakademie weitergab.[32] Zudem zeigten die osmanischen Reformmaßnahmen des neunzehnten Jahrhunderts ungewollte Folgen: So wurden die militärischen Hochschulen, die Bollwerke des Reiches sein sollten, zu Brutstätten der politischen Opposition. Die an den Schulen vermittelten Sprachkenntnisse im Französischen machten die Schriften französischer Soziologen und Philosophen für die jungen Offiziere zugänglich. Das Curriculum der Militärschulen wies zwar immer noch einen bedeutenden Anteil von religiösen Lehrinhalten auf. Aber die Offiziere ließen sich viel mehr durch neue europäische Gedanken beeindrucken, etwa durch die Massenpsychologie Gustave Le Bons, die für das Militär eine wichtige Rolle als unverzichtbarer Bestandteil der politischen Elite vorsah. Zudem übertrugen die jungen Offiziere die in den Militärschulen vermittelte technische Betrachtungsweise auf die Gesellschaft und bereiteten so den Weg für positivistische, vulgärmaterialistische und sozialdarwinistische Einstellungen, die für die Jungtürken und die Gründungsgeneration der Republik Türkei kennzeichnend sein sollten.[33]

Tatsächlich waren die meisten Jungtürken und Mitglieder des Komitees für Einheit und Fortschritt jung. Zugleich diente «jung» im damaligen osmanischen Sprachgebrauch dazu, den Kampf gegen die etablierten Kräfte, den tiefgreifenden Veränderungswillen und das Ziel des Fortschritts zu kennzeichnen. Die Jungtürken vereinigten in sich anfangs unterschiedlichste Ansätze, auch liberale und emanzipative, zunehmend aber verengten sich ihre politischen Positionen. Das Komitee für Einheit und Fortschritt war eine besonders militante und entschlossene Gruppe innerhalb der jungtürkischen Bewegung. Man sprach von Liberalismus und repräsentativer Regierung, aber seinem Ursprung nach war das Komitee eine geheime Organisation, die sich am Vorbild russischer und bulgarischer revolutionärer Untergrundbewegungen orientierte und so wie diese «Zweifel an den Formen parlamentarischer Demokratie hegte».[34]

General Cemal Pascha (links) mit seinem Stabschef, Oberst Ali Fuad (Erden), an der Palästina-Front zu Beginn des Ersten Weltkriegs. Cemal wurde von Enver und Talât, den anderen beiden Mitgliedern des jungtürkischen «Triumvirats», während des Kriegs von İstanbul – und damit von der Macht – ferngehalten.

Auch nach der offiziellen Aufhebung des Status als Geheimorganisation im Oktober 1909 behielt das jungtürkische Komitee seine bisherige Arbeitsweise im Verborgenen bei. Seine Mitglieder hielten sich bedeckt, sicherten sich aber in den Kabinetten die Schlüsselposten. Zum Großwesir ernannte man daher «gewöhnlich eine nicht unmittelbar zur jungtürkischen Partei gehörende, ältere und angesehene Persönlichkeit, welche sich selbstverständlich dem Diktat des Komitees unterwerfen mußte».[35]

Nach der erfolgreichen «Revolution» des Jahres 1908 war die Begeisterung unter allen Bevölkerungsgruppen und Konfessionen des Reiches groß. Die strahlende Zukunft eines gemeinsamen Reiches und Staates schien greifbar nah. In kürzester Zeit jedoch verdüsterte sich der Horizont. Die politischen Erschütterungen im Osmanischen

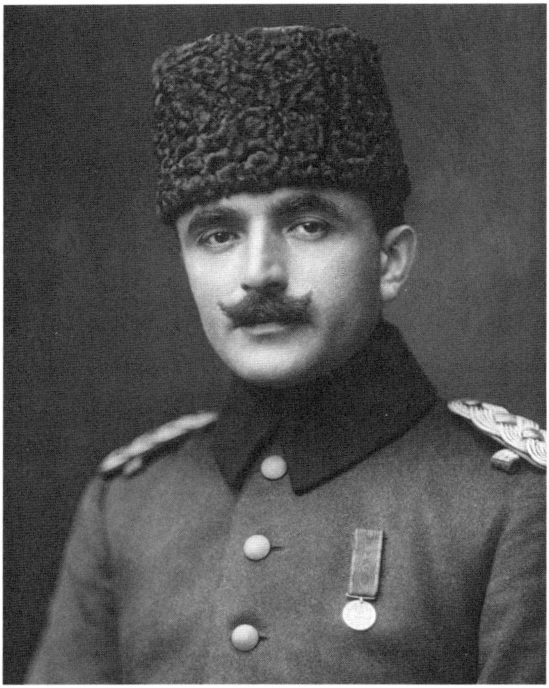

Enver Pascha, Generalleutnant und Kriegsminister während des Ersten Weltkriegs, hier auf einer Aufnahme um das Jahr 1915, war für eine vernichtende Niederlage des osmanischen Heeres an der osmanisch-russischen Kaukasusfront im Winter 1914/15 verantwortlich.

Reich kalt nutzend, erklärte Bulgarien seine Unabhängigkeit, Österreich-Ungarn annektierte das von ihm verwaltete Bosnien-Herzegowina und Kreta verkündete seine Vereinigung mit Griechenland. Das Desaster des Ersten Balkankriegs im Herbst 1912 bot schließlich den Jungtürken, die sich von den Bedingungen einer parlamentarisch-demokratischen Ordnung zunehmend eingeengt sahen, die Möglichkeit, die Macht gänzlich an sich zu reißen. Am 23. Januar 1913 unternahm Enver Bey, führendes Mitglied des jungtürkischen Komitees, einen Putsch gegen die Regierung. Von 1913 bis 1918 war das Komitee für Einheit und Fortschritt direkt an der Macht. In diesen wenigen Jahren, die weitgehend mit der Zeit des Ersten Weltkriegs

Diese Porträtaufnahme zeigt Talât im Jahr 1920, also bereits im deutschen Exil in Berlin, ein Jahr vor dem tödlichen Attentat auf ihn. Talât, ursprünglich Post- und Telegrafenbeamter, stieg während des Ersten Weltkriegs bis in das Amt des Großwesirs auf und war die treibende Kraft hinter dem Genozid an den Armeniern.

zusammenfallen, waren die sichtbarsten Führungsfiguren des jungtürkischen Komitees das «Triumvirat» aus Cemal, Enver und Talât.

Cemal, 1872 in Mytilini auf der Insel Lesbos geboren und Sprössling einer Offiziersfamilie, war Absolvent der Kriegsakademie. 1913 wurde er Militärgouverneur von İstanbul, später Marineminister und Kommandeur der Vierten Armee in Syrien. Im Triumvirat war er mit Abstand der politisch Schwächste. Enver, 1881 in İstanbul geboren, kam aus einfachen Verhältnissen, war jedoch ebenfalls Absolvent der Kriegsakademie und galt als «Held der Freiheit», weil er maßgeblich zum Gelingen des jungtürkischen Umsturzes von 1908 beigetragen hatte. 1913 wurde er General und Kriegsminister.

Der dritte im Bunde, Talât (auch in der Schreibung *Talaat* zu finden), wurde 1874 in Edirne in ärmlichen Umständen geboren. Er durchlief keine militärische Laufbahn, aber seine Stellung als Chefsekretär des Direktorats für Post und Telegrafendienst in Saloniki 1908 gab ihm die Möglichkeit, die jungtürkische Bewegung entscheidend zu unterstützen. In den folgenden Jahren hielt er verschiedene Positionen, unter anderem wurde er 1909 Innenminister. 1917 stieg er sogar in das Amt des Großwesirs auf, das er bis zum Kriegsende innehatte.[36] Es gibt gute Gründe, ihn als den führenden Kopf der jungtürkischen Politik während des Ersten Weltkriegs zu sehen.[37]

Die Jungtürken waren ein vorübergehendes Phänomen. Direkt an der Macht blieben sie nur wenige Jahre, von 1913 an bis 1918, als sie zusammen mit dem besiegten Osmanischen Reich im Ersten Weltkrieg untergingen. Warum also sind sie – bis heute – so bedeutend? Neben ihrer Verantwortung für die osmanische Innenpolitik und Kriegsführung ist wohl von noch größerer Bedeutung, dass eine jungtürkisch denkende Elite zumindest bis zum Jahr 1950 die Macht direkt in ihren Händen hielt. «Jungtürkisch denkend» bedeutet hier eine Gruppe von Akteuren – Offiziere, Intellektuelle, Politiker –, die durch politischen Wettbewerb oder, wenn dies nicht möglich war, durch Entschlossenheit und Skrupellosigkeit die Macht im Staat zu übernehmen sich verpflichtet sahen – und auch berechtigt, denn es ging nach ihrem eigenen Verständnis um das hehre Ziel, Nation und Staat zu retten. In ihrer Sicht von Gesellschaft und Staat waren sie Sozialingenieure, die voller Zuversicht waren in die grundsätzlich positive Wirkung ihrer Handlungen und Maßnahmen, solange sie nicht von anderen hintertrieben würden. Wenn die letztendlichen Ziele erreicht seien, nämlich den Staat stark gemacht und in der Gesellschaft eine vollständige Übereinstimmung mit dieser Neuordnung erzielt zu haben, dann seien sie – so ihre Rede – gerne bereit, von ihrer heroischen Aufgabe wieder zurückzutreten.

Die Jungtürken wollten sich von der Lähmung der Autokratie unter Abdülhamid II. befreien. Der Dynamik der Ereignisse, die von ihnen nur zum kleineren Teil selbst ausgelöst wurde, zum größeren Teil jedoch von außen auf sie wirkte, glaubten sie nur mit äußerster

Radikalität begegnen zu können. Die Jahrzehnte unter Abdülhamid II. mögen bleierne Jahre gewesen seien. Unter den Jungtürken aber wurde ab 1913 das Blei der Autokratie zu einem kochenden Metall, das das bisherige staatliche und soziale Gefüge hinwegschmelzen ließ. Der Erste Weltkrieg war für die Jungtürken Anlass und Gelegenheit zugleich.

2. Die Geburt aus dem Krieg (1912–1922)

Die Republik Türkei entsteht auf und aus den Trümmern des osmanisch-türkischen Kataklysmus der Jahre 1912–1922, eines Zeitraums umwälzender und zerstörerischer Gewalt.[38] In diesen zehn Jahren – von den beiden Balkankriegen (1912–1913) über den Ersten Weltkrieg (1914–1918) bis zum Krieg der anatolischen Nationalbewegung (1919–1922) – geht das Osmanische Reich unter und die Türkische Republik tritt hervor. Am Ende dieser Dekade ist aus einem multiethnischen und multikonfessionellen Reich ein Staat geworden, der sich der Nation der Türken (und in zweiter Linie: der Türkinnen) verpflichtet sieht. Die Türkei erlebte damit den Ersten Weltkrieg anders als die westeuropäischen Gesellschaften, denn im osmanisch-türkischen Kontext ist er eingebettet in eine Abfolge von Kriegen, die zwei Jahre vor dem Ersten Weltkrieg beginnen und erst vier Jahre danach enden. Aus dieser Dekade voller Umwälzungen ragen wiederum die Jahre des Ersten Weltkriegs wegen ihres Vernichtungscharakters heraus. Anatolien wird in diesem Krieg zutiefst verwüstet: Der Verlust an Menschenleben, Infrastruktur, kulturellem Reichtum und Vielgestaltigkeit ist ungeheuer. In wenigen Jahren verliert das östliche Anatolien rund die Hälfte seiner Bevölkerung, durch die Kriegshandlungen an sich, aber vor allem durch Epidemien, Hunger und Massaker.

Die Balkankriege

Die entscheidende Erfahrung, die nahelegte, dass dem Osmanischen Reich in seiner Beschaffenheit als multiethnisches und multikonfessionelles Imperium keine Zukunft mehr beschieden sei, war der Erste Balkankrieg im Herbst 1912.[39] Unmittelbar ausgelöst wurde er durch Ereignisse am anderen Ende des Osmanischen Reiches, im heutigen Libyen. Italien hatte 1911 unter einem fadenscheinigen Vorwand die osmanischen Provinzen Tripolitanien und die Cyrenaika (die westliche beziehungsweise östliche Küstenregion des heutigen Libyen) besetzt. An sich war der Verlust dieser nordafrikanischen Besitzungen am äußersten Rand des Reiches nicht sehr bedeutend. Das Osmanische Reich besaß, nachdem Ägypten seit 1882 unter der Kontrolle Großbritanniens stand, ohnehin keine Landbrücke mehr zu seinen nordafrikanischen Gebieten westlich von Ägypten. Militärisch konnten sich die Osmanen nur mit Hilfe eines – zum Teil recht erfolgreichen – Guerillakrieges wehren. Sie mussten zudem im Mai 1912 die Blockade der Dardanellen und die Besetzung des Dodekanes (der «zwölf Inseln», mit Rhodos als Hauptinsel) durch Italien hinnehmen, das damit mehr Druck auf den osmanischen Kriegsgegner ausüben wollte. Angesichts der militärischen Hilflosigkeit des Osmanischen Reiches, im Verein mit dem von den europäischen Großmächten geduldeten Bruch des Völkerrechts durch Italien, sahen Bulgarien, Griechenland, Montenegro und Serbien die Gelegenheit gekommen, dem Osmanischen Reich seine europäischen Besitzungen zu entreißen. Die Beute würde groß genug sein, um alle zufriedenzustellen. Als Vorwand nahmen die Balkanstaaten, dass das Osmanische Reich die Bestimmungen des Berliner Kongresses von 1878, der Reformen in Makedonien forderte, nicht umgesetzt habe.

Die Niederlagen der osmanischen Armeen in den ersten Wochen des Krieges, also im Oktober und November 1912, waren vernichtend. Nur wenige Festungen wie Shkodra (im heutigen Nordalbanien), Ioannina (im heutigen Nordwestgriechenland), Monastır (das heutige Bitola in Nordmazedonien) und Adrianopel (Edirne) konnten sich halten, mussten dann aber doch angesichts der allgemeinen Lage kapitulieren. Die bulgarische Armee war bis auf die Çatalca-Linie, die letzte Verteidigungslinie rund sechzig Kilometer vor İstanbul, herangerückt. Während des Zweiten Balkankriegs im Juni/Juli 1913, der zwischen Bulgarien und seinen ehemaligen Verbündeten ob eines Streites über die Aufteilung der gewonnenen Gebiete entbrannte und den Bulgarien rasch verlor, konnten die Osmanen das von den Bulgaren nicht mehr verteidigte Adrianopel (Edirne) und das östliche Thrakien im Juli 1913 zurückerobern.[40]

Für die Balkanstaaten waren die territorialen und demographischen Zuwächse als Ergebnis des Ersten Balkankriegs ungeheuer. So konnte zum Beispiel Griechenland sein Staatsterritorium um 70 Prozent vergrößern; seine Bevölkerung stieg von 2,8 auf 4,8 Millionen. Serbiens Staatsgebiet verdoppelte sich nahezu, seine Einwohnerzahl stieg um eineinhalb Millionen.[41] Für die osmanischen Eliten hingegen war der Befund des verlorenen Ersten Balkankriegs niederschmetternd: Innerhalb weniger Wochen gingen all diejenigen südosteuropäischen Gebiete (in heutigen Landesgrenzen gesprochen: Albanien, Kosovo, Nordmazedonien und die nördlichen Landesteile Griechenlands) verloren, die zu den ältesten und reichsten Regionen des Osmanischen Reiches gehört hatten.

Die mehrfachen Gebiets- und Bevölkerungsverluste im Rahmen des Berliner Kongresses von 1878 und durch den Ersten Balkankrieg erschütterten das demographische Fundament des Reiches: 1912 verlor es mit dem osmanischen Europa nahezu sechseinhalb Millionen Einwohner, davon etwa die Hälfte Muslime. Während um die Mitte des neunzehnten Jahrhunderts die Bevölkerungszahlen des gesamten Osmanischen Reiches und Österreich-Ungarns mit jeweils mehr als dreißig Millionen Einwohnern noch vergleichbar gewesen waren, so war die osmanische Bevölkerungszahl nun auf sechsundzwanzig Millionen gesunken, während diejenige Österreich-Ungarns auf mittlerweile 42,5 Millionen angewachsen war. Russland, die größte Bedrohung in spätosmanischer Zeit, hatte bereits am Ende des neunzehnten Jahrhunderts eine Bevölkerung von nahezu einhundertdreißig Millionen.[42]

Durch den Wegfall der großen christlichen Bevölkerungsgruppen in den südosteuropäischen Ländern war aus dem Osmanischen Reich nun ein Staat mit einer deutlichen muslimischen Bevölkerungsmehrheit geworden – ungeachtet der Christen in Anatolien und in den arabischen Gebieten des Reiches. Die osmanische Elite zog aus der Niederlage des Ersten Balkankriegs unmittelbare Lehren. Das Militär wurde radikal umgestaltet: Die Wehrpflicht, von der bis-

Der Erste Balkankrieg, dessen entscheidende Phase im Herbst 1912 liegt, endete mit einer vernichtenden Niederlage der osmanischen Armeen und dem Verlust der gesamten osmanischen Besitzungen in Südosteuropa. Hier eine Aufnahme von bulgarischen Offizieren auf dem Schlachtfeld, nach der Einnahme einer osmanischen Befestigungsanlage.

her Staatsangehörige christlicher Konfession in der Regel ausgenommen waren, wurde nun lückenlos umgesetzt. Das Offizierskorps, das noch aus der Zeit vor dem jungtürkischen Umsturz von 1908 stammte, wurde, wie bereits erwähnt, entlassen, und eine neue Generation von Offizieren trat an seine Stelle.

Die Niederlage im Ersten Balkankrieg traf das osmanische Selbstverständnis, eine in Südosteuropa fest verankerte Macht zu sein, ins Mark und ist bis heute ein entscheidender Ausgangspunkt des Willens zur militärischen Selbstbehauptung der Türkei.[43] Zugleich veränderte sich das Verständnis dessen, was das Osmanische Reich sein sollte: Die im neunzehnten Jahrhundert formulierte Idee des Osmanismus, einer gemeinsamen staatsbürgerlichen Zugehörigkeit ungeachtet von Sprache und konfessioneller Zugehörigkeit, war tot. Die frühere Offenheit gegenüber nicht-muslimischen Bevölkerungsgrup-

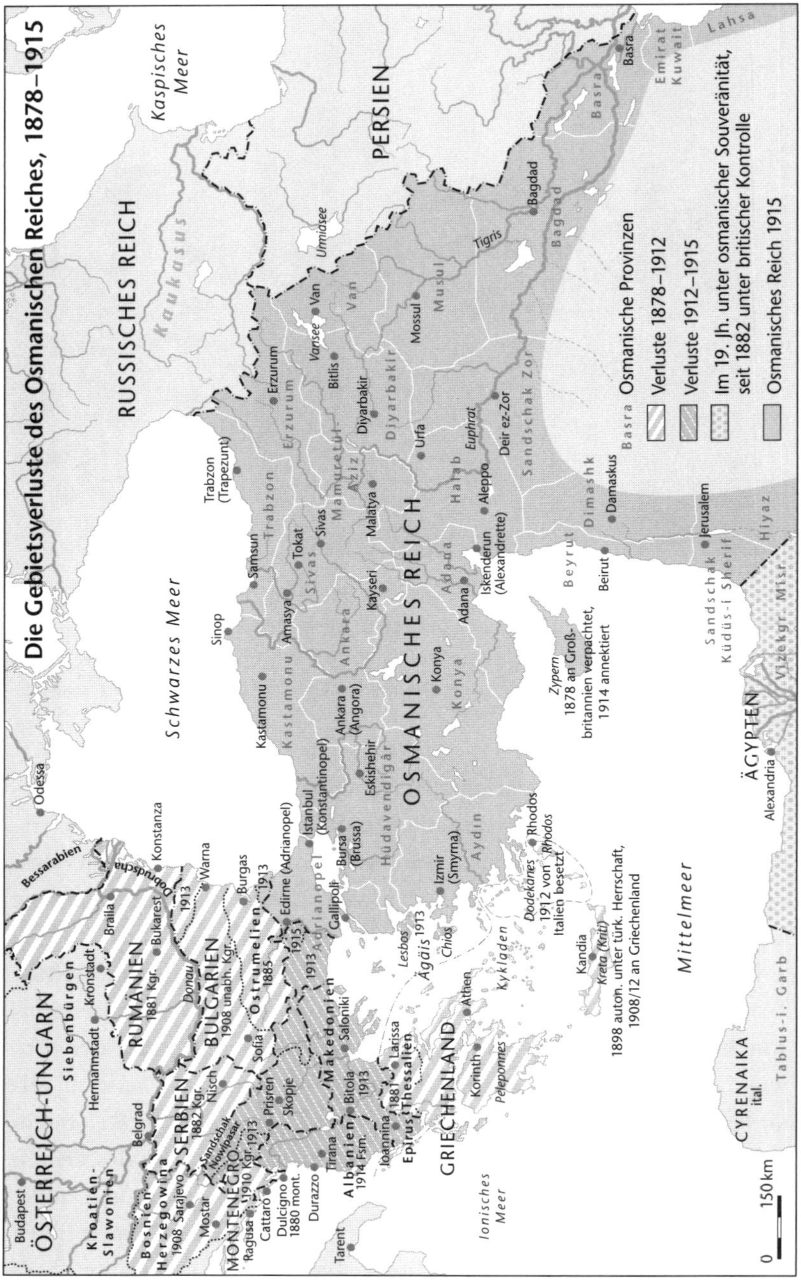

Die Gebietsverluste des Osmanischen Reiches, 1878–1915

Basra Osmanische Provinzen
Verluste 1878–1912
Verluste 1912–1915
Im 19. Jh. unter osmanischer Souveränität, seit 1882 unter britischer Kontrolle
Osmanisches Reich 1915

pen wurde aufgekündigt. Die Lehre des Balkankrieges war, dass man sich fortan auf Anatolien konzentrieren müsse und dass der Staat den im Reich verbliebenen Muslimen dienen solle – allerdings mit türkischer Vorherrschaft. Diese Sicht der Dinge sollte in den kommenden Jahrzehnten zu einem Grundpfeiler der Geschichtsschau der republikanischen Eliten werden. Der Publizist Falih Rıfkı Atay (1894–1971) schrieb in den 1930er Jahren seine Erfahrungen als osmanischer Offizier an den arabischen Fronten während des Ersten Weltkriegs nieder und kam zum Ergebnis, dass die osmanischen Eliten und das türkische Volk über Jahrhunderte hinweg ihre Energien fehlgeleitet hätten. Die Kunst der Imperien sei es, die Kolonien und Völker für sich arbeiten zu lassen. Das Osmanische Reich aber – so Atay in einem dramatischen Bild – habe «seinen riesigen Körper auf die Seite gelegt und den Kolonien und Völkern die Brust gegeben, bis schließlich seine Milch mit seinem Blut vermischt getrunken wurde».[44]

Der Erste Weltkrieg

Die jungtürkische Führung, die seit ihrem Staatsstreich im Jahr 1913 die Führung unangefochten in Händen hielt, war davon überzeugt, dass das Osmanische Reich im Falle eines europaweiten Krieges nicht ohne Verbündete bleiben konnte. Abseits zu stehen, hätte bedeutet, so ihre wohl richtige Befürchtung, dass die Sieger des Kriegs, welche Seite auch immer gewinnen würde, das Osmanische Reich einvernehmlich unter sich aufteilen würden. Die Mittelmächte, angeführt von Deutschland und Österreich-Ungarn, waren nicht die erste Wahl der Jungtürken gewesen, aber Versuche einer Annäherung an die Entente-Mächte Frankreich, Großbritannien, Russland, aber auch direkt an Österreich-Ungarn, waren in den Monaten zuvor ohne Erfolg geblieben. Mit einem Sieg der Mittelmächte, denen man sich anschloss, hoffte die jungtürkische Führung, das Bestehen und die Unabhängigkeit des Reiches sichern zu können.

Am 2. August 1914 wurde ein geheimes deutsch-osmanisches Abkommen geschlossen, das den Kriegseintritt des Osmanischen Reiches auf Seiten der Mittelmächte im Falle eines Krieges zwischen Russland und dem Deutschen Reich vorsah. Tatsächlich nahm das Osmanische Reich erst am 29. Oktober 1914, also knapp drei Monate nach Ausbruch des Kriegs, die Kampfhandlungen auf, und zwar mit einem Beschuss russischer Schwarzmeerhäfen – ohne vorherige Kriegserklärung an Russland. Deutschland behandelte die Osmanen formal als gleichberechtigten Partner. Der osmanischen Seite wurde jedoch im August 1914 das Wissen vorenthalten, dass Deutschland die Absicht hatte, die Neutralität Belgiens zu verletzen und so den Kriegseintritt Großbritanniens in Kauf zu nehmen. Zudem hatte Deutschland wenig Vertrauen in die militärischen Fähigkeiten seines Verbündeten. Kaiser Wilhelm II. (reg. 1888–1918) zufolge war die Lage der türkischen Armee «vollkommen trostlos – eigentlich so zu sagen – fast unrettbar und fast hoffnungslos».[45] Eine Aufgabe erfüllte aber der osmanische Verbündete von Anfang an, nämlich die westliche Front zu entlasten. Zur Absicherung der osmanischen Fronten mussten die Entente-Mächte mindestens eineinhalb Millionen Soldaten abstellen, die ansonsten auf anderen Kriegsschauplätzen hätten eingesetzt werden können.[46] Die Hoffnungen, die die deutsche Seite in den am 14. November 1914 von osmanischer Seite ausgerufenen «großen Dschihad» (*Cihad-ı Ekber*) gesetzt hatte, erfüllten sich jedoch nicht.[47]

Mit der Entsendung von eigenen Offizieren und Truppenkontingenten wollte Deutschland den als schwachbrüstig eingestuften Verbündeten unterstützen. Hohe deutsche Offiziere waren in der osmanischen Armee zahlreich vertreten: Friedrich Bronsart von Schellendorf und nach ihm Hans von Seeckt im Generalstab; Otto Liman von Sanders als Chef der deutschen Militärmission und seit März 1915 auch als Kommandeur der Fünften Armee, die die Dardanellen verteidigte; Colmar von der Goltz als militärischer Berater des Sultans und seit Oktober 1915 Kommandeur der Sechsten Armee in Mesopotamien; Erich von Falkenhayn als Befehlshaber der Armeegruppe «Blitz» (*Yıldırım*) in Palästina seit Mitte 1917 und Friedrich Kreß von Kressenstein an der Sinai-Front. Auch im Kriegsministerium waren wichtige Posten von Deutschen besetzt.[48]

Der deutsche Kaiser Wilhelm II. 1917 bei seiner Ankunft in Sirkeci, dem europäischen Endbahnhof İstanbuls. Wilhelm II. (mit Pickelhaube), begleitet von Sultan Mehmed V. Reşad (vorn, mit Degen in der linken Hand), begrüßt *Scheichülislam* Musa Kâzım, den obersten religiösen Rechtsgelehrten im Osmanischen Reich. Zwischen dem Scheichülislam und Wilhelm II. ist Abbas Hilmi Pascha aus der ägyptischen Khedivendynastie zu sehen. Rechts hinter Wilhelm II. steht Talât, rechts hinter dem Sultan Enver Pascha.

Deutschland wollte den Krieg nutzen, um die Grundlagen für eine langfristige Dominanz im Osmanischen Reich zu legen oder – im damaligen deutschen Sprachgebrauch – eine «Ägyptisierung der Türkei» zu erreichen,[49] also eine ähnlich unangefochtene Stellung im Osmanischen Reich zu erringen, wie sie Großbritannien in Ägypten seit den 1880er Jahren besaß. Das jungtürkische Komitee wiederum hatte seine eigenen Ziele: Unter dem schützenden Schild des großen europäischen Krieges schüttelte es ungeliebte Verpflichtungen gegenüber der europäischen Staatenwelt ab: Bereits am 2. August 1914 suspendierte die osmanische Regierung ihre Schuldenzahlungen. Als sie am 9. September die Aufhebung der Kapitulationen zum 1. Oktober verkündete, herrschte am Tag danach Feierstimmung in İstanbul; Schiffe und Gebäude waren illuminiert.[50] Zu

Recht gingen die Jungtürken davon aus, dass während des Krieges die Grenzen der Toleranz bei den eigenen Verbündeten dehnbar sein würden.

Niemand hatte vorausgesehen, dass der Krieg vier Jahre dauern würde. Niemand hatte zudem geglaubt, dass die osmanischen Armeen in einem vierjährigen Krieg, vor allem angesichts ihres katastrophalen Einstands in den ersten Kriegsmonaten, so lange bestehen könnten. Im Dezember 1914 und im Januar 1915 war nämlich ein zu ehrgeiziger Vorstoß unter persönlicher Leitung des Kriegsministers Enver Pascha an der osmanisch-russischen Front bei Sarıkamış (südwestlich von Kars in Ostanatolien) elend gescheitert. Bei ihrer wichtigsten Aufgabe bewährten sich jedoch die osmanischen Truppen: Erstes Ziel der Entente-Mächte auf dem osmanischen Kriegsschauplatz musste sein, die südlichen Meerengen der Dardanellen in die Hand zu bekommen und das Osmanische Reich mit der Besetzung İstanbuls zu «enthaupten». Im März 1915 misslang jedoch Marineverbänden der Entente der Durchbruch durch die Dardanellen. Auch der zweite Versuch, mit der Anlandung von starken Verbänden auf der westlich der Dardanellen gelegenen Halbinsel Gallipoli (Gelibolu) die osmanischen Verbände zu überwältigen, gelang nicht. Anfang 1916 zogen sich die Landungstruppen der Entente-Mächte gänzlich zurück.

Als im Frühjahr 1916 ein britisches Expeditionskorps bei Kut al-Amara in Mittelmesopotamien von der osmanischen Armee eingekesselt wurde und am 26. April kapitulieren musste, schienen sich diese Erfolge mit den Siegen Deutschlands an der Ostfront im Sommer 1915 zu einer für die Mittelmächte günstigen Entwicklung zu verbinden. Ein besonderes Geschenk war der Rückzug Russlands aus dem Krieg nach der Revolution im November 1917. Die Forderungen, die Deutschland im Vertrag von Brest-Litowsk vom 3. März 1918 gegenüber Russland durchsetzen konnte, waren ungeheuer.[51] Im Vergleich dazu war die Beute des Osmanischen Reiches sehr bescheiden: Russland räumte die drei ostanatolischen Provinzen Ardahan, Batumi und Kars, die es im Rahmen des Berliner Kongresses 1878 vom Osmanischen Reich erhalten hatte.

Anlandung australischer und neuseeländischer Truppen (*Australian and New Zealand Army Corps, ANZAC*) auf der Halbinsel Gallipoli (Gelibolu). An den Dardanellen scheiterten die Entente-Mächte zweimal, zuerst beim Versuch, mit Marineverbänden die südlichen Meerengen zu durchbrechen, und seit April 1915 mit der erfolglosen Unternehmung, die Gallipoli-Halbinsel mit einem Landheer einzunehmen, um so den Weg in das Marmarameer und damit in die osmanische Hauptstadt zu finden.

Die grundsätzliche Überlegenheit der Entente-Mächte gegenüber dem Osmanischen Reich in Logistik, Militärtechnologie und Truppenstärke trat jedoch immer deutlicher an den beiden britisch-osmanischen Fronten in den arabischen Provinzen hervor. Am Ende des Krieges hatten die Briten die Mesopotamienfront weit in den Norden bis nahezu Mosul vorgeschoben. Nachdem zwei größere deutsch-osmanische Vorstöße im Januar/Februar 1915 und im Hochsommer 1916 an den vom britischen Militär aufwändig geschützten Suezkanal misslungen waren,[52] begannen die Briten ab der zweiten Hälfte des Jahres 1916 sich durch die Sinai-Halbinsel in Richtung Palästina vorzuarbeiten. Am 9. Dezember 1917 nahm die britische Armee Jerusalem ein; im Sommer 1918 brach die osmanische Front in Nordpalästina zusammen.

Die osmanische Regierung erkannte die Ausweglosigkeit ihrer Lage und unterzeichnete am 30. Oktober 1918, also noch mehrere

Tage vor der deutschen Kapitulation, den Waffenstillstand auf dem britischen Schiff H. M. S. Agamemnon, das im Hafen Mudros der Insel Limnos vor Anker lag. Der Waffenstillstand sah unter anderem die Besetzung der Meerengen durch die Alliierten vor. Die Entente-Mächte behielten sich zudem das Recht vor, im Falle einer Bedrohungslage jeden strategischen Punkt im Osmanischen Reich besetzen zu können. Am 2. November 1918 brachte ein deutsches Torpedoboot die führenden Mitglieder des jungtürkischen Komitees in das noch unter deutscher Besatzung stehende Sevastopol. Cemal, Enver und Talât kehrten niemals wieder in die Türkei zurück.[53]

Vernichtung und Verleugnung: Assyrer und Armenier

Im Verlauf des gesamten Krieges dienten im osmanischen Heer 2,8 Millionen Mann, rund 12 Prozent der damaligen Bevölkerung von insgesamt 23 000 000 Menschen. Zu keinem Zeitpunkt aber überstieg dabei die osmanische Mannschaftsstärke die Zahl von 800 000 Mann. Die Verluste an Menschenleben im osmanischen Militär waren sehr hoch. Von den insgesamt nahezu 3 000 000 im Krieg mobilisierten Soldaten waren 771 844 im Kampf gestorben oder galten als vermisst, 763 753 waren verwundet worden und rund 500 000 Mann waren desertiert. Von der bereits erwähnten Schlacht von Sarıkamış im Dezember 1914 und Januar 1915 kehrten von 100 000 Soldaten der Dritten Armee nur 18 000 Mann zurück; die Mehrheit war nicht bei Kämpfen getötet worden, sondern erfroren oder an Verwundungen und Erschöpfung gestorben. Allein bei der Schlacht an den Dardanellen beliefen sich die Verluste auf osmanischer Seite durch Tod, Krankheit und Verwundung auf die Hälfte der insgesamt 500 000 an dieser Front eingesetzten Soldaten.[54]

Im Gegensatz zur deutsch-französischen Front, aber durchaus vergleichbar zu anderen Kriegsgebieten wie etwa in Serbien waren die Verluste in der Zivilbevölkerung höher als unter den Soldaten. Während des Krieges starben in den arabischen Gebieten des Osmanischen Reiches (mit einer geschätzten Bevölkerung von 3–4,5 Millionen) rund 500 000 Menschen infolge einer Hungersnot, mitverursacht durch eine Heuschreckenplage im Jahr 1915. Für das östliche Anatolien aber waren die Kriegsjahre noch verheerender. Dort wanderte die Front bis 1917 zwischen Russland und dem Osmanischen Reich hin und her; dennoch war nur ein geringer Teil der Menschenverluste direkt durch Kriegshandlungen verursacht. Muslime und Nicht-Muslime waren gleichermaßen von Krieg und Tod betroffen. Unter Hunger und Krankheiten litten alle. An einer in Ostanatolien auftretenden Flecktyphusepidemie starben mindestens 1 000 000 Menschen. Insgesamt verloren während des Ersten Weltkriegs in ganz Anatolien rund 2 500 000 Muslime, 300 000 Griechen und bis zu 1 500 000 Armenier ihr Leben.[55]

Zugleich führen diese Zahlen in die Irre, denn der Tod raffte die Menschen nicht nur wahllos dahin: Gezielte Gewalt gegenüber Zivilisten machte den Krieg in Anatolien noch weitaus bösartiger, als er es eh schon war. Das jungtürkische Komitee wollte die Umstände des Krieges nutzen, um in Anatolien einen unanfechtbaren Vorrang der muslimischen Bevölkerung nach dem Krieg zu begründen. Mindestens eine Viertel Million Assyrer starb, nur wenige im Kampf, die meisten wurden in Massakern umgebracht.

Die Berichte von in der Region stationierten Konsuln und Missionaren sind eine wichtige Grundlage für unser heutiges Verständnis des Genozids an den Armeniern. Im Falle der Assyrer fehlen sie, so dass wir über ihr Schicksal während des Ersten Weltkriegs nur fragmentarisches Wissen haben. Ihre Siedlungsgebiete lagen in den entlegenen Gebirgsregionen im heutigen Länderdreieck Iran-Irak-Türkei. Bereits im Oktober 1914 wies Innenminister Talât den Gouverneur von Van an, die ostsyrischen Christen der Provinz Hakkâri (wo sie mehr als ein Drittel der Bevölkerung ausmachten) ins Landesinnere zu deportieren. Im Vilayet von Diyarbekir (Diyarbakır) wurden 1915 die Assyrer von der Vernichtung der Armenier mit erfasst. Im westiranischen Urmia verhielt es sich anders herum: Dort wurden die Armenier, als die osmanische Armee die Stadt 1917 eroberte, mit der Auslöschung der großen assyrischen Gemeinde in den Untergang gerissen.[56]

Die Massaker an den Assyrern sind ein besonders klarer Hinweis auf die Pläne der jungtürkischen Elite, sich der christlichen Bevölkerung Anatoliens zur Gänze und für immer zu entledigen. Denn diese ostsyrischen Christen hatten – anders als die Armenier – keinerlei nationale Ambitionen, und dies wurde auch von der jungtürkischen Führung selbst so gesehen. Die Armenier waren damit keineswegs die einzigen, die von einer genozidalen Politik betroffen waren, jedoch gipfelte das Vorhaben, unumkehrbare demographische Verhältnisse zu schaffen, in der Vernichtung der Armenier Anatoliens.[57]

Der Beginn dieses Völkermords in der Nacht vom 24. auf den 25. April 1915, als die jungtürkische Regierung zweihundertfünfunddreißig führende Persönlichkeiten der armenischen Gemeinde in İstanbul verhaften ließ, wurde wohl unmittelbar durch die am 24. April einsetzenden Landeunternehmungen der Entente-Mächte an den Dardanellen ausgelöst, aber Planungen dazu muss es schon in den Monaten davor gegeben haben.[58] Im Mai 1915 begann die Vertreibung, Verschleppung und Vernichtung der Armenier in Ostanatolien, für die nicht reguläre Militäreinheiten eingesetzt wurden, sondern lokale Polizeiverbände, ergänzt durch irreguläre Verbände (*çete*), die unter der Leitung einer jungtürkischen Geheimtruppe, der «Sonderorganisation» (*Teşkilat-ı Mahsusa*), standen. Die wohl mehrere Zehntausend Mann zählenden irregulären Verbände bestanden aus der örtlichen türkischen und kurdischen Bevölkerung, entlassenen Sträflingen sowie muslimischen Flüchtlingen, vor allem Tscherkessen und Tschetschenen. Die Einwohner armenischer Siedlungen wurden kurze Zeit vorher, manchmal waren es nur einige Stunden, von ihrer bevorstehenden Deportation benachrichtigt. Angesichts des angeblichen Zieles, eine mögliche Kollaboration der Armenier mit der russischen Armee zu verhindern, hätten die Deportationen in Richtung Westanatolien führen können. Ihr Zielort war jedoch das bereits weit in der syrischen Wüste liegende Euphrat-Tal, in dem größere Menschenmengen wenig Aussicht hatten zu überleben.

Armenische Männer im wehrhaften Alter wurden schon zu Beginn zur Seite geführt und ermordet. Auf ihrem langen Deportationsweg wurden die armenischen Zivilisten wiederholt vom begleitenden

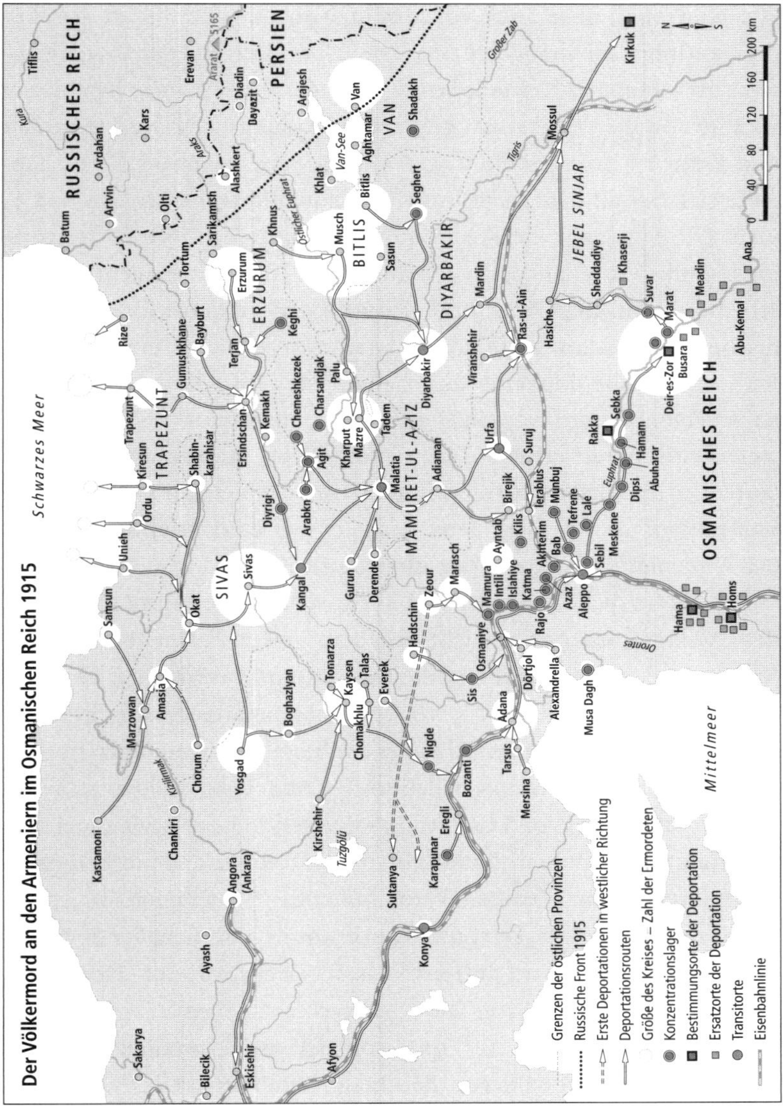
Der Völkermord an den Armeniern im Osmanischen Reich 1915
RUSSISCHES REICH
PERSIEN
OSMANISCHES REICH
Schwarzes Meer
Mittelmeer
TRAPEZUNT
ERZURUM
SIVAS
BITLIS
VAN
DIYARBAKIR
MAMURET-UL-AZIZ
JEBEL SINJAR
Tiflis
Batum
Artvin
Ardahan
Kars
Olti
Erevan
Ararat 5165
Sarikamish
Alashkert
Diadin
Dayazit
Arajesh
Van
Van-See
Aghtamar
Shadakh
Khlat
Bitlis
Seghert
Musch
Sasun
Khnus
Tortum
Erzurum
Rize
Trapezunt
Kiresun
Ordu
Unieh
Samsun
Bayburt
Gumushkhane
Keghi
Terjan
Ersindschan
Kemakh
Shabin-karahisar
Okat
Sivas
Amasia
Marzowan
Kastamoni
Chankiri
Chorum
Yosgad
Boghazlyan
Tomarza
Kaysen
Talas
Everek
Chomakhlu
Nigde
Kirshehir
Tuzgölü
Angora (Ankara)
Ayash
Sakarya
Bilecik
Eskisehir
Afyon
Konya
Sultanya
Karapunar
Eregli
Bozanti
Tarsus
Mersina
Adana
Sis
Osmaniye
Hadschin
Zeour
Marasch
Dörtjol
Alexandrella
Musa Dagh
Mamura
Intili
Islahiye
Katma
Rajo
Azaz
Aleppo
Akhterim
Bab
Tefrene
Lale
Sebil
Meskene
Dipsi
Abuharar
Hamam
Rakka
Sebka
Deir-es-Zor
Busara
Marat
Suvar
Sheddadiye
Khaserji
Meadin
Abu-Kemal
Ana
Hasiche
Ras-ul-Ain
Mardin
Viranshehir
Diyarbakir
Palu
Charsandjak
Chemeshkezek
Agit
Arabkn
Diyrigi
Kangal
Gurun
Derende
Malatia
Kharput
Mazre
Tadem
Adiaman
Urfa
Suruj
Birejik
Ierablus
Munbuj
Ayntab
Kilis
Mossul
Kirkuk
Hama
Homs
Orontes
Euphrat
Östlicher Euphrat
Tigris
Großer Zab
Araks
Kura
Kizilirmak
0 40 80 120 160 200 km
N
S
Grenzen der östlichen Provinzen
Russische Front 1915
Erste Deportationen in westlicher Richtung
Deportationsrouten
Größe des Kreises – Zahl der Ermordeten
Konzentrationslager
Bestimmungsorte der Deportation
Ersatzorte der Deportation
Transitorte
Eisenbahnlinie

Wachpersonal, aber auch von der lokalen Bevölkerung ausgeplündert, entführt, misshandelt und vergewaltigt. Der Tod der Verschleppten durch Hunger, Krankheiten, Kälte oder Hitze wurde bewusst in Kauf genommen oder sogar angestrebt. Zahllose armenische Kinder und Frauen wurden geraubt und zwangsweise islamisiert.[59] Es handelte sich bei all dem nicht um einen einmaligen Ausbruch von Gewalt. Die Massaker des Frühsommers 1915 fanden ihre Fortsetzung im Sommer 1916 an den Zielpunkten der Deportationen im syrischen Euphrat-Tal. Die zentrale Figur in der Organisation des armenischen Genozids war Talât als damals amtierender Innenminister. Er benutzte eine doppelte Vorgehensweise: Offizielle Anordnungen, nach denen Übergriffe gegen Deportierte zu unterlassen seien, wurden gleichzeitig durch geheime, meist mündliche Anordnungen anderslautenden Inhalts widerrufen und ersetzt. Von einem Genozid darf und muss man sprechen, denn das Ziel war eindeutig: die Existenz der Armenier in Anatolien für immer zu beenden.

Eine einheitliche Linie der damaligen deutschen Politik gegenüber dem Völkermord hat es nicht gegeben, außer vielleicht der, einen Bruch mit dem osmanischen Bundesgenossen zu vermeiden. Dass ein Einspruch deutscher Stellen von vornherein aussichtslos gewesen wäre, kann man sich angesichts der zahlreichen hohen Offiziere, wie Friedrich Bronsart von Schellendorff, Otto von Feldmann, Hans Humann und Otto von Lossow, die enge persönliche Beziehungen zu den Jungtürken hatten, kaum vorstellen.[60] Einer energischen deutschen Intervention gegen die Vernichtung der Armenier stand jedoch schon entgegen, dass Personen wie Bronsart von Schellendorf und Humann selbst militant anti-armenisch gesinnt waren.[61] Dem deutschen Botschafter Paul von Wolff-Metternich, der im Dezember 1915 vorschlug, die osmanische Politik offiziell zu verurteilen, beschied Reichskanzler Theobald von Bethmann Hollweg: «Die vorgeschlagene, öffentliche Kondemnierung eines Bundesgenossen während laufenden Krieges wäre eine Maßregel, wie sie in der Geschichte noch nicht dagewesen ist. Unser einziges Ziel ist, die Türkei bis zum Ende des Krieges an unserer Seite zu halten, gleichgültig, ob darüber Armenier zu Grunde gehen oder nicht. Bei länger andauerndem

Das um 1918, wohl nach Kriegsende, in Aleppo aufgenommene Bild zeigt Überlebende des Genozids an den Armeniern. Da die Todesmärsche der Armenier in die Wüste im Euphrat-Tal führten, fand sich nach Kriegsende ein bedeutender Teil der wenigen Überlebenden im Gebiet des heutigen Syrien wieder.

Kriege werden wir die Türken noch sehr brauchen.»[62] Zudem waren die deutschen Diplomaten und Offiziere zu sehr in ihren eigenen Sichtweisen und Zielen gefangen. Von der Goltz, ansonsten ein Mensch mit offenem Blick, schrieb am 22. November 1915, auf dem Weg zu der seinem Kommando unterstellten Mesopotamien-Armee, aus Aleppo (Haleb) an seine Frau in einer Mischung aus Mitempfinden, verdrängter Verantwortung und Schuldzuweisung an Großbritannien: In der nordsyrischen Ebene biete sich das grenzenlose Elend der einer «fürchterlichen Völkertragödie» unterworfenen Armenier: «Man mußte in tiefster Seele Mitleid empfinden und konnte doch nicht helfen. Welche Tragödien dieser unheilvolle Krieg schon hervorgerufen hat, ist kaum aufzuzählen, und wie viele wird er noch verursachen. Bedenkt man dazu, daß er im Grunde genommen eigentlich nur aus dem elenden Futterneide Englands entstanden ist, so ermißt man erst ganz die Schuld dieses Staates.»[63]

Die Massaker des Ersten Weltkriegs betten sich ein in eine lange Vorgeschichte von Vertreibung und Gewalt. In den Jahrzehnten vor dem Ersten Weltkrieg wurden Millionen Muslime aus dem Kaukasus und Südosteuropa vertrieben und fanden in Anatolien Zuflucht. Der traumatisierende Verlust der europäischen Besitzungen, die Erfahrung von Vertreibung und Flucht, die nationalistischen Verhärtungen und die existenzielle Bedrohung in den Jahren des Ersten Weltkriegs führten zu einer ideologischen Gemengelage, in der sich die türkische Staatsführung zum Äußersten berechtigt sah. Oft werden solche Hinweise auf die damaligen Verhältnisse mit dem mehr oder weniger offen geäußerten Argument verbunden, die Vertreibungs- und Fluchtgeschichte der Muslime im neunzehnten und frühen zwanzigsten Jahrhundert habe sich in der Gewalt gegenüber den Christen Anatoliens gewissermaßen unweigerlich «entladen» müssen.[64] Die türkische Abwehr gegenüber einer möglichen Verantwortung für den Genozid an den Christen Ostanatoliens (die Massaker an der größtenteils nicht in Ostanatolien lebenden griechisch-orthodoxen Bevölkerung wurden ohnehin ignoriert) bildete sich erstaunlich früh aus und wird bis heute im Grunde unverändert fortgeführt: Man sei selbst Opfer gewesen und habe niemals etwas Böses vorgehabt.

Cemal Pascha war als Militärbefehlshaber und Generalgouverneur von Syrien keiner der Hauptverantwortlichen für die genozidale Politik des jungtürkischen Komitees in Ostanatolien. Dennoch sind in seinen 1922 in deutscher Sprache erschienenen Erinnerungen bereits alle Positionen von Verharmlosung, Abwehr und Schuldumkehr entwickelt, die die spätere türkische Erinnerungs- beziehungsweise Verdrängungspolitik bestimmen sollten. Cemal zeigte sich, obwohl er eine herausgehobene Position in der jungtürkischen Führung innehatte, unwissend und nicht beteiligt: Nach der Ernennung zum Kommandanten der in den arabischen Landesteilen aktiven Vierten Armee habe er nichts mehr über die Lage in Ostanatolien erfahren, «auch nicht, aus welchem Grunde sich die Regierung veranlasst sah, alle Armenier umzusiedeln». Das in späteren Jahrzehnten in der türkischen Geschichtsschreibung so beliebte Argument eines osmanischen «Multikulturalismus» wird von Cemal vorweggenommen: Die Armenier seien eigentlich schon gänzlich an die osmanische Kultur und türkische Sprache akkulturiert gewesen. «Infolgedessen gab es fünf Jahrhunderte lang keinen Streit zwischen den beiden Völkern, und es war nicht ein einziger Armenier, der nicht die türkische Sprache und Lebensgewohnheiten sich zu eigen gemacht hätte.» In diesem Sinne habe das Osmanische Reich seit Jahrhunderten ein Minderheitenrecht angewandt, zu dem Europa sich erst in der Neuzeit habe durchringen können: «Bedeuten diese im XV. Jahrhundert vom türkischen Großsultan verliehenen Rechte nicht die allerhöchste Anwendung jener Prinzipien, denen der Präsident der Vereinigten Staaten Wilson als dem ‹Recht der Minderheiten› bei der zivilisierten Welt Anerkennung verschaffen will?» Erst die Instrumentalisierung der Armenier durch die europäischen Großmächte, allen voran Russland, seit dem neunzehnten Jahrhundert habe die Situation grundlegend geändert. Türken und Kurden mussten nun «Armenien als eine von Rußland gleichsam gegen sie losgelassene Schlange betrachten». Allzu leichtfertig hätten sich armenische Nationalisten auf diese Allianz eingelassen, die im Kriegszustand «den Rücken unserer kaukasischen Armee gefährden und dieselbe unter Umständen vollständig hätten vernichten können». Cemals an sich korrrekter Hinweis auf die Ermordung anatolischer Muslime durch armenische militärische Verbände und auf das Leiden der muslimisch-türkischen Bevölkerung mündet im Versuch der Schuldumkehr: «Weiß aber irgend jemand, wie viele kurdische und türkische Einwohner der Wilajets [Gouvernements] von Trapezunt, Erzurum, Wan und Bitlis in der grausamsten Weise von den Armeniern umgebracht worden sind, als die Russen in diese Provinzen einmarschierten? So erfahre man denn, daß die Zahl der bei dieser Gelegenheit getöteten Türken und Kurden anderthalb Millionen bei weitem übersteigt. Macht man die Türken für die armenischen Metzeleien verantwortlich, warum nicht die Armenier für die Türkenmassaker?»[65]

In der offiziösen türkischen Deutung der «armenischen Ereignisse» (*Ermeni olayları*) hat sich im Laufe der Jahrzehnte sehr wenig geändert. Nur die Zahlen werden konkreter; die Argumente erscheinen wissenschaftlicher und werden formuliert in Kenntnis der Positionen der internationalen Geschichtsschreibung. Yusuf Halaçoğlu (geb. 1949) kann in einem Buch aus den 2000er Jahren mit besonderer Autorität über die «Armenierfrage» sprechen, da er von 1992 bis 2008 Präsident der staatsnahen «Türkischen Geschichtsgesellschaft» (*Türk Tarih Kurumu*) war. Nach Halaçoğlu liegt die Verantwortung für die türkisch-armenische Auseinandersetzung in den Kriegsjahren auf Seiten der nationalistischen armenischen Organisationen, die sich von den Großmächten anstacheln ließen. Angesichts der Zusammenarbeit von armenischen Nationalisten mit der russischen Armee und der von Armeniern während des Kriegs an der muslimischen Bevölkerung begangenen Massaker habe es für die Behörden keine andere Möglichkeit gegeben, als die gegen den osmanischen Staat gerichteten Tätigkeiten zu unterbinden und die armenische Zivilbevölkerung im großen Umfang umzusiedeln. Den osmanischen Dokumenten nach zu urteilen, seien rund fünfzigtausend Armenier während der Umsiedlungsmaßnahmen durch Versorgungsschwierigkeiten, Krankheiten, vor allem aber durch Überfälle lokaler Banditen ums Leben gekommen. Alle anderen Armenier, rund vierhunderttausend Menschen, hätten die von der Regierung ausgewählten Umsiedlungsorte im heutigen Syrien erreicht. Insgesamt sei, so Halaçoğlu, «die größte Umsiedlung eines Volkes, die von einem Staat in jenem Jahrhundert durchgeführt wurde, auf eine sehr disziplinierte Art und Weise erfolgt». Dagegen müsse man davon ausgehen, dass die Zahl der von armenischen Nationalisten umgebrachten Muslime «vermutlich in die Hunderttausende» gehe.[66]

Die Gründe für das türkische Verschweigen und Verbergen liegen auf der Hand. Viele Menschen in Ostanatolien bereicherten sich an der Zerstörung armenischer Existenz, auch indem sie sich zehntausendfach der armenischen Frauen und Kinder bemächtigten.[67] Was von osmanischer und später türkischer Seite gerne als «armenische Frage» verharmlost wurde und wird,[68] trägt den Charakter eines bürokratisch geplanten und überwachten Massenmordes und hat aus diesem Grunde welthistorische Bedeutung.[69] Für Deutschland, den damaligen hauptsächlichen Verbündeten des Osmanischen Reiches, wiegt die moralische Last schwer, auch weil direkte Linien vom Genozid an den Armeniern zum Holocaust führen.[70]

Führende Persönlichkeiten des jungtürkischen Komitees flohen mit dem Ende des Krieges aus İstanbul. Über das Triumvirat von Cemal, Enver und Talât hinaus flüchteten Personen wie Arif Cemil (Denker, 1887–1945), Dr. Bahaeddin Şakir (1874–1922), Cemal Azmi (1868–1922) und Dr. Nazım Bey (1870–1926), die maßgeblich am Genozid an den Armeniern beteiligt waren und damit allen Grund hatten, sich vor der Ankunft der Entente-Mächte aus İstanbul abzusetzen. Die meisten von ihnen fanden in Deutschland Zuflucht, wo ihnen ein Netzwerk von Sympathisanten behilflich war. Bahaeddin Şakir und Cemal Azmi fielen gemeinsam in Berlin einem Rachemord der armenischen Nationalbewegung zum Opfer. Das wichtigste Ziel war Talât, erschossen am 15. März 1921 in Berlin vom Attentäter Soghomon Tehlirian, der im Auftrag des armenischen Geheimkommandos «Operation Nemesis» handelte.[71] Ob Cemal Pascha am 21. Juli 1921 in Tiflis von armenischen Nationalisten oder auf Anweisung aus Moskau ermordet wurde, ist bis heute umstritten. Enver Pascha wiederum starb am 4. August 1922 in einem Gefecht mit sowjetischen Truppeneinheiten bei seinem Vorhaben, ein Kalifat in Zentralasien zu errichten.

Muss das düstere Kapitel des Genozids an den Armeniern in einem Buch über die Republik Türkei überhaupt verhandelt werden? Die Hauptverantwortlichen verließen doch Anfang November 1918, also mehrere Jahre vor der Gründung der Republik Türkei, fluchtartig das Land. Es muss. Denn die Anerkennung des Genozids an den Armeniern fällt bis heute vielen Türkinnen und Türken nicht nur deswegen so schwer, weil damit ein Eingeständnis von Schuld verbunden wäre oder die Möglichkeit, dass sich eventuell daraus sogar materielle Ansprüche von armenischer Seite ergeben könnten. Intuitiv wird befürchtet, dass eine nüchterne Beschreibung der Geschehnisse die große Erzählung über die Entstehung des türkischen Nationalstaates in Frage stellen könnte. Von außen gesehen muss dies nicht so sein: Eine ehrliche Sicht auf den osmanisch-türkischen Kataklysmus bedeutet nicht, dass deswegen die Existenzberechtigung der

Republik Türkei in Frage gestellt ist. Die unablässig aufrechterhaltene Abwehrhaltung zeigt aber, dass im Heldenhaften der Begründung der Republik Türkei viel Zerbrechlichkeit steckt.[72]

Der Krieg der anatolischen Nationalbewegung

Jedes Schulkind in der Türkei weiß, an welchem Tag ein gewisser Mustafa Kemal in Samsun an der Schwarzmeerküste mit einem aus İstanbul kommenden Schiff landete: Es ist der 19. Mai 1919. Mustafa Kemal, der sich während des Ersten Weltkriegs unter anderem als Divisionskommandeur im Dardanellenkrieg bewährt hatte, war von der Regierung des Sultans als Inspektor entsandt worden, um in Inneranatolien die noch verbliebenen osmanischen Truppen zu demobilisieren und Waffen und Munition zu beschlagnahmen. Mustafa Kemal verfolgte aber ein seinem Auftrag gänzlich widersprechendes Ziel: Er wollte sich am Aufbau einer Widerstandsbewegung beteiligen, um so die Aufteilung Anatoliens unter den Entente-Mächten sowie Armeniern, Griechen und Kurden zu verhindern. Der 19. Mai 1919 gilt als der Beginn des bis 1922 währenden «Unabhängigkeitskriegs» (*İstiklal Savaşı*) und Mustafa Kemal als sein unbedingter Held – auch wenn der Erfolg vielen anderen neben ihm zu verdanken ist und die Verhältnisse in der anatolischen Nationalbewegung weitaus weniger klar waren, als dies in der späteren offiziellen Gründungsgeschichte der modernen Türkei dargestellt wurde.

In den ersten Monaten nach dem Waffenstillstand war auf osmanischer Seite die Erschöpfung angesichts des verlorenen Krieges groß. Die führenden Jungtürken waren geflohen, so dass die Macht beziehungsweise das, was davon übriggeblieben war, wieder an den Hof Sultan Mehmeds VI. Vahdeddin (reg. 1918–1922) zurückfiel. Der Sultan und sein Umfeld arbeiteten eng mit den Entente-Mächten zusammen. Die Erwartung war, dass bei entsprechender Willfährigkeit ein günstigeres Ergebnis bei den Friedensverhandlungen in Paris zu erzielen sei. Zu den Zeichen osmanischen Wohlverhaltens gehörte unter anderem, dass im Dezember 1918 in İstanbul ein Sonderkriegsgerichtshof zur Verurteilung der Verantwortlichen für den armenischen Genozid eingerichtet wurde.[73] Die Versöhnlichkeit und Vorsicht der osmanischen Regierung in İstanbul gegenüber den Entente-Mächten schwächte aber ihre Position gegenüber der anatolischen Nationalbewegung.

Diese Bewegung wurde zudem von der Landung griechischer Truppen in Smyrna (İzmir) am 15. Mai 1919 genährt: Unter dem Druck Großbritanniens hatten die Entente-Mächte den Vorschlag Griechenlands angenommen, die dem Osmanischen Reich aufzuerlegenden Bestimmungen vorab durch griechische Truppen militärisch zu erzwingen. Griechenland, getrieben von seiner irredentistischen «Großen Idee» (*Megali Idea*), alle Griechen in einem gemeinsamen Nationalstaat zu vereinigen, hatte aber einen sehr viel weitergehenden Plan: Die Teile Westanatoliens, in denen Griechen lebten bzw. vor ihrer Vertreibung gelebt hatten, sollten in ein neu zu errichtendes großgriechisches Reich einbezogen werden. Eigentlich hatten die Entente-Mächte für die griechische Besatzungszone in Anatolien nur den Raum um Ayvali (Ayvalık) und Smyrna (İzmir) vorgesehen; sie akzeptierten dann aber im Oktober 1919 ein weitaus größeres Besatzungsgebiet, dessen östliche Grenze entlang der Verbindungslinie zwischen den westanatolischen Städten Menderes, Salihli, Akhisar und Edremit verlief.[74] Die erneute Überschreitung dieser erweiterten Linie durch die griechischen Truppen in Richtung westliches Zentralanatolien nahmen die Entente-Mächte abermals hin. Seit Jahrhunderten war die griechisch-orthodoxe Bevölkerung in Westanatolien eine Minderheit gewesen. Während der Kriegsjahre, aber auch schon in den Jahren davor, waren viele Griechen Westanatoliens vor der gegen sie gerichteten Gewalt auf griechisches Staatsgebiet geflohen; unter dem Schutz der griechischen Truppen kehrten sie nun teilweise wieder zurück. Mit dem Ziel, eine griechische Bevölkerungsmehrheit in Westanatolien herzustellen, unternahmen die griechischen Truppen nun ihrerseits eine Politik der ethnischen Säuberung in einer Region, in der die Griechen wohl nur noch rund ein Siebtel der Bevölkerung stellten.[75]

Die Härte der Bestimmungen des Vertrags von Sèvres spielte der

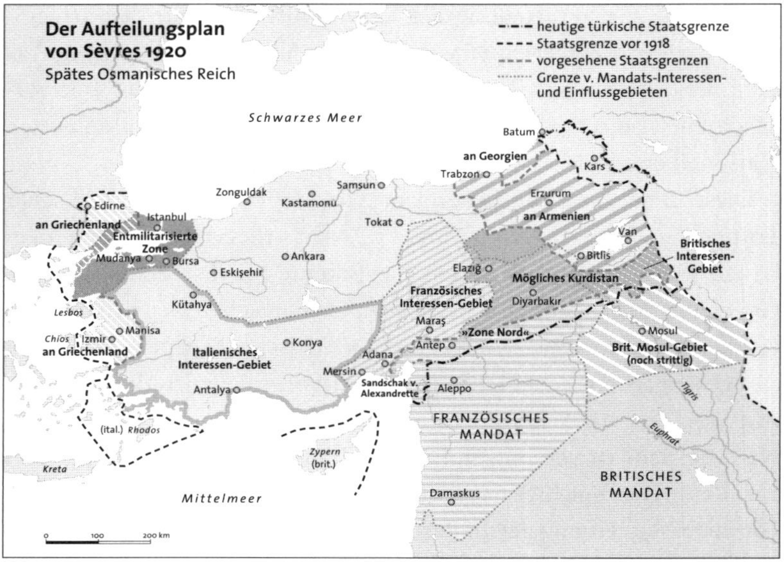

anatolischen Nationalbewegung zusätzlich in die Hände. Am 10. August 1920 unterzeichnet, war er der letzte der «Pariser Vorortverträge», die zuvor Deutschland (Versailles, Juni 1919), Österreich (Saint-Germain-en-Laye, September 1919), Bulgarien (Neuilly-sur-Seine, November 1919) und Ungarn (Trianon, Juni 1920) zur Unterschrift vorgelegt worden waren. Die Bestimmungen von Sèvres waren so streng, dass der Sultan die erste osmanische Delegation zurückrufen musste, da sie sich weigerte, den Vertrag zu unterschreiben. Der Vertrag von Sèvres definierte eine in ihren Rechten und Möglichkeiten stark beschnittene Türkei: Die beiden Meerengen sollten alliierter Kontrolle unterstehen. In Ostanatolien sollte ein eigenständiger armenischer Staat entstehen, der größere Teile der heutigen nordöstlichen Türkei eingenommen hätte. In Südostanatolien war – weitaus vager als das Projekt eines armenischen Staates – ein kurdisches autonomes Gebiet vorgesehen, das zu einem späteren Zeitpunkt unter Umständen in einen eigenen kurdischen Staat übergehen sollte. Den Griechen war die Kontrolle über Ostthrakien und die Gebiete um Smyrna (İzmir) herum zugesichert. Die Region von

Smyrna sollte fünf Jahre unter griechischer Verwaltung bleiben; anschließend würde die Bevölkerung in einem Plebiszit über die Zugehörigkeit der Region entscheiden. Ein eigener Vertrag legte für Frankreich und Italien Zonen «besonderen Interesses» in Anatolien fest: Frankreichs Einflusszone sollte, von den ihm in Syrien zugesprochenen Mandatsgebieten ausgehend, weit hinein ins östliche Zentralanatolien reichen. Italien sollte eine Interessenzone im südwestlichen Anatolien erhalten.[76]

Der Vertrag von Sèvres war das Ergebnis widerstreitender Interessen und Zielsetzungen unter den Entente-Mächten: Dem vom damaligen US-amerikanischen Präsidenten Woodrow Wilson (im Amt 1913–1921) ausgehenden Impuls zu einer Selbstbestimmung «der Völker», dokumentiert in seinem erstmals im Januar 1918 vorgetragenen Vierzehn-Punkte-Programm, stand das noch ungebrochene imperialistische Selbst- und Sendungsbewusstsein Frankreichs und Großbritanniens gegenüber. Im Falle des Osmanischen Reiches wurden diese widerstreitenden Motivationslagen zudem noch von identitätspolitischen Zielen überlagert, nämlich dem Wunsch, «die Türken» endgültig «aus Europa» zu verdrängen und das ihnen zustehende Gebiet auf ein Minimum zu beschränken. Die Griechenland gewährten Gebietsansprüche im westlichen Anatolien kann man daher als eine sehr einseitige Auslegung des Prinzips der nationalen Selbstbestimmung verstehen und zugleich als den Versuch, in Verbindung mit der Idee des Philhellenismus den Vorrang der westlichen Zivilisation umzusetzen – ein Vorhaben, das von Lloyd George (britischer Premierminister in den Jahren 1916–1922) offen verfochten wurde.[77]

Zur Überraschung der Entente-Mächte, ja der ganzen Welt, gelang es der Türkei als einzigem unter den Ländern, die den Pariser Vorortverträgen unterworfen wurden, das Vertragswerk von Sèvres Makulatur werden zu lassen. Der Unabhängigkeitskrieg war und ist daher in türkischen Augen nichts weniger als ein «Krieg der Errettung» (*Kurtuluş Savaşı*). Die Zeitgenossen wählten den eher angemessenen Begriff des «Nationalen Kampfes» (*Millî Mücadele*). Denn kann man überhaupt von einem Unabhängigkeitskrieg sprechen, wo doch Anatolien niemals eine Kolonie war und der Waffenstillstandsvertrag vom Oktober 1918 die Souveränität des Osmanischen Reiches nicht grundsätzlich aufgehoben hatte? Sicherlich, wäre der Vertrag von Sèvres Wirklichkeit geworden, so wäre die Zukunft der Türkei ungewiss gewesen. Ungarn aber überlebte die harten Bestimmungen des Vertrags von Trianon, gemäß dem es zwei Drittel seines bisherigen Staatsgebiets verlor und drei Millionen Ungarn von nun an außerhalb des eigenen Landes leben mussten.[78]

Jedenfalls waren die Jahre 1919–1922 Jahre des Kampfes für Unabhängigkeit und Souveränität, getragen von einer Nationalbewegung in ganz Anatolien. Das Ziel Mustafa Kemals und seiner Verbündeten war, die Gebietsansprüche von armenischer und griechischer Seite nicht Wirklichkeit werden zu lassen und die in Anatolien stationierten Truppen ausländischer Staaten hinauszudrängen – eine herkulisch anmutende Aufgabe angesichts der Kräfteverhältnisse: Im Mai 1919 gab es in Anatolien fünfunddreißigtausend noch nicht demobilisierte Soldaten des alten osmanischen Heeres. Unter ihnen konnte nur das Fünfzehnte Armeekorps in Ostanatolien unter Kâzım (Karabekir) mit knapp zwanzigtausend Soldaten als geordnete militärische Einheit gelten. Im Gegensatz dazu standen im April 1920 in Anatolien nahezu zweihunderttausend reguläre Soldaten der Entente-Mächte.[79] Noch im Jahr 1920 hatte die Nationalbewegung nur sehr schwache eigene Verbände vorzuweisen, die sich vor allem aus irregulären Einheiten zusammensetzten. Die Führer der Nationalbewegung fühlten sich belagert und bedroht, da interne Aufstände ganz Anatolien in Aufruhr versetzten.[80] Eine Stütze waren allerdings Geheimbünde wie die bereits erwähnte Sonderorganisation (*Teşkilat-ı Mahsusa*) oder der «Wachposten» (*Karakol*), der noch während des Ersten Weltkriegs vom jungtürkischen Komitee für einen späteren Guerillakrieg gerüstet worden war. Zahlreiche Mitarbeiter der osmanischen Regierung in İstanbul unterstützten zudem insgeheim die Nationalbewegung.

Einem Treffen der Führer der Nationalbewegung in Amasya am 19. Juni 1919 folgte der erste Nationalkongress in Erzurum vom 23. Juli bis zum 7. August 1919. Der Kongress endete mit einer Erklä-

Im ostanatolischen Sivas fand im September 1919 der zweite Kongress der anatolischen Nationalbewegung statt. Mustafa Kemal ist in der Bildmitte, mit einem *Kalpak* (Kopfbedeckung aus Filz), inmitten seiner Mitstreiter. Links neben ihm Hüseyin Rauf (Orbay). Der Mann rechts im Bild mit dem auffällig hellen Mantel ist der osmanische Diplomat Ahmed Rüstem Bey (eigentlich Alfred Bilinski), der früh in der Nationalbewegung engagiert war, sich jedoch 1920 mit Mustafa Kemal überwarf.

rung zur Unteilbarkeit des Territoriums unter osmanischer Kontrolle zum Zeitpunkt der osmanischen Kapitulation am 30. Oktober 1918 und einem Aufruf an alle Muslime, sich gegen den armenischen und griechischen Separatismus zu verteidigen. Auf dem zweiten Kongress in Sivas vom 4. bis zum 11. September 1919 schlossen sich die lokalen Widerstandsbewegungen in der «Vereinigung zur Verteidigung der nationalen Rechte von Anatolien und Rumelien» (*Anadolu Rumeli Müdafaa-ı Hukuk-ı Milli Cemiyeti*) zusammen.[81] Der Kongress verkündete bereits die Gründung einer nationalen Regierung in Anatolien, in offenem Widerspruch zur osmanischen Regierung in İstanbul. Nahezu alle Mitstreiter in der anatolischen Nationalbewegung gingen zu diesem Zeitpunkt jedoch noch davon aus, dass nach einem erfolgreichen Krieg ein von der Gängelung durch die Entente-

Mächte befreiter Sultan (der in Personalunion auch Kalif war) in İstanbul wieder souveräner Herrscher sein würde. Der Kongress von Sivas definierte erneut die geographischen Grenzen eines noch zu erringenden gemeinsamen Staates für die Muslime Anatoliens: Alle am Tag des Waffenstillstands noch nicht von Entente-Truppen besetzten Gebiete sollten den Muslimen Anatoliens gehören. Dieser Beschluss gab Anlass zu späteren türkischen Besitzansprüchen auf Nordsyrien und die Region rund um Mosul (im heutigen Nordirak), das britische Truppen erst wenige Tage nach dem Waffenstillstand besetzt hatten.

Im Oktober 1919 einigten sich die osmanische Regierung in İstanbul und die anatolische Nationalbewegung auf einen Kompromiss: Die Sultansregierung in İstanbul erkannte die Gesellschaft für die Verteidigung der Rechte Rumeliens und Anatoliens nur als provisorische Autorität in Anatolien an. Im Gegenzug konnten die Anhänger der Verteidigungsgesellschaft zu den Wahlen zum osmanischen Parlament vom Dezember 1919 antreten, in das sie mit großer Mehrheit einzogen.[82] Im Frühjahr 1920 jedoch kam es zu einem endgültigen Zerwürfnis zwischen İstanbul und der Nationalbewegung, die mittlerweile Ankara als ihren zentralen Standort bestimmt hatte.

Die Wahl Ankaras als Hauptstadt am 27. Dezember 1919 beruhte vor allem auf militärstrategischen Überlegungen. Nach dem Verlust der europäischen Besitzungen im Ersten Balkankrieg lag İstanbul am äußersten westlichen Rand des Reiches. Daher hatten bereits in den Jahren 1913–1914 deutsche Militärberater Überlegungen angestellt, die Hauptstadt nach Konya oder sogar Damaskus zu verlegen.[83] Die Hauptstadt der Nationalbewegung durfte nicht allzu weit von İstanbul entfernt liegen und musste an das bereits bestehende Eisenbahnnetz angebunden sein; zugleich sollte sie vor möglichen Angriffen der Entente-Mächte geschützt sein. Ankara war daher eine naheliegende Wahl, auch wenn die Stadt ansonsten wenig zu bieten hatte. Endgültig zur Hauptstadt erklärt wurde Ankara erst am 13. Oktober 1923.[84]

Gemäß der türkischen Nationalhistoriographie leistete das osmanische Parlament in İstanbul am 17. Februar 1920 noch einen letzten großen Dienst an der Nation: Es beschloss den sogenannten Nationalpakt (*Misak-ı Millî*), mit zwei hauptsächlichen Bestimmungen: (1) Alle Regionen, die am Tag des Waffenstillstands von Mudros (30. Oktober 1918) noch nicht besetzt waren, sind Heimatland der anatolischen Muslime; (2) über die Zukunft der besetzten arabischen Gebiete, der früheren russischen Provinzen von Ardahan, Batumi und Kars sowie des westlichen Thrakien ist durch Volksabstimmungen zu entscheiden.

Die Entente-Mächte sahen die Gefahr einer Machtübernahme durch die Nationalbewegung in İstanbul und besetzten die Stadt, in der sich schon seit 1918 Entente-Truppen aufhielten, offiziell am 16. März 1920. Sultan Mehmed Vahdeddin löste am 11. April 1920 das Parlament auf. Zweiundneunzig Mitglieder des osmanischen Parlaments schlugen sich daraufhin nach Ankara durch; dort bildeten sie gemeinsam mit zweihundertzweiunddreißig Vertretern, die von den lokalen Abteilungen der Verteidigungsgesellschaft gewählt worden waren, die «Große Nationalversammlung» (*Büyük Millet Meclisi*), die das erste Mal am 23. April 1920 zusammentrat.[85]

Der militärische Arm der anatolischen Nationalbewegung bestand – mit der Ausnahme von Ostanatolien – in seiner frühen Phase bis 1920 aus irregulären Verbänden, die mit asymmetrischer Kriegsführung gegen die eigentlich überlegenen militärischen Einheiten der Entente-Mächte kämpften. Eine Stärke der Nationalbewegung war ihre breite soziale Basis. Als Anerkennung ihrer Verdienste im Kampf gegen die französische Besatzung erhielten später die Städte Antep, Maraş und Urfa Ehrentitel und wurden zu Kahramanmaraş («heldenhaftes Maraş»), Gaziantep (das «für die Sache des Glaubens bzw. der Nation kämpfende Antep») und Şanlıurfa («ruhmreiches Urfa») erhoben. Ein gemeinsamer explizit muslimischer Nationalismus trug die Bewegung, so dass sich Kurden und religiöse Rechtsgelehrte (*ulema*) der Bewegung ohne Zögern anschlossen: In der ersten Nationalversammlung von 1920 hatten 85 von 403 Abgeordneten eine traditionelle religiöse Ausbildung, und zudem waren im Parlament die Kurden mit 72 von 437 Abgeordneten ungefähr ihrem Bevölkerungsanteil entsprechend vertreten.[86] Wäre 1920 oder 1921 die anatolische Nationalbewegung gescheitert, zum Beispiel durch den Entschluss der Entente-Mächte, ihr gesamtes militärisches Gewicht in die Waagschale zu werfen, wäre sie vermutlich «als ein Versuch zur Wiedererrichtung eines machtvollen osmanisch-islamischen Staates mit leicht nationalistischen Untertönen in die Geschichte eingegangen».[87] Aus diesem Grund ist weitaus mehr von einer muslimisch-anatolischen als einer türkischen Nationalbewegung zu sprechen. Erst als die Nationalbewegung ihre Ziele erreicht hatte, bekannten sich Mustafa Kemal und seine engsten Mitstreiter zu einer türkisch-nationalistischen Agenda.

Die Entente-Mächte brachten weder die Mittel noch den Willen auf, um gegen die so überraschend erfolgreiche Nationalbewegung vorzugehen. Zudem gelang es Mustafa Kemal durch geschickte Diplomatie, den zuerst gegen viele Gegner ausgefochtenen Kampf auf einen ausschließlich mit Griechenland geführten Krieg zu verengen. Im Herbst 1920 wurden armenische Verbände in Ostanatolien vernichtend geschlagen. Der Vertrag von Alexandropol (das heutige Gjumri in Armenien) vom 2. Dezember 1920 stellte ein Diktat seitens der anatolischen Nationalbewegung dar, in dem Armenien unter anderem den Vertrag von Sèvres als für seine Seite hinfällig erklären musste. Italien und Frankreich suchten im Jahr 1921 ein Einverständnis mit der Nationalbewegung. Frankreich gab alle Ansprüche auf ein Einflussgebiet in Anatolien auf, um so seine Mandatsgebiete im heutigen Libanon und Syrien vor einem Ausgreifen der anatolischen Nationalbewegung zu bewahren. Die von Mustafa Kemal vorangetriebene Verständigung mit der bolschewistischen Führung führte zu zwei sowjetisch-türkischen Verträgen: Am 16. März 1921 wurde in Moskau der sowjetisch-türkische Freundschaftsvertrag unterzeichnet. Am 13. Oktober 1921 folgte der in Kars geschlossene Freundschaftsvertrag zwischen der Türkei sowie Armenien, Aserbaidschan und Georgien; alle drei Länder standen zu diesem Zeitpunkt bereits unter sowjetischer Kontrolle. Das sowjetisch-türkische Einvernehmen und die folgende militärische und finanzielle Unterstützung durch Moskau waren außerordentlich hilfreich im Kampf gegen Griechenland, dessen weiteres Vor-

Das Gemälde von Ahmet Ziya (Akbulut) zeigt in heroisierender Weise den Einmarsch türkischer Truppen in Smyrna (İzmir) am 9. September 1922. Mit der Einnahme Smyrnas endete der türkische «Unabhängigkeitskrieg». Der Großbrand, der das historische Smyrna zerstörte, wird in der rechten Bildhälfte nur angedeutet. In der ersten Reihe von links: Kâzım (Karabekir), İsmet (İnönü), Mustafa Kemal (mit militärischem Gruß) und Fevzi (Çakmak) mit Gehstock.

dringen in Richtung Zentralanatolien lebensbedrohlich für die Nationalbewegung war.[88]

In zwei Schlachten, im Januar und erneut im März/April 1921, gelang es den Truppen der Nationalbewegung, am Fluss İnönü (in der Nähe von Eskişehir) den griechischen Vormarsch vorerst zu stoppen. Angesichts einer erneuten Offensive der griechischen Armee im Sommer 1921 zogen sich die türkischen Truppen bis zum Fluss Sakarya, weniger als hundert Kilometer von Ankara entfernt, zurück. Nach einer mehrwöchigen Schlacht gelang es der türkischen Seite am 13. September 1921, die griechische Vorwärtsbewegung endgültig zu brechen. Der Sieg am Sakarya war entscheidend für die außenpolitische Stärkung der Nationalbewegung. Wäre den Griechen der Durchbruch gelungen, dann hätte ihre Kraft vermutlich noch gereicht, um Ankara zu besetzen. Die Entente-Mächte wären in diesem

Falle wohl zu einer anderen Einschätzung der Lage in Anatolien gelangt.[89]

Im Sommer 1922 ging die türkische Seite in die Offensive und konnte am 30. August in Dumlupınar, unweit von Afyonkarahisar, fünf von acht der dort eingesetzten Divisionen der griechischen Armee zerschlagen. Bereits am 9. September 1922 marschierten erste türkische Einheiten in Smyrna (İzmir) ein. Der griechische Feldzug in Westanatolien und die türkische Gegenbewegung endeten in einem Desaster: Die chaotische Evakuierung der nicht-muslimischen Bevölkerung aus Smyrna, Massaker an der Zivilbevölkerung und ein in Ursache und Absicht bis heute umstrittener Großbrand am 13. September 1922 setzten der Stadt als einem Zentrum levantinischer Lebenswelten ein Ende. Aus Smyrna war İzmir geworden.[90]

Am 11. Oktober 1922 unterzeichnete Großbritannien, das weiterhin die Zone um die beiden Meerengen besetzt gehalten hatte, in Mudanya (am östlichen Ufer des Marmarameers) einen Waffenstillstand mit der Ankaraner Regierung und erkannte diese damit als ein ebenbürtiges Gegenüber an. Der Weg hin zu den Verhandlungen für den Vertrag von Lausanne, mit dem der Vertrag von Sèvres abgelöst und die Republik Türkei völkerrechtlich anerkannt wurde, war geebnet.

3. Die Wege trennen sich (1922–1925)

Das Osmanische Reich war – auch wenn es die letzten Jahrzehnte in seiner grundsätzlichen Konstruktion nicht mehr besonders stabil war und auch wenn die verschiedenen Teile der osmanischen Gesellschaft jetzt meinten, dass sie sich nur noch wenig zu sagen gehabt hatten – ein großer Kommunikationsraum gewesen. Er war ein gemeinsames Reich gewesen für all diejenigen, die die Offiziersschulen in İstanbul besuchten und später militärische Kommandos in den verschiedensten Teilen des Reiches übernahmen; für all diejenigen, die als religiöse Rechtsgelehrte den gleichen Zugang zu den religiösen und normativen Texten des Islam in arabischer Sprache hatten; für all diejenigen, die miteinander Handel trieben und die zumindest eine der zahlreichen im Reich gesprochenen Sprachen teilten; für die große Mehrheit der Menschen im Osmanischen Reich, die trotz aller Konflikte den gemeinsamen Erfahrungsraum gewachsener Koexistenz als selbstverständlichen Teil ihrer Heimat sahen.

Wie sich vormals jahrhundertelange Bindungen scheinbar über Nacht in Luft auflösen konnten, zeigt der Verlust der südosteuropäischen Besitzungen nach dem Ersten Balkankrieg. Der Bezug zur Herkunft aus Rumelien war zwar den nach Anatolien geflohenen Muslimen geblieben, aber die Abschneidung war unmittelbar wirksam. Ein Grund dafür war der vollständige Elitenwechsel in Staaten wie Bulgarien, Griechenland, Montenegro und Serbien. Ein weiterer war, dass die Konzepte des Nationalismus und Nationalstaats nun die Möglichkeit boten, scheinbar verbindlich sagen zu können, wo jemand hingehörte und wohin nicht. Jedenfalls ist es auffällig, wie wenig bis gar nicht sich die türkische öffentliche Meinung mit dem Südosteuropa des zwanzigsten Jahrhunderts beschäftigte. Erst der

Bosnienkrieg der 1990er Jahre rückte Südosteuropa wieder in die emotionale Mitte der türkischen Gesellschaft.

Nicht so eindeutig und vor allem nicht so rasch war der Bruch der arabischen Provinzen mit ihrer osmanischen Vergangenheit. Die Loyalität der arabischen Bevölkerung gegenüber dem osmanischen Staat und Sultan war angesichts von Geldentwertung, Hunger, Krankheit, Rationierungen und Requirierungen im Ersten Weltkrieg zwar stark beansprucht worden, aber nicht vollständig zerbrochen.[91] Dass sich mit dem Ende des Krieges die Wege trennten, die man seit dem sechzehnten Jahrhundert gemeinsam beschritten hatte, erscheint aus der heutigen Perspektive der Nationalstaaten eine Selbstverständlichkeit – zu der sie aber nur dank jahrzehntelanger schulischer Erziehung und staatlicher Geschichtspolitik werden konnte. Der ehemalige gemeinsame osmanische Kommunikationsraum zerfiel nicht einfach nur. Alle neuen arabischen, sich mehr oder weniger überzeugend als Nationalstaat verstehenden Staaten suchten, indem sie sich von der osmanischen Zeit abgrenzten, ihre Selbstbestätigung. So galt es in der nationalistischen arabischen Geschichtsschreibung des zwanzigsten Jahrhunderts als eine selbstverständliche Tatsache, dass «die Türken» den Niedergang, der bereits mit der mongolischen Eroberung Bagdads im Jahr 1258 eingesetzt habe, fortgeführt und damit die Grundlagen zur fatalen Unterentwicklung und Hilflosigkeit der arabischen Welt gegenüber dem westlichen Imperialismus gelegt hätten.[92] Die türkische nationalistische Historiographie war wiederum von der Losung bestimmt, dass die Araber sich in verräterischer Weise gegen das gemeinsame, für alle Muslime konzipierte Osmanische Reich gewandt hätten.[93]

Das Ende der Levante und die Erschaffung des Nahen Ostens

Das Fell des Osmanischen Reiches, eines der letzten Vertreter der aussterbenden Spezies der vormodernen Imperien, lag nach dem Ersten Weltkrieg zur Aufteilung bereit. Es konnte sogar mehr verteilt werden, als man ursprünglich hatte voraussehen können. Russland, dem Frankreich und Großbritannien im Frühjahr 1915 die Kontrolle über İstanbul und die Meerengen zugesagt hatten, musste man nicht mehr mit einbeziehen, nachdem sich die Bolschewisten aus dem Krieg zurückgezogen hatten.

Einen Strich durch die Rechnung machten die anatolische Nationalbewegung und die Missgunst zwischen den beiden Verbündeten Frankreich und Großbritannien. Zwar konnte Großbritannien das maßgeblich von ihm errichtete Ordnungssystem des Nahen Ostens – mit Frankreich teils als Partner, teils als Gegner – nicht lange dominieren, denn in der zweiten Hälfte des zwanzigsten Jahrhunderts sollte es von den USA als Führungsmacht in der Region abgelöst werden. Dennoch war die von Großbritannien geschaffene neue Ordnung seit Jahrhunderten der tiefste Einschnitt in der Geschichte der Region, die wir heute als den «Nahen Osten» kennen.

Diese Neuordnung ist das Ergebnis einer verwirrenden Abfolge von Absprachen, Abmachungen und Abkommen zwischen Frankreich und Großbritannien. Sie reichten von der informellen Aufteilung der arabischen Gebiete des Osmanischen Reiches vor dem Krieg über gegenseitige Zusicherungen und Vereinbarungen während der Kriegsjahre bis hin zu den abschließenden Vereinbarungen in den frühen 1920er Jahren, vor allem auf der Konferenz von San Remo im April 1920, die den Zuschnitt der Völkerbundmandate für Frankreich (mit den heutigen Staaten Libanon und Syrien) und Großbritannien (mit den heutigen Staaten Israel mit Palästina, Jordanien und Irak) endgültig festlegte.[94]

Als übergreifende Bezeichnung für diese Neuordnung wird bisweilen der Begriff der «Sykes-Picot-Ordnung» verwendet: Im November 1915 kamen der französische Diplomat François Georges-Picot und sein britischer Verhandlungspartner Mark Sykes überein, dass im Falle eines Sieges der Entente-Mächte die osmanischen Herrschaftsgebiete in der östlichen arabischen Welt zwischen Frankreich und Großbritannien aufgeteilt werden sollten. Dieser Aufteilungsplan wurde im Mai 1916 durch eine geheime britisch-französische Vereinbarung besiegelt.[95] Jedoch kann die Sykes-Picot-Ordnung nur als Chiffre für eine weitaus verwickeltere Geschichte fungieren. Die Vereinbarung wurde wegen späterer Entwicklungen, vor allem durch den Wegfall des im Vertrag mitberücksichtigten russischen Verbündeten, in dieser Form niemals umgesetzt.[96]

Mit dem Zerfall des ehemals gemeinsamen osmanischen Kommunikationsraums zerbrachen daran angepasste Lebenswelten – wie die der Levantiner. In der Levante, also an den Gestaden des östlichen Mittelmeers, hatte über die Jahrhunderte hinweg eine «übernationale Gruppe, der Prototyp einer ethnisch gemischten Gemeinschaft» eine besondere Nischenstellung gefunden.[97] Levantiner zu sein, stand für eine gewisse Lebensform, nämlich als ein ursprünglich aus Europa eingewanderter «Franke» in einer muslimischen Mehrheitsgesellschaft zu leben und über Bindungen in die europäisch-christliche Welt zu verfügen.[98] Niemand verstand es so gut wie die Levantiner, die Zwischenräume zwischen imperialen und staatlichen Machtstrukturen zu nutzen. Das neunzehnte Jahrhundert, unter dem Schutz der allgegenwärtigen europäischen Großmächte, war wohl das goldene Zeitalter der Levantiner. Diese Lebensform mag heute als Spielart eines erstrebenswerten Kosmopolitismus erscheinen, doch die Levantiner galten den Osmanen als prinzipien- und treulos, und für die damaligen europäischen Betrachter standen sie für moralische Verkommenheit und Heimatlosigkeit.[99]

Das İstanbul nach dem Ersten Weltkrieg sah nur kurz noch einmal das Strohfeuer eines aus Not aufflackernden Kosmopolitismus. Allein im November 1920 flohen einhundertfünfunddreißigtausend Angehörige der «Weißen Bewegung» (die Gegner der Bolschewiken im Russischen Bürgerkrieg in den Jahren 1919–1922) und andere, die nicht in einem bolschewistischen Russland leben wollten, über die russischen Schwarzmeerhäfen nach İstanbul. Die Lebensbedingungen in İstanbul waren für sie schwierig und die allermeisten sahen in der Stadt nur ein Sprungbrett auf dem Weg weiter nach Westen.[100]

Mit dem Vorhaben, Land und Wirtschaft dem eigenen Volk in die Hände zu geben, nahm die Republik Türkei eine Entwicklung vorweg, die in anderen Ländern des Nahen Ostens erst einige Jahrzehnte später einsetzen würde. So verloren die Levantiner, aber auch die Juden Alexandrias und Kairos ihre Existenzgrundlage erst nach dem Putsch der «Freien Offiziere» im Jahr 1952 und spätestens mit der Suez-Krise von 1956.[101] Das Beirut von heute mag zwar noch in manchem an die levantinischen Lebenswelten des neunzehnten und frühen zwanzigsten Jahrhunderts erinnern, aber die unablässigen Prüfungen des Libanon, angefangen vom Bürgerkrieg in den 1970er und 1980er Jahren bis zur Aufnahme einer überwältigend großen Zahl von syrischen Flüchtlingen, lassen den Menschen im Libanon heute wenig Zeit und Raum für Nostalgie.

Die Provinzialisierung und Abkapselung der Türkei und des Nahen Ostens insgesamt nach dem Ersten Weltkrieg spiegelt sich in den wirtschaftlichen Verhältnissen der Zwischenkriegszeit. Vom Beginn des Ersten Weltkriegs bis in die späten 1940er Jahre entglobalisierten sich die ehemaligen osmanischen Herrschaftsgebiete. Zu diesem Phänomen gehört das Verschwinden der griechischen und armenischen Bevölkerungen in Anatolien. Viele der exportorientierten und kommerziell erfolgreichen Bauern des westlichen Anatoliens und der östlichen Schwarzmeerküste, aber auch die Handwerker, Geldwechsler und Händler, die die ländlichen Gebiete Anatoliens mit den Hafenstädten und den europäischen Handelsfirmen verknüpft hatten, lebten nicht mehr, zumindest nicht in der Türkei.

Die Volkswirtschaften, die sich innerhalb der neuen Staatsgrenzen erst herausbilden mussten, erholten sich nur sehr langsam von den Folgen des Ersten Weltkriegs. Ägypten zum Beispiel verzeichnete zwischen 1913 und 1940 überhaupt kein Wachstum des Pro-Kopf-Einkommens. Die sehr geringen Wachstumszahlen der Wirtschaft in den ersten Jahrzehnten der Republik Türkei sind also keine Besonderheit; dennoch sind die Zahlen erschreckend niedrig: Erst in den frühen 1930er Jahren erreichte die Produktivität pro Kopf in der Landwirtschaft wieder den Stand der Vorkriegszeit. Ende der 1940er Jahre war die Produktivität pro Kopf insgesamt nur um ein Viertel höher als am Vorabend des Ersten Weltkriegs; das durchschnittliche Wachstum von den 1920er bis in die späten 1940er Jahre lag bei nur 0,6 Prozent.[102] In türkischer Sicht war dies kein zu hoher Preis dafür, Souveränität, wirtschaftliche Unabhängigkeit und einen (scheinbar) homogenen Nationalstaat errungen zu haben. Der für die internationale Anerkennung der Türkei wichtigste Meilenstein ist der Vertrag von Lausanne im Jahr 1923.

Der Vertrag von Lausanne

In den beiden letzten Jahren des Ersten Weltkriegs und in den ersten Jahren danach sprossen zahlreiche, meist sehr kurzlebige Republiken in Westasien und Nordafrika auf: So wurden Republiken ausgerufen in Aserbaidschan, Baschkirien, Buchara, Gilan (Iran), auf der Krim, im marokkanischen Rif-Gebirge, im Südkaukasus und Tripolitanien (Libyen). Alle Republiken im Kaukasus und in Zentralasien verleibte sich bald die wiedererstarkte Sowjetunion ein. In Nordafrika wurden sie von den europäischen Kolonialmächten niedergeworfen.[103] Die anatolische Nationalbewegung sticht aus dieser großen Zahl von kurzlebigen muslimischen Republiken durch ihre Selbstbehauptung und den Übergang in einen souveränen und völkerrechtlich anerkannten Staat heraus.

Bis heute deutet die Türkei den Friedensschluss von Lausanne 1923 als ein herausragendes, einzelstehendes Vertragswerk; in einem größeren Zusammenhang gesehen ist er aber der wenn auch späte Schlusspunkt der Pariser Vorortverträge und somit Teil der entstehenden Nachkriegsordnung – und der Neuordnung des Nahen Ostens. Der Vertrag von Lausanne legte die Existenzbedingungen für die neue türkische Republik fest, die zugleich ein gewissermaßen assoziiertes Mitglied der neuen Ordnung des Nahen Ostens wurde.

Am 13. November 1922 luden die Entente-Mächte zu einer Friedenskonferenz in Lausanne ein, um «über die Angelegenheiten des Nahen Orients» zu sprechen.[104] Mustafa Kemal beauftragte seinen Vertrauten İsmet (İnönü), den er bereits am 26. Oktober 1922 zum Außenminister ernannt hatte, mit der Führung der türkischen Delegation für die anstehenden Friedensverhandlungen. İsmet (İnönü) zeichneten seine Verdienste im Unabhängigkeitskrieg aus; sein späterer Familienname leitet sich von den von ihm erfolgreich geschlage-

Gruppenbild der Teilnehmer der Konferenz von Lausanne, die die Grundlagen einer souveränen Republik Türkei legte, am Tag der Unterzeichnung des Abkommens am 24. Juli 1923. In der vordersten Reihe, von links nach rechts: Lord Curzon, britischer Außenminister, Benito Mussolini, italienischer Ministerpräsident, und Raymond Poincaré, französischer Ministerpräsident.

nen Abwehrschlachten am Fluss İnönü im Januar und März/April 1921 ab.

Die türkische Verhandlungsdelegation stand mehreren Gruppen von Staaten gegenüber: Frankreich, Großbritannien, Italien und Japan waren die einladenden Staaten; weiterhin waren Griechenland, das Königreich der Serben, Kroaten und Slowenen und die USA (die aber an den Verhandlungen nur als Beobachter teilnahmen) zu allen Verhandlungsteilen zugelassen. Bulgarien und die Sowjetunion konnten als Schwarzmeeranrainerstaaten an den Verhandlungen über die Meerengen teilnehmen, Belgien und Portugal bei Fragen des Handels und Niederlassungsrechts.[105]

Die türkische Delegation kam nach Lausanne mit maximalen territorialen Ansprüchen: Sie forderte neben dem Sandschak von Alexandrette (heute die türkische Provinz von Hatay) weitere Gebiete des heutigen Nordsyrien, die Provinz von Mosul, die ägäischen Inseln nahe dem türkischen Festland und ein Plebiszit in Westthrakien (Teil des griechischen Staatsgebiets). Die türkische Delegation hatte zudem die Anweisung erhalten, in zwei Punkten sich unbedingt durchzusetzen, nämlich einen armenischen Staat in Ostanatolien und die Wiedereinführung der Kapitulationen zu verhindern. Die Verhandlungen, die am 20. November 1922 begannen, waren von starken Spannungen belastet, nicht nur zwischen der türkischen Delegation und ihren Gegenübern, sondern auch zwischen İsmet (İnönü) und dem Parlament in Ankara. Die parlamentarische Opposition warf dem Verhandlungsführer vor, dass es ihm nicht gelinge, die Forderungen des Nationalpaktes von 1920 durchzusetzen, also die Grenzen der Republik Türkei nach dem Gebiet zu bemessen, das beim Waffenstillstandsvertrag vom Oktober 1918 noch unter der Kontrolle osmanischer Truppen gestanden hatte.[106]

Weil beide Parteien in mehreren Punkten (Aufhebung der Kapitulationen, wirtschaftlich-finanzielle Fragen einschließlich der osmanischen Staatsschulden, Frage der Meerengen) keine Einigung finden konnten, wurden die Verhandlungen am 4. Februar abgebrochen, aber am 23. April 1923 wieder aufgenommen. Am 24. Juli 1923 wurde schließlich der Vertrag von Lausanne unterzeichnet.[107] Der Unabhängigkeitskrieg war eine militärische Glanzleistung der jungen Türkei, der Vertrag von Lausanne eine diplomatische – auch wenn die türkische Seite in manchen Punkten Kompromisse schließen musste.[108] Zentral ist die Anerkennung der Türkei als souveräner Staat in völkerrechtlich anerkannten Grenzen. In dieser Hinsicht nun «gehört die Souveränität bedingungslos dem Volke» (*Egemenlik kayıtsız şartsız milletindir*),[109] wie es in dem Ausspruch Mustafa Kemals heißt, der bis heute als Leitsatz auf der Stirnwand im Parlamentssaal der «Großen Nationalversammlung der Türkei» (*Türkiye Büyük Millet Meclisi*) steht.

Betrachtet man das Umfeld der damaligen Türkei, so war der Gewinn unbeschränkter Souveränität die Ausnahme: In Ägypten zum Beispiel sah sich Großbritannien angesichts heftiger Proteste und Unruhen gezwungen, sein 1914 verkündetes Protektorat aufzuheben und am 1. Februar 1922 dem Land Unabhängigkeit zu gewähren. Gleichzeitig bedingte sich aber Großbritannien aus, die britischen Verbindungswege durch Ägypten zu kontrollieren, für die Landesverteidigung verantwortlich zu sein und Schutzrechte über ausländische Interessen sowie den anglo-ägyptischen Sudan auszuüben.[110] Übertragen auf die Türkei hätte das bedeutet, dass Ankara die Kontrollen über die Meerengen in Gänze und die militärische Verteidigung Anatoliens teilweise in andere Hände hätte geben müssen.

Die Abschaffung der Kapitulationen, neben der Aufhebung der im neunzehnten Jahrhundert geschlossenen Freihandelsverträge, war vielleicht nicht gerade die «Magna Charta des neuen Staates»,[111] aber immerhin war die demütigende wirtschaftliche Durchdringung des Landes zu einem Ende gekommen. Den Liquidationskosten des untergegangenen Osmanischen Reiches konnte sich die Türkei nur zum Teil entziehen. Sie musste zwar keine Reparationsleistungen gegenüber den Entente-Mächten leisten, und die Anleihen, die das Osmanische Reich während des Krieges bei Deutschland aufgenommen hatte, wurden gestrichen. Von der in den Verhandlungen auf 129,4 Millionen Türkische Goldlira beziehungsweise rund 118 Millionen Britische Pfund festgesetzten osmanischen Staatschuld musste jedoch die Türkei zwei Drittel übernehmen (das verbliebene Drittel der osmanischen Staatsschuld wurde den Mandatsgebieten in der östlichen arabischen Welt aufgebürdet). Schon nach der Zahlung der ersten Rate (die ohnehin erst 1929 fällig war) stellte die Türkei die Zahlungen ein. Neuverhandlungen führten schließlich zu einer Reduzierung der zu begleichenden Summe um mehr als die Hälfte.[112] Ein Wermutstropfen für die türkische Seite war, dass sie die bestehenden Zolltarife erst ab dem Jahr 1929 ändern durfte und dass sie erst 1927 die von der internationalen Schuldenverwaltung (*Administration de la Dette Publique*) gehaltenen Monopole für Alkohol, Salz und Tabak zurückerhielt. Ebenso blieben die ausländischen Konzessionen für die Zeit ihrer Gültigkeit in Kraft; die letzte französische Eisenbahnkonzession lief erst 1947 aus.[113]

Mindestens ebenso bedeutend wie die Befreiung von den Folterinstrumenten des europäischen Handelsimperialismus des neunzehnten Jahrhunderts war, dass die Türkei ihre Auffassung von dem, was «Minderheiten» in der Türkei darstellten, durchsetzen konnte. Das einzige im Vertrag von Lausanne geltende Kriterium für die Anerkennung von Minderheitengruppen war die Religionszugehörigkeit – eine deutliche Verengung des Begriffs gegenüber den sonst nach dem Ersten Weltkrieg gefundenen Regelungen. Deren Grundlage waren die Minderheitenbestimmungen im Vertrag zwischen Polen und den Entente-Mächten vom 28. Juli 1919 in Versailles. Das Ziel war, in der neuen internationalen Nachkriegsordnung die Minderheitenfragen dadurch zu lösen, dass die Loyalität der Minoritäten zu den jeweiligen Staaten gefördert und dadurch irredentistische Bewegungen ausgetrocknet werden sollten. Das vom Völkerbund getragene und zu schützende Minderheitenrecht scheiterte jedoch an der Unterwanderung durch die einzelnen Staaten und an der Unfähigkeit der Völkergemeinschaft, Verletzungen des Minderheitenrechts zu ahnden.[114]

Beim Begriff der Minderheit kamen in den sonstigen europäischen Regelungswerken Kriterien der Religions- *und* Sprachzugehörigkeit zur Geltung. Mithilfe einer rein religiös gebundenen Definition von Minderheit konnte die türkische Seite die Position vertreten, dass die muslimische Bevölkerung in der Türkei keine Unterschiede aufweise. Man kann jedoch vermuten, dass sich der von den türkischen Verhandlungsführern verfochtene religiös gebundene Minderheitenbegriff nicht nur einer osmanischen Prägung ihrer Denkweise verdankte,[115] sondern dass hier ein gehöriger Anteil Manipulation enthalten war: Wir hatten ja gesehen, dass die osmanische Staatselite bereits im neunzehnten Jahrhundert mit dem Konzept einer osmanischen Staatsbürgerschaft konfessionelle Zuordnungskriterien zumindest zum Teil hinter sich gelassen hatte. Zudem gibt das türkische Nationalstaatskonzept zwar der Zugehörigkeit zum Islam großes Gewicht, gründet aber doch hauptsächlich auf der Vorstellung eines Staates für alle Türkinnen und Türken. Die türkische Verhandlungsposition war also insofern geschickt, als orientalisierende Vorstellungen der europäischen Seite bedient wurden: Offensichtlich sei – so wohl der Eindruck der Entente-Verhandlungsführer – die türkische Seite immer noch in osmanischen Konzeptionen gefangen, da ihr Minderheitenbegriff sich allein auf Konfessionsgruppen (*millet*) beziehe. Da aber nicht-muslimische Minderheiten in Anatolien mittlerweile bedeutungslos waren, musste eine konfessionell bestimmte Minderheitenregelung von vornherein ins Leere laufen. Dafür spricht auch, dass das türkische Recht «den Begriff der Minderheit nur im Zusammenhang mit den Minderheitenklauseln des Lausanner Vertrags» kennt,[116] er also offensichtlich nur für diesen Zweck formuliert wurde.

Die Minderheitenschutzbestimmungen der Artikel 37–44 des Abkommens von Lausanne sicherten allen «Nicht-Muslimen» einen völkerrechtlich garantierten Status zu. In der Praxis des türkischen Staates sind diese Schutzrechte den Armeniern, Griechisch-Orthodoxen und Juden vorbehalten geblieben.[117] Mit der Beschränkung auf einen rein konfessionellen Minderheitenbegriff fielen die Kurden, denen im Vertrag von Sèvres noch die vage Option eines eigenen Staates eingeräumt worden war, aus dem Regelungswerk heraus. Die Aleviten, die eigentlich als religiöse Minderheit hätten eingestuft werden müssen, wurden von türkischer Seite ebenfalls mit Kalkül gänzlich aus den Schutzklauseln herausgehalten.[118]

Die konfessionelle Zugehörigkeit wurde nicht nur im Vertragswerk selbst zum bestimmenden Maßstab. Im Rahmen der Verhandlungen in Lausanne wurde ein umfassender Bevölkerungsaustausch zwischen Griechenland und der Türkei beschlossen. Bereits während der Kriegsjahre war bis zu eine halbe Million orthodoxer Griechen aus Anatolien geflohen oder vertrieben worden; mehrere Hunderttausend kamen in den Jahren 1914–1922 ums Leben beziehungsweise wurden ermordet. Zwischen 1919 und 1923, also noch vor dem offiziellen Bevölkerungsaustausch, wurden weitere Hunderttausende Griechen, in Verbindung mit einer hohen Todesrate, vertrieben. Daher betrug die Zahl der orthodoxen Griechen, die von 1923 bis 1926 die Türkei verließen, nur noch knapp zweihunderttausend; im Gegenzug mussten dreihundertfünfunddreißigtausend Muslime, der größte Teil von ihnen türkischsprachig, Griechenland verlassen.[119] Ausgenommen vom Bevölkerungsaustausch blieben nur die griechisch-orthodoxen Bewohner İstanbuls und der den Dardanellen südlich vorgelagerten türkischen Inseln Imvros (Gökçeada) und Tenedos (Bozcaada) sowie die muslimisch-türkischsprachige Bevölkerung im griechischen Westthrakien.

Neben der technokratischen Härte des Bevölkerungsaustauschs, der für die betroffenen Menschen ja keineswegs eine Repatriierung war, sondern die Deportation in ein fremdes Land, stechen die Absurditäten ins Auge, die sich aus der rein konfessionellen Zuordnung ergaben: Die pontischen (also an der Schwarzmeerküste lebenden) Griechen, von denen viele im neunzehnten Jahrhundert vorübergehend auf die russische Seite des Schwarzen Meeres gewechselt waren, sprachen ein Griechisch, das für Griechen anderer Gebiete kaum verständlich war.[120] Griechen aus Zentralanatolien, die sogenannten Karamanlı, sprachen nur Türkisch, während die Muslime aus Kreta und der Umgebung von Ioannina nur des Griechischen mächtig waren.

Grundlage des Einverständnisses auf griechischer und türkischer Seite zu einem Bevölkerungsaustausch, mit Ermunterung und Unterstützung durch die Entente-Mächte, war die Schaffung von national homogenen Staaten. Dies ist ein weiterer Hinweis auf die Zugehörigkeit des Lausanner Vertrags zum System der Pariser Vorortverträge, weil das Konzept des Bevölkerungstauschs ein «intrinsisches Element der Prinzipien war, die in Paris verkündet» worden waren.[121]

Lausanne entfaltete eine langanhaltende Wirkung als Gründungsdokument der modernen Türkei. Es gab in den folgenden Jahren nur noch wenige Ergänzungen und Modifizierungen des internationalen Status der Republik Türkei. Im Dezember 1925 kamen der Völkerbund in Genf und der Haager Gerichtshof – auch unter dem Eindruck der gewaltsamen Maßnahmen gegenüber den Kurden in der jungen Republik Türkei – zum abschließenden Entscheid, dass Mosul nicht an die Türkei fallen solle. Im Juni 1926 akzeptierte die Türkei schließlich diese Entscheidung.[122] In Lausanne hatte sich die Türkei mit ihrer Forderung nach dem Sandschak von Alexandrette, der heutigen türkischen Region von Hatay, nicht durchsetzen können. Frankreich aber, das sein Mandatsgebiet (im heutigen Libanon und Syrien) von Anfang an administrativ zersplitterte, richtete 1924 ein eigenständiges Verwaltungsgebiet Alexandrette ein, um in seinen

Beziehungen zur Türkei über ein mögliches «zukünftiges Faustpfand» zu verfügen.[123] 1926 gewährte Frankreich dem Sandschak lokale Selbstverwaltung, 1937 erhielt das Gebiet vom Völkerbund, mit Einwilligung Frankreichs, Autonomie unter nomineller französischer Kontrolle. Das mehrheitlich türkische Parlament im Sandschak stimmte für einen Anschluss an die Türkei, bestätigt durch einen französisch-türkischen Vertrag vom 23. Juni 1939. Im August 1926 konnten türkische Truppen wieder die Ufer der Meerengen besetzen; jedoch war im Vertragswerk von Lausanne festgelegt, dass die Wasserstraßen von einer internationalen Kontrollkommission beaufsichtigt würden. Ein 1936 in Montreux unterzeichneter und bis heute gültiger Vertrag stellte schließlich die volle staatliche und militärische Souveränität der Türkei über Bosporus und Dardanellen her.[124]

Trennung von den Mitstreitern

Zu Beginn der 1920er Jahre waren die Hoffnungen in den ehemaligen arabischen Provinzen des Osmanischen Reiches groß, dass die neue nationale Regierung in Ankara die eigenen Unabhängigkeitsbestrebungen gegen die neu geschaffenen britischen und französischen Mandate unterstützen würde. Die Führer der Revolten in Syrien sahen in der anatolischen Nationalbewegung ihr Vorbild; einige hofften wohl gar, der «Mustafa Kemal Syriens» werden zu können. Die Loyalität der arabischen Offiziere gegenüber dem Osmanischen Reich war während des Ersten Weltkriegs nicht zerbrochen. Nach Kriegsende sahen ehemals osmanische Offiziere arabischen Ursprungs keinen Unterschied zwischen sich und den Führern der anatolischen Nationalbewegung oder sie beteiligten sich gar am Krieg in Anatolien. 15 Prozent der Offiziere, die im anatolischen Unabhängigkeitskrieg kämpften, stammten aus den ehemaligen arabischen Gebieten des Osmanischen Reiches.[125] Wie die Führer der anatolischen Nationalbewegung waren die meisten von ihnen in den 1880er Jahren geboren und hatten die osmanischen Militärschulen durchlaufen.

Im Oktober 1921 einigte sich Frankreich mit der Regierung in

Ankara darauf, seine «Einflusszone» in Anatolien aufzugeben. Im Gegenzug sicherte Ankara zu, das französische Mandatsgebiet in Syrien nicht zu destabilisieren. Damit hatte sich eine mögliche Zusammenarbeit zwischen der anatolischen und syrischen Nationalbewegung erübrigt, auch wenn dies die arabische Seite zuerst nicht wahrhaben wollte. Die Regierung in Ankara gab dem eigenen Sieg in Anatolien den Vorrang, anstatt – auf der Grundlage einer brüchigen muslimisch-osmanischen Identität – die Aufstände in den arabischen Gebieten anführen zu wollen.

So wie sich die anatolische Nationalbewegung von ihren Verbündeten in der östlichen arabischen Welt abgrenzte, so trennte sich Mustafa Kemal mit der Konsolidierung seiner Macht ab Mitte der 1920er Jahre von den meisten seiner eigenen Weggefährten. Eine der ersten beiseitegeschobenen Gruppen waren die religiösen Rechtsgelehrten (*ulema*), die die Nationalbewegung unterstützt hatten und in der ersten Nationalversammlung in Ankara noch ein Fünftel aller Abgeordneten gestellt hatten. Zur Seite gedrängt wurden zudem die kurdischen Stammesführer und Notabeln, die das Ziel eines von fremder Herrschaft befreiten Anatolien mitgetragen hatten – um dafür, so ihre Hoffnung, ihre weitgehende Selbständigkeit behalten zu können.

Mustafa Kemal schaltete jedoch nicht nur diejenigen aus, die sich mit dem Projekt eines türkischen Nationalstaats nicht anfreunden konnten, sondern auch den Großteil seiner früheren Mitstreiter. Die anatolische Nationalbewegung wurde von Offizieren einer Generation getragen. Auffällig ist die Nähe der Geburtsjahre von so wichtigen Führungspersönlichkeiten wie Fevzi (Çakmak, 1876–1950), Ali Fethi (Okyar, 1880–1943), İbrahim Refet (Bele, 1881–1963), Hüseyin Rauf (Orbay, 1881–1964), Mustafa Kemal (Atatürk, 1881–1938), Kâzım (Karabekir, 1882–1948), Ali Fuat (Cebesoy, 1883–1968) und İsmet (İnönü, 1884–1973). Diese Gruppe gleicht sich nicht nur hinsichtlich ihres Lebensalters, sondern auch durch die gemeinsame Ausbildung an den höheren osmanischen Militärschulen, die Erfahrung der Kriegsjahre und ihre Ausrichtung an den Grundüberzeugungen der jungtürkischen Bewegung. Der Aufstieg dieser Generationengruppe war die Folge des massiven Austausches des

Offizierskorps nach dem Ersten Balkankrieg, der Dynamiken des Ersten Weltkriegs und der Flucht des jungtürkischen Führungskerns im November 1918. Am 19. Juni 1919, wenige Wochen nach seiner Ankunft in Samsun, beriet sich Mustafa Kemal mit einer Gruppe von wichtigen Offizieren in Amasya. Mit Ausnahme einer Person, nämlich Cemal (Mersinli, 1873–1941), sollten alle Teilnehmer dieses Treffens wenige Jahre später zur politischen Opposition in der frühen Republik Türkei gehören, darunter so prominente Persönlichkeiten wie Ali Fuat, İbrahim Refet, Hüseyn Rauf und der damals über Telegraf mit der Gruppe verbundene Kâzım Pascha.[126]

Was waren die Gründe dafür, dass sich Mustafa Kemal seiner ehemaligen Weggefährten entledigen wollte und konnte? Sehr früh, noch während des Krieges der anatolischen Nationalbewegung, wurde der heldenhafte Kampf unter Führung Mustafa Kemals gewürdigt. Die Nationalversammlung verlieh ihm im September 1921 den Rang eines Marschalls (*müşir*) und – noch ehrenvoller – den Titel eines *Gazi* für den Sieg über die griechische Armee am Sakarya-Fluss im selben Monat. Mit den Siegen vom September 1921 und dann wiederum vom Sommer 1922 war Mustafa Kemal als *Halâskar Gazi*, als «Retter und Kämpfer für die Sache der Nation», unantastbar geworden.[127] Damit hatte er aber nach allgemeinem Verständnis nicht das Recht gewonnen, beliebig über die Politik des Landes und seine Elite verfügen zu können. Mustafa Kemal gelang es aber, seine ehemaligen Mitstreiter, die seine nun sich deutlich abzeichnende autoritäre Alleinherrschaft und seine forcierte Politik einer umfassenden Verwestlichung nicht mittragen mochten, in mehreren Schritten zu entmachten. Die führende Partei unter der Leitung Mustafa Kemals ging direkt aus dem Unabhängigkeitskrieg hervor: 1921 wurde aus der «Vereinigung zur Verteidigung der nationalen Rechte von Anatolien und Rumelien» (*Anadolu Rumeli Müdafaa-ı Hukuk-ı Milliye Cemiyeti*) die «Erste Gruppe» (*Birinci Grup*) im Parlament in Ankara und damit faktisch eine Partei, die sich auf die bereits bestehende Infrastruktur der Verteidigungsgesellschaft stützen konnte. Die Parlamentswahlen vom Juni 1923 führten zu einer starken Mehrheit der Ersten Gruppe, die sich im August 1923 in

«Republikanische Volkspartei» (*Cumhuriyet Halk Fırkası*, ab den frühen 1930er Jahren *Cumhuriyet Halk Partisi, CHP*), umbenannte.

Allein dies hätte nicht gereicht, um sich den unbestrittenen Vorrang zu sichern. 1925 nutzte Mustafa Kemal Aufstände in Ostanatolien als Vorwand, um die Opposition zu unterdrücken. Den endgültigen Schlag führte er ein Jahr später: Ein angeblich gegen ihn in İzmir geplantes und am 15. Juni 1926 aufgedecktes Attentat diente als Anlass, führende Figuren der Opposition vor Gericht zu bringen und einige von ihnen zum Tode zu verurteilen. Unter den Hingerichteten war zum Beispiel Mehmed Cavit, der Finanzminister in jungtürkischer Zeit gewesen war. Helden des Unabhängigkeitskriegs wie Kâzım, Ali Fuat, Refet und Cafer Tayyar (Eğilmez, 1878–1958) wurden zwar nicht verurteilt, hatten aber – vollständig diskreditiert – keine politische Zukunft mehr. Die Gründe für diese Säuberungen waren nicht allein ideologischer Art, sondern Mustafa Kemal wusste sehr wohl zu unterscheiden zwischen getreuen Gefolgsleuten, die sich jederzeit unterzuordnen wussten, und den anderen, die der Auffassung waren, dass die Nationalbewegung das gemeinsame Unterfangen einer Gruppe von Gleichgesinnten und -gestellten gewesen sei. Seit März 1925 kann man die Regierung in der Türkei als ein autoritäres Regime, ja sogar als eine Diktatur bezeichnen.[128]

Die Kurden gehen leer aus

Der von der Nationalbewegung gewonnene Krieg führte zusammen, was mehr oder weniger zusammengehörte, aber trennte auch vieles, was zusammengehört hatte. Die wichtigste Wegscheide war, dass die Türken Anatoliens ihre Ziele weitestgehend erreicht hatten, die Kurden dagegen mit ihren politischen Anliegen und Ansprüchen scheiterten. Erst die Vernichtung der Armenier im Ersten Weltkrieg hatte den Kurden, die mit den Armeniern weitgehend dieselben Siedlungsgebiete geteilt hatten, die Aussicht auf einen eigenen Staat eröffnet.[129] In den Jahren 1914–1922 waren Kurden und Türken Bündnispartner. Nach der Abwehr der gemeinsamen Bedrohung hatten aber beide keinen gemeinsamen Feind mehr und standen sich nunmehr als Gegner gegenüber.[130]

Die kurdische Seite konnte dabei der Entschlossenheit des sich herausbildenden türkischen Staates so gut wie nichts entgegensetzen. Ein kurdischer Nationalismus hatte sich erst sehr spät ausgebildet. Erste Bemühungen von Angehörigen der kurdischen Oberschicht in İstanbul um die Gründung kurdischer nationalistischer Gesellschaften brachen mit dem Ersten Weltkrieg ab. 1918 wurde erneut eine «Gesellschaft für die Aufrichtung Kurdistans» (*Kürdistan Teali Cemiyeti*) gegründet; 1923 folgte die Gesellschaft für «Freiheit» (*Azadi*), in der Offiziere kurdischer Milizen führend waren. Die *Azadi* hatte maßgeblichen Anteil am Zustandekommen einer oppositionellen Koalition unter der Führung von Scheich Said. Er stammte aus Palu (in der heutigen Provinz Elazığ) und war ein Scheich der sufischen Bruderschaft der Nakschbendis. Islamische mystische Bruderschaften wie die Nakschbendis waren und sind bis heute Gruppen, die nach religiöser Erleuchtung streben und dabei zugleich politische Anliegen verfechten können. Angeführt von Scheich Said brach im Februar 1925 ein Aufstand aus, in dem sich verschiedenste Motive wie religiös motivierter Widerwillen gegen die Regierung in Ankara, Aussicht auf Beute, kurdischer Nationalismus und der Widerstand gegen eine immer härter auftretende Zentralmacht miteinander verbanden. Schon Ende März wurde er niedergeschlagen. Scheich Said kam aus einem Zaza(ki) sprechenden kurdischen Stamm; daher fand er keine Unterstützung bei der alevitischen Bevölkerung in der Region und wenig Unterstützung bei den kurmandschisprachigen Kurden. Im April 1925 wurde Scheich Said gefasst, am 28. Juni verurteilt und am nächsten Tag mit sechsundvierzig seiner Anhänger in Diyarbakır gehenkt. Die Vergeltung des türkischen Staates war brutal: Hunderte von kurdischen Dörfern wurden zerstört, Tausende Unbeteiligte getötet. Die Bevölkerung ganzer Bezirke wurde nach Westanatolien deportiert.[131]

Der Scheich-Said-Aufstand verschärfte die innenpolitische Situation: Am 21. Februar 1925 wurde für Ostanatolien das Kriegsrecht ausgerufen; am 2. März stürzte Ministerpräsident Fethi (Okyar) durch ein von Mustafa Kemal unterstütztes Misstrauensvotum und İsmet

(İnönü) übernahm sein Amt; am 4. März verabschiedete das Parlament das «Gesetz zur Stärkung der öffentlichen Ruhe» (*Takrir-i Sükun Kanunu*). Am selben Tag reaktivierte man die «Unabhängigkeitsgerichte» (*İstiklal Mahkemeleri*), die erstmals 1920 zur Eindämmung von Aufständen eingerichtet worden waren: Eines wurde in Ankara eingerichtet, ein weiteres nach Ostanatolien entsandt. Von jetzt an wurde in der Republik Türkei «die Existenz einer eigenen kurdischen Identität offiziell geleugnet».[132] Der Scheich-Said-Aufstand war nur einer in einer ganzen Reihe von kurdischen Aufständen in den 1920er und 1930er Jahren. Er scheiterte, weil er, wie alle vorangehenden und folgenden Erhebungen, räumlich begrenzt blieb und nur die Unterstützung eines Teils der kurdischen Bevölkerung erhielt. Das Denken in der Logik tribaler Gesellschaften führte offensichtlich dazu, dass die Anführer der Kurden nur nach dem einfachen Gegensatz des «Der Feind meines Feindes ist mein Freund» handeln konnten.[133]

Den Schlusspunkt der Serie kurdischer Aufstände und zugleich das «dunkelste Kapitel des Kemalismus»[134] bildete 1937/1938 die massive Unterdrückung eines Aufstands der meist Zaza sprechenden kurdischen Aleviten in der als widerborstig geltenden Region von Dersim im östlichen Zentralanatolien. In den 1930er Jahren setzten in der Region Entwaffnung, Deportationen und Zwangsumsiedlungen ein. Dersim wurde als Provinz (*vilayet*) gefasst und mit dem neuen Namen Tunceli belegt. Ein Gesetz vom 25. Dezember 1935 sah eine direkte Militärherrschaft in der Provinz vor, gefolgt von einem Straßen- und Brückenbauprogramm. Ab 1936 galt für die Region ein Belagerungszustand. Gegen das stärkere Auftreten des Staates und die damit einhergehende Assimilierungspolitik wandte sich ein Aufstand unter der Führung von Seyit Riza (1862–1937), der Ende März 1937 ausbrach und bis zum September 1938 niedergeschlagen wurde. Der Staat setzte alle seine Mittel ein, unter anderem die Luftwaffe. Sabiha Gökçen, die Namensgeberin des zweitgrößten Flughafens von İstanbul und Adoptivtochter Atatürks, war als Kampfpilotin an den Bombardierungen beteiligt.[135] Bis zu vierzigtausend Menschen starben. Mit der Niederschlagung des Aufstands in Dersim senkte sich für Jahrzehnte der Vorhang über die kurdische Frage in der Türkei.[136]

«Das Vaterland zuerst»: Schriftzug auf einer Aufnahme von 1983 in der Provinz Tunceli (östliches Zentralanatolien). Solche aus weißen Steinen an Berghängen ausgelegte und weithin sichtbare Losungen, die oft Aussprüche Atatürks aufgreifen, finden sich überall in der Türkei. In Regionen wie dem vornehmlich alevitischen Tunceli, das 1937/38 einen massiven Unterdrückungsfeldzug durch den türkischen Staat erlitt, oder im kurdisch geprägten Südostanatolien sind nationalistische Sinnsprüche dieser Art – keineswegs unbeabsichtigt – brüskierend.

Wenn man die Gewaltherrschaft in der Sowjetunion zum Maßstab nimmt, so können die Unterdrückungsmaßnahmen der jungen Republik als maßvoll gelten und von einer «kemalistischen Selbstbeschränkung» zeugen.[137] Dennoch gilt zugleich, dass der Ausschluss und die teilweise Dämonisierung von Gruppen, die konfessionell oder ethnisch von der muslimisch-türkischen Norm abweichen, die türkische Republik bis heute prägen. Zugleich wurde nicht nur der Genozid während des Ersten Weltkriegs, sondern die gesamte Gewaltgeschichte der 1910er bis 1930er Jahre in Anatolien in den folgenden Jahrzehnten ausgeblendet. Der Unabhängigkeitskrieg, verpflichtender Unterrichtsgegenstand an Schulen und Universitäten, sollte durch seinen Heroismus alles überstrahlen.

Zweites Kapitel

Die kemalistische Republik (1923–1950)

Von einer kemalistischen Republik nur für die Zeit bis zur Jahrhundertmitte zu sprechen, kann Widerspruch hervorrufen, denn ohne Übertreibung ließe sich argumentieren, dass eine kemalistische Republik bis zum Beginn des einundzwanzigsten Jahrhunderts bestanden hat. Die Republik Türkei jedoch bis in die 2010er Jahre hinein unter der Rubrik «kemalistisch» zu führen, würde ihre Geschichte zu sehr auf eine einzige Frage verengen, nämlich die nach der Dominanz des Kemalismus. Für die Republik der 1920er bis 1940er Jahre gilt jedenfalls, dass die Herrschaft über Staat und Gesellschaft durch eine kemalistische Führungs- und Staatselite nicht nur unangefochten, sondern allumfassend war. Zudem lässt sich von einer kemalistischen Republik für diesen Zeitraum von knapp dreißig Jahren in dem Sinne sprechen, dass hier die Grundlagen für ein kemalistisches Herrschafts- und Deutungsparadigma gelegt werden, das erst zu Beginn des einundzwanzigsten Jahrhunderts zerbricht.

1. Atatürk und der Kemalismus (1923–1938)

Nach dem Kriegsjahrzehnt 1912–1922 konnte und musste die Republik Türkei in mehrerlei Hinsicht mit einer Tabula rasa beginnen. Die Bevölkerungzahl des Osmanischen Reiches hatte in den Gebieten, die später die Türkei werden sollten, vor dem Ersten Weltkrieg noch bei rund siebzehn Millionen gelegen. Im Jahr 1924 war sie auf rund dreizehn Millionen Menschen gefallen. Der Anteil der Christen an der Bevölkerung war dramatisch gesunken: War 1913 in den Gebieten der heutigen Republik Türkei noch nahezu jede fünfte Person christlicher Konfession, so war es zehn Jahre später nur noch jede vierzigste.[1]

Mustafa Kemal war klug genug gewesen, von der durch den verlorenen Krieg diskreditierten jungtürkischen Führung Abstand zu halten, hatte aber zugleich das Glück, von dieser an den Rand gedrängt worden zu sein; er war sehr früh in der jungtürkischen Bewegung engagiert gewesen und teilte ihr Gedankengut. Zur Bilanz der Lebensleistung Atatürks gehört, dass manche Taten und Handlungen, die ihm freie Bahn sicherten, von anderen vorweggenommen worden waren.

Mustafa Kemal Atatürk

Die bestimmende Person in der frühen Republikgeschichte ist Mustafa Kemal Atatürk. Auch ohne ihn hätte die Chance bestanden, erfolgreich einen Krieg gegen die Regelungen von Sèvres zu führen. Auch ohne ihn wäre vielleicht ein unabhängiger Staat entstanden, aber ohne Mustafa Kemal wäre niemals *die* Republik Türkei entstanden, wie wir sie im zwanzigsten Jahrhundert kannten. Mustafa

Kemal hat die kemalistische Staatsideologie und -praxis nicht im Einzelnen festgelegt, aber ihre Fundamente begründet und so tief verankert, dass sie auch nach seinem Tod im Jahr 1938 fortbestanden.

Schon sein Familienname ist Programm. Am 21. Juni 1934 verpflichtete ein Gesetz alle türkischen Staatsbürgerinnen und Staatsbürger, zum 1. Januar 1935 einen Familiennamen anzunehmen. Der Familienname *Atatürk* («Vater der Türken»), den das Parlament Mustafa Kemal am 24. November 1934 verlieh, ist dem Republikgründer vorbehalten geblieben.[2] Weil die Familiennamen neu ersonnen werden mussten, haben die meisten Türkinnen und Türken mehr oder weniger sprechende Familiennamen, wie «Baumwolle» (Orhan *Pamuk*, Romanautor und Literaturnobelpreisträger), «Süden» (Yılmaz *Güney*, Regisseur), «Sohn des Schwertträgers» (Kemal *Kılıçdaroğlu*, der Vorsitzende der größten Oppositionspartei) oder «echtes Eisen» (Cem *Özdemir*, ein Politiker der Partei Bündnis 90/Die Grünen). Nicht immer sind die Namen jedoch so eindeutig zu lesen. So kann etwa *Erdoğan*, der Familienname des derzeitigen türkischen Staatspräsidenten, übersetzt werden als «männlicher Falke», als «früh zur Welt gekommen» oder «als Soldat geboren». Die habsburgische Bürokratie hatte im achtzehnten Jahrhundert bei der Einführung von Familiennamen Juden in niederträchtiger Weise diskriminierende Familiennamen gegeben. Dieser Versuchung ist die kemalistische Bürokratie nicht erlegen. Das Namensgesetz verbot nicht nur, sich auf Stämme, fremde Ethnien oder Nationalitäten zu beziehen, sondern auch abstoßende oder lächerliche Namen zu wählen. Allerdings war das Namensgesetz in der Weise repressiv, dass Angehörige ethnischer Minderheiten türkische Namen annehmen beziehungsweise einem türkischen Lautbild angleichen mussten.[3]

Für Atatürks politische Agenda und sein Vermächtnis wird der Begriff «Atatürkismus» (*Atatürkçülük*) in den europäischen Sprachen eher selten gebraucht; der von seinem zweiten Vornamen abgeleitete Begriff «Kemalismus» (*Kemalizm*) ist hier der gängigere Ausdruck. Im Türkischen mag *Atatürkçülük* in respektvoller Sprache und im Andenken an Atatürk bevorzugt werden, während *Kemalizm* eher auf die ideologischen Aspekte abstellt und eine abwertende Konnotation haben kann – auch weil *Kemalizm* die türkische Variante des französischen *Kémalisme* ist.[4]

Mustafa Kemal wurde 1881 in Saloniki (Selanik), dem heutigen Thessaloniki, geboren, damals eine bedeutende osmanische Hafen- und Industriestadt am östlichen Mittelmeer. Jenseits seiner türkischsprachigen Familie, deren Herkunftslinien nicht genau bekannt sind,[5] konnte das Umfeld, in dem Mustafa Kemal aufwuchs, nicht weiter von dem entfernt sein, was man später unter einem homogenen türkischen Nationalstaat verstehen würde. Saloniki wies eine selbst für die Verhältnisse des Osmanischen Reiches ungewöhnlich gemischte Bevölkerung auf. So war es damals – jenseits der meist recht deutlichen Grenzen zwischen den Religionen – alles andere als klar, wer nun als Albaner, Bulgare, Grieche oder Makedonier zu gelten habe. Sprache und Ethnie fielen nicht in eins. Unter allen osmanischen Städten hatte Saloniki die größte Zahl von sephardischen Juden aufgenommen, die im späten fünfzehnten Jahrhundert von der Iberischen Halbinsel vor Zwangskonversion und Verfolgung geflohen waren. Beim ersten modernen Zensus im Osmanischen Reich im Jahr 1831 hatte Saloniki von allen größeren osmanischen Städten den geringsten Anteil an Muslimen.[6]

Von der großen jüdischen Gemeinde Salonikis hatten sich im siebzehnten Jahrhundert die Sabbatäer (türkisch *Dönme*) abgespaltet. Die Anhänger des «falschen Messias» Sabbatai Zvi (1626–1676), nominell zum Islam konvertierte Jüdinnen und Juden, waren im neunzehnten Jahrhundert bereits weit vom halachischen Judentum entfernt. Obwohl die Gruppe der Sabbatäer niemals mehr als einige Tausend Personen umfasste, ist sie hier aus zwei Gründen hervorzuheben: Die Sabbatäer haben in Verschwörungstheorien der Republikzeit eine außerordentliche Aufmerksamkeit erfahren und sie trugen zudem durch ihren hohen Bildungsgrad und ihren wirtschaftlichen Erfolg als Kaufleute maßgeblich dazu bei, dass Saloniki am Ende des neunzehnten Jahrhunderts «die liberalste, progressivste und revolutionärste Stadt des Reiches» war.[7] Dieses kosmopolitische Saloniki hat ohne Zweifel den jungen Mustafa Kemal nachhaltig geprägt.

Mustafa Kemal entschied sich früh für eine militärische Laufbahn, offensichtlich auf seinen eigenen Wunsch. Im Januar 1896, nach dem Abschluss der militärischen Vorbereitungsschule in Saloniki, schrieb er sich an der Militärschule in Monastır (heute Bitola in der Republik Nordmazedonien) ein. 1899 wurde Mustafa Kemal in die Militärakademie (*Mekteb-i Harbiye*) in İstanbul aufgenommen; 1902 schloss er sie als achtbester eines Jahrgangs von 459 Kadetten ab und konnte daher in den Jahren 1902–1905 eine Ausbildung als Generalstabsoffizier durchlaufen. Bis zum Ausbruch des Ersten Weltkriegs war seine Karriere nicht überragend. Er nahm an der Verteidigung Tripolitaniens und der Cyrenaika sowie an den Balkankriegen teil. Zu Beginn des Ersten Weltkriegs als Militärattaché in Sofia tätig, kehrte er auf seinen eigenen dringenden Wunsch hin 1915 in den aktiven militärischen Dienst zurück und wurde Kommandeur der neunzehnten Division im thrakischen Tekirdağ. Mit dieser erst im Aufbau befindlichen Division spielte Mustafa Kemal eine wichtige Rolle an der Dardanellen-Front. Im August 1916 konnte er die zeitweise von russischen Truppen besetzten Städte Bitlis und Muş in Ostanatolien zurückgewinnen.[8] Mustafa Kemal, der zu Beginn des Krieges noch Oberstleutnant war, erlebte das Kriegsende als Brigadegeneral und Flügeladjutant (*aide-de-camp*) ehrenhalber und war damit in den Rang eines Paschas (Angehöriger der Generalität) aufgestiegen.[9]

Mustafa Kemals Aufstieg während des Krieges waren angesichts seines eigenwilligen Charakters und seiner dem Verbündeten Deutschland gegenüber kritischen Haltung Grenzen gesetzt. So scheute Mustafa Kemal nicht vor Auseinandersetzungen mit Erich von Falkenhayn, dem ihm seit Februar 1917 überstellten deutschen Befehlshaber der Armeegruppe «Blitz» (*Yıldırım*), zurück. Von Falkenhayn bestand zum Beispiel darauf, dass seine Befehle von in Berlin ausgebildeten Orientalisten ins Osmanische übertragen wurden. Diese Übersetzungen waren aber wegen der mangelnden Vertrautheit der Orientalisten mit der Alltagssprache für die osmanischen Offiziere unverständlich.[10] Das Missfallen von Mustafa Kemal am deutschen Verbündeten und an führenden deutschen Offizieren in der osmanischen Armee ging über Fragen des Umgangs und der militärischen Taktik hinaus. In einem langen Memorandum vom September 1917, das Mustafa Kemal dem Großwesir unterbreitete, warnte er vor einer zu großen Dominanz deutscher Offiziere und vor der Gefahr, «dass das Osmanische Reich eine deutsche Kolonie werden könnte, wenn die Situation unvermindert so anhalte und falls die Mittelmächte den Krieg gewinnen würden».[11]

Als mit dem Waffenstillstand von Mudros am 30. Oktober 1918 die deutsche Militärmission im Osmanischen Reich endete, wurde Mustafa Kemal am folgenden Tag zum Kommandeur aller osmanischen Truppen an der syrischen Front ernannt. Der entscheidende Wendepunkt in seinem Leben war aber das ihm übertragene Inspektorat im Mai 1919 in Inneranatolien, das Mustafa Kemal entschlossen für seine Ziele umbog. Als die osmanische Regierung erkannte, dass der General seinem Auftrag für die Demobilisierung der osmanischen Armee nicht nachkam, sondern vielmehr eine nationale Widerstandsbewegung aufbaute, und ihn deswegen nach İstanbul zurückrief, reichte er am 8. Juli 1919 seinen Rücktritt ein und begab sich damit in offenen Widerstand gegen die osmanische Regierung. Kurzfristig war Mustafa Kemal damit nicht mehr als eine Privatperson. Seine führende Stellung in der Nationalbewegung wurde jedoch von seinen Mitstreitern nicht angetastet. Im August 1921 wurde Mustafa Kemal von der Nationalbewegung befristet zum Oberbefehlshaber ernannt; ab Juli 1922 hielt er diese Position ohne zeitliche Befristung. Unmittelbar nach der Begründung der Republik am 29. Oktober 1923 wählte die Nationalversammlung Mustafa Kemal zum Staatspräsidenten. Das Amt hatte er bis zu seinem Tode inne.

Wie schon erwähnt, war das Verhältnis zwischen der Führung der Nationalbewegung in Ankara und der Sultansregierung in İstanbul verwickelt. Viele der frühen Mitstreiter Mustafa Kemals handelten in dem Glauben, dass ein Erfolg ihrer Bewegung in die Wiederherstellung eines souveränen Sultanats und Kalifats münden würde. Im Osmanischen Reich war das Sultanat immer das Entscheidende gewesen, das Kalifat eher Beiwerk. Seit dem sechzehnten Jahrhundert Bestandteil der umfangreichen Herrschaftstitulatur der osmanischen

Sultane, erfuhr das Kalifat eine Aufwertung erst Ende des achtzehnten Jahrhunderts, als die russische Zarin Katharina II. (reg. 1762–1796) Schutzrechte über die osmanischen Untertanen orthodoxen Glaubens beanspruchte und im Gegenzug die osmanische Seite die Aufsichtsrechte des Kalifen über alle Muslime, und damit auch die in Russland, herausstrich.[12] Sultan Abdülhamid II. hob seine Rolle als Kalif hervor und verwirklichte pan-islamisch inspirierte Projekte wie die in den Jahren 1900–1908 erbaute Hedschasbahn, die Damaskus mit Medina verband und den Teilnehmern am alljährlichen Hadsch die Anreise erleichterte.

Die Aufhebung des Sultanats am 2. November 1922 und schließlich des Kalifats am 3. März 1924 beseitigte das konkurrierende Machtzentrum in İstanbul. Der unmittelbare Vorwand zur Abschaffung des Sultanats war, dass die Entente-Mächte neben der Regierung in Ankara die Sultansregierung zu den Friedensverhandlungen in Lausanne eingeladen hatten. Der Vorschlag der osmanischen Regierung, eine gemeinsame Delegation unter Führung des Großwesirs Ahmet Tevfik (Okday, 1845–1936) zu den Verhandlungen nach Lausanne zu entsenden, führte zu einem – von Mustafa Kemal erwünschten – Aufruhr im Parlament in Ankara, der mit dem Beschluss endete, das Sultanat aufzuheben. Am 17. November verließ Sultan Mehmed VI. Vahdeddin auf einem britischen Schiff das Land. Abdülmecid II. (1868–1944) folgte ihm als Kalif mit nun weitgehend repräsentativen Aufgaben, da die Macht eindeutig in Ankara lag. Eine lange Amtszeit war dem letzten der osmanischen Kalifen allerdings nicht beschieden.

Die Abschaffung des Kalifats zwei Jahre später war weitaus gewagter als die Aufhebung des Sultanats, da sie die religiösen Gefühle vieler Menschen, auch unter den Führern der Nationalbewegung, verletzte. Als Vorwand nahm Mustafa Kemal erneut ein von außen herangetragenes Ansinnen: Aga Khan III. (1877–1957), dessen Grabmal prominent am oberen linken Nilufer in Assuan liegt, und Syed Ameer Ali (1849–1928), zwei bedeutende Persönlichkeiten unter den Muslimen Südasiens, riefen in einem Schreiben an Ministerpräsident İsmet (İnönü), das am 24. November 1923 in drei İstanbuler Tageszeitungen abgedruckt wurde, dazu auf, die Würde des Kalifats zu

Mustafa Kemal (rechts vorne) als Offizier während des Dardanellenkriegs 1915. Ganz links İzzettin (Çalışlar). Als Divisionskommandeur leistete Mustafa Kemal einen wichtigen Beitrag zur Abwehr der Entente-Truppen auf der Gallipoli-Halbinsel, jedoch verdanken sich die Überhöhungen seiner Person und seiner Leistungen im Gallipolikrieg (1915) erst dem späteren Kult des Kemalismus.

wahren.[13] Mustafa Kemal hatte mit dieser Intervention von außen einen Anlass gefunden, um das Kalifat als gefährlichen Konkurrenten zur nationalen Regierung in Ankara, als Einfallstor für ausländischen Einfluss und als ohnehin vollständig überholte Institution diskreditieren zu können. Nachdem sich Mustafa Kemal Anfang 1924 der Rückendeckung der militärischen Führung versichert hatte, schlug die von ihm geführte Partei dem Parlament am 2. März 1924 die Abschaffung des Kalifats vor. Das Parlament folgte diesem Vorschlag am nächsten Tag.[14]

Die Aufhebung des Kalifats hat eine offene Wunde in der islamischen Welt hinterlassen, da gemäß der Vorstellung einer idealen islamischen Welt alle Musliminnen und Muslime in einer einzigen Gemeinde (*ümmet*) unter einer religiös legitimierten Führungspersönlichkeit, eben dem Kalifen, zusammenfinden sollen. Wiederholt hat dieses Streben nach der Wiedererrichtung des Kalifats zu hoffnungslosen Versuchen der Neubegründung geführt, wie zum Beispiel die Ausrufung von Cemaleddin Kaplan (1926–1995) als «Kalif von Köln» im Jahr 1994 oder von Abu Bakr al-Baghdadi (1971–2019) als Kalif des «Islamischen Staates» 2014 in Mosul.[15]

Was zeichnete Mustafa Kemal gegenüber seinen Mitstreitern und Gegnern so aus, dass er zur unumstrittenen Führungsfigur der modernen Türkei aufsteigen konnte? Eine seiner Stärken war, dass er im Gegensatz zu seinen Genossen im Unabhängigkeitskrieg eine in sich schlüssige Agenda verfolgte, was nach einem Sieg zu tun sei: Er wollte die Türkei zu einem fortschrittlichen, vom Westen unabhängigen, aber zugleich von diesem anerkannten Nationalstaat umformen. Die Radikalität und Klarheit seiner politischen Ziele verschaffte ihm taktische Vorteile und ließ ihn erkennen, wer zu welchem Zeitpunkt jeweils noch sein Verbündeter sein konnte und musste. Bei wichtigen Entscheidungen handelte Mustafa Kemal in der Gewissheit, dass das Offizierskorps ihn unterstützte. Die Opposition dagegen sprang mit ihrer Haltung, Mustafa Kemal einzuhegen, ihn aber nicht stürzen zu wollen, zu kurz. Mustafa Kemal gelang es dank seiner außergewöhnlichen Persönlichkeit und einer «einzigartigen Mischung von taktischer Meisterleistung, Rücksichtslosigkeit, Wirklichkeitssinn und klarer Entschlossenheit», die vollständige Macht in seinen Händen zu konzentrieren.[16]

Wie viele andere intellektuell interessierte Offiziere in seinem Umfeld hatte sich Mustafa Kemal mit den Schriften französischer Intellektueller auseinandergesetzt, die ihm dank seiner Kenntnisse des Französischen – in spätosmanischer Zeit das Fenster zur Welt – unmittelbar zugänglich waren. Er gehörte damit eindeutig der gebildeten Klasse seiner Generation an, die aber ein allzu mechanistisches Verständnis von Wissenschaft hatte und «die in einem Vulgärmaterialismus das unverzichtbare Handbuch für die Errichtung einer

Mustafa Kemal um 1925 im Sozius eines Motorrads, inmitten eines Publikums, das die damals in Hauptstadtkreisen bereits übliche westliche Kleidung trägt. Auffällig sind die für das Motorradfahren eigentlich nicht geeigneten Hüte. 1925 war das Jahr der «Hutreform». Ein Hut war als Teil der kemalistischen Reformpolitik Pflicht und wird hier von den beiden Männern auf dem Motorrad demonstrativ getragen.

wohlhabenden, rationalen und nicht-religiösen modernen Gesellschaft sah».[17]

So klar Mustafa Kemal in seinen politischen Zielen war, folgte er doch keinem festgefügten ideologischen Programm und hatte niemals ein Problem damit, bei gegebenem Anlass die notwendige politische Tarnfarbe anzunehmen. In der frühen Phase der Nationalbewegung vermittelte er das Bild eines «muslimischen Kommunisten», um die Unterstützung der bolschewistischen Regierung in Moskau zu gewinnen. Ebenso politischer Taktik geschuldet waren Mustafa Kemals pflichtschuldige Bezüge auf die islamische Tradition und Religion, die er aber über Bord warf, sobald er seine Macht gesichert hatte.[18]

Ganz klar war dagegen Mustafa Kemals Verhältnis zum «Westen» (der aus spätosmanischer Perspektive mit Europa noch weitgehend zusammenfiel): Es gab für ihn keinen anderen Weg, als dem Erfolgspfad der europäischen Wissenschaft und Kultur zu folgen und zugleich den europäischen Staaten gegenüber als eigenständige Macht aufzutreten.[19] Hinzu traten die Erfahrungen Mustafa Kemals auf seinem eigenen Lebensweg, etwa die oft erlebte Zurücksetzung der Muslime (allerdings vor dem Hintergrund einer über Jahrhunderte hinweg eingeübten Sichtweise, dass die Muslime über den Nicht-Muslimen stehen). So könnte zum Beispiel das Verbot des Fes in der frühen Republik durch ein persönliches Erlebnis genährt worden sein: Auf einer Reise in die libyschen Provinzen des Reiches wurde er während eines kurzen Aufenthalts in Sizilien von dortigen Straßenjungen wegen seiner osmanischen Kopfbedeckung verhöhnt.[20] Mustafa Kemals Haltung gegenüber dem Westen lässt sich somit als eine Art «anti-westlicher Westernismus» beschreiben: Eine entschiedene Anhängerschaft einer Modernisierung der türkischen Gesellschaft nach westlichem Vorbild paarte sich mit einer vehementen Ablehnung wirtschaftlicher Durchdringung und politischer Intervention durch westliche Mächte.

Die kemalistischen Reformen der 1920er und 1930er Jahre

Ein grundsätzliches Element des Kemalismus sind die einschneidenden Änderungen in Rechtswesen, Staatsaufbau, Religion und Kultur der jungen türkischen Republik in den 1920er und 1930er Jahren. Die kemalistischen Reformen konnten dabei auf der spätosmanischen und jungtürkischen Modernisierungsagenda der Jahrzehnte zuvor aufbauen.

Es ist richtig, in diesem Kontext von «Modernisierung» zu sprechen, da die Akteure selbst davon überzeugt waren, einen Auftrag zur Modernisierung ihrer Gesellschaft zu haben.[21] So betraten bereits die Jungtürken mit manchen ihrer Maßnahmen Neuland: 1915 stellte das Justizministerium alle Gerichtshöfe unter seine Kontrolle und verstaatlichte die frommen Stiftungen (*evkaf*) – ein Eingriff in zwei Bereiche, die bisher unter der alleinigen Verwaltung der religiösen Rechtsgelehrten (*ulema*) gestanden hatten. 1917 wurde die Ehe als ein für alle verbindlicher Kontrakt gesetzlich festgelegt; damit war sie kein allein auf konfessioneller Basis beruhender und unter Aufsicht der jeweiligen religiösen Autoritäten geschlossener Bund mehr.[22] Niemals aber erreichten die jungtürkischen Reformen die Dimension der grundstürzenden Veränderungen, die in der frühen Republikzeit Gesellschaft, Rechtsordnung und Religionskultur zugemutet wurden.[23]

Ein erster Hinweis auf den grundlegend neuen Charakter der kemalistischen Reformen sind die unterschiedlichen Handlungsbedingungen: Die osmanischen und jungtürkischen Reformen sollten dem Überleben des Reiches dienen und erfüllten diesen Auftrag nur mangelhaft. Bei den kemalistischen Reformen verhielt es sich umgekehrt: Erst als die internationale Position der Türkei vollständig stabilisiert und Mustafa Kemal unangefochtener Herrscher war, setzten die Reformen mit voller Wucht ein.

Am 20. Januar 1921[24] erließ das Parlament in Ankara ein dreiundzwanzig Artikel umfassendes «Gesetz zur grundlegenden Ordnung» (*Teşkilat-ı Esasiye Kanunu*), das vom Prinzip der nationalen Souveränität gekennzeichnet war und in dem das erste Mal von einem «Staat Türkei» (*Türkiye Devleti*) gesprochen wurde. Als das Parlament am 20. April 1924 diese vorläufige Grundordnung durch eine reguläre Verfassung gleichen Namens (also *Teşkilat-ı Esasiye Kanunu*) ersetzte und damit die bis dahin offiziell geltende Verfassung von 1876 ablöste, besagten Artikel 2 und 26, dass der Islam die Staatsreligion sei und dem Parlament die Durchsetzung der Scharia – dem auf der islamischen Religion gründenden Rechtskorpus religiöser und weltlicher Verpflichtungen und Regelungen – obliege.[25] Diese Verpflichtung, «nicht sehr viel mehr als ein Lippenbekenntnis, um die konservativen Kreise zu besänftigen»,[26] kann man noch als ein frühes Zugeständnis vor der endgültigen Sicherung der Macht in der Mitte der 1920er Jahre deuten. Nur wenige Jahre später, in einem Beschluss des Parlaments vom 10. April 1928, wurde der Passus über das Parlament als Organ der Scharia und den Islam als Religion des türkischen Staates aufgehoben. Jedenfalls war nicht die Verfassung von 1924 revolutionär, sondern die ihr folgenden einzelnen Gesetze und Regelungen, die sich in vier Gruppen einteilen lassen: (1) die Einführung von europäischen Vorbildern entlehnten Gesetzeswerken; (2) Regelungen, die besonders tief in das Alltagsleben eingriffen; (3) Regelungen zur Sprache und Schrift und (4) Regelungen direkt zur Frage der Religion.

Zur ersten Gruppe gehört das am 17. Februar 1926 beschlossene Zivilgesetzbuch, das fast wörtlich aus dem Zivilgesetzbuch des schweizerischen Kantons Neuchâtel/Neuenburg übernommen wurde. Darin sind unter anderem Bestimmungen zu finden zur freien Wahl der Religion und damit zur Aufhebung des Apostasieverbots (also des unbedingten Verbots für Muslime, zu einer anderen Religion überzutreten), zur Anerkennung der Zivilehe als gesetzlich bindende Form der Eheschließung, zum Verbot der Vielehe, zum Vollzug der Scheidung allein durch Gerichte (und nicht einfach durch die Willenserklärung des Mannes), zur Aufhebung des Verbotes der Heirat von Nicht-Muslimen mit Musliminnen und zur Gleichstellung von Frau und Mann im Erbrecht. Die im islamischen Recht festgelegte hierarchische Unterscheidung zwischen Mann und Frau sowie zwischen Muslimen und Nicht-Muslimen war damit Vergangenheit. Am 1. März 1926 (in Kraft ab dem 1. Juli 1926) wurde ein neues Strafgesetzbuch beschlossen, das auf dem italienischen Strafgesetzbuch von 1889 basierte. Am 29. Mai 1926 folgte ein neues Handelsrecht nach deutschem und italienischem Vorbild.

Diese sicher nicht immer grundsätzlich überdachte Übernahme unterschiedlicher Rechtswerke erinnert in gewisser Weise an den Reformeklektizismus des neunzehnten Jahrhunderts. Man übernahm aus dem Ausland an Gesetzeswerken, «was zweckentsprechend zu sein schien», und antwortete auf die Frage, in welche Kategorien man die entstehende Staatsform einzureihen habe, «mit der Devise ‹Biz bize benzeriz›, d. h. ‹wir ähneln uns selbst›».[27]

Bei der zweiten Gruppe, nämlich den Regelungen zur Neugestaltung des Alltags der Menschen, mag die Abfolge im Einzelnen von gewissen Zufälligkeiten geprägt gewesen sein, die Inhalte waren es ganz sicher nicht. Ein Beispiel für solche einzelne Regelungen ist das am 26. Dezember 1925 (mit Gültigkeit zum 1. Januar 1926) beschlossene Gesetz über die Einführung des Gregorianischen Kalenders als Zeitmaßeinheit und die Einführung des Vierundzwanzig-Stunden-Tages nach europäischem Vorbild (in der islamischen und übrigens auch jüdischen Tradition beginnt eine neue Tageseinheit immer mit dem Abend). Am 24. Mai 1928 wurde die Übernahme der international üblichen Ziffern beschlossen, am 1. April 1931 die Einführung der westlichen Maß- und Gewichtssysteme. Zum 1. Januar 1935 mussten, wie bereits erwähnt, sich alle Türkinnen und Türken verpflichtend Familiennamen zulegen.

Die dritte Gruppe von Maßnahmen waren die Schriftreform und die ihr folgende Sprachreform. Die Schriftreform wurde mit einem Auftritt von Mustafa Kemal im Gülhane-Park von İstanbul am 9. August 1928 eingeleitet. Der Parlamentsbeschluss vom 3. November 1928 zur Einführung der Lateinschrift (die mit dem 1. Januar 1929 umzusetzen war) war wohl nur deswegen ohne allzu große Widerstände umsetzbar, weil in den späten 1920er Jahren vermutlich noch 85 Prozent der Bevölkerung Analphabeten waren.[28] Innerhalb weniger Monate mussten alle Publikationen, Hinweise und der behördliche Schriftverkehr vom arabischen auf das lateinische Alphabet umgestellt werden. Während die Schriftreform ein klarer und einschneidender Schritt war, uferte die ihr folgende Sprachreform, also die Ersetzung möglichst vieler lexikalischer und zum Teil grammatikalischer Elemente arabischen oder persischen Ursprungs durch türkische Neubildungen, aus.

Die Sprachreform war so tiefgreifend und solch ein «katastrophaler Erfolg»,[29] dass der Originaltext der großen, vom 15. bis zum 20. Oktober 1927 von Mustafa Kemal gehaltenen und insgesamt sechsunddreißig Stunden dauernden Rede (*Nutuk*) vor dem zweiten Kongress seiner Republikanischen Volkspartei (*Cumhuriyet Halk Fırkası*) selbst für eine gebildete Leserschaft heute nicht mehr verständlich ist. Über Jahrzehnte hinweg konnte man die politischen Vorlieben einer Person am Sprachgebrauch erkennen. Kemalisten versuchten, ein möglichst «reines Türkisch» (*Öz Türkçe*) zu sprechen – ein Türkisch, das natürlich alles andere als ursprünglich, viel-

Mustafa Kemal lehrt bei einem Besuch in der Provinz 1929 die lateinische Schrift, die zu Anfang desselben Jahres verpflichtend das Osmanische in arabischer Schrift abgelöst hatte. Das Osmanische wurde nicht über Nacht ausgelöscht: Der führende General des Putsches von 1980, Kenan Evren, hatte seine Grundschulausbildung noch in osmanischer Sprache und Schrift erhalten und führte sein Leben lang seine persönlichen Notizen in arabischer Schrift.

mehr voller Neuschöpfungen war. Die Verfechter einer konservativ-islamischen Denkweise drückten sich dagegen eher osmanisierend aus, pflegten also einen Stil und Wortschatz, der an die osmanische Sprache mit ihren vielen arabischen und persischen Lehnwörtern erinnerte.

Der Versuch, der Sprach- und Schriftreform einen festen Unterbau zu verschaffen, mündete in einer verworrenen Gesamttheorie. Mit der Abnabelung von der arabisch-persisch-islamischen Sprach-, Schrift- und Gelehrtentradition glaubte man, eine neue und eigenständige Begründung für die moderne Türkei und das moderne Türkische finden zu müssen: Die «Türkische Geschichtsthese» (*Türk Tarih Tezi*) geht zurück auf die 1920er Jahre, aber offiziell beschlossen wurde sie auf dem ersten Türkischen Geschichtskongress, der in Ankara vom 2. bis zum 11. Juli 1932 stattfand.[30] Gemäß dieser Doktrin siedelten die Türken, ein weißes und arisches Volk, ursprünglich in Zentralasien. Als sie wegen anhaltender Dürre sich neue Heimstätten suchen mussten, gründeten sie auf ihrem Weg alle Hochkulturen des Altertums, einschließlich die der Sumerer und Hethiter.[31]

Noch gewagter war die «Sonnensprachtheorie» (*Güneş Dil Teorisi*), nach der ein ehemals existierendes Urtürkisch die Ursprache der Menschheit gewesen sei – demnach war das Türkische schon immer in Anatolien zuhause gewesen. Diese exaltierten Theorien zur türkischen Geschichte und Sprache verloren nach dem Tod Atatürks an Bedeutung, wohl weniger deswegen, weil sie gänzlich aus der Luft gegriffen waren, sondern weil sie die Bevölkerung schlicht nicht ansprachen. Mustafa Kemal und andere in der nationalen politischen Führung scheinen jedenfalls diese Auffassungen ernsthaft vertreten zu haben, genährt offensichtlich von der Suche nach einem festen Anker für den nationalen Stolz.[32] Die Sprach- und Schriftreform erreichte das Ziel, die Türkei aus einem jahrhundertelang geteilten Kommunikationsraum mit der arabischen und persischen Welt herauszulösen, und hatte damit eine implizit anti-religiöse Agenda.

Ein ganzes Bündel von Maßnahmen aber, und hiermit kommen wir zur vierten Gruppe von Reformen, richtete sich unmittelbar gegen die Religion. Eine noch eher indirekte Maßnahme war das am 25. November 1925 beschlossene Gesetz über das Tragen des Hutes, also die Verpflichtung für Männer, in der Öffentlichkeit einen europäischen Hut zu tragen. Die Hutreform zielte darauf, die traditionelle Vielfalt von Kopfbedeckungen, viele davon mit religiöser Bedeutung, auszulöschen. In einer Gesellschaft, die seit Jahrhunderten von strikten Kleidungsnormen bestimmt gewesen war, grenzte es an den Abfall vom Glauben, als Mann einen europäischen Hut zu tragen. Der Hut ließ sich zudem nicht mit den Riten des islamischen Gebets vereinbaren, da die Krempe das im Gebet verpflichtend vorgeschriebene Neigen der Stirn auf den Boden behindert. Die Hutreform provozierte damit vielleicht mehr Widerstand als die Abschaffung des Kalifats. In der Folge wich die Bevölkerung auf dem Land – als Form des versteckten Widerstands – auf die Schirmmütze (*kasket*) aus, die erst ab den 1980er Jahren als vorherrschende Kopfbedeckung der männlichen Bevölkerung Anatoliens aus der Mode kam.

Mustafa Kemal und seine Mitstreiter glaubten sich nun mächtig genug, mit zahlreichen Maßnahmen und Gesetzen den Rang der Religion in Gesellschaft und Staat direkt anzugreifen: Am 3. März 1924, also am Tag der Aufhebung des Kalifats, wurden ein «Präsidium für religiöse Angelegenheiten» (*Diyanet İşleri Reisliği*, später *Diyanet İşleri Başkanlığı*) und ein «Generaldirektorat für fromme Stiftungen» (*Evkaf Umum Müdürlüğü*) eingerichtet. Die *Diyanet*-Behörde löste das «Ministerium für religiöses Recht und fromme Stiftungen» (*Şeriye ve Evkaf Vekaleti*) ab, das bereits 1920 in Ankara an die Stelle des Amtes des Scheichülislam, des obersten religiösen Rechtsgelehrten im Osmanischen Reich, getreten war. Die Schaffung dieser Direktorate zeigt deutlich, dass der Kemalismus keine Trennung von Staat und Religion im Sinn hatte, sondern die Kontrolle der Religion durch den Staat. Im Grunde führte der kemalistische Staat das osmanische Modell von Staatsreligion, aber auch «Staatssäkularität» weiter fort, nur eben mit der Neuerung, dass die religiöse Klasse für ihre eigenen Belange kein Vetorecht mehr besaß.[33]

Das Gesetz vom 30. November 1925 «Über das Verbot und die Schließung der Derwischorden, Konvente und Mausoleen, über das Verbot des Berufs der Mausoleumswächter und der Führung und Verleihung einiger Titel» zeichnete sich durch eine besondere Feindseligkeit gegenüber dem Feld der Religion aus. Es ging dabei nicht nur um Symbolisches. Die tiefe Bindung vieler Menschen an die Derwischorden und den jeweiligen Ordensscheich erschien dem kemalistischen Staat als verwerflich und gefährlich zugleich. Dass der Anführer des Aufstands vom Frühjahr 1925 in Ostanatolien ein Scheich des Derwischordens der Nakschbendis gewesen war, trug zur Schärfe des Gesetzes bei. Die von 1925 bis 1929 tätigen Un-

Öffentlicher Schreiber beim Aufsetzen eines Schriftstücks im südostanatolischen Şanlıurfa im Jahr 1976. Angesichts des damals noch weitverbreiteten Analphabetismus waren viele auf Hilfe bei Behördengängen angewiesen. Der Schreiber als höhergestellte Persönlichkeit trägt einen Hut, die einfachen Männer eine Kappe.

abhängigkeitsgerichte (*İstiklal Mahkemeleri*) sprachen wiederholt Todesstrafen gegen Personen aus, die gegen die besonders sichtbaren und einschneidenden Reformen des Hutgebotes und des Verbots der Derwischorden agitierten. Denen, die Widerstand leisteten, zeigte der Staat unter den Bestimmungen des im März 1925 erlassenen und bis 1929 gültigen Gesetzes zur Stärkung der öffentlichen Ruhe (*Takrir-i Sükun Kanunu*) seine ganze Härte – Widerstand gegen die Reformen galt als Hochverrat.[34]

Im Oktober 1932 war der Gebetsruf in einigen Moscheen İstanbuls erstmals in türkischer Sprache (mitsamt der Ersetzung des arabischen Wortes für Gott, *Allah,* durch das türkische *Tanrı*) zu hören. In den 1930er Jahren trugen die Leuchtgirlanden (*mahya*), die bis heute während des Ramadans zwischen den Minaretten befestigt werden, nicht mehr frohe Botschaften wie «Sei willkommen, gesegneter Ramadan» (*Hoş geldin mübarek Ramazan*), sondern politische

Losungen wie «Kauf türkische Waren» (*Türk malı al*).[35] Am 27. November 1934 schaffte die Nationalversammlung alle nicht-militärischen Ehrentitel, auch die religiösen wie *hacı* (jemand, der die Pilgerfahrt nach Mekka absolviert hat), *hafız* (jemand, der den gesamten Koran auswendig vortragen kann) oder *mollah* (jemand, der eine Ausbildung als religiöser Rechtsgelehrter durchlaufen hat) ab. Am 27. Mai 1935 erging das Gesetz über den 1. Januar als Feiertag und den Sonntag als wöchentlichen Ruhetag.

Mustafa Kemal hatte sich schon vor dem Ersten Weltkrieg weit von der Religion entfernt. Seine Haltung unterschied sich nicht von den radikal wissenschaftsgläubigen Positionen mancher spätosmanischer Intellektueller, wie sie im Diktum von Abdullah Cevdet zum Ausdruck kommt: «Religion ist die Wissenschaft der Massen, während die Wissenschaft die Religion der Elite ist.»[36] Anders als etwa bei der Sprachreform schreckte aber Mustafa Kemal vor einer Kampagne für den Atheismus zurück. Seine entschieden religionsfeindliche Haltung und seine gleichzeitige Bereitschaft, auf religiöse Gefühle Rücksicht zu nehmen, ist nicht unbedingt ein Widerspruch: «Wir sehen Mustafa Kemal als entschiedenen Agnostiker, der zugleich im Durkheimschen Sinn die tiefe Verwurzelung der Religion in der türkischen Gesellschaft als soziale Tatsache wahrzunehmen in der Lage war.»[37]

Im Gegensatz zu Reza Schah in Iran (reg. 1925–1941) erlag Atatürk nicht der Versuchung, die Verschleierung der Frauen von staatlicher Seite zu verbieten.[38] Zudem waren die von Mustafa Kemal eingeleiteten Maßnahmen im Feld der Religion zwar radikal, aber sie betteten sich in die längere Vorgeschichte osmanischer Staatsreligion und Staatssäkularität. Im Vergleich zur Türkei erschienen in Ländern wie Iran und Afghanistan solche Maßnahmen wie aus dem Nichts und verstörten die Bevölkerung, aber auch die dortigen politischen Eliten zutiefst. Dass der afghanische König Amanullah (reg. 1919–1929, bis 1926 als Emir) 1928 in einer dramatischen Geste seine Ehefrau Soraya den Schleier ablegen ließ, trug dazu bei, dass er ein Jahr später abdanken musste.[39]

Das Feld der Religion zeigt damit die Radikalität, aber auch die

Eine Trommlerin der türkischen Pfadfinderorganisation um das Jahr 1935. Mit dem Abschluss der kemalistischen Reformen Mitte der 1930er Jahre waren Frauen im öffentlichen Raum formal gleichberechtigt und galten zugleich als sichtbarer Beweis der «Modernität» der Republik Türkei.

Bereitschaft der Kemalisten, wenn nötig, zurückzuweichen. Religiöse Institutionen, die eine potentielle Quelle konkurrierender Macht sein könnten, wurden geschleift. Wo, wie beim Schleier, ein Kompromiss möglich und Vorsicht vor einem überschäumenden Volkszorn notwendig erschien, wurden Zugeständnisse gemacht. Der Gedanke Mustafa Kemals aus dem Jahr 1932, dass der Imam die Freitagspredigt (*hutbe*) in Frack und ohne Kopfbedeckung halten solle, wurde nicht umgesetzt, und auch nicht die Forderung, dass das Türkische die Sprache des Gebetes werden solle.[40]

Trotz solcher Vorsichten war um 1930 das gesamte Rechtssystem von religiösen Bezügen befreit. Die Säkularisierung von Staat, Erziehung und Recht war zudem mit einem Angriff auf religiöse Symbole und den «Volksislam» verbunden.[41] Mit der Unterdrückung der Formen volkstümlicher Gläubigkeit, wie etwa dem Besuch von Heiligenorten, zerschnitt die kemalistische Elite ein wichtiges Band der Loyalität zwischen sich und der Masse der Bevölkerung. Zwischen dem «säkularen» und dem «islamischen» Lager verfestigte sich ein Oppositionsgefüge, das sich bereits im neunzehnten Jahrhundert abgezeichnet hatte und das nicht nur die Republik Türkei, sondern insgesamt «die Geschichte der islamischen Welt im zwanzigsten Jahrhundert nachhaltig prägen sollte».[42]

Das neue Ankara, ein Projekt deutscher Architekten

Niemals wieder war wohl der Widerspruch zwischen der noch grauen Wirklichkeit in der Türkei und dem Anspruch ihrer Eliten auf Modernität so groß wie in den ersten beiden Jahrzehnten der Republik. Die Türkei jener Zeit war noch ein bitterarmes Land, in dem nur ein kleinster Teil der Bevölkerung sich in den Kategorien eines modernen Nationalstaats verorten wollte und konnte. Die neue Hauptstadt Ankara versinnbildlicht jedoch in besonderer Weise das Projekt der kemalistischen Moderne. Ankara war in den 1930er Jahren eine moderne Stadt geworden, aber in einer anderen Weise modern, als es Städte wie London, New York oder auch Alexandria waren. Noch das Ankara der 1980er Jahre erinnerte eher an sowjetische Planstädte. Frühe Panorama-Aufnahmen der 1920er und 1930er Jahre zeigen eine sehr kleine Stadt, an deren Rand die neuen Regierungsbauten verloren in der anatolischen Steppenlandschaft stehen. Das Ankara jener Zeit stand also eher für den Anspruch als die Realität einer modernen Stadt. Lässt sich da von einer «kemalistischen Hochmoderne» sprechen? Wenn man unter «Hochmoderne» den selbstgesetzten Auftrag der Staatselite versteht, die menschlichen Lebensbedingungen zu verbessern und eine rationale Ordnung aller Aspekte des sozialen Lebens unter Einsatz der gesamten Macht des modernen Staates zu erreichen, dann ist das kemalistische Projekt einer modernen Hauptstadt Ankara geradezu prototypisch ein Experiment der Hochmoderne gewesen.[43]

1915 waren durch einen Brand zwei Drittel der Stadt Ankara zerstört worden. Die neue Hauptstadt bot sich daher für einen Auf- und Ausbau auf dem Reißbrett an. Der Architekt und Stadtplaner Hermann Jansen (1869–1945) erstellte 1928 einen Flächenaufteilungsplan und 1929 einen Bebauungsplan für die Stadt. Ankara sollte eine Gartenstadt mit Elementen des modernen Städtebaus werden, mit einer Bevölkerung von höchstens dreihunderttausend Menschen. Die Pläne wurden bald von der Wirklichkeit überholt; bereits um 1950 war diese Schwelle überschritten.[44]

Die architektonische Neugestaltung Ankaras ab den 1920er Jahren überlagerte sich mit einem anderen Ereignis, nämlich der Immigration Hunderter Deutscher und Österreicher, viele unter ihnen jüdischer Konfession oder Herkunft, die vor dem Nationalsozialismus in die Türkei flohen. In den Jahren nach der «Machtergreifung» am 30. Januar 1933 wurde nahezu ein Drittel des Lehrkörpers an den deutschen Universitäten entlassen.[45] Die Entlassenen und Verfolgten strömten ins Ausland, aber «wohl in keinem anderen Land hat die Einreise mehrerer Hundert hoch qualifizierter Spezialisten so deutlich und bis in die Gegenwart reichende Folgen gehabt wie in der Türkei».[46]

Nicht jede und jeder konnte in die Türkei einwandern. Der Nutzen für den türkischen Staat musste erwiesen sein. Der Bedarf war aber groß und erstreckte sich auf unterschiedlichste Wissensgebiete und Disziplinen.[47] Der österreichische Pathologe Philipp Schwartz (1894–1977) führte im Namen der «Notgemeinschaft deutscher Wissenschaftler im Ausland» die Verhandlungen mit der türkischen Regierung über die Vermittlung von Wissenschaftlern in die Türkei.[48] Einige, wie Ernst Reuter (1889–1953), die in Deutschland in der Politik tätig gewesen waren, suchten sich neue Tätigkeitsfelder, wie hier in den Kommunalwissenschaften. Ein beträchtlicher Teil dieser Emigranten kehrte nach dem Ende des Krieges nicht nach Deutschland zurück, sondern wanderte in die USA weiter. Wenigen gelang schon vor dem Ende des Krieges der Wechsel in ein anderes Land, wie dem Ökonomen Wilhelm Röpke (1899–1966), der 1937 nach Genf wechselte, oder dem Romanisten Leo Spitzer (1887–1960), der 1936 einen Ruf in die USA erhielt. Der Komponist Paul Hindemith (1895–1963) kam in den Jahren 1935–1938 immer wieder in die Türkei, bevor er dank seiner Ehefrau 1938 ein neues Zuhause in der Schweiz fand und schließlich 1940 in die USA übersiedelte. Dennoch hatte Hindemith während seiner wenigen Aufenthalte in der Türkei Einfluss auf die «Türkischen Fünf» (*Türk Beşleri*), die erste Generation professioneller Komponisten klassischer Musik in der Türkei. Manche, wie Erich Auerbach (1892–1957), verfassten ihre Hauptwerke in der Türkei.[49] Wenige, wie der Germanist Traugott Fuchs (1906–1997) und der Osmanist Robert Anhegger (1911–2001), blieben bis zum Ende ihres Lebens in der Türkei.[50]

Niemand unter denen, die vor dem Nationalsozialismus in die Türkei flohen, hat ein bis heute so deutlich sichtbares Erbe hinterlassen wie die Stadtplaner und Architekten in Ankara. Unter den Migranten waren politisch Aktive wie der bereits genannte Ernst Reuter oder das Architektenehepaar Margarete Schütte-Lihotzky (1897–2000) und Wilhelm Schütte (1900–1968), die vor ihrer Zeit in der Türkei mehrere Jahre in der Sowjetunion verbracht hatten. Schütte-Lihotzky ging als politische Aktivistin im Dezember 1940 zurück nach Wien. Nach ihrer Verhaftung durch die Gestapo im Januar 1941 überlebte sie mit Glück die Zeit des Nationalsozialismus.

Auch für diejenigen, die sich für Politik nicht sonderlich interessierten, war es kaum möglich, sich der Lagerbildung zu entziehen. Der Orientalist Hellmut Ritter (1892–1971) hielt sich bereits seit 1926 in der Türkei auf, nachdem er wegen seiner Homosexualität in Deutschland strafrechtlich verfolgt worden war und seine Professur in Hamburg verloren hatte. Obwohl Ritter ursprünglich von deutscher Seite besoldet war, schlug er sich nicht auf die Seite der hitlertreuen deutschen Gemeinde.[51]

Manche, wie die Österreicher Ernst Egli (1893–1974) und Clemens Holzmeister (1886–1983), waren bereits in den 1920er Jahren in Ankara tätig und weitgehend unpolitisch. Egli konnte 1940 in die

Schweiz, die Heimat seiner jüdischen Ehegattin, wechseln, nachdem er dreizehn Jahre lang in der Türkei gearbeitet und dazu beigetragen hatte, die Grundsteine für einen funktionalen und an der Moderne orientierten Baustil in der Türkei zu legen. Clemens Holzmeister wiederum hatte – neben seiner Tätigkeit in der Türkei – in den Jahren des Austrofaschismus, also in den Jahren 1933–1938 unter Engelbert Dollfuß und Kurt Schuschnigg, in Österreich eine führende Position als staatsnaher Architekt eingenommen. Als entschiedener Gegner des «Anschlusses» Österreichs an Deutschland ging er jedoch 1938 ins Exil in die Türkei. Holzmeister selbst war politisch konservativ, aber sein Wohnhaus und Atelier in Tarabya (auf der europäischen Seite des nördlichen Bosporus gelegen) scheint ein Treffpunkt der deutschsprachigen Opposition gegen Hitler gewesen zu sein. Holzmeister plante und baute einen Großteil des neuen Regierungsviertels in Ankara; er schuf einen neuen Monumentalstil für die Regierungsbauten, der der Architektur des faschistischen Italiens nahestand.[52] Sein bekanntestes Bauwerk ist das Parlamentsgebäude der Großen Nationalversammlung der Türkei (*Türkiye Büyük Millet Meclisi*), das aufgrund von Verzögerungen erst 1963 fertiggestellt wurde.

Alle Städteplaner und Architekten verstanden sich als Modernisten, aber über die Inhalte einer solchen Moderne gab es unterschiedliche Ansichten. Bruno Taut (1880–1938) fand wenig Gefallen an dem von seinen Vorgängern entwickelten *kübik* (*cubique*)-Stil. Obwohl ihm von seiner Ankunft im Jahr 1936 in der Türkei bis zu seinem frühen Tod 1938 nur zwei Jahre blieben, entwarf er den Bau der Fakultät für Sprache, Geschichte und Geographie in Ankara und war Mitbegründer des «Zweiten Nationalen Stils», der nach 1938 in der Türkei die kubische Bauweise ablösen sollte. Der «Erste Nationale Stil», der von 1908 an bis in die 1920er Jahre in der Staatsarchitektur vorherrschte, war von Ausländern (wie den Italienern Giulio Mongeri und Raimondo d'Aronco, dem Franzosen Alexandre Vallaury und dem Deutschen August Jasmund), aber auch türkischen Architekten wie Mimar Kemaleddin (1870–1927) und Vedat Tek (1873–1942) getragen worden. Ähnlich war es nun beim Zweiten

Das Gebäude der Fakultät für Sprache, Geschichte und Geographie der Universität Ankara, das 1937 nach einem Entwurf von Bruno Taut gebaut wurde. Unter der Dachkante steht einer der bekanntesten Sinnsprüche Atatürks: «Der wahrhaftigste Führer im Leben ist die Wissenschaft» (*Hayatta En Hakiki Mürşit İlimidir*).

Nationalen Stil, für den türkische Architekten wie Sedat Hakkı Eldem (1908–1988), aber auch der Deutsche Paul Bonatz (1877–1956) stehen. Bonatz kam erst in die Türkei, als ihm in den letzten Kriegsjahren das nationalsozialistische Regime keine Aufträge mehr gab, blieb aber bis 1954 und lehrte in den Jahren 1946–1954 als Professor an der Technischen Universität İstanbul. Mehr noch als Holzmeister gab Bonatz der Staatsarchitektur eine monumental-triumphalistische Richtung, wie sie schließlich in dem 1953 fertiggestellten Atatürk-Mausoleum (*Anıtkabir*) in Ankara, dem Hauptwerk des Zweiten Nationalen Stils und von den beiden Architekten Emin Onat (1910–1961) und Orhan Arda (1911–2003) verantwortet, sichtbar werden sollte.[53]

Auch Standbilder, auf den zentralen städtischen Plätzen errichtet, standen für den Anspruch einer modernen und westlichen Gesellschaft. Die anfangs nahezu allein Mustafa Kemal gewidmeten Denk-

Das von Emin Onat und Orhan Arda entworfene und 1953 fertiggestellte Atatürk-Mausoleum (*Anıtkabir*) in Ankara ist das Hauptwerk des monumental-triumphalistischen Baustils, der seit den 1940er Jahren in Ankara vorherrschte. Das Atatürk-Mausoleum war bis ins einundzwanzigste Jahrhundert zentraler Schauplatz des Ritualkalenders des kemalistischen Staates.

mäler stellten ihn – gewissermaßen unverrückbar – in den öffentlichen Raum. Eine erste Statue Mustafa Kemals, vom österreichischen Bildhauer Heinrich Krippel (1883–1945) gestaltet, wurde am 3. Oktober 1926 an der Landspitze unterhalb des Topkapı-Palastes in İstanbul feierlich der Öffentlichkeit zugänglich gemacht. Die Statue wendet ihren Rücken dem Serail der osmanischen Sultane zu und blickt Richtung Anatolien. Krippel, der von seinem Wiener Atelier aus in den Jahren 1925–1938 Aufträge aus der Türkei ausführte, schuf mit diesem ersten Standbild das Vorbild für die vielen späteren Atatürk-Standbilder. Sie zeigten Atatürk als General, Diplomaten, Politiker und Feldherrn zugleich.[54] Stolz schaute Atatürk auf das Land und seine Leute, aber blickte er nicht auch in einem gewissen Sinne über beide hinweg?

Aufnehmen, Vereinnahmen, Ausgrenzen: Die Erschaffung der türkischen Nation

Der nationalistisch ambitionierte Versuch, die Türken in Anatolien in Zeiträumen weit vor dem elften Jahrhundert zu verankern, führte zu den Verrenkungen in Gestalt der Geschichts- und Sonnensprachtheorie der 1930er Jahre. Die nüchternen und realitätsorientierten Seiten des kemalistischen Nationalismus sind aber ebenfalls offensichtlich: Das Heimatland der Türken ist Anatolien. Irredentismus spielte keine Rolle, sowohl hinsichtlich der Heimholung anderer Turkvölker in ein zu schaffendes und von der Republik Türkei geführtes Großreich als auch im Hinblick auf eine mögliche Wiederherstellung der ehemaligen osmanischen Herrschaftsgebiete in Südosteuropa, im Kaukasus oder der arabischen Welt.[55] Zugleich ist diese Beschränkung auf Anatolien gepaart mit dem unbedingten Beharren auf der Unverbrüchlichkeit der von Lausanne garantierten Grenzen. Die Einheit des Staates wurde geradezu sakralisiert: «Der Grundsatz der unteilbaren Einheit von Staatsgebiet und Staatsvolk ist für den zentralistischen Einheitsstaat Türkei so wichtig wie für die Bundesrepublik Deutschland das Föderalismusprinzip.»[56] Das türkische «Sèvres-Syndrom», also die Furcht, dass die Türkei in ähnlicher Weise, wie es im Vertrag von Sèvres von 1920 geplant gewesen war, aufgeteilt werden könnte, ist einerseits real, andererseits diente und dient es der strategischen Abwehr jeglicher Ansprüche von anderen, in erster Linie der kurdischen Bevölkerung, auf die Lösung *ihrer* nationalen Frage.

Alle Nationalstaaten dieser Welt sind aus einer heterogenen Bevölkerung hervorgegangen. Selbst heute «natürlich» wirkende Nationalstaaten wie Frankreich brauchten für diesen Prozess Jahrhunderte und sehen sich bis heute Vorbehalten von Teilen der Bevölkerung (man denke etwa an die Bretonen) gegenüber. Zugleich ist es keine Besonderheit, wenn die Eingliederung von unterschiedlichen Bevölkerungsgruppen in den modernen Nationalstaaten an ihre Grenzen stößt, ja wenn sogar neue Risse sichtbar werden, wie etwa im spani-

«Wie glücklich darf sich derjenige schätzen, der von sich sagen kann, dass er Türke ist»: Eine der am häufigsten wiedergegebenen und im öffentlichen Raum zu findenden Aussprüche Atatürks. In diesem Falle ist die Stele mit einer zusätzlichen politischen Botschaft aufgeladen, denn sie findet sich nicht in der Türkei selbst, sondern im Städtchen Lefkoniko / Geçitkale im türkisch kontrollierten Teil Zyperns (ca. 2000).

schen Katalonien. Die Republik Türkei zeigt hier ein Bild von bereits weit fortgeschrittener Verschmelzung, aber noch offenen Flanken der Nationalstaatsbildung. Wie wir bereits gesehen haben, integrierte sich die im neunzehnten und frühen zwanzigsten Jahrhundert zugewanderte muslimische Bevölkerung, von der nur ein Teil türkischsprachig war, rasch in die sunnitisch-türkische Mehrheitsgesellschaft. Die ökumenische Natur des Islam und die integrativen Aspekte des türkischen Nationsbegriffes haben eine stabile gemeinsame Identität muslimischer Türken geschaffen.

Formal gesehen ist die türkische Nationsdefinition staatsbürgerlich-territorial: Bereits Artikel 88 der Verfassung von 1924 besagte, dass alle Einwohner der Türkei als Türken zu betrachten sind, ungeachtet ihrer Konfession und Ethnie. In Widerspruch zu dieser, dem Gedanken von *ius solis* folgenden Definition ist im eigentlichen türkischen Nationsverständnis – somit nicht unbedingt in Verfassungstexten formuliert – eine zwiefache Zugehörigkeit zu Türkentum und Islam als Voraussetzung für eine vollständig gültige Mitgliedschaft in der Nation mitgedacht. In seiner offiziellen Selbstdefinition betont das türkische Nationalstaatsmodell, dem französischen Vorbild folgend, ein voluntaristisches Verständnis. Atatürks berühmtes Diktum *Ne mutlum Türküm diyene* («Wie glücklich darf sich derjenige schätzen, der von sich sagen kann, dass er Türke ist») darf daher nicht als in zynischer Weise ausgrenzend-nationalistisch verstanden werden, sondern ist zuerst einmal als potentiell aufnehmend zu denken: So kann man als Kurdin oder Kurde in Politik und Wirtschaft große Karriere machen, vorausgesetzt man verweist auf seine kurdische Herkunft im Sinne einer ursprünglichen Herkunft – so wie auch viele Türkinnen und Türken darauf verweisen können, dass sie aus Rumelien (den ehemals osmanischen Gebieten in Südosteuropa) stammen, ohne dass irgend jemand darin einen Identitätskonflikt ausmachen könnte oder wollte. Die türkische Staatsbürgerschaftsdefinition hat also einen integrierenden Charakter, aber zugleich ausgrenzende Eigenschaften, indem alle, die dem harten und doppelten Bedeutungskern von Türkentum und Muslimsein nicht entsprechen, ausgeschlossen werden. Diese Spannung zwischen einem aufnehmenden und ausgrenzenden Staatsbürgerschaftsverständnis ist bis heute kennzeichnend für den türkischen Nationalstaat geblieben.

Ausgrenzungen von «nicht richtigen» Türkinnen und Türken sind in der frühen Republikzeit zahlreich zu finden: Das Beamtengesetz (*Memurin Kanunu*) vom März 1926 bestimmte, dass Regierungsbeamte ethnische Türken sein müssen. Im «Ansiedlungsgesetz» (*İskan Kanunu*) von 1934, das die Fragen von Immigration und Ansiedlung regelte, wurde das Recht auf Niederlassung für diejenigen eingeschränkt, die nicht als Teil der «türkischen Rasse» oder als nicht «der türkischen Kultur verbunden» zu betrachten seien.[57]

Bemerkenswert aber an der türkischen Grundkonzeption von nationaler Zugehörigkeit ist, dass die Scheidelinie zwischen Türkischsein und Nicht-Türkischsein durchlässiger ist als die zwischen Muslimsein und Nicht-Muslimsein. Nicht-Muslimen bleibt – garantiert! – nur der Status als Minderheit. Die Artikel 37–44 des Vertrags von Lausanne, die den Nicht-Muslimen Schutz und Gleichheit vor dem Gesetz garantieren, wurden in die Artikel 69 und 88 der Verfassung von 1924 aufgenommen, aber bis heute macht der türkische Staat zwischen Muslimen und Nicht-Muslimen einen grundlegenden Unterschied. Aus der türkischen Verhandlungsführung in Lausanne und der gesamten späteren Staatspolitik sprach ein tiefes Misstrauen gegenüber der christlichen Bevölkerung als möglicher fünfter Kolonne des Westens. So war die Wehrpflicht für Nicht-Muslime nicht nur eine Frage der Gleichheit, sie sollte zugleich mögliche wirtschaftliche Vorteile der Nicht-Muslime begrenzen.

Man kann für diese Vorbehalte gegenüber Christen die – mehr oder weniger durch die Wirklichkeit gedeckte – historische Erfahrung ins Feld führen, dass Christen in spätosmanischer Zeit mit den europäischen Mächten kollaborierten. Aber Vorbehalte bestanden in der jungen Republik Türkei auch gegenüber der eigenen jüdischen Bevölkerung, die zumindest bis zur Gründung Israels im Jahr 1948 nicht als Handlanger eines anderen Staates verstanden werden konnte. Zu Beginn der Republikzeit stufte die Ankaraner Regierung die Juden als «harmlos» ein.[58] Das Ziel einer nachholenden wirtschaftlichen Gerechtigkeit für die muslimisch-türkische Bevölkerung kannte aber fließende Übergänge in eine Politik der Diskriminierung gegenüber den Juden: Eine Kampagne zum alleinigen Gebrauch des Türkischen im öffentlichen Raum namens «Mitbürger, sprich Türkisch!» (*Vatandaş Türkçe konuş!*) in den späten 1920er Jahren verstieß gegen Artikel 39 des Vertrags von Lausanne, der den freien Gebrauch der Sprache für alle türkischen Staatsbürger vorsah. Die Juden waren besonders betroffen, da sie im Gegensatz zu Orthodoxen und Armeniern oft kein Türkisch sprachen, sondern als Umgangssprache nur des *Ladino* («Judenspanisch») mächtig waren.

Als während des Zweiten Weltkriegs, in dem die Türkei bis 1945 neutral blieb, die Versorgungslage zunehmend schwieriger wurde und Kriegsgewinnler immer mehr die Notlage der Menschen ausnutzten, wurde am 11. November 1942 eine «Vermögenssteuer» (*varlık vergisi*) beschlossen. Sie sollte Wuchergewinne abschöpfen und gleichzeitig das aus dem Ruder laufende Staatsdefizit verringern helfen. Ihre Umsetzung geriet zu einer systematischen Enteignung der christlichen und jüdischen Bevölkerung. 53 Prozent der Sondersteuer brachten Nicht-Muslime auf, 36,5 Prozent wurden von Muslimen und 10,5 Prozent von in der Türkei lebenden Ausländern eingetrieben. Die Vermögenssteuer traf Juden und Christen angesichts ihres größeren Anteils an Kaufleuten notgedrungen härter; ihnen wurden zudem als Nicht-Muslimen weitaus höhere Steuersätze auferlegt. Die Gruppe der Sabbatäer (*Dönme*) zahlte eine doppelt so hohe Steuer wie die Muslime, Nicht-Muslime zehnmal so viel. Die damaligen führenden Politiker machten kein Hehl daraus, dass die Vermögenssteuer auch zum Ziel hatte, das Vermögen der Nicht-Muslime auf die türkisch-muslimischen Geschäftsleute zu übertragen. In der Tat bereitete diese Maßnahme den Boden dafür, dass Kaufleute aus Anatolien in İstanbul Fuß fassen konnten.[59]

Es war aber nicht so, dass die jüdische Gemeinde nur den unbeabsichtigten Folgen einer vornehmlich gegen Christen gerichteten Politik ausgesetzt war: Die mehr als zehntausend Menschen umfassende jüdische Gemeinde in Westthrakien sah der türkische Staat in den 1930er Jahren als Sicherheitsrisiko. Es ist mehr als wahrscheinlich, dass die Boykottaufrufe und Ausschreitungen im Sommer 1934 gegen die Juden Thrakiens, die in ihrer Mehrzahl nach İstanbul oder ins Ausland flüchteten, staatlich gesteuert waren.[60]

Man könnte es eigentlich als ein Kapital für die Zukunft der jungen Türkei sehen, dass im Vertrag von Lausanne allein die Nicht-Muslime der ausgrenzenden Definition als Minderheiten unterworfen wurden. Das Verhältnis des türkischen Staates gegenüber Gruppen wie den Aleviten und Kurden war in dieser Hinsicht offen, glitt aber sehr bald in das Muster einer ausgrenzenden Vereinnahmung. An der Existenz der kurdischen Bevölkerung in der Türkei erweist sich die Ambivalenz des türkischen Nationalkonzepts: Es gibt keinerlei rassische Konzeption der Kurden, die eine Aufnahme in die türkische Gesellschaft und die Anerkennung als Türkin oder Türke grundsätzlich unmöglich machen würde. Allerdings geschieht diese Aufnahme nur unter Auflagen, nämlich zumindest der Anerkennung des Türkischen als quasi muttersprachliches Idiom und zum zweiten der Übernahme der «großen Erzählung» von der türkischen Nation. So fanden und finden sich in allen gemäßigten türkischen Parteien Kurdinnen und Kurden als Mitglieder der Türkischen Nationalversammlung. Allerdings müssen diese Parlamentarier – mit Ausnahme der Mitgliedschaft in der derzeit (noch) bestehenden «Demokratischen Partei der Völker» (*Halkların Demokratik Partisi, HDP*) oder in einer der früheren kurdennahen Parteien, die im Parlament vertreten waren – ihre kurdische Identität zurückstellen und dürfen keine kurdischen Anliegen formulieren. Letztlich gilt: «In der Türkei kann man als Kurde alles sein – außer Kurde.»[61]

Die Aleviten wiederum fallen ohnehin aus den Ordnungsmustern heraus, die das Osmanische Reich der Republik Türkei hinterlassen hat: Sie stehen quer zur traditionellen osmanischen Unterscheidung zwischen Muslimen und Nicht-Muslimen; sie fallen aber auch durch andere Raster, da sie weder sprachlich noch ethnisch eine eindeutige Gruppe darstellen. Gerade diese Flüchtigkeit des Alevitentums hat die Aleviten zu einer Art wandelnder Provokation gemacht.

Zweifel aber an der Zukunftsfähigkeit der kemalistischen Republik nährte eher der Widerstand unter denen, die nach Auffassung der Staatsführung doch eindeutig zu den Gewinnern der Republik zu zählen hatten. Die von oben herab verordnete und teilweise rücksichtslos umgesetzte Modernisierungsagenda führte zu einer doppelten inneren Emigration in weiten Teilen der ländlichen Bevölkerung: Man zog in die großen Städte und man zog sich in sich zurück.

Personenkult und gemäßigte Autokratie

In den ersten Jahrzehnten der Republik wurden die Meilensteine der Nationalbewegung überhöht, ja sakralisiert: So wollten die späteren Gralshüter des Kemalismus die mehrtägige Rede (*Nutuk*) von Mustafa Kemal vom Oktober 1927 zu einem «Koran des Kemalismus» machen; der trockene und detailorientierte Bericht konnte jedoch keine Begeisterung entfachen. Die überaus aufmerksame Überlieferung zahlreicher Aussprüche und Handlungen Atatürks erinnert an die Hadith-Literatur, also die Überlieferungen zu Aussprüchen und Handlungen des Propheten Muhammad sowie seiner Genossen. Der Kult um die Landung Mustafa Kemals in Samsun am 19. Mai 1919 legt den Vergleich mit der Hidschra, der «Auswanderung» des Propheten von Mekka nach Medina im Jahr 622 nahe.[62] Die nationalen Feiertage der Republik Türkei bezogen sich alle auf die heroische Zeit der Nationalbewegung: Der «Feiertag der Nationalen Souveränität und des Kindes» (*Ulusal Egemenlik ve Çocuk Bayramı*) erinnert an die Eröffnung der Großen Nationalversammlung am 23. April 1920; der «Tag der Erinnerung an Atatürk und der Jugend- und Sporttag» (*Atatürk'ü Anma, Gençlik ve Spor Bayramı*) bezieht sich auf Mustafa Kemals Landung in Samsun am 19. Mai 1919; der «Siegestag» (*Zafer Bayramı*) gedenkt des Endes des Unabhängigkeitskriegs am 30. August 1922 und der «Republiktag» (*Cumhuriyet Bayramı*) der Ausrufung der Republik am 29. Oktober 1923.[63]

Der Personenkult um Atatürk, vor allem aber die Indoktrination in den Schulen, im Militärdienst und im öffentlichen Raum begründeten die Wirkmächtigkeit des Kemalismus in der türkischen Gesellschaft. Für Atatürk wurden, neben dem bereits erwähnten Attribut des *Gazi* («heldenhafter Verteidiger der geheiligten Nation»), viele Superlative erfunden, von denen manche Varianten dank der Sprachreform heute gar nicht mehr verständlich sind: «Großer» (*büyük*), «Genie» (*dahi*), «Unvergleichlicher» (*eşsiz*), «Retter» (*halâskâr*), «Befreier» (*münci*), «Erhabener» (*ulu*), «Schöpfer» (*yaratıcı*), «Großartiger» (*yüce*) oder «Wunder der Menschheit» (*beşeriyet harikası*).[64] Sieht man aber von dem für viele Jahrzehnte durchaus erfolgreichen Personenkult um Atatürk ab, was könnte als Essenz des Kemalismus gesehen werden?

Der Kemalismus lässt sich in seiner Herrschaftspraxis als eine Spielart des Autoritarismus fassen, aber seine Inhalte sind nicht leicht zu greifen.[65] Dass er bei relativ großer Vagheit dennoch eine hohe Wirkungskraft aufwies, ist nicht überraschend, denn dies ist eine Grundeigenschaft aller Nationalismen. Der Kemalismus ist demnach ein auf die besonderen Verhältnisse der Türkei abgestellter und von Staatsseite geförderter Nationalismus. Sich selbst sah er als

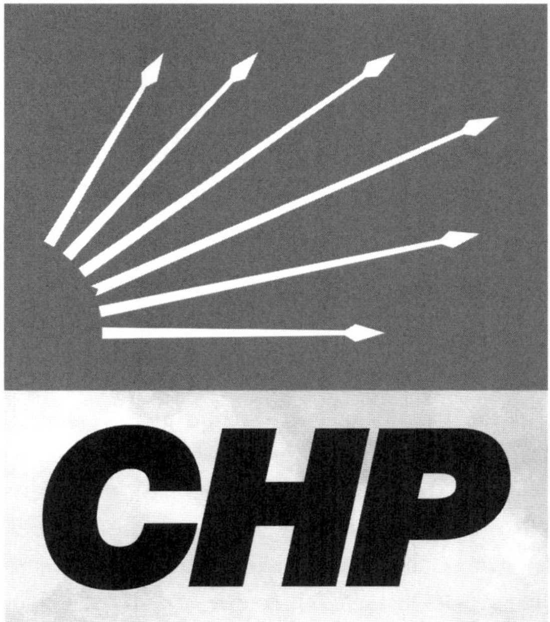

Das Logo der Republikanischen Volkspartei (CHP) mit den «Sechs Pfeilen» veranschaulicht die enge Verbindung zwischen Staat und CHP in den ersten Jahrzehnten der Republik. 1937 wurden die Sechs Pfeile als Prinzipien in den zweiten Artikel der Verfassung von 1924 aufgenommen. Der untere Teil mit Akronym vor Himmel ist eine neuere Hinzufügung.

«modern», «westlich» und «säkular» – deutete sich also selbst in unklaren Begriffen und ist damit anderen lockeren Ideologiegebilden wie dem des Gaullismus vergleichbar.[66]

Das politische Programm des Kemalismus hilft nicht sehr viel weiter bei dem Versuch, ihn besser zu verstehen: Bei einem Parteikongress im Oktober 1927 bekannte sich die Republikanische Volkspartei (*Cumhuriyet Halk Fırkası*) zu den vier Prinzipien von «Republikanismus» (*cumhuriyetçilik*), «Volksverbundenheit» (*halkçılık*), «Nationalismus» (*milliyetçilik*) und «Laizismus» (*laiklik*). Diese vier wurden 1931 um die Prinzipien des «Etatismus» (*devletçilik*) und des «Revolutionären Reformismus» (*inkılapçılık*) ergänzt und am

5. Februar 1937 in den zweiten Artikel der Verfassung von 1924 aufgenommen. Die sechs Prinzipien, zugleich die «sechs Pfeile» der Republikanischen Volkspartei, stellen aber nur scheinbar eine feste Agenda des Kemalismus dar, da sie im Einzelnen allzu vage bleiben und es selbst innerhalb der Republikanischen Volkspartei niemals den Versuch gab, sie in einen verbindlichen ideologischen Rahmen zu setzen.[67]

Die kemalistischen Führungskreise zeichneten sich von Anfang an durch einen Elitismus aus, der nicht auf eine Massenmobilisierung angewiesen sein wollte – aber eben um den Preis einer Isolierung von der eigenen Bevölkerung.[68] Der Kemalismus beschränkte sich nicht auf die Belehrung von oben, sondern sah sich geradezu zur Einimpfung berechtigt: İsmet İnönü entdeckte als osmanischer Offizier bei einem Einsatz im Jemen eine Sammlung von Schallplatten mit europäischer Musik und begann, diese immer wieder hörend, zu mögen. «Ich verstand dann, dass auch unsere Leute an der westlichen Musik Gefallen finden könnten, wenn sie sie nur die ganze Zeit hören würden.»[69]

Mustafa Kemal war – abgesehen von seiner umfassenden militärischen Ausbildung – ein Autodidakt. Ein weiterer Grund für die Vagheit des Kemalismus ist, dass Mustafa Kemals eigenes Weltverständnis zwiespältig war: Ein zuversichtlicher Blick in die Zukunft paarte sich mit Misstrauen; sein egalitärer Elitismus, also die Bereitschaft, den Zirkel der Mitstreiter zu erweitern, verband sich mit einer Tendenz zum Rückzug in sich selbst; der Glaube an die Machbarkeit einer modernen Welt stieß sich mit dem immer nagenden Zweifel, ob das eigene Volk dafür wirklich zu gewinnen sei.

Die Bevölkerung Anatoliens war in der Tat nicht auf den Kemalismus vorbereitet – der Kemalismus aber auch nicht auf die Anatolier. Anatolien war das territoriale Scharnier des Osmanischen Reiches und damit der sicherste Ankerplatz für die heimatlos gewordene spätosmanische Elite, aber vertraut war es ihr nicht. Mustafa Kemal selbst war immer nur ein Kämpfer an den Grenzen des Reiches gewesen; Anatolien war ihm bis 1919 weitgehend unbekannt geblieben.[70] Seine Begegnung mit Anatolien, einem im Vergleich etwa zu seiner Heimatstadt Saloniki viel konservativeren Teil des Vaterlands, «muss für ihn wie ein Schock gewesen sein».[71]

Ein früher Hinweis auf gärende Unzufriedenheit in der türkischen Bevölkerung waren Ausschreitungen in dem nahe bei İzmir gelegenen Städtchen Menemen am 23. Dezember 1930. Ein gewisser Derviş Mehmed, Mitglied des Nakschbendi-Ordens, hatte sich bereits Mitte Dezember 1929 zum *Mahdi* (wörtlich der «Rechtgeleitete», eine chiliastische Heilsfigur in der islamischen Religion) erklärt und rief nun auf dem Marktplatz in Menemen eine «islamische Revolution» aus. Als der zufällig vorbeikommende Reserveleutnant Mustafa Fehmi Kubilay (1903–1930) einschreiten wollte, wurde er gelyncht. Der «Menemen-Aufstand» war in keiner Weise eine Bedrohung für das Regime, aber doch verstörend angesichts dessen, dass die vielen Umstehenden teilnahmslos geblieben und nicht eingeschritten waren.[72]

Wir wissen viel über Atatürk und können ihn gut beschreiben. Eine historische Einschätzung aber fällt, auch aus der Distanz von mehreren Jahrzehnten, doch einigermaßen schwer – nicht nur, weil seine Person und sein Werk immer wieder neu verhandelter Gegenstand von türkischen Identitätsdebatten sind. Ein Grund mag auch sein, dass in der internationalen Historiographie, bei aller Gründlichkeit der maßgeblichen Werke, immer wieder die Darstellung von Atatürk als Person ganz eigener Art überwiegt. Die Autoren sehen zwar davon ab, ihn als *unvergleichlich* darzustellen, aber doch erscheint er als *unvergleichbar*.

Der Kemalismus lässt sich jedoch gut in die Muster der europäischen politischen Kultur der Zwischenkriegszeit einordnen: Die Ähnlichkeiten des kemalistischen Regimes mit den – im Verhältnis zum nationalsozialistischen Deutschland, faschistischen Italien oder zur leninistischen und stalinistischen Sowjetunion – «gemäßigten» autoritären Regimen in Europa, wie denen von Ioannis Metaxas (1871–1941) in Griechenland, Francisco Franco (1885–1975) in Spanien und António de Oliveira Salazar (1889–1970) in Portugal, sind offensichtlich. Bemerkenswert sind die Parallelen der Türkei zu Polen unter Józef Klemens Piłsudski (1867–1935), das sich unter anderen, aber ebenfalls schwierigsten Umständen einen eigenen Staat sichern konnte: Polen nach dem Ersten Weltkrieg «hatte keine Grenzen, kein feststehendes Territorium, keine Regierung, keine Verfassung und keine internationale Anerkennung».[73] In den drei Jahren nach seiner Rückkehr nach Polen im November 1918 schuf Piłsudski ein unabhängiges Polen.

Aus einer nationalstaatlichen Perspektive gesehen sind die Verdienste Atatürks unbestritten: Aufbauend auf einer klaren und umfassenden Agenda zeigte er Kühnheit und Durchsetzungsfähigkeit. Zugleich erwies sich die Türkei unter Atatürk als eine gemäßigte Autokratie, an deren Spitze nicht ein charismatischer Führer stand, sondern ein bisweilen schüchterner «Oberlehrer». Zudem zeigte der Kemalismus viele Merkmale nicht, die andere autoritäre Staaten in Europa auszeichneten: Die Türkei war nicht militaristisch; sie zeigte keine Anwandlungen imperialistischer Außenpolitik; das Parlament war zwar seit 1925 nur eine Fassade, aber dennoch wurden so die Grundlagen für den späteren Übergang in die Demokratie gelegt. Niemals erklärte der Kemalismus die liberalen Demokratien des Westens zum Feindbild. Man muss sich jedoch nicht auf eine Reise zur Rückseite des Mondes begeben, um die dunkle Seite des Kemalismus zu erkennen: Wie die Jungtürken die ihnen am gefährlichsten erscheinende Minderheit, die Armenier, unterdrückt hatten, so taten dies die Kemalisten mit den Kurden.[74] Eine Bürde für die Zukunft waren der Ausschluss der Minderheiten (auch der *nicht* nicht-muslimischen) aus dem gemeinsamen Staatsprojekt und die merkwürdig zwiespältige Haltung gegenüber der Religion, die als mögliche Bedrohung unterdrückt wurde, aber auf die man zugleich als den die eigene Nationalität begründenden Faktor nicht verzichten wollte.

Als Atatürk am 10. November 1938 starb, fielen bereits die Schatten des heraufziehenden Zweiten Weltkriegs auf die Türkei. Atatürks Nachfolger unter der Führung von İsmet İnönü bewegten sich vorsichtig und wollten den mühsam aufgebauten Staat nicht gefährden. Die Politik bis zum Ende der 1940er Jahre war daher dem Erbe verpflichtet und musste dennoch für sich einen neuen und eigenen Weg finden – ohne die Stütze und Bürde der überragenden Figur, die Atatürk seit den 1920er Jahren gewesen war.

2. Dem Erbe verpflichtet (1938–1950)

Im Gegensatz zur hochverdichteten Phase der Kriegsjahre 1912–1922 und der schnellen Abfolge der kemalistischen Reformen in den 1920er und frühen 1930er Jahren, verlangsamt sich die Dynamik ab Mitte der 1930er Jahre deutlich. In den Jahren während des Zweiten Weltkriegs wendet die türkische politische Elite all ihre Energien auf das Vorhaben, das Land unbeschädigt durch die Kriegsjahre zu führen. Zugleich ist der Zeitraum von den späten 1930er Jahren bis 1950 entscheidend für die Weiterführung und Verfestigung des kemalistischen Erbes: Erst nach dem Tod Atatürks kann sich eine neue Elitenschicht gänzlich ausbilden und sich zugleich beweisen. Bis zum Ende der 1940er Jahre hat sich der kemalistische bürokratisch-intellektuell-judikativ-militärische Komplex verfestigt: das auch in den folgenden Jahrzehnten tragende enge Zusammenspiel kemalistischer Eliten in Verwaltung, Publizistik und Universitäten, Rechtsprechung und Militär. Die Gewissheit, sich zutiefst in Staat und – dies allerdings zu einem weitaus geringeren Grad – Gesellschaft verankert zu haben, erleichterte es der kemalistischen Elite unter İsmet İnönü in der zweiten Hälfte der 1940er Jahre, eine politische Öffnung zuzulassen.

Der zweite Mann: İsmet İnönü

İsmet İnönü (1884–1973) war die bestimmende Person im Zeitraum von Atatürks Tod 1938 bis zu den Wahlen von 1950, als die bis dahin allein regierende Republikanische Volkspartei (*Cumhuriyet Halk Partisi, CHP*) nach verlorenen Wahlen in die Opposition ging. İnönü behielt die Grundausrichtung kemalistischer Politik bei und brachte

İsmet (İnönü), Ministerpräsident und «zweiter Mann» hinter Atatürk, steht rechts vorne auf der Tribüne bei den Feierlichkeiten am 29. Oktober 1933 zum zehnten Jahrestag der Ausrufung der Republik. Es spricht Mustafa Kemal. Ganz am rechten Bildrand hinter İsmet sehen wir Recep (Peker), zu diesem Zeitpunkt Generalsekretär der CHP.

die Türkei, abgesehen von wirtschaftlichen Nöten, unbeschadet durch den Zweiten Weltkrieg. İnönü kann also zu Recht als der «zweite Mann» (so der Titel einer Biographie von Şevket Süreyya Aydemir über ihn) bezeichnet werden, als treuer Gefolgsmann Atatürks während dessen Lebenszeiten und als sein Sachwalter nach dessen Tod. İsmet İnönü war mit weit weniger Charisma als Atatürk und mit einer gewissen Sturheit ausgestattet, die mitunter als geistige Starrheit erscheinen konnte, ihm aber bei der beharrlichen Durchsetzung politischer Ziele sehr hilfreich war – eine Eigenschaft, die er bereits bei den Verhandlungen in Lausanne 1922–1923 unter Beweis gestellt hatte. Die gegenüber Atatürk deutlich niedrigere Stellung İnönüs in der kemalistischen Heldengeschichte lässt sich an den ihm gewidmeten Standbildern ablesen: 1944 wurde im Hof der Landwirtschaftlichen Fakultät der Universität Ankara ein von Rudolf Belling geschaffenes Standbild İnönüs aufgestellt. Für ein weiteres Standbild, das İnönü als Retter bei den Abwehrschlachten am İnönü-Fluss im Frühjahr 1921 zeigte, ließ sich der ursprünglich geplante Standort auf dem zentralen Taksim-Platz in İstanbul nicht verwirklichen. 1950 erließ die neue Regierung – natürlich keineswegs rein zufällig – ein Verbot, Denkmäler noch lebender Personen aufzustellen. Das über Jahrzehnte eingelagerte Standbild wurde erst 1982 vor dem ehemaligen Wohnhaus İnönüs nahe beim Maçka-Park in İstanbul platziert.[75]

In den Jahren 1925–1937, als İnönü nach einer ersten kurzen Amtszeit 1923–1924 erneut als Ministerpräsident diente, war es immer wieder zwischen ihm und Atatürk zu Verstimmungen gekommen. Atatürk hatte sich zwar weitgehend aus den laufenden Regierungsgeschäften zurückgezogen, aber İnönü sah sich wiederholt in seinem Handeln als Ministerpräsident von kurzfristigen Entschlüssen gestört, die während der abendlichen «Tafelrunden Atatürks» (*Atatürk sofrası*) mit seinen Zechkumpanen zustande kamen. Dass İnönü im Oktober 1937 als Ministerpräsident abgesetzt wurde, hatte aber einen gewichtigeren Grund: Atatürk schlug sich in einer Auseinandersetzung İnönüs mit dem damaligen Wirtschaftsminister Celal Bayar auf dessen Seite und wandte sich damit gegen İnönüs Politik einer etatistisch orientierten Wirtschaftsausrichtung.

Dennoch, als Atatürk am 10. November 1938 starb, gab es keinen ernsthaften Gegenkandidaten zu İnönü. Schon am folgenden Tag wurde İnönü vom Parlament zum Staatspräsidenten gewählt. Auf einem außerordentlichen Parteitag am 26. Dezember 1938 wurde er zum «Nationalen Anführer» (*Millî Şef*) und «Ständigen Vorsitzenden» (*Değişmez Genel Başkan*) der Republikanischen Volkspartei ernannt.[76] Von 1938 bis 1950 verkörperte İnönü unangefochten die Machtspitze im Staat. Von 1938 bis 1972 war er Vorsitzender der CHP. Erst ein Jahr vor seinem Tod am 25. Dezember 1973 wurde İnönü aus der Führung der Partei verdrängt.

Der übermächtige Staat: Wirtschaft, Schulen, Eisenbahnnetz

Die Republik war anfangs vollauf damit beschäftigt, die Folgen der Kriegsdekade von 1912 bis 1922 zu bewältigen. Die Weltwirtschaftskrise und der Zweite Weltkrieg warfen sie auf diesem Weg zusätzlich zurück. Die wirtschaftlich unerfahrene politische Führung verließ sich in den 1920er Jahren auf die bereits in der Vorkriegszeit propagierte Strategie einer «nationalen Wirtschaft» (*millî iktisat*).[77] Mustafa Kemal und İsmet (İnönü), in Fragen von Staatsfinanzen und Volkswirtschaft wenig bewandert,[78] vertrauten auf die Eigeninitiative türkisch-muslimischer Unternehmer und erwarteten, dass der rasch erworbene Reichtum der neuen nationalen Unternehmerklasse die volkswirtschaftliche Erholung und Entwicklung von selbst voranbringen würde. Diese Hoffnung wurde aber enttäuscht, da die angeblichen Träger einer neuen nationalen Volkswirtschaft erst einmal das für sie weitaus leichter greifbare Ziel der Selbstbereicherung in den Blick nahmen. Ab den 1930er Jahren, unter dem Eindruck der Weltwirtschaftskrise und einem globalen Sinneswandel folgend, verlegte sich die türkische Regierung auf eine Politik des Etatismus, ohnehin eines der sechs Prinzipien des jungen Staates und der Republikanischen Volkspartei. Dieses Umschwenken änderte nichts am vorsichtigen Charakter der türkischen Wirtschaftspolitik, die noch unter dem Eindruck der übermäßigen Verschuldung in spätosmanischer Zeit stand.[79]

Gemäß dem 1931 verankerten Prinzip des Etatismus (*devletçilik*) verfügte nur der Staat über die notwendigen Ressourcen und das Kapital, um in der Türkei eine überlebens- und leistungsfähige Industrie aufzubauen (zuerst einmal vor allem für die Produktion von Grundmaterialien wie Stahl und Zement oder im Bergbau). Was genau das Konzept des Etatismus bedeuten und wie weit es ausgreifen sollte, war allerdings innerhalb der türkischen Elite umstritten; man denke nur an die bereits erwähnten Auseinandersetzungen zwischen Celal Bayar und İsmet İnönü im Jahr 1937, die zu dessen Rücktritt als Ministerpräsident führten. Es ist nicht klar, ob der Etatismus in Richtung einer einheitlichen nationalen Gesellschaft zielte oder ob letztlich die pragmatische Überlegung überwog, dass vorerst der Staat die Hauptverantwortung für industrielle Investitionen übernehmen sollte, auch wenn dies bedeutete, dass private Unternehmer nicht zum Zug kommen könnten.[80] Ein erster Fünfjahresplan wurde 1933 mit Hilfe sowjetischer Berater erstellt und für die Jahre 1934–1938 eingeführt; sein Hauptziel war, Fabriken aufzubauen, um so den Import vor allem von Verbrauchsgütern drosseln zu können und einheimische Rohmaterialien nicht unverarbeitet exportieren zu müssen. Ein zweiter Fünfjahresplan wurde 1938 wegen des unmittelbar bevorstehenden Zweiten Weltkriegs nicht mehr umgesetzt.

Trotz der erfolgreichen türkischen Neutralitätspolitik im Zweiten Weltkrieg waren die Jahre ab 1939 von Kriegswirtschaft geprägt: Die türkische Wirtschaft schrumpfte durch die starke Abschöpfung von Ressourcen für den Unterhalt eines stehenden Heeres von einer Million Mann. Der Anteil des Verteidigungshaushalts an der Gesamtheit staatlicher Ausgaben stieg von 30 Prozent im Jahr 1938 auf 55 Prozent im Jahr 1942, um 1945 auf wieder 40 Prozent zu fallen. Die Lebensmittelpreise stiegen von 1938 bis 1944 auf über das Vierfache. In den Jahren 1945–1950 erholte sich zwar der private Sektor, aber der in der Kriegszeit stark gestiegene Anteil des staatlichen Sektors ging nur allmählich zurück. Das Bruttosozialprodukt war 1945 rund 35 Prozent niedriger als vor dem Zweiten Weltkrieg. Vermutlich lag noch 1950 das Pro-Kopf-Einkommen unter dem von 1939.[81]

Die Zwänge des Zweiten Weltkriegs verstärkten also die ohnehin vorhandene Tendenz, dem Staat alle Machtmittel in die Hand zu geben. Bereits in den letzten Lebensjahren Atatürks verlor die Republikanische Volkspartei (CHP) ihren Charakter als eigenständige Institution und verschmolz mit dem Staat. Recep Peker (1889–1950), der seit 1931 als Generalsekretär der CHP für eine größere Eigenständigkeit der Partei gekämpft hatte, wurde 1936 abgesetzt. Im selben Jahr erklärte Ministerpräsident İsmet İnönü offiziell die Übereinstimmung zwischen Staatsapparat und Parteiorganisation. Funktionen der CHP wurden mit denen des Staats verschmolzen: In der Ämterunion zwischen Staat und Partei war der Ministerpräsident zugleich stellvertretender Parteivorsitzender, der Innenminister Generalsekretär und die Provinzgouverneure die jeweiligen Leiter der CHP-Provinzorganisationen.

Die Verschmelzung von Staat und Partei wurde zwar ab 1939 wieder aufgegeben, aber im Prinzip der Herrschaft unter Atatürk und İnönü war kein grundlegender Unterschied zu sehen. Eigentlich sah die Verfassung von 1924 eine starke Rolle des Parlaments vor; die verfassungsrechtliche Vorgabe einer Verantwortlichkeit der Regierung gegenüber dem Parlament setzte sich jedoch nicht durch. Der Staatspräsident, sowohl unter Atatürk als auch unter İnönü, besaß eine von der Verfassung niemals vorgesehene Machtfülle. Was dem Parlament an Macht verblieb, ging nahezu vollständig an die Parlamentsgruppe der CHP über. Aber selbst diese wurde in außenpolitischen Fragen nur informiert und hatte keine eigene Stimme. Zugleich war die CHP im Land nicht besonders gut verankert. Noch in der zweiten Hälfte der 1930er Jahre hatte sie keinerlei Organisationsstrukturen im Südosten der Türkei.[82]

Abhilfe gegen die fehlende Verankerung des kemalistischen Staates und der CHP in Anatolien sollten die seit Februar 1932 gegründeten «Volkshäuser» (*Halkevleri*) schaffen. Ihr Ziel war, die nationale Einheit zu befördern, die Dorf- und Stadtbewohner einander näherzubringen und die Prinzipien der CHP dem Volk zu erklären. Den Volkshäusern folgten ab Mai 1939 die anspruchsloseren «Volksräume» (*Halk Odaları*), die in ländlichen Gebieten mit geringer Bevölkerungsdichte eingerichtet wurden. Insgesamt wurden 478 Volkshäuser und 4322 Volksräume gegründet. Das ursprüngliche Ziel der Verbreitung der kemalistischen Ideale ließ sich nicht verwirklichen, da man weitgehend unter sich blieb, aber immerhin gelang es, mit den Volkshäusern eine dem Kemalismus verpflichtete Mittelklasse in den anatolischen Städten zu schaffen.[83]

Eine elementare Aufgabe übernahmen die 1940 gegründeten «Dorfinstitute» (*Köy Enstitüleri*). Die von nur jeweils einem Lehrer betreuten Dorfschulen sollten die Alphabetisierung der Landbevölkerung steigern und die schon einsetzende Abwanderung vom Dorf verhindern. In den Städten und Kleinstädten besuchten vier Fünftel der Kinder die Schule, auf dem Land dagegen nur ein Viertel, da drei Viertel der insgesamt rund vierzigtausend Dörfer gar keine Schule hatten. Zudem ging die Mehrzahl der Dorfkinder nach nur drei Schuljahren von der Schule ab und nicht nach fünf, wie es das Grundschulsystem eigentlich vorsah. Die Dorfinstitute nahmen nun Schüler, die nur die fünfjährige Grundschule abgeschlossen haben mussten, für eine Ausbildungsdauer von weiteren fünf Jahren auf. Die Absolventen der Dorfinstitute mussten im Gegenzug an einem vom Erziehungsministerium bestimmten Ort, an dem sie – neben ihrem kargen Gehalt – zu ihrem Lebensunterhalt Äcker und ein Häuschen zugewiesen bekamen, zwanzig Jahre als Lehrer arbeiten. Ursprünglich war sogar eine dreißigjährige verpflichtende Verweildauer vorgesehen gewesen. Ende der 1940er Jahre, als die Dorfinstitute rund fünfundzwanzigtausend Absolventen hervorgebracht hatten, erlahmte der Impuls. Die meist aus der Stadt kommenden Lehrer passten nicht zur dörflichen Umgebung, und die Bevölkerung empfand den ihnen aufgetragenen Bau der Dorfinstitute, also das Haus des Lehrers und das Schulgebäude, als Fron.[84]

Ein Bereich besonderer Anstrengung in staatlicher Planung und Lenkung war der Eisenbahnbau. In den 1930er Jahren floss ungefähr die Hälfte aller öffentlichen Investitionen in den Ausbau der Eisenbahnnetze und anderer Verkehrswege. Vor dem Ersten Weltkrieg hatten die Eigeninteressen der europäischen Investoren den Eisenbahnbau bestimmt: Stichbahnen, von Hafenstädten ausgehend, dienten der Erschließung eines wirtschaftlich lohnenden Hinterlandes. Das Muster des Bahnnetzes glich damit eher dem eines Koloniallandes. Die berühmte, aber vor dem Ersten Weltkrieg nicht zu Ende geführte Bagdad-Bahn war eine Ausnahme, da sie den riesigen Raum zwischen İstanbul und Bagdad überbrücken sollte, aber sie war wiederum von den strategischen Interessen Deutschlands bestimmt. Ab den 1920er Jahren wurde das Eisenbahnsystem an die nationalen strategischen und wirtschaftlichen Erfordernisse der Republik Türkei angepasst: Alle Strecken und Bahnen wurden in nationalen Besitz überführt und der Ausbau nach eigenen Interessen vorangetrieben. Bis zum Ende der 1940er Jahre gelang es, über 3000 Kilometer neue Strecken zu bauen.[85]

Der starke Ausbau des Eisenbahnnetzes half, die landwirtschaftliche Produktivität in den 1930er Jahren um 50 bis 70 Prozent zu steigern – trotz des Einbruchs der Exporte in der Weltwirtschaftskrise, von denen acht bis neun Zehntel agrarische Produkte waren und deren Preise zudem zwischen 1928/29 und 1932/33 um 60 Prozent verfielen. Die langsam wieder wachsende Bevölkerung konnte zuvor brach liegende Felder bearbeiten, und zahlreiche Eisenbahnlinien erschlossen diese neuen Produktionsflächen. Bis in die Mitte der 1950er Jahre war die Eisenbahn das wichtigste Verkehrsmittel. Als der Bau von Eisenbahnen in den 1950er Jahren zum Stillstand kam und Busse, Personenkraft- und Lastkraftwagen auf neu gebauten Straßen verkehrten, sank die Zahl der von den Eisenbahnen beförderten Personen und Frachten rasch. 1950 deckte die Eisenbahn noch 63 Prozent des Güterverkehrs, die Verkehrsstraßen nur 32,5 Prozent; 1970 wurden bereits 73,9 Prozent des Güterverkehrs über die Straße abgewickelt und nur noch 25,8 Prozent über die Eisenbahn.[86] Die jahrzehntelange Vernachlässigung der Eisenbahn führte dazu, dass sie im letzten Viertel des zwanzigsten Jahrhunderts zum armseligsten Verkehrsmittel der Türkei herabsank. Einzelne Prestigeprojekte wie die neuen Hochgeschwindigkeitszüge auf den Verbindungen İstanbul-Ankara und Ankara-Konya sind bis jetzt noch Inseln in einem ansonsten bedauernswert schlechten Bahnnetz.

Unbeschadet durch den Zweiten Weltkrieg

Seit dem Unabhängigkeitskrieg war ein Grundpfeiler türkischer Außenpolitik ein gutes Verhältnis zur Sowjetunion gewesen, was aber keineswegs bedeutete, dass man sich als Satellit des Sowjetstaates verstand oder sich ihm gar ideologisch unterordnete. Von der Position einer Nichtbindung, dem Leitbild in den ersten Jahren der Republik, gelangte die Türkei in den 1930er Jahren jedoch zur Einsicht, dass man ein Netzwerk an freundschaftlichen Beziehungen, ja sogar die Rückversicherung bei einer starken Macht brauche. Zu den Vertragswerken der 1930er Jahre gehörten der Balkan-Pakt und der Saadabad-Pakt (benannt nach einem Palast in Teheran), der die östliche Flanke der Türkei sichern sollte.

Der am 9. Februar 1934 in Athen zwischen Griechenland, dem Königreich Jugoslawien, Rumänien und der Türkei geschlossene Balkan-Pakt wandte sich gegen Bulgarien und Italien, zwei revisionistisch gesinnte Staaten, die mit den Ergebnissen der Pariser Vorortverträge nicht einverstanden waren. Italien war unter den Siegern des Ersten Weltkriegs und konnte zahlreiche Gebietsgewinne verzeichnen. Damit hätte es zum Lager der Anti-Revisionisten (wie etwa Griechenland, Rumänien und die Tschechoslowakei) gehören sollen; es war aber enttäuscht wegen seiner nicht verwirklichten Gebietsansprüche in Dalmatien. Die Türkei, als Nachfolger des nach dem Ersten Weltkrieg zerschlagenen Osmanischen Reiches, hätte sich wiederum dem revisionistischen Lager (also Staaten wie Bulgarien, Deutschland und Ungarn) zurechnen können, war aber durch die Regelungen des Vertrages von Lausanne durchaus befriedigt. In Richtung Osten sollte der Saadabad-Pakt, am 8. Juli 1937 mit Afghanistan, dem Irak und Iran geschlossen, Sicherheit schaffen. Dieser Pakt mit fünfjähriger Gültigkeit sicherte die allseitige Freundschaft und die Anerkennung der gegenwärtigen Staatsgrenzen zu, außerdem den gegenseitigen militärischen Beistand, falls eines der vier Vertragsländer von einer anderen Macht angegriffen werden sollte.[87]

1928 hatte die Türkei einen Nichtangriffspakt mit Italien geschlossen, aber die Expansionspolitik des faschistischen Italien in den 1930er Jahren erinnerte die Türkei unheilvoll an die italienische Aggression der 1910er Jahre, als man sowohl die libyschen Besitzungen als auch die Dodekanes-Inseln an Italien verloren hatte. Auf der Suche nach einer Seemacht, die die italienische Ausdehnungspolitik im östlichen Mittelmeerraum eindämmen konnte, kam es zu einer in den 1930er Jahren sich immer deutlicher zeigenden britisch-türkischen Annäherung. Die Türkei hegte zugleich Sympathien für die Revisionsansprüche Deutschlands, da man Parallelen zwischen den Verträgen von Versailles und Sèvres sah. Die anfangs vorsichtig positive Einschätzung des nationalsozialistischen Deutschland änderte sich jedoch mit der Besetzung der Tschechoslowakei im Frühjahr 1939, die in der Türkei als erster Schritt hin zu einer deutschen Expansionspolitik in Richtung Südosteuropa gesehen wurde.[88]

In die Phase des Zweiten Weltkriegs ging die Türkei mit einem kargen außenpolitischen Vorratsbestand: einer alten Arbeitsbeziehung zur Sowjetunion, einer zögerlichen Annäherung an Großbritannien und zwei Pakten (Balkan- und Saadabad-Pakt), die keinem Herbststurm standhalten konnten. Es ist daher einer der größten Erfolge der jungen Republik Türkei, dass sie bis zuletzt unbeschädigt durch den Zweiten Weltkrieg lavieren konnte. Eine von Numan Menemencioğlu (1891–1958, in den Jahren 1942–1944 Außenminister) entworfene Strategie der «aktiven Neutralität» besagte, dass man auf keinen Fall zu früh und zum eigenen Schaden in den Krieg eintreten dürfe. Eher war dies aber eine Politik einer aktiv betriebenen Nicht-Aktivität.

Als Werbung gemeinte deutsche Hinweise auf die deutsch-türkische «Waffenbrüderschaft» im Ersten Weltkrieg stießen auf taube Ohren. Die Erinnerung an den unseligen Ersten Weltkrieg war in der türkischen politischen Elite noch viel zu wach, als dass sich die Türkei als abhängiger Verbündeter erneut von Deutschland in den Krieg ziehen lassen wollte.[89] Die Strategie der Türkei während des Kriegs, sich an Großbritannien anzulehnen, ohne sich den Alliierten anzuschließen, war letztlich erfolgreich. Dabei kehrte die türkische Außenpolitik zur bereits im neunzehnten Jahrhundert eingeübten Politik absichtlicher Missverständnisse zurück: Wenn man in britisch-türkischen Unterredungen davon sprach, dass die Türkei «stark sein solle», meinte die britische Seite unter Verweis auf den britisch-türkischen Beistandsvertrag vom 10. Oktober 1939, dass die Türkei für den Kriegseintritt gerüstet sein solle, die türkische Seite dagegen, dass man über genügend Stärke verfügen solle, um vermeiden zu können, in den Krieg hineingezogen zu werden. In mehreren Situationen, wie bei der Kriegserklärung Italiens an die Alliierten am 10. Juni 1940 oder dem Angriff Italiens auf Griechenland am 28. Oktober 1940, wäre die Türkei angesichts ihrer Vertragsverpflichtungen zu einem Kriegseintritt verpflichtet gewesen. Die britische Seite nahm das türkische Zögern immer wieder hin: Eine neutrale Türkei sei besser, als ein Land an seiner Seite zu haben, das nur unwillig Krieg führe.[90]

Für den Kriegsfall war die Türkei in der Tat schlecht vorbereitet. Artillerie und Gewehre waren, wie bereits im neunzehnten Jahrhundert, unterschiedlichster Herkunft. Da Italien in den Jahren vor dem Krieg als Hauptgefahr galt, war die Küstenlinie der Ägäis befestigt und mit Batterien versehen worden; Thrakien jedoch wäre bei einem massiven Angriff von Westen her nicht zu verteidigen gewesen. Im März 1941 wurde die Verteidigungslinie im Westen von İstanbul auf Westanatolien zurückgenommen und damit die Stadt am Bosporus als nicht verteidigungsfähig potentiell dem Feind preisgegeben.[91]

Hatte man in den ersten Kriegsjahren noch eine Invasion durch die Achsenmächte Italien und Deutschland für möglich gehalten, so schob sich angesichts der für die Alliierten günstigen Entwicklung seit Ende 1942 immer mehr die Sowjetunion als Hauptgegner in den Vordergrund: Die Furcht vor einer späteren übermächtigen Sowjetunion überlagerte den noch nicht ausgefochtenen Krieg. In den ersten Jahren des Krieges setzte die Türkei auf einen möglichst frühen Friedensschluss, der ein starkes Deutschland belassen würde, denn nur ein solches, so die Überlegung, könne die sowjetische Ausdehnung in Richtung Ost- und Südosteuropa bremsen. Das Dilemma der türkischen Politik in den letzten Kriegsjahren war, dass sie die anglo-sowjetische Allianz als unnatürlich ansah und auf ihr absehbares Ende spekulierte, aber zugleich Großbritannien und seine Verbündeten während des Kriegs nicht vor den Kopf stoßen durfte.[92] In mehreren zögerlichen Schritten bewegte sich die Türkei in Richtung einer offiziellen Zugehörigkeit zum alliierten Lager: Am 21. April 1944 stellte sie die für die deutsche Rüstungsindustrie wichtigen Chrom-Lieferungen ein. Am 2. August 1944 brach die Türkei die diplomatischen Beziehungen zu Deutschland ab, erklärte aber erst am 23. Februar 1945 Deutschland den Krieg, um so die Grundbedingung für eine Aufnahme in die Vereinten Nationen zu erfüllen.[93]

Den Zweiten Weltkrieg trotz großer wirtschaftlicher Beschwernisse unversehrt überstanden zu haben, war ein bemerkenswerter politischer Erfolg der türkischen Außenpolitik. Die Türkei hatte die Lasten der Teilnahme am Krieg vermieden und erst recht nicht erdulden müssen, dass ihr Staatsgebiet zum Kriegsschauplatz wurde. Zugleich aber war ein Preis für das fehlende Engagement im Krieg zu entrichten, nämlich spätestens 1944 in eine isolierte Position geraten zu sein. Es war eine glückliche Fügung, dass seit den späten 1940er Jahren Vorbehalte gegenüber der Türkei angesichts des größeren Ganzen, nämlich der sich jetzt deutlich zeigenden Konfrontation zwischen den Vereinigten Staaten und der Sowjetunion, keine Rolle mehr spielten. Nur wenige Jahre nach Kriegsende wurde die Türkei ein fester Baustein des westlichen Sicherheitssystems.

Auf dem Weg zur Öffnung

Die nun mehr als zwei Jahrzehnte währende kemalistische Herrschaft war bei der Masse der Bevölkerung nicht beliebt, die erschöpft war von den entbehrungsreichen Kriegsjahren. Die Regierung hatte zudem die Unterstützung derer verloren, mit denen sie eigentlich verbündet war: Die bürokratische Klasse litt – bei im Wesentlichen gleichbleibenden Gehaltszahlungen – unter dem hohen Kaufkraftverlust. Selbst die Profiteure der Kriegsjahre forderten eine Abkehr von Etatismus und Staatsinterventionismus. Die Handelsbourgeoisie wollte den Status politischer Machtlosigkeit nicht länger hinnehmen; die Großgrundbesitzer waren unzufrieden mit den künstlich niedrig gehaltenen Preisen für landwirtschaftliche Erzeugnisse. Angesichts der seit Jahren schlechten Lebensbedingungen, die sich nach 1945 eben nicht rasch zum Besseren wendeten, konnte die ländliche und die städtische Bevölkerung dem bestehenden Regime nichts mehr abgewinnen. Besonders auf dem Lande, wo nach wie vor der größte Teil der Bevölkerung lebte, hatte sich keine sichtbare Verbesserung eingestellt. 1953 waren nur 0,025 Prozent der Dörfer an das Stromnetz angeschlossen. Im Jahr 1950 waren noch 68 Prozent der

Bevölkerung Analphabeten, und die Lebenserwartung lag bei durchschnittlich 38,1 Jahren.[94]

In dieser Lage schien eine politische und wirtschaftliche Öffnung höchst angebracht. Ein Parteitag der alleinherrschenden Republikanischen Volkspartei beschloss am 10. Mai 1946, dass anstelle der Institution des Ständigen Vorsitzenden der Parteichef regelmäßig gewählt und der İnönü gewährte Ehrentitel eines Nationalen Chefs in den eines Parteivorsitzenden abgeändert werden solle. Weitere Beschlüsse zur politischen Öffnung folgten: So wurde die kriegsbedingte Zwangsarbeit für Dorfbewohner in der Nähe von Minen aufgehoben; das Verbot von Zeitungen und Zeitschriften durfte nicht mehr die jeweils zuständige Verwaltung aussprechen, sondern nur noch ein Gericht. Innerhalb weniger Monate hob die Einparteienregierung viele der Restriktionen, die sie in den letzten Jahrzehnten eingeführt hatte, auf oder milderte sie zumindest.[95]

Offener Widerspruch war wieder möglich und sogar erwünscht: Vier führende Dissidenten innerhalb der Republikanischen Volkspartei, Celal Bayar (1883–1986), Fuat Köprülü (1888–1966), Refik Koraltan (1890–1974) und Adnan Menderes (1899–1961), brachten am 7. Juni 1945 in einer Eingabe an den Vorsitzenden der CHP-Fraktion, bekannt als das «Memorandum der Vier» (*Dörtlü Takrir*), ihre Anliegen vor: Sie forderten unter anderem die Wiederherstellung der Kontrolle des Parlaments über die Regierung, individuelle Rechte und Freiheiten, wie sie in der Verfassung vorgesehen waren, und die Entwicklung eines Mehrparteiensystems. Die vier Abweichler verließen in der zweiten Hälfte des Jahres 1945 die CHP beziehungsweise wurden von ihr ausgestoßen und waren unter den Gründungsvätern der «Demokratischen Partei» (*Demokrat Parti, DP*) am 7. Januar 1946, der ersten bedeutenden Partei neben der CHP in der türkischen Parteiengeschichte. Die Demokratische Partei war beileibe nicht die erste Oppositionspartei nach dem Zweiten Weltkrieg: Die durch den İstanbuler Industriellen Nuri Demirağ gegründete und am 5. September 1945 offiziell registrierte «Nationale Entwicklungspartei» (*Milli Kalkınma Partisi*) war zwar in der Folge unbedeutend, aber bereits mit ihrer Gründung wurde das Ende der «Periode der

Einparteienherrschaft» (*Tek Partili Dönem*) durch die CHP eingeläutet.[96]

Die Türkei konnte zu diesem Zeitpunkt auf eine bereits jahrzehntelange, aber zugleich sehr brüchige Parteiengeschichte zurückblicken. Der Zweiten Verfassungsperiode seit dem Jahr 1908, begleitet von der Gründung von rund einem Dutzend Parteien,[97] folgte 1913 die Monopolisierung der Macht durch das jungtürkische Komitee. In den ersten fünfundzwanzig Jahren der Republik Türkei war die Parteienlandschaft eintönig: Am 17. November 1924 gründeten ehemalige Mitstreiter und nunmehr Gegner Mustafa Kemals, unter ihnen Abdülhak Adnan (Adıvar, 1882–1955), Kâzım (Karabekir) und Rauf (Orbay) die «Fortschrittsliebende Republikanische Partei» (*Terakkiperver Cumhuriyet Fırkası*), die für eine Bewahrung der bestehenden Gesellschaft, politische Dezentralisierung und ökonomische Liberalisierung eintrat – und damit zum Teil die Agenda der rechtskonservativen Parteien in der zweiten Hälfte des zwanzigsten Jahrhunderts vorwegnahm. Den Scheich-Said-Aufstand vom Februar/März 1925 nutzte Mustafa Kemal als Vorwand, um sich der missliebigen Opposition zu entledigen. Am 3. Juni 1925 wurde die Fortschrittsliebende Republikanische Partei unter anderem wegen des angeblichen Missbrauchs der Religion für politische Zwecke verboten.

Das nächste Experiment einer Oppositionspartei wurde auf den ausdrücklichen Wunsch von Mustafa Kemal auf den Weg gebracht. Er bewegte seinen Freund Fethi (Okyar) dazu, im August 1930 die «Freie Republikanische Partei» (*Serbest Cumhuriyet Fırkası*) zu gründen. Obwohl diese Partei keine Oppositionspartei im eigentlichen Sinne war und sie keinerlei Verbindung zur Bevölkerung suchte, wurde Fethi (Okyar) bei einem Besuch in İzmir von der Bevölkerung ein solch triumphaler Empfang bereitet, dass Mustafa Kemal angesichts des Zuspruchs für diese gerade erst gegründete Partei erschrocken die Notbremse zog.[98] Fethi (Okyar) musste die Partei am 17. November 1930, also nur drei Monate nach ihrer von höchster Stelle gewünschten Gründung, wieder auflösen.

Die Parteiendemokratie nach dem Zweiten Weltkrieg begann zwar holprig, aber sie sollte Bestand haben. Bei den Parlamentswahlen vom 21. Juli 1946, die kurzfristig vorgezogen und zudem am Wahltag manipuliert wurden, um die Chancen der erst vor wenigen Monaten gegründeten Demokratischen Partei zu schmälern, konnte die DP nur bescheidene 13,1 Prozent der Stimmen gewinnen. Entscheidend ist aber, dass sich İsmet İnönü am 12. Juli 1947 in einer Stellungnahme zum Mehrparteiensystem gegen die Falken in der eigenen Partei unter Führung des Ministerpräsidenten Recep Peker stellte und die Legitimität der Oppositionsparteien ausdrücklich verteidigte.[99] Die Erklärung führte zu einem Zerwürfnis zwischen İnönü und Peker, der schließlich am 10. September 1947 von seinem Amt zurücktrat. Der Widerstand des kompromisslosen Lagers innerhalb der CHP, das sich nur einen äußerst langsamen Übergang zu einer Parteiendemokratie vorstellen konnte, war gebrochen.

Bei den Wahlen vom 14. Mai 1950 errang die Demokratische Partei 55,2 Prozent und konnte damit die Regierung übernehmen.[100] Die CHP erreichte zwar 39,6 Prozent der Stimmen, konnte aber keine einzige der Provinzen im Westen gewinnen, sondern nur im Osten erhebliche Stimmengewinne erzielen, wo das Wählerverhalten noch unter Kontrolle der örtlichen Notabeln stand. Teile des Militärs, über den hohen Wahlsieg der DP unglücklich, trugen sich anscheinend mit Putschabsichten. Man muss es İnönü als «ewiges Verdienst» anrechnen, dass er dem Kurs hin zu einem Mehrparteiensystem treu blieb und das Militär im Zaum hielt.[101]

Drittes Kapitel

Prekärer Pluralismus (1950–1980)

Bis zum Jahr 1960 verläuft die Geschichte der Republik noch in übersichtlichen Bahnen. Die 1950er Jahre sind zwar vom Widerstreit zweier Parteien, der regierenden Demokratischen Partei (*Demokrat Parti, DP*) und der oppositionellen Republikanischen Volkspartei (*Cumhuriyet Halk Partisi, CHP*) bestimmt, aber zumindest anfangs weichen beide in ihrem Verständnis der Grundlagen des kemalistischen Staates nicht weit voneinander ab. Andererseits, und dieser Seite wird hier mehr Gewicht zugemessen, ist der Aufbruch zu neuen Ufern ab den 1950er Jahren offensichtlich. İsmet İnönü und die ihn umgebende Machtelite geben zwar nicht die ganze Macht, aber immerhin doch ihre sichtbarsten Teile, nämlich die Regierung einschließlich des Staatspräsidentenamtes, freiwillig aus der Hand und überlassen sie einer anderen Partei. Als die DP nach den Wahlen von 1950 die Regierung stellt, wird die Mehrparteiendemokratie glaubhafte Wirklichkeit.

Mit dem Beitritt zur NATO im Jahr 1952 wird die Westbindung der Türkei endgültig ein bestimmendes Merkmal ihrer Außen- und Innenpolitik. Die massive Binnenmigration und Urbanisierung, die das Gesicht der Städte und den Charakter des gesamten Landes verändern wird, entfaltet zwar ihre volle Wucht erst ab den 1960er Jahren, sie setzt aber schon sehr deutlich in den 1950er Jahren ein. Der

Putsch von 1960 und die neue Verfassung von 1961 bilden zwar einen Einschnitt, aber beide ändern nichts am grundsätzlichen Bild der drei Jahrzehnte zwischen 1950 und 1980: ein im Verhältnis zu den vorangehenden Jahrzehnten beachtlicher wirtschaftlicher Aufschwung; eine vollständig neue Dynamik, aber auch Unübersichtlichkeit in Politik und Gesellschaft; eine das Land immer stärker in den Würgegriff nehmende politische Polarisierung; und schließlich ein fest zugewiesener Platz und Rang der Türkei im Machtgefüge des Kalten Kriegs.

1. Neue Erwartungen, enttäuschte Hoffnungen (1950–1960)

Warum sich die Staatsführung um İsmet İnönü für eine innenpolitische Öffnung hin zu einem Mehrparteiensystem entschied, ist nicht so eindeutig zu beantworten: Hatte – so die weniger wahrscheinliche Variante – Staatspräsident İsmet İnönü sein Ziel einer politischen Liberalisierung wegen der Bedrohungen, die der Zweite Weltkrieg mit sich brachte, zurückgestellt und konnte sich nun erst mit dem Kriegsende dieser Agenda zuwenden? Oder fand sich die Regierung zu einer Öffnung bereit, um der im Lande um sich greifenden Unzufriedenheit die Spitze zu nehmen und der von den westlichen Staaten propagierten demokratischen politischen Kultur zu entsprechen?[1] Jedenfalls schwenkte die Regierung nach Kriegsende sehr rasch auf eine Linie der innenpolitischen Öffnung ein. Die kemalistische Elite musste ohnehin – ihrem eigenen Selbstbild folgend – eine voll ausgebildete Demokratie als Ausweis westlicher Modernität verstehen. Mit der außenpolitischen Absicherung des Landes gab es nun keinen Grund beziehungsweise Vorwand mehr, dieses Vorhaben zurückzustellen. In wirtschaftlicher Hinsicht stand zudem der Wunsch im Vordergrund, mehr als zwanzig Jahre nach der Republikgründung nicht mehr nur die Vorteile eines eigenständigen Nationalstaates genießen zu können, sondern ein spürbar besseres Leben im Alltag führen zu können. Nichts stand dem mehr im Wege.

Der Ökonom Jean Fourastié hat den Begriff der *trente glorieuses* für die Zeit des Wirtschaftsbooms vom Kriegsende bis in die frühen 1970er Jahre geprägt. Während in den westeuropäischen Ländern das Bruttoinlandsprodukt in der ersten Hälfte des zwanzigsten Jahrhunderts im jährlichen Durchschnitt um 2 Prozent anstieg, lag dieser Wert im Zeitraum von 1950 bis 1973 «bei atemberaubenden fünf Prozent».[2] Die Türkei nach dem Zweiten Weltkrieg – beruhend auf ihrer Einbindung in die Institutionen der westlichen Wirtschaftsordnung wie dem bis in die 1970er Jahre bestehenden System von geordneten Wechselkursverhältnissen – nahm an dieser Entwicklung teil, allerdings ausgehend von einer sehr niedrigen Basis. Die wirtschaftlichen Einbrüche, jeweils am Ende der 1950er und 1960er Jahre, waren vor allem eigenen Fehlern geschuldet und konnten nach kurzer Zeit überwunden werden. Mit dem Ende der 1960er Jahre verlor die Türkei den Charakter eines vornehmlich agrarisch geprägten Landes; 1973 hatte die Industrie die Landwirtschaft in ihrem Beitrag zum Bruttosozialprodukt überholt. Seit den 1950er Jahren konnten die Menschen in der Türkei deutlich ein immer besseres Leben führen. Zwischen 1947 und 1990 stieg das Pro-Kopf-Einkommen um das Dreifache.[3] Dieser Aufschwung fiel der Türkei um so leichter, als die Mitgliedschaft in der NATO seit 1952 der Türkei außenpolitischen Halt und ein sicheres wirtschaftliches Umfeld bescherte.

Aufnahme in die NATO

Als Schutz vor der neuen Hegemonialmacht Sowjetunion lehnte sich die Türkei an die andere, ebenfalls durch den Zweiten Weltkrieg geschaffene Hegemonialmacht an – die Vereinigten Staaten von Amerika. Bereits während der späten Kriegsjahre hatte man Ansprüche der Sowjetunion, sobald sie die schlimmsten Herausforderungen des Kriegs überwunden hätte, befürchtet – dies bewahrheitete sich im Sommer 1944: Wjatscheslaw Molotow, Volkskommissar für Auswärtige Angelegenheiten, konfrontierte am 7. Juni 1944 den türkischen Botschafter in Moskau mit den Kosten für die Fortführung des in den frühen 1920er Jahren begründeten russisch-türkischen Einvernehmens: Erstens solle die Türkei die nordöstlichen Provinzen von Kars und Ardahan, die angeblich über eine armenisch-georgische Mehrheit verfügten (was aber nicht im Entferntesten zutraf), abgeben; zweitens sei die Einrichtung von sowjetischen Stützpunkten in den beiden Meerengen zu ermöglichen; und drittens müssten die Bestimmungen der 1936 beschlossenen Meerengenkonvention von Montreux revidiert werden und die sowjetische Marine privilegierte Durchfahrtsrechte erhalten.[4]

Möglicherweise hätte Staatspräsident İnönü ohne die sowjetischen Drohungen und Forderungen die Linie einer neutralen Außenpolitik fortzuführen versucht, aber zur sicherheitspolitisch getriebenen Annäherung an den Westen gesellten sich wirtschafts- und innenpolitische Gründe, unter anderem der Wunsch, mit Hilfe der von den USA gewährten wirtschaftlichen Hilfen die Opposition im eigenen Land befrieden zu können.[5] Es war ein glücklicher Umstand für die Türkei, dass sich ihre Suche nach einem neuen Ankerbündnis mit der Entscheidung der USA traf, sich nicht – wie ursprünglich geplant – aus Europa zurückzuziehen. Bereits im August 1946 hatte der damalige US-Präsident Harry S. Truman (im Amt 1945–1953) den Entschluss gefasst, gegen jede mögliche sowjetische Forderung nach Kontrolle über Griechenland und die Türkei mit allen Mitteln vorzugehen – das war die Grundlage für die am 12. März 1947 verkündete Truman-Doktrin mit ihrer Politik der Eindämmung der Sowjetunion. Als Großbritannien erklärte, nicht mehr dazu imstande zu sein, Griechenland und die Türkei zu stützen, weiteten die USA zudem ihre wirtschaftliche Hilfestellung 1948 auf diese beiden Länder aus.

Anträge der Türkei auf eine Aufnahme in die 1949 gegründete NATO wurden anfangs abgelehnt. Die offizielle Begründung lautete, dass die geographische Lage der Türkei mit der Konzeption eines Atlantikpaktes nicht vereinbar sei. Der hauptsächliche Grund war aber wohl, dass Großbritannien die Türkei in ein – noch zu schaffendes – nahöstliches Bündnissystem unter britischer Führung integrieren wollte, um damit im Rahmen gemeinsamer Bündnisverpflichtungen die strittige Frage der Stationierung britischer Truppen entlang des Suezkanals zu entschärfen.[6]

Neben dem Beweis von Bündnisbereitschaft und militärischer Einsatzfähigkeit, den die Türkei mit der Entsendung von rund dreiundzwanzigtausend Soldaten in den Koreakrieg (1950–1953) erbrachte,[7] waren es vor allem geänderte geopolitische Einschätzungen, die zur

Aufnahme der Türkei in die NATO führten: Deren Strategen sahen, dass eine breitere Aufstellung des Bündnisses notwendig war, und verstanden nun die weit vorgeschobene Lage der Türkei im Südosten Europas als einen deutlichen Vorteil. Gemeinsam mit Griechenland wurde die Türkei am 18. Februar 1952 Mitglied der Nato. Über die folgenden Jahrzehnte hinweg verstand sich die Republik als antisowjetischer und antikommunistischer Schutzwall.[8] Die Türkei war – abgesehen von einem norwegisch-russischen Grenzstreifen im äußersten Norden Europas – der einzige NATO-Staat, der unmittelbar an die Sowjetunion grenzte. Von der armenischen Ruinenstadt Ani, einer der wichtigsten Sehenswürdigkeiten in der Türkei, konnte man auf der anderen Seite des tief eingeschnittenen Tals des kleinen Flusses Arpaçay die sowjetischen Wachtposten sehen.

Zwar musste sich die Türkei seit den 1990er Jahren, angesichts des Zerfalls der Sowjetunion, nicht mehr unmittelbar von Russland bedroht fühlen, aber bis in die 2000er Jahre hinein blieb die NATO-Mitgliedschaft der tragende Pfeiler der türkischen Sicherheitsdoktrin und Außenpolitik. Das aus den besonderen Nöten des Krieges von 1919–1922 hervorgegangene Bündnis mit Moskau war immer realpolitisch gedacht gewesen und führte zu keiner ideologischen Annäherung. Im Gegensatz dazu war das Verhältnis zu den USA seit den späten 1940er Jahren nicht nur von einer sehr engen militärischen Zusammenarbeit geprägt, sondern die westliche Hegemonialmacht wurde zum kulturellen und politischen Leitstern für die Türkei – zumindest für ihre kemalistischen Eliten.

Bewährung im Mehrparteiensystem

Mit dem Abschied von der Einparteienherrschaft und dem Sieg der Demokratischen Partei bei den Parlamentswahlen von 1950 begann eine neue Ära. In weltanschaulicher Hinsicht waren die Trennungslinien zwischen der DP und der Republikanischen Volkspartei CHP gar nicht so groß. Beide waren nationalistisch orientiert, und die DP trug den säkularen Habitus des Kemalismus mit. So war der 1950 –

nach Atatürk und İnönü – zum dritten Staatspräsidenten gewählte und bis 1960 amtierende DP-Politiker Celal Bayar ein glühender Verehrer Atatürks.[9] Im Laufe der 1950er Jahren aber vertieften sich, den Erfahrungen gegenseitiger Kränkungen und Herabsetzungen geschuldet, die Differenzen immer mehr.[10] Das Ineinanderwirken von ideologischen Gegensätzen und einer sich verselbständigenden Feindrhetorik führten zum zunehmenden Krisencharakter des türkischen politischen Systems.

Entschlossen zeigte sich die neue, von der Demokratischen Partei gestellte Regierung in der Wirtschaftspolitik: Land- und Privatwirtschaft sollten, so das Vorhaben, mehr Förderung als bisher erfahren. Das Ansehen der DP in den frühen 1950er Jahren beruhte auf den Erfolgen ihrer Wirtschaftspolitik, bei denen sie sich allerdings auf bereits zuvor eingeleitete Reformen stützen konnte. Die politische Liberalisierung in den späten 1940er Jahren war nämlich bereits mit einer Neuausrichtung in der Wirtschaftspolitik einhergegangen: 1947 entschied sich die Regierung, den Fünf-Jahres-Plan beiseitezustellen und sich mehr auf die Initiative des privaten Kapitals und die Entwicklung der Landwirtschaft zu stützen. In den Jahren 1947–1953 verdoppelte sich die Agrarproduktion, vor allem dank der Ausweitung der landwirtschaftlichen Flächen, um 55 Prozent. Das 1946 erlassene Landverteilungsgesetz bot zwar die Handhabe zur staatlichen Zwangsaufteilung von Großgrundbesitzungen, in stadtnahen Gebieten sogar von kleineren Gütern; aber letztlich wurde nur staatseigenes Land verteilt und bisher gemeinschaftlich genutzte Weiden an Bauern mit wenig Landbesitz vergeben. Die DP setzte zudem die Mittel des seit 1947 für die Türkei greifenden Marshall-Plans ein, um Zehntausende von Traktoren zu importieren. Da noch drei Viertel der Bevölkerung in der Landwirtschaft beschäftigt waren, bedeutete der dadurch erreichte Ausbau der Produktion einen sichtbaren wirtschaftlichen Aufschwung für die gesamte Bevölkerung.[11]

Die zu Beginn in scheinbar selbstverständlicher Weise erfolgreiche Wirtschaftspolitik kam bereits 1953 ins Stocken. Zu einer Folge von schlechten Sommern und Missernten gesellten sich tiefer liegende

Gründe: Der von 1950 bis 1960 amtierende Ministerpräsident Adnan Menderes scheint eine tiefe Abneigung gegenüber jeder Art von Wirtschaftsplanung gehabt zu haben. Das Ziel, das in den ersten Jahrzehnten der Republik aufgebaute staatliche Wirtschaftsimperium in private Hände zu überführen, verwirklichte die DP-Regierung kaum. Die Eingriffe in die Wirtschaft waren meist kurzatmig: In der Landwirtschaftspolitik verlegte sich die Regierung darauf, Kredite zu gewähren und künstlich die Preise hochzuhalten. Staatsunternehmen mussten ihre Waren weit unter Wert verkaufen. Neue staatliche Fabriken produzierten am Markt vorbei. So hatte zum Beispiel die Zuckerproduktion 1960 einen Überschuss von 54 Prozent über dem Marktbedarf erreicht. Schlechtes Management und politisch motivierte Eingriffe prägten die Staatsunternehmen. Diese zugleich zu ambitionierte und zu sehr auf kurzfristigen Erfolg zielende Politik, die Abneigung gegenüber nachhaltiger Planung sowie politisch ausgerichtete Investitionsentscheidungen führten zu Defiziten und steigenden Staatsschulden. Zugleich war die Politik nicht fähig, ungerechten Entwicklungen zu begegnen: 1955 zahlten Arbeitnehmer, die über 29 Prozent des besteuerbaren Einkommens verfügten, 40 Prozent der Steuern, während die Großgrundbesitzer, die über 24 Prozent des besteuerbaren Einkommens verfügten, nur 2 Prozent zur Steuerlast beitragen mussten.[12] Weitaus gefährlicher aber sollte für die DP-geführte Regierung werden, dass die Beamten und Berufsoffiziere in den 1950er Jahren einen wirtschaftlichen Abstieg hinnehmen mussten.

Die Demokratische Partei setzte sich in den 1950er Jahren zunehmend von der CHP und ihren ideologischen Lieblingsprojekten ab – um Popularität zu gewinnen, aber auch aus Überzeugung. Die DP-Regierung erließ 1951 ein «Gesetz zum Schutz von (das heißt: des Andenkens an) Atatürk» (*Atatürk Koruma Kanunu*), das jede Form der Herabwürdigung des Staatsgründers unter Strafe stellte. Gleichzeitig wurden aber die Volkshäuser und Dorfinstitute als Instrumente kemalistischen Werbens 1951 beziehungsweise 1954 geschlossen. Die DP-Regierung trat zudem mit dem Anspruch auf, die seit den 1920er Jahren gepflegte harte Haltung gegenüber islamischen

Symbolen und Einrichtungen aufzugeben: Bereits im Juni 1950 wurde das Verbot des Gebetsrufs in arabischer Sprache aus dem Jahr 1936 aufgehoben (übrigens auch mit den Stimmen der CHP-Abgeordneten, die sich nicht offen gegen die eigene Bevölkerung stellen wollten); im folgenden Monat wurden religiöse Sendungen und die Koranrezitation im Radio gestattet. 1952 hob das Parlament die 1945 beschlossene sprachbereinigte (*Öz Türkçe*) Version der Verfassung auf und beschloss die Rückkehr zum ursprünglichen Verfassungstext von 1924.[13] Auf die scharfe Kritik, die die oppositionelle CHP immer wieder an der Regierung übte, antwortete die DP zunehmend mit einer religiös getönten Argumentation und versuchte die CHP als eine von Kommunisten unterwanderte Partei von «Ungläubigen» und «Kreuzfahrern» (*ehlisalip*) zu diskreditieren.[14]

Neu an der Demokratischen Partei war ihre Volkstümlichkeit. Ihre Politiker, allen voran Staatspräsident Celal Bayar und Ministerpräsident Adnan Menderes, wollten und konnten bei ihren Auftritten die Menschen für sich einnehmen. Die DP erwies sich damit «als das erste Beispiel einer populistischen Regierung in der Türkei des zwanzigsten Jahrhunderts».[15] Sie betonte ohne Unterlass, dass sie den «nationalen Willen» (*milli irade*) vertrete und die Opposition, wollte sie konstruktiv sein, die von ihr vorangetriebene Umformung des Landes mittragen müsste.[16] Die DP-Regierung sah sich darüber hinaus durch ihre 1954 und 1957 wiederholten Wahlerfolge zu ihrer Vorstellung von Politik nachhaltig legitimiert. Die türkische Wahlgesetzgebung hat immer die jeweils stärkste Partei begünstigt: Mit einem Anteil von deutlich mehr als 40 Prozent der Stimmen sind Parteien in der Regel nicht auf einen Koalitionspartner angewiesen. 1950 erhielt die DP mit 55,2 Prozent in der türkischen Nationalversammlung 416 von 487 Sitzen. 1954 erzielte die DP mit 58,4 Prozent (und mit 503 von 541 Parlamentssitzen) das höchste jemals von einer Partei in der Republikgeschichte erreichte Wahlergebnis, fiel in den Wahlen von 1957 aber wieder auf 48,6 Prozent, ohne dass dies aber ihren Status als allein regierende Partei (mit 424 von 610 Parlamentssitzen) gefährdet hätte. Die Wahlergebnisse und vor allem die Mehrheitsverhältnisse im Parlament führten im Laufe der 1950er

Jahre zu einem «Mehrheitssyndrom» der DP: Angesichts ihrer Übermacht im Parlament und des darin zum Ausdruck kommenden entschiedenen Volkswillens erschien der DP zunehmend jede Art von Opposition als gezielte Behinderung ihrer Politik.

Zugleich neigte die DP-Regierung dazu, das internationale Umfeld falsch zu deuten: Die Regierung erhielt im Sommer 1958 ein Stabilisierungspaket in Höhe von 359 Millionen US-Dollar, dessen größter Teil von den Vereinigten Staaten beigesteuert wurde. Es war dazu gedacht, die türkische Wirtschaftspolitik neu auszurichten: Aber Ministerpräsident Menderes sah sich dadurch fälschlicherweise in seiner Vermutung bestätigt, dass die hohe strategische Bedeutung der Türkei für den Westen immerwährende ausländische Unterstützung garantiere.[17]

Die Gründe für die im Laufe der 1950er Jahre immer stärker sichtbar werdende Entfremdung zwischen der DP-Regierung und der kemalistischen Elite in der hohen Bürokratie, der Justiz, in den Universitäten und im Militär sind vielfältig: die Wirtschaftspolitik der DP, die in ihrer Kurzatmigkeit zu einer zunehmenden Bedrängnis des Staates führte; die stagnierenden Gehälter für Beamte und Offiziere; das von der DP zunehmend gepflegte Mehrheitssyndrom; eine in der zweiten Hälfte der 1950er Jahre immer deutlicher vorgetragene anti-kemalistische Rhetorik. Die Opposition trug ihren Teil dazu bei, indem sie die Unzulänglichkeiten der Regierung ins Grundsätzliche wendete. In den späten 1950er Jahren war das politische Klima von zahlreichen Demonstrationen und zunehmender Erbitterung gekennzeichnet. Im Vergleich zur Lage in den 1960er oder gar 1970er Jahren war zwar die Stabilität des Staates und der Gesellschaft keineswegs bedroht – dennoch unternahm im Mai 1960 eine Gruppe von Offizieren einen Putsch gegen die bestehende Regierung.

Der Putsch von 1960

Der Putsch vom 27. Mai 1960 verlief nach Plan und traf auf keinen Widerstand. Innerhalb von vier Stunden wurden am frühen Morgen die strategischen Punkte in Ankara und im gesamten Land besetzt; der Präsident, der Ministerpräsident, das gesamte Kabinett und alle Parlamentsabgeordneten wurden festgenommen. Sich für die stille Unterstützung des Putsches zu entscheiden, fiel den türkischen Eliten nicht schwer, da sie ohnehin keine Sympathien für die Demokratische Partei hegten. Die Politik und vor allem die Polemiken der Demokratischen Partei waren zu verstörend gewesen, und die Ziele des Militärs waren durchaus hehrer Natur. In ihrer frühmorgens im Radio verlesenen Verlautbarung verkündete die Junta, dass sie die Macht übernommen habe, «um die Parteien aus der unheilbaren Lage, in die sie geraten sind, zu befreien», und dass der Putsch «gegen keine Person oder Klasse gerichtet» sei.[18]

Das leichte Gelingen täuschte darüber hinweg, dass der Putsch nicht gut vorbereitet war und die Hierarchien des Militärs durchbrach. Der Kreis der Mitwisser vor dem Putsch war zudem so groß, dass es verwundert, warum die Regierung nicht frühzeitig davon erfuhr. General Cemal Gürsel (1895–1966), Kommandeur der Landstreitkräfte, den die Putschisten zu ihrem geheimen Anführer erhoben hatten, war wenige Wochen vor dem Putsch überraschend in den Ruhestand versetzt worden und konnte daher nicht aktiv zum Gelingen des Putsches beitragen. Zudem kannte Gürsel die meisten der beteiligten Offiziere nicht. Den politisch unerfahrenen Offizieren gelang es erst einige Wochen nach dem Putsch, eine Liste mit achtunddreißig Offizieren vorzulegen, die ein «Komitee der Nationalen Einheit» (*Milli Birlik Komitesi*) unter dem Vorsitz von General Gürsel bildeten. Zudem herrschte unter den Putschisten Uneinigkeit, was nach der Intervention zu geschehen habe. Einer der führenden Offiziere des Putsches, Alparslan Türkeş, der am frühen Morgen des 27. Mai 1960 die erste Mitteilung der Junta im Radio verlesen hatte, plädierte für eine langanhaltende Militärherrschaft in Form einer

Modernisierungsdiktatur. Die Gemäßigten, die für eine zügige Rückgabe der Macht eintraten, konnten sich – trotz anderer Unstimmigkeiten untereinander – durchsetzen. Am 13. November 1960 wurden vierzehn «Falken» aus dem Komitee, unter ihnen Türkeş, ausgeschlossen.[19] Im August 1960 wurden zudem über fünftausend Offiziere und nahezu alle Admiräle und Generäle zwangsweise in den Ruhestand versetzt. Die Maßnahme beendete die Kopflastigkeit der türkischen militärischen Hierarchie und wurde von den anderen NATO-Ländern – als ein Schritt hin zur Anpassung an die Standards des Bündnisses – unterstützt.[20]

Erste Anzeichen für eine Politisierung der Armee, mit der Ausbildung unterschiedlicher Fraktionen, waren mit der politischen Liberalisierung in den späten 1940er Jahren sichtbar geworden. Wir hatten ja bereits gesehen, dass es nach dem Wahlsieg der Demokratischen Partei im Jahr 1950 erste Interventionspläne der Armee gegeben haben soll. Die Putschgedanken innerhalb des Militärs waren eine Folge der bereits geschilderten innenpolitischen Entwicklungen und der wirtschaftlichen Misere der Beamten und Offiziere. Türkische Offiziere sahen bei Schulungen im Rahmen ihrer NATO-Mitgliedschaft im Ausland, vor allem in den Vereinigten Staaten, wie sehr die Türkei im Rückstand war, und kehrten frustriert nach Hause zurück. Als 1957 eine Verschwörung von neun Offizieren ans Licht kam, wollte Staatspräsident Bayar eine gründliche Untersuchung anstrengen, aber Menderes schreckte davor zurück – bedingt wohl durch seine grundsätzliche Unsicherheit, wie sich die kemalistisch dominierten Staatsorgane dazu verhalten würden. Ein unmittelbarer Anlass für den Putsch im Mai 1960 mag gewesen sein, dass nur wenige Wochen vorher, am 18. April 1960, die DP-Mehrheit im Parlament beschloss, die Aktivitäten der CHP-Opposition zu untersuchen. CHP und Militär mussten befürchten, dass bei den Nachforschungen womöglich ihre engen Beziehungen aufgedeckt würden.[21]

In den ersten drei Jahren nach dem Putsch vom 27. Mai 1960 wankte die Hierarchie des türkischen Militärs in gefährlicher Weise: Zwei interne Putschversuche durch jüngere Offiziere, am 22. Februar 1962 und am 20./21. Mai 1963, konnten abgewehrt werden.

Die Aufnahme aus dem Jahr 1960 oder 1961 zeigt General Cemal Gürsel, die Galionsfigur der Putschisten vom 27. Mai 1960, umringt von Mitgliedern des Komitees für Nationale Einheit, der Militärjunta der Jahre 1960–1961. Man beachte den deutlichen Altersunterschied zwischen den Offizieren und dem 1895 geborenen Gürsel.

Die Nachwehen des Putsches von 1960 zeigen, dass die Türkei nicht davor gefeit war, den Weg arabischer Staaten wie Syrien oder Irak zu gehen, die in den 1950er und 1960er Jahren von einer raschen Abfolge von Putschen geplagt wurden. Die Anliegen des Militärs in der Türkei und in den arabischen Staaten waren nämlich dieselben: als Fackelträger des Fortschritts und der Modernisierung das Land nach vorne zwingen zu müssen und zu dürfen.[22]

Am 14. Oktober 1960 wurden gegen fünfhundertneunzig Angeklagte Gerichtsverfahren eröffnet, unter ihnen Präsident Celal Bayar, Ministerpräsident Adnan Menderes, Parlamentspräsident Refik Koraltan, das gesamte Kabinett und, bis auf eine einzige Ausnahme, alle Parlamentsabgeordnete der Demokratischen Partei. Der Kernpunkt der politischen Anklage berief sich auf Artikel 146 des türkischen Strafgesetzbuches von 1926, dass gewaltsame Versuche, die Verfassung zu verändern, mit der Todesstrafe zu ahnden seien. Um sicherzugehen, wurden möglichst viele zusätzliche Anklagepunkte herbeigezogen. Manche von ihnen grenzten wegen ihrer Geringfügigkeit ans Lächerliche: Bayar und der frühere Landwirtschaftsminister wurden unter anderem deswegen verurteilt, weil sie einen Zoo dazu angehalten hatten, einen Hund zu kaufen, den Bayar in seiner Eigenschaft als Staatspräsident vom Schah von Afghanistan geschenkt bekommen hatte.

Auf der zu Gefängnis und Gerichtsort umfunktionierten Insel Yassıada (im Marmara-Meer vor İstanbul liegend) tagte ein eigens einberufener «Oberster Justizrat» (*Yüksek Adalet Divanı*), der am 15. September 1961 seine Urteile verkündete. Einstimmig zum Tode verurteilt wurden Bayar, Menderes, Außenminister Fatin Rüştü Zorlu (1910–1961) und Finanzminister Hasan Polatkan (1915–1961); im Falle elf weiterer Todesurteile reichte es nur zu einem Mehrheitsbeschluss. Das Komitee für Nationale Einheit, dem nach der vorläufigen konstitutionellen Ordnung das Recht zustand, über Todesstrafen zu befinden, hatte bereits vorher beschlossen, nur die einstimmig gefällten Todesurteile vollstrecken zu lassen. Zorlu und Polatkan wurden am 16. September 1961 hingerichtet, Menderes einen Tag später. Bayars Todesurteil wurde auf Grund seines Alters (er war damals bereits siebenundsiebzig Jahre alt) in eine lebenslange Gefängnisstrafe umgewandelt.

Im Rückblick ist es klar, dass das Militärregime mit der Bestätigung der Todesstrafen einen großen Fehler machte.[23] Nicht nur war es eine verhängnisvolle Entscheidung, drei führende Politiker der DP-Regierung zu Märtyrern gemacht zu haben; das türkische Militär hatte sich außerdem auf die abschüssige Bahn begeben: Einen Tag nach dem Putsch äußerte der US-amerikanische Botschafter in einem Telegramm an sein Außenministerium die Sorge, dass «das Militär die Büchse der Pandora geöffnet hat. Ich habe das Gefühl, dass es dem Militär in Zukunft außerordentlich schwerfallen wird, sich nicht in jede tiefergehende politische Auseinandersetzung, die die Menschen in der Türkei betrifft, hineinziehen zu lassen.»[24] Der Botschafter sollte Recht behalten.

2. Die neue Unübersichtlichkeit

Bis zum Jahr 1960 ist die Entwicklungslinie der Türkei klar: Nach der Flucht der führenden Kräfte des jungtürkischen Komitees im November 1918 schiebt sich mit dem Unabhängigkeitskrieg eine aus der jungtürkischen Bewegung hervorgegangene, aber dennoch neue Gruppe an die Spitze. Diese jungtürkisch gesinnte Elite hält bis 1950 direkt die Macht in Händen, erst unter der Führung Mustafa Kemal Atatürks bis 1938 und anschließend unter der seines Nachfolgers İsmet İnönü. In den 1950er Jahren ist zwar die kemalistisch gesinnte Republikanische Volkspartei in der Opposition und die Demokratische Partei an der Regierung. Mit dem Putsch von 1960 wird aber die alte Ordnung wiederhergestellt; die Macht des kemalistischen bürokratisch-intellektuell-judikativ-militärischen Komplexes ist ungebrochen.

Nehmen wir an, die Türkei wäre am 28. Mai 1960, einen Tag nach dem Putsch, plötzlich vom Erdboden verschluckt worden – dann könnte eine solche Deutung Bestand haben. In den 1960er Jahren jedoch zeigt sich allmählich ein Bild, das vielschichtiger und verwirrender ist: Die Türkei pluralisiert sich und wird damit unübersichtlicher. Binnenmigration und Urbanisierung entfalten ihre volle Wucht; die Parteien fächern sich auf; ideologische Lagerbildung und ein komplizierter werdendes außenpolitisches Umfeld beeinflussen sich gegenseitig und machen politische Führung und Aushandlung zunehmend schwieriger. In den 1970er Jahren verschärft sich die Lage: Die staatlich gesteuerte Importsubstitutionspolitik gerät in die Sackgasse; die ideologische Lagerbildung geht über in eine gewaltsame politische Polarisierung bis hin zu Formen des Bürgerkriegs; das parlamentarische System bricht unter diesen Belastungen nahezu zusammen.

Gececondus und Gastarbeiter: Landflucht und Arbeitsmigration

Die bereits in den späten 1940er Jahren einsetzende Migration vom Land in die Stadt und die damit einhergehende Urbanisierung haben die Türkei nachhaltig geprägt. 1950 lebten noch drei Viertel der Bevölkerung auf dem Land; im Jahr 2005 war es nur noch ein Drittel. In den Jahrzehnten nach dem Zweiten Weltkrieg wird die Türkei zu einem Land, in dem die Menschen millionenfach die Erfahrung der Ferne von der eigenen ländlichen Heimat und der Fremdheit in einer neuen städtischen Umgebung machen. *Gurbetçilik,* «sich im fremden Land befinden», stand ursprünglich nur für Formen von saisonaler Migration; nun ging es zunehmend um die endgültige Übersiedlung in die Großstädte Westanatoliens und schließlich auch Westeuropas.

Die Lebensbedingungen auf dem Land in Anatolien waren schwer. Mit der in den Dörfern verfügbaren landwirtschaftlichen Technik konnten die agrarischen Flächen nicht mehr ausgeweitet werden. Trotz der geringen Bevölkerungsdichte Anatoliens bedeutete dies Überbevölkerung und – bedingt durch die Regelungen des Erbrechts – eine Zersplitterung der zu bearbeitenden Fläche in übermäßig kleine Parzellen. Die Mechanisierung der Landwirtschaft machte die landwirtschaftliche Produktion effizienter, untergrub aber zugleich die Lebensgrundlagen von über einer Million kleinerer Bauern, die mit den neuen Entwicklungen nicht mithalten konnten; sie wurden durch die über dreißigtausend Traktoren, die zwischen 1946 und Ende der 1950er Jahre eingeführt wurden, aus ihrem Berufsstand verdrängt.

Den abschreckenden Lebensbedingungen auf dem Land stand die Anziehungskraft der Stadt gegenüber: In den frühen 1970er Jahren war der Lohn eines Gelegenheitsarbeiters in der Stadt doppelt so hoch wie das Durchschnittseinkommen ländlicher Familien.[25] Migranten vom Land waren schwere körperliche Arbeit gewohnt und zumindest anfangs dazu bereit, Arbeiten mit geringem Ansehen und

Einkommen anzunehmen. Somit waren sie vor allem in kleineren und informellen Unternehmen, für die unqualifizierte Arbeiter ausreichten (wie im Bau oder im einfachen verarbeitenden Gewerbe) hochwillkommen.

Die neu in die Städte ziehende Bevölkerung fand ihr neues Zuhause zumeist in einem sogenannten *Gecekondu*, wörtlich «über Nacht hingestellte» Behausung. *Gecekondus* (türkisch *Gecekondular*) sind Wohnungsbauten aller Art, die ohne Rücksicht auf Grundbesitzverhältnisse und Bauregulierungen errichtet werden. Von den 1950er Jahren an bestimmten die *Gecekondus* das Erscheinungsbild der türkischen Großstädte. Anfang der 1960er Jahre lebten 59,22 Prozent der Bevölkerung in Ankara in solchen Bauten, 45 Prozent in İstanbul, 44,95 Prozent in Adana und 33,42 Prozent in İzmir.[26]

Gecekondus sind nicht Slums (die es in der Türkei eher in den verfallenden Altstädten gab), sondern eine Form von Landbesetzertum. Die Besiedlung geschah zielgerichtet: *Gecekondu*-Bewohner waren aufstiegsorientiert und zeigten einen hohen Beschäftigungsgrad – sie waren ja auf der Suche nach Arbeit in die Städte gekommen. Man sollte daher die *Gecekondu*-Bewohner und die im Dorf Zurückgelassenen nicht als Opfer der tiefgreifenden sozialen und wirtschaftlichen Umwälzungen in der Türkei nach dem Zweiten Weltkrieg betrachten: Migranten hatten oft Besitz in ihren Herkunftsdörfern und kamen mit Eigenkapital in die Städte.[27] Zudem konnten sie sich auf eigene Solidaritätsnetzwerke verlassen, wie etwa die von der Herkunft aus derselben Region (*hemşehrilik*) abgeleitete Pflicht zur gegenseitigen Hilfestellung. In den Dörfern mit starker Abwanderung konnte die verbleibende Bevölkerung dank der ins Dorf strömenden Überweisungen der Migranten und dank der frei gewordenen Flächen in landwirtschaftliche Tätigkeit investieren und neue Produkte entwickeln.[28]

Die Landnahme der *Gecekondu*-Bewohner muss zudem als eine Art Investition betrachtet werden, da mit einer in aller Regel zu erwartenden Legalisierung das besetzte Land als privater Besitz veräußert werden konnte, verbunden zudem mit der sicheren Erwartung steigender Immobilienpreise. Das *Gecekondu*-Gesetz von 1966

Eine *Gecekondu*-Siedlung in Ankara im Jahr 2004. Seit den 1960er Jahren lebte in Metropolen wie Ankara, İstanbul und İzmir mehr als die Hälfte der Bevölkerung in *Gecekondus*. Trotz des ärmlichen Aussehens und einer oft jahrzehntelang fehlenden städtischen Infrastruktur erzählen die *Gecekondus* die Geschichte eines Aufstiegs.

etablierte zwei Kategorien: diejenigen, die verbessert werden könnten, und diejenigen, die abgerissen werden sollten. Mit der Zuweisung des ersten Status waren die *Gecekondus* gesichert, auch wenn der Anschluss an die städtische Infrastruktur, wie Wasser, Elektrizität und öffentlicher Nahverkehr, noch Jahre auf sich warten lassen konnte. *Gecekondu*-Bewohner sprachen daher anfangs auf politische Agitation wenig an, vielmehr wollten sie ihre unmittelbaren Interessen durchsetzen, nämlich das von ihnen bewohnte Grundstück durch den Eintrag ins Grundbuch (*tapu*) legalisieren.[29]

In ihrer großen Mehrheit fanden die *Gecekondu*-Bewohner nachträglich ihre Entscheidung, vom Dorf in die Stadt gegangen zu sein, richtig. Vor allem Frauen erinnerten sich an das beschwerliche Leben im Dorf, weil sie zum einen für den Hauptteil der Arbeit auf dem Feld und die gesamte Haushaltsführung verantwortlich gewesen waren und weil zum anderen für sie das Leben im *Gecekondu* mit einem geringeren sozialen Druck als im Dorf verbunden war. Die *Gecekondu*-Bewohner waren grundsätzlich sehr optimistisch eingestellt und glaubten daran, dass ihre Kinder weiterkommen würden, als es ihnen selbst unter den gegebenen Umständen möglich gewesen war. Eine Rückkehr ins Dorf konnten sie sich nur im äußersten Notfall vorstellen.[30]

Gänzlich anders war die Wahrnehmung der bereits länger in den Städten lebenden Mittel- und Oberschichten: Diese gingen ursprünglich davon aus, dass man die anfänglichen Probleme der Binnenmigration wie die Umwälzung des Stadtbildes durch eine ländlich geprägte Bevölkerung und die wuchernden *Gecekondu*-Siedlungen ertragen müsse, dass sich aber die Zuzügler an das Leben in der Stadt anpassen würden. Als diese dann jedoch ihre eigenen Formen des Umgangs mit der Großstadt entwickelten, wurde solches «Versagen» ihrer kulturellen Unterentwicklung zugeschrieben. Die Kluft zwischen den längst in der Stadt Etablierten und den neu Hinzugekommenen, unterfüttert von einer versteiften Verständnislosigkeit auf beiden Seiten, prägte die politische Landschaft der kommenden Jahrzehnte nachhaltig.

Die Arbeitsmigration nach Europa lässt sich als eine Variante der gerade geschilderten Binnenwanderung betrachten. In beiden Fällen ging es darum, sich in der Großstadt neue Lebenschancen aufzubauen. Die Erwartungen an die westeuropäischen Industriezentren waren dieselben wie an die Großstädte der westlichen Türkei. Die Chancen auf ein, im Vergleich zu den bisherigen Verhältnissen auf dem Land, hohes Einkommen waren allerdings in Westeuropa noch größer – und der Verlust der gewohnten Lebenswelten noch traumatischer.

Als Ende der 1950er Jahre angesichts der anhaltenden Hochkonjunktur einheimische Arbeitskräfte rar wurden, begannen die westeuropäischen Industriestaaten, Arbeitnehmer aus Mittelmeerländern wie Italien, Jugoslawien, Portugal, Spanien und der Türkei anzuwerben. Für die Bundesrepublik Deutschland trat der besondere Umstand hinzu, dass mit dem Bau der Berliner Mauer ab August 1961 das bisher ständig neu zufließende Arbeitskräfteangebot aus der Deutschen Demokratischen Republik wegfiel. Die Anwerbungen waren ursprünglich dazu gedacht gewesen, einen vorübergehend hohen Bedarf abzufedern. Weil aber die Migranten Arbeiten übernahmen, die die Einheimischen nicht mehr leisten wollten, erschienen sie rasch als unverzichtbar. Eine Rechtfertigung für die oft nur notdürftige Unterbringung und wenig freundliche Aufnahme der «Gastarbeiter» war, dass diese sich ja weiter qualifizieren und die neuen Fertigkeiten in ihre Heimat mit zurücknehmen könnten. Tatsächlich waren die Arbeitsmigranten bei ihrer Rückkehr, falls sie überhaupt zurückgingen, weder in der Lage, neue Fertigkeiten zu vermitteln, noch wollten sie ihr mühsam gespartes Kapital für unsichere Investitionen in ihrem Heimatland einsetzen.[31]

Im Jahr 1961 gab es in der Bundesrepublik Deutschland 6 700 Türken, die ein Hundertstel aller Ausländer stellten. 1987 lebten in der BRD bereits 1 453 700 türkische Staatsbürger, das waren 34,3 Prozent aller Ausländer.[32] Von da an wuchs zwar die türkeistämmige Bevölkerung in Deutschland beharrlich, aber zugleich begann ihr Anteil an der gesamten ausländischen Bevölkerung zu sinken. 2018 stellten Menschen aus der Türkei nach wie vor die größte einzelne Migrationsgruppe, aber ihr Anteil lag nur noch bei 13,3 Prozent.[33]

Die Arbeitsmigration von Türkinnen und Türken in die BRD erreichte in den Jahren 1968–1973 ihren Höhepunkt, um mit dem Anwerbestopp von 1973 ein jähes Ende zu finden. Auffallend hoch war der Anteil von Frauen unter den Arbeitsmigranten. Im Jahr 1975 waren in der Türkei nur 11,6 Prozent der Frauen erwerbstätig – außer in der Landwirtschaft, wo ihr Anteil sehr viel höher war. Dagegen stellten die Frauen 1974 bereits 25,9 Prozent der Arbeitsmigranten.[34]

Schon Mitte der 1970er Jahre versuchte die deutsche Regierung, die ausländischen Arbeitnehmer zu einer Rückkehr in ihre Heimat-

Türkischer Umzug mit Trommel (*davul*) und Kegeloboe (*zurna*) in der Oranienstraße in Berlin-Kreuzberg im Juli 1976. Die Arbeitsmigration aus der Türkei ins westliche Europa kann als Begleiterscheinung der massiven Land-Stadt-Migration in der Türkei gesehen werden. In den westeuropäischen Städten winkte ein höheres Einkommen als in den Metropolen der Türkei, aber der Verlust der gewohnten Lebenswelten war für viele ein Trauma.

länder zu bewegen.[35] Gleichzeitig aber begannen die türkischen Arbeitsmigranten ihre Familien nach Deutschland nachzuholen, eine angesichts der damals schwierigen politischen und wirtschaftlichen Verhältnisse in der Türkei verständliche Entscheidung. Zudem stieg die Zahl der Personen aus der Türkei, die in Deutschland einen Antrag auf Asyl stellten, von 809 (7,3 Prozent aller Anträge) im Jahr 1976 auf 57 913 (53,7 Prozent aller Anträge) im Jahr 1980. Das unter der Regierung Kohl erlassene «Gesetz zur Förderung der Rückkehrbereitschaft von Ausländern» vom 28. November 1983 wandte sich an Arbeitsmigranten nicht nur aus der Türkei und winkte mit einmaligen Bargeldzahlungen (10 500 DM für die Eltern und 1500 DM pro Kind). Türkische Arbeitnehmer konnten sich zudem ihre Beiträge zur gesetzlichen Rentenversicherung auszahlen lassen.

Das deutsche «Gesetz zur Förderung der Rückkehrbereitschaft von Ausländern» vom November 1983 versuchte Arbeitsmigranten mit Einmalzahlungen zu einer Rückkehr in ihre Herkunftsländer zu bewegen. Rund eine Viertelmillion Menschen aus der Türkei wurde dadurch bewegt, die Bundesrepublik Deutschland zu verlassen. Hier türkische Rückkehrer 1984 im Kölner Stadtteil Braunsfeld kurz vor der Abreise in die Türkei.

Eine Viertelmillion Menschen aus der Türkei wurde dadurch bewegt, 1984 die Bundesrepublik Deutschland zu verlassen.[36]

Die demographische Grundtendenz, dass die Zahl türkeistämmiger Personen ständig wuchs, ließ sich damit nicht brechen. Schon in den 1980er Jahren musste die deutsche Politik wie die Gesellschaft ihre falsche Annahme, dass es sich bei der Präsenz türkischer Arbeitsmigranten und ihrer Familien in Deutschand um eine kurzfristige Erscheinung handle, ad acta legen. Diese Menschen strebten nicht mehrheitlich «zurück» in ihre Heimat. Die Diskussionen wandten sich nun Fragen wie Schulbildung, Ghettoisierung sowie Aufenthalts- und Staatsbürgerschaftsrecht zu. Dennoch sollte die Erfahrung einer mehr oder weniger bewussten Ausgrenzung noch die zweite und dritte Generation der in Deutschland lebenden Türken und Türkinnen prägen.[37] Die fremdenfeindliche Stimmung in

Deutschland fand ihre traurigen Höhepunkte in den rassistischen Ausschreitungen im August 1992 in Rostock-Lichtenhagen gegen vietnamesische Vertragsarbeiter und in den Mordanschlägen auf die Wohnhäuser türkischer Familien in Mölln am 23. November 1992 und am 29. Mai 1993 in Solingen. Selbst diejenigen, die bereit sind, Migration auch unter dem Blickwinkel des Eigeninteresses des jeweils aufnehmenden Staates zu betrachten, kommen zu einem wenig schmeichelhaften Urteil darüber, wie Politik und Gesellschaft in Deutschland mit den Arbeitsmigranten umging.[38]

Die türkische Arbeitsmigration der 1960er Jahre nach Europa ist eine Ausnahmeerscheinung in der Geschichte der Türkischen Republik geblieben. Spätestens mit den 2000er Jahren ist die Türkei wieder zu einem Aufnahmeland beziehungsweise Durchgangsland für Migration geworden. Ihr Migrationsregime weicht dabei deutlich von dem der meisten europäischen Länder ab: Sind dort die Migrationsregime hart an den Grenzen, aber weich im Inneren, so ist es bei der Türkei umgekehrt: Dank eines extrem liberalen Visaregimes in den letzten Jahrzehnten ist die Einreise in die Türkei meist unproblematisch; dort aber einen legalen Aufenthaltstitel zu erwerben, ist nahezu unmöglich. Die Türkei hat sich der Genfer Flüchtlingskonvention von 1951 erst Jahre später, also 1961, angeschlossen, und zudem unter dem Vorbehalt, dass eine Anerkennung von Flüchtlingen nur aus dem Raum des Europarates möglich ist. Die Einwanderungspolitik der Türkei ist immer auf die Aufnahme von Türken und Muslimen begrenzt geblieben beziehungsweise im strengeren Sinne auf diejenigen, die zugleich Türken und Muslime sind.[39]

Außenpolitische Optionen: CENTO, Balkan-Pakt und andere Bündnisse

Im ersten Jahrzehnt ihrer NATO-Mitgliedschaft sah sich die Türkei in einer vollständigen Übereinstimmung mit den politischen Positionen der USA. Der Abzug der Jupiterraketen (Trägerraketen für nukleare Waffen) aus der Türkei, als Teil der Lösung der Kuba-Krise von 1962 mit der Sowjetunion vereinbart, führte jedoch zu einer tiefen Verstimmung und säte den Keim des Misstrauens. Zusätzlich belastet wurde das Verhältnis durch einen Brief des US-amerikanischen Präsidenten Lyndon B. Johnson (im Amt 1963–1969) vom 5. Juni 1964, in dem er gegenüber Ministerpräsident İnönü zwei Bedingungen hinsichtlich der sich zuspitzenden Lage in Zypern nannte: Die Türkei dürfe, zum einen, bei einem militärischen Eingreifen (was sie zu diesem Zeitpunkt ernsthaft erwog) von den USA geliefertes Militärmaterial nicht verwenden; zum anderen könne die Türkei nicht auf einen Beistand der NATO hoffen, falls die Sowjetunion bei einer türkischen Intervention auf Zypern ebenfalls militärisch eingreifen würde.[40] Das vor allem wegen der Zypernfrage ohnehin schon abgekühlte Verhältnis zu den USA und anderen NATO-Mitgliedern erfuhr dann 1974 mit der Intervention der Türkei in Zypern seinen Tiefpunkt. Die öffentliche Meinung in der Türkei war ab den 1960er Jahren von einem ausgeprägten Anti-Amerikanismus bestimmt, der sich zudem mit antikolonialen Motiven verband.[41] Auf der Suche nach anderen möglichen Verankerungen und Zugehörigkeiten, aber auch angesichts des zunehmenden Reichtums der erdölproduzierenden Staaten im Nahen Osten entdeckte die Türkei ab den späten 1960er Jahren wieder ihre Zugehörigkeit zur islamischen Welt, die sie vorher kaum hatte sehen wollen.

In den ersten Jahren nach der Aufnahme in die NATO trugen Großbritannien und die USA an die Türkei die Erwartung heran, dass das Land außerdem zum Eckstein in einem dem Westen nahestehenden nahöstlichen Bündnissystem werden solle. Am 24. Februar 1955 schlossen der Irak und die Türkei in Bagdad einen Kooperations- und Beistandsvertrag. Diesem «Bagdad-Pakt» traten noch im selben Jahr Großbritannien, Pakistan und Iran bei; die USA blieben offiziell Beobachter. Als der Irak nach einem Putsch im Jahr 1958 seine pro-westliche Regierung verlor und das Bündnis verließ, musste ein neuer Name gefunden werden. Aus dem Bagdad-Pakt wurde die *Central Treaty Organisation* (CENTO), nun auch mit den USA als vollwertigem Mitglied. Das Ende des Paktes war jedoch endgültig gekommen, als Iran, nach der Revolution 1978–1979, als weiteres Gründungsmitglied seine Zugehörigkeit aufkündigte. Das ursprüngliche Ziel, eine NATO des Nahen Ostens zu werden, hat diese Bündnisorganisation niemals auch nur annähernd erreicht.

Der Bagdad- beziehungsweise CENTO-Pakt mag wenig Substanz gehabt haben, aber im Verhältnis dazu war der 1954 zwischen Griechenland, der Türkei und Jugoslawien geschlossene Balkan-Pakt eine Eintagsfliege. Am 9. August 1954 in Bled (im heutigen Slowenien) unterzeichnet, richtete er sich im Allgemeinen gegen befürchtete sowjetische Expansionsbestrebungen und im Besonderen gegen Bulgarien, das als Moskau treu ergebener Vasall von der UdSSR großzügig mit Militärmaterial ausgestattet wurde. Der Balkan-Pakt vereinbarte gegenseitigen Beistand im Falle eines Angriffs gegen eines der drei Mitglieder. Er zerfiel jedoch rasch, denn schon 1955 trat der Zwist zwischen Griechenland und der Türkei wieder offen hervor. Nach der Reise von Nikita Chruschtschow (Vorsitzender des Zentralkomitees der KPdSU in den Jahren 1953–1964) im Mai 1955 nach Belgrad und der Unterzeichnung einer jugoslawisch-sowjetischen Deklaration über Zusammenarbeit auf der Grundlage völliger Gleichberechtigung sah Belgrad keine Notwendigkeit mehr, die Rückendeckung durch nicht-kommunistische Balkan-Staaten oder Anrainer-Staaten wie die Türkei zu suchen.[42]

Während die Mitgliedschaft in CENTO und Balkan-Pakt den Erwartungen westlicher Bündnispartner entsprach, hing eine zweite Ebene der Paktbildung damit zusammen, dass die Türkei sich in ihrer unmittelbaren Umgebung isoliert sah. So rückte Israel ins Bild, das sich seinerseits auf die Suche nach Allianzen mit «peripheren» Akteuren in der Region gemacht hatte: Für Israel waren dies christliche Minderheiten in der Region (wie Armenier oder die libanesischen Maroniten) und der arabischen Welt benachbarte nicht-arabische Staaten wie Äthiopien, Iran oder die Türkei. Die Türkei hatte bereits am 28. März 1949 Israel anerkannt, aber unter dem Eindruck des Suez-Krieges von 1956, in dem sich Israel auf eine unglückliche Allianz mit Frankreich und Großbritannien eingelassen hatte, seine diplomatischen Beziehungen mit dem Land herabgestuft. Mit der Gründung einer «Vereinigten Arabischen Republik» durch Ägypten und Syrien am 1. Februar 1958 und dem (bereits erwähnten) Wechsel des Iraks ins pro-sowjetische Lager zwei Wochen später erschien der Türkei eine engere Zusammenarbeit mit Israel plötzlich wünschenswert. Ein geheimes Treffen des israelischen Ministerpräsidenten David Ben-Gurion (im Amt 1948–1954 und 1955–1963) mit Ministerpräsident Adnan Menderes in Ankara am 29. August 1958 begründete eine inoffizielle israelisch-türkische Allianz. Offensichtlich war im Rahmen dieser Zusammenarbeit sogar die Einrichtung einer Organisation vorgesehen, die die Arbeit der Geheimdienste dreier Länder, des iranischen *Savak*, des israelischen *Mossad* und des türkischen Geheimdienstes *İstihbarat Milli Amele Hizmeti* (1965 in *Millî İstihbarat Teşkilâtı, MİT,* umbenannt) koordinieren sollte.[43]

Ab den 1960er Jahren ordnete die Türkei ihre Außenpolitik immer mehr der schwelenden Zypernfrage unter, in der sie international isoliert war. So suchte die Türkei die Nähe der arabischen Staaten und warb um deren Unterstützung für ihre Position bei den Vereinten Nationen. Dafür war sie im Gegenzug bereit, ihre Beziehungen zu Israel auf ein Minimum zu beschränken. Der am 25. September 1969 gegründeten «Organisation der Islamischen Konferenz» (später «Organisation für Islamische Zusammenarbeit», mit Sitz in Dschidda) trat Ankara noch im selben Jahr bei. Einer anfangs nur halbherzigen Beteiligung an dieser panislamischen Institution folgte ein deutlich stärkeres Engagement der Türkei ab Mitte der 1970er Jahre.

Die Zypernfrage

Der Zypernkonflikt kreist um die Frage, wie das Verhältnis der griechisch-zypriotischen und der türkisch-zypriotischen Bevölkerung abschließend und einvernehmlich geregelt werden kann und wie in diesem Zusammenhang die Folgen der seit 1974 wirksamen Teilung in einen türkisch-zypriotischen Nordteil und einen griechisch-zypriotischen Südteil überwunden werden könnten. Mit seinen 9248 Quadratkilometern und rund siebenhundertfünfzigtausend Einwohnern mag Zypern territorial und demographisch eher unbedeutend sein. Die Insel hat aber nach wie vor geostrategische Bedeutung, und die Teilung von 1974 hat Zypern zu einem internationalen Problem werden lassen, das seit Jahrzehnten vergebens auf seine Lösung wartet.[44] Bis zu einem gewissen Grad hat sich der Zypernkonflikt verkapselt und erscheint somit als beherrschbar, aber jede weitere in der Region auftretende Streitfrage, wie etwa der Fund von größeren Erdgasvorkommen im östlichen Mittelmeer, führt zu Konfrontationen zwischen der Türkei und dem EU-Mitglied Zypern.[45] In eindrücklicher Weise zeigt sich in diesem Konflikt zudem eine außenpolitische Grundbefindlichkeit der Türkei, nämlich sich allein auf weiter Flur zu sehen.[46]

Nachdem die Osmanen Zypern 1571 erobert hatten, entstand über die Jahrhunderte hinweg, vor allem durch Zuwanderung aus Anatolien, ein muslimisch-türkischer Bevölkerungsanteil von rund einem Fünftel. 1878 übernahm Großbritannien die Kontrolle über die Insel, die es sich vom Osmanischen Reich – als Gegenleistung für seinen Beistand gegenüber russischen Forderungen und Ansprüchen – als Protektorat unter formeller osmanischer Oberherrschaft (Suzeränität) hatte zusprechen lassen. 1914, mit Beginn des Ersten Weltkriegs, annektierte Großbritannien Zypern; 1923 gab im Vertrag von Lausanne die Türkei jeden Anspruch auf Zypern auf; 1925 schließlich erhielt die Insel den Status einer britischen Kronkolonie. Als im Zuge der Dekolonisierung in den 1950er Jahren Großbritannien die direkte Kontrolle über Zypern abgeben wollte, stellte sich die Frage nach der Machtverteilung zwischen griechischen und türkischen Zyprioten und dem Verhältnis zu den jeweiligen «Mutterländern» Griechenland und der Türkei.

Seit der Entstehung eines unabhängigen Staates Griechenland im Jahre 1830 hatten dessen Politiker und Intellektuelle das Ziel eines «Anschlusses» (*Enosis*) aller griechischen Siedlungsgebiete, darunter auch Zyperns, an Griechenland verfochten. Die griechisch-orthodoxe Kirche Zyperns, die das Ziel von «Anschluss und nichts als Anschluss» (*Enosis kai monon enosis*) propagierte, führte 1950 ein Referendum durch, bei dem 96 Prozent der griechischen Zyprioten für eine Vereinigung mit Griechenland optierten. Die Führungsfigur für diesen griechisch-zypriotischen Wunsch war Michail Mouskos (1919–1977), der als Makarios III. von 1950 bis zu seinem Tod Erzbischof von Zypern war. Die türkischen Zyprioten jedoch wollten nicht als eine Minderheit in einem großgriechischen Staat leben und lehnten sich immer enger an Ankara an. Ab Mitte der 1950er Jahre setzten sie dem griechischen Ziel der *Enosis* das türkische Konzept der «Teilung» (*taksim*) entgegen.

In der Zypernfrage haben sich auf beiden Seiten Außenpolitik und Innenpolitik immer auf das Innigste verschränkt: Aus Sicht der in İstanbul lebenden Griechen wurden sie in den Schraubstock des Zypernkonflikts gesteckt. Da aber die griechische Gemeinde in İstanbul über die Jahrzehnte hinweg ihre Führungsschicht verloren hatte, ließ der auf sie ausgeübte Druck «lediglich die Nussschale knacken, innen war sie aber hohl».[47] Am 6. September 1955 brachten türkische Agenten eine Bombe auf dem Gelände des türkischen Generalkonsulats in Saloniki zur Explosion, direkt neben dem Geburtshaus Atatürks. Teile der türkischen Regierung und des Militärs orchestrierten anschließend, die Empörung der türkischen Bevölkerung über den angeblichen Anschlag nutzend, Ausschreitungen gegen die griechische Bevölkerung İstanbuls.[48]

Gespräche zwischen Großbritannien, Griechenland und der Türkei führten zu den Verträgen von London im Februar 1959, die die Grundlage für einen unabhängigen Staat Zypern ab dem Jahr 1960 legten. Die drei Garantiemächte verpflichteten sich dazu, die biethnische Einheit der Republik Zypern zu schützen. Sie gaben sich das Recht zur militärischen Intervention, wenn die von den Abkommen begründete Ordnung gefährdet sein sollte. Großbritannien sicherte sich zudem zwei große Exklaven (Akrotiri westlich von Limassol und Dhekelia östlich von Larnaka) im Süden der Insel, die bis heute als Militärbasen Bestand haben.

Während die türkisch-zypriotische Seite mit der neuen Staatskonstruktion weitgehend einverstanden war, zeigte sich die griechisch-zypriotische Seite, die den Vertrag nur unter dem Druck Athens unterschrieben hatte, unzufrieden. Sehr rasch kam es zu Auseinandersetzungen über die Verwirklichung der Proporzregelungen (grundsätzlich 70:30, jedoch 60:40 im Militär), die die türkischen Zyprioten mit ihrem Anteil von weniger als einem Fünftel der Bevölkerung deutlich bevorzugten.[49] Gegenseitige Blockaden, Zusammenstöße und Vertreibungen in den Jahren 1963/1964 führten zum Zerbrechen des jungen Staates: Die türkischen Zyprioten verließen die gemeinsamen Regierungs- und Verwaltungsinstitutionen und bildeten Inseln mit einer türkischen Bevölkerungsmehrheit, in denen sie eine Parallelverwaltung aufbauten. Am 4. März 1964 richtete der UN-Sicherheitsrat mit Resolution 186 die «United Nations Force in Cyprus» (UNFICYP) ein und bestätigte zudem, dass eine international anerkannte Regierung, vertreten von den griechischen Zyprioten, bestehe.

Am 15. Juli 1974 inszenierte die damalige griechische Militärjunta einen Putsch der griechisch-zypriotischen Nationalgarde gegen Makarios III., der nur knapp einem Attentat entging und fliehen musste. Als Antwort darauf stieß ab dem 20. Juli türkisches Militär von einem bei Kyrenia/Girne gebildeten Brückenkopf bis nach Nikosia/Lefkoşa vor. Hastig anberaumte Gespräche in Genf wurden von türkischer Seite Mitte August abgebrochen. In einer unmittelbar darauf folgenden zweiten Offensive rückte das türkische Militär bis zu einer Linie vor, die von Morphou/Güzelyurt (im Westen) bis Famagusta/Gazimağusa (im Osten) reicht und 37 Prozent der Fläche Zyperns einnimmt. Während die erste türkische Militäraktion im Juli 1974 noch Verständnis finden konnte, war die starke Ausweitung des eroberten Gebietes im August nicht mit dem den Garantiemächten vorbehaltenen Interventionsrecht vereinbar. Die Kämpfe und Vertreibungen von 1974 und eine im Herbst desselben Jahres erzielte Einigung zwischen den griechisch- und türkisch-zypriotischen Führungen über einen Bevölkerungsaustausch ließ ein Drittel der Bevölkerung Zyperns zu Flüchtlingen werden. Rund 160 000 griechische und 45 000 türkische Zyprioten mussten ihre Heimatdörfer und -städte verlassen. Die Entmischung der beiden Volksgruppen ist heute nahezu vollständig. Zugleich siedelte die Türkei in den folgenden Jahrzehnten systematisch – und damit in der Tradition der osmanischen Siedlungspolitik stehend – mehrere Zehntausend Anatolier nach Nordzypern um.

Für die Intervention musste die Regierung in Ankara den Preis einer weitgehenden außenpolitischen Isolation bezahlen – bei einer gleichzeitig schlechten wirtschaftlichen Lage im Lande. Ein Beschluss des US-Kongresses vom 5. Februar 1975 über ein militärisches Embargo gegenüber der Türkei – als Antwort auf ihre Intervention auf Zypern – führte zur Entscheidung der Türkei vom 26. Juli 1975, dass die USA alle Aktivitäten auf dem Boden der Türkei einstellen müssten. Nach der Aufhebung des Embargos dreieinhalb Jahre später, am 26. September 1978, gestattete die Türkei am 9. Oktober den USA, ihre militärischen Installationen in der Türkei wieder in Betrieb zu nehmen.[50]

Bereits am 13. Februar 1975 rief Rauf Denktaş (1924–2012), die über Jahrzehnte bestimmende politische Figur unter den zypriotischen Türken, einen «Türkischen Bundesstaat Zypern» (*Kıbrıs Türk Federe Devleti*) aus. Am 15. November 1983 erklärte er die vollständige Unabhängigkeit in Form der «Türkischen Republik Nordzypern» (*Kuzey Kıbrıs Türk Cumhuriyeti*), die allerdings bis heute nur von der Türkei anerkannt worden ist, und rief sich selbst zum Präsidenten dieses Staates (im Amt bis 2005) aus. Heute ist Nord-Zypern faktisch Teil des Herrschaftsbereiches des türkischen Staates. Deutlichstes Zeichen dafür ist die Anwesenheit von türkischen Truppen in einer Stärke von rund dreißig- bis vierzigtausend Mann.

Wiederholt gab es Anläufe der internationalen Diplomatie, das Zypern-Problem zu lösen. Der aussichtsreichste war der Annan-Plan, benannt nach dem damaligen Generalsekretär der Vereinten Nationen, Kofi Annan (im Amt 1997–2006): eine Vereinigung der beiden Teile in Form einer Konföderation. Der Plan, am 24. April 2004 in einem Volksentscheid zur Wahl gestellt, scheiterte jedoch: Zwar unterstützten ihn 65 Prozent der türkischen Zyprioten, 76 Prozent der griechischen Zyprioten aber stimmten dagegen. Trotzdem wurde wenige Tage später, am 1. Mai 2004, der griechisch-zypriotische Teil der Insel in die EU aufgenommen. Die Bedenken der griechischen Zyprioten, die bei dem Volksentscheid sehr deutlich zum

Mit einer Militärparade am 20. Juli 1984 im türkisch-zypriotischen Teil Nikosias wird der zehnte Jahrestag des Beginns der türkischen Intervention auf Zypern feierlich begangen. Rechts, direkt hinter dem Fahrer, steht Rauf Denktaş, Präsident der «Türkischen Republik Nordzypern» von 1983 bis 2005. Er wird begleitet von hohen türkischen Generälen (links der damalige Generalstabschef Necdet Üruğ?).

Ausdruck kamen, betrafen vor allem die Sicherheit und Umsetzbarkeit des Abkommens, das erst nach einem längeren Zeitraum den vollständigen Abzug der türkischen Truppen vorsah. Taktische Gründe traten wohl hinzu, wie die Annahme, dass man als EU-Mitglied bessere Bedingungen aushandeln könne.[51] Zudem ließ das rund viermal so hohe Pro-Kopf-Einkommen in Südzypern für die griechischen Zyprioten eine Vereinigung wenig erstrebenswert erscheinen.

Unversöhnt stehen sich bis heute die Forderung der griechischen Zyprioten nach einem gemeinsamen Staat mit Recht zur freien Niederlassung auf ganz Zypern und das Beharren der türkischen Zyprioten auf zwei weitgehend autonomen Gebilden, die sich in einer Konföderation lose verbinden, gegenüber. Die Verhandlungen über einen Beitritt der Türkei zur Europäischen Gemeinschaft, wären sie in den 2000er Jahren mit aller Ernsthaftigkeit fortgeführt worden, hätten an der Zypernfrage einen gordischen Knoten gefunden. Aber die Frage des Beitritts der Türkei hat ohnehin nie einen Mangel an schwer zu lösenden Fragenknäueln aufgewiesen.

Die Türkei und die Europäische Wirtschaftsgemeinschaft

In einem größeren Kontext betrachtet war das Vorhaben einer Mitgliedschaft der Türkei in der Europäischen Union als Erweiterung und Ergänzung ihrer NATO-Mitgliedschaft gedacht. Diese war das Standbein; die Mitgliedschaft im europäischen politisch-wirtschaftlichen Bündnis sollte das Spielbein sein. Über Jahrzehnte hinweg schwang das Spielbein hin und her – um als einziges gültiges Tor die Zollunion von 1996 zu erzielen.

Die Beitrittsverhandlungen der Türkei reichen zurück in die Zeit der 1957 aus der Montanunion hervorgegangenen Europäischen Wirtschaftsgemeinschaft (EWG), bevor sie 1993 zur Europäischen Gemeinschaft (EG) und schließlich 2009 zur Europäischen Union (EU) wurde. Am 31. Juli 1959 stellte die Türkei, zwei Wochen nach Griechenland, den Antrag auf Aufnahme in die EWG. Am 12. September 1963 unterzeichnete die Türkei ein Assoziierungsabkommen, das in einem dreistufigen Verfahren und in Verbindung mit einer langen Übergangszeit zu einer vollständigen Mitgliedschaft führen sollte. In einer ersten vorbereitenden Phase von 1964 bis 1973 gewährte die EWG Vorzugszolltarife und Einfuhrquoten sowie finanzielle Unterstützung. Ein im November 1970 unterzeichnetes Zusatzprotokoll zur Abschaffung von Zolltarifen und anderen Barrieren konkretisierte die Bedingungen der zweiten Phase, die von 1973 bis frühestens 1980 und spätestens 1995 reichen sollte. Nach dieser zweiten Phase sollte der Beitrittsprozess in Gang gesetzt werden.

Das daraus entstehende Miteinander war keineswegs reibungslos: So beschwerte sich die türkische Seite, die EWG gewähre freien Zugang für alle Industriewaren außer für diejenigen, bei denen, wie Textilien, die Türkei konkurrenzfähig sei. Im Februar 1980 verkündete der türkische Außenminister, dass die Türkei noch bis zum Ende des Jahres die volle Mitgliedschaft in der EWG beantragen werde. Der Schritt war offensichtlich motiviert von der Absicht, noch vor dem für den 1. Januar 1981 angesetzten Beitritt Griechenlands zur EWG zu einer grundsätzlichen Einigung zu kommen, oder war zumindest vom Interesse geleitet, sich im Gegenzug für die Aufnahme Griechenlands eine bevorzugte Behandlung zu sichern.[52] Der Putsch vom 12. September 1980 ließ die Möglichkeit eines Beitritts für viele Jahre in die Ferne rücken.

Die Beitrittsverhandlungen der 1960er und 1970er Jahre krankten auf türkischer Seite an einem Missverhältnis von Anspruch und ökonomischer Wirklichkeit und von einer Fixierung auf eine möglichst zu Griechenland gleichgeartete Behandlung.[53] Auf Seite der EWG-Mitgliedsstaaten dagegen verflog die anfängliche Befriedigung über den Mitgliedsantrag der Türkei, und es wurde zur dringendsten Sorge der EWG, eine «möglichst elastische Formel finden zu können», um die Türkei nicht offen zurückzustoßen und sie zugleich nicht aufnehmen zu müssen.[54]

Demirel, Ecevit und Erbakan: Felsen in der Parteienlandschaft

Die ursprüngliche Bedeutung der Begriffe «links» und «rechts» geht auf die Sitzordnung im französischen Parlament nach der Revolution von 1789 zurück und auf die sich im Parlament rasch verfestigende Trennung in zwei Lager, nämlich in die «Linken», die der Ansicht waren, dass die Revolution fortzusetzen sei, und die «Rechten», die ein Innehalten oder gar die Rückkehr zur alten Ordnung forderten.[55] Eben diese Gegenüberstellung lässt sich auf die Türkei der 1960er Jahre übertragen: Man könnte sagen, dass die Kemalisten die Fortsetzung der kemalistischen «Revolution» forderten, die konservativ-religiös gesinnten «Rechten» jedoch sich dagegenstellten. Dem ließe sich mit gleichem Recht entgegenhalten, dass diejenigen, die sich als die Linken sahen, also die Kemalisten, die eigentlichen Konservativen waren, weil sie die «Errungenschaften» des Kemalismus bewahren wollten, während die als «konservativ-religiös» Gebrandmarkten eigentlich die treibende politische Kraft in der zweiten Hälfte des zwanzigsten Jahrhunderts waren.

Die Ausbildung eines Parteienspektrums in der Türkei, das sich entlang des Gegensatzes zwischen «links» und «rechts» bewegt, geht auf die 1960er Jahre zurück. Zugleich etablierten sich in diesem Jahrzehnt die politischen Führungsgestalten, die die türkische Politik bis zur Jahrtausendwende prägten. So wie die in den 1880er Jahren geborene Generation die Nationalbewegung nach dem Ersten Weltkrieg und die frühe Republikzeit prägte, war die Generation derer, die die türkische Politik von den 1960er Jahren bis zur Jahrtausendwende bestimmten, in den 1920er Jahren geboren: Süleyman Demirel (1924–2015), Bülent Ecevit (1925–2006) und Necmettin Erbakan (1926–2011). Politik wirkte bei ihnen offensichtlich wie ein lebensverlängernder Zaubertrank, trotz der Jahrzehnte aufreibender politischer Auseinandersetzungen. Alparslan Türkeş (1917–1997), die führende Gestalt des türkischen Rechtsnationalismus und -radikalismus, früher als die anderen geboren, trank ebenfalls vom Elixier des lebenslangen politischen Kampfes. Turgut Özal (1927–1993), obwohl er zur selben Generation gehörte, war eine Ausnahme, da er erst ab 1983 eine führende Rolle in der türkischen Politik übernahm und bereits 1993 im Alter von fünfundsechzig Jahren starb.

Die Konkurrenz zwischen Republikanischer Volkspartei (*Cumhuriyet Halk Partisi, CHP*) und Demokratischer Partei (*Demokrat Parti, DP*) in den 1950er Jahren deutete die späteren ideologisch-politischen Gegensätze des türkischen Parteiensystems bereits an. Ab den 1960er Jahren bildete die Grundachse der türkischen Politik der Gegensatz zwischen einem links-sozialdemokratischen und einem rechtskonservativen Lager. Den Hauptpart hierbei übernahmen in den 1960er und 1970er Jahren die sich immer mehr als linke Partei verstehende CHP und die neue rechtskonservative «Gerechtigkeitspartei» (*Adalet Partisi, AP*).

Der ehemalige Generalstabschef Ragıp Gümüşpala (1897–1964)

gründete im Februar 1961 die *Adalet Partisi.* «Ihr Name war Programm», denn als Nachfolgepartei der nach dem Putsch von 1960 verbotenen Demokratischen Partei wollte sie, neben anderen Anliegen, für die Rehabilitierung der 1961 verurteilten Politiker der *Demokrat Parti* streiten.[56] Das Wort *demokrat* war in den späten 1940er und 1950er Jahren von der einfachen Bevölkerung in lautmalerischer Weise als *demir kır at* («eisernes graues Pferd») verstanden worden, so dass die DP in der Folge ein Pferd in ihr Emblem aufgenommen hatte. Auch hier stellte sich die Gerechtigkeitspartei in die Tradition der DP, indem sie – nach einer kurzen Übergangszeit mit einem Emblem, das die Initialen A und P in einem aufgeschlagenen Buch zeigte – ein Pferd zu ihrem Symbol machte.[57] Die CHP führte hingegen, wie bereits gezeigt wurde, das kemalistische Symbol mit den sechs Pfeilen in ihrem Emblem. Vor allem in früheren Jahrzehnten, als der Anteil von Analphabeten noch sehr hoch war, sollten die Parteiembleme dazu dienen, eine Partei deutlich erkennbar auf dem Wahlzettel zu markieren. Die Tradition hat sich erhalten – bis heute führen die meisten Parteien in der Türkei solch ein bildhaftes Erkennungsmerkmal.

Süleyman Demirel, ärmlichen Verhältnissen im westanatolischen Isparta entstammend, war von 1955 bis 1960 Generaldirektor der staatlichen Wasserbehörde und anschließend in der Privatwirtschaft tätig. 1964, nach Gümüşpalas Tod, errang er den Vorsitz der Gerechtigkeitspartei und stieg zur Führungsfigur des rechtskonservativen Spektrums auf. Demirel war noch mehr als Menderes oder Bayar ein Politiker, mit dem sich die ländliche Bevölkerung identifizieren konnte. Er kam nicht aus der hohen Bürokratie oder dem Offizierskorps, die das Land seit den *Tanzimat,* der osmanischen Reformpolitik des neunzehnten Jahrhunderts, dominiert hatten, sondern präsentierte sich als ein Selfmademan, der einen säkularen Lebensstil pflegte. Um so mehr sah sich die Gerechtigkeitspartei dazu genötigt zu betonen, dass Demirel die Pilgerfahrt nach Mekka unternommen habe, dass er in einem Dorf namens İslamköy (wörtlich «Islamdorf») geboren sei und in seinem Elternhaus jeden Tag der Koran gelesen worden sei. Bei den Parlamentswahlen von 1965 und 1969 führte

Emblem der Gerechtigkeitspartei (*Adalet Partisi*), der führenden rechtszentristischen Partei der 1960er und 1970er Jahre. Die Tradition, dass türkische Parteien ihr Akronym und Logo in einem visuell einprägsamen Emblem zusammenführen, hat sich bis heute erhalten.

Demirel die AP zu einer deutlichen Mehrheit. Die von ihm in den Jahren 1965–1971 geführte Regierung war die letzte stabile Regierung bis zum Militärputsch von 1980. Demirel kehrte in den späten 1980er Jahren in die aktive Politik zurück und übernahm, nach dem Tod Özals 1993, das Amt des Staatspräsidenten, das er bis zum Jahr 2000 innehatte. Am Ende seiner politischen Laufbahn konnte Demirel auf zwölf Jahre als Ministerpräsident, sieben Jahre als Staatspräsident und einundzwanzig Jahre Parlamentszugehörigkeit zurückblicken.[58]

Wie die Demokratische Partei stand die Gerechtigkeitspartei für die Verbindung durchaus widersprüchlicher Ziele, aber damit zugleich für die Fähigkeit, einen weiten Wählerkreis anzusprechen: Die angestrebte Nähe zu den wirtschaftlichen Eliten verband sich mit einem ausgeprägten Populismus; wirtschaftlicher Liberalismus

Die Glühbirne, Symbol der seit 2002 regierenden Partei für Gerechtigkeit und Entwicklung (*Adalet ve Kalkınma Partisi*), steht für den Anspruch der AKP, Licht in die Welt zu bringen und sich selbst als «weiße, unbefleckte Partei» (*Ak Parti*) zu sehen. Die Wahl der Glühbirne steht zugleich für den ungebrochenen Fortschrittsglauben in den Reihen der AKP-Politiker.

ging einher mit sozialem Konservatismus, der wiederum zahlreiche Berührungspunkte zu islamischer Religiosität zeigte. Die Abgrenzung vom Kemalismus bedeutet nicht, dass seine Grundelemente – Nationalismus, eine starke Rolle des Staates und die Anbindung an den Westen – in Frage gestellt wurden.

Bülent Ecevit wiederum war die führende Figur der zentristischen Linken von den 1970er Jahren bis zur Jahrtausendwende. Die bereits in den 1960er Jahren angebahnte und von İsmet İnönü anfangs mitgetragene Neuorientierung der Republikanischen Volkspartei CHP als links orientierte Partei wurde von Ecevit endgültig umgesetzt. Er besaß zwar keinen Universitätsabschluss, aber stach unter den anderen Politikern durch seinen Intellektualismus und seine publizistische Tätigkeit heraus (er veröffentlichte unter anderem rund zwanzig Bücher). Ecevit war seit 1966 Generalsekretär der

Bülent Ecevit bei einer Ansprache vor Anhängern anlässlich der Kommunalwahlen im Dezember 1977. Unter Ecevit positionierte sich die kemalistische CHP in den 1970er Jahren als sozialdemokratische Partei und fand deutlich mehr Zuspruch in der Wählerschaft, konnte aber keine stabile Regierung unter ihrer Führung bilden.

CHP, trat aber 1971 von diesem Amt zurück. Mit dem Rücktritt wandte er sich gegen die Unterstützung, die İsmet İnönü der vom Militär eingesetzten und zuerst von Nihat Erim (1912–1980) geleiteten technokratischen Regierung leistete, denn einer der Grundideen der nach links rückenden CHP war, das enge Bündnis der Partei mit dem Militär und der hohen Bürokratie zu lockern.[59] Auf einem außerordentlichen Parteitag am 7. Mai 1972 konnte Ecevit schließlich seine Linie einer deutlichen Neuausrichtung der Partei durchsetzen. İnönü, der die CHP seit dem Tod Atatürks 1938 ununterbrochen geführt hatte, trat daraufhin vom Vorsitz der Partei zurück und erklärte im November 1972, ein Jahr vor seinem Tod im Dezember 1973, sogar seinen Austritt aus der CHP. Ecevits Sympathien für die Bewegung der Blockfreien Staaten hielten ihn nicht davon ab, gleichzeitig mit Nachdruck die nationale Sache zu verfechten: Die erfolgreiche türkische Intervention auf Zypern 1974 sowie 1999 die Festnahme des Führers der «Arbeiterpartei Kurdis-

Süleyman Demirel, Vorsitzender der rechtszentristischen Gerechtigkeitspartei (AP) bei einer Wahlkampfveranstaltung Anfang der 1970er Jahre. Demirel und sein größter Widersacher Bülent Ecevit erlebten eine lange politische Karriere, die – mit einem Bruch nach dem Putsch von 1980 – bis zur Jahrtausendwende währte.

tans» (*Partiya Karkerên Kurdistanê, PKK*), Abdullah Öcalan – jeweils von ihm als Ministerpräsident verantwortet – versuchte er, allerdings vergeblich, in innenpolitische Stärke umzuwandeln.

Den äußersten rechten Flügel der türkischen Parteienlandschaft vertrat über Jahrzehnte hinweg Alparslan Türkeş, den wir bereits als einen der führenden Offiziere während des Putsches von 1960 kennengelernt haben. Türkeş wurde 1917 in Nikosia auf Zypern geboren, verließ aber im Alter von fünfzehn Jahren mit seiner Familie die Insel. Nach dem Putsch von 1960 wurde er als einer der «Falken» aus dem Militär ausgestoßen. Türkeş ging in die Politik und übernahm 1965 die Führung der rechtsnationalistischen «Partei der Republikanischen Dorfbewohnenden Nation» (*Cumhuriyetçi Köylü Millet Partisi, CKMP*), die er 1969 in «Partei der Nationalistischen Bewegung» (*Milliyetçi Hareket Partisi, MHP*) umbenannte. Bis heute vertritt sie das rechtsnationalistische bis rechtsradikale Spektrum in der türkischen Politik, mit einem Wählerpotential von bis zu 15 Prozent. Die MHP zeichnet sich durch einen bedingungslosen türkischen Nationalismus aus, der nicht nur panturkistische (also die Idee, dass alle Turkvölker Asiens unter einer gemeinsamen Führung vereinigt werden sollten) Ambitionen vertritt, sondern auch eine rassistische und gewaltbejahende Seite hat. Der außerparlamentarische und gewaltbereite Arm der MHP sind die «Grauen Wölfe» (*Bozkurt*), die sich selbst «Idealisten» (*Ülkücü*) nennen. Die Grauen Wölfe waren der wichtigste Träger der politischen Gewalt in den 1970er Jahren und haben sich mittlerweile in der türkischen Diaspora in Europa einen starken Stand verschafft.

Weniger stabil war die radikale Linke der 1960er und 1970er Jahre, da sie weitaus häufiger von ideologischen Auseinandersetzungen durchgerüttelt wurde. Die Türkische Kommunistische Partei agierte seit ihrem Verbot in der ersten Hälfte der 1920er Jahre über Jahrzehnte hinweg im Untergrund. 1961 wurde die «Türkische Arbeiterpartei» (*Türkiye İşçi Partisi, TİP*) gegründet, die in den Jahren 1962–1969 unter der Führung des Gewerkschaftsfunktionärs Mehmet Ali Aybar (1908–1995) stand. Dass die Ergebnisse der TİP bei den Parlamentswahlen von 1965 mit 3,0 Prozent und 1969 mit 2,7 Prozent mitunter als «Erfolg» herausgehoben werden, zeigt, wie sehr die linksradikale Bewegung selbst in ihren Hochzeiten der 1960er und 1970er Jahre am Rande stand. Die TİP, die sich seit 1969 deutlich radikalisiert hatte, wurde im Juli 1971 verboten und ihre Führer im Oktober 1972 zu hohen Gefängnisstrafen verurteilt.[60] Seit den 1970er Jahren gibt es keine Partei mehr von Bedeutung am äußersten linken Rand.

Erste Ansätze zu einer neu auflebenden kurdischen politischen Bewegung fallen in die 1960er Jahre. Während kurdische Nationalisten in den 1920er und 1930er Jahren ihre Anliegen noch in ein religiöses Gewand gekleidet hatten, verstanden sich kurdische Aktivisten der 1960er und 1970er Jahre meist als sozialistisch. Die in den späten 1960er Jahren gegründeten «Revolutionären Kulturklubs des Ostens» (*Devrimci Doğu Kültür Ocakları, DDKO*), im Oktober 1970 unter dem Vorwurf des Separatismus zerschlagen, führten das Gedankengut des Marxismus und des kurdischen Nationalismus zusammen.[61] Die Mehrheit der kurdischen Aktivisten sah sich als Mitstreiter eines linksradikalen Aktivismus und ging davon aus, dass mit einer Befreiung hinein in den Sozialismus sich die kurdische Frage von selbst erledigen würde. Erst nach 1980 sollte ein für sich allein einstehender kurdischer Faktor immer sichtbarer in der türkischen außerparlamentarischen und parlamentarischen Auseinandersetzung werden.

Um 1970 bildete sich eine stabile islamistische Strömung im türkischen Parteienspektrum heraus. Zwar wandte sich die Gerechtigkeitspartei, die führende rechtskonservative Partei, teilweise an dieselbe Wählerklientel wie die islamistischen Parteien, aber niemals verließ sie sich allein auf eine «islamische» Agenda. Ganz anders im Fall von Necmettin Erbakan, der über Jahrzehnte hinweg die zentrale Figur der islamistischen Bewegung in der Türkei war. Erbakan stammte aus Sinop an der Schwarzmeerküste, studierte Maschinenbau an der Technischen Universität İstanbul und wurde 1953 an der Rheinisch-Westfälischen Technischen Hochschule in Aachen promoviert. Er führte seine akademische Laufbahn an der Technischen Universität von İstanbul fort, arbeitete aber zugleich in der Privatwirtschaft. Als er ab 1966 in der wirtschaftsnahen «Union der Kammern und Börsen der Türkei» (*Türkiye Odalar ve Borsalar Birliği, TOBB*) tätig war und 1969 sogar deren Vorsitz errang, gewann er erstmals nationale Sichtbarkeit, indem er sich nachdrücklich für die Förderung kleinerer Unternehmen in Anatolien einsetzte. Erbakan erkannte, dass er seine Vorstellungen in die Politik hineintragen musste, um ihnen eine Aussicht auf Verwirklichung zu geben. Als ihn die Gerechtigkeitspartei nicht als Kandidaten aufstellen wollte, gewann Erbakan 1969 als Unabhängiger den Parlamentssitz für Konya. Am 26. Januar 1970 gründete er die «Nationale Ordnungspartei» (*Millî Nizam Partisi, MNP*), die schon 1971 wieder unter dem Vorwurf der Politisierung der Religion verboten wurde. Die 1972 gegründete Nachfolgepartei, die «Nationale Heilspartei» (*Millî Selamet Partisi, MSP*) konnte bei den Parlamentswahlen von 1973 bereits 11,8 Prozent der Stimmen gewinnen. Ab diesem Zeitpunkt war die MSP eine feste Größe im türkischen Parteienspektrum. Wie alle anderen Parteien wurde sie nach dem Militärputsch von 1980 verboten, trat aber 1983 – in ihren politischen Anliegen unverändert – als «Wohlfahrtspartei» (*Refah Partisi, RP*) neu auf.

Die Gunst des kemalistischen Elitenkomplexes aus Administration, Justiz und Militär gegenüber den unterschiedlichen politischen Strömungen lässt sich daran ablesen, wie häufig sich eine Partei häuten musste, um nach ihrem – oft erneuten – Verbot das von ihr vertretene politische Spektrum wieder bedienen zu können. Die kemalistische CHP und die nationalistisch-rechtsradikale MHP weisen dabei (allein mit einer Unterbrechung nach dem Putsch von 1980) die größte Beständigkeit auf. Dass andererseits die Parteien des islamistischen Spektrums wiederholt und kurdische Parteien in besonders kurzen Abständen verboten wurden, kann nicht überraschen.

Die türkische Parteiengeschichte bis zur Jahrtausendwende ist noch verästelter, als es dieser Überblick nahegelegt hat. Schon in den 1950er Jahren gab es mehr Parteien als nur die DP und CHP. Auffallend ist jedenfalls, wie sehr die Wahlergebnisse eine grundsätzlich konservative Ausrichtung der türkischen Wählerschaft abbilden: Rechtskonservative, islamistische und radikal nationalistische Parteien haben seit den 1950er Jahren bis heute zusammen immer 60 bis 65 Prozent der Stimmen erhalten.[62] Auch die Zeiten einer relativ starken linken Bewegung und die vorübergehend große Beliebtheit der CHP unter Bülent Ecevit in den 1970er Jahren ändern nichts an diesem grundsätzlichen Befund.

3. Polarisierung und Radikalisierung (1961–1980)

Die geschichtliche Deutung der 1960er und 1970er Jahre hat sich bis heute nicht von einer negativen Teleologie gelöst. Wie könnte sie auch, angesichts der in dieser Zeit immer weiter sich steigernden Polarisierung und Radikalisierung? Die parlamentarische Parteienlandschaft wird von einer außerparlamentarischen Frontstellung überlagert, die in der zweiten Hälfte der 1970er Jahre in bürgerkriegsähnliche Auseinandersetzungen mündet. Das politische und wirtschaftliche Chaos der zweiten Hälfte der 1970er Jahre lässt damit den Militärputsch von 1980 als unvermeidlichen Zielpunkt erscheinen. Zugleich sind aber die 1960er und 1970er Jahre die Zeit der größten intellektuellen, kulturellen und politischen Vielfalt in der Geschichte der Republik Türkei im zwanzigsten Jahrhundert.

Historiker sprechen davon, dass, bei rechtem Lichte betrachtet, der Kalte Krieg spätestens nach dem Ersten Weltkrieg beginnt und um 1990 zu seinem Ende kommt. Für die Türkei lässt sich sagen, dass der Kalte Krieg vor allem die 1960er und 1970er Jahre prägt. In den 1950er Jahren sonnt sich das Land noch im Windschatten des US-amerikanischen Schutzschildes. Von den 1980er Jahren an macht sich die Türkei energisch auf die Suche nach wirtschaftlichen und außenpolitischen Wegen, die die neuen Möglichkeiten der 1990er Jahre bereits erahnen lassen. Für die 1960er und 1970er Jahre lässt sich für die Türkei zudem von einem Kalten Krieg in mehrerlei Hinsicht sprechen: Zuerst einmal spiegelt sich der globale Konflikt zwischen einer sozialistischen und kapitalistischen Alternative unmittelbar in der Polarität zwischen einem linken und rechten politischen Lager in der Türkei.[63] Zugleich kühlen die Beziehungen der Türkei und zu ihren westlichen Verbündeten angesichts der Auseinandersetzungen über Zypern stark ab; und schließlich lassen sich die erbitterten politischen Frontstellungen, vor allem die der 1970er Jahre, als ein Kalter Krieg innerhalb des Landes deuten.

Die ideologische Zwangsjacke des Kalten Kriegs ließ gar nichts anderes zu, als dass Innen- und Außenpolitik sich eng miteinander verschränkten. Manche Beobachter gehen jedoch so weit zu behaupten, dass die politische Gewalt in der Türkei der 1970er Jahre von außen bestimmt und gesteuert war: So seien die sogenannten *Stay-Behind*-Verbände der NATO nicht nur in Reserve gehaltene militärische Untergrundeinheiten gewesen, sondern sollten in vielen Staaten – wie eben auch der Türkei – gegen die Kommunisten (und all diejenigen, die als «Kommunisten» eingestuft wurden) in ihrem eigenen Land kämpfen. Mit Rückendeckung der USA (und ihrer Institutionen, vor allem der CIA) und der Duldung durch die jeweiligen Staaten hätten sich so unheilvolle Netzwerke von Militär, Geheimdiensten und kriminellen Kreisen etabliert, die die demokratische Kultur zutiefst beschädigten. Vieles spreche daher dafür, dass der Terror der 1970er Jahre in der Türkei eine gezielte Strategie der Destabilisierung gewesen sei.[64] Absurd ist die Behauptung erst einmal nicht. Doch selbst wenn eines Tages alle politischen Archive zu diesem Zeitraum verfügbar sein sollten, werden wir wohl in ihnen keine abschließende Antwort finden. Es bleibt eine Frage der Interpretation und Gewichtung, ob die Interessen und Aktivitäten von Akteuren wie den US-amerikanischen Geheimdiensten für die Frontenbildung innerhalb der Türkei dieser Jahre auslösend waren oder nur verschärfend wirkten. Jedenfalls fügt sich die Türkei in den 1960er und 1970er Jahren besonders anschaulich in die ideologischen Frontstellungen zwischen links und rechts und damit in die bestimmenden Konfrontationsmuster des Kalten Kriegs.

Liberale Verfassung und Wirtschaftsboom

Wie die 1950er Jahre begannen die 1960er Jahre voller Hoffnungen. Die Zuversicht auf eine demokratische und offene Türkei bringt die Verfassung von 1961 zum Ausdruck: Neben der Nationalversammlung wurde ein Senat als obere Kammer eingerichtet; erstmals wurde ein Verfassungsgericht (*Anayasa Mahkemesi*) geschaffen, das nicht nur überprüfen sollte, ob Gesetze verfassungsgemäß waren, sondern auch als Instanz für Amtsenthebungsverfahren von Funktionsträgern, vom Staatspräsidenten an angefangen, dienen sollte. Die Amtszeit des Präsidenten wurde auf sieben Jahre, aber ohne Verlängerungsmöglichkeit, festgesetzt. Das Mehrheitswahlrecht wurde für die untere Kammer des Parlaments (nicht aber für den Senat) durch ein Verhältniswahlrecht ersetzt. Ein besonderes Merkmal dieser Verfassung waren die ausführlichen Bestimmungen über die Grundrechte des türkischen Staatsbürgers; Universitäten und die Presse erhielten umfassende Garantien. Niemals wieder in der türkischen Republik sind die bürgerlichen Freiheiten so weit gefasst worden wie in der Verfassung von 1961. Zugleich war aber die Verfassung aus den Erfahrungen der kemalistischen Elite als Opposition in den 1950er Jahren gespeist; sie sollte durch umfangreiche Vorkehrungen Regierung und Parlament unter Kontrolle stellen.[65]

Beim Verfassungsreferendum am 9. Juli 1961 stimmten nur 60,4 Prozent dem Verfassungsentwurf zu. Da die Ablehnung im westlichen Anatolien und am Schwarzen Meer, den traditionellen Hochburgen der verbotenen Demokratischen Partei (*Demokrat Parti, DP*), besonders hoch war, lässt sich das Ergebnis eher als Kritik am Militärputsch von 1960 und vor allem an dem zu diesem Zeitpunkt noch laufenden Massenprozess gegen die DP-Politiker verstehen denn als Ablehnung der Inhalte der neuen Verfassung.

Bei den Parlamentswahlen vom 15. Oktober 1961, den ersten nach dem Putsch, erhielt die erst vor Kurzem gegründete Gerechtigkeitspartei (AP) 34,8 Prozent der Stimmen und lag damit nur knapp hinter der Republikanischen Volkspartei (CHP) mit 36,7 Prozent.

Da rechtszentristische beziehungsweise noch weiter rechts stehende Parteien (die das Militär allesamt einer islamistischen Agenda verdächtigte) insgesamt mehr als 60 Prozent der Wählerstimmen gewannen, war das Militär so enttäuscht, dass es eine weitere Intervention erwog. Es ließ nur davon ab, weil İsmet İnönü und Ragıp Gümüşpala, der damalige Vorsitzende der AP, sich darauf einigten, eine Koalition unter der Führung von İnönü zu bilden. Die Koalition zwischen CHP und AP zerbrach bereits am 30. Mai 1963; es folgten zwei kurzlebige Koalitionen in den Jahren 1963–1965 unter der Führung von İnönü, beide Male ohne Beteiligung der Gerechtigkeitspartei. Die Jahre der Koalitionsregierungen unter İnönü schadeten der CHP und untergruben ihr Ansehen. Die Partei erwarb sich den Ruf eines hohlen Reformismus, indem sie Reformen ankündigte, sie aber nie umsetzte. Auch unter diesem Eindruck des Ansehensverlusts rückte die CHP nach «links von der Mitte» (*ortanın solu*). Ihr Kurswechsel wurde von der Gerechtigkeitspartei, ihrem großen Gegenspieler, als «links von der Mitte ist der Weg nach Moskau» (*ortanın solu, Moskova yolu)* bewusst verzerrt. Die AP setzte die Losung «Wir sind rechts von der Mitte und auf Allahs Weg» (*Ortanın sağındayız, Allahın yolundayız*) dagegen.[66]

Ecevit versuchte die traditionelle Entfremdung der CHP von der anatolischen Bevölkerung zu vermindern, indem er in der Frömmigkeit des Volkes keinen Widerspruch zu sozialem und politischem Fortschritt sehen wollte: «Auch wenn das Volk fünfmal am Tag betet, ist es fortschrittlich; auch wenn es fastet, ist es fortschrittlich.»[67] Die mittlerweile von Süleyman Demirel geführte Gerechtigkeitspartei war bei den folgenden Parlamentswahlen die deutliche Siegerin: 1965 mit 52,9 Prozent und 1969 mit 46,6 Prozent. Das parlamentarische System funktionierte: 1965 ging der Wechsel von einer CHP-dominierten Regierung hin zu einer AP-Regierung geräuschlos vor sich; die AP regierte zudem mit einer eigenen parlamentarischen Mehrheit.

Nachdem die DP-Regierung in den 1950er Jahren die Gesamtsteuerung der Wirtschaft vernachlässigt hatte, nahm der Staat in den 1960er Jahren wieder die Instrumente staatlicher Wirtschaftsplanung in die Hand. Mit Artikel 129 der Verfassung von 1961 erhielt die bereits im September 1960 eingerichtete «Staatliche Planungsorganisation» (*Devlet Planlama Teşkilatı*) Verfassungsrang. Die Ziele der von dieser Behörde zu entwickelnden Fünfjahrespläne sollten sein: (a) eine Erhöhung des nationalen Einkommens, (b) die Behebung der Probleme bei der Zahlungsbilanz, (c) die Schaffung zusätzlicher Beschäftigung, (d) ein höherer Grad an sozialer Gerechtigkeit und (e) die Beseitigung des Entwicklungsgefälles zwischen den Regionen. Das staatliche Planungsamt als Zentralbehörde bestand offiziell neben den anderen Ministerien, war aber de facto ihnen übergeordnet und bestimmte über die Vergabe von Krediten. Dennoch konnte diese Behörde nur manche der vorgegebenen Ziele verwirklichen, da es den konservativen politischen Kräften gelang, ihr lediglich die Verantwortung für die Planung von staatlichen Investitionen zu überlassen.[68] Nach den regulär durchgeführten Fünfjahresplänen von 1963–1967, 1968–1972 und 1973–1977 geriet der Fünfjahresplan für den Zeitraum 1979–1983 allerdings in die innenpolitischen Turbulenzen der späten 1970er Jahre.

Die Wirtschaftspolitik der 1960er und 1970er Jahre ist vom Vorhaben importsubstituierender Industrialisierung bestimmt. Importsubstitutionspolitik will durch den Schutz des einheimischen Marktes Importe soweit wie möglich beschränken und durch von der einheimischen Industrie hergestellte Produkte ersetzen. Damit soll die eigene Volkswirtschaft – in einer Art sich selbst stärkender Aufwärtsspirale – die Abhängigkeit von Importen immer mehr verringern, die einheimische Produktion steigern und zuletzt internationale Wettbewerbsfähigkeit gewinnen. Diese Wirtschaftspolitik bewirkte in der Tat ein rasches Wachstum in Produktion und Beschäftigung im Fertigungssektor. In den Jahren 1963–1977 stieg das Bruttosozialprodukt durchschnittlich um 4,3 Prozent und die Reallöhne verdoppelten sich nahezu. In einzelnen Industriesparten entstand eine Art Arbeiteraristokratie, die im Verhältnis zu anderen Ländern sehr hohe Einkommen bezog. 1977 waren die Löhne türkischer Arbeiter in diesem privilegierten Sektor doppelt so hoch wie in Südkorea.[69]

Zugleich sind die Schwächen der Importsubstitutionspolitik bei einem Land wie der Türkei, die weiterhin vor allem einfache Güter wie landwirtschaftliche Produkte oder Textilien exportierte, offensichtlich: Diese Wirtschaftspolitik kann, da von einem geringen Wettbewerb auf dem Binnenmarkt gekennzeichnet, zu einem Verlust der Wettbewerbsfähigkeit führen, verstärkt durch gleichzeitig auftretende Inflation und sich erschöpfende Fremdwährungsreserven. In der Türkei verbanden sich ab den 1970er Jahren die ungünstigen Seiten der Importsubstitutionspolitik, nämlich übermäßig hohe Produktionskosten und stagnierende Exporte, mit fehlender Kompetenz in der Führung der Staatswirtschaft und einer inflationären Finanzierung der Staatsausgaben.

Die Türkei hatte niemals das Glück beziehungsweise ist vor dem Schicksal bewahrt geblieben, zu einem «Rentier-Staat» zu werden. So werden diejenigen Staaten der arabischen Welt genannt, in denen der überwiegende Teil des volkswirtschaftlichen Einkommens sich nur einer Quelle, nämlich den Einnahmen aus den Erdöl- und Erdgasexporten verdankt.[70] Von den späten 1940er Jahren bis in die 1970er Jahre war jedoch die Türkei, dank der zahlreichen Hilfszahlungen vor allem der USA und später der Remissen, also der Geldüberweisungen der türkischen Gastarbeiter in ihr Heimatland, ansatzweise ein Rentier-Staat «zweiter Ordnung».[71] Die Unterstützungszahlungen der USA an die Türkei im Rahmen des Marshall-Plans und anderer Programme erreichten bis zu den frühen 1960er Jahren die Höhe von insgesamt vier Milliarden US-Dollar. In den Jahren 1960–1978 belief sich die gesamte Projekt- und Programmhilfe für die Türkei auf rund fünfeinhalb Milliarden US-Dollar.[72]

In den 1970er Jahren schnellten die Überweisungen der in Europa arbeitenden Türken und Türkinnen in die Höhe. In der ersten Hälfte der 1970er Jahre entsprachen die Remissen 70–95 Prozent der offiziellen Exporterlöse und führten im Jahr 1973 zu einem Plus in der Zahlungsbilanz, dem ersten seit 1946. Zugleich geriet die türkische Wirtschaft ab 1973 unter dem Eindruck der Vervierfachung der Erdölpreise ins Schlingern. Während es den führenden westlichen Wirtschaftsmächten nach kurzer Zeit gelang, den größten Teil der ungeheuren Gewinne der erdölexportierenden Staaten in ihre Volkswirtschaften zurückzuschleusen, zeigten sich in der Türkei bereits vorher angelegte Schwächen deutlich: Die hohen Remissen in den 1970er Jahren führten zu einer Überbewertung der eigenen Währung und schwächten die Exportfähigkeit der türkischen Wirtschaft. Bedingt durch die Politik der Importsubstituierung lag 1977 der Anteil aller Importe und Exporte nur bei 16 Prozent des Bruttosozialprodukts – gegenüber ansonsten durchschnittlich 48 Prozent in den «weniger entwickelten» Ländern, zu denen die Türkei zu diesem Zeitpunkt zählte. Besonders auffällig war die Schwäche der Exportindustrie: Der Anteil industrieller Exporte am Bruttosozialprodukt lag bis 1980 unter 2 Prozent.[73]

Die liberale Verfassung von 1961 gewährte verschiedenen Schichten und Interessengruppen in der türkischen Gesellschaft neue Möglichkeiten, ihre Anliegen vorzubringen.[74] So hatten endlich die Gewerkschaften das Recht auf Streik erhalten. Aber auch ohne die Verfassung hätten neue Akteure, angesichts der Pluralisierung der Gesellschaft und des Übergangs der Türkei von einem vornehmlich agrarisch geprägten Land hin zu einem Industriestaat, ihre Stimme erhoben. 1952 war es gelungen, einen «Verband der Arbeitergewerkschaften der Türkei» (*Türkiye İşçi Sendikaları Konfederasyonu,* kurz *Türk-İş*) zu gründen, eine bis heute bestehende Organisation, unter deren Dach sich zahlreiche Einzelgewerkschaften zusammenfinden. *Türk-İş* erklärte sich im Februar 1964 für politisch neutral und wollte fortan Streiks mit politischen Untertönen nicht unterstützen, wie beispielsweise einen Streik im März 1965 von rund fünfundvierzigtausend Bergarbeitern in den Minen von Zonguldak (einer Hafenstadt am Schwarzen Meer) gegen schlechte Arbeitsbedingungen. Als Protest gegen den mangelnden Kampfeswillen von *Türk-İş* gründeten 1967 Gewerkschaftsaktivisten die deutlich weiter links orientierte «Konföderation der Revolutionären Arbeitergewerkschaften der Türkei» (*Türkiye Devrimci İşçi Sendikaları Konfederasyonu, DİSK*).[75]

Intellektuelle propagierten in damals führenden Zeitschriften der Linken, wie «Die Richtung» (*Yön,* 1961–1967) oder «Der Schwur»

(*Ant*, 1967–1971), einen «Neo-Etatismus» (*yeni devletçilik*), der sich gegen den westlichen politischen und wirtschaftlichen Hegemonialismus, aber auch gegen die Großgrundbesitzer und die obere Mittelklasse in den Städten wandte. Dieser «türkische Sozialismus» (*Türk sosyalizmi*) war eigentlich nicht sonderlich revolutionär, sondern zeigte viele Ähnlichkeiten zu Positionen einer linksgerichteten Sozialdemokratie, vergleichbar der damaligen britischen Arbeiterpartei. Dazu gehörten Forderungen nach der Nationalisierung der Schlüsselindustrien, einer fairen Verteilung des Volksvermögens, einer angemessenen Vertretung der Arbeiter in der parlamentarischen Demokratie und nach dem Schutz der Arbeiter vor den Arbeitgebern.[76]

Die späten 1960er Jahre gaben einen Vorgeschmack der gewaltsamen Konfrontationen der 1970er Jahre: Bei einer Demonstration am 16. Februar 1969 gegen den Besuch der Sechsten US-amerikanischen Flotte in İstanbul riefen die Protestierenden «Für eine unabhängige Türkei» (*bağımsız Türkiye*). Die Gegendemonstranten beließen es nicht beim Gegenruf «Für eine muslimische Türkei» (*Müslüman Türkiye*), sondern griffen an. An diesem Tag, der als «blutiger Sonntag» (*Kanlı Pazar*) bekannt wurde, gab es zwei Tote und zweihundert Verletzte. Ein Generalstreik am 15. und 16. Juni 1970 in İstanbul und der Provinz Kocaeli (östlich von İstanbul) wurde von der Regierung als Vorbereitung zur Revolution gesehen. Die Regierung verhängte daraufhin das Kriegsrecht und konnte den Streik mit Hilfe des Militärs unter Abschneidung aller Verbindungen brechen.

1971 war das Land in einem schlechten Zustand: Die Universitäten waren nicht mehr arbeitsfähig. Studentische Gruppen kopierten die Stadtguerilla Lateinamerikas, überfielen Banken und entführten in der Türkei tätige Vertreter der USA. Ministerpräsident Demirel wies wiederholt daraufhin, dass das Land mit den Instrumenten der Verfassung von 1961 nicht geführt werden könne; zugleich entglitt ihm die Kontrolle über seine eigene Partei. Die Gerechtigkeitspartei, ein Sammelbecken unterschiedlichster Strömungen, wurde von inneren Spannungen zerrissen: Eine interne Gruppierung sah sich als diejenigen, die «die Nation und das Geheiligte verehren» (*milliyetçi-mukaddesatçı*).[77] Osman Turan (1914–1978), ein Spezialist für die

Geschichte der Seldschuken und Führer dieser nationalistisch-sakralistischen Strömung, wurde 1967 aus der AP ausgeschlossen. 1970 verließ wiederum Ferruh Bozbeyli (1927–2019) mit vierzig anderen Parlamentsabgeordneten die AP und gründete die «Demokratische Partei» (*Demokratik Parti*). Mit dem (im Türkischen fast) identischen Namen wie die Demokratische Partei der 1950er Jahre vertrat sie den Anspruch, an deren Tradition anzuknüpfen. Im Wesentlichen versammelten sich aber in ihr Landeigentümer und Provinznotabeln, die sich als Verlierer der Modernisierungspolitik von Demirel sahen. Mit der Abspaltung der *Demokratik Parti* hatte Demirel die Mehrheit im Parlament verloren, war weitgehend handlungsunfähig und lavierte sich durch, bis das Militär im März 1971 erneut intervenierte.

Militärisch-technokratisches Zwischenspiel

Am 12. März 1971 überreichte das Militär dem damaligen Staatspräsidenten Cevdet Sunay (1899–1982, im Amt 1966–1973) und den Sprechern beider Parlamentskammern ein Memorandum, das um dreizehn Uhr im Radio verlesen wurde. Grundtenor der Verlautbarung: Die in der Verfassung von 1961 festgelegten Ziele seien verfehlt worden. Das Militär drohte mit einer umfassenden Intervention, falls nicht eine starke und glaubwürdige Regierung das Ruder übernehme, die Anarchie und sozialen Unruhen Einhalt gebieten und die von der Verfassung von 1961 vorgesehenen Reformen umsetzen könne. Demirel trat daraufhin, den Erwartungen des Militärs folgend, zurück.

In den nächsten zweieinhalb Jahren folgte eine Reihe von technokratischen Regierungen unter Nihat Erim und Ferit Melen (1906–1988), die beide dem rechten Lager der Republikanischen Volkspartei zugehörten, sowie Naim Talu (1919–1998), einem früheren hohen Mitarbeiter der Zentralbank. Als im Frühjahr 1973 das Militär zur Einsicht kam, dass es entweder direkt die Macht übernehmen oder sich zurückziehen müsse, entschied es sich für die defensive

Variante. Es hatte zudem in der Mitte des Jahres 1973 seine Ziele zumindest zum Teil erreicht: Zwei Verfassungsrevisionen in den Jahren 1971 und 1973 griffen massiv in die Verfassung ein: Die bürgerlichen Rechte wurden eingeschränkt in Verbindung mit verminderten Aufsichtsrechten der Gerichte in dieser Sache. Die Freiheiten von Universitäten und Gewerkschaften wurden zurückgestutzt. Zudem wurde die Exekutive gestärkt: Das neuartige Instrument der «Rechtsverordnungen mit Gesetzeskraft» (*kanun hükmünde kararname*) sollte eine vom Parlament unabhängigere und wirksame Regierungsarbeit möglich machen.[78]

Grund für das Ultimatum von 1971 war offensichtlich, dass im Militär der Eindruck vorherrschte, Ministerpräsident Demirel sei die Kontrolle entglitten. Man wollte zudem nicht für die Fehler der Regierung durch Ordnungseinsätze einstehen und sich dadurch selbst beschädigen. Die Aufdeckung von Putschplanungen einer linken Fraktion unter Führung des ehemaligen Generals Cemal Madanoğlu (1907–1993) war ein weiterer Antrieb. Der Intervention vom 12. März 1971 folgte umgehend eine Säuberung von linksgesinnten Offizieren. Gegen die Einrichtung einer direkten Militärherrschaft wiederum sprachen außenpolitische Bedenken: Man befürchtete, die Türkei werde in einen Topf mit Militärdiktaturen wie in Griechenland (1967–1974) oder Pakistan (1969–1971) geworfen.[79]

Für das Militär war bei dieser Intervention von 1971 der Gegner eindeutig die linksradikale Bewegung. Bereits an dem Tag, an dem das Memorandum veröffentlicht wurde, eröffneten Staatsanwälte ein Verfahren gegen die Türkische Arbeiterpartei TİP, die das Verfassungsgericht am 20. Juli 1971 verbot. Die Presse wurde drangsaliert. Schriftsteller wie Yaşar Kemal (1923–2015) und Fakir Baykurt (1929–1999) oder intellektuelle Publizisten wie Çetin Altan (1927–2015) und İlhan Selçuk (1925–2010) wurden festgenommen; rechtsradikale Publikationsorgane dagegen blieben unberührt. Viele der Festgenommenen wurden gefoltert, offensichtlich mit dem Ziel, sie von einem weiteren Engagement in der Politik abzubringen.[80]

Die Bilanz der Intervention war trübe: Das Militär mochte sich weder für eine klare Übernahme der Macht noch für deren baldige

Rückgabe entscheiden. Die bisherige Sichtweise in der türkischen Gesellschaft, dass das Militär auf Seiten der liberal-demokratischen Kräfte stehe, verflüchtigte sich durch die Intervention von 1971. Die Erfahrung des Militärs aus den Jahren 1971–1973 wiederum war, dass in Zukunft jede Intervention zu vermeiden sei, die auf halbem Wege stehen bleibt.[81] Die Intervention von 1971 steht zwischen den beiden Militärputschen von 1960 und 1980 und ist weniger als Einschnitt zu verstehen, wie dies 1960 und 1980 der Fall war, sondern als Wegmarke – hin zur tiefen politischen Polarisierung der 1970er Jahre, die ungeahnte Ausmaße annehmen sollte.

Die Entgleisung des politischen Systems und die Welle der Gewalt

Die politische Instabilität der 1970er Jahre hatte mit der Fragmentierung der Parteienlandschaft zu tun. Die 1971 einsetzende Unterdrückung der Kräfte am linken Rand führte zum Niedergang einer legalen parlamentarischen und außerparlamentarischen Linken. Vor allem aber war es die um sich greifende Gewalt, die das Land lähmte. Während die Auseinandersetzung zwischen Rechts- und Linksaktivisten am 16. Februar 1969 in İstanbul mit zwei Toten noch als so außergewöhnlich brutal empfunden wurden, dass sie als «Blutiger Sonntag» in die Annalen eingingen, setzte in den 1970er Jahren gezwungermaßen eine «Gewöhnung» an die unablässigen und unberechenbaren Gewalttaten ein. Im Sommer 1980 forderten die kaum mehr zu überblickenden Anschläge und Attentate, Prügeleien und Schießereien täglich mindestens zwanzig Todesopfer. Die Vorstellung eines zwischen radikalen Rechten und radikalen Linken in zwei Hälften gespaltenen Landes ist allerdings unzutreffend: Der allergrößte Teil der Bevölkerung hatte mit den Auseinandersetzungen nichts zu tun und litt unter ihnen. Zudem war die radikale Rechte, geführt von der nationalistisch-rechtsradikalen Partei der Nationalistischen Bewegung (MHP), vor allem in der zweiten Hälfte der 1970er eindeutig die treibende Kraft der Gewalt.

Die Wahlen vom Oktober 1973 – die ersten nach dem Rückzug

der Militärs – wurden als Test dafür gesehen, ob die von Ecevit vertretene neue Ausrichtung der Republikanischen Volkspartei links vom Zentrum erfolgreich sein würde. Dass die CHP einen großen Teil ihrer Stimmen nicht in den «zurückgebliebenen» Regionen des Landes, wo bisher ihre Hochburgen gewesen waren, sondern in den Industriestädten erhielt, zeigte, dass die Arbeiter in den Städten und die Migranten in den *Gecekondus* jetzt die Republikanische Volkspartei unterstützten. Die CHP gewann die Wahlen von 1973 mit 33,3 Prozent und die Wahlen von 1977 sogar mit 41,4 Prozent (aber nur mit 213 von insgesamt 450 Parlamentssitzen). Damit verfehlte sie das Ziel, alleine regieren zu können. Ecevit gelang es zudem nicht, stabile Regierungen zu bilden beziehungsweise zu führen. Das mit der Verfassung von 1961 eingeführte Verhältniswahlrecht hatte die Voraussetzungen für eine Regierungsbildung erschwert. Hinzu trat eine persönliche Fehde zwischen Ecevit und Demirel. Mit weit über 70 Prozent Stimmenanteil für die beiden zentristischen Parteien, die Gerechtigkeitspartei, AP und die CHP, wäre eine große Koalition jederzeit möglich gewesen.[82] Ecevit ging jedoch am 26. Januar 1974 aus taktischen Gründen eine Koalition mit der islamistischen Nationalen Heilspartei (*Millî Selamet Partisi, MSP*) ein.

Persönliche Vermessenheit und falsches Kalkül traten hinzu. Ecevit, der die erfolgreiche türkische Intervention auf Zypern im Sommer 1974 verantwortete, trat im September 1974 aus wahltaktischen Gründen zurück, weil er sich – als «Eroberer von Zypern» (*Kıbrıs Fatihi*) und Verteidiger der türkischen nationalen Interessen – einen klaren Sieg an den Wahlurnen erhoffte.[83] Es kam aber nicht zu Neuwahlen, sondern nach langen Monaten der Verhandlungen übernahm Süleyman Demirel die Regierungsgeschäfte. In der Zeit vom 31. März 1975 bis zum 22. Juni 1977 führte Demirel eine erste «Regierung der Nationalistischen Front» (*Milliyetçi Cephe Hükûmeti*), gemeinsam unter anderen mit der islamistischen MSP und der MHP. Darauf folgte eine zweite und kurzlebige Regierung der Nationalistischen Front vom 21. Juli 1977 bis zum 15. Januar 1978. Diese beiden Regierungen schadeten der politischen Kultur des Landes: Die kleineren Koalitionspartner, MSP und MHP, erhielten eine weit über ihren Stimmenanteil hinausgehende Vertretung in den Ministerämtern.[84] Beide Parteien, vor allem aber die MHP, nutzten die Zeit, um die von ihnen geführten Ministerien in Bastionen für ihre eigene politische Tätigkeit außerhalb von Regierung und Parlament umzuwandeln. Vom 15. Januar 1978 bis zum 12. November 1979 führte Ecevit ein weiteres Mal die Regierung im Bündnis mit einigen von der Gerechtigkeitspartei abgefallenen Abgeordneten, aber weder auf wirtschaftlicher noch politischer Ebene konnte er die in ihn gesetzten Hoffnungen erfüllen. So übernahm Demirel am 12. November 1979 wieder als Ministerpräsident die Regierungsgeschäfte. Der parlamentarische Betrieb stockte immer mehr: Als im April 1980 die Amtszeit des Staatspräsidenten Fahri Korutürk (1903–1987, im Amt 1973–1980) auslief, konnten sich die Parteien nicht auf einen Nachfolger einigen. Mehr als einhundert Wahlgänge blieben ohne Ergebnis.

Spätestens 1979 lief die türkische Volkswirtschaft auf Grund: Auf den raschen Verfall der Lira ab der zweiten Hälfte der 1970er Jahre musste die Regierung mit zwei drastischen Abwertungen antworten – im Juni 1979 um 78 Prozent und im Januar 1980 um 48 Prozent. Erst mit diesen beiden einschneidenden Senkungen stimmte der offizielle Lira-Kurs wieder mit den realen Kursen auf dem Schwarzmarkt überein, auf dem die Lira im März 1979 noch doppelt so niedrig gehandelt worden war.[85] Die Maßnahmen der seit November 1979 amtierenden Regierung unter Ministerpräsident Süleyman Demirel umfassten nicht nur die Abwertung der Währung, sondern auch weitergehende Pläne zur Aufhebung von Preiskontrollen, zur Reduzierung des Defizits des öffentlichen Sektors und zur Deregulierung der Zinsen auf dem Binnenmarkt – erste Vorboten einer Politik des «Neoliberalismus», der die türkische Wirtschaftspolitik ab den 1980er Jahren prägen sollte.

Eine noch größere Bürde für die Stabilität des Landes war die Radikalisierung der außerparlamentarischen Auseinandersetzung. Um 1970 bildeten sich linksradikale Organisationen, die es als ihren Auftrag sahen, politische Ziele im bewaffneten Kampf zu verwirklichen. Bereits 1965 war die «Föderation der Revolutionären Jugendvereine der Türkei» (*Türkiye Devrimci Gençlik Dernekleri Federasyonu,* kurz *Dev-Genç*) gegründet worden. Ziel der 1971 verbotenen *Dev Genç* war, den Bauern im revolutionären Kampf gegen den Imperialismus beizustehen.[86] Hinzu traten die 1971 gegründete «Volksbefreiungsarmee der Türkei» (*Türkiye Halk Kurtuluş Ordusu, THKO*) unter der Führung von Deniz Gezmiş (1947–1972), die «Volksbefreiungspartei der Türkei – Front» (*Türkiye Halk Kurtuluş Partisi – Cephe, THKP-C*) unter Mahir Çayan (1945–1972) und die «Kommunistische Partei der Türkei – marxistisch-leninistisch» (*Türkiye Komünist Partisi/Marksist-Leninist, TKP-ML*) von İbrahim Kaypakkaya (1943–1973), eine Abspaltung von der maoistischen «Revolutionären Arbeiter- und Bauernpartei der Türkei» (*Türkiye İhtilalci İşçi-Köylü Partisi, TİİKP*) unter Doğu Perinçek (geb. 1942). Die frühen und zugleich ähnlichen Todesjahre von Gezmiş, Çayan und Kaypakkaya (1972 und 1973) sind bereits ein Hinweis darauf, dass diese Organisationen sehr rasch durch die staatlichen Organe zerschlagen wurden. Sie waren wohl auch deswegen kurzlebig, weil sie über nur einen sehr kleinen Kreis von unmittelbaren Unterstützern verfügten: Die Linke konnte zwar Zehntausende für Demonstrationen auf die Straße bringen, aber die Zahl der aktiven linksradikalen Militanten hat wohl nie mehr als einige Tausend, ja vielleicht nur wenige Hundert umfasst.[87]

Die radikale Rechte dagegen wies von Anfang an eine größere ideologische Geschlossenheit auf – angesichts ihrer beschränkten Weltdeutungsversuche keine große Kunst – sowie ein sehr viel breiteres Milieu von Aktivisten; zudem konnte sie auf die Unterstützung unterschiedlichster Sympathisanten im Staatsapparat und wohl auch im Militär zählen. Die Nationalistische Bewegungspartei nutzte ihre Beteiligung in den beiden Regierungen der Nationalistischen Front in den Jahren 1975–1978 und ihre Kontrolle über das Innenministerium, um ihre Vertrauten im Staatsapparat zu platzieren und rechtsradikale Gewaltaktionen zu decken. Schon seit den 1950er Jahren hatte sich die ultranationalistische Rechte unter dem Schlachtruf des Kampfes gegen die Kommunisten organisiert. Die «Vereine zum Kampf gegen den Kommunismus» (*Komünizmle Mücadele Dernek-*

leri), die nach dem Regierungsantritt der Gerechtigkeitspartei 1965 einen halb-offiziellen Status erringen konnten, griffen von den Großstädten nach Anatolien über. 1968 gab es schon einhunderteinundvierzig Filialen der Bewegung. Aus diesen Vereinen heraus formierten sich ab Mitte der 1960er Jahre die «Grauen Wölfe» (*Bozkurt*).[88]

Der Gegensatz zwischen «rechts» und «links» stand für beziehungsweise speiste sich aus weiteren Gegensätzen: türkisch gegen kurdisch, sunnitisch gegen alevitisch, sunnitisch gegen säkular gesinnt, Handwerker und Händler gegen urbanes Proletariat.[89] So sprach die radikale Rechte zur Denunzierung der politischen Gegner von den «drei K»: Kurde – Kommunist – Kızılbaş (also Alevit). Es ging aber nicht nur um Ideologie und Identität. Ein machtvoller Motor von Konflikt und Gewaltbereitschaft waren die sozialen und wirtschaftlichen Verhältnisse, vor allem die schlechte Integration der Heranwachsenden in den *Gecekondus* der Großstädte. Die wirtschaftliche Krise in den 1970er Jahren bedeutete für die *Gecekondu*-Bewohner, dass sich ihre Vorstellungen von sozialer Mobilität nach oben nicht oder zumindest nicht mehr so einfach verwirklichen ließen. Zudem war der Staat nach der Intervention des 12. März 1971 mit den *Gecekondus* weitaus weniger duldsam; zum Teil wurden diese in der Tat wieder abgerissen. Die durch die Lebensbedingungen in diesen Vierteln genährte Polarisierung wirkte als radikalisierte Gewalt wiederum in die *Gecekondus* zurück. Stadtviertel ordneten sich noch mehr, als es schon bisher der Fall war, nach Zugehörigkeiten – auch um sich so zu schützen. So entstanden in den Großstädten eigene größere alevitische Stadtviertel, die sich in der politischen Landschaft als eindeutig links verorteten. In der politisierten Gesellschaft und angesichts ihrer Stigmatisierung blieb den Aleviten nicht viel anderes übrig, als sich an die Linke anzulehnen.[90]

Die Gewalt war alltäglich und konnte überall aufflackern. So berichtete, um nur ein Beispiel zu geben, die Tageszeitung *Cumhuriyet* am 13. Januar 1977, gewissermaßen unter der Rubrik «Vermischte politische Gewalt in Bildungseinrichtungen», von den folgenden Vorfällen: Im Gymnasium Karlıova in der Stadt Bingöl wurden dreizehn Gymnasiasten nach einer Auseinandersetzung festgenommen;

die Atatürk-Universität in Erzurum wurde nach dem Tod eines Studenten für unbestimmte Zeit geschlossen; im Eingangsbereich der Oberschule von Manisa explodierten Dynamitstangen; am Lehrerbildungsinstitut in Aydın wurden Lehrer mit Stöcken angegriffen; eine Prügelei entbrannte an der Journalismus-Schule von Başkent in Ankara.

Attentate nahmen überhand. Am 19. Juli 1980 wurde Nihat Erim, Ministerpräsident nach der Intervention des Militärs 1971, beim Verlassen eines İstanbuler Strandclubs ermordet. Drei Tage später, am Tag des Begräbnisses von Erim, wurde – offensichtlich in einem Akt der Vergeltung – Kemal Türkler (geb. 1926), ehemaliger Präsident der Konföderation der Revolutionären Arbeitergewerkschaften der Türkei (DİSK), ermordet.

Gewalt geschah nicht einfach als Beweis politischer Gesinnung, sie sollte gezielt provozieren – und hier fast nur von rechtsradikaler Seite.[91] Bei den Demonstrationen am 1. Mai 1977 auf dem zentralen Taksim-Platz in İstanbul nahmen unbekannte Schützen die Demonstranten unter Beschuss. Da die Polizei die Sirenen der Einsatzfahrzeuge betätigte und zugleich die vom Platz abführenden Hauptstraßen abgesperrt hatte, kam es zu einer Massenpanik. Zwei Personen wurden von Kugeln getötet, vierunddreißig aber totgetrampelt.[92] Am 17. April 1978 wurde ein Abgeordneter der Gerechtigkeitspartei AP, Hamid Fendoğlu, der als ein erklärter Antikommunist galt, zusammen mit seiner Schwiegertochter und zwei seiner Enkelkinder von einer Paketbombe getötet. Erst Jahre später wurde festgestellt, dass die Bombe vom Nationalen Nuklearforschungszentrum in der Nähe von İstanbul abgesandt worden war – eine Einrichtung, die damals unter der Kontrolle der MHP stand.

Der Anschlag auf Fendoğlu führte im ostanatolischen Malatya zu anti-alevitischen Ausschreitungen, die rasch auf andere Städte wie Erzurum und Kahramanmaraş übergriffen.[93] Ebenfalls in Kahramanmaraş folgte einem Bombenanschlag am 19. Dezember 1978 auf ein Kino, das als rechtsnationalistisch galt, vom 22. bis zum 24. Dezember ein anti-alevitisches Pogrom. Erst militärische Einheiten, die aus dem 250 Kilometer entfernten Kayseri heran-

Demonstration einer Gruppe linksgerichteter Jugendlicher im Januar 1978, die einen bei Ausschreitungen getöteten Kameraden durch die Straßen von İstanbul tragen. In der zweiten Hälfte der 1970er war der Tod durch politische Gewalt alltäglich geworden.

geführt wurden, konnten ihm Einhalt bieten. Mindestens einhundertelf Menschen wurden bei den Unruhen getötet und über eintausend Menschen verletzt. Am folgenden Tag, am 25. Dezember 1978, beschloss das Parlament, unter dem unmittelbaren Eindruck der Ereignisse in Kahramanmaraş, die Verhängung des Ausnahmezustandes in dreizehn östlichen Provinzen.[94]

Der Staat war hilflos, da polizeiliche und geheimdienstliche Maßnahmen sabotiert und Nachrichten über staatliche Maßnahmen an diejenigen, gegen die sie sich richten sollten, verraten wurden. Man betrachte nur das undurchdringliche Dickicht rund um Mehmet Ali Ağca (geb. 1958). Ağca ist der Weltöffentlichkeit als derjenige bekannt, der 1981 einen Attentatsversuch auf Papst Johannes Paul II. unternahm. Am 1. Februar 1979 hatte er bereits Abdi İpekçi, den Herausgeber der Tageszeitung *Milliyet*, ermordet. Ağca wurde gefasst, konnte aber aus einem Hochsicherheitsgefängnis in der Nähe von İstanbul mit Unterstützung einiger Gefängniswächter fliehen.[95]

Es gibt einen grundsätzlichen Unterschied zwischen dem Terrorismus der Linken und der Rechten in der Türkei der 1970er Jahre: Linksterroristen wollten die Arbeiter zur Revolution bewegen. Die radikale Rechte dagegen setzte, mit mehr Wucht, heimlicher Unterstützung durch Staatsorgane und weitaus besserer Infrastruktur, auf Chaos und Demoralisierung. Vor allem in Zentral- und Ostanatolien konnten von rechtsradikalen Kräften angezettelte Ausschreitungen immer erst unterbunden werden, wenn von auswärts an den Ort des Geschehens gesandte militärische Einheiten eingriffen. Die Passivität, ja das willentliche Gewährenlassen durch lokale Sicherheitskräfte bei diesen Ereignissen war allzu offensichtlich. Angesichts der die Türkei immer tiefer in einen Strudel aus Gewalt und Zersetzung ziehenden Krise erscheint im Nachhinein als das Erstaunliche am Putsch vom 12. September 1980 «nicht, dass er stattfand, sondern dass es so lange dauerte, bis er schließlich geschah».[96] Nur dank der Zufälligkeiten der Geschichte ist also der Putsch in der Türkei vom 12. September 1980 nicht in der Rubrik des Epochenjahres 1979 zu finden.[97]

Der Putsch von 1980

Bereits Ende des Jahres 1978 war das Militär davon überzeugt, dass eine Intervention unvermeidbar geworden war. Zugleich wollten die führenden Offiziere noch abwarten. Die Politiker sollten sich erst so gründlich diskreditiert haben, dass niemand mehr an der Berechtigung einer Militärintervention zweifeln konnte. Im Gegensatz zu den vorangehenden Interventionen von 1960 und 1971 war der Putsch von 1980 sorgfältig geplant und hatte klare Ziele.[98] Die Hierarchie wurde strikt eingehalten; es entstand keine Kluft zwischen den führenden Personen des Putsches und den Kommandeuren der Teilstreitkräfte. Die Übernahme der Macht durch das Militär war vollständig, und die Rückgabe der Macht an die Politiker erfolgte nur allmählich und in genau bestimmten einzelnen Schritten.

Am frühen Morgen des 12. September besetzte das Militär alle zentralen Punkte und Institutionen in der Hauptstadt Ankara und im ganzen Lande. Weit hatten es die militärischen Verbände nicht, da Ankara, wie alle anderen Großstädte der Türkei, von Garnisonen und Militäreinrichtungen umgeben ist. Die führenden Politiker des Landes wurden in den Morgenstunden festgenommen. In einer Ansprache am Tag des Putsches gab Kenan Evren (1917–2015), Generalstabschef und Anführer der Putschisten, den Politikern die Hauptverantwortung am Zustand des Landes. Sie hätten unverantwortlich agiert und so das Versagen des gesamten politischen Systems bewirkt.[99]

Die Maßnahmen des Militärregimes in den folgenden Monaten waren äußerst harsch: 650 000 Menschen wurden in Polizeigewahrsam genommen, 1 683 000 Strafverfahren eingeleitet, 517 Personen zum Tod verurteilt, davon 49 Todesstrafen vollstreckt. 30 000 Menschen wurden aus ihren Arbeitsverhältnissen wegen ihrer politischen Gesinnung entfernt. Bis 1987 wurden 14 000 Türkinnen und Türken aus der türkischen Staatsangehörigkeit entlassen und 300 000 Personen ihr Reisepass entzogen. Der Folter auf den Polizeistationen und in den Gefängnissen wurde freier Lauf gegeben; mindestens 171 Menschen starben in den ersten Jahren nach dem Putsch durch Folter.[100]

Das Militär intervenierte 1960, 1971 und 1980 jeweils mit Verweis auf die Entgleisungen des politischen Systems. Von einer Entgleisung lässt sich auch für den Bereich der Wirtschaft sprechen: Es gibt einen auffälligen Zusammenhang zwischen der wirtschaftlichen Entwicklung und den Interventionen des Militärs: 1958 war auf dem Schwarzmarkt die türkische Lira gegenüber dem Dollar fünfmal schwächer als laut offiziellem Wechselkurs. Im August 1958 musste die Regierung alle internationalen Finanztransaktionen einstellen. Auf Druck des Internationalen Währungsfonds kam es noch im selben Jahr zu einer starken Abwertung der Lira (von 1:2,80 auf 1:9 im Verhältnis zum Dollar), mitsamt weiteren Maßnahmen wie Importerleichterungen, Änderungen in der Exportpolitik, Aufhebung von Preiskontrollen, höheren Preisen der von staatlichen Unternehmen hergestellten Produkte und der Neustrukturierung der Staatsschulden. Als Folge dieser harten Sanierungspolitik brach eine Rezession aus, die bis 1961 währte. Weniger deutlich, aber dennoch sichtbar ist dieser Zusammenhang bei der Intervention von 1971: Während die

Kenan Evren, Führer der Militärjunta in den Jahren 1980–1983, spricht bei einer Pressekonferenz am 16. September 1980 in Ankara, vier Tage nach dem Putsch. Niemals hat eine Militärjunta in der Türkei so tiefgreifende Umwälzungen bewirkt wie in den Jahren 1980–1983.

Löhne zwischen 1960 und 1971 im gewerkschaftlich organisierten Bereich um 5 bis 7 Prozent pro Jahr stiegen, sanken sie nach der Intervention in den Jahren 1971–1973 um ein Zehntel. Ab 1978 schlitterte die Türkei in eine schwere Zahlungskrise. Der Internationale Währungsfonds setzte harte Bedingungen als Gegenleistung für seine Unterstützung: Durchführung eines Stabilisierungsprogramms, starke Kürzung von staatlichen Subventionen, Aufhebung der Import- und Exportkontrollen. In der Folge sanken die Reallöhne im Zeitraum 1977–1987 um 34 Prozent.[101]

Was sagt uns diese auffällige Parallelität zwischen den Interventionen des Militärs und den rigorosen wirtschaftspolitischen Maßnahmen, die von Einbrüchen vor allem in den Arbeitseinkommen begleitet wurden? Drei Antworten, mit einem aufsteigenden Grad an zynischer Betrachtungsweise, lassen sich geben: Man könnte als erste Vermutung vorbringen, das Militär sei in Sorge gewesen, die offensichtliche wirtschaftliche Schwäche könnte die politische Instabilität verstärken, so dass es geboten sei, möglichst rasch einzugreifen. Deutlich nüchterner sind die beiden anderen Optionen, nämlich das unmittelbare Interesse des Militärs an geordneten Verhältnissen im Sinne einer kapitalistischen Wirtschaftsordnung oder, drittens, das Militär als ausführender Arm internationaler Kapitalinteressen. Insgesamt gesehen spricht vieles gegen die erste Deutung, da sie zu naiv wäre, und manches gegen die dritte, weil sie annimmt, dass die politischen Verhältnisse und Entwicklungen in der Türkei letztlich allein von außen gesteuert seien. Dagegen sprechen schon allein Machtumfang und Selbstbild des türkischen Militärs, das nach 1980 ein neues Zeitalter einläuten wollte. Es wird wirklich ein neues Zeitalter. Andere aber als das Militär werden es prägen.

Viertes Kapitel

Die Verheißungen des islamischen Konservatismus (1980–2013)

In zweierlei Sinne lässt sich von «Verheißungen» des islamischen Konservativismus sprechen. Zum einen gewann – um es zuerst einmal möglichst allgemein zu formulieren – «der Islam» ab den 1980er Jahren in der gesamten islamischen Welt (einschließlich der muslimischen Diaspora) öffentliche Sichtbarkeit und wurde zur Begründung des eigenen politischen Handelns herangezogen. Zum anderen meinten dem Islam eigentlich fremd gegenüberstehende Akteure erkannt zu haben, wie nützlich ein «gemäßigter Islam» sein könnte. So sah das türkische Militär im islamischen Konservativismus ein Mittel sozialer und politischer Mäßigung, das versprach, die linksradikale Bewegung auszutrocknen. Die die Türkei von 1980 bis 1983 lenkende Militärjunta fand dabei die Zustimmung ihres Mentors USA, die wiederum in gemäßigten Islamisten (natürlich nicht denen, die seit 1979 in Iran das Sagen hatten) ein wirksames Gegenmittel gegen den Kommunismus in der islamischen Welt sahen.[1] Der Sturz des Schahs im Februar 1979 sowie die Errichtung der Islamischen Republik Iran und der sowjetische Einmarsch in Afghanistan veränderten das Machtgleichgewicht im Nahen Osten und machten die Türkei in den Augen des Westens umso bedeutender: Die Türkei sollte ein dem Westen verbundener Staat bleiben und zugleich in der islamischen Welt mehr Gewicht erhalten.[2]

Selbst nicht-gemäßigte Bewegungen waren willkommene Verbündete. Man denke an die westliche Unterstützung der Mudschahedin in Afghanistan nach dem sowjetischen Einmarsch im Dezember 1979 oder an den algerischen Präsidenten Chadli Bendjedid (im Amt 1979–1992), dessen Vorhaben eines kontrollierten Aufstiegs des Islamismus in Gestalt des *Front Islamique du Salut* ihm rasch entglitt.[3] Auch für die Türkei lässt sich sagen, dass das Militär, das die Potentiale eines islamischen Konservativismus für seine eigenen Zwecke nutzen wollte, von der Wucht der sich entwickelnden islamistischen Bewegung überrollt wurde.

In der Türkei der 1980er Jahre sind einerseits die politischen Ordnungsmuster des Kalten Krieges noch wirksam, andererseits beginnt das Land sich bereits neu zu orientieren. Im europäischen Maßstab wird die Türkei damit zu einer Art Vorreiter: Die dramatischen Veränderungen, die in den 1990er Jahren die postsozialistischen Staaten Osteuropas erleben, werden im globalen Süden und in der Türkei vorweggenommen.[4] In den 1980er Jahren schwenkt die Türkei auf eine Politik des Neoliberalismus ein, begleitet von Bekundungen muslimischer Frömmigkeit. Zeitgleich zum britischen «Thatcherismus» (Margaret Thatcher ist von 1979 bis 1990 britische Premierministerin) wird die türkische Gesellschaft dem Regime der Markteffizienz unterworfen. Im Verbund mit dem Rest der islamischen Welt bekennt sich die Türkei zugleich dazu, den Islam als ein vorrangiges Merkmal der eigenen Persönlichkeit und Gesellschaft zu behaupten. Mit dem Wahlerfolg der Partei für Gerechtigkeit und Entwicklung (*Adalet ve Kalkınma Partisi, AKP*) im Jahr 2002 wird die Triade aus Demokratie, wirtschaftlichem Erfolg und islamischem Konservativismus zu einem neuen Markenzeichen der Republik Türkei. Spätestens in den 2000er Jahren ist das Land nicht nur zurück in der Geschichte der islamischen Welt,[5] sondern in der Weltgeschichte. Blickt man unter dem größeren Blickwinkel der allgemeinen Verheißungen des islamischen Konservativismus auf die Türkei, so relativiert sich der Machtantritt der AKP im Jahre 2002, und es eröffnet sich ein größerer Zeitraum, der von 1980 bis zu den frühen 2010er Jahren reicht.

1. Politikingenieure an der Macht (1980–1983)

Das türkische Militär vereinte mit dem Putsch von 1980 sämtliche Machtmittel in seiner Hand. Man wollte bleibende Lehren aus den erbitterten innenpolitischen Auseinandersetzungen in den späten 1970er Jahren ziehen, agierte aber auch unter dem Eindruck des Einmarschs der Sowjetunion in Afghanistan im Jahr 1979 und der Revolution in Iran 1978–1979. Im islamischen Konservativismus meinte das Militär ein wirksames Mittel gegen den Linksradikalismus gefunden zu haben, während es rechtsnationalistische Gesinnung ohnehin als den Humus einer robusten nationalen Identität zu schätzen wusste. Das Militär sah sich dazu in der Lage, den schmalen Grat zwischen der gewünschten Förderung eines islamischen Konservativismus und der Gefahr eines erstarkenden Islamismus zu begehen. Die Querelen zwischen den führenden Politikern des Landes in den 1970er Jahren, ja die Lähmung des gesamten politischen Systems bestätigten die führenden Militärs in ihrer Annahme, dass sie dazu aufgerufen und fähig seien, grundsätzliche Veränderungen am politischen System des Landes vorzunehmen – ohne sich selbst dabei in die Niederungen des alltäglichen politischen Kampfes ziehen zu lassen. Ihre allzu mechanistische Sichtweise von Politik verleitete jedoch die Militärs, nicht nur in den Jahren 1980–1983 direkt die Macht in den Händen zu halten, sondern auch in den folgenden Jahren mit dem Drehen an den Rädchen der Macht die politische Maschinerie immer wieder in Gleichklang mit ihren Vorstellungen zu bringen. Diese Selbstüberschätzung, ja dieser Hochmut brach ihnen wenig später das Rückgrat.

Das Militär als Staat über dem Staate

Seit dem späten neunzehnten Jahrhundert, auch unter dem Einfluss deutscher Militärberater, sah sich das Militär als Speerspitze der Modernisierung und deswegen zu einer herausgehobenen Rolle im Staat berechtigt. Dieses Selbstbild änderte sich nicht wesentlich in der Türkischen Republik. Mustafa Kemal war aufgrund der Erfahrungen der 1910er Jahre – als sich die jungtürkische Bewegung und das Militär ineinander verstrickten – davon überzeugt, dass eine übermäßige Politisierung des Militärs schädlich sei. Er wollte es daher auf die Rolle eines *imperium in imperio*, vergleichbar der Rolle des Militärs in Deutschland im Zeitraum 1871–1914, beschränken. Aber selbst er musste sich für entscheidende Schritte wie die Aufhebung des Kalifats der Unterstützung der höchsten Offiziere versichern. Bis in die Mitte der 1940er Jahre bestand für das Militär keine Notwendigkeit, korrigierend einzugreifen, weil die ideologische Nähe zwischen Regierung und Militär groß genug war. Spätestens seit 1960 jedoch sah sich das Militär als Führer und Wächter des Staates.[6]

Der starke innere Zusammenhalt der türkischen Armee beruhte auf einer unbedingten Betonung des Kemalismus als Ideologie und dem Stellenwert von Disziplin und Loyalität. Das Militär blickte daher mit Unwillen auf die Politik; ihre Eigenarten, unter anderem die mühselige und unübersichtliche Aushandlung von Interessen, blieben ihm fremd. Das Militär wollte sich von Parteipolitik fernhalten, aber nicht von politischer Intervention. Nach dem Putsch von 1960 institutionalisierte es seine Rolle als Wächter über den Staat. Mit Artikel 111 der Verfassung von 1961 wurde die bereits 1933 eingerichtete Institution des «Nationalen Sicherheitsrates» (*Milli Güvenlik Kurulu, MGK*) in Verfassungsrang erhoben. Unter den jeweils fünf zivilen und fünf militärischen Mitgliedern hatte der Staatspräsident den Vorsitz.[7]

Das Militär schuf sich zudem nach 1960 eine eigenständige ökonomische Infrastruktur, vor allem mit der 1961 gegründeten «An-

Militärparade am 30. August 2007 zur Feier des «Siegestages» (*Zafer Bayramı*), der an das erfolgreiche Ende des Unabhängigkeitskriegs im Jahr 1922 erinnert. An der Fassade des Hochhauses eine überlebensgroße und idealisierte Abbildung des Republikgründers Atatürk.

stalt des Militärs für gegenseitige Unterstützung» (*Ordu Yardımlaşma Kurumu, OYAK*), in die alle Offiziere rund ein Zehntel ihres Gehaltes einzahlten, um anschließend aus dem Fonds verschiedene Formen der Unterstützung zu erhalten. OYAK, eine geheimnisumwitterte Institution, entwickelte sich über die Jahrzehnte hinweg zu einem der größten Industriekonglomerate in der Türkei, auch dank eines großen Wettbewerbsvorteils: Die Beiträge der Armeeangehörigen und das Vermögen des Konzerns waren weitgehend von der Steuer befreit.[8]

Die Oberhoheit des Militärs über die Politik zeigte sich zudem darin, dass von der Republikgründung bis zum Ende der 1980er Jahre – mit der alleinigen Ausnahme Celal Bayars in den Jahren 1950–1960 – immer ein ehemaliger General das Amt des Staatspräsidenten einnahm: Mustafa Kemal Atatürk (1923–1938), İsmet İnönü (1938–1950), Cemal Gürsel (1960–1966), Cevdet Sunay (1966–1973), Fahri Korutürk (1973–1980) und Kenan Evren (1982–1989).

Andererseits darf man – jenseits aller Tendenzen der Abschottung – die Verbindungen des Militärs zur Gesellschaft nicht unterschätzen: Dass Militärschulen eine kostenlose Ausbildung anboten, war sicherlich immer eines der Hauptmotive für den Eintritt in eine Offizierslaufbahn. Das Unterrichtssystem an den Militärschulen und -akademien war dank einer besseren Ausstattung und engeren Betreuung den zivilen Lehreinrichtungen in der Regel überlegen. Die Lehrinhalte waren nicht grundsätzlich unterschiedlich, wurden allerdings gründlicher vermittelt, einschließlich einer intensiven kemalistischen Indoktrination. Dass sich das türkische Offizierskorps vornehmlich aus der unteren Mittelschicht der Provinzstädte rekrutierte und somit die Ausbildung einer in sich abgeschlossenen militärischen Kaste vermieden wurde, war einer der Gründe für das hohe Ansehen in der Gesellschaft. Das Militär war über Jahrzehnte hinweg neben Binnenmigration und staatlichem Erziehungswesen der dritte wichtige Träger nationaler Assimilierung. Der Militärdienst war, seit der Wiedereinführung der allgemeinen Wehrpflicht im Jahr 1927, für die männliche Bevölkerung eine entscheidende Lebenserfahrung und neben der Beschneidung der wichtigste Initiationsritus für einen heranwachsenden Mann.[9]

Die herausgehobene Stellung des Militärs war also nicht das Ergebnis einer erfolgreichen Selbstsuggestion, sondern eine gesellschaftliche Tatsache: Im September 1999, als nach dem verheerenden Erdbeben im Osten İstanbuls von allen staatlichen Institutionen nur das Militär rasche Hilfe zu leisten imstande war, gaben bei einer Umfrage nur noch 15 Prozent an, den Politikern etwas zuzutrauen, aber immerhin noch 65,1 Prozent bekundeten ihr Vertrauen gegenüber dem Militär.[10] Auf der Grundlage dieser Selbstgewissheit wagte das Militär nach 1980 das Unmögliche: Vieles, was die Konstruktion des politischen Systems anging, sollte sich ändern, um sicherzustellen, dass alles, was die Macht und das letztliche Vetorecht des Militärs betraf, so bleiben konnte, wie es in der Türkischen Republik angeblich schon immer gewesen war.

Die Türkisch-Islamische Synthese

Das kemalistische Projekt hatte immer einen teleologischen Ansatz: Dem anfänglich heroischen Kampf müsse eine Zeit großer Anstrengungen folgen, bis schließlich die türkische Nation die Früchte ihrer Mühen gänzlich ernten können würde. Die Teile der Bevölkerung, die noch über kein nationales Bewusstsein oder über ein falsches verfügten, würden angesichts der Stärke der Nation und der so überzeugenden und in sich richtigen Idee des Kemalismus sich zwangsläufig für das gemeinsame Projekt gewinnen lassen.[11] Wirtschaftliche Krisen oder die Notwendigkeit, dass das Militär vorübergehend die Macht zu übernehmen habe, waren als eine Verzögerung zu sehen, aber nicht als grundsätzliches Scheitern des Vorhabens. In Wirklichkeit jedoch stieß der kemalistische Staat nicht nur an seine Grenzen, sondern er geriet in eine Sackgasse, indem die Mittel, die er einsetzte, um das, was ihm heilig war, zu verteidigen, sich geradezu gegen ihn selbst wandten.

Bereits im September 1980 übertrug der allein von Militärs besetzte «Nationale Sicherheitsrat» (*Milli Güvenlik Konseyi*), der im Rahmen eines Ausnahmezustands bis zum 6. Dezember 1983 herrschte, dem ehemaligen General Bülent Ulusu (1923–2015) das Amt des Ministerpräsidenten und Turgut Özal das seines Beraters in Wirtschaftsfragen. Die Regierung unter der direkten Aufsicht des Militärs sollte sich um die Alltagsgeschäfte kümmern. Die Junta selbst machte sich daran, jetzt und für die Zeit nach der Rückgabe der Macht möglichst tiefe Pflöcke einzuschlagen. Während 1960 die Junta bereits am Tag des Putsches führende Juristen aus İstanbul nach Ankara hatte holen lassen, wurde diesmal erst mehr als ein Jahr nach dem Putsch, im Oktober 1981, eine «Verfassunggebende Versammlung» (*Kurucu Meclis*) eingerichtet.[12]

Die 1982 fertiggestellte Verfassung kannte wieder, wie bereits vor 1961, in der Großen Nationalversammlung der Türkei (*Türkiye Büyük Millet Meclisi*) nur eine einzige Parlamentskammer, nun mit einer Legislaturperiode von fünf Jahren. Von entscheidender Bedeutung für die Vertretung von Parteien in der Nationalversammlung der nächsten Jahrzehnte war die neu eingeführte Zehnprozenthürde. Besonders auffällig war eine gewisse Sakralisierung des türkischen Staates, die in häufigen Ausdrücken wie «Unteilbarkeit des Landes und der Nation» und «unteilbare Einheit von Staatsgebiet und Staatsvolk» zum Ausdruck kam.[13] Der Präsident erhielt eine Art Schutzherrschaft über das politische System.[14] Gestärkt wurde zudem der Nationale Sicherheitsrat (*Milli Güvenlik Kurulu, MGK*). 1961 hatte der MGK die Aufgabe zugewiesen bekommen, die Regierung zu «unterstützen»; in der Verfassungsänderung von 1971 hieß es bereits «empfehlen». Nunmehr bestimmte Artikel 118 der Verfassung, dass der Ministerrat die Empfehlungen des MGK «mit Vorrang berücksichtigen» müsse.

Zwei Tage, nachdem das Verfassungsreferendum am 7. November 1982 mit 91,37 Prozent angenommen worden war, wurde Kenan Evren zum Staatspräsidenten ernannt. Übergangsartikel 9 der Verfassung stattete ihn mit dem besonderen Privileg aus, dass für eine Zeit von sechs Jahren ein Veto des Präsidenten nur mit einer Dreiviertelmehrheit des gesamten Parlaments überstimmt werden konnte; Übergangsartikel 15 gewährte den Führenden des Putsches von 1980 grundsätzliche Straffreiheit.[15] Zu Recht lässt sich daher sagen, dass die Verfassung von 1982 geschaffen wurde, um den Staat vor den Bürgern zu schützen.[16]

Noch in der Zeit der direkten militärischen Oberaufsicht wurden der Verfassung weitere Gesetze nachgereicht. So weitete Gesetz Nr. 2945[17] vom 9. November 1983 die Befugnisse des Nationalen Sicherheitsrates auf nahezu jeden Aspekt nationaler Sicherheit aus: Es war nun die Aufgabe des MGK, Sicherheitsbedrohungen auszumachen und angemessene Gegenmaßnahmen zu entwickeln. Alle entscheidenden Dokumente wurden vom Generalsekretariat des MGK, das mit ehemaligen Offizieren besetzt war, erstellt. Besonders harsch war das Parteiengesetz Nr. 2820 vom 22. April 1983, das unter anderem in Artikel 81 festlegte, dass Parteien nicht behaupten durften, es gebe Minderheiten in der Türkei, seien diese nun ethnischer, nationaler, religiöser oder sprachlicher Natur. Gesetz Nr. 2932, ebenfalls aus dem Jahr 1983, verschärfte Artikel 26 und 28 der Verfassung, die den Gebrauch einer anderen Sprache als dem Türkischen verboten. Das Gesetz bestimmte, dass in der Türkei keine Sprache erlaubt sei außer der jeweils ersten offiziellen Sprache in den Ländern, die von der Türkei anerkannt werden. Das offensichtliche Ziel war, das Kurdische (das zum Beispiel in Iran als dem Persischen nachrangige Sprache offiziell anerkannt ist) zu verbieten – ohne es beim Namen zu nennen.[18]

Was die Verfassungszusätze von 1971 und 1973 bereits angekündigt hatten, wurde nun zur Gänze verwirklicht: Die «Schwächen» der Verfassung von 1961 sollten beseitigt werden, indem alle möglichen Schlupflöcher für unkontrollierbare Liberalität verstopft wurden. Um dies langfristig abzusichern, sollte in der Gesellschaft ein konservativer Konsens geschaffen werden, auf der Basis einer sowohl türkisch-nationalen als auch muslimisch-sunnitischen Identität. Das Militär übernahm dafür die bereits in früheren Jahren von islamistisch-nationalistischen Intellektuellen entwickelte Idee einer «Türkisch-Islamischen Synthese» (*Türk-İslam Sentezi*). Gemäß der Interpretation des Militärs ruhte die gemeinsame nationale Kultur der Türkei auf den drei Pfeilern Familie, Moschee und Militär. In diesem Sinne und Geiste veröffentlichte der Generalstab 1983 ein dreibändiges Werk mit dem Titel «Atatürkismus» (*Atatürkçülük*), in dem Atatürk als frommer Muslim dargestellt wurde. Seine Reformen hätten lediglich darauf gezielt, Elemente der Religion, die die Menschen in Unwissenheit und Aberglauben gefangen hielten, zu beseitigen. 1986 ließ das Erziehungsministerium alle Schulbücher überarbeiten, um sie mit der Idee einer unteilbaren Verbindung von «Staat und Religion» (*din-u devlet*) in Einklang zu bringen.[19]

Das Militär meinte also, das Potential der Mobilisierung von Religion erkannt und genutzt zu haben. In der Tat wurde das unmittelbare Ziel erreicht, die in den 1960er und 1970er Jahren relativ starke linke bis linksradikale Strömung auszutrocknen und die Gewerkschaften zu schwächen – aber dafür war ein doppelter Preis zu zahlen. Erstens gingen kurdische und alevitische Aktivisten, die sich in den beiden vorangegangenen Jahrzehnten mit der politischen Linken identifiziert hatten, nun eigene Wege; im parlamentarischen System übernahmen kurdische Parteien sogar den Part der linken und systemkritischen Parteien. Zweitens stieß die islamistische Wohlfahrtspartei (*Refah Partisi, RP*) in das durch die Zerstörung der Linken entstandene Vakuum vor, indem sie sich als überzeugender Sachwalter sozialer Anliegen angesichts einer zunehmend rücksichtslosen wirtschaftlichen und gesellschaftlichen Ordnung anbot.

Im Bereich der Parteienlandschaft waren die Vorkehrungen des Militärs ohnehin von geringer Haltbarkeit. Sämtlichen Angehörigen des bis zum 12. September aktiven Parlaments war eine fünfjährige Betätigungssperre in der Politik auferlegt worden. Zweihundert Politiker, unter ihnen Süleyman Demirel, Bülent Ecevit, Necmettin Erbakan und Alparslan Türkeş, erhielten sogar ein zehnjähriges Betätigungsverbot. Am 6. September 1987 jedoch wurde in einem Referendum mit äußerst knapper Mehrheit von weniger als einem Prozent der vierte Übergangsartikel der Verfassung von 1982 aufgehoben, gemäß dem das zehnjährige Betätigungsverbot erst 1992 ausgelaufen wäre.[20] Die Größen der 1970er Jahre konnten in die Politik zurückkehren und nahmen erstmals wieder an den Parlamentswahlen vom 29. Oktober 1987 teil.

Zu den ersten Parlamentswahlen nach dem Putsch am 6. November 1983 wurden vom Militär unter mehr als fünfzehn neu gegründeten Parteien nur drei zugelassen: die «Nationalistische Partei der Demokratie» (*Milliyetçi Demokrasi Partisi*) und die «Populistische Partei» (*Halkçı Parti*), beide vom Militär aus der Retorte geschaffen, sowie die von Turgut Özal gegründete rechtszentristische «Mutterlandspartei» (*Anavatan Partisi, ANAP*), die auf Drängen des Westens als einzige andere Partei zu den Wahlen zugelassen wurde.[21] Die Erwartungen des Militärs wurden tief enttäuscht: Die vom Militär favorisierte Nationalistische Partei der Demokratie unter dem ehemaligen General Turgut Sunalp (1917–1999) war mit 23,3 Prozent die große Verliererin; die Populistische Partei, die die ehemaligen Wählerschichten der Republikanischen Volkspartei CHP ansprechen sollte, erreichte 30,5 Prozent. Mehmet Keçeciler (geb. 1944), ein damaliger Berater Özals, prophezeite bereits vor der Wahl, dass ein «vom Militär ausgebrachter Samen in der politischen Erde dieses Landes nicht gedeihen» könne.[22] Deutliche Siegerin war die Mutterlandspartei ANAP mit 45,1 Prozent der Stimmen.

Das grundlegende Spektrum der Parteien, das sich bereits in den 1960er Jahren herausgebildet hatte, kam nach der vom Militär verordneten Zwangspause wieder zum Vorschein: Die Partei des islamistischen Spektrums, die von Necmettin Erbakan erst ab 1987 auch offiziell geführt werden konnte, hieß nunmehr Wohlfahrtspartei (*Refah Partisi, RP*). Die neu gegründete «Partei des Rechten Weges» (*Doğru Yol Partisi*, DYP), anfangs von Süleyman Demirel aus dem Hintergrund gelenkt, verstand sich ausdrücklich als Nachfolgerin der Gerechtigkeitspartei (*Adalet Partisi, AP*) der 1970er und 1980er.

Gleichwohl sind im türkischen Parteiengefüge nach 1983 vier entscheidende Veränderungen zu beobachten: Erstens waren Parteien links vom sozialdemokratisch-kemalistischen Spektrum von nun an in der politischen Öffentlichkeit kaum mehr sichtbar, geschweige denn im Parlament vertreten. Zweitens sahen kurdische politische Aktivisten ihre Anliegen nicht mehr von den bestehenden Parteien vertreten und strebten danach, sie in eigenen Parteien zu verfolgen. Drittens teilte sich das rechtszentristische Lager in zwei Parteien auf, in die von Özal geführte ANAP und die von Demirel gelenkte DYP. Und schließlich fächerte sich das linkszentristische Lager in zwei, vorübergehend (1992–1995) sogar drei Parteien auf: die «Demokratische Linkspartei» (*Demokratik Sol Parti, DSP*), die Bülent Ecevit seit ihrer Gründung 1985 im Hintergrund und nach der Aufhebung des Politikverbotes ab 1987 offen führte; die von Erdal İnönü (1926–2007, dem Sohn von İsmet İnönü und eigentlich Professor für theoretische Physik) geführte «Sozialdemokratische Populistische Partei» (*Sosyaldemokrat Halkçı Parti, SHP*)[23] und schließlich die 1992 erneut gegründete Republikanische Volkspartei (*Cumhuriyet Halk Partisi, CHP*), der sich die SHP 1995 anschloss.

Von 1983 bis 1991 konnte die Mutterlandspartei ANAP dank günstiger Wahlergebnisse alleine die Regierung stellen; danach folgten im raschen Wechsel eher schwache Koalitionsregierungen. Selbst dem listigen Süleyman Demirel, von 1993 bis 2000 Präsident, gelang es nicht, das rechtszentristische Lager zu vereinen.

Auf den ersten Blick waren die Wege, die die Türkei und Iran im Übergang von den 1970ern hin zu den 1980ern einschlugen, gänzlich gegensätzlich: Während die Türkei sich mit dem Putsch von 1980 noch tiefer im westlichen Bündnissystem verankerte, löste sich Iran nicht nur von seinem früheren engen Bündnis mit den USA, sondern wurde zu einem besonders militanten Gegner des Westens. Während in der Türkei der sich als säkular verstehende Kemalismus noch immer die offizielle Leitideologie war, verstand sich Iran jetzt als ein ideales islamisches Gemeinwesen – oder zumindest auf dem Weg dorthin. Zugleich aber, und hier zeigen sich die immer wieder bemerkenswerten Parallelen zwischen den beiden Ländern, lehnte sich nicht nur die türkische Verfassung von 1982 eng an die 1958 unter Charles de Gaulle ausgerufene Fünfte Republik in Frankreich an, sondern auch – trotz aller islamistischen Rhetorik – die neue Verfassung der Republik Iran.[24] Und eine weitere Ähnlichkeit lässt sich festhalten: Die Islamische Republik Iran, die nur scheinbar dem Nationalismus abgeschworen hatte, wollte ihren revolutionären Islam in der islamischen Welt verbreiten, aber scheiterte schließlich mit dem Export und der Internationalisierung der Revolution, weil diese eben in besonderen Eigenschaften der iranischen Gesellschaft und Geistesgeschichte, vor allem der Rolle der schiitischen Geistlichen, gründete.[25] Ebenso verhält es sich mit der Türkei: Aus ihrer geschichtlichen Eigenart heraus und dank der Überprägungen in der türkischen Republik entwickelte sich eine eigene türkische Spielart eines politisch gesinnten Islam, der ab den 1990er Jahren immer deutlicher hervortrat.

2. Exkurs: Nation und Islam

In selbstverständlicher Weise haben wir bisher von der «rechtskonservativen» Mutterlandspartei (*Anavatan Partisi, ANAP*), der «islamistischen» Wohlfahrtspartei (*Refah Partisi, RP*) und der «radikal nationalistischen» Partei der «Nationalistischen Bewegung» (*Milliyetçi Hareket Partisi, MHP*) gesprochen – alles Parteien, die dem rechten politischen Lager zuzuordnen sind.[26] In diesem Exkurs sollen die drei grundsätzlichen Strömungen der politischen Rechten in der Türkei – rechtskonservativ, islamistisch und radikal nationalistisch – charakterisiert und ihr jeweiliges Mischungsverhältnis aus den beiden wichtigsten Zutaten Nation und Islam bestimmt werden.[27]

Beginnen wir mit dem Grundsätzlichen: Islamische Religion und türkische Nation lassen sich sehr wohl voneinander trennen. Wenn es aber um türkische Identität und Identitätspolitik geht, stehen sie in einer unmittelbaren Wechselwirkung. Neben der Frage, welches Verhältnis die Türkei «zum Westen» finden sollte, war das Verhältnis von Nation und Islam entscheidend für das Selbstverständnis der modernen Türkei. Denn hier findet sich die Antwort auf die Frage, worauf sich die türkische Nation letztendlich stützen soll und wie sich türkische Musliminnen und Muslime – jenseits religiöser Praxis – im öffentlichen und politischen Raum zurechtfinden können.

Der türkische Nationalismus kemalistischer Prägung hat – zumindest in seiner Binnenlogik – überzeugende Antworten gegeben auf Herausforderungen des neunzehnten und frühen zwanzigsten Jahrhunderts. Er beantwortete die Frage, welchen Zuschnitt der neue Staat haben solle. Das Zusammenleben in einem Vielvölkerstaat schien nicht mehr zeitgemäß, das Zusammenfinden in einem Nationalstaat dagegen als die natürliche Lösung. Als Urgrund des nationalen Stolzes galt der nationale Unabhängigkeitskampf; das natürliche Zuhause der Türken sollte Anatolien sein.

Für den Kemalismus war der Islam dennoch unverzichtbar, nicht als Religion an sich, sondern als Kriterium der Zugehörigkeit. Am 5. Mai 1968 berichtete die staatsnahe ägyptische Tageszeitung *al-Ahram* («Die Pyramiden») von einer Marienerscheinung in der koptischen Zaituna-Kirche in Kairo. Der Artikel mit der Überschrift «Die Erscheinung der Jungfrau verkündet, dass Gott mit uns siegen wird und dass der Himmel uns nicht verlassen hat» führte aus, dass die Jungfrau Maria nach dem gegen Israel verlorenen «Sechstagekrieg» vom Juni 1967 die Nation wiederaufrichten wolle; auch sie trauere um das an die israelische Armee verlorene Ost-Jerusalem.[28] Dass eine (mehr oder weniger glaubwürdige) religiöse Erscheinung in einer Kirche zur Aufrichtung der Nation dienen könne, war und ist im Kontext der Republik Türkei undenkbar. Während Intellektuelle christlicher Konfession an der Formulierung des arabischen Nationalismus maßgeblich beteiligt waren,[29] ist eine solche Mitwirkung im Kontext des türkischen Nationalismus nicht vorstellbar.[30]

In seiner konfessionellen Ausschließlichkeit steht der türkische Nationalismus dem Typus des südosteuropäischen Nationalismus nahe. Wie in Südosteuropa (wo etwa die orthodoxe Konfession aufs Engste mit dem Serbischsein verknüpft ist) ist die «richtige» konfessionelle Zugehörigkeit Grundvoraussetzung für die Mitgliedschaft in der Nation. Man darf vermuten, dass eine säkulare Gesellschaft in der Republik Türkei nicht nur ein Projekt angestrebter westlicher Moderne war, sondern auch – eher unbewusst als bewusst – als Gegengewicht zum konfessionellen Kern des türkischen Nationsbegriffs gedacht war. Dafür spricht, dass der Kemalismus ein sehr instrumentelles Verständnis von Religion hatte: Die durch den kemalistischen Staat «gereinigte», also in ihrem Bedeutungsumfang reduzierte Religion des Islam durfte nicht über das Kriterium der konfessionellen Zugehörigkeit hinaus als politisches Instrument «ausgenützt» werden.[31]

Blicken wir noch einmal auf die klassische Frontstellung zwischen dem kemalistisch-säkularen und religiös-konservativen Lager in der

Türkei zurück: Die Selbstsicht der kemalistischen Eliten war, dass sie mit den Reformen der 1920er und 1930er Jahre die Religion auf die unmittelbaren rituellen Verpflichtungen zurechtgestutzt und das über Jahrhunderte hinweg gewachsene Geflecht an religiösen Einrichtungen und Symbolen erfolgreich zerschlagen hätten. Dem Vorbild Frankreichs folgend verfechte man nun das Prinzip des Laizismus (*laiklik*). Aber es handelt sich beim türkischen Laizismus in Wirklichkeit «weit eher um einen politischen Kampfausdruck denn um einen analytischen Begriff»,[32] denn der türkische Staat hatte von Beginn an nicht die Trennung von Religion und Staat im Sinn, sondern die Kontrolle der Religion durch den Staat.

Die Religionspolitik des kemalistischen Staats als «laizistisch» zu bezeichnen, wäre also ein Fehler, der nicht nur im Ausland, sondern oft auch in der Türkei selbst gemacht wurde. Zugleich sollte man in nicht allzu selbstverständlicher Weise den Begriff «säkular» für den Teil der Gesellschaft verwenden, der die kemalistischen Reformen als die natürliche und einen jeden mit Stolz erfüllende Grundlage einer fortschrittlichen und modernen Türkei betrachtete. Im Selbstverständnis des säkularen Lagers jedenfalls stand «Säkularität» für mehr als Verweltlichung, nämlich für die umfassende und bekräftigende Bezeichnung des eigenen politischen Selbstverständnisses und der eigenen Lebensführung. «Säkular» konnte in den Jahrzehnten kemalistischer Dominanz durchaus einen vom Glauben und von alltäglicher religiöser Praxis entfremdeten Lebensstil bedeuten, aber mindestens ebenso sehr war darin ein Bekenntnis zu einer (allerdings unklar gefassten) Moderne enthalten, der man sich zugehörig fühlte und die man «den anderen» jedenfalls absprach.

Man kann daher von einem Konstruktionsfehler oder zumindest einem nicht eingestandenen Schwachpunkt des Kemalismus sprechen, nämlich Religion als Relikt des untergegangenen Osmanischen Reiches und als gefährliche Konkurrenz beiseite schieben zu wollen, aber zugleich zu meinen, dass es unvermeidbar sei, sich auf die gemeinsame Zugehörigkeit zum sunnitischen Islam als verbindendem Element des Staatsvolkes stützen zu müssen. Diese Konstruktion des türkischen Staatsbürgers als Türke und Muslim ist wohl mehr als alle anderen Elemente des Kemalismus das am tiefsten in der politischen Kultur der Türkei verankerte Erbe.

Bevor die drei oben bereits angesprochenen Strömungen im Einzelnen vorgestellt werden, sind einige Erläuterungen zu der im Folgenden verwendeten Begrifflichkeit unverzichtbar. Wir verwenden nicht unverfängliche Begriffe, selbst wenn wir nur über «den Islam» sprechen oder eine Tradition oder Handlung als «islamisch» bezeichnen.[33] Islam steht für die umfassende Bezeichnung all dessen, was mit der islamischen Religion zu tun hat, kann aber zugleich für mehr stehen: So ist ein islamischer Staat nicht nur ein Staat mit einer muslimischen Bevölkerungsmehrheit, sondern ein Staat, wie etwa die «Islamische Republik Iran», der seine Legitimität und politische Ethik in der Religion des Islam begründet sieht.[34] Gegen eine Verwendung des Begriffes «islamisch» für politische Positionen spricht jedoch die grundsätzliche Erwägung, dass «im Grunde alle Formen politischen Handelns in der islamischen Moderne säkular waren».[35] Selbst wenn man dem Ansatz folgen wollte, dass sich politische Intentionalität im Islam heute stärker als in anderen Religionen zeigt, so könnte es sich hier um ein Ausnahmephänomen handeln, das in den kommenden Jahrzehnten wieder zurücktreten wird.[36] Jedenfalls ist die im neunzehnten Jahrhundert einsetzende und bis heute anhaltende politische Aufladung des Islam wohl nicht so sehr als Regression angesichts der Überforderungen durch die westlich dominierte Moderne zu sehen,[37] sondern eher als der Versuch einer mit eigenen Begrifflichkeiten ausgedrückten Bewältigung. Sicher ist es jedoch nicht falsch zu sagen, dass dem Islam als einer expansiv ausgerichteten Religion, ähnlich wie dem Christentum, die Begriffe und Instrumente von Macht nicht fremd sind.[38]

In diesem Buch wird der Begriff des «Islamismus» gegenüber dem eines «politischen Islam» bevorzugt. Der Islamismus in der Türkei hat immer fließende Übergänge zum rechtskonservativen und zum radikal nationalistischen Lager aufgewiesen und verfügt damit über eine Mehrdeutigkeit und Vagheit, die der aktionsbestimmte Begriff des politischen Islam so nicht vermittelt. Als zugehöriges Adjektiv zum *Islamismus* wird hier das Adjektiv *islamistisch* verwendet. Dieses zugegebenermaßen militant klingende Adjektiv soll in einem ähnlichen Ableitungsverhältnis gesehen werden wie *nationalistisch* zu *Nationalismus*. Natürlich sind die Parallelen zwischen den beiden Begriffspaaren Islamismus/islamistisch und Nationalismus/nationalistisch begrenzt: Während der Nationalismus erst die Nation schuf, wird niemand behaupten wollen, dass der Islamismus den Islam geschaffen habe. Der Islam ist eine Religion, die im siebten Jahrhundert unserer Zeitrechnung auf der Arabischen Halbinsel entstand; ein türkischer Nationalismus entstand um 1900 und eine türkische Nation noch später. Es gilt aber festzuhalten, dass jeder Islamismus sehr wohl dazu in der Lage gewesen ist, sich *seinen* Islam zu schaffen.

Aus Gründen der analytischen Klarheit soll im Folgenden das Begriffspaar Islam/islamisch grundsätzlich nur religiöse Aspekte oder andere aus der Religion unmittelbar abgeleitete kulturelle oder gesellschaftliche Erscheinungen beschreiben. An sich bräuchte die Wissenschaft noch einen zusätzlichen Begriff wie «islamisierend», um den breiten und verschwommenen Bereich bezeichnen zu können, der zwischen den Begriffen «islamisch» und «islamistisch» liegt und all die Haltungen umfasst, bei denen ein Vorrat an kulturellen Bildern und Vorstellungen aufgerufen wird, die eine religiöse Umhüllung erfahren, ohne zugleich den politischen Zielen des Islamismus direkt zu unterliegen.

Die rechtskonservative Strömung: Konservativ, nationalistisch, islamnah

Reservoir und Kraftquelle der rechtskonservativen Strömung, von der die rechtszentristischen Parteien nur ein Teil waren,[39] ist die sunnitisch-türkische Bevölkerung Anatoliens, die immer die größte einzelne Gruppe in der Republik Türkei gewesen ist – sowohl als Landbevölkerung als auch später mit der einsetzenden großen Wanderungsbewegung in der Stadt.

Aus der Janusköpfigkeit der rechtszentristischen Parteien, die sich im Wesentlichen auf diese konservativ eingestellte und religiös gesinnte Bevölkerungsmehrheit stützten und dabei zugleich einmal als säkular-kemalistisch und dann wieder als islamistischen Standpunkten nahestehend erscheinen konnten, erklärt sich die immer wieder aufscheinende Vagheit und Unentschiedenheit in der Deutung der türkischen Rechten: Waren etwa die Demokratische Partei (*Demokrat Parti, DP*) der 1950er Jahre, die Gerechtigkeitspartei (*Adalet Partisi, AP*) der 1960er und 1970er Jahre oder die Mutterlandspartei (*Anavatan Partisi, ANAP*) der 1980er und 1990er Jahre grundsätzlich konservativ und zeigten nur manche Anklänge an den Islamismus? Oder waren diese Parteien nicht doch irgendwie in einer grundlegenderen Weise mit dem Islamismus verbunden? Hier eine eindeutige Antwort zu geben, fällt offenbar schwer.[40] Das für die rechtszentristischen Parteien typische Mäandernde in den ideologischen Positionen war weniger Beschwernis denn Möglichkeit: Weitaus unbefangener als das kemalistische Lager, das sich auf die Widersprüche seiner eigenen Ideologie hinzuweisen verbieten musste, konnte man zwischen den Bezugspunkten Konservativismus, Islamismus und Nationalismus hin- und herpendeln, ohne sich selbst untreu werden zu müssen.

Man könnte so weit gehen zu sagen, dass in der zweiten Hälfte des zwanzigsten Jahrhunderts dem kemalistischen Machtkomplex ein rechtskonservativer Komplex gegenüberstand, der es an institutioneller Macht mit dem Ersteren zunächst nicht aufnehmen konnte, ihm aber zugleich an Deutungsmacht überlegen war. Die islamistische Bewegung und in ihrem Gefolge die rechtskonservative Strömung hatten nämlich nach einigen Jahrzehnten der Lähmung den eben beschriebenen Fehler des Kemalismus in der Konstruktion des türkischen Nationalstaats erkannt: Er hatte die Zugehörigkeit zum sunnitischen Islam zum Fundament gemacht, zugleich aber den sunnitischen Islam als kulturelles Leitsystem verworfen.

Die rechtskonservative Strömung hatte also mehrere Trümpfe in der Hand: Gegen das in spätosmanischer Zeit noch überzeugende Argument, dass die Religion des Islam für Schwäche stehe, konnte sie nun glaubhaft auf die Verankerung der modernen Türkei in

Nation *und* Islam verweisen; sie konnte unbefangen und authentisch die Triade aus Konservativismus, Islamismus und Nationalismus vertreten; sie konnte die emotionalen Leerstellen, die der Kemalismus hatte, mühelos füllen. Es musste ihr nur gelingen, das mehrheitlich konservative und religiös gesinnte Wählermilieu für sich zu gewinnen.

Zentral für das Selbstbild des rechtskonservativen *und* islamistischen Spektrums in der Türkei ist wohl die Empfindung, in den ersten achtzig Jahren der Republik an den Rand gedrückt worden, ja ein Opfer gewesen zu sein. Die Ausübung der Religion selbst wurde niemals, wie etwa in Enver Hoxhas Albanien, verboten, aber sie sollte sich nur im staatsnahen und von der *Diyanet*-Behörde verwalteten Islam äußern. In diesem Sinne könnte man die ländliche muslimisch-türkische Bevölkerung Anatoliens – überspitzt formuliert – als die *größte Minderheit* bezeichnen, die der kemalistische Staat schuf: Sie erlebte die kemalistischen Reformen als Entfremdung von ihrem gewohnten kulturellen und religiösen Lebensumfeld. Rechtszentristische und islamistische Politiker wiederholten daher litaneihaft, dass die schweigende Mehrheit über Jahrzehnte hinweg in den Status einer *minderen Mehrheit* gedrängt worden sei.

Die islamistische Bewegung: Opfermythos und Kopftuchfrage, Derwischorden und Fethullah Gülen

Der türkische Islamismus lehnte – im Gegensatz zur rechtskonservativen Strömung – den Kemalismus offen ab, obwohl er manche seiner zentralen Eigenschaften, wie einen ausgeprägten Nationalismus oder das unbedingte Beharren auf territorialer Integrität des Landes, als selbstverständlich mittrug. In diesem Sinne war die islamistische Bewegung ehrlicher und ernsthafter, aber zugleich in sich gekehrter als die rechtskonservative Strömung.

Zur Haltung des «So nicht» der islamistischen Bewegung gehört, nicht mit dem angeblichen türkischen Staatslaizismus, geschweige denn mit einem Laizismus französischer Prägung einverstanden sein zu können. Der Islamismus weist der Religion eine solch zentrale Bedeutung für die Moralität einer Gesellschaft zu, dass ihr Zurückdrängen aus vielen Bereichen des öffentlichen Lebens nicht statthaft erscheint. Zugleich – und wohl noch bedeutender – ist der Islamismus eine Haltung, die meint, «aus den Quellen der Religion unmittelbar und für alle verbindlich definitive Regeln für die Gestaltung des Gemeinwesens ableiten zu können».[41] Den Glaubenssätzen eines global wirkenden Islamismus folgend, sieht man sich auch im türkischen Islamismus dem Ziel der Herstellung eines idealen globalen islamischen Gemeinwesens (*ümmet*) verpflichtet, allerdings mit dem entscheidenden Vorbehalt, dass es sich um ein Gemeinwesen handeln soll, das die nationalen und ethnischen Unterschiede nicht einebnet.

Der türkische Islamismus übernimmt Argumentationsmuster, die der Islamismus in der gesamten islamischen Welt pflegt, wie etwa dem westlichen Materialismus die eigene Spiritualität gegenüberzustellen,[42] mit dem innewohnenden Argument, dass die westliche Zivilisation hohl und deswegen letztlich zum Niedergang verurteilt sei. Auf der anderen Seite hat die islamistische Bewegung in der Türkei nicht die Grenzen des eigenen Staates, der eigenen Sprache und Kultur aufgeben wollen.[43]

Gegenüber den Vertretern der rechtskonservativen Strömung konnte die islamistische Bewegung als zusätzliche und ihr allein vorbehaltene Legitimation auf ihre Verfolgung durch den kemalistischen Staat verweisen. Sie schuf sich ihren eigenen Opfermythos. Während nach kemalistischem Mythos die türkische Nation nahezu untergegangen war angesichts der Anfeindungen der europäischen Großmächte und nur durch heldenhaften Widerstand sich einen eigenen Staat sichern konnte, so lautete nun der islamistische Mythos, dass die Identität der sunnitischen Muslime Anatoliens nahezu ausgelöscht worden wäre, wenn sie nicht hartnäckig dem Ansturm des kemalistischen Staats widerstanden hätten.

Eine der entscheidenden Leistungen islamistisch-nationalistischer Intellektueller (mehr zu diesen im folgenden Unterkapitel) nach dem Zweiten Weltkrieg war, in die Offensive überzugehen und mit dem

Argument der «Türkisch-islamischen Synthese» die Verschmelzung von Nation und Islam als unabdingbare Voraussetzung für nationale Größe zu fordern. Die kemalistischen Reformen hätten zu einem Verlust des eigenen Erbes und der eigenen Sprache geführt und die spirituelle Kraft der Türken zerstört. Nur durch eine neue Elite, die die Schablonen des Kemalismus sprenge, könne die ihres eigentlichen Auftrags beraubte türkische Nation wieder ins Gleichgewicht gebracht werden.[44]

Neben die Rede von einer erlittenen Unterdrückungsgeschichte trat als zweites, entscheidendes Argument das der Authentizität – nämlich, dass allein die Politiker des islamistischen Spektrums der Stimme und dem Willen des Volkes angemessen Ausdruck geben könnten. Beide Argumente waren von großer Mobilisierungskraft. Diese Mobilisierung war nicht nur eine rhetorische, auf Wahlkampfreden beschränkte Form des politischen Appells, sondern beruhte auf einer wirklichen gesellschaftlichen Verankerung. Eine Stärke und zugleich Schwäche des Kemalismus war immer seine ausgesprochene Distanz zur breiten Bevölkerung gewesen; sie verlieh den Eliten die Fähigkeit zu nüchterner Rationalität, entfremdete sie aber zugleich dem eigenen Volk.[45]

Dagegen konnte die Wohlfahrtspartei (*Refah Partisi*, *RP*) der 1980er und 1990er Jahre an die kulturellen Einstellungen und Erfahrungen der Migrationsbevölkerung in den Großstädten anknüpfen – nicht nur durch eine größere Volkstümlichkeit, sondern durch eine sehr leistungsfähige Graswurzelarbeit, die auch das Potential von Frauen als Mittlerinnen erkannte. Die Mobilisierung erfolgte durch die emotionale Ansprache an die religiös-traditionale Weltsicht der Menschen. Von großer Hilfe waren dabei die sozialen Netzwerke, die zu weiten Teilen noch auf die Migrationszeit und die damit verbundene Erfahrung des Zusammenhalts zurückgingen. Die Mechanismen der gegenseitigen Hilfestellung (*imece*) und der Schutzgewährung und Patronage (*himaye)*, die die Menschen aus dem ländlichen Anatolien mit in die *Gecekondular* und Vorstädte (*varoş*) der großen türkischen Metropolen genommen hatten, stärkten die parteiliche Graswurzelarbeit. Den islamistischen Parteien gelang es am besten, diese Vorstellungen von Zusammenarbeit und Hilfestellung in Begrifflichkeiten wie «Dienste (am Volke)» (*hizmet*) und «Ordnung» (*nizam*) zu überführen.[46]

Für den «langen Marsch durch die Institutionen» brachte die islamistische Bewegung die notwendige Geduld mit sowie die Fähigkeit, unterschiedliche Formen und Wege der Mobilisierung zu nutzen. So war das Tragen des Kopftuchs in öffentlichen Einrichtungen wie den Universitäten (in der Öffentlichkeit selbst war dieses Recht ja niemals beschnitten worden) ein besonders geeignetes Mittel, nicht nur um die eigenen ethischen Maßstäbe herauszustellen und eine deutlich sichtbare Rolle im öffentlichen Raum zu beanspruchen, sondern diesen auch nach eigenen Vorstellungen neu zu prägen. Frauen, die sich an das Regelwerk des *tesettür* (die angemessene Form der Bedeckung insgesamt und damit über den Schleier hinausgehend) halten, verdienen den Schutz eines jeden frommen Muslims und werden von Männern «nachdrücklich ritterlich behandelt».[47] Die Verschleierung war und ist – nicht nur in der Türkei, sondern auch andernorts – ein Ausdruck persönlicher frommer Lebensführung, ein Mittel der Selbstbehauptung der eigenen Lebenswelt, religiöse Selbstermächtigung und politisches Instrument zugleich.

In den 1970er Jahren begannen immer mehr Frauen in den Städten sich in «islamisch angemessener» Weise zu bedecken. Daher erließ am 8. Dezember 1978 die von der Republikanischen Volkspartei (*Cumhuriyet Halk Partisi, CHP*) geführte Regierung einen Erlass, demzufolge es den im öffentlichen Dienst beschäftigten Frauen untersagt war, ihr Haupt an ihrer Arbeitsstelle zu bedecken. Von den 1980ern bis in die 2000er Jahre war das Kopftuch in der türkischen Gesellschaft Gegenstand eines ständig hin und her wogenden Kampfes, einer unablässigen Folge von Entscheidungen, Revisionen und Aufhebungen von Revisionen. Eine dramatische Wendung nahm die Kopftuchfrage nach den Parlamentswahlen vom 18. April 1999. Unter den Kandidatinnen der «Tugendpartei» (*Fazilet Partisi, FP*), der Nachfolgepartei der kurz zuvor verbotenen Wohlfahrtspartei, waren acht verschleierte Frauen, aber als einzige von ihnen wurde Merve Kavakçı (geb. 1968) ins Parlament gewählt. Als Kavakçı am 2. Mai

1999 bei der Eröffnung des Parlaments den Amtseid verschleiert ablegen wollte, führte dies zu einem Aufruhr unter den Abgeordneten. Kavakçı wurde nicht vereidigt, kurz darauf entzog man ihr das Abgeordnetenmandat. Am 7. Mai 1999 folgte bereits ein Antrag des Staatsanwaltes beim Verfassungsgericht, die Tugendpartei wegen anti-säkularer Aktivitäten zu verbieten. Bis in die späten 2000er Jahre lieferten sich das Verfassungsgericht und die seit 2002 von der Partei für Gerechtigkeit und Entwicklung (*Adalet ve Kalkınma Partisi, AKP*) gestellte Regierung einen verbissenen Kampf über die Frage, wer auf welcher Rechtsgrundlage über die Kopftuchfrage abschließend bestimmen könne. Aus heutiger Warte lässt sich sagen, dass die islamistische Bewegung diesen Kampf gewonnen hat.[48]

Eine andere Ressource der Mobilisierung des Islamismus in der Türkei war der Sufismus. Sufismus ist die islamische Spielart der Mystik, die als Grundströmung in allen Religionen zu finden ist. Dabei ist es nicht so, dass die islamische Mystik durchgehend in einem deutlichen Gegensatz zu den orthodoxen Spielarten des Islam gestanden hätte, vielmehr handelt es sich um eine andere Art der Annäherung an Gott und eine zum Teil andere Form der religiösen Lebensführung. Dies gilt insbesondere für die sich ab dem zwölften Jahrhundert allmählich entwickelnden *tarikat*, die sufischen Bruderschaften. Die *tarika* (wörtlich «Weg» oder «Pfad») steht gemäß der sufischen Lehre auf einer höheren Bewusstseinsstufe als die Scharia, aber unterhalb des letztlichen Ziels der Anschauung und Erkenntnis der wahren Natur Gottes (*hakikat*).[49] Die Mitglieder dieser sufischen Bruderschaften, auch als Derwischorden bekannt, lebten nicht zölibatär in Klöstern, sondern gingen einem weltlichen Leben nach und versammelten sich nur zu bestimmten Anlässen in Konventen (im osmanisch-türkischen Kontext als *dergah*, *tekke* oder *zaviye* bekannt). Prägend für die Sufiorden insgesamt ist ein hierarchisches Verhältnis zwischen dem Meister (Scheich oder *Pir*) und seinen Schülern, die Belehrung und Anleitung suchen.

Die sufischen Bruderschaften zerfielen und zerfallen in unterschiedliche Strömungen: So nahm das für die osmanische Geschichte so wichtige Bektaschitum (*Bektaşilik*) schiitische Elemente

Fethullah Gülen, Begründer der nach ihm benannten Gülen-Bewegung, lebt seit 1999 in den USA (hier eine Aufnahme aus dem Jahr 2015). Die AKP und die Gülen-Bewegung, in den 2000er Jahren noch miteinander verbündet, überwarfen sich ab den frühen 2010er Jahren. Mittlerweile gilt die Gülen-Bewegung dem türkischen Staat als FETÖ, «Terroristische Organisation (der Parteigänger) des Fethullah (Gülen)» und als Hauptverantwortliche für den Putschversuch vom Juli 2016.

auf, zeigte Bezüge zu den Aleviten und bediente sich ekstatischer Praktiken. Die Bektaschis waren bereits 1826 verboten worden, da sie mit der im selben Jahr zerschlagenen Janitscharen-Organisation eng verbunden waren. Die Nakschbendis (*Nakşibendilik*) wiederum, ein bedeutender Sufiorden nicht nur im osmanisch-türkischen Islam, lehnen auffällige rituelle Praktiken ab und stellen den Beweis des eigenen Glaubens durch die Bewährung im Alltag in den Vordergrund.[50] Zwar waren 1925 alle sufischen Bruderschaften verboten worden, aber manchen gelang es, dem Blick des Staates entzogene Netzwerke aufrechtzuerhalten. Da die Nakschbendis religiöse Expressivität nicht kennen, waren sie für ein solches nahezu unsichtbares Wirken besonders gut gerüstet.

In der Tradition der Nakschbendis steht Said Nursî (1876–1960). Er nahm an der gescheiterten Konterrevolution von 1909 teil, hielt sich danach politisch bedeckt und konzentrierte sich auf seine Schriften, die später in dem umfassenden Werk «Sendschreiben des Lichts» (*Risale-i Nur*) zusammengeführt wurden. Eine neue und letzte Phase in Said Nursîs Leben begann 1950, als sich mit der Regierungsübernahme der Demokratischen Partei (*Demokrat Parti, DP*) für ihn neue politische Möglichkeiten eröffneten und er nunmehr als bedeutende Persönlichkeit geehrt wurde. Das grundlegende Anliegen von Nursî war die Revitalisierung der türkischen religiösen Kultur. Diese Wiederbelebung sollte nicht durch politischen Aktivismus oder Gewalt geschehen, sondern durch «positive Aktion» (*müspet hareket*), das heißt, die Wiederverankerung islamischer Sitten in der Gesellschaft durch tätiges Vorbild. Die *Nurcu*-Bewegung, also die Said Nursî nachfolgenden Anhänger, gilt als fragmentiert; die ideologischen Ausrichtungen der verschiedenen Unterströmungen reichen von Panislamisten bis hin zu kurdischen Gruppen, die in Said Nursî einen frommen kurdischen Nationalisten sehen.

Ein anderer einflussreicher Nakschbendi-Scheich war Mehmet Zahid Kotku. 1897 in Bursa in einer Familie von Flüchtlingen aus dem Kaukasus geboren, wurde er im Oktober 1958 İmam an der Fatih İskender Paşa Camii im İstanbuler Stadtteil Fatih, gründete dort einen neuen Konvent und wirkte in Moschee sowie Konvent bis zu seinem Tod im Jahr 1980. Viele religiös gesinnte Kräfte in der Mutterlandspartei (*Anavatan Partisi, ANAP*) und der Wohlfahrtspartei gingen im İskender Pascha-Konvent aus und ein. Offensichtlich unter dem Einfluss von Kotku wandte sich Necmettin Erbakan, Führer der Wohlfahrtspartei, in seiner Wahlkampagne von 1991 an die Allgemeinheit und vermied ein klar erkennbares islamistisches Idiom – eine politische Öffnung, die der *Refah Partisi* bei den Parlamentswahlen von 1996 einen knappen Wahlsieg einbringen sollte und die späteren außerordentlichen Wahlerfolge der AKP in den 2000er Jahren vorwegnahm.[51]

In der Tradition Said Nursîs steht die «Gülen-Bewegung». Ihr Gründer, Fethullah Gülen, wurde 1938 im Dorf Korucuk bei Erzurum geboren, erhielt in lokalen Nakschbendi-Konventen Unterricht und beschäftigte sich schon als Jugendlicher mit den Schriften Said

Nursîs.[52] Als ausgebildeter Imam wurde Gülen von der *Diyanet*-Behörde 1965 nach İzmir entsandt. Dort war er Vorsteher der an eine Moschee angeschlossenen Koranschule, aber zugleich bereits berühmt als Führungsperson der nach ihm benannten Bewegung. 1999 reiste er in die USA aus, wo er bis heute lebt.

Ebenso wie die *Nurcu*s hat die Gülen-Bewegung wichtige Elemente sufischer Bruderschaften wie die Initiation (die Aufnahme in die Bruderschaft und zugleich Einweihung in die ersten höheren Stufen der Erkenntnis), eine fest definierte religiöse Praxis und ein starres Meister-Schüler-Verhältnis aufgegeben, da sie diese Organisationsformen nicht mehr für zeitgemäß hielt. Vermutlich war das Ziel zudem, durch eine unklare Organisationsstruktur staatlichem Druck besser ausweichen zu können. Die Ausrichtung auf den Meister blieb aber bestimmend, auch wenn sich die Gülen-Bewegung als ein loses Netzwerk von Freiwilligen darstellt, das von Fethullah Gülen nur inspiriert sei. Die Gülen-Bewegung lehnt das Etikett «Bewegung» (*hareket*) ab und spricht von sich selbst lieber in Begrifflichkeiten wie «Dienst» (*hizmet*). Das durchaus strategisch eingesetzte Instrument der Ambiguität machte es ihr möglich zu behaupten, dass Gülen die transnationalen Anstrengungen der Gülen-Bewegung angestoßen, aber zugleich an der Leitung und Steuerung der Bewegung keinerlei Anteil habe.[53]

Eine «Goldene Generation» erziehen zu wollen, der die grundsätzliche Wende hin zu einer islamischen Ordnung in Staat und Gesellschaft gelingen sollte, war typisch für die gesamte islamistische Bewegung in der Türkei. Ungewöhnlich war aber bei der Gülen-Bewegung, wie viel Wert sie auf die intensive Vermittlung von Kenntnissen in den modernen Naturwissenschaften in den von ihr selbst betriebenen Schulen legte.[54] Die Gülen-Schulen erhoben den Anspruch, frei von jeder Indoktrination zu sein. Die Botschaft der Bewegung wurde dennoch in subtiler Weise vermittelt: Die Lehrer, die in der Regel der Gülen-Bewegung verpflichtet waren, zeigten sich als höchst engagierte und vorbildhafte Lehrpersönlichkeiten.[55] Die religiöse Schulung erfolgte im Kontakt mit den Erziehern außerhalb des Schulunterrichts und vor allem in den angeschlossenen Internaten.

Ein weiterer Pfeiler des Engagements und der öffentlichen Sichtbarkeit der Gülen-Bewegung war der interkulturelle und interreligiöse Dialog. Er zielte aber nicht auf eine tiefere hermeneutische Auseinandersetzung, sondern hob mehr auf die Gemeinsamkeiten der drei monotheistischen Religionen Judentum, Christentum und Islam ab und diente als Plattform für persönliche Begegnungen.[56] Von all diesen Aktivitäten ist in der Vergangenheitsform zu sprechen, da die Gülen-Bewegung vom türkischen Staat seit 2013 beschuldigt wurde, in der Türkei einen «Parallelstaat» (*paralel devlet yapı*) aufgebaut zu haben und zudem als Drahtzieher des gescheiterten Putschversuchs vom Juli 2016 unbarmherzig verfolgt wird (dazu später mehr).

Staat und Militär reagierten auf die Herausforderung des Islamismus zum Teil harsch, zum Teil kooptierend: Als Said Nursî 1960 im südostanatolischen Şanlıurfa starb, befahl Cemal Gürsel, Chef der damaligen Militärjunta, seine Exhumierung und Bestattung an einem unbekannten Ort in der Nähe des westanatolischen Isparta, um einen möglichen Heiligenkult an seinem Grab zu verhindern.[57] Als aber Mehmet Zahid Kotku, Vorsteher des İskenderpaşa-Konvents in İstanbul mit engen Beziehungen zu Politikern wie Necmettin Erbakan und Turgut Özal, zwanzig Jahre später starb, gewährte der nach dem Putsch von 1980 regierende Nationale Sicherheitsrat die Erlaubnis, dass Kotku – als erste Person seit der Gründung der Republik – auf dem Friedhof der Süleymaniye, der bedeutendsten osmanischen Moschee in İstanbul, bestattet werden dürfe.

Die radikal nationalistische Bewegung: Panturkisten und Graue Wölfe

In diesem Unterkapitel ist nicht der in der Republik Türkei allgegenwärtige Alltagsnationalismus Gegenstand, sondern die Formen eines radikalen und aktionistischen Nationalismus, der weitestgehend zum Lager einer extremen politischen Rechten zu zählen ist. Wir haben bereits gesehen, dass im türkischen Parteienspektrum diese Position seit den 1960er Jahren vor allem von der Partei der Nationalistischen Bewegung (*Milliyetçi Hareket Partisi, MHP*) vertreten wird. In diesem Spektrum ist die MHP als Partei nicht alleine; es sind, wie in allen anderen Lagern, weitere Parteien zu finden, wie etwa die 1993 von Muhsin Yazıcıoğlu (1954–2009) ins Leben gerufene und stärker islamistisch orientierte «Partei der Großen Einheit» (*Büyük Birlik Partisi, BBP*). Hinzu traten und treten viele weitere Organisationen mit Nähe zum radikalen türkischen Nationalismus, etwa der bereits 1911 gegründete *Türk Ocağı* (wörtlich «Türkische Herdstelle»), der um 1920 rund dreißigtausend Mitglieder hatte,[58] oder der 1970 gegründete *Aydınlar Ocağı* (wörtlich «Herdstelle der Aufgeklärten»), ein elitärer Zirkel von rechtsgerichteten Intellektuellen. Zu seinen Mitgliedern gehörten Personen wie İbrahim Kafesoğlu (1914–1984) und Muharrem Ergin (1923–1995), die die «Türkisch-Islamische Synthese» (*Türk-İslam Sentezi*) mit entwickelten.[59] Diese Ideologie, die vom Militär in den 1980er Jahren so sehr gefördert wurde, fand in radikal nationalistischen Kreisen ohnehin viel mehr Zustimmung als in der islamistischen Bewegung.

Eine Auffälligkeit des radikalen türkischen Nationalismus ist, dass er eigentlich für zwei Nationalismen steht: für einen unbedingten türkischen Nationalismus, also die Verteidigung und Stärkung der Republik Türkei, und zugleich für den «Panturkismus» (*Türkçülük* oder *Pan-Türkizm*), also den Auftrag, dass sich alle Turkvölker Eurasiens – naheliegend ist, dass dies unter türkischer Führung geschehen sollte – in einem gemeinsamen Reich zusammenschließen. Der Panturkismus ist dabei vom Panturanismus zu unterscheiden. Dieser im neunzehnten Jahrhundert entstandene Begriff, abgeleitet vom altiranischen *Turan* als Bezeichnung für die Länder nordöstlich Irans, war sehr viel milder und weiter gefasst, indem er über die Turksprachen hinausgehend auch das Mongolische, Finnische und Ungarische mit einschloss.[60] Der Panturkismus ist fokussierter, aber auch er hat ein gewaltiges und selbst in den Augen seiner Anhänger letztlich utopisches Ziel: Er strebt ein pantürkisches Reich an, das nicht nur die heutigen Turkrepubliken Aserbaidschan, Kasachstan, Kirgisien, Turkmenistan und Usbekistan mit einschließen würde, sondern allen anderen weit über Eurasien verteilten turksprachigen

Bevölkerungen eine Heimat sein sollte. Die bereits erwähnten Grauen Wölfe, der militante Arm der MHP, sind für dieses doppelte Gesicht des radikalen türkischen Nationalismus ein Beispiel: Das von ihnen gewählte Zeichen des Grauen Wolfes (*Bozkurt*) wird aus der panturkistischen Mythologie genährt; zugleich gilt ihr politischer Einsatz hauptsächlich der Republik Türkei.

Der panturkistische Bezug des türkischen Nationalismus lässt sich auch an vielen ihrer Vordenker ablesen, die im Russländischen Reich geboren wurden beziehungsweise aufwuchsen. Zu ihnen zählen Hüseyinzade Ali Turan (1864–1941) und Ahmet Ağaoğlu (1869–1939) aus Aserbaidschan, Yusuf Akçura (1876–1924) aus Simbirsk an der Wolga und Sadri Maksudi Arsal (1878–1957) aus der Nähe von Kazan oder die beiden baschkirischen Gelehrten Abdülkadir İnan (1889–1976) und Zeki Velidi Togan (1890–1970).[61]

Ab den 1950er Jahren nahm die radikal nationalistische Strömung eine entscheidende Wende, indem sie sich zunehmend islamistischem Gedankengut öffnete. Diese Offenheit gegenüber islamischen Konzepten ist übrigens früh im türkischen Nationalismus angelegt. So lässt sich das Gedankengut von Ziya Gökalp (1875/6–1924), der wohl als wichtigster Ideengeber für den türkischen Nationalismus allgemein gelten kann, nicht ausschließlich auf europäische Denker wie Émile Durkheim oder Ferdinand Tönnies zurückführen, sondern verdankt sich zugleich innerosmanischen und innerislamischen Denktraditionen.[62] Dieser islamistisch gefärbte Nationalismus erhielt zudem in den Jahrzehnten des Kalten Krieges staatliche Rückendeckung, weil er gegen die kommunistische Bedrohung eine wirksame Gegenwaffe zu sein schien. Heute sind türkische radikale Nationalisten zwar immer noch in erster Linie Nationalisten, aber islamistisches Gedankengut ist der zweite Pfeiler ihrer politischen Identität geworden.

Auch die radikal nationalistische Bewegung zerfällt in unterschiedliche Strömungen. In den 1930er und 1940er Jahren diente der deutsche Nationalsozialismus mit seinem Hass auf Slaven, seinem Antisemitismus, Rassismus und völkischen Denken einigen türkischen radikalen Nationalisten als Vorbild; zu nennen wären hier

Alparslan Türkeş, Nihal Atsız (1905–1975) und sein Bruder Nejdet Sançar (1910–1975). Atsız ging sogar so weit, dass er manche Manierismen Hitlers übernahm. Als aber Atsız und andere vom äußersten rechten Rand des radikalen türkischen Nationalismus in den späten 1960er Jahren die Partei der Nationalistischen Bewegung von innen her erobern wollten, scheiterten sie an Alparslan Türkeş, der in der Öffnung gegenüber islamistischen Positionen die Chance sah, der MHP zu mehr Wählerstimmen zu verhelfen. Ende der 1960er Jahre verfocht Türkeş bereits die Losung «Wir sind so türkisch wie das Tienschan-Gebirge und so muslimisch wie der Berg Hira» (*Biz Tanrı dağı kadar Türk, Hira dağı kadar Müslümanız*). Das zentralasiatische Tienschan-Gebirge verweist dabei auf das angebliche Ursprungsgebiet der Türken in Zentralasien und der Berg Hira auf einen Ort in der Nähe von Mekka, an dem laut islamischer Tradition der Erzengel Gabriel das erste Mal Muhammad den Koran verkündete. Dass die MHP sich 1969 für ein Parteiemblem mit drei Halbmonden und nicht für das des Grauen Wolfes entschied, ist wohl ebenfalls als ein Signal der Öffnung gegenüber dem islamistischen Milieu zu verstehen.[63]

Auffällig ist, bei allen möglichen Differenzen und Unterschieden innerhalb der radikal nationalistischen Bewegung, die Nähe zum Staat – und zwar in beiden Richtungen, also auch das Verständnis und die Sympathie von zahlreichen Trägern des Staates für diese Strömung. Unter dem Eindruck der anfänglichen militärischen Erfolge Deutschlands nach seinem Angriff auf die Sowjetunion im Juni 1941 schwollen die Hoffnungen der Panturkisten an, in einem Bündnis mit einem Eurasien beherrschenden Deutschland womöglich die eigenen Träume verwirklichen zu können. Die türkische Regierung, deren Schaukelpolitik im Zweiten Weltkrieg wir ja bereits kennengelernt haben, setzte diesen panturkistischen Ambitionen erst einmal keine klaren Grenzen. Ab 1944 überwachte aber der türkische Staat panturkistische Aktivitäten, um die Sowjetunion, deren Sieg über Deutschland nun deutlich abzusehen war, nicht zu provozieren. Als es am 3. Mai 1944 zu antikommunistischen Demonstrationen kam, die sich nicht an die Auflagen des Kriegsrechts hielten, wurden

Alparslan Türkeş, hier auf einer Aufnahme aus dem Jahr 1995, führte von 1969 bis zu seinem Tod 1997 die nationalistisch-rechtsradikale MHP. Der ihm von seiner Partei verliehene Ehrentitel *başbuğ* speist sich aus dem nationalsozialistischen Führerbegriff.

wenige Tage später mehr als dreißig führende Panturkisten und Sympathisanten verhaftet. Unter ihnen waren die bereits erwähnten Nihal Atsız, Nejdet Sançar, Alparslan Türkeş, Zeki Velidi Togan, aber auch andere radikale Nationalisten wie Peyami Safa (1899–1961), Hikmet Tanyu (1918–1992) oder Reha Oğuz Türkkan (1920–2010). Die darauffolgenden Prozesse zogen sich bis März 1947 und endeten mit Freisprüchen für alle Beteiligten. Sobald die Staatselite erkannt hatte, dass die Urteile das Verhältnis gegenüber Moskau nicht bessern halfen, beziehungsweise dass solche Zugeständnisse nicht mehr notwendig waren, wurden sie aufgehoben.[64] Nihal Atsız erhielt 1973 wegen seiner radikalen Sprache eine fünfzehnmonatige Gefängnisstrafe; Präsident Fahri Korutürk (im Amt 1973–1980) begnadigte ihn aber im Januar 1974. Als der Vorsitzende der Republikanischen Volkspartei (*Cumhuriyet Halk Partisi, CHP*), İsmet İnönü, Staatspräsident Sunay (im Amt 1966–1973) auf die von den

Grauen Wölfen ausgehende Gefahr für den Staat ansprach, antwortete ihm dieser: «Mein Lieber, das sind doch die Burschen, die gegen den Kommunismus kämpfen» (*canım onlar komünizme karşı mücadele eden çocuklar*).[65] Tatsächlich verstanden sich in den 1970er Jahren die Grauen Wölfe als inoffizielle Helfer des Staates. Um so größer war ihre Enttäuschung, als die Militärjunta in den Jahren nach dem Putsch von 1980 sich von der Bewegung distanzierte, sie sogar strafrechtlich (wenn natürlich auch in einem weitaus geringeren Ausmaß als die linksradikale Bewegung) verfolgte und auf ihre Unterstützung als irreguläre Kraft verzichtete.[66]

Tanıl Bora und Kemal Can halten in eindringlichen Worten fest, dass die radikal nationalistische Bewegung in den 1970er Jahren weder eine rein kriminelle Gruppe war noch eine festgefügte faschistische Organisation noch eine homogene politische Bewegung, dass sie weder allein als Widerstand Anatoliens gegen Kosmopolitismus und Modernisierung zu verstehen ist noch ausschließlich als eine Fraktion der reaktionären Rechten noch als Subkultur eines Lumpenproletariats – und dann doch alles zugleich war.[67]

Der Islamismus hat in der Türkei eine eigenständigere Entwicklung genommen als der radikale Nationalismus,[68] aber dennoch gibt es auch bei diesem einen harten ideologischen Kern. So treibt die radikal nationalistische Bewegung die Forderung des kemalistischen Nationalismus, dass sich nicht-türkische Sunniten und nicht-sunnitische Türken dem dominierenden Nationalmodell anzugleichen haben, auf die Spitze und schließt zugleich alle nicht-türkischen Nicht-Sunniten von vornherein grundsätzlich aus. Die faschistische Schlagseite der radikal nationalistischen Bewegung ist keine Episode der 1930er und 1940er Jahre geblieben, sondern gehört zu ihrem politischen Grundbestand. Der Ehrentitel *başbuğ*, den Alparslan Türkeş innerhalb seiner Partei MHP seit 1967 trug, entstammt zwar der Mythologie Zentralasiens, nährte sich aber auch aus dem nationalsozialistischen Führerbegriff. Die Grauen Wölfe sind in Organisationsform und Ideologie von NS-Organisationen wie der Hitlerjugend oder der SS beeinflusst.[69]

«Das Türkentum ist unser Leib, der Islam unsere Seele»: Ein Propagandabild der Grauen Wölfe, des militanten und gewaltbereiten Arms der MHP, hier in Berlin (West) aus dem Jahr 1980. Ende der 1960er Jahre öffnete sich die MHP unter Alparslan Türkeş dem Islamismus, blieb aber eine nationalistisch-rechtsradikale Bewegung.

Am Ende dieses weiten Exkurses über die rechtskonservative Strömung, die islamistische und die radikal nationalistische Bewegung gilt es noch einmal sich vor Augen zu halten, dass verschwimmende Grenzen zwischen diesen dreien immer eines der Leistungsmerkmale der türkischen Rechten gewesen ist. Dies gilt übrigens auch für manche Überlappungen von Unterströmungen des kemalistischen Machtkomplexes mit der radikal nationalistischen Bewegung. Manche Leserinnen und Leser könnten eine ähnlich eingehende Diskussion der linken Strömungen und Bewegungen in der Türkei vermissen. Jedoch gilt, dass die Welt der Linken und des Linksradikalismus in der Türkei sehr viel mehr von internationalen Denkschulen beeinflusst war und – jenseits von besonderen Ausprägungen wie etwa im kurdischen Aktivismus – weitaus weniger «originell» war als die der politischen Rechten. Ausgestattet mit genauerem Wissen um die Einstellungen und Gedankenwelt dieser drei Grundströmungen der politischen Rechten in der Türkei können wir zur Ereignisgeschichte der 1980er Jahre zurückkehren.

3. Ungehemmte und gehemmte Liberalisierung (1983–1993)

Der Rhythmus türkischer politischer Geschichte hat seine eigenen Gesetzmäßigkeiten; im Bereich der Wirtschaft jedoch sind die Parallelen zur globalen Entwicklung offensichtlich. Mit den Verheißungen eines islamischen Konservativismus geht in der Türkei ab den 1980er Jahren eine grundsätzliche Wende zu einer neoliberalen Wirtschaftsordnung einher. So teilt die Türkei seit den 1980er Jahren das Phänomen einer nachhaltigen globalen Schwächung der Gewerkschaften.[70] Neoliberale Wirtschaftsordnungen bedeuten dabei keineswegs eine immer ungestüme wirtschaftliche Entwicklung; die Wachstumsraten der 1980er Jahre und 1990er Jahre fielen mit 4,1 beziehungsweise 4 Prozent gegenüber den 1960er und 1970er Jahren mit jeweils 6,4 beziehungsweise 4,7 Prozent ab.[71]

Dennoch, in den Jahren 1983–1993 sind die Grundlagen für die späteren wirtschaftlichen Erfolge der Türkei nach der Jahrtausendwende gelegt worden. Die Türkei setzte früh die Instrumente einer Anfang der 1980er Jahre entwickelten liberalisierten Wirtschaftspolitik ein. Diese wurde später unter dem Begriff des «Washington Consensus» bekannt, gemeint ist das Einvernehmen von in Washington D. C. ansässigen Institutionen wie dem US-amerikanischen Finanzministerium, dem Internationalen Währungsfonds (IWF) und der Weltbank über die Notwendigkeit von Strukturanpassungsprogrammen in zahlreichen Volkswirtschaften der Welt.

Kritiker des Neoliberalismus sehen in ihm ein Projekt kapitalistischer Eliten, die vor dem Zweiten Weltkrieg bestehenden außerordentlich großen Einkommens- und Vermögensunterschiede wiederherzustellen;[72] es handle sich mithin um eine Art der «Konterrevolution».[73] Dieser Begriff lässt sich gewinnbringend für das Verständnis der Türkei von den 1980er bis in die 2010er Jahre einsetzen, aber in einem anderen Sinne: Es ging eben nicht darum, dass die alten Eliten der Republik sich wieder mehr bereichern konnten, sondern es ging um den Aufstieg einer neuen politisch-wirtschaftlichen Elitenklasse, die weder in spätosmanischer Zeit noch in der frühen Republik eine gewichtige wirtschaftliche, geschweige denn politische Rolle gespielt hatte. Seit den 1980er Jahren aber waren Anatolien und die Anatolier von wirtschaftlicher und politischer Bedeutung. Die «anatolischen Tiger» – sich besonders rasch entwickelnde Industriezentren wie Çorum, Denizli, Gaziantep, Kahmaranmaraş, Kayseri, Konya oder Malatya – waren jedoch nicht Akteure, die sich am eigenen Schopf aus dem Sumpf der Unterentwicklung zogen oder allein aufgrund niedriger Löhne, langer Arbeitszeiten und sehr flexibler Beschäftigungsverhältnisse so wettbewerbsfähig wurden,[74] sondern es gibt eine Vorgeschichte. Bereits Ende der 1960er Jahre wurden «prioritäre Entwicklungsregionen» (*Kalkınma Öncelikli Yöreler*) wie in Denizli und Gaziantep benannt, die auf dieser Grundlage ab den 1980er Jahren eine beeindruckende Entwicklung nehmen sollten.[75]

Ein Bericht der in Berlin beheimateten *European Stability Initiative* (*ESI*) über «islamische Calvinisten» zeigt die Herausforderung, angesichts der «anatolischen Tiger» Politik, Religion und Wirtschaft in ein richtiges Verhältnis zu setzen: Der ESI-Bericht aus dem Jahr 2005 dokumentiert ausführlich die ökonomische Erfolgsgeschichte großer Unternehmen im zentralanatolischen Konya, einer der konservativsten Städte Anatoliens. Das politische Ziel dieses Berichts war offensichtlich, der damaligen europäischen Öffentlichkeit die Angst vor einem islamisch geprägten, mit Europa nicht kompatiblen «tiefen» Anatolien zu nehmen, das im Gegensatz etwa zum weltoffenen İstanbul nicht bereit sei für die Aufnahme in die Europäische Gemeinschaft. Bemerkenswert an der Argumentation ist nicht nur, dass wirtschaftlicher Erfolg gleichbedeutend mit Beitrittsfähigkeit gesehen wird. Zugleich steht der Bericht vor demselben Dilemma, dem bereits Max Weber bei seinen Untersuchungen zu den Ursprüngen protestantischer Wirtschaftsethik begegnete,[76] nämlich ob nun die Religion die Henne ist oder doch nur das von dynamischen Wirtschaftskräften gelegte Ei, gebettet in eine entsprechende religiös-kulturelle Attitüde.[77]

Ab Mitte der 1980er Jahre tritt die Türkei aus dem Schatten des Kalten Krieges und des Militärregimes heraus. Die Jahre unter Turgut Özal als Minister- und später Staatspräsident bleiben in Erinnerung als eine Dekade erster wirtschaftlicher und außenpolitischer Öffnung – unvollkommen, aber dennoch beispielhaft für die späteren Jahrzehnte.

Die Dekade Özal

Die Jahre von 1983 bis 1993 waren von Turgut Özal geprägt: In den Jahren 1983–1989 war er Vorsitzender der Mutterlandspartei (*Anavatan Partisi, ANAP*) und Ministerpräsident; von 1989 bis zu seinem Tod im Jahr 1993 amtierte er als Staatspräsident. Er war damit der zweite Staatspräsident nach Celal Bayar (1950–1960), der keinen militärischen Hintergrund hatte. Özal, der erst in den 1980er Jahren auf die politische Bühne trat, stand in vielerlei Hinsicht für dasselbe politische Spektrum wie Süleyman Demirel, allerdings mit einer sehr viel stärkeren Dosierung von Wirtschaftsliberalismus und einer persönlichen Nähe zum Islamismus. Laut Özal stand die von ihm gegründete und geführte Mutterlandspartei nicht in der Linie früherer Parteien. Die ANAP decke vielmehr das Spektrum aller wichtigen Parteiströmungen der 1960er und 1970er ab: Sie sei konservativ wie die Gerechtigkeitspartei (*Adalet Partisi, AP*), traditionalistisch (gemeint ist: islamistisch) wie die MSP und nationalistisch wie die Partei der Nationalistischen Bewegung (*Milliyetçi Hareket Partisi, MHP*); ja sie könne sogar ebenso glaubhaft wie die Sozialdemokraten das Ziel sozialer Gerechtigkeit verkörpern.[78]

1927 im ostanatolischen Malatya geboren, wuchs Turgut Özal in einer religiös praktizierenden Familie auf. Sein Vater erhielt eine Ausbildung als Imam, bevor er eine Laufbahn in der staatlichen Landwirtschaftsbank (*Ziraat Bankası*) einschlug. Seine Mutter, eine Grundschullehrerin, hatte enge Kontakte zu den Nakschbendis.[79] In den 1950er Jahren arbeitete Özal in der Staatlichen Planungsbehörde (*Devlet Planlama Teşkilatı, DPT*). Nach der Militärintervention 1960 war er zwei Jahre für die Weltbank in Washington tätig, kehrte dann aber wieder in die Türkei zurück und war in der Privatwirtschaft tätig. Gemeinsam mit seinem Bruder Korkut trat er in den 1970er Jahren der Nationalen Heilspartei (*Millî Selamet Partisi, MSP*) bei. Korkut Özal wurde 1973 als Abgeordneter der MSP ins Parlament gewählt und amtierte als Landwirtschafts- und Innenminister. Turgut Özal selbst kandidierte 1977 erfolglos als MSP-Abgeordneter in İzmir – eine letztlich glückliche Fügung für ihn; sonst wäre er nach dem Putsch 1980 mit einem mehrjährigen politischen Betätigungsverbot belegt worden.[80] Als Süleyman Demirel im Oktober 1979 das Amt des Ministerpräsidenten übernahm, ernannte er Özal zum Unterstaatssekretär in der Staatlichen Planungsbehörde. Im Januar 1980 wurde Turgut Özal zudem damit beauftragt, das vom Internationalen Währungsfonds und einem internationalen Bankenkonsortium unterstützte Stabilisierungspaket umzusetzen. Seit dem Putsch 1980 Berater des Ministerpräsidenten in Wirtschaftsfragen, musste er dann im Juli 1982 wegen eines – von ihm nicht direkt verantworteten – Bankenskandals zurücktreten und galt als politisch erledigt. Doch eine glückliche Fügung des Schicksals sorgte dafür, dass die von ihm gegründete Mutterlandspartei als einzige neben den beiden Retortenparteien des Militärs zu den Parlamentswahlen am 6. November 1983 zugelassen wurde und einen fulminanten Sieg davontrug. Am 6. Dezember 1983 übernahm Özal das Amt des Ministerpräsidenten.

Mit der Revolution in Iran 1978/1979 und der strikt anti-westlichen Position der Islamischen Republik Iran gewann die Türkei deutlich an strategischem und sicherheitspolitischem Gewicht. Internationale Organisationen wie der IWF waren dem Land in den 1980er Jahren besonders gewogen und sahen in ihm ein «strahlendes Beispiel für die Richtigkeit orthodoxer Stabilisierungs- und Restrukturierungsprogramme».[81] Özal führte diese Politik der Liberalisierung nach seiner Wahl zum Ministerpräsidenten weiter fort. Während in den 1970er Jahren der Anteil industrieller Exporte am Bruttosozial-

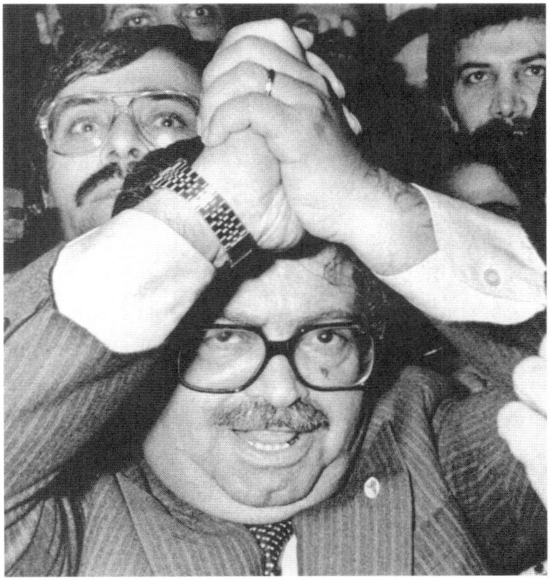

Turgut Özal, Führer der Mutterlandspartei (ANAP), jubelt am 6. November 1983 in Ankara nach Bekanntgabe der ersten Ergebnisse der Parlamentswahlen. Die ANAP deklassierte die beiden anderen von der Militärjunta geschaffenen Retortenparteien. Özal war von Dezember 1983 bis 1989 Ministerpräsident.

produkt unter 2 Prozent verharrt hatte, stieg er auf bereits 8,5 Prozent im Jahr 1990. Begünstigt vom Umstand, dass die Türkei zu einem wichtigen Lieferanten für die beiden in einen langjährigen Krieg (1980–1988) verstrickten Staaten Irak und Iran wurde, löste der Nahe Osten vorübergehend die EWG-Staaten als größter Exportmarkt der Türkei ab.

Özal legte die Grundlagen für eine exportorientierte und global wettbewerbsfähige türkische Marktwirtschaft. Ziel dieser Maßnahmen war, dass ausländisches Kapital in die Türkei strömen und inländisches Kapital für produktive Investitionen mobilisiert werden sollte. Auf dieser Grundlage – so die Erwartung – würden Produktion und Exporte steigen und letztlich eine stabile und nicht von Inflation geplagte Volkswirtschaft entstehen.[82] Jedoch war das Wachstum in den 1980er Jahren verhalten und wurde zudem mit einer stark steigenden Verschuldung (von zehn Milliarden US-Dollar im Jahr 1980 auf mehr als fünfzig Milliarden zehn Jahre später) erkauft. Die Schwächen in Özals Regierungsstil waren offensichtlich: Er gebärdete sich zunehmend als Alleinherrscher und verstand nicht die Bedeutung einer starken Rechtsordnung für eine nachhaltige Entwicklung. Die in den 1990er Jahren um sich greifende Korruption war ein Erbe seiner Politik.[83]

Wie seine Vorgänger Menderes und Demirel grenzte sich Özal von der etablierten Führungsschicht in Politik und Wirtschaft ab: Er sei nicht im Dolmabahçe-Palast (einem im neunzehnten Jahrhundert erbauten und direkt am Ufer des Bosporus gelegenen Sultanspalast) aufgewachsen. Vielmehr sei er, wie die Mehrheit aller Türken, «ein Kind Anatoliens».[84] Noch mehr als seine Vorgänger verwendete Özal, der auf seine wirtschaftspolitische Kompetenz sehr stolz war, das Argument eines Entwicklungssprungs unter seiner Regierung: «Schauen Sie, in fünf Jahren wurden in unserem Land vierzig Staudämme gebaut, in der Zeit der Einparteienherrschaft in siebenundzwanzig Jahren [hier sind die Jahre 1923–1950 gemeint] wurden nur drei davon gebaut.»[85]

Özals Politik zeigte Ähnlichkeiten zur Rezeptur, die die Demokratische Partei schon in den 1950er Jahren zusammengerührt hatte: wirtschaftlicher Aufschwung im Verein mit traditionellen kulturellen Werten, die wiederum mit der islamischen Religion verbunden sind. Seit Özals Zeiten wird der *iftar* (das gemeinschaftliche Abendessen, mit dem das Ende des täglichen Fastens während des Ramadan begangen wird) zu politischen Anlässen genutzt. Özal war darüber hinaus der erste Politiker aus dem rechtszentristischen Lager, der sich in der Öffentlichkeit als gläubiger Muslim zeigte. Im Juli 1988 unternahm er als erster türkischer Ministerpräsident die islamische Pilgerfahrt nach Mekka.[86] Seine Teilnahme am Freitagsgebet in der Kocatepe-Moschee in Ankara im November 1989, kurz nachdem er Präsident geworden war, war eine gezielte Geste.

Nach Einbrüchen bei Nachwahlen im September 1986 verlor Özal seine politische Dominanz und musste mit der Wiederzulassung ehemaliger politischer Führungsfiguren wie Demirel und Ecevit im

September 1987 um seine Machtposition fürchten. Im Folgenden richtete er seine Wirtschaftspolitik nicht mehr auf Stabilität, sondern Expansion aus. Damit zehrte Özal an seiner Substanz, denn die Erfolge seiner Wirtschaftspolitik gründeten zu einem erheblichen Teil auf Autosuggestion.[87] Für die Außenpolitik gilt dies ebenso.

Neue außenpolitische Koordinaten im Osten

Der erneute Antrag der Türkei am 14. April 1987 auf Aufnahme in die Europäische Wirtschaftsgemeinschaft (EWG) war weniger von der Hoffnung getragen, dass dies rasch gelingen werde, als von der Überlegung, dass durch die Beitrittsoption die Wirtschaft beflügelt werde. Der Aufnahmeantrag wurde von der EWG im Dezember 1989 unter Hinweis auf die ökonomischen Probleme und die schwierige Menschenrechtssituation in der Türkei zurückgewiesen. Es ist jedoch offensichtlich, dass die EWG bei der Türkei im Vergleich zu anderen Ländern wie Griechenland (Beitritt im Jahr 1981) und Spanien sowie Portugal (Beitritt beider Länder im Jahr 1986) strengere Maßstäbe anlegte und Verhältnisse bemängelte, die man bei den anderen geflissentlich übersehen hatte.[88]

Die anhaltend schlechten Beziehungen zu Griechenland in den 1980er Jahren (1984 erließ Griechenland eine Verteidigungsdoktrin, die nicht die UdSSR, sondern die Türkei als Hauptgefahr definierte) hatten vor allem mit der Ausrufung der Türkischen Republik Nordzypern im Jahr 1983 zu tun. Eine schwere griechisch-türkische Krise im März 1987 entzündete sich an türkischen Ölexplorationen in der Ägäis. 1988 hellten sich unter Özal und dem damaligen griechischen Ministerpräsidenten Andreas Papandreou (im Amt 1981–1989 und 1993–1996) kurzfristig die Beziehungen auf: Die Türkei gewährte Griechen Visumsfreiheit, und Özal unternahm einen Staatsbesuch in Athen, als erster türkischer Ministerpräsident seit sechsunddreißig Jahren. Bereits Ende des Jahres 1988 verschlechterten sich jedoch die Beziehungen erneut: Die Türkei widersprach der griechischen Position, dass der einzige strittige Fall zwischen Griechenland und der Türkei (abgesehen von Zypern) die Festlegung des Festlandsockels in der Ägäis sei; ungelöste Fragen seien auch die widerstreitenden Festlegungen des nationalen Luftraums, die Militarisierung der Ägäis-Inseln durch Griechenland und der Status der türkischen Minderheit in Westthrakien.[89]

Während es für die Türkei also aus manchen Konfliktfeldern keinen wirklichen Ausweg gab, eröffneten sich andernorts neue Möglichkeiten. Das Feld des «Islamic Banking» ist ein besonders anschauliches Beispiel für die Schnittstelle zwischen der Liberalisierung der Wirtschaft, einer neuen Ausrichtung in der Außenpolitik und einer islamistisch getönten Innenpolitik. Die von der Mutterlandspartei (*Anavatan Partisi, ANAP*) gestellte Regierung ermöglichte den Aufbau eines islamischen Bankenwesens, das anstelle des vom Koran untersagten Zinses andere Formen der Gewinnbeteiligung findet. Direkt nach Özals Regierungsantritt im Dezember 1983 wurde mit einem Gesetz der rechtliche Rahmen für «besondere Finanzeinrichtungen» (*Özel Finans Kurumları*) geschaffen. Der Erlass hatte offensichtlich zwei Ziele: die Ersparnisse frommer Muslime, die ihr Geld nicht in regulären Banken deponieren wollten, in den Finanzkreislauf einzuspeisen und Kapital aus der islamischen Welt, vor allem den Golfstaaten, anzuziehen.[90] Erste Gründungen in diesem Bereich waren im Januar 1985 *Al Baraka Türk Özel Finans Kurumu*, also eine türkische Privatbank in Kooperation mit der saudi-arabischen Bank *al-Baraka* («Segen»), und im April 1985 *Faisal Finans Kurumu* (benannt nach dem saudischen König Faisal, reg. 1964–1975); beide waren türkisch-saudische Gemeinschaftsunternehmen. Ein wirklich bedeutender Zweig des Finanzwesens ist das islamische Bankenwesen in der Türkei nicht geworden. Im Januar 2014 betrug sein Anteil in der Türkei 6,6 Prozent – im Vergleich zu Malaysia mit 21 oder gar Saudi-Arabien mit 51 Prozent.[91]

Die Öffnung der deutsch-deutschen Mauer am 9. November 1989, der Zerfall des sowjetischen Bündnissystems und schließlich die Auflösung der Sowjetunion selbst im Dezember 1991 stellten für die Türkei eine außenpolitische und geostrategische Zeitenwende dar. Alte Bedrohungen wie die Sowjetunion verschwanden; neue Konfliktherde wurden sichtbar – man denke nur an die sich bereits 1988 entzündenden Auseinandersetzungen zwischen Armeniern und Aserbaidschanern über Nagorny Karabach oder an *Desert Storm,* die Militäraktion der USA und ihrer Verbündeten gegen den Irak 1991. Zugleich eröffneten sich neue Möglichkeiten, etwa im Handel, und neue Räume, wie in Zentralasien. Mit der Unabhängigkeit Aserbaidschans im Südkaukasus und Kasachstans, Kirgisiens, Turkmenistans und Usbekistans in Zentralasien sah die türkische Regierung – allzu hoffnungsvoll – ein «türkisches Jahrhundert» am Horizont heraufziehen.

Seit dem sowjetisch-türkischen Vertrag vom März 1921 hatte die Türkei ihre Beziehungen zu den «auswärtigen Türken» (*dış Türkler*) hintangestellt und sich nur für die türkische Bevölkerung auf Zypern, im griechischen Westthrakien und in Bulgarien direkt zuständig gefühlt. Der Auflösung der Sowjetunion begegnete man zuerst mit Vorsicht, die jedoch Ende des Jahres 1991 in Begeisterung umschlug – geradezu ungestüm: Am 16. Dezember 1991 traf der führende usbekische Politiker und spätere usbekische Staatspräsident Islam Karimov (1938–2016) zu einem Besuch in Ankara ein. Im Empfangskomitee befand sich, so wie es sich für eine Republik der Sowjetunion gehörte, der sowjetische Botschafter; die sowjetische, türkische und usbekische Flagge waren gehisst. Doch am Nachmittag, unmittelbar nach der soeben vollzogenen Anerkennung Usbekistans durch die Türkei, wurden umgehend alle sowjetischen Insignien entfernt.

Die westlichen Staaten unterstützten die türkischen Ambitionen, eine Patronagemacht für die Turkstaaten Zentralasiens zu werden: Die Türkei als das Modell eines säkularen und demokratischen Landes, so die Überlegung des Westens, könne ein womöglich entstehendes Vakuum in den neu gegründeten zentralasiatischen Staaten vermeiden helfen.[92] Der ersten Euphorie in den Jahren 1991–1993 und dem Versuch, in den neuen Turkstaaten eine Führungsposition einzunehmen, folgte die Einsicht in die beschränkten Handlungsmöglichkeiten der Türkei, vor allem in wirtschaftlicher Hinsicht, dann die Rückkehr zu einer an den Gegebenheiten orientierten Politik.

In der Türkei unter Staatspräsident Özal entstanden Anfang der 1990er Jahre in rascher Folge Einrichtungen und Instrumente, die die außenpolitische Agenda des Landes vorantreiben sollten. Dazu zählen das 1992 gegründete «Präsidium für Internationale Kooperation und Koordination der Türkei» (*Türkiye İşbirliği ve Koordinasyon Ajansı Başkanlığı*, TİKA) oder das seit April 1992 per Satellit ausgestrahlte Fernsehprogramm «TRT Eurasien» (*TRT Avrasya*). Die Türkei engagierte sich zudem bei der Gründung neuer internationaler Zusammenschlüsse, etwa bei der 1992 gegründeten *Organization of the Black Sea Economic Cooperation* (BSEC).[93]

Die von Özal angestoßene Dynamik trug im Bereich der Außenpolitik über seinen Tod hinaus. Die beiden Außenminister Hikmet Çetin (im Amt 1991–1994) und İsmail Cem (im Amt 1997–2002) führten die Politik einer Öffnung und stärkeren Integration in der Region fort. Bei İsmail Cem, der vor allem für die Annäherung an Griechenland stand, finden sich viele Elemente einer Außenpolitik, die in den 2000er Jahren unter den Begriffen «Neo-Osmanismus» und «Null Probleme mit den Nachbarn» (*komşularla sıfır sorun*) bekannt werden sollte.[94]

In den 1980er Jahren wurde die militärische und sicherheitspolitische Zusammenarbeit mit Israel wieder aufgenommen: Man unterfütterte die gegen gemeinsame Feinde wie Syrien und Irak gerichtete Kooperation durch das Gedenken an historische Anlässe, wie die Feiern im Jahr 1992 anlässlich des fünfhundertsten Jahrestages der osmanischen Aufnahme von sephardischen Juden. Am 3. November 1994 reiste die türkische Ministerpräsidentin Tansu Çiller nach Israel – auch dies eine Premiere.[95] Es folgten mehrere israelisch-türkische Abkommen zu wirtschaftlicher Zusammenarbeit, Freihandel, Förderung von bilateralen Investitionen und Verhinderung von Doppelbesteuerung. Große Aufmerksamkeit fand das Abkommen vom 23. Februar 1996 zur militärischen Zusammenarbeit: Das Rückgrat der Beziehungen war, wie in den späten 1950er und frühen 1960er Jahren, die militärische und sicherheitspolitische Kooperation, nur dass dieses Mal die Beziehungen sehr viel enger waren, offener nach außen gezeigt wurden und mehr langfristige Haltbarkeit versprachen.[96]

Die 1980er Jahren zeigen eine besondere Mischung. Ihnen lag noch die bleierne Schwere der Militärdiktatur auf den Schultern; zugleich waren sie von einer wirtschaftlichen und außenpolitischen Aufbruchsstimmung gekennzeichnet. In den 1990er Jahren jedoch erlahmte der Vorwärtsdrang, und die ungelösten Probleme der Türkei traten in den Vordergrund.

4. Politische und wirtschaftliche Stagnation (1993–2002)

In mancherlei Hinsicht erinnern die 1990er an die 1970er Jahre: Wiederholte politische Pattsituationen, die unter anderem durch persönliche Animositäten führender Politiker ausgelöst werden; politische Instabilität mit einem raschen Wechsel der Regierungen; ein hoher Grad an Gewalt; wirtschaftliche Talfahrt. Musste man im Januar 1994 noch fünfzehntausend Türkische Lira (TL) einsetzen, um sie für einen US-Dollar einzutauschen, so waren es im April desselben Jahres bereits achtunddreißigtausend. Angesichts der zugleich galoppierenden Inflation konnten die Tageszeitungen zu dieser Zeit mit ironischer Zuversicht ankündigen, dass in der Türkei bald alle Millionäre sein würden.[97] Hohe Inflationsraten mit durchschnittlich weit über 50 Prozent in den 1990er Jahren und wirtschaftliche Einbrüche in den Jahren 1991, 1994 und 1998 mündeten schließlich in die scharfe Krise des Jahres 2001, in der das Bruttosozialprodukt um nahezu ein Zehntel schrumpfte und Ministerpräsident Ecevit sich gezwungen sah, erneut den Internationalen Währungsfonds um Hilfe anzugehen.

Nach dem Tod von Özal 1993 fand sich keine politische Persönlichkeit, die die nächste Dekade hätte prägen können. Ein neues Gesicht in den 1990er Jahren war Tansu Çiller (geb. 1946), eine in den USA ausgebildete und an der Bosporus-Universität (*Boğaziçi Üniversitesi*) in İstanbul lehrende Wirtschaftsprofessorin. Sie war erst im November 1990 der Partei des Rechten Weges (*Doğru Yol Partisi, DYP*) beigetreten und schon 1993 hob die DYP-Führung die attraktive und weltläufige Frau als erhofftes Schaustück der Partei zur Vorsitzenden. Im selben Jahr stieg sie sogar zur Ministerpräsidentin auf, als Süleyman Demirel ins Amt des Präsidenten wechselte. Sie konnte sich in einer Koalition mit der Sozialdemokratischen Populistischen Partei (*Sosyaldemokrat Halkçı Parti, SHP*) bis 1996 im Amt halten. Die bereits von Özal etablierte Kultur der Selbstbereicherung trieb Çiller in der Weise weiter, dass sie ihre eigene Partei, also die DYP, «geradezu in ein Familienunternehmen verwandelte».[98]

Die zweite führende Figur des rechtszentristischen Lagers in den 1990er Jahren war Mesut Yılmaz (geb. 1947), der 1991 den Vorsitz der Mutterlandspartei (*Anavatan Partisi, ANAP*) übernahm und in den 1990er Jahren dreimal als Ministerpräsident amtierte: Von Juni bis November 1991, von März bis Juni 1996 und – dieses letzte Mal immerhin eineinhalb Jahre – von Juni 1997 bis Januar 1999. Çiller und Yılmaz konnten zu keinem Einvernehmen kommen: So zerbrach nach den Wahlen vom 24. Dezember 1995 die von ANAP und DYP geschmiedete Koalition an der persönlichen Rivalität der beiden. Den rechtszentristischen Parteien ANAP und DYP, die ideologisch gesehen so gut wie nichts trennte, gelang es niemals, sich in einer gemeinsamen Partei zusammenzufinden.

Auch das linkszentristische Lager konnte seine Zersplitterung in die von Bülent Ecevit geführte Demokratische Linkspartei (*Demokratik Sol Parti, DSP*) und die Republikanische Volkspartei (*Cumhuriyet Halk Partisi, CHP*) unter der Leitung des glücklosen Deniz Baykal (geb. 1938) nicht überwinden. Bülent Ecevit blieb die bestimmende Person im linkszentristischen Parteienspektrum. In den Jahren 1999–2002 war er ein fünftes und letztes Mal Ministerpräsident, zugleich aber bereits von Alterskrankheiten gezeichnet. Nur eine Strömung und Partei sah sich in den 1990er Jahren im Aufwind: Die islamistische Wohlfahrtspartei (*Refah Partisi, RP*) errang in den 1990er Jahren im Parlament eine starke Position und drang in die Mitte der Gesellschaft vor.

Der unaufhaltsame Aufstieg des Islamismus

Seit der Gründung der Nationalen Ordnungspartei (*Millî Nizam Partisi, MNP*) im Januar 1970 war die islamistische Bewegung im Parteienspektrum und im Parlament fest vertreten. Die 1972 als Nachfolgerin der MNP gegründete Nationale Heilspartei (*Millî Selamet Partisi, MSP*) war in den Jahren 1974–1979 an drei Regierungen beteiligt.[99] Die 1983 neu gegründete Wohlfahrtspartei (*Refah Partisi, RP*) konnte nicht sofort an die früheren Wahlerfolge anschließen: Am 29. Oktober 1987 nahm sie zum ersten Mal an Parlamentswahlen teil, blieb aber mit 7,2 Prozent unter der Zehnprozentschwelle. Die nächste Parlamentswahl am 20. Oktober 1991 ließ sie auf 16,9 Prozent ansteigen, sie blieb aber lediglich viertstärkste Partei und erreichte ihr Ergebnis zudem nur in einem Wahlbündnis mit zwei weiteren Parteien. Bei den vorgezogenen Parlamentswahlen am 24. Dezember 1995 gelang es jedoch der Wohlfahrtspartei mit 21,4 Prozent, sehr knapp vor den beiden rechtszentristischen Parteien, der Mutterlandspartei und der Partei des Rechten Weges liegend, stärkste Kraft im Parlament zu werden. Dieser Erfolg hatte sich schon bei den Kommunalwahlen im Jahr 1994 abgezeichnet, als die Wohlfahrtspartei mit 19,1 Prozent landesweit gesehen nicht besonders stark war, aber dennoch die Bürgermeisterämter von mehreren Großstädten, darunter İstanbul und Ankara, für sich gewinnen konnte.

Was waren die Gründe für den Aufstieg der Wohlfahrtspartei in der Mitte der 1990er Jahre? Das Patt zwischen der von Tansu Çiller geführten DYP und der ANAP unter Mesut Yılmaz spielte der Wohlfahrtspartei in die Hände. Von Bedeutung war zudem, dass die sufischen Bruderschaften (*tarikat*) und religiösen Gemeinschaften (*cemaat*), die bisher immer rechtszentristisch gewählt hatten, nun zum ersten Mal die islamistische Wohlfahrtspartei unterstützten.[100] Zudem musste die Förderung der «Türkisch-Islamischen Synthese» durch Militär und Staat ab den 1980er Jahren es der Bevölkerung als willkürlich erscheinen lassen, einen staatlich erwünschten konservativen von einem «reaktionären» (*irtica*) Islam zu unterscheiden. *İrtica* war zum Kampfbegriff des säkularen Lagers geworden, um einen angeblich rückwärtsgewandten Islamismus zu verurteilen. Die seit Jahrzehnten betriebene und seit den 1980er Jahren forcierte Stärkung sunnitischer Institutionen durch den Staat zeigte jedoch zwangsläufig ihre Wirkung: Ein anschauliches Beispiel hierfür sind die Schulen, in denen Imame und Freitagsprediger ausgebildet wurden. Diese zu Beginn der Republikzeit eingerichteten *İmam-Hatip*-Schulen wurden 1930 geschlossen und erst 1951 wiedereröffnet. Innerhalb der Staatsorgane gab es durchaus Widerstand gegen diesen Schultypus, da man sich an die Dualität des Erziehungssystems zwischen Medresen (den Ausbildungsinstitutionen für die religiösen Rechtsgelehrten) und säkularen Schulen in spätosmanischer Zeit erinnert sah. Zudem war das Wachstum dieses Schultypus außerordentlich: 1973 wurde der Aufgabenbereich der *İmam-Hatip*-Schulen ausgeweitet: Sie wurden zu einem den allgemeinbildenden Schulen gegenüberstehenden Parallelsystem ausgebaut, in dem religiös-konservative Familien ihre Kinder ausgebildet wissen wollten. Dementsprechend stieg die Zahl der *İmam-Hatip*-Schüler von 48 895 im Schuljahr 1974–1975 über 200 300 im Jahr 1980–1981 auf 511 502 im Schuljahr 1996–1997.[101]

Zugleich weitete sich ab den späten 1980er Jahren die Allianz von Institutionen, die im islamistischen Milieu verankert waren: Der am 5. Mai 1990 gegründete «Verein unabhängiger Industrieller und Unternehmer» (*Müstakil Sanayici ve İşadamları Derneği, MÜSİAD*) grenzte sich deutlich von TÜSİAD ab, dem 1971 gegründeten «Verein türkischer Industrieller und Unternehmer» (*Türk Sanayicileri ve İşadamları Derneği*). MÜSİAD unterschied sich im Namen von TÜSİAD nur durch das erste Wort *müstakil* («unabhängig»). «M» stand aber zugleich, ohne es offen sagen zu müssen, für «muslimisch» (*Müslüman*). Drei Viertel der in MÜSİAD organisierten Firmen waren erst nach 1980 gegründet worden, dagegen bei TÜSİAD nur ein Fünftel. Während TÜSİAD immer die etablierten großen Industriefirmen und Unternehmer vertreten hatte, setzte sich MÜSİAD für kleinere Unternehmen ein, die nicht im wirtschaftlichen und industriellen Zentrum İstanbul beheimatet waren. Mitte der 1990er Jahre hatte MÜSİAD bereits über zweitausend Mitglieder und stand für rund ein Zehntel des türkischen Bruttosozialprodukts.[102]

TÜSİAD wandte sich ab den 1980er Jahren gegen das etatistische Modell der 1960er und 1970er Jahre und sah sich als Träger einer westlichen Wirtschaftsordnung sowie einer weiteren Demokratisierung der Türkei. Die MÜSİAD dagegen vertraute auf eine internationale islamische Solidarität und die Vereinbarkeit von islamischer Moralität mit einem dynamischen Unternehmertum; daher sah sie die aufstrebenden muslimischen Volkswirtschaften Südostasiens als Vorbilder, vor allem Malaysia. Der erste Präsident von MÜSİAD, Erol Yarar (geb. 1960), sprach davon, dass man den *homo oeconomicus* des Westens durch den *homo islamicus* zu ersetzen habe.[103]

Das von Necmettin Erbakan in den 1970er Jahren formulierte Konzept einer «Gerechten Ordnung» (*Adil Düzen*) zielte auf eine gerechtere Wirtschaftsordnung und auf eine Gesellschaft, die sich nach islamischen Prinzipien richtet.[104] Die «Nationale Sichtweise» (*Millî Görüş*) wiederum, der nicht-parlamentarische Arm der von Erbakan begründeten Bewegung, ist ein vielschichtiger Begriff. *Millî* ist nach heutigem Sprachgebrauch als «national» zu übersetzen, zugleich schwingt aber die ältere osmanische Vorstellung einer Gemeinschaft der sunnitischen Muslime mit. Die Anliegen einer gerechten Wirtschafts- und Sozialordnung und einer «nationalen Sichtweise» fanden in der wirtschaftlichen Unterentwicklung Anatoliens ihren Gegenstand und ihr Anliegen. Die kapitalistische Ordnung wurde nicht in Frage gestellt, sondern Ziel war, der «minderen Mehrheit» Anatoliens zu einem gerechten Anteil an den wirtschaftlichen Gütern des Landes zu verhelfen.

Erbakans Strahlkraft in seinem eigenen politischen Milieu erklärt sich durch die Unbedingtheit seiner Äußerungen. Seine anti-westliche Polemik beschrieb einen vollständigen Gegensatz zwischen dem seelenlosen Materialismus des Westens und dem Islam, der allein gleichzeitig materielle und geistige Entwicklung ermögliche. Niemand konnte in Erbakans Weltsicht diesem Gegensatzpaar entkommen. Alle anderen politischen Parteien außer seiner eigenen würden den Westen nachäffen und mit ihm gemeinsame Sache machen. Außenstehende mussten Erbakans Äußerungen als verstörend empfinden, wenn er von «Kreuzfahrern» und «Freimaurern» sprach und unter dem Mäntelchen des Antizionismus sein Antisemitismus hervorlugte. Für Erbakan war die damalige Europäische Wirtschaftsgemeinschaft eine vom «Weltjudentum» gelenkte Freimaurerclique, und damit wäre der Beitritt ein Verhängnis für die Türkei. Im obersten Stockwerk des EWG-Hauses würden die amerikanischen Juden wohnen, im mittleren die europäischen Arbeiter – und im unteren sollten jetzt die Türken als Hausmeister einziehen.[105]

Necmettin Erbakan war in seiner Rhetorik radikal, zugleich aber verband ihn manches mit dem Rechtskonservativismus, etwa ein mechanistisches Verständnis der Gesellschaft und eine ungebrochene Fortschrittsgläubigkeit. Es ist jedenfalls auffallend, dass die Führungsfigur des Islamismus und die beiden wichtigsten Vertreter der rechtskonservativen Strömung, Süleyman Demirel und Turgut Özal, zur selben Zeit Ingenieurwissenschaften an der Technischen Universität İstanbul (mit einem Abschluss im Jahr 1948, Özal 1950) studiert hatten.[106]

Im Jahr 1996 kam es zu einem in der türkischen Republikgeschichte revolutionär neuen Schritt: Der Vorsitzende einer islamistischen Partei wurde Ministerpräsident. Nachdem sich Tansu Çiller (DYP) und Mesut Yılmaz (ANAP) nicht auf eine Regierung hatten einigen können, wandte sich Çiller der Wohlfahrtspartei RP zu. Am 28. Juni 1996 wurde die Koalition von DYP und RP (mit einer Zusammenziehung der beiden Parteinamen damals als *Refahyol* bezeichnet) verkündet, mit Necmettin Erbakan als Ministerpräsident; in der zweiten Hälfte der noch verbleibenden Zeit der Legislaturperiode sollte dieser das Ministerpräsidentenamt Tansu Çiller überlassen.

Argwöhnisch beäugten die führenden Kräfte in Bürokratie, Justiz, Medien und Militär die Neuausrichtung der Politik. Seine erste Auslandsreise führte Erbakan nach Iran, Pakistan, Singapur, Malaysia und Indonesien. Am 22. Oktober 1996 gab er Pläne bekannt, als

Ministerpräsident Necmettin Erbakan und der libysche Potentat Muammar al-Gaddhafi in Libyen, vermutlich im Oktober 1996. Erbakan, Vorsitzender der islamistischen Wohlfahrtspartei, intensivierte während seiner kurzen Zeit als Ministerpräsident (Juni 1996–Juni 1997) die Zusammenarbeit mit der islamischen Welt.

Gegengewicht zum damaligen Zusammenschluss der bedeutendsten Industriestaaten, der G7 (*Group of Seven*), eine Gruppe muslimischer Schwellenstaaten, die D8 (*Developing Eight*), zu gründen, mit den Mitgliedsstaaten Ägypten, Bangladesch, Indonesien, Iran, Malaysia, Nigeria, Pakistan und der Türkei. Die D8, am 15. Juni 1997 bei einem Treffen der Staatsoberhäupter in İstanbul offiziell ins Leben gerufen, besteht bis heute, ist allerdings niemals ein wirksamer Akteur geworden.[107]

Provozierend waren für die Gegner Erbakans vor allem seine Neuerungen in der innenpolitischen Kultur des Landes: Am 11. Januar 1997 lud Erbakan zu einem Fastenbrechen, zu dem zahlreiche Anführer von sufischen Bruderschaften in ihrer Tracht erschienen. Vielleicht wollte Erbakan mit dieser Einladung nur die Bruderschaften mit dem Staat versöhnen; das säkulare Lager befürchtete jedoch, dass die Türkei eine ähnliche Entwicklung wie Iran nehmen könnte. Als am 13. Januar 1997 der Ministerrat bestimmte, dass in staatlichen Institutionen die Arbeitszeiten mit dem Fastenmonat in Einklang zu bringen seien, wurde dieser Erlass bereits am 28. Januar 1997 durch den Staatsrat (*Danıştay*) wegen der Verletzung des Prinzips des Säkularismus aufgehoben. Besonders provozierend erschien eine Feier am sogenannten Jerusalem-Tag am 31. Januar 1997 in der Gemeinde Sincan bei Ankara, zu der der damalige iranische Botschafter eingeladen war. Der Anlass selbst war schon politisch, da der *Quds*-Tag, jeweils am letzten Freitag des Ramadan begangen, 1979 durch Ayatollah Khomeini ins Leben gerufen worden war: Die islamische Welt solle damit ihre Solidarität mit den Palästinensern und Jerusalem zeigen. An diesem Abend wurden in Sincan Propaganda-Poster der libanesischen *Hizbullah* und der palästinensischen *Hamas* aufgehängt und ein Zelt aufgestellt, das in seiner Form an die *al-Aqsa*-Moschee auf dem Tempelberg erinnerte.[108]

Bereits vor dem Zwischenfall in Sincan, nämlich am 22.–24. Januar 1997, war bei einem Treffen der Kommandeure der Streitkräfte der Entschluss gefallen, die Wohlfahrtspartei von der Macht zu entfernen. Der erste entscheidende Schritt war die Sitzung des Nationalen Sicherheitsrates (*Milli Güvenlik Kurulu, MGK*) am 28. Februar 1997, bei der das Militär von der Regierung die Umsetzung eines Bündels von Maßnahmen forderte: Unter anderem sollten alle Korankurse fortan über die *Diyanet*-Behörde organisiert werden und die sufischen Bruderschaften (*tarikat*) ihre Tätigkeiten einstellen. Die zentrale Forderung des Militärs war, die Dauer der Grundschulausbildung von fünf auf acht Jahre zu erhöhen, um so den *İmam-Hatip*-Mittelschulen das Wasser abzugraben. Das Militär wies darauf hin, dass dieser Schultypus mittlerweile jährlich über fünfzigtausend Absolventen produziere, die *Diyanet*-Behörde aber nicht mehr als gut zweitausend Imame einstellen könne. In der Türkei spricht man vom «Prozess des 28. Februar» (*28 Şubat süreci*), da es sich nicht um einen nur einmalig eingeforderten Maßnahmenkatalog handelte, sondern um einen über mehrere Monate währenden Zeitraum, in dem das Militär die Wohlfahrtspartei und ihre Unterstützer nachhaltig zurechtstutzen wollte: Man drängte bei «Informationsveranstaltungen» die Medien dazu, diese Agenda zu unterstützen. Um die Angst vor einem möglichen Putsch zu steigern, ließ der Generalstab in seinen Gebäuden nachts das Licht brennen.

Am 18. Juni 1997 gab Erbakan auf und erklärte seinen Rücktritt vom Amt des Ministerpräsidenten. Aus der Partei seines Koalitionspartners DYP waren laufend Parlamentsabgeordnete ausgetreten; die Koalition hatte ihre Mehrheit im Parlament verloren. Am 21. Mai 1997 hatte bereits der Staatsanwalt beim Obersten Gericht (*Yargıtay*) das Verbot der Wohlfahrtspartei beantragt. Am 16. Januar 1998 wurde die Partei mit der Begründung verboten, dass sie zu einem Mittelpunkt von Aktivitäten gegen das Prinzip des Säkularismus geworden sei. Erbakan und einigen weiteren RP-Politikern wurde für fünf Jahre jegliche politische Betätigung verboten.[109]

Das Militär hatte damit die vorrangigen Ziele seiner Zermürbungspolitik, den Rücktritt von Necmettin Erbakan, das Verbot der Wohlfahrtspartei und die Austrocknung der *İmam-Hatip*-Mittelschulen erreicht: Nachdem am 17. August 1997 die Einführung des achtjährigen Grundschulunterrichts beschlossen worden war, ging die Zahl der *İmam-Hatip*-Schüler von mehr als einer halben Million auf nur noch 64 534 im Jahr 2002 zurück;[110] allerdings stieg sie von da an wieder stark an.

Nach den Interventionen des Militärs von 1960, 1971 und 1980 ließen sich Wissenschaftler – angesichts des durchbrochenen Zehn-Jahre-Rhythmus – zu Beginn der 1990er Jahre zur hoffnungsvollen Einschätzung verleiten, dass das Verhältnis zwischen Politik und Militär in der Türkei sich mittlerweile dem in westlichen Demokratien angeglichen habe.[111] Die «postmoderne» Intervention von 1997 widerlegte jedoch diese allzu zuversichtliche Annahme. Das Militär beschädigte mit seinen ständigen Eingriffen, auch nachdem Erbakan von der Macht verdrängt und seine Partei verboten worden war, sich selbst, denn die angestrebte Feinsteuerung von Politik erwies sich als ein Ding der Unmöglichkeit. Wie bei jeder der Interventionen des Militärs stellte sich zudem die Frage nach den langfristigen Folgen: Hätte es vielleicht, wenn das Militär nicht interveniert und die Politiker der Wohlfahrtspartei und ihre Anhänger nicht zu Opfern gemacht hätte, «weder jemals Tayyip Erdoğan noch die AKP gegeben»?[112] In der Tat ist die Vermutung berechtigt, dass mit dem «Prozess des 28. Februar» 1997 dem überragenden Erfolg einer neuen Partei der Boden bereitet wurde – der Partei für Entwicklung und Fortschritt (*Adalet ve Kalkınma Partisi, AKP*).[113] Die Hoffnung des Militärs, dass die islamistische Bewegung mindestens zehn Jahre brauchen würde, um sich von dem ihr 1997 versetzten Schlag zu erholen, war verfehlt.[114] Bereits fünf Jahre später gewann die AKP die Parlamentswahlen vom 3. November 2002, und weitere fünf Jahre später holte das AKP-Lager zum Schlag gegen das Militär aus.

Der Islamismus blieb nicht die einzige Herausforderung für den türkischen Staat in den 1990er Jahren. Hinzu traten die alevitische und die kurdische Frage. Die alevitische Frage war im Verhältnis zur kurdischen einfacher und verwickelter zugleich: Sie war verwickelt, weil die Aleviten bis heute allein durch die Eigenart ihrer (Religions-) Kultur die Grundlagen der türkischen Nation (mit den sunnitischen Türken als dem «eigentlichen» Staatsvolk) in Frage stellen, selbst wenn dies aufgrund ihrer inneren kulturell-religiösen Unterschiede und politisch-organisatorischen Zersplitterung gar nicht ihr Ziel ist.[115] Das Verhältnis des türkischen Staates in den 1990er Jahren zu den Aleviten war wiederum einfacher als das zu den Kurden, weil die Aleviten nicht das Recht auf Abspaltung von der Republik Türkei oder zumindest Autonomie einforderten.[116] Das wäre auch kaum möglich gewesen, da die Siedlungsgebiete mit einem starken alevitischen Bevölkerungsanteil inmitten Anatoliens liegen. Zudem sind die Aleviten, als Folge der Migrationsprozesse der letzten Jahrzehnte, eher in den Großstädten Anatoliens und Westeuropas zu finden. Erwartungen, dass sich in den Großstädten das alevitische Milieu auflösen und in der sunnitischen Mehrheitsgesellschaft aufgehen würde, erfüllten sich allerdings nicht.[117] Die kurdische Frage dagegen war sicherheitspolitisch weitaus drängender, aber zugleich in den bewährten Formen zu fassen: Die Forderungen der Kurden nach nationalen Rechten entsprachen weitgehend den spätosmanischen Erfahrungen mit den christlichen Minderheiten.

Der Zwiespalt der Aleviten

Vom Beginn der Republik an war das Verhältnis der Aleviten zum Staat zwiespältig: Der vom Kemalismus angebotene Staatssäkularismus hatte für die Aleviten anziehende Seiten; die enge Verknüpfung der türkischen Staatsbürgerschaft mit einer sunnitischen Identität war jedoch ein Hemmnis. Mit der politischen Radikalisierung der 1970er Jahre trat eine alevitische Identität wieder offen hervor, allerdings auf indirekte Weise, indem sich die Aleviten kollektiv bei der politischen Linken verorteten und ihre Selbstwahrnehmung als ausgestoßene religiöse Minderheit mit der einer benachteiligten sozialen Klasse verschmolzen.[118] Der übermäßig hohe Anteil von Aleviten in sozialistischen Parteien und Gruppierungen ist übrigens keine Besonderheit, sondern lässt sich bei vielen religiösen und ethnischen Minderheiten im Nahen Osten beobachten, so bei Alawiten, Armeniern, Berbern, Drusen, Juden (vor 1948), Kurden und Schiiten.[119]

Angriffe auf Aleviten blieben nicht Teil der gewaltsamen Auseinandersetzungen der 1970er Jahre, sondern hielten in den folgenden Jahrzehnten an: Ein von einem Mob gelegter Brand im Madımak-Hotel in Sivas am 2. Juli 1993 galt den dort versammelten Teilnehmern an den jährlichen Feierlichkeiten zu Ehren von Pir Sultan Abdal, einem von kurdischsprachigen Aleviten verehrten Dichter und Rebell des sechzehnten Jahrhunderts. Besonderen Hass zog der ebenfalls anwesende Schriftsteller Aziz Nesin (1915–1995) auf sich, der kurz zuvor eine Teilübersetzung von Salman Rushdies «Satanischen Versen» in türkischer Sprache herausgebracht hatte. Nesin konnte sich mit knapper Not retten; jedoch starben fünfunddreißig Menschen in dem am Hotel gelegten Feuer, das die Sicherheitskräfte nicht verhindert hatten und die Feuerwehr allzu spät bekämpfte.[120]

Am 12. März 1995 wurde im İstanbuler Stadtteil Gazi aus einem fahrenden Auto heraus mit automatischen Waffen auf ein von Aleviten besuchtes Café geschossen. Ein alevitischer Geistlicher (*Dede*) starb, fünfundzwanzig Gäste wurden verletzt. Bei den anschließenden Protesten aufgebrachter Aleviten in İstanbul wurden von Sicherheitskräften weitere zweiundzwanzig Menschen getötet und über fünfhundert verletzt. Die darauf folgende politische und juristische Aufarbeitung war bezeichnend: Necmettin Erbakan und Alparslan Türkeş verwiesen auf den angeblichen Einfluss ausländischer Kräfte, während gleichzeitig die Ermittlungen verschleppt wurden. Zweiundzwanzig Angehörige der Getöteten wandten sich an den Europäischen Gerichtshof für Menschenrechte, der die Türkei zu Schadensersatz verurteilte. Offiziell konnten die Täter und Verantwortlichen bis heute nicht ausfindig gemacht werden.[121]

Die Pogrome gegen Aleviten zeigten ein auffällig wiederkehrendes Muster, in dem die Rolle der Behörden von Gewährenlassen bis hin zu offener Unterstützung reichte. Es kann daher nicht verwundern, dass die Aleviten, nachdem die Vision einer klassenfreien und allen Ethnien gleiches Gewicht zusprechenden Gesellschaft mit dem Putsch von 1980 endgültig zerfallen war, nach neuen Antworten und Wegen suchten. Sie rückten ernüchtert von rein säkularen Deutungen und linken Positionen ab und wandten sich religiösen und kulturellen Erklärungsmustern zu.

Da die Aleviten im Gegensatz zur kurdischen Bevölkerung keine Ansätze zeigten, in militanter Weise Rechte einzufordern, lag und liegt es nahe für den türkischen Staat, trotz des Befremdens ob ihrer religiös-kulturellen Widerständigkeit, diese an sich zu binden. Pir Sultan Abdal (ca. 1480–1550), die Bezugsfigur für kurdische Aleviten, ist für sunnitische Türken kaum vermittelbar. Dagegen bietet Hacı Bektaş Veli, ein islamischer Mystiker im Anatolien des dreizehnten Jahrhunderts und Leitsymbol für die türkischsprachigen Aleviten, viele Bezüge zum sunnitischen Islam – deutlich sichtbar zum Beispiel im zur Sunna gehörigen Sufi-Orden der Bektaschis.[122]

Erste Versuche in den 1960er Jahren, die Aleviten enger an den sunnitischen Islam zu binden, unter anderem mit dem Vorhaben, in der *Diyanet*-Behörde ein eigenes «Direktorat für Glaubensgemeinschaften» (*Mezhepler Müdürlüğü*) einzurichten,[123] zerschlugen sich angesichts des Widerstands aus dem sunnitischen Lager und wurden erst in den 1990er Jahren wieder aufgenommen. In dieselbe Richtung, nämlich eine Gleichstellung mit den Sunniten, gingen Forderungen alevitischer Verbände. Ab den 1990er Jahren aber verstanden die alevitischen Führer allmählich, dass ihre Erwartung, die *Diyanet*-Behörde solle den Bau von alevitischen Versammlungshäusern und alevitischem Religionsunterricht unterstützen sowie eine Vertretung der Aleviten in ihrer Behörde einrichten, in die Falle der Vereinnahmung durch den Staat führen könnte. Daher begannen manche Aleviten zu fordern, stattdessen die *Diyanet*-Behörde aufzulösen und den Unterhalt religiöser Institutionen direkt in die Hände der Gläubigen zu legen oder gar zu einem System der Kirchensteuer wie in Deutschland überzugehen. Die grundsätzlichen Anliegen alevitischer Verbände haben sich bis heute nicht verändert: Anerkennung ihrer Kultstätten und Aufhebung des verpflichtenden Religionsunterrichts in den Schulen mit ausschließlich sunnitischen Lehrinhalten.[124]

Die kurdische Frage und die Herausforderung durch die PKK

Ungeachtet all ihrer ideologischen Wendungen war die kurdische Nationalbewegung im zwanzigsten Jahrhundert von zwei grundsätzlichen Zielen bestimmt: eine Form der Selbstbestimmung zu erringen und zudem die eigene Gesellschaft zu modernisieren. «Das erste Ziel ist nicht, das zweite nur ansatzweise realisiert worden.»[125] Ein Grund, warum die Kurden bisher nur im Irak ein stabiles selbstverwaltetes Gebiet erringen konnten, ist die schiere Übermacht des zentralistischen Staates im Nahen Osten, gegen den sich die Kurden entweder erfolglos wehren oder mit dem sie sich, meist mit einem schmalen Gewinn, arrangieren konnten.

Das seit den 1950er Jahren sich herausbildende Bündnis zwischen kurdischen Stammesführern und dem türkischen Staat knüpfte in gewisser Weise an die osmanische Zeit an: Nach der Eingliederung der kurdischen Gebiete in den osmanischen Herrschaftsverband hatte sich seit dem sechzehnten Jahrhundert ein – bis zum neunzehnten Jahrhundert – stabiles Verhältnis zwischen İstanbul und der kurdischen tribalen Elite eingespielt. Allerdings sollte diese Phase von relativer Ruhe in der Republikzeit nicht mehr Jahrhunderte wie unter den Osmanen, sondern nur wenige Jahrzehnte währen. Bereits in den 1960er Jahren gelangte die kurdische Frage wieder an die Oberfläche. Der Putsch von 1980 war in dieser Beziehung ein Katalysator: Er zerstörte das – ohnehin utopische – Projekt eines sozialistischen Staates, in dem die kurdische Frage sich von selbst erledigen würde, trocknete die linksradikale Bewegung aus und trug dazu bei, dass die kurdische Frage sich direkt stellte.

Südostanatolien ist die Region der Türkei, in der die Kurden entweder die Mehrheit oder zumindest einen überdurchschnittlich hohen Bevölkerungsanteil stellen. Als grobe Faustregel kann dabei gelten: je südöstlicher, desto kurdischer. Südostanatolien lässt sich als ein Rechteck beschreiben, das von Iğdır an der iranisch-türkischen Grenze bis ins knapp 500 Kilometer entfernte Erzincan im Westen reicht. Von da ab lässt sich in Richtung Süden, grob dem Verlauf des Euphrats folgend, eine weitere, ebenfalls rund 500 Kilometer lange Linie bis zur türkisch-syrischen Grenze südlich von Urfa ziehen.[126] Das damit entstehende Rechteck (die beiden anderen Seiten werden von der türkischen Staatsgrenze mit Iran im Osten beziehungsweise mit Irak und Syrien im Süden gebildet) beschreibt ein erweitertes Südostanatolien, in dem vor dem Beginn der Binnenmigration die Kurden zwei Drittel der Bevölkerung stellten. Dies ist auch die Region des am 1. Januar 1928 eingerichteten «Ersten Generalinspektorats» (*Birinci Umumi Müfettişlik*)[127] und damit der Bereich, der vom türkischen Staat selbst schon sehr früh – ohne dies offen zu sagen – als Kurdistan definiert wurde. Ähnliches lässt sich sagen für die in den Jahren 1987–2002 gültige «Zone des Ausnahmezustands» (*Olağanüstü Hâl Bölgesi, OHAL*, mit den zwölf Provinzen Batman, Bingöl, Bitlis, Diyarbakır, Elazığ, Hakkâri, Mardin, Muş, Siirt, Şırnak, Tunceli und Van). Sie war sehr viel weiter gefasst als die eigentliche Zone der militärischen Auseinandersetzungen mit der kurdischen Aufstandsbewegung. Diese Gebiete in Südostanatolien weisen nach wie vor, trotz aller Veränderungen in den letzten Jahrzehnten, grundsätzlich eine kurdische Bevölkerungsmehrheit auf.

Die Kurden waren Teil der in den 1950er Jahren einsetzenden Migrations- und Urbanisierungswelle. Es zog sie in die großen Drei –

Ankara, İstanbul und İzmir –, aber auch in Städte wie Adana und Mersin. Die Kurden wurden jedoch nicht nur von der allgemeinen Migrationsdynamik erfasst; ihr Wanderungsverhalten war ab den 1980er Jahren von Krieg und Vertreibung geprägt. Kurdische Migration und Urbanisierung wiesen dadurch Besonderheiten auf: Allein während der kriegsähnlichen Zustände in den späten 1980er und frühen 1990er Jahren verließ ungefähr eine Million Menschen ihre Heimatorte in Südostanatolien. Rund ein Drittel aller ländlichen Siedlungseinheiten wurde in dem umfangreichen Gebiet des Ausnahmezustands entvölkert; mehr als dreitausend Dörfer in Südostanatolien wurden zerstört. Sehr viele Kurden suchten eine erste Zuflucht in den Großstädten Südostanatoliens wie Diyarbakır, dessen Einwohnerzahl dementsprechend in den 1990er Jahren um das Dreifache zunahm.[128] Solche Städte, die von der Allgegenwart des Militärs und der Sicherheitsdienste geprägt waren und die sich nur mit Mühe zu industriellen Zentren entwickelten, konnten den enormen Zuwachs der Bevölkerung nicht verkraften. Die Städte im Südosten dienten daher als Sprungbrett für eine spätere Abwanderung nach Westen – oder für den Weg in den kurdischen Terrorismus.

Die kurdische Frage ist eng mit der Frage nach der Unterentwicklung Südostanatoliens verbunden. In der Türkei bestehen bis heute, wie in jedem anderen Staat, Ungleichgewichte zwischen den einzelnen Regionen. Das Übergewicht der drei Metropolen aber war erdrückend: Im Jahr 1976 hatte die Türkei 23 400 Ärzte, von denen 16 600 oder 71 Prozent in İstanbul, Ankara und İzmir praktizierten. Die so prägende Kluft zwischen dem Westen und Osten des Landes zeigte sich in Südostanatolien in verschärfter Weise: Im Jahr 1975 betrug die türkische Alphabetisierungsquote 62 Prozent (bei Männern 75 Prozent, bei Frauen 48 Prozent). Im selben Jahr lag die Alphabetisierungsquote in den dreizehn südostanatolischen Provinzen bei nur 32,8 Prozent und damit bei gut der Hälfte des landesweiten Durchschnitts.[129]

Trotz der Stärke des türkischen Staates zeigte sich die politische Elite gegenüber dem Phänomen Südostanatolien bis zu einem gewissen Grad hilflos; es war für sie nur zu deuten als eine Art Krankheit, «die niemals überwunden und geheilt werden konnte».[130] Man konnte sich keinen Reim darauf machen, worin die tieferen Ursachen dieser Krankheit lagen, außer in den internen Problemen der Region wie den Stammesstrukturen und im Mangel an Bildung. Südostanatolien ist aber nicht nur eine Region besonders ausgeprägter Unterentwicklung; hier Begrifflichkeiten wie «interner Kolonialismus» anzuwenden, ist nicht aus der Luft gegriffen.[131] Der spätosmanische und der junge türkische Staat zerstörten das in der Region über Jahrhunderte hinweg gewachsene Machtgefüge der kurdischen Feudalherren, ohne an deren Stelle eine wirksame staatliche Herrschaft zu setzen und die bestehenden feudalistischen Strukturen wirklich aufzulösen. Die Antwort des Staates, für die die Politik İsmet İnönüs in den 1920er und 1930er Jahren stand, war, Südostanatolien «nicht als eine die gesamte Nation betreffende Angelegenheit und als eine Frage der Entwicklung zu verstehen, sondern sich in dieser Region allein mit administrativen und militärischen Interventionen zu begnügen».[132]

Als im Irak in den Wirren des Militärputsches von 1958 Führer der dortigen turkmenischen Minderheit ermordet wurden, forderte ein Parlamentsabgeordneter der Republikanischen Volkspartei (*Cumhuriyet Halk Partisi, CHP*) als Rache dafür Vergeltungsmaßnahmen gegenüber den Kurden in der Türkei. Kurdische Demonstrationen gegen diese befremdliche Forderung führten zur Verhaftung von fünfzig kurdischen Studenten und Intellektuellen. Als einer von ihnen in der Haft starb, entstand die Gruppe der «Neunundvierzig» (*Kırk Dokuzlar*), die wegen «Kurdismus und Kommunismus» angeklagt wurden. Diese Gruppe war neuartig in dem Sinne, dass sie Angehörige der jüngeren Generation waren, die die Aufstände und ihre Unterdrückung in den 1920er und 1930er Jahre nicht mehr erlebt hatten und zudem eher aus bescheidenen sozialen Verhältnissen stammten, also nicht den führenden kurdischen Notabeln-Familien angehörten.[133]

Bereits in den 1970er Jahren entfremdeten sich die kurdischen Aktivisten von der türkischen Linken im Streit über die Frage, ob die türkische Herrschaft über Kurdistan als eine Form des Kolonialismus zu sehen sei.[134] Aus dem Milieu linksradikaler Studentengruppen in Ankara ging die 1978 in dem Dorf Fis bei Diyarbakır gegründete PKK hervor, die alles andere als eine «Arbeiterpartei Kurdistans» (*Partiya Karkerên Kurdistanê*) war. Bereits 1975 hatten Abdullah Öcalan und seine frühen Mitstreiter die strategische Entscheidung gefällt, den Kampf gegen den türkischen Staat nicht mehr in den Großstädten zu führen, wie dies die linksradikalen Gruppierungen in den 1970er Jahren getan hatten, sondern den Krieg in die kurdischen Siedlungsgebiete in Südostanatolien zu tragen.[135] Hauptsächliches Ziel ihres Kampfes war anfangs nicht der türkische Staat, sondern es ging gegen die kurdischen Großgrundbesitzer und Stammesführer, die eine Allianz mit dem türkischen Staat eingegangen waren.[136]

Vom Militärputsch 1980 wurde die PKK zwar hart getroffen, aber ihr Anführer Abdullah Öcalan (geboren 1949 im Dorf Ömerli in der Provinz Şanlıurfa) war bereits im Juli 1979 nach Syrien geflüchtet und hatte sich unter den Schutz des syrischen Staates begeben. Von seinem neuen Domizil in Damaskus rief Öcalan alle PKK-Aktivisten nach Syrien. Mit der Duldung Syriens schlossen sich die PKK-Kämpfer militärischen Ausbildungslagern palästinensischer Organisationen in der Bekaa-Ebene im östlichen Libanon an. Ihre ersten Kampferfahrungen sammelte die PKK als Verbündete der Palästinenser im Kampf gegen die israelische Armee, die im Sommer 1982 in den Libanon einmarschierte und bis nach Beirut vordrang.

Der damalige Machthaber Syriens, Hafiz al-Asad, wäre niemals bereit gewesen, den Kurden in Syrien eben die Rechte einzuräumen, die die PKK für die Kurden in der Türkei forderte. Als Stachel im Fleisch der Türkei aber – man forderte das Sandschak von Alexandrette zurück, und die türkische Kontrolle über den Oberlauf des Euphrat war für Syrien ein Ärgernis – durfte die PKK gerne dienen, wenn nur die Provokationen gegenüber der Türkei nicht allzu offen ausfielen. Die militärischen Aktivitäten der PKK durften also nicht von syrischem Boden ausgehen, zumal das flache Grenzgebiet zwischen der Türkei und Syrien sich nicht für den Guerillakrieg eignet. Die gebirgige und damit schwer zu überwachende türkisch-irakische

Abdullah Öcalan (geb. 1949), Führer der kurdischen PKK, hier um 1991 mit Kämpferinnen in einem Ausbildungscamp der PKK in der Bekaa-Ebene (Libanon). In den frühen 1990er Jahren stellten Frauen rund ein Drittel der aktiven Kämpfer der PKK.

Grenzregion war dagegen eine ideale Ausgangsbasis. Als der irakische Staat unter Saddam Hussein Aufstände der Schiiten im Süden und der Kurden im Norden, die infolge des für den Irak verlorenen Krieges um Kuwait entbrannt waren, brutal niederschlug, wurde im Februar 1991 durch die Operation *Provide Comfort* eine Flugverbotszone über dem Nordirak zum Schutz der irakischen Kurden eingerichtet. Damit waren die Grundlagen für die heutige autonome kurdische Entität im Nordirak gelegt. Die PKK, deren Zahl an Kämpfern und Kämpferinnen (etwa ein Drittel waren Frauen!) zu Beginn der 1990er Jahre auf wohl rund zehntausend gestiegen war, nutzte die Gunst der Stunde und weitete ab 1991 ihre Aktivitäten stark aus.

Die PKK unterschied sich von allen anderen kurdischen Organisationen durch ihr unbedingtes Bekenntnis zum bewaffneten Kampf und die eiserne Gefolgschaft gegenüber ihrem Anführer Öcalan, der nicht nur keinen Widerspruch duldete, sondern jede sich möglicherweise am Horizont abzeichnende Opposition gnadenlos ausschaltete. Öcalans Paranoia ging so weit, dass er mehrere Dutzend junger Kurden aus den Großstädten der westlichen Türkei, die sich Ende der 1980er der PKK anschlossen, auf den Verdacht hin, dass sich unter ihnen türkische Agenten befinden könnten, ermorden ließ.[137]

Der Herausforderung durch die PKK begegnete die türkische politische Elite anfangs mit Überheblichkeit. 1986 sprach der damalige Ministerpräsident Turgut Özal von der PKK als «zweieinhalb Banditen».[138] Angesichts ihrer militärischen Erfolge wurde die Gruppierung allmählich in den Rang des «politischen Banditentums» erhoben und mit Armeniern oder Makedoniern in spätosmanischer Zeit verglichen, die ebenfalls von ausländischen Kräften unterstützt worden seien. 1985 begann man mit dem Aufbau von staatstreuen «Dorfwächter»-Einheiten (*köy korucuları*), die bereits Ende des Jahres dreizehntausend Mann zählten. Sie erinnern an die von Sultan Abdülhamid II. in den 1890er Jahren eingerichteten *Hamidiye*-Einheiten, dem Befehl der Provinzverwaltungen entzogene irreguläre und – Ironie der Geschichte – vornehmlich unter Kurden rekrutierte Verbände, die wegen ihrer Übergriffe auf die Bevölkerung, vor allem die Armenier, berüchtigt gewesen waren.[139]

Die Übermacht des türkischen Staates war überwältigend. Neben Spezialkräften, Polizei und den Dorfwächtern, deren Stärke um das Jahr 2000 einhunderttausend Mann betrug, waren rund zweihundertzwanzigtausend Soldaten im Einsatz im Südosten Anatoliens.[140] Entscheidend für den Erfolg des türkischen Militärs war aber wohl, dass mit der flächendeckenden Räumung von Siedlungen ab den 1990er Jahren die PKK ihre Infrastruktur und Unterstützung durch die Dorfbevölkerung verlor. Die anfangs nur für die zwischenstaatliche Kriegsführung ausgebildete türkische Armee änderte zudem ihre Taktik hin zu irregulärer Kriegsführung. Ab der Mitte der 1990er Jahre war beiden Seiten klar, dass die PKK die militärische Auseinandersetzung nicht gewinnen konnte; das türkische Militär war allerdings immer noch davon überzeugt, dass es einen abschließenden Sieg über die PKK erringen könne.

Nachdem die Türkei Ende der 1990er Jahre Syrien glaubhaft mit Krieg drohte, falls es die PKK weiter unterstütze, ließ das syrische

Regime Öcalan fallen und zwang ihn im Oktober 1998 dazu, das Land zu verlassen. Öcalans Irrfahrt durch mehrere Länder endete, als ihn der türkische Geheimdienst am 15. Februar 1999 in Kenia fasste. Im Juni 1999 wurde er zum Tode verurteilt; mit der Abschaffung der Todesstrafe im Oktober 2002 wurde das Urteil in lebenslängliche Haft umgewandelt. Seit 1999 ist Abdullah Öcalan auf der im Marmara-Meer gelegenen Gefängnisinsel İmralı in Einzelhaft. Nach seiner Festnahme zog die PKK ihre Verbände im August 1999 in den Irak zurück und erklärte einen dauerhaften Waffenstillstand, der tatsächlich bis zum Juni 2004 Bestand haben sollte.

Neben der Repression der kurdischen Bevölkerung in Südostanatolien war es die ernste Absicht des türkischen Staates, die Region wirtschaftlich zu entwickeln. Das auf die 1970er Jahre zurückgehende und in Umfang und Anspruch außerordentliche «Südostanatolien-Projekt» (*Güneydoğu Anadolu Projesi, GAP*) umfasst mit den heutigen Provinzen Adıyaman, Batman, Diyarbakır, Gaziantep, Kilis, Mardin, Siirt, Şanlıurfa und Şırnak immerhin knapp ein Zehntel der Fläche der Türkei. GAP hatte zum Ziel, den Südosten der Türkei wirtschaftlich stärker zu entwickeln und die kurdische Frage durch eine ökonomische Befriedung zu lösen; ja, die Region sollte nach dem Wunsch des türkischen Staates zu einem wirtschaftlichen Kraftzentrum des Nahen Ostens werden. In der Tat ist der wirtschaftliche Aufschwung Südostanatoliens seit den späten 1990er Jahren nicht zu übersehen, dies allerdings um den Preis, den Konflikt mit Syrien und Irak über die Flüsse Euphrat und Tigris verschärft zu haben. Manche Schwachpunkte Südostanatoliens konnte das GAP-Projekt nicht grundsätzlich beheben, etwa die einseitigen Landbesitzstrukturen, die einen großen Teil der ländlichen Bevölkerung besitzlos lassen, oder die Investitionen an wenigen Orten, die ohnehin schon über eine recht gute wirtschaftliche Infrastruktur verfügten.[141]

Während der türkische Staat immer mehr die Notwendigkeit einer wirtschaftlichen Stärkung der Region erkannte, ging die PKK einen langen und dornigen Weg hin zu mehr an der Wirklichkeit orientierten Vorstellungen. Ihre Positionen spiegelten, trotz der zur Schau gestellten gusseisernen ideologischen Haltung, jeweils den Verlauf der militärischen Konfrontation wider. In den 1980er Jahren sah die PKK die Kurden als Opfer des türkischen Staates und des westlichen Imperialismus, der die Zersplitterung der Region verschuldet und einen eigenen kurdischen Staat nach dem Ersten Weltkrieg nicht zugelassen habe. Angesichts ihrer militärischen Misserfolge ab dem Jahr 1993 versuchte sie dann, die Kurdenfrage als eine die gesamte Staatengemeinschaft betreffende Frage der Menschenrechte darzustellen. Die Deutung der türkischen politischen Klasse mit den marxistischen Konzepten des «orientalischen Despotismus» und der «asiatischen Produktionsweise» wurde durch die Darstellung abgelöst, dass die herrschende Klasse in der Türkei in sich gespalten sei. Die PKK schließlich gab den Anspruch auf Unabhängigkeit auf, mit dem Argument, dass ein solches unabhängiges Kurdistan wirtschaftlich nicht lebensfähig wäre. Die heutigen Forderungen beschränken sich auf die Freiheit der Meinungsäußerung, Schulbildung in kurdischer Sprache und Selbstverwaltungsrechte. Ende der 1990er Jahre hatte sich damit die PKK Positionen angenähert, die von der kurdischen gemäßigten und parlamentarischen Opposition schon lange vorgetragen wurden: Es müsse eine gewaltfreie Lösung im Rahmen einer territorial souveränen Türkei gefunden werden; im Gegenzug habe der türkische Staat den Kurden das Recht auf faire politische Repräsentation und Dezentralisierung zu gewähren und alle Formen der Diskriminierung sowie die Politik systematischer Verhaftungen und langer Gefängnisstrafen für nicht-gewaltsame politische Aktivisten einzustellen.[142]

Seit Beginn der 1990er Jahre tragen kurdische Politiker ihre Anliegen mithilfe eigener Parteien vor. Als kurdische Parlamentarier innerhalb der von Erdal İnönü geführten Sozialdemokratischen Populistischen Partei (*Sosyaldemokrat Halkçı Parti, SHP*) nach der Teilnahme an einer Konferenz des *Institut Kurde de Paris* im Oktober 1989 aus der Partei ausgestoßen wurden, gründeten sie im Juni 1990 die «Arbeitspartei des Volkes» (*Halkın Emek Partisi, HEP*). Der HEP folgte in den 1990er und 2000er Jahren eine größere Zahl von kurdischen Parteien, die immer wieder Verboten und Sanktionen unterworfen wurden. Ungeachtet der verwirrenden Abfolge von kurdischen Parteien, die sich nicht fugenlos ablösten und nicht immer identische Positionen einnahmen, waren sie alle im Parteienspektrum eindeutig links verortet. Direkte politische Teilhabe konnten die kurdischen Parteien anfangs nur in den Städten und Kleinstädten mit einer klaren kurdischen Bevölkerungsmehrheit erringen, dies aber mit viel Erfolg: So eroberte die «Partei der Demokratie des Volkes» (*Halkın Demokrasi Partisi, HADEP*) 1999 die Mehrzahl der Stadtverwaltungen in den kurdischen Städten. 2012 wurde schließlich die bis heute aktive «Demokratische Partei der Völker» (*Halkların Demokratik Partisi, HDP*) gegründet. Bei den Parlamentswahlen vom Juni und November 2015 und im Juni 2018 gelang es ihr, die Zehnprozenthürde zu überwinden, auch weil ihr politisches Programm über rein kurdische Belange hinausgeht und sie als eine Partei, die die allgemeinen Belange einer politischen Linken vertritt, angenommen wird.[143]

Die Türkei auf abschüssiger Bahn

In den frühen 1990er Jahren konnte der türkische Staat den militanten kurdischen Separatismus niederringen. Dafür legte er alles in die Waagschale. Die Aufwendungen des Staates für den Krieg waren gewaltig. Im Zeitraum von 1984 bis 2005 gab der Staat vermutlich zwischen 150 und 170 Milliarden Dollar für den Krieg gegen die PKK aus, also rund 7–8 Milliarden Dollar pro Jahr.[144] Im Ringen mit der PKK wurden alle gesetzlichen und außergesetzlichen Mittel des Kampfes als legitim angesehen. Diese Art der Kriegsführung, auch mit Exekutionen, Folterungen, Bombenanschlägen und Attentaten, deren Täter im Dunklen blieben, ließ die Gewalt ins Grenzenlose eskalieren. War die kurdische Gefahr wirklich so groß gewesen, um dafür die Zersetzung von Rechtsstaatlichkeit weit jenseits der Kampfgebiete in Südostanatolien in Kauf zu nehmen? Die in den Jahren 1993–1996 amtierende Ministerpräsidentin Tansu Çiller sandte zuerst Signale der Versöhnung und schlug ein «baskisches Modell» vor, musste aber dann gegenüber den Befürwortern einer harten Linie klein beigeben. Çiller brachte in der Folge das Konzept eines «allumfassenden Kampfes» (*topyekûn savaş*), zu dem sich die türkische Staatsführung bekannte, mit den Worten zum Ausdruck: «So oder so wird es ein Ende finden» (*ya bitecek, ya bitecek*).[145]

Niemals reichte die türkische Kriegsführung auch nur annähernd an die Ausmaße der Brutalität heran, die die irakische Regierung unter Saddam Hussein gegenüber der kurdischen Bevölkerung im Nordirak zeigte. Während der sogenannten Anfal-Kampagne wurden 1988 weit über einhunderttausend Kurden getötet und rund eineinhalb Millionen aus ihren Wohnorten vertrieben. Bei einem irakischen Giftgasangriff auf den nur wenige Kilometer von der iranischen Grenze entfernten Ort Halabscha am 16. März 1988 kamen allein fünftausend Zivilisten ums Leben.

Dennoch führte in der Türkei der von der Politik gegebene Blankoscheck zu einer beispiellosen Brutalisierung der Sicherheitskräfte und unterminierte die rechtsstaatlichen Fundamente des Staates. So waren die 1990er Jahre gekennzeichnet von einer hohen Zahl von Attentaten «mit unbekannter Täterschaft» (*faili meçhul*) nicht nur in Südostanatolien, sondern auch in den Großstädten Westanatoliens – weitab vom eigentlichen Krieg. Prominente Opfer der Attentate in den türkischen Metropolen waren Intellektuelle unterschiedlicher politischer Ausrichtung, aber allesamt liberaler Gesinnung. Selbst im Militär kam es zu einem verdächtigen Todesfall: Der Kommandeur der Gendarmerie, Eşref Bitlis, der sich gegen die Aktivitäten der berüchtigten «Geheimdienst- und Anti-Terror-Einheit der Gendarmerie» (*Jandarma İstihbarat ve Terörle Mücadele, JİTEM*) ausgesprochen hatte, kam bei einem dubiosen Flugzeugunfall am 17. Februar 1993 ums Leben.[146] Der frühe Tod des damaligen Staatspräsidenten Turgut Özal am 17. April 1993 erschien ebenfalls vielen als zweifelhaft: Özal hatte sich kurz vor seinem Tod in der Kurdenfrage offen für eine föderale Lösung gezeigt und vertraulich eine Delegation der damaligen kurdennahen «Demokratiepartei» (*Demokrasi Partisi, DEP*) zu Unterredungen mit Öcalan nach Damaskus geschickt. Sein Nachfolger als Staatspräsident, Süleyman Demirel, überließ dagegen bereitwillig das Feld den Militärs.[147]

Eşref Bitlis und Turgut Özal mögen eines natürlichen Todes gestorben sein; die Opfer der Attentate jedenfalls nicht. Wer gab die Anweisungen? Wer führte die Attentate aus? Wer arbeitete hier mit wem zu wessen Interessen zusammen? Der sogenannte Susurluk-Skandal von 1996 legte die wuchernden Verbindungen zwischen Staatsorganen, kriminellen Milieus und Rechtsextremisten offen: Am 3. November 1996 starben drei Autoinsassen in einem Verkehrsunfall bei Susurluk (nördlich von Balıkesir in Westanatolien): Hüseyin Kocadağ, stellvertretender Polizeipräsident von İstanbul, Abdullah Çatlı, ein von Interpol zur Fahndung ausgeschriebener militanter Rechtsextremist und führendes Mitglied der Grauen Wölfe, und die ehemalige Schönheitskönigin Gonca Us. Sedat Edip Bucak, Parlamentsabgeordneter der Partei des Rechten Wegs (*Doğru Yol Partisi, DYP*), Großgrundbesitzer, Stammeschef und Führer von kurdischen Dorfwächter-Einheiten, überlebte schwerverletzt.

Man kann in diesen Netzwerken lange Linien eines «Tiefen Staates» (*derin devlet*), also eines geheimen und im Untergrund agierenden Staates im Staate, erkennen, der bis in die Zeit des osmanisch-türkischen Kataklysmus der Jahre 1912–1922 zurückgeht.[148] So war bereits im Ersten Balkankrieg die «Spezialorganisation» (*Teşkilat-ı Mahsusa*) aktiv, die im Ersten Weltkrieg am armenischen Genozid beteiligt war und zahlreiche Führer der späteren Nationalbewegung hervorbrachte. All diese Verbindungen in die Vergangenheit und die Auswüchse bei der Bekämpfung der PKK führten zu «Kollateralschäden» in Gesellschaft und Politik: In Reaktion auf den Susurluk-Skandal kam es seit Februar 1997 zu einer Aktion des zivilen Protestes. Abends um einundzwanzig Uhr sollten alle Menschen für eine Minute das Licht ausschalten, um so ihrer Forderung nach Transparenz in der Politik Nachdruck zu verleihen. Der damalige Justizminister der Wohlfahrtspartei (*Refah Partisi, RP*), Şevket Kazan (geb. 1933), sprach daraufhin verächtlich von einem «Die-Kerze-ist-ausgelöscht-Spiel» (*Mum söndü oyunu oynuyorlar*) – damit brachte er die zivilgesellschaftliche Protestaktion mit der seit Jahrhunderten von Sunniten gegenüber Aleviten gemachten Unterstellung in Verbindung, dass deren religiöse Zeremonien in Sexorgien münden würden.

Mit dem Ziel, die PKK zu schwächen, förderte der Staat konkurrierende militante kurdische Organisationen, etwa die *Hizbullah* («Partei Gottes», ohne jede inhaltliche Verbindung zur libanesischen *Hizbullah*), die einen islamischen Staat in Kurdistan errichten wollte. Die hohe Zahl von rund sechshundert politischen Morden allein in den beiden Jahren 1992 und 1993 sind vor allem dieser Organisation zuzuschreiben. Die kurdische *Hizbullah* war geschickt in der Rekrutierung, entwickelte konspirative Techniken und war in der ersten Hälfte der 1990er Jahre eine ernsthafte Konkurrenz, die die PKK aus vielen Städten Südostanatoliens verdrängte.

Türkische Staatsorgane mögen zwar für die Entstehung von Organisationen wie der *Hizbullah* nicht verantwortlich gewesen sein, sie ließen sie jedoch zumindest gewähren, ja unterstützten sie. Zu groß erschien ihr Wert als innerkurdische Konkurrenz zur PKK. Manche der in den 1990er Jahren sich entwickelnden militanten Organisationen wurden von Iran gefördert, das seit 1979 seine revolutionäre schiitische Ideologie in die gesamte islamische Welt exportieren wollte: Die Organisation der «Jerusalem-Kämpfer» (*Kudüs Savaşçıları*) in der Türkei stand offensichtlich direkt unter Führung des iranischen Geheimdienstes. Die im Jahre 2000 enttarnte und zerschlagene Organisation war wohl verantwortlich für die Ermordung mindestens dieser vier Persönlichkeiten: Muammer Aksoy, Rechtsprofessor und Gründer des «Vereins (zur Förderung) des Atatürk'schen Gedankenguts» (*Atatürkçü Düşünce Derneği*), am 31. Januar 1990; Bahriye Üçok, Kolumnistin und ehemalige Dekanin der Theologischen Fakultät der Universität Ankara, am 6. September 1990; Uğur Mumcu, ein für die Zeitung *Cumhuriyet* arbeitender Publizist, am 24. Januar 1993 und Ahmet Taner Kışlalı, Politikwissenschaftler und Publizist, am 21. Oktober 1999. Die «Organisation der Islamischen Bewegung» (*İslami Hareket Örgütü*), 1987 in Batman gegründet und 1996 zerschlagen, setzte sich zum Ziel, durch Attentate zu provozieren und eine politische Eskalation auszulösen. Die Zusammenarbeit dieser Organisation mit den iranischen Geheimdiensten ging so weit, dass sie in der Türkei lebende iranische Dissidenten entführte und iranischen Agenten auslieferte.[149]

Zur Erosion der innenpolitischen Verhältnisse gesellte sich eine beklagenswert schlechte wirtschaftliche Lage. Die gesamtwirtschaftliche Instabilität verdankte sich unter anderem einer unbedachten Liberalisierung des Kapitalmarktes im Jahr 1989. Sie führte dazu, dass Banken Kredite im Ausland aufnahmen, um das Geld zu den im Inland geltenden weitaus höheren Zinsen zu verleihen und so das türkische Bankensystem verwundbar machten. Die Inflationsraten reichten in den 1990er Jahren von 60,3 Prozent 1990 bis zu 106,3 Prozent im Jahr 1994.[150] Die instabilen und niedergedrückten 1990er Jahre gipfelten in der schweren Wirtschaftskrise von 2001.

Auch jenseits von Politik und Wirtschaft meinte es das Schicksal nicht gut mit der Türkei. Am 17. August 1999 entlud sich um drei Uhr morgens die Spannung zwischen der Anatolischen und Eurasischen Platte in einem heftigen Erdbeben mit dem Epizentrum in Gölcük (am östlichen Ende der Bucht von İzmit und zugleich des Großraums von İstanbul gelegen) und riss nahezu achtzehntausend Menschen in den Tod. Die türkische Gesellschaft machte in den folgenden Wochen die Erfahrung, dass im eigenen Land eine vitale Zivilgesellschaft bestand und dass man keineswegs nur von Feinden umgeben war. Türkische zivilgesellschaftliche und ausländische Organisationen brachten Hilfe, währenddessen die staatlichen Organisationen, mit Ausnahme des Militärs, wie gelähmt erschienen. Um die Jahrtausendwende war der Überdruss in der türkischen Gesellschaft an der Selbstgefälligkeit der Politiker, der Gewalt der Staatsorgane ohne ausreichende Kontrolle und der wirtschaftlichen Misere übergroß geworden.

5. Aufbruch (2002–2013)

Die 2000er Jahre sind von der außerordentlichen Erfolgsgeschichte der Partei für Gerechtigkeit und Entwicklung (*Adalet ve Kalkınma Partisi, AKP*) geprägt. Im Jahr 2001 verließ eine Gruppe von Dissidenten die Tugendpartei (*Fazilet Partisi, FP*), die bereits wieder in ihrer Existenz bedrohte Nachfolgepartei der 1998 verbotenen Wohlfahrtspartei (*Refah Partisi, RP*), und gründete am 13. August 2001 die AKP, mit Recep Tayyip Erdoğan (geb. 1954) als ihrem Vorsitzenden und Abdullah Gül (geb. 1950) als Stellvertreter. Die AKP wollte sich im Gegensatz zu der von Necmettin Erbakan geführten Bewegung gegenüber anderen Milieus in der türkischen Gesellschaft öffnen und damit mehrheitsfähig werden. Zugleich setzte sich die AKP von allen bisherigen Parteien ab, indem sie zum Beispiel die Buchstabenfolge *A-K-P* mit zusätzlicher Bedeutung auflud und von sich selbst als «Weißer Partei» (*Ak Parti*) im Sinne einer «unbefleckten» Geschichte und Haltung der Partei sprach. Auf die Erfahrung, wie die Wohlfahrtspartei 1997 von der Macht verdrängt worden war, gab es zwei mögliche Antworten: Radikalisierung, wie etwa im Falle Algeriens, als im Jahr 1991 der «Islamischen Heilsfront» (*Front islamique du salut, FIS*) der Wahlsieg geraubt wurde, oder Mäßigung.[151] Die AKP der 2000er Jahre ging den zweiten Weg.

Der jungen Partei winkte das Glück: Angesichts der schweren Wirtschaftskrise von 2001 hatte die Regierung den türkischen Ökonomen Kemal Derviş (geb. 1949), damals bei der Weltbank tätig, eingeladen, die Position des Wirtschaftsministers zu übernehmen. Mit der Hilfe des IWF setzte Derviş fiskalische Disziplin durch, stabilisierte und reformierte das Finanzsystem, führte einen frei schwankenden Wechselkurs ein und legte die Grundlage für spätere Haushaltsüberschüsse. Die Folge war, dass das Bruttoinlandsprodukt, nach einem scharfen Rückgang um ein Zehntel im Jahr 2001, in den folgenden vier Jahren um rund 35 Prozent anstieg.[152] 2002 war also bereits die schwer bekömmliche Medizin des Internationalen Währungsfonds verabreicht und das Gröbste ausgestanden.

Die politische Konstellation um 2002 war der AKP ebenfalls hold: Die Wähler machten die zerstrittenen rechts- und linkszentristischen Parteien für die Versäumnisse und Fehler der 1990er Jahre verantwortlich. Das Militär hatte sich mit seinem Kleinkrieg gegen die Wohlfahrtspartei selbst geschadet und den Opferstatus der islamistischen Bewegung gestärkt. Zudem wirkten sich 2002 die Verzerrungen des türkischen Wahlsystems auf historisch einmalige Weise glücklich für die AKP aus. Bei den Wahlen am 3. November 2002 erhielt die AKP 34,3 Prozent der Stimmen, aber errang mit 363 von 550 Sitzen zwei Drittel der Parlamentssitze. Nicht nur der Sieg der neuen Partei aus dem Stand heraus war verblüffend, sondern der vollständige Umsturz des Parteiensystems. Bisher hatten sich mehrere, relativ gleich schwache Parteien gegenübergestanden, die die Zehnprozentschwelle recht zuverlässig überwanden. Die Stimmen der anderen kleineren Parteien, die diese Hürde nicht nehmen konnten, waren verloren. Dieses Mal aber, bei den Wahlen von 2002, summierte sich der Anteil der verlorenen Stimmen auf über 46 Prozent. Keiner der 1999 noch ins Parlament gewählten Parteien gelang der Wiedereinzug: weder den beiden rechtszentristischen Parteien, der Mutterlandspartei (*Anavatan Partisi, ANAP*) und der Partei des Rechten Wegs (*Doğru Yol Partisi, DYP*), noch der von Bülent Ecevit geführten Demokratischen Linkspartei (*Demokratik Sol Parti, DSP*) noch der Partei der Nationalistischen Bewegung (*Milliyetçi Hareket Partisi, MHP*). Manche, wie die DYP, verfehlten die Zehnprozenthürde nur sehr knapp. Andere wurden atomisiert: Die DSP war bei den Wahlen im April 1999 noch mit 22,2 Prozent stärkste Partei geworden und hatte bis zuletzt mit Bülent Ecevit den Ministerpräsidenten gestellt; nun, 2002, fiel sie auf vernichtend geringe 1,2 Prozent. Nur die Republikanische Volkspartei (*Cumhuriyet Halk Partisi, CHP*), die 1999 unter der Zehnprozenthürde geblieben war, konnte mit 19,4 Prozent wieder ins Parlament einziehen.

Versuche, die nach dem Putsch von 1980 eingeführte Zehnprozenthürde abzuschaffen, waren in den 1990er Jahren nicht weiterverfolgt worden. Die damaligen Mehrheitsparteien sahen darin einen Weg, den Einzug einer kurdischen Partei, die angesichts der Fragmentierung der Kurden in der Regel weniger als ein Zehntel der Wählerstimmen auf sich vereinigen konnte, ins Parlament zu verhindern. Das 1983 erlassene Wahlgesetz war zwischen 1983 und 1987 zudem viermal durch Zusätze verändert worden, jeweils in dem Sinne, dass die stärkste Partei übermäßig begünstigt wurde.[153] Die Zehnprozenthürde, von der die etablierten Parteien niemals glaubten, dass sie selbst davon betroffen sein würden, wurde ihnen nun zum Verhängnis. Rechtszentristische Parteien, die seit den 1950er Jahren maßgeblich die türkische Politik geprägt hatten, sind seit 2002 nicht mehr im Parlament vertreten. Auch die bis heute bestehende islamistische «Glückseligkeitspartei» (*Saadet Partisi, SP*), die das Erbe des 2011 verstorbenen Necmettin Erbakan weiterträgt, ist bei allen seit 2002 folgenden Wahlen deutlich unter der Zehnprozenthürde geblieben. Die AKP konnte somit ein doppeltes Erbe antreten: Sie band die Wählerschaft aus dem islamistischen Spektrum an sich und konnte zugleich die Konkursmasse des rechtszentristischen Parteienspektrums vollständig übernehmen.

Bis zu den Parlamentswahlen vom Juni 2015 sollte die AKP immer die absolute Mehrheit der Parlamentssitze innehaben. Dieses Erfolgsmuster pflanzte bei der AKP, spätestens mit der dritten gewonnenen Parlamentswahl vom Juni 2011, die Auffassung ein, dass ihre erdrückende Mehrheit im Parlament ein Ausdruck des Volkswillens sei und damit das Handeln der Regierung keiner weiteren Begründung mehr bedürfe. In dieser Überzeugung von einem Diktat der Mehrheitlichkeit ist die AKP der Demokratischen Partei (*Demokrat Parti, DP*) gefolgt, die, nachdem sie in den Jahren 1950, 1954 und 1957 die Wahlen gewonnen hatte, eine ähnliche Auffassung verfocht.

Seit 2002 wird nun also das parlamentarische System von der AKP beherrscht, und der Überblick über die im Parlament vertretenen Parteien fällt leicht, allzu leicht: Die AKP sollte bei den folgenden fünf Wahlen von 2007, 2011, Juni 2015 sowie November 2015 und zuletzt im Juni 2018 zwischen 40 und 50 Prozent pendeln, die CHP zwischen 20 und 26 Prozent und die MHP zwischen 11 und 16 Prozent. Die «Gute Partei» (*İyi Parti*), die in ihrer politischen Ausrichtung zwischen CHP und MHP steht, schaffte in der Parlamentswahl von 2018 mit 10,0 Prozent knapp den Einzug ins Parlament. Vor allem aber indem es der kurdennahen Demokratischen Partei der Völker (*Halkların Demokratik Partisi, HDP*) bei den letzten drei Wahlen (im Juni und November 2015 sowie im Juni 2018) gelang, jeweils die Zehnprozenthürde zu überscheiten, wurden die Karten neu gemischt. Als Antwort auf diese Herausforderung und angesichts der Bedrohung ihrer absoluten Mehrheit im Parlament stützt sich die AKP seit dem Jahr 2015 auf eine Allianz mit der nationalistisch-rechtsradikalen MHP.

Doch zurück ins Jahr 2002. Ein wichtiger Grund für den enormen Zuspruch der Wählerschaft zur AKP war, dass die Verantwortung der etablierten Parteien für die Wirtschaftskrise ein Jahr zuvor der Bevölkerung noch in sehr deutlicher Erinnerung war. Die große Zustimmung wiederum, die die AKP in den folgenden Wahlen erhielt, beruhte in erheblichem Maße auf dem Erfolg der türkischen Wirtschaft in den 2000er Jahren. Dieser Aufschwung war nicht allein der AKP zu verdanken; er baute auf der Liberalisierung der Wirtschaft unter Turgut Özal in den 1980er Jahren auf sowie auf den Restrukturierungmaßnahmen in Zusammenarbeit mit dem Internationalen Währungsfonds um die Jahrtausendwende. Unter der Regierung der AKP verstärkte sich jedoch die wirtschaftliche Dynamik und mündete in einen mehrjährigen Aufstieg.

Erdoğans AKP: Euphorie und Reformschwung

Der AKP gelang es nicht nur, über einen sehr langen Zeitraum an der Regierung zu bleiben, sie veränderte die türkische Gesellschaft und politische Ordnung von Grund auf. Sie schleifte beharrlich die Festung des kemalistischen bürokratisch-intellektuell-judikativ-militärischen Komplexes, der über Jahrzehnte hinweg die Türkei beherrscht hatte. Von der westlichen Staatengemeinschaft, aber auch von der liberalen Öffentlichkeit in der Türkei wurde die AKP als Modell für die Vereinbarkeit von Demokratie und einem gemäßigten Islamismus gesehen und gefördert. Neue Führungspersonen der türkischen Wirtschaft kamen zum Vorschein. Der Aufstieg anatolischer Städte wie Konya, Kayseri und Gaziantep zu Wirtschafts- und Industriezentren war nun vollkommen. In den 2000er Jahren entstand eine neue Pluralität, indem den alten Eliten neu aufgestiegene Eliten gegenüberstanden.

Der sichtbarste Leistungsausweis der AKP war der wirtschaftliche Aufstieg des Landes: Zwischen 2002 und 2015 betrug die durchschnittliche Wachstumsrate der türkischen Wirtschaft 4,8 Prozent.[154] Den Ehrgeiz, aus der Türkei eine führende Wirtschaftsmacht zu machen, hatten die durchgängig wirtschaftsfreundlichen rechtszentristischen Parteien schon immer gezeigt. Im Wahlkampf von 1957 äußerte der damalige Staatspräsident Celal Bayar seine Hoffnung, «dass dieses gesegnete Land in dreißig Jahren mit fünfzig Millionen Menschen ein kleines Amerika sein wird».[155] Das Wahlprogramm der Gerechtigkeitspartei (*Adalet Partisi, AP*) von 1977 stand unter dem Wahlspruch einer «Großen Türkei» und setzte sich zum Ziel, um die Jahrtausendwende eine der Bundesrepublik Deutschland entsprechende Wirtschaftskraft erreicht zu haben.[156] Die AKP äußerte ähnlich grandiose Ziele – aber dieses Mal folgte die Wirklichkeit deutlich mehr den Worten.

Vom scharfen Einbruch im Jahr 2001 erholte sich die Türkei sehr rasch und erzielte in den Jahren 2002–2006 ein durchschnittliches Wachstum von 7,5 Prozent. Die in den 1990er Jahren so hohe Inflationsrate ging nach 2002 stark zurück und lag im Jahr 2004 mit 9,4 Prozent erstmals im einstelligen Bereich.[157] Nahezu jede und jeder hatte nun mehr Geld zur Verfügung,[158] es fielen aber früh Schatten auf das «Wirtschaftswunder» unter den AKP-Regierungen: Von 2001 bis 2011 stieg der Anteil der Konsumentenkredite am Bruttosozialprodukt um das Siebenfache auf 21 Prozent.[159] Die ungleiche Einkommensverteilung, die recht hohe und zum Teil verdeckte Arbeitslosigkeit, die schlechten Arbeitsbedingungen und die unsicheren Arbeitsverhältnisse machten die Türkei auch in den 2000er Jahren zu einem Land mit ungleichmäßigen Lebensbedingungen. Das Land folgte nicht dem Modell der ostasiatischen Staaten, die durch eine gerechtere Verteilung bei den Einkommen ein nachhaltiges Wachstum anstreben. Zudem führte die Privatisierung des Erziehungs- und Gesundheitswesens seit 2001 zu einer mangelhaften Versorgung mit öffentlichen Gütern und stand damit im Widerspruch zum Prinzip der gesamtgesellschaftlichen Teilhabe am Wirtschaftswachstum. Vor allem der Vergleich mit Südkorea, das Mitte der 1960er Jahre noch eine ähnliche Produktionsstruktur aufwies wie die Türkei, bietet sich an. Die Türkei betrieb auch in den 2000er Jahren keine konsequente Industriepolitik und tätigte im Verhältnis zum Bruttoinlandsprodukt weniger Investitionen als Südkorea; sie verfügt deswegen – abgesehen von einzelnen Rüstungsprodukten wie militärischen Drohnen – heute in ihrer Produktionspalette über einen geringeren Anteil an technologisch hochwertigen Produkten.[160]

Der Aufstieg der Türkei zeigte sich im Stadtbild: Die *Gecekondus,* die die Großstädte über Jahrzehnte hinweg geprägt hatten, wichen zurück und wurden durch große Siedlungsprojekte der 1984 gegründeten staatlichen Wohnungsbaubehörde (wörtlich «Präsidium für die Verwaltung von Massenwohnraum», *Toplu Konut İdaresi Başkanlığı, TOKİ*) oder durch private Bauprojekte ersetzt. Die Migrantenviertel wurden nicht nur in materieller, sondern auch in mentaler Hinsicht abgelöst: In den 1980er Jahren tauchte der neue Begriff der «Vorstadt» (*varoş*) auf. *Varoş* bezeichnet keine geographisch oder architektonisch genau zu fassende Siedlungsform, sondern ist eine Art Oberbegriff für traditionale Werte und Verhaltensweisen, wie einen muslimischen Lebensstil, Verschleierung und patriarchalische Familienstrukturen in einer schon länger bestehenden urbanen Umgebung ehemaliger Binnenmigranten vom Land.[161]

Die AKP nahm den Reformimpetus auf, der sich nach der Nominierung der Türkei am 11. Dezember 1999 als Beitrittskandidat zur Europäischen Gemeinschaft entwickelt hatte; er war getragen vom Einvernehmen der politischen Eliten und Gesellschaft in der Türkei um die Jahrtausendwende, dass ein Beitritt zur Europäischen Gemeinschaft erstrebenswert und zugleich möglich sei. So beschloss bereits die von Bülent Ecevit geführte Regierung am 6. Februar und 26. März 2002 zwei Harmonisierungspakete, um die türkische Gesetzgebung an den *Acquis communautaire,* «den gemeinsamen Besitzstand» rechtlicher Regelungen der EG, anzugleichen. Erst der Widerstand des damaligen Koalitionspartners, der Partei der Nationalistischen Bewegung, gegen ein drittes Harmonisierungspaket führte zur Ausrufung von Neuwahlen zum 3. November 2002. Die neun Pakete von Gesetzesänderungen und die beiden Verfassungsreformen in den Jahren 2002–2004 unter der AKP-Regierung waren von der Perspektive eines Beitritts zur EU geprägt.[162] Auch beim Vorhaben, das Militär auf seinen eigentlichen Aufgabenbereich der Landesverteidigung zurückzustutzen, stützte sich die AKP auf einen vor ihrem Regierungsantritt eingeleiteten Reformprozess.

Nicht alles gelang der AKP: 2004 verabschiedete das Parlament ein Gesetzespaket zum Erziehungsbereich, das unter anderem die Abschaffung der diskriminierenden Hürden für Absolventen der *İmam-Hatip*-Schulen vorsah. Als Staatspräsident Ahmet Necdet Sezer (geb. 1941, im Amt 2000–2007) sein Veto einlegte, zog die Regierung am 3. Juli 2004 das Gesetz zurück. Manches von dem, was die AKP unternahm, war nicht von Aufbruch gekennzeichnet: Im September 2004 wurde im Rahmen einer Reform des Strafgesetzbuches eine Bestimmung zur Kriminalisierung des Ehebruchs eingefügt. Als die EU sich dagegenstellte, äußerte sich Erdoğan erzürnt, die EU habe kein Recht zur Einmischung in die inneren Angelegenheiten der Türkei, ließ dann aber diese neue Bestimmung fallen. Ein ähnlicher Dissens entstand um die Kopftuchfrage: Der Europäische Gerichtshof für Menschenrechte (EGMR) wies am 29. Juni 2004 und erneut, nach einem Einspruch, am 10. November 2005 die – mit Rückenwind von der Regierung eingereichte – Klage der Medizinstudentin Leyla Şahin ab. Die Universität İstanbul hatte im Jahr 1998, weil Şahin auf dem Universitätsgelände das Kopftuch getragen hatte, disziplinarische Maßnahmen gegen sie verhängt und ihr in der Folge den Zutritt verwehrt. Der EGMR argumentierte, dass diese Maßnahme nicht gegen die Konvention zum Schutz der Menschenrechte verstoße; das Kopftuch sei ein «machtvolles äußeres Symbol». Die türkische Regierung, allen voran Ministerpräsident Erdoğan, deutete das Urteil als mangelnde Unterstützung ihres Kampfes gegen die engstirnige kemalistische Laizismustradition. Erdoğan fügte hinzu, kein Gericht habe das Recht, über die Kopftuchfrage zu entscheiden, sondern nur die islamischen Rechtsgelehrten, die sogenannten *Ulema*.[163]

Nicht alles, was die AKP-Regierung unternahm, trug zu einer Liberalisierung von Politik und Gesellschaft bei. Die Verfassungsreferenden vom 21. Oktober 2007 und vom 12. September 2010, die nicht mehr von der Aussicht auf einen EU-Beitritt gespeist wurden, sondern innenpolitisch motiviert waren, konnte man nur mit gutem Willen noch als Korrekturen der illiberalen Verfassung von 1982 erkennen. 2007 wurde mit einer Mehrheit von 67,51 Prozent unter anderem die Direktwahl des Präsidenten beschlossen und die Legislaturperiode von fünf auf vier Jahre verkürzt. Die Türkei zeigte hier bereits erste Schritte hin zu einem semi-präsidentiellen System. Mit dem politisch umstrittenen Referendum von 2010 wurde mit 58 Prozent der Stimmen jene Bestimmung in der Verfassung von 1982 gestrichen, die den Verantwortlichen des Militärputsches von 1980 Straffreiheit garantierte.[164] Die Zahl der Richter im Verfassungsgericht und im «Hohen Rat der Richter und Staatsanwälte» (*Hâkimler ve Savcılar Yüksek Kurulu*) wurde deutlich erhöht.

Die AKP-Regierung wollte auch neue Wege im Verhältnis zu Aleviten und Kurden gehen, stieß jedoch auf ein tiefsitzendes Misstrauen. In der Politik einer Öffnung gegenüber den Aleviten in den Jahren 2007–2010 konnten alevitische Verbände nur den Versuch einer sunnitischen Vereinnahmung sehen.[165] Im Mai 2009 gewährte die Regierung im Rahmen einer «kurdischen Öffnung» (*Kürt Açılımı*) unter anderem das Anrecht auf Gebrauch der kurdischen Sprache, ließ kurdische Fernsehsender zu und gestattete kurdischen Politikern, ihre Wahlkampagnen in kurdischer Sprache durchzuführen, unterbreitete Angehörigen der PKK Amnestieangebote und bemühte sich um die Wiederherstellung alter kurdischer Ortsnamen. Ahmet Türk (geb. 1942), Vorsitzender der damaligen kurdennahen

«Partei der Demokratischen Gesellschaft» (*Demokratik Toplum Partisi, DTP*), meinte daraufhin, dass «der Berg nicht einmal eine Maus geboren habe».[166]

In den Jahren 2009–2011 führte der türkische Geheimdienst MİT in Oslo Gespräche mit Vertretern der PKK aus dem Brüsseler Exil, gefolgt von einem Austausch des MİT direkt mit Öcalan. Aber auch die AKP-Regierungen erlagen der unerbittlichen Logik des Konflikts zwischen kurdischer Bewegung und türkischem Staat: Nachdem die Gespräche 2014 gestockt hatten, schlug das Verhältnis im Sommer 2015 in offene Feindseligkeiten um. Seitdem sind die kurdisch-türkischen Fronten wieder verhärtet.

In Bezug auf die bis dahin scheinbar unlösbaren Probleme im Verhältnis des Staates zu Kurden und Aleviten schoben die AKP-Regierungen die Grenzen des Sag- und Vorstellbaren weiter hinaus, aber die Bereitschaft, über den eigenen Schatten zu springen, stieß auch bei ihnen an ihre Grenzen. Wie aber steht es um den Konstruktionsfehler der kemalistischen Republik – sich auf konfessionelle Zugehörigkeit gestützt und zugleich Religiosität ausgegrenzt zu haben? Die AKP nahm und nimmt für sich in Anspruch, das rechtskonservative Parteienspektrum in seiner ganzen Breite erfolgreich zu vertreten und zugleich durch ihre Herkunft wie auch ihre Zeichensprache glaubhaft ein religiös gesinntes Wählermilieu ansprechen zu können. Zugleich hat die AKP für sich selbst Bezeichnungen wie «islamisch» oder auch nur «gemäßigt islamisch» immer abgelehnt: Parteien könnten grundsätzlich «nicht religiös sein».[167] Der Islam kenne keine Radikalität, und die dieser Religion immer innewohnende Mäßigung müsse nicht eigens zur Kennzeichnung hinzugefügt werden.[168]

Würde man dieser Selbstdarstellung der AKP folgen, so wären die Gründe ihres Erfolges und wesentliche Elemente ihres Selbstverständnisses nicht recht zu erschließen. Jedenfalls sind große Teile ihrer Anhängerschaft praktizierende Muslime: Eine Erhebung vom Herbst 2002 ergab, dass 90 Prozent der AKP-Wähler mindestens einmal am Tag beteten und 99 Prozent im Ramadan fasteten; 81 Prozent sahen sich zuerst als Muslime, dann als Türken. Nur 44 Prozent derer, die die AKP wählten, forderten, dass Frauen ihren Kopf bedecken sollten, aber 93 Prozent erwarteten, dass die AKP dafür Sorge trage, das (damals noch geltende) Kopftuchverbot aufzuheben.[169] Während zu Beginn der 2000er Jahre sich rund zwei Drittel der Frauen in der Türkei bedeckten, lag der Anteil unter den AKP-Wählerinnen bei 94,6 Prozent.[170] Es wäre nicht zutreffend, die AKP als eine vornehmlich islamistische Partei zu definieren, so wie man dies mit Recht für die von Necmettin Erbakan geführten Parteien tun konnte. Wenn aber die AKP von Anfang an eine Sammlungsbewegung gewesen ist, dann auch in dem Sinne, dass ihre Verbindung zu islamistischem Gedankengut niemals abgebrochen ist. Die herausragenden Führungsfiguren der AKP in den 2000er Jahren standen nicht in der Tradition des türkischen Rechtszentrismus, sondern des Islamismus.

Im Rückblick lässt sich sagen, dass die 2000er Jahre eine goldene Zeit waren, als in einem vorübergehenden Gleichgewicht die alten kemalistischen Eliten in Justiz, Militär, Verwaltung, Wirtschaft und Wissenschaft noch nicht völlig entmachtet waren und die AKP-Regierung noch nicht zu vollständiger Machtfülle gelangt war. Die politische, gesellschaftliche und ökonomische Teilhabe großer Teile der Bevölkerung, die sich bisher ausgeschlossen gesehen hatten, war nun möglich. Der Aufstieg der AKP wurde von liberalen Intellektuellen innerhalb und außerhalb der Türkei als ein Akt der Emanzipation, ja der Befreiung begrüßt. Die Begeisterung hatte alle erfasst.[171] Um so mehr erschien es nachvollziehbar, dass die AKP-Regierung den Kampf gegen die alten Machtstrukturen aufnehmen wollte.

Der Kampf gegen den Hohen Staat und den Tiefen Staat

Anschläge mit unbekannter Täterschaft, wie sie für die 1990er Jahre so kennzeichnend waren, gab es in den 2000er Jahren kaum mehr. Die Gewalt in der Türkei nahm deutlich ab. Dennoch wurde das Land weiterhin von vereinzelten Attentaten heimgesucht. Am 19. Januar 2007 wurde Hrant Dink, armenischer Intellektueller, Aktivist und Herausgeber der armenisch- und türkischsprachigen Zeitung *Agos* von einem damals erst sechzehnjährigen Attentäter in İstanbul erschossen – als Vergeltung dafür, dass Dink angeblich das türkische Volk beleidigt habe. Dink war versöhnlich gestimmt, erinnerte aber dennoch die Türkei offen an ihre verdrängte Gewaltgeschichte. Zwei Jahre zuvor, also 2005, war er nach Artikel 301 des türkischen Strafgesetzbuches, das in weitgefasster Form Angriffe auf das Türkentum (*Türklük*) für strafbar erklärt, zu sechs Monaten Haft auf Bewährung verurteilt worden. Seine Anfechtung des Urteils lag dem Europäischen Gerichtshof für Menschenrechte vor, als er ermordet wurde. Die Ermordung Hrant Dinks führte zu einer zivilgesellschaftlichen Erhebung: Tausende Menschen, nur die wenigsten unter ihnen keine Muslime, unternahmen in den Tagen nach dem Mord Protestmärsche mit der Losung «Wir sind alle Hrant, wir sind alle Armenier» (*Hepimiz Hrant'ız, hepimiz Ermeniyiz*).

Dieser Mord, ausgeführt von einem von radikal nationalistischen Kreisen gedungenen Gelegenheitsmörder, blieb kein Einzelfall. Am 5. Februar 2006 wurde der italienische Priester Andrea Santoro in Trabzon durch einen ebenfalls minderjährigen Attentäter ermordet; am 2. Juli 2006 wurde der katholische Pfarrer Pierre Bruinessen in Samsun erstochen. Mörder schnitten am 18. April 2007 im ostanatolischen Malatya drei christlichen Missionaren, zwei Türken und einem deutschen Staatsbürger, die Kehlen durch. Der Vorsitzende der türkischen Bischofskonferenz, Luigi Padovese, wurde am 3. Juni 2010 vermutlich von seinem Fahrer erstochen und geköpft – angeblich ohne jeden politischen Hintergrund. Gab es bei diesen Mordanschlägen eine Verbindung? Lag es daran, dass in der Republik Türkei schon immer der Tätigkeit von christlichen Missionaren mit Misstrauen begegnet wurde? So trug die staatliche *Diyanet*-Behörde im Februar 2005 allen Imamen auf, am 11. März 2005 in den Moscheen zu verkünden, dass christliche Missionare mit den mittelalterlichen Kreuzfahrern gleichzusetzen seien.[172] Dennoch überrascht die plötzliche Welle der Gewalt seit 2006 gegen türkische Konvertiten zum Christentum und gegen Missionare. Immer wieder wurde deswegen vermutet, dass die Attentate letztlich vom «Tiefen

Staat» (*derin devlet*) in Auftrag gegeben wurden, um die zu diesem Zeitpunkt noch halbwegs hoffnungsfroh stimmenden Beitrittsverhandlungen mit der Europäischen Union zu untergraben.[173]

Die Liberalisierung von Gesellschaft und Politik, verbunden mit einer größeren Sichtbarkeit des Islam in der Öffentlichkeit, beunruhigte die alten kemalistischen Eliten und ihren härtesten Kern, das Militär, zutiefst. Dort hegte man Argwohn gegenüber der neuen AKP-Regierung, auch weil diese dem Militär nicht die Ehrerbietung entgegenbrachte, die ihm in den früheren Jahrzehnten immer erwiesen worden war. Auffällig ist aber, wie zahnlos und matt der Widerstand des Militärs gegen die AKP letztlich war.

Bereits am 9. Dezember 2002, also nur wenige Tage nach der Übernahme der Regierung durch die AKP, unterbreitete das Militär Ministerpräsident Gül ein Dossier zu islamistischen Aktivitäten. Die Regierung reagierte nicht und gab an, ihre ganze Aufmerksamkeit auf die Stabilisierung der Wirtschaft und den Reformprozess als Grundlage für den Beitritt zur EG richten zu wollen. Als am 20. November 2002 Staatspräsident Sezer zum NATO-Gipfel nach Prag flog, verabschiedete ihn der Sprecher des Parlaments, Bülent Arınç (geb. 1948), in Begleitung seiner kopftuchtragenden Frau. Zu diesem frühen Zeitpunkt, nur wenige Wochen nach dem ersten Wahlerfolg der AKP, war der öffentliche Auftritt der verschleierten Ehegattin eines Vertreters der Verfassungsorgane noch ein Affront. Zur Mahnung besuchten wenige Tage später, am 28. November 2002, die Kommandeure der Teilstreitkräfte, unter Führung des Generalstabschefs Hilmi Özkök (geb. 1940, im Amt 2002–2006), Arınç in seinem Büro, blieben schweigend für einige Minuten sitzen und verließen den Raum wieder. Am 3. März 2004 nahm im Auftrag von Özkök der Kommandeur der Landstreitkräfte, Aytaç Yalman (geb. 1940), in Begleitung anderer höchster Offiziere an einer Tagung des Vereins (zur Förderung) des Atatürk'schen Gedankenguts (*Atatürkçü Düşünce Derneği*) teil – gedacht wiederum als mahnende Geste gegenüber der Regierung.[174]

Warum war der Widerstand des Militärs gegenüber der AKP so schwachbrüstig? Das Militär hatte sein Ansehen und seinen Einfluss in den späten 1990er Jahren durch allzu plumpe Manipulationen beschädigt. Hinzu kam, dass seine oberste Führung den Beitritt der Türkei zur Europäischen Union grundsätzlich unterstützte: Viele der Regelungen in den 2000er Jahren, die die Machtposition des Militärs schleiften, waren zugleich Teil der EU-Harmonisierungspakete, und deswegen fiel dem Militär eine Zurückweisung der Politik der AKP-Regierung in Bausch und Bogen schwer. Im Sinne einer stärkeren Demokratisierung, aber auch einer klareren Aufgabenteilung erschien das Zurückführen des Militärs auf seine eigentliche Aufgabe der Landesverteidigung als sinnvoll. Hilmi Özkök, Generalstabschef in den Jahren 2002–2006, war nicht nur eine milde gestimmte Persönlichkeit und praktizierender Muslim, sondern sah zudem das Dilemma, dass ein Widerspruch des Militärs gegen die Reformpakete als Sabotage des EU-Beitrittsprozesses ausgelegt werden könnte. Mit wenigen Ausnahmen unterstützte zudem die Zivilgesellschaft die Reformpolitik der AKP.

Ende August 2006 wurde Özkök als Generalstabschef durch Yaşar Büyükanıt, ebenfalls Jahrgang 1940 und eine deutlich kantigere Persönlichkeit, abgelöst. Erste Warnungen stieß Büyükanıt direkt beim Stabwechsel am 28. August 2006 aus,[175] aber auch unter ihm biss sich das Militär an der AKP die Zähne aus. Man unternahm in der Folge verschiedene Vorstöße zur Entmachtung der Partei, scheute jedoch den direkten Weg eines erneuten Militärputsches. 2007 benannte die AKP Abdullah Gül als Nachfolger des scheidenden Staatspräsidenten Ahmet Necdet Sezer. Für das Militär war Gül, vor allem wegen seiner Frau Hayrünnisa, die nicht nur Kopftuch trug, sondern auch eine Klage beim Europäischen Gerichtshof für Menschenrechte (EGMR) wegen ihrer früheren Nichtzulassung zur Universität eingereicht hatte, ein rotes Tuch. Gül wurde am 27. April 2007 vom Parlament in dritter Runde mit einfacher Mehrheit zum Präsidenten gewählt – unter dem Boykott der beiden Oppositionsparteien, der Republikanischen Volkspartei CHP und der Nationalistischen Bewegungspartei MHP. Am selben Tag, dem 27. April, veröffentlichte das Militär um dreiundzwanzig Uhr eine Warnung auf seiner Webseite, die als sogenanntes E-Memorandum (*E-Muhtıra*) bekannt wurde: Das Militär werde nicht zögern, der ihm aufgetragenen Pflicht zu folgen, nämlich den Säkularismus als Prinzip zu schützen. Außer dieser Warnung unternahm das Militär nichts. Am 1. Mai 2007 entschied das Verfassungsgericht, auf unsicherer rechtlicher Grundlage, dass bei der Wahl des Staatspräsidenten zwei Drittel der Parlamentsabgeordneten anwesend sein müssten.

Eine Wahl Güls war daher bei einem Boykott durch die beiden Oppositionsparteien CHP und MHP grundsätzlich nicht möglich. Die AKP rief daraufhin für den 22. Juli 2007 Neuwahlen aus, die sie mit 46,6 Prozent der Stimmen (und mit 341 von 550 Sitzen) gewann. Dies war ein großer Sieg, aber dennoch nicht genug für eine Zweidrittelmehrheit im Parlament. Am 25. Juli 2007 erklärte jedoch Devlet Bahçeli (geb. 1948), damals und auch heute noch Vorsitzender der MHP, dass seine Partei für die Wahl des Staatspräsidenten im Parlament erscheinen werde. Damit war die Anwesenheit von zwei Dritteln der Abgeordneten in der türkischen Nationalversammlung gesichert; Gül konnte am 28. August 2007, nun ohne eine weitere Anfechtung des Wahlvorgangs, zum Präsidenten gewählt werden.

Ein letzter Versuch, die AKP von der Macht zu verdrängen, wurde im folgenden Jahr unternommen: Am 14. März 2008 brachte der Oberste Staatsanwalt zahlreiche Anklagepunkte gegen die AKP vor, mit denen das Verfassungsgericht zu einem Verbot bewegt werden sollte. Spätestens mit der Verfassung von 1982 hatte sich das Verfassungsgericht, unter Berufung auf die Unteilbarkeit und territoriale Integrität des Staates sowie dessen säkularen Charakter, zu einem eisernen Verfechter des kemalistischen Erbes aufgeschwungen. Mit der Übernahme des Präsidentenamtes durch Abdullah Gül im Jahr 2007 fiel das Präsidentenamt als Schutzinstitution des kemalistischen Staates aus, so dass die Bedeutung des Verfassungsgerichts als Bollwerk des kemalistisch-säkularen Lagers noch einmal stieg.[176] Am 30. Juli 2008 entschied das Gericht für die Annahme der Anklage, dass die AKP das Prinzip des Säkularismus unterminiert habe, und kürzte zur Strafe die Hälfte der staatlichen Zuwendungen für die Partei im folgenden Jahr. Die notwendige Mehrheit von drei Fünfteln aber, die in den Verfassungszusätzen von 2001 für das Verbot einer Partei festgelegt worden war, wurde nicht erreicht.[177] Wenn die Intervention des Militärs 1997 ein «postmoderner Putsch» war, so waren die Versuche in den Jahren 2007 und 2008, die AKP von der Macht zu verdrängen, nicht sehr viel mehr als «postpostmoderne» Putschversuche. Von nun an war das Militär mehr als in der Defensive – es stand mit dem Rücken zur Wand.

Die AKP-Regierungen der 2000er Jahre mussten gegen einen «Hohen Staat» kämpfen, der von den Höhen des Generalstabs, des Verfassungsgerichts und der Staatsbürokratie herab die AKP voller Misstrauen betrachtete. Zu Recht konnte die AKP zudem darauf verweisen, dass sie nicht nur diesen Hohen Staat zum Gegner hatte, sondern zudem mit den Strukturen eines «Tiefen Staates» ringen musste – also allen Arten informeller und sogar krimineller Zusammenarbeit zum angeblichen Wohle des Staates und der Nation. Wir haben bereits gesehen, wie in den 1990er Jahren sich Staat und Militär dazu berechtigt gesehen hatten, im Kampf gegen die PKK zu jedem möglichen Mittel zu greifen und sich aller denkbaren Verbündeten zu bedienen, einschließlich krimineller Netzwerke. Der Tiefe Staat, der als Erbe der Jungtürken zu den unseligen langen Linien einer autoritären Staatstradition gehört, hatte so neuen Aufwind bekommen.

Informelle Einheiten innerhalb des Militärs entzogen sich seit Jahrzehnten der Kontrolle demokratisch gewählter Regierungen. 1952 hatte das Militär eine Einheit für nicht-konventionelle Kriegsführung, den «Rat für Mobilisierungsforschung» (*Seferberlik Tetkik Kurulu*), eingerichtet, der 1965 in die «Abteilung für besondere Kriegsführung» (*Özel Harp Dairesi*, in den 1990er Jahren erneut umbenannt in *Özel Kuvvetler Komutanlığı*) überführt wurde.[178] Ziel der Abteilung für besondere Kriegsführung, die sich in voneinander isolierte Gruppen und Netzwerke gliederte, war die Anleitung der Bevölkerung zum Widerstand im Falle einer Besetzung des Landes durch eine fremde Macht. Diese angeblich erst im Jahr 2013 aufgelösten Einheiten sollen zugleich Teil der Gladio-Geheimorganisation der NATO gewesen sein.[179] Um die Forderungen des Militärs vom 28. Februar 1997 durchzusetzen, setzte Çevik Bir (geb. 1939), der damalige Stellvertreter des Generalstabschefs, die «Arbeitsgruppe Westen» (*Batı Çalışma Grubu*) ein. Mehrere Millionen Dossiers wurden angelegt; die Überwachungsintensität dieser Arbeitsgruppe «erreichte stalinistische Ausmaße».[180]

Für die AKP-Regierungen lag der Versuch nahe, diese vom Militär über Jahrzehnte hinweg gebildeten oder zumindest geduldeten geheimen Strukturen, die in der Gewissheit agierten, straffrei zu bleiben, in den Griff zu bekommen. In den sogenannten *Ergenekon*-Prozessen, die von 2007 bis 2013 dauerten, eröffnete die Justiz zahlreiche Verfahren gegen hohe Offiziere, aber auch gegen einen weiten Kreis anderer Personen.[181] *Ergenekon* ist ein sagenhaftes Tal im zentralasiatischen Altai-Gebirge, in dem angeblich die frühesten Türken nach einer Niederlage Zuflucht fanden. Eine Wölfin namens Asena habe sie wieder aus dem verborgenen Tal herausgeführt. *Ergenekon* war zugleich angeblich der Name eines geheimen Netzwerkes, das die amtierende AKP-Regierung stürzen wollte, dessen Existenz aber durch die Prozesse niemals belegt werden konnte. Viele Verurteilte erhielten lebenslange Strafen; unter ihnen war zum Beispiel İlker Başbuğ (geb. 1943), Generalstabschef in den Jahren 2008–2010. Schon sehr früh wurde deutlich, dass es bei diesen Prozessen nicht mit rechten Dingen zuging. Der Ablauf war immer ähnlich: Ein anonymer Informant legte äußerst detaillierte Informationen vor, verbunden mit genauen Hinweisen auf Verstecke von Waffen. Staatsanwälte produzierten riesige Anklagedossiers oft unerheblichen und irreführenden Inhalts. Die richterlichen Urteile gingen über die Argumente in den Anklageschriften nicht hinaus. Die Gülen-Bewegung, die mittlerweile bei ihrem Marsch durch die Institutionen die Justiz weitgehend in ihre Hand gebracht hatte, war der entscheidende Akteur. Die in den *Ergenekon*-Prozessen freiwerdenden Positionen im Militär wurden systematisch von Anhängern der Gülen-Bewegung besetzt. Statt des angeblichen Vorhabens, die illegalen Strukturen des Tiefen Staates auszutrocknen, zeigte sich immer mehr die Absicht des AKP-Lagers, sich seinen eigenen neuen Tiefen Staat zu schaffen.[182]

Am 29. Juli 2011 traten Generalstabschef Işık Koşaner (geb. 1945, im Amt seit August 2010) sowie die Kommandeure von Armee, Marine und Luftwaffe aus Protest gegen die Verhaftung von rund einem Zehntel der aktiven Generäle im Rahmen der *Ergenekon*-Prozesse zurück. Das wäre wenige Jahre zuvor noch nicht vorstellbar gewesen,[183] aber noch viel weniger, dass dieser Protest wirkungslos verhallte. In den *Ergenekon*-Prozessen wurde jedenfalls bereits vieles von dem vorweggenommen, was in den 2010er Jahren deutlich zum Vorschein kommen sollte: die Umkehrung des Verdachtsprinzips (verdächtig war, wer als verdächtig gelten sollte) und die Manipulation der öffentlichen Meinung – kurzum, die Unterhöhlung von Rechtsstaat und Demokratie für «höhere Ziele».

Außen- und Handelspolitik mit neuem Selbstbewusstsein

In den ersten Jahrzehnten nach dem Zweiten Weltkrieg beschränkte sich die türkische Außenpolitik, ja das Verhältnis zur Außenwelt insgesamt, im Wesentlichen auf die Mitgliedschaft in der NATO und das strategische Bündnis mit den USA. So waren die Beziehungen zu allen Nachbarstaaten der Türkei gespannt, zumindest aber nicht freundlich. Die Außenpolitik der AKP-Regierungen dagegen schloss, wie im Bereich der Wirtschaftspolitik, an die Bemühungen der 1980er und 1990er Jahre um eine Öffnung an. Neu aber war, dass die Außenpolitik der Türkei ab den 2000er Jahren einen sehr viel stärkeren wirtschaftlichen Rückhalt hatte: Betrug das Budget der staatlichen Entwicklungshilfeorganisation, des Türkischen Präsidiums für Internationale Kooperation und Koordination (*Türk İşbirliği ve Koordinasyon Ajansı Başkanlığı, TİKA*), im Jahr 2002 noch 85 Millionen Dollar, so war es im Jahr 2015 auf rund 3,5 Milliarden Dollar gestiegen.[184] Das Budget des Technischen Hilfswerks der Türkei, dem «Präsidium für die Bewältigung von Katastrophen und Notlagen» (*Afet ve Acil Durum Yönetimi Başkanlığı, AFAD*), 1999 unter dem Eindruck des Erdbebens in İstanbul gegründet, war bis 2015 auf rund 300 Millionen Euro gewachsen. Mittlerweile übernimmt die türkische Katastrophenagentur zahlreiche Missionen im Ausland.[185]

Nahrungsmittelpakete der türkischen Entwicklungshilfeorganisation TİKA werden im Mai 2020 in Addis Abeba, Äthiopien, anlässlich der Feierlichkeiten zum Ende des Fastenmonats Ramadan an eine Kinderpflegestätte verteilt. Die 1992 gegründete TİKA ist seit den 2000er Jahren ein Instrument türkischer Außenpolitik mit globalem Anspruch.

Die neuen Ambitionen der türkischen Außenpolitik zeigten sich in Weltgebieten weitab von der eigenen Region, so etwa im subsaharischen Afrika, und damit jenseits der Maghreb-Staaten, mit denen die Türkei schon über Jahrzehnte Beziehungen gepflegt hatte. 1998 legte die türkische Regierung erstmals das Vorhaben fest, eine nachhaltige und abgestimmte Afrikapolitik unternehmen zu wollen, aber es fehlten die Mittel, um diese Politik ernsthaft umzusetzen. Im Jahr 2005 rief die damalige AKP-Regierung ein «Afrikajahr» aus und legte die Grundlagen für eine umfassende Afrikapolitik. Die Zahl der Botschaften dort erhöhte sich von zwölf Mitte der 2000er Jahre auf vierunddreißig Ende 2012; das Handelsvolumen mit Afrika stieg von 3,7 Milliarden US-Dollar im Jahr 2003 auf 17 Milliarden im Jahr 2011. Die türkische Afrikapolitik betonte nicht nur, dass man sich auf Augenhöhe gegenübertrete, sondern verband dies mit einer antikolonialen Botschaft. Staatspräsident Abdullah Gül hob in einer

Rede im Jahr 2011 hervor, dass die Türkei im Gegensatz zu den Europäern nicht einfach nur Rohstoffe aus Afrika exportieren wolle.[186]

Neben den Ansätzen zu einer weltumspannenden Diplomatie trat das handfestere Vorhaben, sich als eine Art kulturelle Schutzmacht in den ehemaligen osmanischen Herrschaftsgebieten zu etablieren.[187] Ein erstes naheliegendes Ziel waren die ehemaligen osmanischen Herrschaftsgebiete in Südosteuropa. So hat die türkische Öffentlichkeit eine weitaus größere emotionale Beteiligung an den jugoslawischen Zerfallskriegen der 1990er Jahre gezeigt als etwa am Libanonkrieg der 1970er und 1980er Jahre.[188] Die neue türkische Außenpolitik in Südosteuropa war zugleich von Vorsicht gekennzeichnet. Der Türkei fiel es schwer, sich in den späten 1990er Jahren offen auf die Seite der «Befreiungsarmee des Kosovo» (*Ushtria Çlirimtare e Kosovës*, UÇK) in ihrem Kampf gegen Serbien zu stellen, weil die möglichen Parallelen zwischen den Anliegen der UÇK im Kosovo und der PKK in der Türkei allzu offensichtlich waren.[189] Dennoch wurde die Türkei in den 2000er Jahren zu einem wichtigen Akteur in Südosteuropa. Ängste vor einem zu großen Einfluss eines fundamentalistischen Islam, vorangetrieben von Staaten wie Iran oder Saudi-Arabien, bewogen die westlichen Staaten dazu, der Türkei in den 2000er Jahren Handlungsfreiheit in den südosteuropäischen Staaten mit muslimischer Bevölkerungsmehrheit zuzugestehen.[190]

Die 2002 neu an die Macht gelangte AKP-Regierung wollte ihre Zuverlässigkeit als Verbündeter des Westens bekräftigen und erklärte sich damit einverstanden, dass die USA die Türkei als nördliches Aufmarschgebiet für den Angriff auf den Irak im März 2003 nutzten. Im Gegenzug sollte die Türkei umfangreiche Hilfen im Umfang von 30 Milliarden US-Dollar erhalten. Bei der Abstimmung am 1. März 2003 in der Nationalversammlung stimmten aber rund einhundert AKP-Abgeordnete dagegen.[191] Die verweigerte Zustimmung des Parlaments lässt sich einerseits als eine Panne der noch jungen ersten AKP-Regierung sehen, andererseits war sie ein Vorbote der im folgenden Jahrzehnt sichtbar werdenden Entfremdung zwischen der Türkei und den USA.

In den Jahren 2008 und 2009 kam es zu einer vielversprechenden

Annäherung zwischen Armenien und der Türkei, getragen vom armenischen Präsidenten Sersch Sarkissjan (im Amt 2008–2018) und dem türkischen Präsidenten Abdullah Gül (im Amt 2007–2014). Gül kam im September 2008 als erster türkischer Staatspräsident zu einem Kurzbesuch nach Jerewan, um einem Fußballspiel zwischen der armenischen und türkischen Nationalmannschaft beizuwohnen. Im Oktober 2009 unterzeichneten Armenien und die Türkei in Zürich zwei Protokolle zur Aufnahme von diplomatischen Beziehungen und zur Öffnung der Grenzen. Der Konflikt um Nagorny Karabach und die Frage des Genozids wurden ausgeklammert, aber Armenien musste die Festlegung der armenisch-türkischen Grenze aus dem Jahr 1921 vorab akzeptieren. Dann aber stockte der Prozess, vermutlich wegen heftigen Widerstands durch Aserbaidschan. Einen Tag nach der Unterzeichnung der Protokolle von Zürich forderte Erdoğan Armenien dazu auf, sich aus den über Bergkarabach hinausgehenden Gebieten Aserbaidschans zurückzuziehen, die Armenien im Krieg um Nagorny Karabach bis zum Waffenstillstand 1994 besetzt hatte.[192] Die offizielle Position der Türkei lautete, dass sie als Vorleistung Armeniens nicht den Rückzug aus Bergkarabach selbst fordere, sondern nur aus dem eigentlichen Aserbaidschan.[193] Beim Krieg zwischen Armenien und Aserbaidschan im September–November 2020 zeigte sich aber, dass die Türkei ihre Unterstützung Aserbaidschans keineswegs einstellte, als aserbaidschanische Truppen in das eigentliche Nagorny-Karabach eindrangen.

Zu einem Bruch mit Israel kam es mit dem Eklat auf dem Weltwirtschaftsforum in Davos am 29. Januar 2009, als Recep Tayyip Erdoğan in einem Gespräch mit Shimon Peres, dem damaligen israelischen Staatspräsidenten (im Amt 2007–2014), Israel als einen brutalen, ja «kindermordenden» Staat angriff. In den folgenden Jahren war auf zahlreichen Häuserwänden İstanbuls der Slogan «Israel ist ein Babymörder» (*İsrail bebek katili*) zu lesen. Erschüttert wurde zudem das israelisch-türkische Verhältnis durch die israelische Erstürmung des türkischen Schiffes *Mavi Marmara* im Mai 2010, das gegen die Anweisungen der israelischen Marine Hilfsgüter in den Gaza-Streifen bringen wollte und es damit wohl auf einen internationalen Eklat abgesehen hatte. Seitdem sind die Beziehungen, trotz einer Entschuldigung Israels wegen des Mavi Marmara-Vorfalls, frostig geblieben. Auch in dieser Hinsicht befreite sich die Türkei von den Erwartungen seiner westlichen Verbündeten. Aus heutiger Perspektive ist der Eklat von Davos nicht nur als die Ankündigung einer Abkehr von Israel zu verstehen, sondern zugleich als Wende zu einer eher ideologisch motivierten und von innenpolitischen Erwägungen geleiteten Außenpolitik,[194] unbeschwert von den Verpflichtungen, die die Aussichten auf einen Beitritt zur Europäischen Gemeinschaft in den 2000er Jahren noch mit sich gebracht hatten.

Der EU-Beitritt der Türkei: Geschichte eines Scheiterns

In den 1990er Jahren gab es nur verhaltene Schritte der Annäherung zwischen Europa und der Türkei. Die zum 1. Januar 1996 eingeführte Zollunion zwischen der EG und der Türkei fand im Land kaum Aufmerksamkeit; die erneute Ablehnung eines Antrags 1997 auf Aufnahme in die EG wurde dagegen mit Erbitterung aufgenommen. Auf dem Gipfel der EG im Dezember 1999 in Helsinki kam es zum Durchbruch, als der Europäische Rat die Türkei als grundsätzlich beitrittsfähig einstufte. Der Europäische Rat legte bei einem Gipfel in Kopenhagen im Dezember 2002 fest, dass in zwei Jahren abschließend entschieden werden solle, ob die Türkei die Kriterien einer funktionierenden Demokratie erfülle; unmittelbar danach würden die Beitrittsverhandlungen aufgenommen. In seiner Sitzung im Dezember 2004 sah der Europäische Rat die Kopenhagen-Kriterien durch die Türkei als erfüllt an; im Oktober 2005 wurden die Beitrittsverhandlungen eröffnet.

Die erschreckende Komplexität der Beitrittsverhandlungen erfordert es, wenn man es ernst meint, den Prozess möglichst rasch zu einem Abschluss zu bringen.[195] Zu Beginn des Jahres 2021 waren jedoch im Falle der offiziell immer noch geführten Beitrittsverhandlungen zwischen der EU und der Türkei von fünfunddreißig Kapiteln nur sechzehn Kapitel geöffnet und nur das zum Bereich Wissenschaft und Forschung abgeschlossen. Warum fehlten und fehlen die Bereitschaft und die Fähigkeit, die Verhandlungen zu einem erfolgreichen Ende zu führen? Auf europäischer Seite gab es niemals eine gemeinsame Entschlossenheit unter allen maßgebenden Akteuren, das Projekt eines Beitritts der Türkei Wirklichkeit werden zu lassen. Zu lange hatte man die Simulation von Beitrittsverhandlungen eingeübt, zu stark waren die identitätspolitischen Vorbehalte, zu groß die Herausforderung, um für diesen so mächtigen Staat, der zugleich mehrere offene innenpolitische Grundfragen vor sich herschiebt, einen angemessenen Platz innerhalb der Union finden zu können und zu wollen.

Ein über Jahrzehnte hinweg berechtigter Kritikpunkt der Türkei an der Einstellung Europas ihr gegenüber ist der der Doppelbödigkeit: Nach dem Zweiten Weltkrieg sah Europa die Türkei als Teil des Nahen Ostens – eine Region, in der man klassische Machtpolitik betreiben konnte. Andererseits wollte man der Türkei Auflagen machen, mit dem Argument, als potentiell europäisches Land (ganz entschieden sei das aber noch nicht) müsse sie sich an die europäischen Werte halten – Werte übrigens, die von Europa und der Europäischen Union selbst keineswegs immer beachtet wurden. Aus türkischer Sicht reicht zudem die Geschichte der Annäherung an Europa bereits ins späte achtzehnte Jahrhundert zurück. Wie könne man also ein Land, das schon seit zweihundert Jahren an die europäischen Pforten anklopfe, zurückweisen?

Auf türkischer Seite ist die Erfahrung prägend, dass die Türkei als einziger Beitrittskandidat über Jahrzehnte hingehalten wurde. War die Aufnahme Griechenlands 1981 ohne eine Berücksichtigung der Türkei noch verständlich angesichts des Putsches vom September 1980, so war die Aufnahme der griechisch-zypriotischen Republik Zypern am 1. Mai 2004, trotz des wenige Tage vorher gescheiterten Referendums über den Annan-Plan, misslich, ja eine Provokation. Für die Türkei war es eine tiefe Kränkung, dass osteuropäische und südosteuropäische Staaten innerhalb weniger Jahre in mehreren Beitrittswellen an der Türkei vorbeizogen.[196]

Von türkischer Seite ist daher der Vorwurf eines Versagens der EU, «die Türkei und die Türken als Teil von sich selbst sehen» zu können, berechtigt.[197] Das von manchen europäischen Politikern, etwa dem früheren EU-Erweiterungskommissar Günter Verheugen (im Amt 1999–2004), vorgebrachte Argument, der Grund für die bedenkliche politische Entwicklung, die die Türkei seit den späten 2000er Jahren genommen hat, sei die verweigerte Aufnahme in die EU, zeugt jedoch von einer sich demütig gebenden Überheblichkeit. Solche Argumente gehen von der in früheren Jahrzehnten eingeübten Vorstellung aus, dass die Aufnahme eines Staates in die Europäische Union unweigerlich eine demokratisierende Wirkung entfalte. Der zunehmende Autoritarismus in mehreren osteuropäischen Mitgliedsländern zeigt aber, dass eine solch «zivilisierende» Wirkung der Europäischen Union, jedenfalls im Sinne einer westeuropäischen Liberalität, keineswegs selbstverständlich ist. Eine Türkei als Mitgliedsstaat mit einer ähnlich negativen Entwicklung, wie sie sie tatsächlich genommen hat, innerhalb der Europäischen Union wäre eine kaum zu tragende Bürde für die Gemeinschaft gewesen.

Der häufig von türkischer Seite gemachte Vorwurf, dass die EU als «christlicher Club» letztlich die muslimische Türkei nicht aufnehmen wolle, ist nicht aus der Luft gegriffen. Es liegt aber nicht nur daran: Im Rahmen einer – derzeit allerdings unwahrscheinlichen – großen Erweiterungsrunde mit den bisher außerhalb der EU verbliebenen südosteuropäischen Staaten (Albanien, Bosnien-Herzegowina, Kosovo, Nordmazedonien, Serbien) würde man keinesfalls Albanien oder Kosovo nur deshalb nicht aufnehmen wollen, weil sie mehrheitlich muslimisch sind. Es geht also nicht nur um den islamischen Charakter der Türkei, sondern auch darum, dass mit der Türkei ein Staat Mitglied in der Europäischen Union geworden wäre, der aufgrund seiner Größe und seiner sich selbst zugemessenen Bedeutung eine bestimmende Rolle in der EU für sich gefordert hätte. Dass die Türkei sich nicht nur als europäischen Staat sieht, hätte sie gerade als Mitglied so lohnenswert gemacht: Die identitären Bezüge der Türkei verweisen in verschiedenste Richtungen. Zugleich aber hätte die Türkei als Mitgliedsland in der Europäischen Union die Schwierigkeiten, welche diese bis zum Januar 2020 mit dem Mitgliedsland Großbritannien hatte, bei weitem in den Schatten gestellt. Man sieht, die Debatten gehen schnell ins Große und Ganze, nämlich hin zur Frage der Beziehungen zwischen der Türkei und Europa überhaupt.

Die in den vergangenen Jahrzehnten blühende Gattung politikwissenschaftlicher Dissertationen zu einem möglichen Beitritt der Türkei zur Europäischen Union ist heute bereits Teil der Wissenschaftsgeschichte. Denn man sollte nicht so tun, als sei die Frage des Beitritts der Türkei zur Europäischen Union noch offen. Für die frühen 2000er Jahre aber kann man von einem Fenster der Möglichkeiten sprechen, denn auf türkischer Seite unterstützten die Eliten und eine große Mehrheit der Bevölkerung, auf europäischer Seite ein wichtiger Teil der politischen Klasse einen Beitritt der Türkei. Dieses Fenster ist schon seit mehreren Jahren für absehbare Zeit geschlossen. Die Europäische Union hätte sich für die Aufnahme der Türkei mehrere Jahre ausschließlicher Vorbereitungszeit nehmen müssen. Jedoch war ein solcher Wille immer nur teilweise und niemals bei allen wichtigen Akteuren in der Europäischen Union gleichzeitig vorhanden.

Die türkische Öffentlichkeit hatte den Entscheid des Europäischen Rates im Jahr 2002 zur möglichen Aufnahme von Beitrittsverhandlungen fälschlicherweise so verstanden, als sei die baldige Mitgliedschaft eine Tatsache. Schon bald nachdem die Beitrittsverhandlungen 2004 formell beschlossen worden waren, ging die Unterstützung für einen Beitritt zur EU deutlich zurück.[198] Mittlerweile hat sich die Türkei von dem Projekt eines Beitritts verabschiedet. Das Anliegen ist in der Prioritätenliste der türkischen Politik ganz nach hinten gerutscht – auch als Demonstration einer neuen politischen Ausrichtung, die nicht mehr auf die EU angewiesen sein möchte. Auf dem vierten ordentlichen Parteikongress der AKP im Oktober 2012 landete – auf einer Liste von dreiundsechzig Prioritäten für die Vision einer Türkei im Jahr 2023 – das Ziel einer Mitgliedschaft in der EU auf dem sechzigsten Platz.[199]

Die Beitrittsoption der Türkei in den frühen 2000er Jahren löste in den europäischen Staaten sehr lebendige identitätspolitische Auseinandersetzungen aus. Die Heftigkeit der Diskussionen lässt auf Feindbilder schließen, deren wirkmächtigstes sicherlich das eines Gegensatzes zwischen einem «(christlichen) Europa» und «dem Islam» ist.[200] Beschworen werden dabei nicht nur die säkulare Staatsordnung und Gesellschaft Europas, sondern auch eine angebliche «christlich-jüdische» Identität, die sich mit zwei der drei monotheistischen Religionen scheinbar mühelos schon die Mehrheit gesichert hat.[201] Liberale Intellektuelle hielten dagegen, dass gerade weil die Türken keine Christen sind, die «europäischen Türken in spe wohl eher als andere Europäer dazu geneigt sind, die säkularen, toleranten und liberalen Dimensionen europäischer Identität hervorzuheben».[202]

Erklärte Gegner des Beitritts, wie etwa die Historiker Hans-Ulrich Wehler und Heinrich August Winkler oder der Jurist Ernst-Wolfgang Böckenförde, bewegten sich auf der Ebene identitärer Argumente, nämlich dass die Türkei aufgrund ihrer historischen und kulturellen Wurzeln niemals ein Mitglied der Europäischen Union sein könne und solle.[203] Die Befürworter eines Beitritts wiederum antworteten auf die identitätspolitisch begründete Ablehnung bemerkenswerterweise nicht mit dem klaren Bekenntnis zur Zugehörigkeit der Türkei zu Europa, sondern verließen sich lieber auf handfeste Argumente wie die Öffnung eines großen neuen Marktes für die europäische Wirtschaft oder geostrategische Vorteile.[204] Im Grunde war die Diskussion über einen Beitritt der Türkei in den frühen 2000er Jahren nur eine Episode im umfassenderen Streit über die Frage, wie sich europäische Gesellschaft und Politik – angesichts des Kranzes von Mittelmeerstaaten mit einer muslimischen Bevölkerungsmehrheit und einer ständig wachsenden muslimischen Bevölkerung in den westeuropäischen Staaten – zum «Islam» verhalten sollen.

Fünftes Kapitel

Der Weg in eine andere Republik (seit 2013)

Die Meinungen über die Entwicklungen in der Türkei in den 2010er Jahren – und die allermeisten haben eine Meinung dazu – gehen weit auseinander. Da sind zum einen diejenigen, die die «neue Türkei», ihre Verfasstheit als Präsidialregime und ihren Weg eines modernen Konservativismus und eines dynamischen Autoritarismus verteidigen. Es gelte sich noch einmal vor Augen zu führen, gegen wie viele Widerstände sich der neue Kurs habe durchsetzen müssen und zu welchen Leistungen die moderne Türkei fähig gewesen sei und in der Zukunft sein könne. Vor dem Hintergrund der jahrzehntelangen Erfahrung, immer wieder vom Westen und im Besonderen von Europa zurückgestoßen worden zu sein, habe die Türkei wieder zu sich selbst gefunden.

Die anderen sehen dagegen einen deutlichen Verfall der demokratischen Kultur in der Türkei, der die Errungenschaften der liberalen Periode in den 2000er Jahren rückgängig machen, ja sogar die Erfolgsgeschichte der modernen Türkei gänzlich gefährden könnte. Wir erinnern uns an die Euphorie in den 2000er Jahren, innerhalb und außerhalb der Türkei, für dieses Land. Die von der früheren kemalistischen Elite gepflegte Politik der «Apartheid» gegenüber der ländlichen beziehungsweise ländlich geprägten Bevölkerung, so die damalige Einschätzung, sei nun zu einem Ende gekommen. Mit den neuen Eliten, die von der 2002 an die Macht gekommenen Partei für Gerechtigkeit und Entwicklung (*Adalet ve Kalkınma Partisi, AKP*) gestützt würden, sei eine neue Pluralität entstanden. Kurzum, es sei der türkischen Gesellschaft und Politik gelungen, sich vom starren Korsett des Staatskemalismus zu befreien. Wenn die 2000er Jahre ein Jahrzehnt der Befreiung waren und wenn die AKP und ihr Umfeld so viele positive Eigenschaften zeigten, warum wollte und konnte man nicht auf diesem Weg fortfahren? Wie kam es in den letzten Jahren zur Wende hin zum Autoritarismus?

Ohne Zweifel ist in der religiös-konservativ gesinnten Bevölkerung der Türkei die Erinnerung an die jahrzehntelange Bevormundung noch nicht verblasst und mit der Erfahrung, in den ersten Jahrzehnten der türkischen Republik an den Rand gedrängt worden zu sein, ist man noch nicht versöhnt. Es steht außer Frage, dass die in den 2000er Jahren steckengebliebenen Verhandlungen über den Beitritt der Türkei zur Europäischen Union und die Enttäuschung darüber, nach jahrzehntelangem Werben um eine Mitgliedschaft erneut abgewiesen worden zu sein, zu einer Verhärtung der politischen Positionen in der Türkei geführt haben. Sicherlich hat sich die Erfahrung des Putschversuchs vom Juli 2016 mit der traumatischen Erinnerung an die früheren erfolgreichen Putsche des Militärs verbunden.

Aber wie weit tragen solche Rechtfertigungen für die autoritäre Wende? Lässt sich wirklich sagen, dass die Erfahrungen und Umstände eine solch deutliche Pfadabhängigkeit erzeugt haben, dass die AKP, die von ihr gestellte Regierung und die aus ihr rekrutierten politischen Eliten unvermeidlich der «dunklen Seite der Macht» verfallen mussten? Aus einer solchen Argumentation würde folgen, dass, bei einer mehr oder wenigen starken Belastung, die Entwicklung, die die Türkei die letzten Jahre genommen hat, unvermeidlich war. Man spräche damit den politischen Eliten und der Bevölkerung in der Türkei die Willensfreiheit ab.

Jedenfalls war der Anfang der 2010er Jahre noch einmal von Euphorie geprägt. Der Arabische Frühling oder die «Arabellion», die Welle von friedlichen Revolten gegen die autoritären Herrscher in der arabischen Welt, hatte Begeisterung ausgelöst; seit Jahrzehnten hatten sie sich in ihrer Machtstellung eingebunkert: Muammar al-Gaddhafi in Libyen seit 1969, Ali Abdullah Saleh im Jemen seit 1978, Husni Mubarak in Ägypten seit 1981 oder Zine el-Abidine Ben Ali in Tunesien seit 1987. Als die Arabellion scheiterte, war die Enttäuschung umso größer – auch in der Türkei, wo die Hoffnungen auf eine neue politische Ordnung in der Region zu ihren Gunsten ins Übermäßige gestiegen waren.

Zugleich zeigte die AKP-Regierung eine immer größere Ungeduld mit denjenigen, die anderer Meinung waren. Spätestens der Ausbruch der Gezi-Park-Proteste im Mai 2013, auf die die Regierung als Antwort nur Repression kannte, ernüchterte das liberale Lager, das bis dahin zwar die AKP zunehmend als unsympathisch empfunden haben mochte, aber in ihr nach wie vor eine entscheidende Kraft zur Umgestaltung des Landes sehen wollte. Im gescheiterten Putschversuch in der Nacht vom 15. auf den 16. Juli 2016 und der darauffolgenden außerordentlich harschen Reaktion der Regierung gipfelte die Entwicklung hin zu einer Regierungskultur des Autoritarismus.

Die Republik Türkei blickt in die Zukunft und sieht mehrere Wegmarken vor sich: Die Vorbereitungen für den einhundertsten Jahrestag der Gründung der Republik am 29. Oktober 2023 laufen bereits; aber man blickt auch schon auf den sechshundertsten Jahrestag der Eroberung Konstantinopels am 29. Mai 2053 und – noch in weiter Ferne, aber ein besonders rundes Jubiläum – den eintausendsten Jahrestag der Schlacht von Manzikert/Malazgirt am 26. August 2071. Diese Gedenktage werden, wie dies bei nationaler Erinnerungskultur immer der Fall ist, der Selbstvergewisserung über die Richtigkeit des eingeschlagenen Weges dienen. Der Weg, den die türkische Politik seit den frühen 2010er Jahren genommen hat, hat jedenfalls in eine andere Republik geführt.

1. Alte und neue Leitbilder

Erste Annahmen, dass es zum Ende einer Ersten Türkischen Republik gekommen sei, tauchten nach dem Militärputsch von 1960 auf.[1] Auch in späteren Jahren ist immer wieder von einer Zweiten und sogar Dritten Türkischen Republik gesprochen worden. Im Gegensatz aber zu Frankreich, das seit 1958 ohne Zweifel in der Fünften Republik angekommen ist, gibt es für die Türkei kein Einvernehmen darüber, in welcher Republik, wenn es nicht mehr die Erste Republik sein sollte, man sich denn nun befinde. Trotz tiefer Einschnitte – wie sie etwa die Militärputsche von 1960 und 1980 mit den darauffolgenden Verfassungen von 1961 beziehungsweise 1982 darstellen – hat sich weder in der türkischen Binnensicht noch in der internationalen Geschichtsschreibung eine Periodisierung nach mehreren Republiken durchgesetzt. Der Grund ist wohl die große Beharrungskraft des kemalistischen Machtkomplexes bis zum Beginn des einundzwanzigsten Jahrhunderts. Jedoch hat sich in den 2010er Jahren mit dem endgültigen Zusammenbruch des kemalistischen Paradigmas und mit dem mittlerweile abgeschlossenen Elitentausch (einschließlich der Entfernung der ehemaligen Verbündeten der Gülen-Bewegung) in der staatlichen Administration, im Militär, in der Judikative, ja selbst in den Universitäten, die Türkei auf dem Weg in eine andere Republik gemacht. Wann man genau den Bruch ansetzen will, ist eine offene und wohl müßige Frage: im Beginn der *Ergenekon*-Prozesse 2007, im kollektiven Rücktritt des Generalstabs im Juli 2011,[2] im Zerbrechen des Einverständnisses zwischen gemäßigtem Islamismus und intellektuellem Liberalismus anlässlich der Gezi-Park-Proteste im Sommer 2013, in der Entfremdung und schließlich der offenen Feindschaft zwischen Gülen-Bewegung und AKP im Zeitraum 2013–2016 oder im gescheiterten Putschversuch in der Nacht vom 15. auf den 16. Juli 2016? Das Verfassungsreferendum vom 16. April 2017 über ein präsidiales Regierungssystem und die Parlaments- und Präsidentschaftswahlen am 24. Juni 2018 sind jedenfalls Schlusspunkte und nicht der Beginn einer Entwicklung. Vieles spricht dafür, das Jahr 2013 als den entscheidenden Wendepunkt zu sehen: Die Gezi-Park-Proteste und ihre Niederschlagung vergifteten das gesellschaftliche Klima; das Zerwürfnis zwischen der Gülen-Bewegung und der AKP ging in einen offenen Schlagabtausch über, und die Hoffnungen des Arabischen Frühlings waren zwei Jahre nach ihrem Beginn um die Jahreswende 2010/2011 zerstoben.

Arabellion, Neo-Osmanismus und der Krieg in Syrien

Die 2010er Jahre begannen im gesamten Nahen Osten mit großer Zuversicht. Im Dezember 2010 brach in Tunesien ein Volksaufstand aus, der den seit 1987 herrschenden Präsidenten Zine el-Abidine Ben Ali von der Macht vertrieb und darüber hinaus politische Teilhabe, gesellschaftliche Würde und wirtschaftliche Besserung forderte. Als im Januar 2011 deutlich wurde, dass die Arabellion nicht auf Tunesien beschränkt blieb, sondern auf viele weitere arabische Länder übersprang, war die Begeisterung groß – in den arabischen Ländern selbst, aber auch in der europäischen Öffentlichkeit. Frühe Einschätzungen zur Arabellion verglichen diese mit der Französischen Revolution, zumindest aber mit den Aufständen im Osteuropa der 1980er Jahre.[3]

Die Forderungen der Rebellierenden waren pragmatischer Natur und nicht ideologisch geleitet. Dass hier die Bevölkerung revoltierte und nicht charismatische Führer das Handeln bestimmten, kann angesichts der enttäuschenden Erfahrungen mit den «Helden» des arabischen Nationalismus als ein Fortschritt gesehen werden; andererseits fehlte der Arabellion das intellektuelle und organisatorische Potential, um sich zu einer Revolution auszubilden.[4] Die tieferen Gründe für die Unruhen lagen in der seit längerer Zeit zerbrochenen Beziehung zwischen Elite und Bevölkerung. Im Rahmen des autoritären «arabischen Gesellschaftsvertrags» hatte der Staat den Menschen ein wirtschaftliches Auskommen zugesichert, im Gegenzug aber von ihnen verlangt, auf politische Teilhabe zu verzichten.[5] Dieser Gesellschaftsvertrag war bereits im Zuge der wirtschaftlichen Liberalisierung ab den 1980er Jahren zerfallen. Die Legitimität der arabischen Regime war also unsicher; sie brillierten nur, wenn es darum ging, ihre Herrschaft zu erhalten.

In die Begeisterung mischte sich in den europäischen Medien rasch die Besorgnis, dass die Arabellion eine ähnliche Entwicklung wie die Revolution in Iran in den Jahren 1978 und 1979 nehmen könne. Damals mündete der von unterschiedlichsten Teilen der Bevölkerung getragene Aufstand gegen das Schah-Regime in die von Ayatollah Khomeini geführte Theokratie der Islamischen Republik Iran. Mit einer solchen Besorgnis lag man daneben – niemand konnte sich in den ersten Monaten den tatsächlichen katastrophalen Weg, den die Arabellion nahm, vorstellen: das Abgleiten der drei Staaten Jemen, Libyen und Syrien in Krieg und Zerfall. Dagegen verblasst die brutale Wiederherstellung der autoritären Herrschaftsstrukturen durch das Militär in Ägypten im Sommer 2013. Tunesien, Ursprungsland des Arabischen Frühlings, ist – in prekärer Weise – die einzige Erfolgsgeschichte geblieben.

Die Arabellion hat einen düsteren Hintergrund, nämlich die durch die US-amerikanische Invasion in den Irak 2003 ausgelöste Destabilisierung der östlichen arabischen Welt.[6] Außer Frage steht heute, dass die Besetzung des Iraks, angeblich Teil eines Kampfes gegen die «Achse des Bösen», ein verhängnisvoller Schritt war. Trotz all ihrer Fehler, zum Beispiel im Vorfeld der Revolution in Iran 1978/79, war die US-amerikanische Nahost-Politik in den Jahrzehnten zuvor eher zurückhaltend gewesen. Man hatte nicht auf Regimewechsel, sondern auf den (in der Binnensicht dieser Politik: notwendigerweise) zynischen Erhalt gegebener politischer Strukturen und vorhandener Regime gesetzt. Der US-amerikanische Einmarsch im Irak 2003 widersprach dieser Politik eines zurückhaltenden und kühl berechnenden Hegemons. Die Folgen dieser Fehlentscheidung – ablesbar am Staatszerfall im Irak, an der Stärkung Irans als Regionalmacht und am Aufstieg von extrem gewalttätigen Organisationen wie dem «Islamischen Staat» – hielten die US-Regierung unter Präsident Barack Obama (im Amt 2009–2017) davon ab, sich tiefer in die Konflikte der Region hineinziehen zu lassen. Die Eskalation der Kriege in Jemen, Libyen und Syrien in den 2010er Jahren ist ohne den Rückzug der USA aus dem Nahen Osten nicht zu verstehen. Die Lücke, die die gehemmte Supermacht USA ließ, ermöglichte den Aufstieg Russlands im Syrienkrieg seit Mitte der 2010er Jahre zu einer Art Ersatz-Hegemon; Iran, Saudi-Arabien und die Türkei wiederum sind zu Möchtegern-Hegemonen in der Region geworden.

Eine neue und ungeahnte Lehre aus den Entgleisungen der Arabellion war für die türkische politische Elite der bislang für sie nicht vertraute Umstand, dass eine offensive Außenpolitik Rückwirkungen auf die inneren Verhältnisse haben kann.[7] Man denke nur an die großzügige Aufnahme von rund vier Millionen syrischer Flüchtlinge durch die Türkei. Neben der höchst anerkennenswerten Tat an sich war sie ursprünglich wohl auch auf die Außenwirkung als humanitäre Großmacht bedacht und ging zudem fälschlicherweise davon aus, dass die Flüchtlinge nach einem bald zu erwartenden Sturz Baschar al-Asads in ein neues Syrien unter türkischem Schutzschirm zurückgeführt werden könnten.[8]

Mit dem Arabischen Frühling schien sich für die Türkei die Möglichkeit zu eröffnen, ihr (allerdings in sich schon sehr brüchiges) «Erfolgsmodell» von Demokratie, gemäßigtem Islamismus und Marktwirtschaft auf die arabische Welt zu übertragen.[9] Nach dem Sturz von Husni Mubarak im Februar 2011 gründeten die ägyptischen Muslimbrüder, die sich jahrzehntelang in der außerparlamentarischen Opposition befunden hatten, die «Freiheits- und Gerechtigkeitspartei» (*Hizb al-hurriya wa-l-ʿadala*). Die türkische Regierung hatte auf die Verhältnisse in Ägypten, dem (zumindest demographisch gesehen) noch wichtigsten Land der arabischen Welt, denselben Blick wie die ägyptischen Muslimbrüder selbst. Diese sprachen von den Tiefenstrukturen im Bereich des Militärs, der Sicherheitsorgane, der Justiz und der Wirtschaft, die noch vor die Zeit von Husni Mubarak als Präsident (1981–2011) zurückreichten. Sie hätten die Muslimbrüder bisher niemals an die Macht kommen lassen und versuchten ihnen, nun seit 2011 an der Regierung, so viele Steine wie möglich in den Weg zu legen.[10]

In der Tat zeigte sich die Widerstandsfähigkeit der nahöstlichen autoritären Regime in Form einer sehr steilen Lernkurve, wenige Monate, nachdem die Arabellion sie herausgefordert hatte.[11] Die Golfmonarchien, allen voran Saudi-Arabien, schon so lange als kurz vor dem Abgrund stehende verknöcherte politische Systeme beschrieben, schütteten als Rentierstaaten ein Füllhorn von finanziellen Zuwendungen über ihrer jeweiligen Bevölkerung aus. In Ägypten hatten die Muslimbrüder der Propaganda und dem Unterdrückungsapparat des Militärs, das sie – putschähnlich – im Sommer 2013 hinwegfegte, nichts entgegenzusetzen. Neben der allzu starken Stellung des Militärs waren es die ideologischen Schwächen der Muslimbrüder (darunter die utopische Vorstellung eines idealen islamischen Staates) und ihre fehlende Erfahrung in Regierung und Verwaltung, die sie scheitern ließen.[12]

In ihrer ursprünglichen Euphorie über den Arabischen Frühling war die politische Führung der Türkei keineswegs alleine. Jedoch zog sie vielleicht als einziger Staat so weitreichende Schlüsse für die Ausrichtung ihrer eigenen Außenpolitik und klammerte sich allzu lange an ihre ursprüngliche Einschätzung. So gab sich die türkische Regierung der Hoffnung hin, dass Baschar al-Asad (geb. 1965), der im Jahr 2000 die Nachfolge seines Vaters Hafiz al-Asad in Syrien angetreten hatte, ähnlich rasch stürzen würde wie vorher die Führer in Ägypten, Jemen, Libyen und Tunesien, und dass die Türkei die bestimmende Patronagemacht für die neu an die Macht gekommenen Regierungen in Ägypten und Syrien sein würde. Die türkische Außenpolitik unter ihrem damaligen Außenminister Ahmet Davutoğlu bettete zudem die Arabellion in einen größeren historischen Deutungsrahmen: Man glaubte, dass die Region wieder zu ihren natürlichen geopolitischen Grundeinstellungen zurückkehre, die von den europäischen Großmächten nach dem Ersten Weltkrieg in sträflich falscher Weise überschrieben worden seien. Der Türkei falle dabei eine entscheidende Aufgabe zu, nämlich eine intrazivilisatorische

Recep Tayyip Erdoğan, Staatspräsident und Vorsitzender der regierenden Partei AKP, begrüßt am 15. März 2021 während des sechsten regulären Parteitags der AKP in Ankara die Parteijugend und bedient sich dabei des «R4bia»-Zeichens. Die vier ausgestreckten Finger bei eingezogenem Daumen symbolisieren Solidarität mit den ägyptischen Muslimbrüdern, deren Proteste auf dem Rābiʿa-Platz in Kairo im August 2013 mit brutaler Gewalt und Hunderten von Toten unterdrückt wurden. *Rābiʿa* trägt im Arabischen die Wortbedeutung «vier».

islamische Solidarität mit den Ländern der Arabellion zu zeigen und die Position ihres Sprechers einzunehmen.[13] Der Grund, warum die türkische Regierung so sehr auf dieser Deutung beharrte, liegt darin, dass die Arabellion ihre Sicht der Geschichte unbedingt zu bestätigen schien: Die türkische außenpolitische Agenda der 2000er und frühen 2010er Jahre gründete auf einer positiven Wertung der osmanischen Herrschaftskultur und der Zuversicht, dass im Rückgriff auf jahrhundertealte Erfahrungsmuster osmanischer Politik eine friedliche Koexistenz in den ehemaligen osmanischen Herrschaftsgebieten bewirkt werden könne.[14]

Die internationale Literatur hat für diese Bemühungen den (meist abwertend gemeinten) Begriff des «Neo-Osmanismus» (*Yeni Osmanlıcılık*) geprägt.[15] Der türkische Neo-Osmanismus mag Ausdruck einer allzu emotionalen Bindung an vergangene Größe sein, verknüpft mit einem manchmal falschen Verständnis für reale Machtgrundlagen. Aber war er nicht auch eine intuitive Antwort auf verschobene Machtgewichte in der Region? Die am engsten mit dem Begriff des Neo-Osmanismus verbundene Person ist Ahmet Davutoğlu (geb. 1959), Professor für Politikwissenschaft. Er war außenpolitischer Berater der AKP-Regierung, bevor er 2009 Außenminister wurde und anschließend, von 2014 bis 2016, das Amt des Ministerpräsidenten bekleidete. Davutoğlu lehnt den Begriff des Neo-Osmanismus ab – und hat ihn inhaltlich doch zugleich bestätigt: «Ich bin nicht ein Neo-Osmanist. In der Tat gibt es keine solche Politik. Wir haben allerdings eine gemeinsame Geschichte und eine uns mit den Balkanländern verbindende kulturelle Tiefe, die niemand leugnen kann. Wir können nicht so tun, also ob es die Osmanen niemals in der Region gegeben hätte.»[16]

Ohne seine politische Tätigkeit wäre das von Davutoğlu 2001 veröffentlichte und schwer lesbare Buch «Strategische Tiefe» wohl kaum so bekannt geworden.[17] Davutoğlu will über das in westlichen Darstellungen so häufig verwendete Bild der Türkei als einer «Brücke» zwischen West und Ost hinausgehen, da es die Türkei zu einem Objekt degradiere und zudem ihre Möglichkeiten und Fähigkeiten verkenne. Er sieht sein Land als einen «Schlüsselstaat» (*mihver ülke*), der an der Schnittstelle mehrerer Großregionen der Welt liegt.[18] Den offensichtlich konstruktiven Seiten dieser Politik – etwa das Vorhaben, mit seinen Nachbarn «Null Probleme» zu haben, und das Selbstbild als erfahrener Moderator und Schlichter – standen von Anfang an die Gefahren von Selbstüberschätzung, Dominanzanspruch und der Überinterpretation angeblich aus der Geschichte rührender Tiefenstrukturen gegenüber. Vergleichbare Ansätze ließen sich schon unter Bülent Ecevit (in Gestalt eines neuen nationalen Sicherheitskonzepts) in den späten 1970er Jahren und unter Turgut Özal finden; neu aber war, dass diesmal das Konzept umfassender war und direkt in die Handhabung der Sicherheitspolitik einfloss.[19]

Recep Tayyip Erdoğan, damals noch Ministerpräsident, lieferte zu Beginn der 2010er Jahre ein einprägsames Beispiel neo-osmanistischer Rhetorik. Auf einer Rede auf dem vierten ordentlichen Parteikongress der AKP am 30. September 2012 sprach er von einer Saat der «Zivilisation der Liebe», die von Sultan Alparslan, dem Sieger der Schlacht von Manzikert im Jahr 1071, ausgebracht worden sei. In den Händen von Osman Gazi, dem Begründer der Dynastie der Osmanen, sei daraus ein Spross geworden, daraus eine junge Pflanze und daraus wiederum eine große Platane, die sich in den Himmel verzweigt, die Meere bedeckt und vom Kaukasus bis zu den Alpen, vom Tigris bis zur Donau gereicht habe: «Es gibt kein Blut im Schatten dieser großen Platane, der seldschukischen, osmanischen und republiktürkischen Platane. Im Schatten dieser Platane gibt es keine Differenz und keine Diskriminierung, keine ungerechte Behandlung, keine Unterdrückung, kein Zur-Seite-Drängen ‹des Anderen›. Im Schatten dieser prächtigen Platane stehen die Süleymaniye und Selimiye [zwei besonders bedeutende Sultansmoscheen in İstanbul beziehungsweise Edirne], die Brücke von Mostar und die Brücke über die Drina [in Višegrad, Ostbosnien]. Im Schatten dieser Platane finden sich Karawansereien, Brunnen, Medresen und fromme Stiftungen.»[20] Die infrastrukturellen Leistungen des Osmanischen Reiches in der Form von Moscheen und gemeinnützigen Einrichtungen prägen in der Tat bis heute das historische Stadtbild vieler Städte Südosteuropas. Die hier von Erdoğan angesprochenen Bilder und Vorstellungen gehen aber darüber hinaus und zeigen den Anspruch, das Osmanische Reich als nahezu ideale gesellschaftliche Ordnung zu sehen.

Unter dem Eindruck des Syrienkriegs begann die türkische Regierung das Ordnungssystem des Nahen Ostens grundsätzlich in Frage zu stellen. Zugleich mied sie die Einsicht in das Offensichtliche: So wie die Regierung keinerlei Zusammenhang zwischen der Arabellion und den Gezi-Park-Protesten sehen wollte, so erkannte sie den Vertrag von Lausanne nicht als Teil der Neuordnung des Nahen Ostens nach dem Ersten Weltkrieg an und zielte auf eine Revision der «Sykes-Picot-Ordnung» in der falschen Annahme, dass solche Veränderungen ohne jede Auswirkung auf die Türkei selbst bleiben würden.[21] In den letzten Jahren hat die türkische Außenpolitik ihre Haltung in der Weise verschärft, dass für sie nun sogar eine Änderung der territorialen Bestimmungen des Vertrages von Lausanne denkbar geworden ist, aber natürlich nur im Sinne einer Vergrößerung: «Als Folge von Lügen und diplomatischer Ränke» sei, so Recep Tayyip Erdoğan im Februar 2018, «unser Vaterland von fünf Millionen Quadratkilometern» auf die heutige Größe der Türkei reduziert worden.[22]

Jenseits all dieser Rhetorik wurde die Türkei in den verworrenen Kriegshandlungen um die Kontrolle Syriens immer mehr zu einem Spieler unter anderen. Es würde zu weit gehen zu sagen, dass die Türkei im Krieg in Syrien ihre Seele verloren hat; ihr Ansehen in der Region hat sie jedoch nachhaltig beschädigt. Im Jahre 2010 hatte die Türkei bei Meinungsumfragen im Nahen Osten mit 85 Prozent so hohe Zustimmungswerte erreicht wie kein anderes Land; 2013 waren die Zustimmungswerte bereits auf 59 Prozent zurückgegangen, weniger als für die Vereinigten Arabischen Emirate (67 Prozent), China (64 Prozent) oder Saudi-Arabien (60 Prozent).[23]

Voraussetzung für eine Lösung des verwickelten Konfliktes in Syrien ist, dass für alle Konfliktparteien die Schmerzgrenze erreicht sein muss und zudem für keinen der Beteiligten die Aussicht bestehen darf, die Pattsituation gewinnbringend für sich durchbrechen zu können.[24] Angesichts der vielen Akteure im Syrienkrieg ist man auf der Suche nach historischen Vergleichen recht früh auf den Dreißigjährigen Krieg (1618–1648) gestoßen.[25] Vergleichbar sind zum Beispiel konfessionelle Frontlinien, die zugleich von der Unübersichtlichkeit der Interessen überlagert werden, die Vielzahl der externen Akteure, die ein Gebiet (Deutschland beziehungsweise Syrien) als Austragungsort ihrer Konflikte nutzen, und der sich aus sich selbst nährende Krieg.[26] Dass der Krieg in Syrien bald in einen neuen Westfälischen Frieden münden wird, bei dem es wie 1648 gelingen könnte, mehrere Konfliktlinien in einer Gesamtlösung aufzuheben, wäre zu hoffen, ist aber derzeit unwahrscheinlich.[27] Der Syrienkrieg bleibt eine offene Wunde und Bedrohung für die Türkei. Entscheidend für die Wende der Türkei hin zu einem autoritären Staat aber sind die innenpolitischen Entwicklungen in den frühen 2010er Jahren.

Proteste, Anschläge und der Bruch mit der Gülen-Bewegung

In der Nacht vom 27. auf den 28. Mai 2013 besetzten rund zwanzig Umweltaktivisten den Gezi-Park, eine Grünanlage von 38 000 Quadratmetern unmittelbar nördlich des Taksim-Platzes, um dort bevorstehende Bauarbeiten zu verhindern. Im südlichen Teil des Parks hatte ursprünglich eine Militärkaserne gestanden, die in den 1920er Jahren abgerissen wurde, um Platz für eine städtebaulich gewünschte Parkanlage zu schaffen. Die Stadtverwaltung von İstanbul wollte nun diesen Südteil des Gezi-Parks für eine Wiederbebauung nutzen. Dabei sollten die Gebäude eine den damaligen Kasernen nachempfundene Außenfassade tragen, im Inneren aber neben einer Moschee eine Shopping Mall beherbergen. Als die Polizei den passiven Widerstand der Aktivisten mit übermäßiger Gewalt beantwortete, entwickelte sich daraus spontan eine Protestbewegung, die von İstanbul aus auf das ganze Land übergriff. Die endgültige Räumung des Parks Mitte Juni konnte die Protestbewegung nicht brechen: In neunundsiebzig der einundachtzig Provinzen der Türkei kam es zu Protesten, an denen insgesamt wohl dreieinhalb Millionen Menschen teilnahmen. Im ersten Jahr nach den Protesten wurden mehr als fünftausendfünfhundert Personen wegen der Teilnahme an den Protesten angeklagt, während Übergriffe der Sicherheitskräfte so gut wie nicht geahndet und von der Regierung sogar gelobt wurden.[28] Die Proteste, genährt vom Unmut über die Profitorientierung privater und staatlicher Bautätigkeit, brachen die Mauern der Furcht, die in den Jahren zuvor bereits gewachsen waren. Im September 2013, am Ende der Proteste, die zum Teil von selbst abflauten, zum Teil der ständig wachsenden Gewalt der Sicherheitskräfte nicht mehr widerstehen konnten, waren elf Protestierende erblindet, fünf waren getötet und Tausende verletzt worden.[29] Bis heute stehen Tag und Nacht Sicherheitskräfte am Übergang von Taksim-Platz zum Gezi-Park, bereit, jeden Versuch eines erneuten Protestes im Keim zu ersticken.[30]

Im Sommer 2013 waren die Gezi-Park-Proteste mit einer fast weltweiten Aufbruchsstimmung verbunden. Sie schienen sich in einen

Ein Aktivist der Gezi-Park-Bewegung installiert einen solarbetriebenen Kocher, 5. Juni 2013. Der im Stadtzentrum von İstanbul gelegene Gezi-Park wurde zum Schauplatz einer Bewegung des zivilen Ungehorsams gegenüber der zunehmend autoritär auftretenden AKP-Regierung. Nach der gewaltsamen Räumung des Parks am 15. Juni trug der Impetus der Bewegung noch bis in den frühen Herbst.

globalen Aufstand gegen die neoliberale Wirtschaftsordnung einzureihen, der von Brasilien bis in die Türkei und von Tunesien über Griechenland und Grönland bis nach New York reichte.[31] Was blieb davon in der Türkei? Nach dem Sommer 2013 hatte sich das Land endgültig in zwei Lagern versammelt: diejenigen, die die Regierung mit ihrer harten Haltung gegenüber den Protesten sogar noch mehr für sich gewinnen konnte, und diejenigen, die der Regierung nunmehr als Feinde gelten.

Bei den Parlamentswahlen vom 7. Juni 2015 verfehlte die AKP mit 40,1 Prozent der Stimmen die absolute Mehrheit im Parlament. Nun schien es möglich, die AKP durch eine Koalition mit der Republikanischen Volkspartei (*Cumhuriyet Halk Partisi, CHP*) oder mit der Demokratischen Partei der Völker (*Halkların Demokratik Partisi, HDP*) zu zähmen. Jedoch wollte die regierende AKP unter der informellen Führung durch Staatspräsident Recep Tayyip Erdoğan – bis zur 2018 in Kraft getretenen Verfassungsänderung mussten Politiker beim Eintritt in das Amt des Staatspräsidenten ihre Parteizugehörigkeit aufgeben – das Wahlergebnis nicht hinnehmen. Der Sommer 2015 war geprägt von einer neuen Verhärtung gegenüber der kurdischen Bewegung, von Terroranschlägen mit unbekannter Täterschaft und von einer jähen Abkühlung des politischen Klimas. Beim schwersten Terroranschlag in der Geschichte der Türkei starben am 10. Oktober 2015 in Ankara einhundertzwei Menschen. In den erneut angesetzten Parlamentswahlen am 1. November 2015 konnte die AKP das sehr hohe Ergebnis von 49,5 Prozent erreichen – «ein Lohn der Angst».[32]

Für die Machtverhältnisse innerhalb des regierenden Lagers war wiederum der Bruch mit der Gülen-Bewegung von großer Bedeutung. Zwischen der AKP-Regierung und der Gülen-Bewegung hatte es schon länger politische Meinungsverschiedenheiten gegeben, ohne dass dies aber zu einer endgültigen Entzweiung führte: So wollte die Gülen-Bewegung einen Bruch mit Israel vermeiden, wie ihn die türkische Regierung nach der Kaperung des Schiffes *Mavi Marmara* durch das israelische Militär im Mai 2010 einleitete, war aber dafür in der kurdischen Frage unversöhnlich. Im Februar 2012 drohten einige der Gülen-Bewegung nahestehende Staatsanwälte Hakan Fidan (geb. 1968), dem Leiter des Geheimdienstes MİT, mit Strafe, weil er im Auftrag der Regierung geheime Verhandlungen mit der aus der PKK hervorgegangenen Dachorganisation «Union der Gemeinschaften Kurdistans» (*Koma Civakên Kurdistan, KCK*) geführt hatte. Entscheidend waren aber nicht unterschiedliche politische oder gar ideologische Positionen, sondern dass es zu einem offenen Machtkampf zwischen den beiden ehemaligen Verbündeten kam. Nachdem mit Beginn der 2010er Jahre alle anderen Gegner ausgeschaltet waren, stellte sich die Frage, welche der beiden Hauptströmungen islamistischer Mobilisierung sich durchsetzen konnte – die eines parteipolitischen Ringens um die Macht wie bei der AKP oder die der Infiltrierung der staatlichen Institutionen mit eigenem Personal wie bei der Gülen-Bewegung. Ende 2013 sickerten Pläne in die

Öffentlichkeit, dass die von der Gülen-Bewegung geführten und den regulären Schulunterricht ergänzenden Privatschulen (*dershane*) geschlossen werden sollten – hier rekrutierte die Gülen-Bewegung unter anderem ihren Nachwuchs. Offensichtlich war dies ein gezieltes Manöver, um die Gülen-Bewegung zu einem offenen Schlagabtausch zu bewegen. Darauf ließ sich die Gülen-Bewegung ein, als im Dezember 2013 Staatsanwälte neunzig Personen, darunter Söhne von Ministern, wegen Korruption verhaften ließen. Die AKP-Regierung gewann jedoch rasch die Oberhand, indem sie die ermittelnden Staatsanwälte aus dem Verkehr zog und gegenüber der Öffentlichkeit die Korruptionsvorwürfe als eine aus dem Ausland gesteuerte Verschwörung abtat. Im Dezember 2014 erging ein Haftbefehl gegen Fethullah Gülen wegen der Gründung eines «Parallelstaates» (*paralel devlet yapı*). Ab Dezember 2015 wurde die Gülen-Bewegung bei Ermittlungen als «Terrororganisation der Parteigänger des Fethullah (Gülen)» (*Fethullahçı Terör Örgütü, FETÖ*) bezeichnet.[33] In der Mitte der 2010er Jahre stand der AKP-Regierung kein ernsthafter Gegner mehr gegenüber – und dennoch kam es zu einer letzten großen Herausforderung, dem Putschversuch im Juli 2016.

Der gescheiterte Putschversuch vom Juli 2016

Am späten Abend des 15. Juli 2016 begann das Militär wichtige Punkte in den Städten zu besetzen. Die meisten Menschen dachten anfangs an Vorsichtsmaßnahmen wegen eines drohenden Terroranschlags. Der kreischende Lärm von Kampfflugzeugen in der Dunkelheit und Schusswechsel rund um Regierungsgebäude in Ankara aber zeigten bald, dass es sich um einen Putschversuch handelte. Um 23 Uhr bestätigte Ministerpräsident Binali Yıldırım den Medien den Sachverhalt; kurz nach Mitternacht meldete sich Staatspräsident Recep Tayyip Erdoğan bei CNN Türk. Schon zu diesem Zeitpunkt war der Putschversuch gescheitert. Ein wohlüberlegter Putsch hätte nicht in den späten Abendstunden eines Freitags durchgeführt wer-

Ankara in den frühen Morgenstunden des 16. Juli 2016. Tausende von Menschen gingen auf die Straße, um sich den überall in den Städten positionierten militärischen Einheiten entgegenzustellen. In der Putschnacht vom 15. auf den 16. Juli wurden 240 Putschgegner getötet und 2195 verletzt.

den dürfen, wenn der Verkehr noch die Straßen der Großstädte verstopfte, und er hätte niemals auf den vielfachen Widerstand innerhalb des Militärs und der Sicherheitsdienste stoßen dürfen.[34] Eine der unmittelbaren Voraussetzungen für den Erfolg des Putsches wäre gewesen, Staatspräsident Recep Tayyip Erdoğan und andere führende Politiker der Regierungspartei festzusetzen. Zudem gab es auf der einen Seite das von einer Nachrichtensprecherin verlesene und nur über den staatlichen Rundfunk- und Fernsehsender TRT gesendete Communiqué der Putschisten, die sich – in Anlehnung an Atatürks berühmten Ausspruch «Frieden in der Heimat, Frieden in der Welt» (*Yurtta Sulh, Cihanda Sulh*) – «Rat des Friedens in der Heimat» (*Yurtta Sulh Konseyi*) nannten; auf der anderen dagegen die Aufforderung des Staatspräsidenten und der Ruf von den Minaretten aller fast neunzigtausend Moscheen, auf die Straßen zu strömen und sich den Putschisten entgegenzustellen. Mit dem Ende der Nacht und der Kapitulation der Putschisten waren 36 Beteiligte des

Putschversuchs und 240 seiner Gegner getötet sowie 2195 Putschgegner und 49 Putschbeteiligte verletzt worden.[35]

Da die türkische Regierung in den Monaten nach dem Putschversuch wenig zu einer überzeugenden Aufklärung beigetragen hat, liegen vermutlich die wahren Umstände irgendwo zwischen zwei – gleichermaßen unwahrscheinlichen – Polen der Interpretation: Die Deutung der Regierung lautet, der von der Gülen-Bewegung verantwortete Putschversuch sei eine vollständige Überraschung gewesen, dessen man sich nur dank des Heroismus der Staatsführung und des Volkes habe erwehren können.[36] Dem steht die Vermutung gegenüber, der Putsch sei von der Staatsführung inszeniert worden, um sich Legitimität für die endgültige Zerschlagung ihrer Gegner zu sichern.[37] Sehr viel spricht dafür, dass die Gülen-Bewegung in den Putschversuch verwickelt oder dafür verantwortlich war. Manches deutet daraufhin, dass die Regierung von den Putschplänen rechtzeitig erfuhr und genügend Zeit hatte, um sich darauf einzustellen.

Der gescheiterte Putschversuch ist historisch außerordentlich in der Weise, dass das früher so übermächtige türkische Militär am Widerstand der Regierung und des Volkes scheiterte. Gescheitert war das Militär aber bereits durch seine Schwächung als eigenständiger politischer Akteur in den Jahren zuvor. Die Gliedmaßen des Militärs waren schon amputiert, aber die alten Reflexe machten es glauben, es könne noch einmal zuschlagen. Nach dem gescheiterten Putschversuch vom Juli 2016 hat das Militär seine frühere Rolle als politischer Wächter der Nation endgültig verloren.

Eine Wegscheide stellt die Entscheidung der AKP-Regierung dar, den ungeheuren Legitimitätsgewinn, den ihr der abgewehrte Putschversuch bescherte, *nicht* als Gelegenheit für eine nationale Versöhnung (bei Bestrafung des engeren Kreises der Drahtzieher) zu nutzen. Vielmehr wählte die AKP-Regierung den Weg der Jagd auf alle, die die politischen Ziele der AKP grundsätzlich nicht teilen wollen, und erhärtete damit die Mutmaßung, dass der Putschversuch in ihr politisches Kalkül passte. Manche Maßnahmen entsprachen dem berechtigten Ziel, die Kontrolle der Regierung über das Militär endgültig zu sichern: Die bestehenden Militärschulen wurden aufgelöst und eine Nationale Verteidigungsuniversität eingerichtet. Bereits im Oktober 2016 war rund ein Drittel des gesamten militärischen Personals entlassen worden. Die Zahl der aktiven Soldaten sank von 518 166 auf 355 212. Der Anteil der Zivilisten im «Hohen Militärrat» (*Yüksek Askeri Şura*), der über alle wichtigen Beförderungen beziehungsweise Pensionierungen im Militär entscheidet, wurde auf zehn erhöht, während die Zahl der militärischen Mitglieder auf vier fiel.[38]

Wenn man der These folgen will, dass die Gülen-Bewegung hinter dem Putschversuch stand, dann war die Zerschlagung ihres gesamten Netzwerkes in der Türkei verständlich.[39] Die übermäßig harten Vergeltungsmaßnahmen jedoch, die der Staat in den Wochen und Monaten nach dem gescheiterten Putsch unternahm, legen es nahe, von einem staatlichen «Konter-Putsch» zu sprechen. So hatten liberale Intellektuelle nachweislich kein Interesse und keinen Anteil an dem Putschversuch. Ihnen daher nachträglich Sympathien für oder gar Mittäterschaft beim Putsch zugunsten der Gülen-Bewegung zu unterstellen, war nichts anderes als das rücksichtslose Ausschöpfen des großen Manövrierraums, den der gescheiterte Putschversuch der Regierung zur Verfügung stellte. Im Rahmen des am 20. Juli 2016 verhängten und bis zum 18. Juli 2018 immer wieder verlängerten Ausnahmezustands kam es zu Tausenden von Entlassungen aus dem Staatsdienst ohne ordentliche Untersuchung, zur Beschlagnahmung von Eigentum ohne gerichtliches Verfahren, zu tausendfachen Haftaufenthalten ohne Kontaktmöglichkeit und Polizeigewahrsam bis zu dreißig Tagen ohne richterliche Anhörung. In den zwei Jahren des Ausnahmezustands erließ die Regierung zweiunddreißig Rechtsverordnungen mit Gesetzeskraft (*kanun hükmünde kararname*) und umging somit das Parlament als eigentliche Institution der Gesetzgebung. Ein weiter Personenkreis wurde mit Ausreise- und Anstellungsverboten belegt. Von den knapp vier Millionen Beamten in der Türkei vor dem Putschversuch war bis zum Sommer 2018 ungefähr jeder fünfundzwanzigste wegen angeblicher Verwicklungen in den Putschversuch entlassen worden.[40] Die Maßnahmen mögen vielleicht nicht härter und umfassender gewesen sein als nach dem

Putsch von 1980; auf jeden Fall dauerten sie länger an und waren weniger berechenbar.

Mit großem Aufwand hat die AKP-Regierung den Putschversuch von 2016 als neuen nationalen Mythos zu verankern versucht. Die südlichste und älteste der drei Bosporus-Brücken in İstanbul wurde in die «Brücke der Märtyrer des 15. Juli» (*15 Temmuz Şehitler Köprüsü*), der zentrale «Platz des Roten Halbmonds» (*Kızılay Meydanı*) in Ankara in «Roter Halbmond-Platz des Nationalen Willens vom 15. Juli» (*15 Temmuz Kızılay Milli İrade Meydanı*) umbenannt. Anlässlich des ersten Jahrestages des gescheiterten Putsches im Juli 2017 wurden in den Straßen der Türkei heroisierende Gemälde gezeigt, die in genau denselben Sepiatönen gehalten waren, wie man sie von den ikonographischen Darstellungen des türkischen Unabhängigkeitskriegs kennt (siehe Abb. S. 103). Riesige Plakatwände erklärten feierlich: «Wir haben es nicht vergessen – wir werden es nicht vergessen – wir werden nicht zulassen, dass es vergessen wird» (*Unutmadık – unutmayacağız – unutturmayacağız*).

Präsidiale Republik seit 2018

Das mit einer Mehrheit von 51,41 Prozent angenommene Verfassungsreferendum vom 16. April 2017 legte die Grundlagen für ein neues politisches System, das mit den Parlaments- und Präsidentschaftswahlen vom 24. Juni 2018 umgesetzt wurde. Die Begründung für den Übergang zu einem Präsidialregime war, dass die Verfassung von 1982 reformbedürftig sei und grundsätzlich überholt werden müsse.[41] Die dem Volk zur Abstimmung vorgelegten Änderungen beschränkten sich jedoch weitgehend darauf, dem Präsidenten möglichst viel und dem Parlament möglichst wenig Macht zuzugestehen.

Das Kabinett wird seit 2018 direkt vom Präsidenten ernannt, ohne Zustimmung des Parlaments; das bisher so zentrale Amt des Ministerpräsidenten besteht nicht mehr, seine Verfügungsrechte wurden dem Präsidentenamt zugeschlagen; der Präsident kann jederzeit das Parlament auflösen; bei Neuwahlen muss sich allerdings auch der

Präsident neu zur Wahl stellen. Das Parlament braucht für seinen selbstbestimmten Entschluss zur Auflösung eine Mehrheit von drei Fünfteln der Abgeordnetenstimmen. Die Aufsichtsrechte des Parlaments gegenüber der Arbeit der Minister sind eingeschränkt: Nur eine absolute Mehrheit kann eine Untersuchung *beantragen*, und nur eine Zwei-Drittel-Mehrheit kann eine Untersuchung *anordnen*.[42]

So wie man immer wieder auf die verhängnisvollen Seiten des Kemalismus verwiesen hat, wird in Zukunft von den Folgekosten des «Tayyipismus» (*Tayyipçilik* – eine ironische Analogie zum «Kemalismus», der sich vom zweiten Vornamen Atatürks ableitet), der von Recep Tayyip Erdoğan installierten präsidialen Republik mit autoritären Zügen, zu sprechen sein. Die Parallelen des Tayyipismus der 2010er Jahre zum «Khomeinismus» im Iran der 1980er Jahre springen, bei allen Unterschieden im Detail, ins Auge: die Betonung des Nationalstaats und seiner Grenzen; der ausgeprägte islamistische Modernismus; die Fokussierung auf sozialpolitische Fragen, aber ohne jemals das Prinzip des privaten Eigentums (vor allem für die eigene Klientel) in Frage zu stellen; die Rhetorik sich ausschließender Gegensätze; die Warnung vor der Bedrohung durch Imperialisten und Zionisten; die Ähnlichkeiten zur Tradition des Populismus in den lateinamerikanischen Staaten.[43]

Die autoritäre Wende hat die türkische Gesellschaft noch mehr in zwei verfeindete Lager zerrissen und zudem dazu geführt, dass viel finanzielles und intellektuelles Kapital die Türkei seit 2015 verlassen und die türkische Wirtschaft ihre frühere Leistungsfähigkeit verloren hat. Das türkische politische System war mit der alles überragenden Rolle von Recep Tayyip Erdoğan schon seit mehreren Jahren ein Flaschenhals – nun ist es dies mit den 2018 umgesetzten Verfassungsänderungen auch offiziell geworden: Alles muss über den Präsidentenpalast laufen, jede Entscheidung von einer gewissen Tragweite dem Staatspräsidenten vorgelegt und von diesem genehmigt werden.

Die politische Konkurrenz wird mit den Mitteln des Rechtsstaates, der schon längst keiner mehr ist, ausgeschaltet. Der Aufstieg der Demokratischen Partei der Völker (*Halkların Demokratik Partisi*,

HDP) und ihre Erfolge bei den Parlamentswahlen von 2015 haben das seit 2002 starre Parteiensystem, mit der AKP als Regierungspartei und der Republikanischen Volkspartei CHP und der Nationalistischen Bewegungspartei MHP als Oppositionsparteien, gesprengt. Der HDP gelang es durch ihre Öffnung und Positionierung als linksliberale Partei, neue Wählerschichten jenseits von national gestimmten Kurden für sich zu gewinnen. In den Parlamentswahlen vom 7. Juni 2015 übersprang die HDP erstmals mit 13,1 Prozent die Zehnprozenthürde; bei der erneuten Parlamentswahl am 1. November 2015 und der derzeit letzten Parlamentswahl am 24. Juni 2018 gelang ihr dies ebenfalls (mit 10,8 Prozent beziehungsweise 11,7 Prozent). Die führenden Politiker der HDP, Figen Yüksekdağ (geb. 1971) und Selahattin Demirtaş (geb. 1973), verloren jedoch nach Aufhebung ihrer parlamentarischen Immunität im Jahr 2016 und unter der Anklage der «Terrorpropaganda» ihr Abgeordnetenmandat und sind seitdem in Haft. Der Druck des Staates auf die HDP und ihre Vertreter, auch auf die der HDP angehörenden Bürgermeister in Südostanatolien, hält unvermindert an.[44]

Neben den immer deutlicher sich zeigenden Autoritarismus tritt eine Islamisierung des Bildungswesens und des Alltags. Im Schulalltag werden zunehmend islamische Feiertage beachtet und republikanische beiseitegeschoben. Im Herbst 2016 glich die Türkei ihre Zeitzone der der Golfstaaten an, so dass während des Winters die Zeitverschiebung gegenüber der mitteleuropäischen Zeitzone zwei Stunden beträgt. Die Umstellung erfolgte sicher nicht zufällig am 29. Oktober, dem Jahrestag der Gründung der Republik.[45]

2. Die alte Türkei und die neue Türkei

Die AKP-Regierung spricht oft von einer «Neuen Türkei» (*Yeni Türkiye*), die in den letzten Jahren geschaffen worden sei. Und in der Tat ist mit der Zerschlagung der letzten Reste des kemalistischen Komplexes, dem Sieg über die ehemaligen Verbündeten der Gülen-Bewegung und dem Übergang zu einem präsidentiellen System eine andere Republik entstanden. Aber es geht nicht nur um den Abschied vom Alten, sondern in das angeblich Neue mischt sich sehr viel uns aus der Geschichte der Republik bereits Bekanntes.

Der Untergang des Kemalismus

In die Entwicklung und Ausformulierung der kommunistischen Ideologie legten eineinhalb Jahrhunderte lang viele der begabtesten Denker all ihre Kraft und Energie. Dennoch zerfielen die kommunistischen Regime Osteuropas ab 1989 überraschend schnell. Der Kommunismus als angestrebte Ordnungsform der Gesellschaft mag tot sein, die Instrumente einer marxistischen Analyse der kapitalistischen Wirtschaftsordnung sind es nicht. Für den Kemalismus mit seinem sehr viel geringeren spezifischen ideologischen Gewicht wird es jedoch keine Wiedererweckung geben. Was von ihm bleibt, sind seine Wirkungen in den Tiefenstrukturen der türkischen Gesellschaft. Seiner unablässigen und oft aufdringlichen Vermittlung in den Schulen, im Militär und in der Öffentlichkeit konnte sich bis ins einundzwanzigste Jahrhundert hinein niemand in der Türkei entziehen. Wenn man unter dem Kern des ansonsten sehr diffusen Kemalismus die Vorstellung eines starken Staates, unverbrüchlicher staatlicher Einheit und einer offensiv vorgetragenen Moderne sowie eine nachdrückliche Forderung nach Assimilierung an die Mehrheitskultur (ergänzt durch eine deutlich kleinere Komponente eines staatsbürgerlichen Voluntarismus) versteht, dann sind eigentlich fast alle in der Türkei Kemalisten, ob nun Rechtskemalisten, Linkskemalisten, «Islamokemalisten»[46] – oder «Kemalokemalisten», wenn man für die mittlerweile klein gewordene, aber zähe Spezies der ungebrochen überzeugten Kemalisten eine eigene Bezeichnung finden wollte.

Die Partei, die seit Jahrzehnten für das Erbe des Kemalismus steht, ist die von Atatürk selbst begründete Republikanische Volkspartei CHP. Ihr größter Erfolg in den letzten Jahren war, dass sie bei den Kommunalwahlen vom 31. März 2019 wieder das Amt des Oberbürgermeisters von İstanbul erringen konnte, das 1994 an die damalige Wohlfahrtspartei (*Refah Partisi, RP*) mit ihrem Kandidaten Recep Tayyip Erdoğan gefallen war. Während Erdoğans Präsidialregierung den Verlust von Ankara hinnahm und das seit Jahrzehnten CHP-freundliche İzmir als hoffnungslosen Fall abtun konnte, wollte sie den Verlust von İstanbul nicht akzeptieren und erzwang über den «Hohen Wahlrat» (*Yüksek Seçim Kurulu*) eine Wiederholung der Wahl für den 23. Juni 2019. Ihr Kalkül ging nicht auf. Hatte der Kandidat der CHP, Ekrem İmamoğlu (geb. 1970), am 31. März nur mit einem hauchdünnen Abstand von weniger als fünfzehntausend Stimmen gewonnen, so baute er seinen Vorsprung am 23. Juni 2019 mit 54,21 Prozent auf achthunderttausend Stimmen aus. Der dem konservativen Flügel der CHP angehörende Ekrem İmamoğlu war mit der inhaltlich vollkommen entkernten Losung «Alles wird sehr schön werden» (*Her şey çok güzel olacak*) erfolgreich in den Wahlkampf gezogen. Die CHP darf das kemalistische Erbe, dem sie sich nach wie vor verbunden fühlt, nur noch sehr indirekt ansprechen, wenn sie bei Wahlen erfolgreich sein will. Aus eigener Kraft zu gewinnen, ist ihr nicht mehr möglich. In İstanbul gelang ihr dies wohl nur, weil İmamoğlu die Unterstützung eigentlich aller Parteien jenseits des Bündnisses der AKP mit der MHP hatte: von der kurdennahen HDP bis hin zur nationalistischen und rechtslastigen «Guten Partei» (*İyi Parti*) unter Meral Akşener (geb. 1956).

Die Stärken des Kemalismus waren zugleich seine Schwächen: So war von Anfang an das bestimmende Element des Kemalismus der Nationalismus. Nationalismus ist aber ein höchst anspruchsloses und anpassungsfähiges Gewächs, das auf nahezu jedem ideologischen Boden gedeihen kann. Da eigentlich alle Parteien in der Türkei, die sich an die türkisch-sunnitische Mehrheitsbevölkerung wenden, nationalistisch waren und sind, blieb dem Kemalismus nicht mehr sehr viel, sobald man ihm das Alleinverwaltungsrecht über Nation und Staat aus den Händen gewunden hatte. Der türkische Gründungsmythos, so wichtig für das nationale Selbstbewusstsein, ist keineswegs originell; man blicke nur auf die Ähnlichkeiten zum Gründungsmythos des sozialistischen Jugoslawien, nämlich «die Erklärung des nationalen Ursprungs (hier aus dem Zweiten Weltkrieg), die Gestalt des Gründungsvaters (Tito) und das Motiv des Märtyrertums (Befreiungskampf) sowie, als höchstes Faszinosum, die wundersame Errettung aus höchster Not (z. B. Schlacht an der Neretva)».[47] Im türkischen Falle sind dies – in erstaunlicher Parallelität – der Erste Weltkrieg und der Unabhängigkeitskrieg (1919–1922), der Gründer der Republik Mustafa Kemal Atatürk und die nur knapp gewonnenen Abwehrschlachten gegen das griechische Vordringen in den Jahren 1920 und 1921.

Mit dem Untergang des Kemalismus ist auch der «Post-Kemalismus», die klassische linksliberale Kritik am Kemalismus, nicht mehr überlebensfähig. Seit Beginn der 1980er Jahre unterlagen in der Türkei «nahezu alle nach internationalen Standards arbeitenden und publizierenden Sozial- und Geisteswissenschaftler dem Paradigma des Post-Kemalismus»,[48] der in einer fundamentalen Kritik am Projekt einer kemalistischen Moderne seine Hauptaufgabe sah, verknüpft mit dem Wunsch, sich an die globale Postmoderne und den Postkolonialismus anschlussfähig zu zeigen. So entstand, bis sich mit den Gezi-Park-Protesten wieder die Wege trennten, eine Art Zweckgemeinschaft und Deutungskoalition zwischen dem islamistischen und dem linksliberalen Lager. Ein Argument, in dem sich das konservativ-islamistische Milieu und die linksliberalen Kritiker des Kemalismus zusammenfanden, war die Unterscheidung zwischen «Weißen Türken» (*Beyaz Türkler*) und «Schwarzen Türken» (*Kara Türkler*):

Die «Weißen Türken» sind demnach die urbane Oberschicht, zum Teil mit langen Linien bis hinein in die Eliten der spätosmanischen Zeit; die «Schwarzen Türken» dagegen die einfache anatolische Landbevölkerung, die später als Migranten in die Städte kam. Durch die gesamte Republikgeschichte hindurch seien die Schwarzen Türken von den Weißen an den Rand gedrängt und verächtlich behandelt worden. Die Postkemalisten waren zwar in sich sehr unterschiedlich, aber sie einte die Auffassung, dass die Marginalisierung der Kurden und des konservativen anatolischen Milieus wiedergutgemacht werden solle. Im ersten Fall kam man nicht besonders weit; im zweiten Fall ist das Soll wohl übererfüllt worden.

Türkische Intellektuelle neigen in ihrer Enttäuschung über die falschen Verheißungen eines islamischen Konservativismus möglicherweise dazu, die Einschätzungen früherer Jahre zwanghaft zu wiederholen. In der neuen politischen Unbehaustheit (für viele ist die Türkei ein schwieriger Ort geworden, intellektuell wie physisch) sucht man sich zumindest noch auf die Weise Heimatgefühle zu verschaffen, dass man reflexhaft die Verantwortlichkeit für die Fehlentwicklungen dem Hauptträger des kemalistischen Komplexes, nämlich dem Militär, zuweist. In diesem Sinne wird der Militärputsch von 1980 zu einer Art zweitem Grundübel der Türkischen Republik – neben der Verfälschung der ursprünglich hehren Ziele der jungen Republik mit der Wende zum Autoritarismus 1925 und vor allem dann während der Alleinherrschaft von İsmet İnönü nach dem Tod Atatürks 1938.

Während sich ein paternalistischer Blick auf die Türkei von selbst verbietet, sind in Zukunft auch die Deutungsmuster eines inversen Paternalismus zu vermeiden, wie sie bei aus- und inländischen Beobachtern häufig zu finden sind. Inverser Paternalismus blickt nicht überheblich auf die Türkei, aber der übertriebene Anspruch, die Menschen der Türkei als Opfer fremder Fehlleistungen oder gar Machenschaften zu sehen, kann in Deutungssackgassen münden. Um nur ein Beispiel zu geben: Türkische Linksliberale erlagen oft der Versuchung – in eigentlich emanzipatorischer Absicht –, einen unmäßig großen Einfluss ausländischer Kräfte zu vermuten. Auf diese Weise gerät die türkische Politik zu einem willenlosen Gegenstand übergeordneter Interessen und Mächte, so als würden die Meinungen und Haltungen der Menschen in diesem Land nur wenig bedeuten. Es gilt aber: Trotz aller Abhängigkeiten und trotz aller Einflussnahmen hat die Republik Türkei in den ersten einhundert Jahren den Kurs ihrer Politik weitgehend selbst bestimmt – im Guten wie im Schlechten. Auch in autoritären Systemen, wie die Türkei es seit den 2010er Jahren ist, wird Herrschaft von der Bevölkerung nicht nur ertragen, sondern mit geschaffen.[49]

Zum Untergang des Kemalismus hat der Umstand beigetragen, dass seine Waffen über die Zeit hinweg immer stumpfer wurden: Jahrzehntelang manipulierte die kemalistische Elite die Menschen mit dem Vorwurf des Missbrauchs der Religion. Schon die erste Oppositionspartei, die Fortschrittsliebende Republikanische Partei (*Terakkiperver Cumhuriyet Fırkası*), wurde 1925 mit Hinweis auf einen angeblichen Missbrauch der Religion verboten. Dieser Vorwurf schien ein zuverlässiges Instrument beim Kampf gegen das rechtskonservative und islamistische Lager zu sein, bis keiner mehr von dieser angeblichen Gefahr hören mochte.

Betrachten wir beispielhaft das Präsidium für Religionsangelegenheiten (*Diyanet İşleri Başkanlığı*), eine Behörde mit heute rund einhundertzwanzigtausend Beschäftigten: Ein neues Organisationsgesetz, Gesetz Nr. 6002, aus dem Jahr 2010 hat den Aufgabenbereich der Behörde erweitert und sie in der institutionellen Hierarchie auf das eines Unterstaatssekretariats gehoben. 2012 wurde der Präsident des *Diyanet* im Staatsprotokoll vom einundfünfzigsten Rang auf Rang zehn hochgestuft. Seit dem Jahr 2014 ist die *Diyanet*-Behörde nicht mehr dem stellvertretenden Ministerpräsidenten, sondern direkt dem Ministerpräsidenten unterstellt (beziehungsweise seit 2018 direkt dem Staatspräsidenten). Zwischen 2002 und 2016 wuchs das Personal der *Diyanet*-Behörde um 52 Prozent, während die Zahl der Moscheen im selben Zeitraum nur um 15 Prozent auf 87 381 wuchs und die Bevölkerung um 21 Prozent. Seit 2017 können die der *Diyanet*-Behörde unterstellten Imame religiöse und zivile Trauung in einem vollziehen; die standesamtliche Heirat als Verpflichtung entfällt. Es könnte also scheinen, als sei die *Diyanet*-

Behörde bis zur Übernahme der Macht durch die AKP im Jahre 2002 vom Staat stiefmütterlich behandelt worden und erst danach aufgeblüht. So erreichte in der Tat der Anteil der *Diyanet* am Staatsbudget in der Mitte der 1940er Jahre mit unter 0,2 Prozent seinen Tiefpunkt, bis Mitte der 2010er Jahre war er auf 1,2 Prozent gestiegen. Zudem wandte sich die *Diyanet*-Behörde in den 1930er Jahren gegen die Einführung des türkischen Gebetsrufes und setzte sich ab den 1980er Jahren dafür ein, dass das Kopftuch auch in staatlichen Einrichtungen wie den Universitäten getragen werden könne, stellte sich also mitunter gegen den Willen der Staatseliten.

Dieser erste Eindruck trägt aber nicht: Seit den 1950er Jahren erfuhr die *Diyanet*-Behörde einen institutionellen Ausbau. Gesetz Nummer 633 vom 11. Juni 1965, das den gesetzlichen Auftrag der *Diyanet*-Behörde ausführlich regelte, betonte deren Monopolstellung bei der Beschäftigung der islamischen Geistlichkeit; Abschlüsse konnten von nun an nur an Ausbildungsinstitutionen, die unter der Kontrolle der *Diyanet* stehen, erworben werden, wie den *İmam-Hatip*-Schulen und den Theologischen Fakultäten. Zugleich sind immer wieder starke Sprünge im Budget festzustellen, nicht nur im Jahr 1951 um 172 Prozent, kurz nach der Regierungsübernahme durch die Demokratische Partei (*Demokrat Parti, DP*), sondern bereits 1946 mit einer Zunahme um 107 Prozent.[50]

Die AKP und Erdoğan sehen sich als Anti-Kemalisten, aber eben nur dann, wenn man darunter das Establishment versteht, das bis in die 2000er Jahre hinein die Türkei dominierte. Mit den Sechs Pfeilen, also den schwammigen Prinzipien des Kemalismus, kann die AKP gut leben. So wurde der Laizismus von den Kemalisten immer so verstanden, dass die Religion unter der Kontrolle des Staates stehen muss. Die riesige staatliche Behörde *Diyanet* ernennt Imame, legt die Inhalte der Lehrbücher für den Religionsunterricht fest und verfasst die Texte für die Freitagspredigten. Gerne übernimmt die AKP dieses Erbe eines kemalistischen Laizismus. Revolutionismus, ein anderes der sechs Prinzipien, ist zu verstehen als die tiefgreifende Umgestaltung der Gesellschaft, wie sie von der Staatsführung als richtig – mitunter durchaus gegen den Willen von Teilen der Bevölkerung – gesehen wird. Was wäre an diesem Prinzip noch verbesserungswürdig? Der Kemalismus ist nicht abzuschaffen, er musste nur – in den Augen der AKP – vom Kopf auf die Füße gestellt werden.

Die AKP unter der Führung von Recep Tayyip Erdoğan kann glaubhaft versichern, dass sie der legitime Vertreter aller Strömungen des Konservativismus und des Islamismus sei. Sie kann zudem, mit Glaubwürdigkeit zumindest für ihre eigene Anhängerschaft, ernsthaft behaupten, dass sie all das vertrete, was der Kemalismus an positiven Eigenschaften aufzubieten habe, ohne von seinen Nachteilen belastet zu sein. Dass die Angriffe der AKP auf die Anderen Wirkung zeigten, aber die Angriffe der Anderen auf sie selbst wirkungslos blieben, zeigt ihre ausnahmslos günstige strategische Stellung in der türkischen Politik seit der Jahrtausendwende. Zugleich leitet die AKP-Elite aus den von ihr immer wieder gewonnenen Wahlen und aus ihrem selbstgesetzten Auftrag zu einer Richtigstellung der teils irregehenden kemalistischen Reformen die Berechtigung ab, das Land gemäß einer höheren Erkenntnis zu leiten. Demnach erscheint eine autoritäre Regierungsform in historischer Perspektive als angemessen, ja unverzichtbar. Ist also der seit 2002 regierenden AKP in Gestalt ihrer Führungsfigur von Recep Tayyip Erdoğan die ideale Verbindung aus Populismus und Autoritarismus gelungen?

Der neue Atatürk: Recep Tayyip Erdoğan

In der Türkei heute dreht sich alles um die Person Recep Tayyip Erdoğan. Das türkische Staatspräsidentenamt war vor seiner tiefgreifenden Aufwertung zwar mächtiger gewesen als etwa das des deutschen Bundespräsidenten, aber von einem Präsidialsystem französischer Prägung weit entfernt. Mit dem am 16. April 2017 mit nur knapper Mehrheit angenommenen Verfassungsreferendum ist das Amt des türkischen Staatspräsidenten übermächtig geworden. Das gesamte politische System der Türkei hat sich damit auf die Person Erdoğan hin verdichtet.

Die Grundlagen des Erfolgs von Recep Tayyip Erdoğan finden sich in seinen Niederlagen. Erdoğan, seit 1994 Oberbürgermeister von İstanbul, trug am 12. Dezember 1997 im südostanatolischen Siirt ein Gedicht vor: «Die Minarette sind unsere Bajonette, die Kuppeln unsere Helme, die Moscheen unsere Kasernen und die Gläubigen unsere Soldaten. Allah ist groß, Allah ist groß.»[51] Das Gedicht war zwar in einer Liste von Lektüreempfehlungen des Erziehungsministeriums für die Grundschulen enthalten, dennoch wurde Erdoğan am 21. April 1998 vom «Staatssicherheitsgericht» (*Devlet Güvenlik Mahkemesi*) unter Berufung auf Artikel 312 des Strafgesetzbuches wegen der «offenen Aufstachelung zu Hass und Feindschaft» zu zehn Monaten Gefängnis verurteilt. Erfolglos legte er Berufung ein und trat am 26. März 1999 seine Haft an, um bereits am 24. Juli 1999 wieder entlassen zu werden. In diesen vier Monaten im Gefängnis erhielt Erdoğan siebentausendfünfhundert Briefe, die er angeblich alle beantwortete.[52] Zusammen mit der Verurteilung von 1998 hatte er ein fünfjähriges Verbot erhalten, in der Politik aktiv zu sein. Kaum war dieses ausgelaufen, wurde Erdoğan am 9. März 2003 bei Nachwahlen als Abgeordneter für eben die Stadt Siirt, wo er das Gedicht vorgetragen hatte, ins Parlament gewählt – und bereits fünf Tage später, am 14. März 2003, von der Nationalversammlung zum neunundfünfzigsten Ministerpräsidenten der Türkei ernannt. In diesem Amt blieb er bis zum Jahr 2014. Seit dem 28. August 2014 ist Recep Tayyip Erdoğan der zwölfte Staatspräsident der Republik. Mit der Einführung des Präsidialsystems im Jahr 2018 ist für ihn die Uhr auf Null zurückgestellt worden.

Neben Erdoğan blieb das politische Personal der 2000er und 2010er Jahre überschaubar und geriet schließlich zur Staffage. Abdullah Gül wurde, als er Erdoğan im März 2003 das Amt des Ministerpräsidenten überließ, zunächst Außenminister. Als sich die Amtszeit des Staatspräsidenten Ahmed Necdet Sezer dem Ende zuneigte, wurde Abdullah Gül zum Staatspräsidenten (im Amt 2007–2014) gewählt, um danach, bei Erdoğan in Ungnade gefallen, in der Versenkung zu verschwinden. Die Nachfolger Erdoğans als Ministerpräsidenten waren Ahmet Davutoğlu in den Jahren 2014–2016 und anschließend Binali Yıldırım (geb. 1955) bis zur Aufhebung dieses Amtes im Jahr 2018.

Zum Nimbus Erdoğans gehört seine Geschichte von Migration, schwieriger wirtschaftlicher Lage und An-den-Rand-Gedrängtsein in Kindheit und Jugend. 1954 wurde er im İstanbuler Stadtviertel Kasımpaşa als Sohn eines aus der Schwarzmeerregion zugezogenen Migranten geboren. Kasımpaşa liegt am westlichen Ufer des Goldenen Horns, das in spätosmanischer Zeit von Werften und Industrialisierung geprägt war. Mit dem sprunghaften Wachstum İstanbuls in der zweiten Hälfte des zwanzigsten Jahrhunderts verlor das Viertel seine Funktion als Industriegebiet und wurde zu einem Ankunftsort für arme Migranten aus Anatolien. Erdoğan vertritt seinen biographischen Hintergrund offensiv: Er hat immer seine Herkunft aus Kasımpaşa als Grundlage für seine heutige Entscheidungskraft und Unbedingtheit herausgehoben. Aus der Erfahrung der Ausgrenzung erklärt er seine Unbeugsamkeit: «Wir beugen uns nur beim Gebet.»[53] Dass er in der Öffentlichkeit nicht lächelt oder lacht, wird von seinen Anhängern als Ausweis seiner Männlichkeit und Entschlossenheit geschätzt. Aber er weint bisweilen öffentlich und wird deswegen von seinen Anhängern als «authentisch» geschätzt.[54]

Nach der Grundschule besuchte Erdoğan eine *İmam-Hatip*-Schule. Anschließend studierte er an einer Handelsakademie, die er 1981 abschloss. 1978 heiratete Erdoğan Emine Bülbaran, deren Familie – durchaus ein Wink des Schicksals – aus dem bereits erwähnten Siirt stammt und arabischer Abstammung ist. Schon zu seinen Jugendzeiten war er in islamistischen Parteien und Organisationen tätig. 1984 war er stellvertretender Vorsitzender der Wohlfahrtspartei (*Refah Partisi, RP*). Zugleich verfolgte Erdoğan eine wirtschaftliche Karriere. Als er 1994 im Alter von vierzig Jahren Bürgermeister von İstanbul wurde, war er bereits ein etablierter Geschäftsmann im *Ülker*-Imperium, einem großen türkischen Lebensmittelkonzern. Geld zu verdienen «war eines der Hauptziele in seinem Leben».[55]

Erdoğans Aufstieg an die Spitze des Staates war alles andere als vorhersagbar, aber ist dennoch gut nachzuvollziehen: Sein Erfolg verdankt sich dem Aufstieg des Islamismus in der Türkei seit den

1990er Jahren, aber zugleich seinem politischen Geschick und seiner Skrupellosigkeit – auch innerhalb seiner eigenen Partei. So war sein früherer Mitstreiter Abdullah Gül international wesentlich erfahrener. Gül, 1950 im zentralanatolischen Kayseri geboren, studierte Wirtschaft an der Universität İstanbul und war wie Erdoğan in der Studentenorganisation der *Milli-Görüş*-Bewegung, dem «Nationalen Bund der Türkischen Studenten» (*Millî Türk Talebe Birliği*), aktiv. Danach folgten ein zweijähriges Postgraduiertenstudium in Großbritannien und eine Anstellung in den Jahren 1983–1991 bei der Islamischen Entwicklungsbank in der saudischen Hafenstadt Dschidda. Bereits in der Zeit der *Refahyol*-Koalition aus der Wohlfahrtspartei (*Refah Partisi, RP*) und der Partei des Rechten Weges (*Doğru Yol Partisi, DYP*) in den Jahren 1996–1997 war Gül Staatsminister und Regierungssprecher gewesen.[56] Dennoch trat Gül seit 2003 hinter Erdoğan zurück, um in den 2010er Jahren endgültig an den Rand gedrängt zu werden.

Schon längst hat Erdoğan seine früheren Mitstreiter am Wegrand zurückgelassen. Es ist ihm gelungen, bedeutendster Politiker der modernen Türkei nach Atatürk zu sein. Zwar gab es auch andere wie Süleyman Demirel oder Bülent Ecevit, die über Jahrzehnte die türkische Politik mitprägten, aber sie konnten niemals eine alles beherrschende Stellung erringen. Der russische Staatspräsident Putin hat sich in einem Referendum am 1. Juli 2020 eine mögliche Amtszeit bis zum Jahr 2036 gesichert. Erdoğan kann derzeit bis höchstens 2028 im Amt bleiben. Auf der Grundlage einer zu Jahresanfang 2021 ins Auge gefassten neuen Verfassung könnte er jedoch wie Putin sein Recht auf das Staatspräsidentenamt bis in die 2030er Jahre hinein strecken.[57] Mustafa Kemal wurde nur siebenundfünfzig Jahre alt, Erdoğan hatte dieses Alter bereits im Jahr 2011 erreicht. Atatürk hat die Türkei mehr als fünfzehn Jahre, vom Ende des Unabhängigkeitskriegs 1922 bis zu seinem Tod im Jahr 1938, dominiert. Recep Tayyip Erdoğan regiert das Land mittlerweile seit nahezu zwanzig Jahren und hat damit Atatürk nicht nur an Lebensjahren, sondern auch in seiner Amtszeit an der Spitze des Staates überrundet.

Was vereint diese beiden Männer, was trennt sie? Erdoğan ist ein

Kemalist in dem Sinne, dass ihm die unbedingte Verteidigung der nationalen Souveränität und ein starker Staat wichtig sind. Er höchstpersönlich weiß, was gut für die Menschen im Land ist. In den Augen Erdoğans und seiner Getreuen sind die engstirnigen Einseitigkeiten der kemalistischen Modernisierungspolitik zu heilen. Die Politik der autoritären Modernisierung der Kemalisten, die weite Teile der Bevölkerung marginalisiert habe, sei durch eine nachholende und genuine Modernisierung zu ersetzen, in dem Sinne, dass die moderne Türkei wieder Kontakt zu ihren kulturellen und religiösen Wurzeln gewinnen solle. Religiöse Lebensführung müsse wieder ein anerkannter Teil der Nation werden. Um diese Ziele zu erreichen, hat Erdoğan, ein «anti-atatürkistischer Atatürk», genau diejenigen Instrumente verwendet, mit denen die Kemalisten gearbeitet hatten: staatliche Institutionen und die Technik des *social engineering* von oben herab.[58]

Beide, Atatürk und Erdoğan, treffen sich sogar in der Art und Weise, wie man sie zu diskreditieren versucht: Erdoğan wurde, ähnlich wie Atatürk, unterstellt, er sei nicht wirklich türkischer Abstammung. So konnte man hören, Erdoğan sei ein Lase (was noch halbwegs in Ordnung wäre, denn die Lasen gelten als kulturell assimiliert) oder gar armenischer Abstammung.[59] Man vergleiche das mit früheren Mutmaßungen, Atatürk sei ein Sabbatäer (*Dönme*).[60]

Ein Unterschied jedoch zwischen diesen beiden Männern fällt deutlich ins Auge: Atatürk hatte ein klar bestimmtes inhaltliches Ziel, das er um 1930 erreicht wähnte. Vielleicht nutzte er die ihm verbliebene Lebenszeit nicht besonders sinnvoll beziehungsweise verkürzte sie durch seinen Alkoholismus mutwillig, aber er war bereit dazu, sich mit dem Erreichten zufriedenzugeben. Kennzeichnend für Erdoğan ist dagegen sein unersättliches Streben nach Macht und Pracht, das Getriebene in seinem politischen Handeln, das ihn und seine Regierung in immer weitere Spiralen der Zuspitzung und der Unterdrückung seiner Gegner führt.[61]

Von Anfang an besaß Erdoğan die Charakterzüge eines «autoritären Einzelgängers» und einen «ungezügelten Ehrgeiz, der sich vom Glauben nährte, dass Gott ihn damit beauftragt habe, die Türkei zu führen» – so ein Bericht aus der US-amerikanischen Botschaft in Ankara, nachdem Erdoğan erst wenige Monate zuvor Ministerpräsident geworden war.[62] In seiner eigenen Partei wird Erdoğan als «Führer» (*reis*) verehrt. Ein AKP-Bürgermeister der Stadt Of (an der Schwarzmeerküste östlich von Trabzon gelegen) äußerte 2010, dass man die Dankbarkeit Erdoğan gegenüber eigentlich jeden Tag mit zwei *rekât* (eine Einheit definierter Bewegungsabläufe beim islamischen Gebet) beweisen müsse.[63]

Eine Tradition von Populismus und Autoritarismus

Was ist das Elixier Erdoğans? Was macht seinen großen Erfolg aus? Erdoğan verbündete sich immer wieder mit neuen Partnern, um diese jeweils nach einiger Zeit fallenzulassen beziehungsweise beiseitezudrängen. Er fand die Unterstützung der liberalen Medien und Öffentlichkeit, als er in den frühen 2000er Jahren gegen die Übermacht des kemalistischen Komplexes kämpfte. Er verbündete sich mit der Gülen-Bewegung, um die Bürokratie, das Militär und die Rechtsorgane von innen heraus zu erobern. Seit 2015 wiederum ist er einen Pakt mit der Partei der Nationalistischen Bewegung (*Milliyetçi Hareket Partisi, MHP*) eingegangen.[64]

Ist Erdoğan ein Populist? Sicherlich. Seine Rhetorik ist nicht in erster Linie islamistisch, sondern populistisch. Menderes, Demirel, Özal und Erdoğan, die hauptsächlichen Vertreter des konservativen Populismus in der Geschichte der Republik Türkei, teilen, trotz ihrer Unterschiede, gewisse Grundcharakteristika: Sie alle sprechen von einer unbedingten Trennung zwischen einer abgewirtschafteten alten Elite und der «eigentlichen» Bevölkerung;[65] sie erheben den «nationalen Willen» (*milli irade*) zum Fetisch und rechtfertigen damit eine elektorale Autokratie; sie befleißigen sich eines nationalistisch-konservativ-islamistisch geprägten Populismus und üben sich in einer ausgeprägten Pragmatik der Macht.[66]

Demirel war der erste, der das gesamte Register des konservativen Populismus beherrschte: Die Gerechtigkeitspartei (*Adalet Partisi,*

AP) sei aus der Brust des Volkes entsprungen; seine Regierungstätigkeit, als Teil und Vertreter des Volkes, sei eine «Zeit großer Werke» (*büyük eserler dönemi*); die Wohltaten der Zivilisation könne man nur durch «Entwicklung» (*kalkınma*) erhalten. Demirel grenzte sich scharf von der Republikanischen Volkspartei (*Cumhuriyet Halk Partisi, CHP*) ab: Sie sei nicht nur Vertreter einer alten, privilegierten Minderheit, sondern geradezu ein Feind des Volkes. Erst der Gerechtigkeitspartei sei es gelungen, der Türkei «Stabilität» (*istikrar*) zu bringen.[67] Bezeichnend ist das Leugnen und Wegwischen aller Klassenunterschiede: «Für uns ist das Volk (*millet*) alles. Wenn wir Volk sagen, dann machen wir keinen Unterschied zwischen Klasse und Gruppe, zwischen alt und jung, sondern denken dieses als eine Einheit, als eine zusammengehörige Gesamtheit.»[68]

Demirel mag die Art und Weise, wie solche Argumentationsmuster präsentiert wurden, als Erster perfektioniert haben, aber er war nicht der Erste, der sie nutzte. Schon Adnan Menderes, Ministerpräsident in den Jahren 1950–1960, bediente sich unablässig des Vergleichs zwischen Vergangenheit und Gegenwart, der zugleich für den Gegensatz zwischen Mangel und Wohlstand stand. Menderes verwies stolz auf die enorme Bautätigkeit und den sprunghaft ansteigenden Straßenbau in den 1950er Jahren, die die Leistungen der vorangegangenen Jahrzehnte bei weitem überträfen (und übrigens verantwortlich waren für die Zerstörung historischer Stadtteile İstanbuls).[69]

Ebenfalls bereits bei Menderes angelegt sind die Muster der Auseinandersetzung mit dem politischen Gegner: Die Republikanische Volkspartei CHP beachte nicht den nationalen Willen; diejenigen, die seine Regierung kritisierten, würden zu einer privilegierten Minderheit gehören. Der Gegensatz zwischen einem anmaßenden und «tyrannischen Staat» (*ceberrut devlet*) und der «unterdrückten Nation» (*mazlum millet*) wird beschworen, obwohl Menderes und die Demokratische Partei zehn Jahre lang die Regierung stellten. Menderes sprach sogar von sich selbst als einem «Unterdrückten» (*mazlum*) und einem, dem «Unrecht angetan werde» (*mağdur*), obwohl er aus einer Großgrundbesitzerfamilie in Westanatolien stammte und von 1931 bis 1945 selbst Parlamentsabgeordneter der CHP gewesen war.

Erdoğan und seine Vorgänger haben sich immer wieder kritisch bis abfällig über die seit der Republikgründung – mit nur einer Unterbrechung nach dem Putsch von 1980 – bestehende CHP geäußert. Die Kritik thematisierte deren autoritäre Vorgeschichte und nahm zugleich die CHP in Gesamthaftung für die Gewalttaten in der Geschichte der Republik Türkei. Ein bemerkenswertes Beispiel hierfür ist die Rede von Erdoğan am 23. November 2011, bei der er sich im Namen des türkischen Staates für die Gewalttaten in Dersim 1937–1938 entschuldigte. Zugleich forderte er den Vorsitzenden der CHP, Kemal Kılıçdaroğlu (geb. 1948), dazu auf, sich im Namen der damals machthabenden Partei zu entschuldigen (allerdings ist Kılıçdaroğlu ein Nachkomme der Dersim-Aleviten).[70] Der mit der Entschuldigung Erdoğans zugleich verbundene Angriff auf Kılıçdaroğlu war listig und verwerflich zugleich: Er nahm das von ihm vertretene politische Lager aus der Mitverantwortung für die frühe Republikgeschichte gänzlich heraus, stellte den jetzigen politischen Gegner bloß und zugleich die Aleviten als Verbündete des Kemalismus hin.

Von allen Parteien der Republikgeschichte steht die Mutterlandspartei (*Anavatan Partisi, ANAP*) der 1980er Jahre der AKP am nächsten. In beiden Fällen wurden liberal gesinnte Mitglieder mit der Zeit aus Führungspositionen herausgedrängt oder verließen freiwillig die Partei. Turgut Özal, Gründer und Führer der ANAP, hatte Glück gehabt: Das nach dem Putsch erlassene Betätigungsverbot für vor 1980 aktive Politiker ließ eine große Lücke entstehen, die er mit Männern mit ländlichem Hintergrund füllte, die ansonsten niemals eine Chance gehabt hätten, in höhere Positionen zu gelangen. Özal nahm für sich in Anspruch, für die «zentrale Säule» (*ortadirek*), also die Mitte der Gesellschaft, zu sprechen.[71] Als er aber in den späten 1980er Jahren zunehmend in Bedrängnis geriet, wandte er sich ohne Scheu nationalistisch-rechtsradikalen Akteuren zu – ebenso wie Erdoğan nach der Wahl im Juni 2015, als er seine absolute Mehrheit verlor.

Die Ähnlichkeiten zwischen Özal und Erdoğan sind in der Tat erstaunlich: Wie Erdoğan hatte Özal ein instrumentalistisches Verständnis von Demokratie, strebte ein Präsidialregime an, hatte schon in den 1980er Jahren die Vision und den Anspruch, eine das gesamte rechte Spektrum dominierende Partei zu führen, mit einer gegnerischen linkszentristischen Partei als ewiger Opposition. Özal gründete seine Legitimität auf wirtschaftlichen Erfolgen, verband einen islamistisch getönten Populismus mit Wirtschaftsliberalismus, hegte neo-osmanische Ambitionen und hatte ein gebrochenes Verhältnis zu Europa und vor allem zur Europäischen Union.[72] Beide, Özal und Erdoğan, teilen die rhetorische Position, das Anliegen einer islamistisch bestimmten Gesellschaft als Liberalisierung der Gesellschaft zu verkaufen. Eine Stellungnahme von Özal, damals noch im Amt des Ministerpräsidenten, im Jahr 1989 zum Kopftuchstreit, zeigt diese Haltung anschaulich: «Wir wollen eine Gesellschaft erreichen, in der niemand wegen seiner religiösen Überzeugungen verurteilt wird; zugleich bemühen wir uns darum, dass diejenigen, die aufgrund ihrer religiösen Überzeugungen dieses oder jenes anziehen wollen, nicht daran gehindert werden.»[73]

Auf diesen wohlgegründeten Pfeilern des türkischen Rechtspopulismus konnte und kann Erdoğan aufbauen: Auch bei ihm steht die CHP für wirtschaftliche Erfolglosigkeit und Stagnation und zugleich für die Arroganz der alten Eliten. Die quantifizierende Ideologie des Fortschritts ist ungebrochen: Erdoğan hat sich in seinen Reden immer wieder auf den – im Übrigen wirklich bemerkenswerten – Straßenbau unter der AKP-Regierung bezogen: Während «die anderen» in neunundsiebzig Jahren 6100 Kilometer Autobahn gebaut hätten, haben «wir», also die AKP-Regierungen, in nur zehn Jahren 17 100 Kilometer gebaut,[74] ein großer Dienst an der Nation, «denn Straße bedeutet Zivilisation, Entwicklung, Fortschritt».[75]

Zu den erstaunlichen Leistungsmerkmalen des türkischen Populismus gehört, dass der behauptete Opferstatus, obwohl bis zum Überdruss wiederholt und in Wirklichkeit schon längst überholt, sich bisher noch nicht grundsätzlich abgenutzt hat.[76] Unvermindert erfolgreich stellt sich Erdoğan als «Rächer der Entrechteten» und als

Anti-System-Politiker dar. Sein Redestil bewegt sich zwischen Volkstümlichkeit und osmanisch klingenden Wörtern, ohne dass diese jedoch als antiquiert zu gelten hätten; sie rufen vielmehr vergangene Welten und traditionelle Bezüge wach.[77]

Die berühmt-berüchtigte Äußerung Erdoğans von 1993, die Demokratie sei ein Vehikel, das man so lange benütze, wie man es brauche, um dann auszusteigen,[78] kann man in dem naheliegenden Sinne eines zynischen Opportunismus deuten. Im politischen Ordnungsuniversum Erdoğans jedoch hatte Demokratie wohl immer eine dienende Rolle gegenüber übergeordneten höheren Wahrheiten. So wandte sich Erdoğan im selben Jahr, also 1993, gegen eine Aussage Demirels, dass die Demokratie das Ziel sein solle – Demokratie könne kein Ziel sein, sondern nur ein Mittel.[79]

Die heutige Türkei zeigt Parallelen zu vielen anderen Ländern, deren Regierungen autoritäre Züge aufweisen und die gerne gegenseitig auf sich als Vorbilder verweisen.[80] Aber gibt es nicht vielleicht jenseits einer globalen Welle des Autoritarismus eine besondere Beharrungskraft des Autoritarismus in der Türkei beziehungsweise ein bis in die Gegenwart zu beobachtendes Hin- und Herschwanken der politischen Kultur zwischen Demokratie und Diktatur?[81] Sicherlich haben die Umwälzungen der 1910er und 1920er Jahre, der Stress der Migration in die Stadt in den 1950er und 1960er Jahren, das Herausgerissensein aus der vertrauten dörflichen Gesellschaft, das so verwirrende Nebeneinander von patriarchalen Familienstrukturen und gleichzeitig offenen Gesellschaftsformen und schließlich die strenge Erziehung in Schule und Militär Türkinnen und Türken anfällig für autoritäre Deutungs- und Verhaltensmuster gemacht. Aber ebenso gilt: Dem Argument, dass die Türkei heute eine «Demokratie ohne Demokraten» sei,[82] ließe sich entgegenhalten, dass beträchtliche Teile der türkischen Bevölkerung eher «Demokraten ohne Demokratie» sind. Laut *Freedom House* ist die Türkei heute ein «nicht freies» Land und erreicht vergleichbare Werte der Unfreiheit wie Irak, Myanmar, Nicaragua, Thailand oder Uganda. Auf der Rangliste der Pressefreiheit von *Reporter ohne Grenzen* hat die Türkei sich von Rang 99 im Jahr 2002 auf Rang 154 (von insgesamt

Empfang von Mahmud Abbas, Präsident der Palästinensischen Autonomiebehörde, am 12. Januar 2015 im neu erbauten Palast des Präsidenten in Ankara. Staatspräsident Recep Tayyip Erdoğan schreitet die Stufen hinab, umringt von Soldaten in unterschiedlichen historischen Trachten, die – gemäß einer weit gefassten Auslegung – die sechzehn Staaten symbolisieren sollen, die bisher in der türkischen Geschichte bestanden.

180 Ländern) im Jahr 2020 verschlechtert. Im *World Justice Report* 2020 erreicht die Türkei Rang 117 unter 128 Ländern.[83]

Die Verfolgung türkischer Intellektueller, Journalisten und Politiker, die es wagen, nicht im Sinne der Regierung zu handeln, setzt sich seit Jahren unvermindert fort. Um nur einige wenige Beispiele besonders bekannter Fälle im Jahr 2020 zu geben: Ein Gericht sprach im Februar den Philanthropen Osman Kavala (geb. 1957), der unter anderem die Stiftung *Anadolu Kültür* und das Verlagshaus *İletişim* (in seiner Bedeutung und Ausrichtung in etwa dem deutschen Suhrkamp-Verlag vergleichbar) gründete, von dem abwegigen Vorwurf frei, Drahtzieher der Gezi-Park-Proteste von 2013 gewesen zu sein. Kavala, der seit Oktober 2017 in Untersuchungshaft gewesen war, kam frei, um nur wenige Tage später erneut verhaftet zu werden, nun aufgrund der nicht weniger unsinnigen Anschuldigung, im

Eine undatierte, vom türkischen Justizministerium zur Verfügung gestellte Luftaufnahme zeigt die Strafvollzugsanstalt von Silivri im Westen von İstanbul. Mit rund zehntausend Plätzen gilt sie als das größte Gefängnis Europas. Aus Sicherheitsgründen fanden die sogenannten Ergenekon-Prozesse (2007–2013) direkt auf dem Gefängnisgelände statt. In Silivri waren der Journalist Deniz Yücel und der Menschenrechtsaktivist Peter Steudtner inhaftiert. Der türkische Philanthrop Osman Kavala ist ein prominenter türkischer Insasse des Gefängnisses. Zahlreiche türkische Politiker und Intellektuelle sind in Silivri in Haft.

Bündnis unter anderem mit George Soros den Putschversuch vom Juli 2016 unterstützt zu haben. Im Juni 2020 entzog das Parlament, mit Stimmen der AKP und ihres Verbündeten MHP, drei Abgeordneten die Immunität, um sie verhaften lassen zu können: Enis Berberoğlu von der CHP sowie Leyla Güven und Musa Farisoğulları von der Demokratischen Partei der Völker (*Halkların Demokratik Partisi HDP*). Im Juli verurteilte ein Gericht Deniz Yücel (geb. 1973), ehemals deutscher Korrespondent in İstanbul, in Abwesenheit zu einer Gefängnisstrafe von über zwei Jahren wegen «Terrorpropaganda». Seine vorangehende nahezu einjährige Inhaftierung hatte die deutsch-türkischen Beziehungen stark belastet, bis er im Februar 2018 aus der Haft entlassen wurde und sofort aus der Türkei ausreiste.

Erik Jan Zürcher hat die treffende Beobachtung gemacht, dass die Türkei in den Jahren 1908–1913 und erneut in den Jahren 1919–1925 eine liberale und pluralistische Phase erlebte, der in den Jahren 1913–1918 beziehungsweise 1925–1950 jeweils eine autoritäre Phase folgte.[84] Solch ein wellenförmiges Muster der Abfolge von liberaler Öffnung und autoritärer Verhärtung ließe sich wohl auch – mit gewissen Grauzonen – für die zweite Hälfte des zwanzigsten Jahrhunderts beschreiben. Besonders deutlich hat sich jedoch dieses Muster unter der seit 2002 regierenden AKP wiederholt: Der liberalen und pluralistischen Phase der AKP in den 2000er Jahren folgt die Wende hin zum Autoritarismus. Ist also die Türkei zyklisch in eine neue autoritäre Phase eingetreten, die eines Tages wieder von einer liberalen und pluralistischen Phase abgelöst werden wird? Nichts spricht gegen eine solche hoffnungsvolle Einschätzung. Jedoch ist zu bedenken, dass sich autoritäre Regime, die sich in wirtschaftlich guten Jahren etablieren, tief in den staatlichen Institutionen einwurzeln, um sich in anschließenden Phasen zunehmender Unbeliebtheit und wirtschaftlichen Niedergangs dennoch an der Macht behaupten zu können.[85] Die historische Erfahrung zeigt zudem, dass in der Türkei autoritäre Phasen deutlich länger Bestand hatten als liberale Aufbruchszeiten.

Entstanden ist mittlerweile eine elektorale Autokratie: Wahlen wird es in der Türkei auch in Zukunft geben, da sie zugleich der Mobilisierung und Legitimierung dienen, aber wenn die – in ihrer Fairness ohnehin stark eingeschränkten – Wahlen vorüber sind, soll die Macht der Regierenden unbegrenzt sein. Wahlen werden daher, ähnlich wie das Rechtssystem in der Türkei, ihrer eigentlichen Aufgaben in einem demokratischen System beraubt und bemänteln die Wirklichkeit eines Systems, das sich von dem, was man eine Demokratie nennen kann, weit entfernt hat. Der «nationale Wille» (*milli irade*) kann sich an den Wahlurnen ausdrücken. Falls aber die Wahlergebnisse nicht mehr den Erwartungen der Regierungen entsprechen sollten, kann sich dieser «nationale Wille» auf eine höhere Bedeutungsebene zurückziehen, die nur noch den Eingeweihten der Macht zugänglich ist. Die Berufung auf höhere Wahrheiten mag in der

Innenpolitik nach wie vor ihre Wirkung entfalten, aber manche Wirklichkeiten versperren sich einer solchen Lösung. Hierzu zählt unvermindert die kurdische Frage.

Die kurdische Achillesferse

Was viele Türkinnen und Türken empfinden, nämlich, dass sie eigentlich niemandem trauen können, das gilt für Kurdinnen und Kurden erst recht: Im Vertrag von Sèvres 1920 war noch – genährt durch britische Interessen – eine kurdische Entität in den Gebieten der heutigen südöstlichen Türkei und des nördlichen Irak vorgesehen gewesen; im Vertrag von Lausanne 1923 war von einem Kurdistan keine Rede mehr. Nach dem gemeinsam ausgefochtenen anatolischen Unabhängigkeitskrieg wurden sie von ihren ehemaligen türkischen Verbündeten an die Seite gedrängt. In einem am 6. März 1975 in Algier geschlossenen Abkommen machte der Irak Iran Zugeständnisse in der Frage des gemeinsamen Grenzverlaufs am Schatt al-Arab (dem Zusammenfluss von Euphrat und Tigris, vor der Mündung in den Persischen Golf). Als Gegenleistung ließ Iran die von Mustafa Barzani (1903–1979) geführte «Demokratische Partei Kurdistans» (*Partiya Demokrata Kurdistanê, PDK*) im Nordirak, die er jahrelang unterstützt hatte, fallen. Den kurdischen militärischen Verbänden in Syrien und Irak, die seit 2014 zuverlässige Dienste im Kampf gegen den Islamischen Staat geleistet hatten, entzog im Herbst 2019 die US-amerikanische Administration die Unterstützung, begleitet von der Bemerkung des US-Präsidenten Donald Trump (im Amt 2017–2021), dass die Kurden auch «keine Engel» seien.[86] Für Staaten in der Region waren und sind die Kurden ein Störfaktor oder gar eine Bedrohung; für auswärtige Akteure, wie Großbritannien oder später die UdSSR und die USA, war die kurdische Frage immer nur eine «abhängige Variable».[87] Wer solche Freunde hat, bräuchte eigentlich keine Feinde mehr.

Ein grundsätzliches Problem kurdischer Politik des zwanzigsten Jahrhunderts war, dass die verschiedenen kurdischen Bewegungen wegen fehlender Abstimmung und ihrer inneren Zersplitterung (sei sie nun politischer, religiöser, sprachlicher oder wirtschaftlicher Natur) gegenüber den sehr viel besser gerüsteten Kräften der jeweiligen Nationalstaaten chancenlos waren.[88] Noch in den 2000er Jahren war das Verhältnis zwischen dem türkischen Staat und den Kurden in der Türkei eine rein nationale Frage, auch in dem Sinne, dass die im Irak stationierte «Arbeiterpartei Kurdistans» (*Partiya Karkerên Kurdistanê, PKK*) alleine für die Anliegen der türkischen Kurden kämpfte, während die irakischen Kurden wiederum nur ihre eigenen Interessen im Rahmen des irakischen Staates vertraten. Die Situation ab den 2010er Jahren unterscheidet sich von allen vorangehenden Zeiträumen seit dem Ersten Weltkrieg dadurch, dass sich die Bewegungen der irakischen, syrischen und türkischen Kurden (sehr viel weniger aber die der Kurden Irans) mittlerweile ineinander verschränkt haben und damit ein gemeinsamer überstaatlicher kurdischer Raum entstanden ist. Der Weg zurück zur Eindämmung der Kurdenfrage als einem Binnenproblem der jeweiligen Staaten ist kaum vorstellbar. Die Unmöglichkeit einer rein militärischen Lösung des Kurdenproblems war schon lange offensichtlich; hinzu tritt nun die Aussichtslosigkeit, die kurdische Frage auf eine vereinzelte nationale Frage in den jeweiligen Staaten zu beschränken.

Seit der Festnahme Öcalans im Jahr 1999 haben sich die politische Einstellung und die Rhetorik der PKK gewandelt. Unter dem Eindruck des libertär-anarchistisch gesinnten US-amerikanischen Philosophen Murray Bookchin (1921–2006) hat sich die PKK dem Konzept eines «demokratischen Konföderalismus» verschrieben, das von Elementen wie «direkter Demokratie, Räteherrschaft, Geschlechtergerechtigkeit, Anerkennung kultureller Pluralität und kollektivem Eigentum an Naturschätzen geprägt ist». Unter den «Völkern Kurdistans» sollen auch nichtkurdische und nichtmuslimische Minderheiten ihr Zuhause finden können.[89] Das Projekt eines demokratischen Konföderalismus sollte in dem am 30. Januar 2014 ausgerufenen «Westkurdistan» (*Rojava*),[90] bestehend aus den (von Ost nach West) drei Kantonen Cizire, Kobane und Efrin, seine erste Anwendung erfahren. Die aus der PKK hervorgegangene syrisch-kurdische

«Partei der Demokratischen Union» (*Partiya Yekitiya Demokrat, PYD*) stieg – mitsamt ihrem militärischen Arm, den «Volksverteidigungseinheiten» (*Yekineyen Parastina Gel, YPG*) – im Syrienkrieg zur bestimmenden Macht unter den Kurden Syriens auf.[91] Der demokratische Föderalismus, wie er von der PYD gehandhabt wird, hat sich jedoch eher als eine gelenkte Demokratie erwiesen, ähnlich wie man sie aus der Geschichte des sozialistischen Osteuropa nach dem Zweiten Weltkrieg kannte. Die wahre Macht lag und liegt bei der militärischen Führung der PKK in den Kandil-Bergen im Irak.[92] Angesichts der Bedingungen des Krieges und der unverzichtbaren Notwendigkeit, Kompromisse einzugehen – zum Beispiel unter der Hand mit dem Asad-Regime in Damaskus zusammenzuarbeiten, das die gesamten 2010er Jahre hindurch eine administrative und militärische Präsenz in nordsyrischen Städten wie Qamischlo/Al-Qamišli und Haseke/Al-Hasaka beibehielt[93] –, lässt sich kein abschließendes Urteil über die Ernsthaftigkeit und Zukunftsfähigkeit des Projektes eines kurdischen demokratischen Konföderalismus fällen.

Die Türkei konnte seit den 2000er Jahren mit einer kurdischen Entität im Nordirak leben, weil eine Zusammenarbeit sich unmittelbar anbot: Neben wirtschaftlichen Vorteilen (Irakisch-Kurdistan als wichtiger Ort für Investitionen und als Absatzmarkt türkischer Produkte), einer engen energiepolitischen Zusammenarbeit (2014 wurde eine Pipeline zwischen Irakisch-Kurdistan und dem türkischen Mittelmeerhafen Ceyhan eröffnet) und einer gemeinsamen Gegnerschaft gegen die PKK erschien zudem eine Patronage der Türkei über die Kurden des Irak, die auf die Türkei als Ausgang zum Meer angewiesen sind, verlockend. Zudem sah die Türkei die Vorteile einer kurdischen Entität im Irak als sunnitisch-konservativer Riegel gegenüber einem schiitisch dominierten Irak.[94] Gänzlich anders aber war die Reaktion des türkischen Staates auf den Aufstieg einer kurdischen Entität in Nordsyrien. In ihr sah er von Anfang nur einen verlängerten Arm der PKK und eine direkte Gefahr.

Ziel der Türkei heute ist, im Syrienkrieg ein Mitspracherecht bei der Zukunft (oder auch: Nicht-Zukunft) des Landes zu haben, die kurdischen militärischen Einheiten möglichst zu schwächen und die

Verfestigung eines von den syrischen Kurden beherrschten territorialen Korridors entlang der türkischen Grenze zu verhindern.[95] Damit entsteht eine merkwürdige Doppeldeutigkeit der türkischen Politik: Die Regierung begreift die kurdische Frage nach wie vor als eine innenpolitische Frage, aber gleichzeitig sieht sie sich dazu berechtigt, den Konflikt mit den Kurden über die eigenen Staatsgrenzen hinaus zu tragen. Seit den 1990er Jahren ist die Türkei immer wieder kurzfristig auf irakisches Staatsgebiet vorgestoßen, um die Rückzugsorte der PKK zu zerstören. Die Interventionen der Türkei in Syrien seit 2016 dienen jedoch einer umfassenderen Agenda und sind mit einer bleibenden Anwesenheit türkischer Truppen in Nordsyrien verbunden.[96]

So wie die Türkei das Problem der PKK innerhalb des Landes seit Jahrzehnten nicht lösen konnte, so wird es ihr nicht gelingen, die PKK und ihre Ableger auf internationaler Ebene zum Schweigen zu bringen. Die PKK verfügt über Verbände mit militärischer Schlagkraft, sie ist in der kurdischen Diaspora Europas tief verankert und weist zudem Organisationsstrukturen in Syrien, Irak und Iran – und natürlich auch in der Türkei! – auf.[97] Um den Konflikt mit den Kurden zu lösen, müsste der türkische Staat dazu bereit sein, weitergehende Zugeständnisse zu machen, nämlich das Recht auf Unterricht in der eigenen Muttersprache, Dezentralisierung, die Absenkung der Zehnprozenthürde bei den Parlamentswahlen und eine ethnisch neutrale Verfassung.[98] Für solche Zugeständnisse bestehen derzeit wenig Aussichten. Mit der tiefen Verwicklung der Türkei in den Syrienkonflikt hängt die kurdische Frage ohnehin nicht mehr nur von einer Einigung in der Türkei selbst ab. Sie kann nur Teil einer umfassenden Lösung des Konfliktes in Syrien sein – die sich jedoch noch in keiner Weise am Horizont abzeichnet.

Zwischen Ost und West

Die Beispiele für Zerwürfnisse der Türkei mit europäischen Staaten sind zahlreich, man nehme nur einige Ereignisse aus dem Jahr 2020: Ende Februar 2020 erklärte der türkische Staatspräsident die griechisch-türkische Landgrenze als «geöffnet», gefolgt von einem – letztlich erfolglosen – Ansturm von Flüchtlingen und Migranten aus unterschiedlichsten Ländern auf die griechischen Grenzanlagen. Am 10. Juni 2020 kam es beinahe zu einem französisch-türkischen Zusammenstoß im Mittelmeer: Zwei türkische Fregatten, die einem Frachter auf dem Weg von İstanbul in den libyschen Hafen Misrata Geleitschutz gaben, zwangen eine französische Fregatte, die im Rahmen der EU-Mission Irini zur Überwachung des Waffenembargos gegenüber Libyen den Frachter kontrollieren wollte, beiseite. Im Juli brachte eine Erkundungsmission des türkischen Forschungsschiffes *Oruç Reis*, begleitet von einem starken türkischen Marineverband, südlich der griechischen Insel Kastellorizo (über 100 Kilometer östlich von Rhodos) Griechenland und die Türkei so nahe an den Rand eines Krieges, wie es das letzte Mal im Jahr 1996 der Fall gewesen war. Die Türkei akzeptiert nicht die von Griechenland beanspruchte ausschließliche Wirtschaftszone von jeweils 200 Seemeilen (rund 370 Kilometer) für jede ihrer Inseln im Mittelmeer, da dies dazu führen würde, dass die Türkei von südlich der Dardanellen bis östlich von Antalya einer durchgehenden griechischen Wirtschaftszone gegenüberstünde. Kastellorizo liege nur 3 Kilometer von der türkischen Südküste entfernt, führte der türkische Außenminister Mevlüt Çavuşoğlu (geb. 1968) im Juli 2020 aus, aber 500 Kilometer vom griechischen Festland.[99]

Die Zeichen der Abgrenzung vom Westen im Allgemeinen waren 2020 ebenfalls deutlich: Anlässlich des Freitagsgebets am 24. Juli wurde die Hagia Sophia (*Ayasofya*) unter der Teilnahme des Staatspräsidenten als Moschee wiedereröffnet. Der Form nach ging alles mit rechten Dingen zu. Das oberste Verwaltungsgericht (*Danıştay*) hob am 10. Juli 2020 einen Kabinettsbeschluss vom 24. November

Mit dem Freitagsgebet am 24. Juli 2020 wurde die Hagia Sophia (Ayasofya) wieder – wie schon in den Jahren 1453–1931 – einer Nutzung als Moschee zugeführt. Beim Gebet: im Vordergrund Staatspräsident Recep Tayyip Erdoğan. In der Reihe hinter ihm ganz links Devlet Bahçeli (Vorsitzender der MHP), rechts hinter Erdoğan, ohne Kopfbedeckung und ohne Kopfhaar Außenminister Mevlüt Çavuşoğlu, ganz rechts im Vordergrund Fuat Oktay, Stellvertreter des Staatspräsidenten.

1934 auf, der die Umwandlung in ein Museum angeordnet hatte. Die Rückumwandlung der Hagia Sophia, die seit der Eroberung Konstantinopels 1453 durch die Osmanen bis 1931 als Moschee gedient hatte, zielte sicherlich darauf, von den wirtschaftlichen Problemen des Landes abzulenken, aber zugleich ging damit ein jahrzehntelang gehegter Traum der Islamisten innerhalb und außerhalb der Türkei in Erfüllung.[100]

Neuerdings, seit der Jahreswende 2020/2021, macht die Türkei europäischen Staaten zwar wieder Avancen und spricht sogar erneut vom Beitritt zur Europäischen Union. Mehr als ein den wirtschaftlichen Schwierigkeiten und ihrer zunehmenden außenpolitischen Isolation geschuldetes Manöver der Türkei, die zudem keineswegs von der harten Unterdrückung im eigenen Land abrückt, sollte man darin jedoch nicht sehen.

Am 2. März 2021 verkündete der Staatspräsident einen umfangreichen «Aktionsplan Menschenrechte» (*İnsan Hakları Eylem Planı*), dessen «letztliches Ziel eine neue zivilgesellschaftliche Verfassung» sein solle. Am 17. März 2021 aber beantragte der Generalstaatsanwalt am Kassationshof (*Yargıtay*) ein Verbot der kurdennahen HDP und ein mehrjähriges Betätigungsverbot für rund sechshundert HDP-Politiker. Es ist gut möglich, dass die für 2023 vorgesehenen Neuwahlen des Parlaments und des Präsidenten auf ein früheres Datum vorgezogen werden, um über eine vorher nach allen Regeln der Kunst demontierte Opposition zu siegen. Nur wenige Tage später, am 19. März, kündigte die türkische Regierung die İstanbul-Konvention zur Verhütung und Bekämpfung von Gewalt gegen Frauen und häuslicher Gewalt. Der Vertrag, so die Regierung, sei missbraucht worden, um die Einheit der Familie zu zerstören und für sexuelle Minderheiten Propaganda zu betreiben. 2012 war die türkische Regierung die erste gewesen, die den Vertrag ratifizierte; nun war sie die erste, die ihn wieder aufkündigte.[101] Dass Mitgliedsstaaten des Europarats den Vertrag 2011 in İstanbul unterzeichneten, sollte damals ein Zeichen der Weltoffenheit aus der Türkei in die Welt schicken.

Mit der nicht mehr eindeutigen Verankerung der Türkei im westlichen Bündnissystem, das in sich selbst mittlerweile Risse zeigt, eröffnen sich für die Türkei neue und scheinbar verlockende Perspektiven, wie etwa eine neue Zukunft in «Eurasien». Anhänger des Eurasien-Konzepts in Russland und in der Türkei ziehen daraus eine emotionale Befriedigung, indem Europa (und die Europäische Union) als unbedeutender Wurmfortsatz Asiens ohne eigene Zukunft erscheint.[102] Die Vorstellung von einer künftigen bedeutenden Rolle der Türkei in Eurasien, auch wenn sie über wenig intellektuellen oder historischen Tiefgang verfügt, kann ältere Konzepte wie Panturanismus, Panturkismus und Neo-Osmanismus in sich aufnehmen, wirtschaftliche Aspekte wie die Stellung der Türkei als Transitland für Erdöl und Erdgas zum Ausdruck bringen, die russisch-türkische Annäherung seit den 2000er Jahren berücksichtigen und zugleich den Anspruch ausdrücken, eine zu Russland und China halbwegs ebenbürtige Stellung einzunehmen.[103]

In mancherlei Hinsicht kann die Türkei in der Tat als eine Art «kleines China» gelten. China und die Türkei wurden, obwohl sie formell niemals Kolonien waren, durch die Erfahrung des europäischen Imperialismus geprägt. Beide verstehen sich als Mächte, die gegen den europäischen Imperialismus letztlich Bestand hatten und zugleich auf die Geschichte einer eigenen erfolgreichen Imperialität verweisen können, die sie – nicht zu Unrecht – für historisch herausragend halten.[104] Wie China beansprucht die Türkei, natürlich in geringerem Maßstab, aufgrund ihrer wirtschaftlichen Leisungsfähigkeit und machtpolitischen Position, aber auch dank ihres festen Glaubens an ihre weltpolitische Besonderheit, eine bestimmende Rolle zu spielen.[105]

Sehr viel enger als zu China sind jedoch, allein schon wegen der räumlichen Nähe, die Beziehungen und Bezüge zu Russland. Das Zarenreich und die ihm folgende Sowjetunion stellten jahrhundertelang eine direkte Bedrohung für die Türkei dar. Auch heute kann Russland eigentlich kein Interesse an einer starken Türkei haben, da die Türkei sich als sunnitische Führungsmacht begreift und damit potentiell Einfluss nehmen könnte auf die muslimische Bevölkerung in Russland beziehungsweise in den russischen Interessengebieten des Südkaukasus und Zentralasiens. Die Türkei ihrerseits sieht mit Sorge, wie Russland zunehmend, vor allem seit der russischen Besetzung der Krim im Jahr 2014, aus dem Schwarzen Meer ihr *Mare nostrum* macht.[106] Am 24. November 2015 schoss ein türkisches Kampfflugzeug einen russischen Su-24-Bomber ab, der von Syrien aus kommend geringfügig den türkischen Luftraum verletzt hatte. Da die darauf verhängten russischen Sanktionen die türkische Wirtschaft empfindlich trafen und die Türkei auf die russische Unterstützung ihrer Syrienpolitik angewiesen war, entschuldigte sich Erdoğan im Juni 2016 beim russischen Staatspräsidenten Wladimir Putin und sicherte wohl auch zu, nicht mehr einen Regimewechsel in Syrien erzwingen zu wollen.

Die Unterstützung und das Verständnis, die Putin für die türkische

Regierung nach dem Putschversuch vom Juli 2016 zeigte, stellte das bilaterale Verhältnis wieder gänzlich her: Im Dezember 2017 gab das türkische Unterstaatssekretariat für die Verteidigungsindustrie bekannt, dass die Türkei – als Mitglied der NATO! – einen Vertrag mit Russland über die Lieferung von zwei Batterien von S-400 SAM-Raketen abgeschlossen habe. Im Juli 2019 wurden in der Tat die ersten Teile des Systems geliefert. *TurkStream*, eine von Russland unter dem Schwarzen Meer in den europäischen Teil der Türkei führende Gas-Pipeline, wurde am 8. Januar 2020 gemeinsam von Putin und Erdoğan eröffnet. Und der erste Atomreaktor der Türkei in Akkuyu (an der südlichen Mittelmeerküste bei Silifke gelegen) wird von der russischen Firma Rosatom gebaut.

Auch militärisch gedeiht derzeit die Zusammenarbeit zwischen Russland und der Türkei. Beim Krieg um Nagorny Karabach von September bis November 2020, den Armenien gegen Aserbaidschan verlor, fanden die Türkei und Russland zu einer gelungenen Rollenteilung: Die Türkei konnte Aserbaidschan durch umfassende militärische Unterstützung, vor allem mit seiner weit entwickelten Drohnen-Technologie, zu großen Geländegewinnen verhelfen, während Russland den Moderator bei der Aushandlung des Waffenstillstands spielte und sich weitere Aufsichtsrechte entlang der neuen armenisch-aserbaidschanischen Grenzlinien in Bergkarabach sicherte.

Mit Russland verbindet die Türkei auch die Erfahrung der Randlage und das gebrochene Verhältnis zu Europa.[107] Ein anschauliches Beispiel für das neue Verhältnis der Türkei zu Europa ist die Migrationskrise von 2015, die der türkischen Regierung viel Befriedigung verschafft haben muss. Man darf annehmen, dass der derzeitige türkische Staatspräsident einen höheren Anteil von Muslimen in den Gesellschaften Europas für eine langfristig gewinnbringende Investition hält. Die nach 2015 deutlich zurückgegangene, aber bis heute anhaltende Fluchtbewegung vom türkischen Festland auf die nur wenige Kilometer entfernt liegenden ostägäischen Inseln wie Lesbos zeigt zudem Griechenland, wie exponiert diese Inseln gegenüber der Türkei sind. Für Westeuropäer ist die Lage der Migranten auf den ostägäischen Inseln nicht haltbar. Die Botschaft aber, die die Türkei

Recep Tayyip Erdoğan (links) und der russische Präsident Wladimir Putin bei einem Treffen in der Residenz Putins im Schwarzmeerort Sotschi (Aufnahme undatiert). Erdoğan und Putin verbinden, neben zur Schau gestellter Maskulinität, ein autoritäres Herrschaftsgebaren und die bewusst herausgestellte Abwendung vom Westen.

an Griechenland sendet, ist, dass die unmittelbar vor dem türkischen Festland liegenden Inseln gewiss nicht zu halten sind. In dem 2015 zwischen der EU und der Türkei geschlossenen Migrationspakt handelte sich die Türkei direkte Zuwendungen für die in der Türkei lebenden syrischen Flüchtlinge aus. Während die Türkei in früheren Jahrzehnten in ihrer Zugehörigkeit zum Westen einen grundsätzlichen Gewinn sah, besteht sie mittlerweile darauf, sich Leistungen für Europa und das westliche Bündnissystem direkt vergüten zu lassen. Die Beschimpfungen des europäischen Publikums vor den Parlaments- und Präsidentschaftswahlen 2018 oder des französischen Staatspräsidenten Emmanuel Macron im Jahr 2020 lassen sich als Vergeltungsakte gegenüber einem Westen lesen, dessen selbstgerechtem Anspruch auf Vorbildfunktion und Nachahmungswürdigkeit man überdrüssig geworden ist.[108]

Das grundsätzlich geänderte Selbstverständnis der Türkei lässt sich auch am Verhältnis zu den USA und zum Militärbündnis der NATO ablesen. Die militärischen Unternehmungen der NATO-Staaten gegen den Islamischen Staat trug die Türkei der Form halber mit. Dabei unterstützte sie selbst Aktivitäten islamistischer Milizen in Syrien, die ihr als Gegner des Asad-Regimes und später der Kurden willkommen waren.[109] Selbst die Mitgliedschaft in der NATO erscheint nicht mehr als unverrückbar. Mit dem frühen Beitritt zur NATO im Jahr 1952 wollte sich die Türkei vor territorialen Ansprüchen der damaligen UdSSR auf Ostanatolien und auf die Meerengen absichern. Angesichts der jetzigen, wieder deutlich formulierten Großmachtansprüche Russlands wäre eine Aufkündigung der NATO-Mitgliedschaft durch die Türkei zwar eine Selbstbeschädigung, aber nichts scheint mehr unmöglich.[110] Die Zugehörigkeit zur NATO bedeutete für die Türkei immer eine enge Beziehung zu den Vereinigten Staaten, jenseits von den identitätspolitischen Wirrungen und Trübungen, die sich im Verhältnis zu Europa und zur Europäischen Union im Besonderen immer wieder einstellten. Aber selbst für Washington droht das Verhältnis zur Türkei in Zukunft «ähnliche Grade von Komplexität und gelegentlich Aberwitz anzunehmen wie jenes zu Pakistan».[111]

Türkische Regierungskreise mögen die Beziehungen zu Ländern wie China und Russland mittlerweile als bedeutender ansehen als die zu Europa. Dies trifft aber nicht zu. Nicht nur in wirtschaftlicher Hinsicht, sondern auch durch die große türkeistämmige Migrationsbevölkerung in den westeuropäischen Staaten sind die Türkei und Europa eng miteinander verbunden. Man wird sich aber an neue Hierarchien gewöhnen müssen oder zumindest daran, dass die alten, die im zwanzigsten Jahrhundert prägend waren, nicht mehr gelten werden: Die europäische Selbstgewissheit, ja Herablassung angesichts eines geringeren Entwicklungsgrades der Türkei in Verbindung mit einer Bewunderung für die exotische Vielfältigkeit des Landes hat mit den heutigen Wirklichkeiten nicht mehr viel zu tun. In den Beziehungen zwischen Europa und der Türkei wird in Zukunft die türkeistämmige Migrationsbevölkerung in Europa eher eine noch größere Bedeutung als bislang einnehmen. Das Verfassungsreferendum vom 16. April 2017 zeigte noch einmal eindrücklich die politische Ausrichtung der Diaspora in Europa: In der Türkei selbst stimmten 51,41 Prozent dem Referendum zu; in den meisten europäischen Ländern waren aber die Zustimmungsquoten stimmberechtigter türkischer Staatsbürger sehr viel höher: von Deutschland und Frankreich mit deutlich über 60 Prozent bis zu den Niederlanden, Österreich und Belgien mit über 70 Prozent. Eine Ausnahme bildeten die deutlich geringeren Zustimmungsraten in der Schweiz mit knapp 40 Prozent und dem United Kingdom mit knapp über 20 Prozent, die eine andere Migrationsgeschichte widerspiegeln.[112]

Die Migrationsbevölkerung aus der Türkei stellt in vielen Ländern des westlichen Europa die älteste und kompakteste Gruppe von Muslimen dar. Zugleich sind staatliche türkische Organisationen wie etwa die in Deutschland tätige «Türkisch-Islamische Union der Anstalt für Religion» (*Diyanet İşleri Türk İslam Birliği, DİTİB*) seit vielen Jahren in der europäischen Diaspora verankert.[113] Die türkeistämmige Diaspora ragt aus der muslimischen Bevölkerung Europas heraus, weil die Türkei dort in den letzten Jahrzehnten einen wirksamen Einflussapparat aufgebaut hat und zudem mit den sunnitischen Türken über ein sehr kompaktes Migrationsmilieu verfügt. Die derzeitige türkische Regierung verficht nicht wie etwa Saudi-Arabien eine globale islamistische Agenda, sondern ein enger gefasstes islamistisch-nationalistisches Programm, das sie aber vermutlich nicht vom Anspruch abhalten wird, in den nächsten Jahren und Jahrzehnten ein «Kultusprotektorat» über die Muslime in Europa anzustreben.[114]

Die «Islamisierung» der muslimischen Diasporen in Europa hat mit Fehlern europäischer Migrationspolitik zu tun, aber sie lässt sich nicht ausschließlich darauf zurückführen.[115] Im Europa der 1980er Jahre wurde die aus muslimischen Ländern stammende Migrationsbevölkerung noch in erster Linie im Lichte ihrer jeweiligen Herkunftsgesellschaften gesehen. In Beschreibungen türkischer Migrantengesellschaften stellte damals der Islam nur das Subsystem eines umfassenderen sozialen (in der Regel ländlich geprägten) Regelwerks dar, das mit nach Europa gebracht wurde. Der Islam als Ordnungsfaktor und Bezugspunkt beschränkte sich auf die unmittelbaren rituellen Verpflichtungen wie Fasten oder Beten.[116] In diesem Sinne ist die im Jahr 2006 vom damaligen Innenminister Wolfgang Schäuble begründete «Deutsche Islam Konferenz», die sich das Ziel setzte, eine bessere religions- und gesellschaftspolitische Integration der muslimischen Bevölkerung in Deutschland zu erreichen, eine zwiespältige Errungenschaft: Dem positiven und emanzipatorischen Anspruch, dass die Muslime in der sie aufnehmenden Gesellschaft Gleichberechtigung oder zumindest Anerkennung erringen sollen, steht entgegen, dass die Islamkonferenz alle Menschen, die aus muslimischen Ländern kommen, primär der Zuordnung «Islam» unterwirft.

Wie bereits in der Frage eines möglichen Beitritts der Türkei zur Europäischen Union führen in den Debatten über die muslimische Diaspora in Europa, zu der die türkeistämmige Gemeinde mitterweile hinzuzurechnen ist,[117] die gewählten Blickwinkel zu gänzlich unterschiedlichen Einschätzungen. So kann man zum Urteil kommen, dass die türkisch-islamistische Organisation *Islamische Gemeinschaft Milli Görüş (IGMG)* in eine post-islamistische Phase eingetreten und damit bereit sei, sich in einer liberalen Demokratie einzurichten. Dem steht das Argument gegenüber, dass ein wie auch immer motiviertes Festhalten am Islam als Ordnungssystem mit Demokratie und Menschenrechten unvereinbar sei.[118] Sind Kopftücher selbstbewusste religiöse Zeichen, die Gläubigkeit und Modernität miteinander in Einklang bringen? Oder dienen sie nicht doch letztendlich der Unterdrückung, indem Frauen allein durch ihr Geschlecht bestimmt werden?[119] Ein schnelles und einvernehmliches Ende dieser Diskussionen ist natürlich nicht in Sicht.

Janusblick

Die Erfahrung der spätosmanischen Zeit, dem Handeln und den Absichten der europäischen Großmächte mehr oder weniger hilflos ausgeliefert gewesen zu sein, prägt bis heute die Erinnerungspolitik der Republik Türkei. Drei Beispiele mögen dies verdeutlichen: Als die Sowjetunion mit dem Ende des Zweiten Weltkriegs die Ausweitung ihrer Rechte in den beiden Meerengen und damit eine Revision der Bestimmungen der Meerengenkonvention von Montreux von 1936 forderte, wies der damalige Ministerpräsident Şükrü Saraçoğlu (1887–1953, im Amt 1942–1946) dieses Ansinnen vehement zurück – verbunden mit dem Verweis, dass die Türkei einen zweiten Vertrag von Hünkâr İskelesi nicht dulden werde.[120] Der Vertrag von Hünkâr İskelesi (eine Bootsanlegestelle und ein kleiner Ortsteil auf der europäischen Seite des Bosporus) war 1833 zwischen dem Osmanischen Reich und Russland unter dem Eindruck einer existenziellen Bedrohung des Osmanischen Reiches durch den Vorstoß ägyptischer Truppen Richtung İstanbul geschlossen worden und war einer der Verträge im neunzehnten Jahrhundert, der in beispielhafter Weise den Rang des Osmanischen Reiches als souveräner Staat untergrub. Unter anderem konnte sich Russland in diesem Vertrag Privilegien bei den Durchfahrtsrechten durch die Meerengen sichern. – In den 1950er Jahren schloss die damalige türkische Regierung bis zu einhundert überwiegend geheime Verträge zu Stationierungsrechten US-amerikanischer Militäreinheiten ab – ein Vorgang, der türkische Beobachter an «eine Form moderner Kapitulationen» erinnerte,[121] also an die im neunzehnten Jahrhundert ausufernden extraterritorialen Sonderrechte der europäischen Staaten im Osmanischen Reich. – 1993 setzte Präsident Süleyman Demirel, als die Bedrohung der PKK auf ihrem Höhepunkt war, eine mögliche Autonomie für die Kurden mit dem Vertrag von Sèvres von 1920 gleich.[122]

Opfer- und Feindkomplexe als Mittel der politischen Mobilisierung wurden bereits in spätosmanischer Zeit entwickelt. Spätosmanische Würdenträger argumentierten zum Beispiel, dass die Ursache für den Niedergang des Osmanischen Reiches seit dem achtzehnten Jahrhundert «ausschließlich in der übermäßigen Humanität der früheren Sultane zu suchen sei»,[123] und wollten damit nicht eingestehen, dass das Osmanische Reich auf dem Höhepunkt seiner Macht im sechzehnten Jahrhundert wohl in einer anderen Tonart, aber doch auf der gleichen Klaviatur der Macht spielte wie die europäischen Großmächte des neunzehnten Jahrhunderts.

Die Osmanen waren gemäß dem Selbstverständnis des kemalistischen Staates als Ancien Régime grundsätzlich abzulehnen. Mit der politischen Pluralisierung in der Türkei seit den 1950er Jahren und der damit einhergehenden größeren Bandbreite an Meinungen in der türkischen Geschichtsschreibung und -deutung trat das Osmanische Reich immer mehr als legitimer und unabdingbarer Bestandteil einer gesamttürkischen Geschichte hervor. Hinzu kam, dass die rechtskonservative Strömung und vor allem die islamistische Bewegung eine ganz eigene Sichtweise auf das kemalistische Projekt hatten: Nicht das Osmanische Reich sei eine Verirrung gewesen, sondern der Kemalismus, denn die enge Verbindung von türkischer und islamischer Identität sei die Standardeinstellung einer authentischen türkischen politischen Kultur.[124] Revisionistische Tendenzen der letzten Jahrzehnte in der internationalen wissenschaftlichen Geschichtsschreibung zum Osmanischen Reich verstärkten – wohl eher unbewusst – solche Auffassungen. So wurde etwa vorgebracht, dass eine sich eigenständig entwickelnde kapitalistische Wirtschaft durch den europäischen Imperialismus abgewürgt oder dass Anzeichen einer islamischen Aufklärung im achtzehnten Jahrhundert von den Entwicklungen des neunzehnten Jahrhunderts überschichtet worden seien.[125] Für das Osmanische Reich im Besonderen wurde vorgebracht, dass die Janitscharen, die ehemaligen Elitesoldaten des Reiches im fünfzehnten und sechzehnten Jahrhundert, sich im achtzehnten Jahrhundert immer mehr zu einer Form von Bürgertum gewandelt hätten. In diesem Sinne habe mit der Zerschlagung der Janitscharen 1826 in einer Art Putsch eine neue technokratisch-administrativ-militärische Elite die Macht übernommen,[126] deren

Macht, so muss man hinzufügen, erst in den 2000er Jahren wieder gebrochen werden konnte.

Heute erscheint eine einfache Übergabe der Macht nach verlorenen Parlamentswahlen eher unwahrscheinlich angesichts des historischen Selbstbildes der Elite um die regierende Partei für Gerechtigkeit und Entwicklung: Nach vielen Jahrzehnten der Herrschaft einer westlich orientierten technokratischen Elite sei es ein Zeichen ausgleichender historischer Gerechtigkeit, dass nun die eigentliche Mehrheit der Nation die Regierung führe. Die jetzige Position der regierenden Partei begründet eben ihre Härte und ihren Autoritarismus aus der Geschichte ihrer Zurücksetzungen und Kränkungen. Geschichte wird zu einer scheinbar unerschöpflichen Quelle von Berechtigung, frühere Benachteiligungen aufzuarbeiten und aufzuwiegen.

Sind die Türken ein glückliches Volk? Es ist eine Frage der Perspektive: Die Familie eines Funktionärs der regierenden AKP, der in den 1990er Jahren vielleicht nur mit Mühe ein Universitätsstudium erringen konnte, dem sich aber in den letzten zwanzig Jahren ungeahnte Aufstiegschancen eröffneten, wird die Türkei mit anderen Augen sehen als die Ehefrau eines Offiziers, der wegen (angeblicher oder wirklicher) Kollaboration mit den Putschisten des Juli 2016 verurteilt wurde, und die nun allein ihre Kinder durchs Leben bringen muss.

Ist die Türkei ein glückliches Land? Ja und nein, es kommt auf den Vergleich an. Eine glückliche Fügung für die Türkei war, dass sie seit der Republikgründung von größeren Kriegen verschont geblieben ist. Etwas boshaft ließe sich sagen, dass sich die Aufgaben des türkischen Militärs, außer ihrem Einsatz im Koreakrieg in den Jahren 1950–1953 und bei der Intervention auf Zypern 1974, in der Kontrolle über die kurdischen Bevölkerungsgebiete erschöpft haben.[127] Länder wie Ägypten oder Pakistan, mit denen die Türkei in den 1950er und 1960er Jahren gerne verglichen wurde, hat die Türkei im Hinblick auf wirtschaftlichen Erfolg und Lebensstandard weit hinter sich gelassen. Andererseits hat sie seit den 1950er Jahren nicht den Anschluss an ostasiatische Staaten wie Südkorea halten können. Die

Zeiten der Militärherrschaft haben keine so verheerenden Wirkungen entfaltet wie etwa die lateinamerikanischen Militärdiktaturen. Auf der anderen Seite ist es der Türkei bis heute nicht gelungen, sich aus dem Auf-und-Ab-Muster von liberalen und autoritären Phasen zu befreien. Derzeit gibt es jedenfalls wenig, worauf sich die junge Generation in der Türkei freuen kann.[128]

Bis in die 2010er Jahre hinein sahen alle, einschließlich der Regierungspartei AKP, den wachsenden Wohlstand des Landes als einen Erfolgsbeweis; ein wirtschaftlicher Einbruch hätte also zu einer Abwahl der AKP-Regierung führen müssen. Infolge der Wende hin zum Autoritarismus, der unablässigen Manipulation der Medien und der Lagerbildung in der türkischen Politik ist die Zukunft einer demokratisch-marktwirtschaftlichen Ordnung in der Türkei unsicher. Es kommt daher zu vielfachen Formen innerer und äußerer Migration. Gemäß den Angaben des «Präsidiums des Instituts für Statistik der Türkei» (*Türkiye İstatistik Kurumu Başkanlığı, TÜİK*) für das Jahr 2016 verließen 178 000 Bürger das Land, im darauffolgenden Jahr waren es bereits mehr als eine Viertel Million Menschen. Nach Angaben der *AfrAsia Bank* transferierten 2016 und 2017 mindestens zwölftausend unter den rund einhunderttausend türkischen Millionären ihr Vermögen ins Ausland.[129]

Das Gespür der AKP und ihres Vorsitzenden Erdoğan für die Bevölkerung ist nicht mehr so sicher wie noch Jahre zuvor. Vieles ist zudem noch unklar: Nahm die AKP-Regierung die 2019 in İstanbul verlorenen Kommunalwahlen zwar zähneknirschend, aber dennoch ihren demokratischen Überzeugungen folgend hin? Oder war es doch nur ein taktisches Zugeständnis, um sich von niemandem sagen lassen zu müssen, die Türkei sei kein demokratisches Land mehr?

Wenige andere Ereignisse haben die Geschichte der Republik Türkei so deutlich periodisiert wie die Militärputsche. Gerne wird in der Türkei bei wichtigen Ereignissen, ähnlich wie bei *9/11* für die Anschläge des 11. September 2001 in den USA, nur auf den Tag und Monat verwiesen. *12 Eylül*, also der «12. September» als Wegmarke des Putsches von 1980 ist selbst jüngeren Generationen ein selbstverständlicher Begriff. Man könnte sogar behaupten, dass sich der auffällige Zehnjahresrhythmus der Putsche von 1960, 1971 und 1980 fortgesetzt hat: in einem Dekadenrhythmus bis zum gescheiterten Putschversuch vom Juli 2016. Mit dem Referendum vom September 1987 und der Rückkehr der alten politischen Schlachtrösser Demirel, Ecevit und Erbakan in die aktive Politik beginnt die Putschuhr wieder zu laufen.[130] 1997 erzwingt das Militär den Rücktritt der Regierung unter Necmettin Erbakan, dem damaligen Vorsitzenden der Wohlfahrtspartei (*Refah Partisi*). 2008 schickt das schon geschwächte Militär das Verfassungsgericht vor. Nur sehr knapp wird eine Mehrheit für den Entscheid verfehlt, die AKP aufzulösen und ein Betätigungsverbot für ihre führenden Politiker zu verhängen. Es folgt als letzter bisheriger Schritt der gescheiterte Putschversuch von 2016.

In innenpolitischer Hinsicht ist die Türkei immer von einer Wellenbewegung von Autoritarismus und Pluralismus gekennzeichnet gewesen, doch diese historische Erfahrung gibt nicht die Zukunft vor. Manche Wege sind für die Türkei versperrt, im Guten wie im Schlechten: Durch die Entmachtung des Militärs, dem früheren Wächter über Politik und Gesellschaft, erscheint eine weitere militärische Intervention in den nächsten Jahren als höchst unwahrscheinlich. Das Militär wird und kann nicht mehr direkt in die Politik eingreifen und – je nach Perspektive – die Dinge zurechtrücken beziehungsweise verwirren.

Am jetzigen Stand der Dinge, nämlich dem Bestehen einer elektoralen Autokratie, wird sich wohl so schnell nichts ändern. Die Erfolgsaussichten der vom ehemaligen Ministerpräsidenten Ahmet Davutoğlu im Dezember 2019 gegründeten «Zukunftspartei» (*Gelecek Partisi*) oder der von Ali Babacan (der bis 2015 den Wirtschaftskurs der Regierung maßgeblich bestimmt hatte) im März 2020 ausgerufenen «Partei für Demokratie und Fortschritt» (*Demokrasi ve Atılım Partisi, DEVA*) sind höchst unklar. Die AKP-Regierung hat jedenfalls alles Erdenkliche dafür getan, sich tief in den Schaltstellen der Macht einzugraben.

Die Türkei wird langfristig den Weg zu einer neuen politischen Kultur finden müssen, in denen die Ausschläge zwischen den Selbstbildern als Opfer und Held und zwischen den Gefühlszuständen von Zuversicht und Zorn weniger stark sein werden. Eines – nicht zu fernen – Tages werden die Versprechungen des islamistischen Konservativismus für die allermeisten Türkinnen und Türken endgültig hohl klingen; zugleich ist die Rückkehr zu einem kemalistisch dominierten Staat und einem militärischen Wächterstaat nicht mehr möglich. Gesellschaft und Politik in der Türkei müssen sich daher mittelfristig darüber verständigen, wie sie sich selbst verstehen wollen. Wie wir gesehen haben, ist das Eingewobensein eines konfessionellen Elements im türkischen Nationalstaatsbegriff Stärke und Schwäche zugleich. Neben der Mäßigung eines überbordenden Nationalismus könnte die Loslösung des türkischen Nationalstaatsbegriffs von seinen konfessionalistischen Bestandteilen den Aufbruch zu neuen Ufern möglich machen. In einem solchen – aus heutiger Sicht reichlich utopischen – Gemeinwesen erschiene die Teilhabe aller Menschen in der Türkei an Politik und Gesellschaft nicht mehr als Verhängnis, sondern als Gewinn.

Dank

Alexander Balistreri, Joachim Berg, Tim Epkenhans, Hakan Karateke, Ali Sonay und Martin Strohmeier haben verschiedene Fassungen des Buchmanuskripts gelesen und mir viele Anregungen gegeben. Besonders wichtige Hinweise zu Inhalt und Struktur verdanke ich Alexander Balistreri und Tim Epkenhans. Ebru Akbıyık und Mirjam Weidmann überprüften die bibliographischen Angaben. Petra Rehder redigierte mit Sorgfalt und Inspiration das Manuskript und erstellte das Personenregister. Eli Aisics, Filiz Altun und Joachim Berg besorgten das geographische Register. Rebecca Szediwy unterstützte mich bei der Korrektur des Umbruchs. Ulrich Nolte vom Verlag C.H.Beck begleitete mich mit Umsicht und Verständnis.

Anregende und mich prägende Gespräche über die Türkei führte ich in den letzten Jahren mit Mehmet Alkan, Fatmagül Demirel, Murat Kaya, Hilmar von Lojewski, Akşin Somel, Anna Vakalis, Richard Wittmann und Alp Yenen. Die Argumente in diesem Buch weichen allerdings zum Teil sehr deutlich von den Meinungen der gerade Erwähnten ab; sie tragen keinerlei Verantwortung für die Inhalte dieses Buches. Hannes Hintermeier gab auf indirekte Weise den Anstoß zu diesem Buch. Ihnen allen gilt mein großer Dank!

Für wissenschaftliche Gastfreundschaft und Unterstützung danke ich dem Deutschen Archäologischen Institut in Istanbul, dem Orient-Institut Istanbul, der Orient- sowie Osteuropa-Abteilung der Bayerischen Staatsbibliothek München und den Universitätsbibliotheken Basel sowie Freiburg im Breisgau, ganz besonders aber Sabine Mertens. Einen großen Teil des Buches schrieb ich am Arbeitsplatz meines früheren Kollegen und zu früh verstorbenen Freundes Dieter Mertens. Das Buch möchte ich meiner wunderbaren Frau Lijljana widmen, die trotz meiner ungezählten Stunden am Schreibtisch in den letzten Jahrzehnten niemals den Glauben an mich verloren und mich auch bei diesem Buch immer wieder ermuntert hat.

Basel/Freiburg i. Br., im Mai 2021 *Maurus Reinkowski*

Zeittafel

1071, 26. Aug.	Die Großseldschuken, im Verein mit turkstämmigen nomadischen Einheiten, gewinnen die Schlacht von Manzikert (Malazgirt) und öffnen so Anatolien für den Zustrom der turkstämmigen Bevölkerung.
1326	Osman I., Namensgeber für die osmanische Dynastie und Begründer des Osmanischen Reiches, stirbt.
1453, 29. Mai	Eroberung Konstantinopels durch die Osmanen.
1514, 23. Aug.	In der siegreichen Schlacht von Çaldıran können die Osmanen gegenüber den Safawiden Persiens ihren Anspruch auf Ostanatolien durchsetzen.
1793, 24. Febr.	Verfügung durch Sultan Selim III. über die Begründung einer «Neuen Ordnung» (*nizâm-ı cedîd*).
1826, 15. Juni	Sultan Mahmud II. löst die Janitscharen (*yeni çeri*), die ehemalige Elite-Infanterie des osmanischen Militärs, gewaltsam auf.
1839, 3. Nov.	Sultan Abdülmecid I. verkündet das «Ehrwürdige Sendschreiben» (*hatt-ı şerif*) von Gülhane und leitet die Reformpolitik der *Tanzimat* ein.
1856, 18. Febr.	Abdülmecid I. sichert im «Imperialen Sendschreiben» (*hatt-ı hümayun*) Nicht-Muslimen Gleichheit vor dem Gesetz zu.
1856, 30. März	Im Friedensvertrag von Paris erhält das Osmanische Reich die Zusage, an den «Vorteilen des europäischen Konzerts» teilzuhaben.
1875, 6. Okt.	Das Osmanische Reich erklärt den Staatsbankrott.
1878, 13. Febr.	Sultan Abdülhamid II. suspendiert das Parlament.
1878, 13. Juli	Mit den Bestimmungen des Berliner Kongresses verliert das Osmanische Reich rund ein Drittel seines Territoriums und über ein Fünftel seiner Bevölkerung.
1908, 23. Juli	Mit der «Jungtürkischen Revolution» werden Parlament und Verfassung von 1876 wiederbelebt; Beginn der «Zweiten Konstitution» (*İkinci Meşrutiyet*).
1912, 8. Okt.	Ausbruch des Ersten Balkankriegs (Ende am 30. Mai 1913).
1913, 16. Juni	Ausbruch des Zweiten Balkankriegs (Ende am 10. August 1913).

1914, 2. Aug.	Geheimes deutsch-osmanisches Abkommen über einen voraussichtlichen Beitritt des Osmanischen Reiches in den Krieg an der Seite Deutschlands.
1914, 29. Okt.	Das Osmanische Reich tritt mit dem Beschuss von russischen Schwarzmeerhäfen in den Ersten Weltkrieg ein.
1915, 24. April	Beginn der Anlandung von militärischen Einheiten der Entente-Mächte auf der Halbinsel von Gallipoli (Gelibolu) und zugleich in der folgenden Nacht Beginn des Genozids an den Armeniern (mit ersten Festnahmen von Armeniern in İstanbul).
1918, 30. Okt.	Waffenstillstand von Mudros zwischen den siegreichen Entente-Mächten und dem Osmanischen Reich.
1919, 19. Mai	Landung von Mustafa Kemal in Samsun und damit, gemäß der türkischen Nationalhistoriographie, Beginn des Kriegs der anatolischen Nationalbewegung.
1919, 23. Juli – 7. Aug.	Erster Kongress der anatolischen Nationalbewegung in Erzurum.
1919, 4.–11. Sept.	Zweiter Kongress der anatolischen Nationalbewegung in Sivas.
1920, 10. Aug.	Das Osmanische Reich unterzeichnet den Vertrag von Sèvres, dessen Umsetzung in der Folge durch die anatolische Nationalbewegung verhindert wird.
1921, 10. Jan. und 1. April	Unter der Führung von İsmet Pascha zwei erfolgreiche Abwehrschlachten am Fluss İnönü gegen das weitere Vordringen griechischer Truppen Richtung Zentralanatolien.
1921, 13. Sept.	Nach einer mehrwöchigen Schlacht beim Fluss Sakarya gelingt es den Truppen der Nationalbewegung die griechische Vorwärtsbewegung endgültig zu brechen.
1922, 9. Sept.	Einmarsch der türkischen Truppen in Smyrna (İzmir) und Ende des Kriegs der anatolischen Nationalbewegung.
1922, 11. Okt.	Waffenstillstand von Mudanya zwischen Großbritannien und der Nationalbewegung.
1922, 1. Nov.	Die türkische Nationalversammlung hebt das Sultanat auf.
1923, 24. Juli	Unterzeichnung des Vertrags von Lausanne.
1923, 29. Okt.	Ausrufung der Republik Türkei (*Türkiye Cumhuriyeti*).
1924, 3. März	Die türkische Nationalversammlung hebt das Kalifat auf. Am selben Tag Gründung des Präsidiums für religiöse Angelegenheiten (*Diyanet İşleri Başkanlığı*).
1924, 20. April	Das Parlament beschließt eine Verfassung (*Teşkilat-ı Esasiye Kanunu*), die die Verfassung von 1876 ersetzt.
1925, 29. Juni	Scheich Said wird zusammen mit 46 seiner Anhänger in Diyarbakır gehenkt.
1925, 25. Nov.	Gesetz über die Pflicht für Männer, einen Hut in der Öffentlichkeit zu tragen.

1925, 30. Nov.	Gesetz über das Verbot und die Schließung der Derwischorden, Konvente und Mausoleen.
1926, 17. Febr.	Beschluss des Parlaments zur Einführung eines neuen Zivilgesetzbuchs.
1927, 15.–20. Oktober	Marathonrede (*Nutuk*) von Mustafa Kemal vor dem zweiten Kongress der Republikanischen Volkspartei.
1929, 1. Januar	Schriftreform: Ersetzung des arabischen durch das lateinische Alphabet.
1935, 1. Januar	Verpflichtende Annahme von Familiennamen.
1938, 10. Nov.	Tod von Mustafa Kemal Atatürk.
1945, 23. Febr.	Die Türkei erklärt Deutschland den Krieg, um so die Grundbedingung für eine Aufnahme in die Vereinten Nationen zu erfüllen.
1950, 14. Mai	Die Demokratische Partei (*Demokrat Parti, DP*) gewinnt die Parlamentswahlen und übernimmt die Regierung.
1952, 18. Febr.	Die Türkei wird gemeinsam mit Griechenland in die NATO aufgenommen.
1960, 27. Mai	Putsch unter der Führung von General Cemal Gürsel.
1961, 9. Juli	Auf der Grundlage eines Verfassungsreferendums löst eine neu ausgearbeitete Verfassung die erste Verfassung von 1924 ab.
1971, 12. März	Das Militär überreicht Staatspräsident Cevdet Sunay und den Sprechern beider Parlamentskammern ein Memorandum und droht mit Intervention.
1978, Nov.	Gründung der PKK in dem Dorf Fis bei Diyarbakır.
1978, 22.–24. Dez.	Anti-alevitisches Pogrom in Kahramanmaraş mit über einhundert Toten. Am folgenden Tag (25. Dez.) verhängt das Parlament den Ausnahmezustand in dreizehn Provinzen Ostanatoliens.
1980, 12. Sept.	Putsch durch das Militär.
1982, 7. Nov.	In einem Referendum wird die neue Verfassung angenommen und Kenan Evren zum Staatspräsidenten bestimmt.
1983, 6. Dez.	Der Nationale Sicherheitsrat (*Milli Güvenlik Konseyi*), der seit dem 12. September 1980 im Rahmen eines Ausnahmezustands herrscht, übergibt die Regierungsgeschäfte an Turgut Özal (ANAP).
1987, 6. Sept.	In einem Referendum wird mit äußerst knapper Mehrheit das 10-jährige Betätigungsverbot für 200 Politiker, unter ihnen Süleyman Demirel, Bülent Ecevit, Necmettin Erbakan und Alparslan Türkeş, aufgehoben.
1993, 17. April	Mit dem überraschend frühen Tod des Staatspräsidenten Turgut Özal setzt ein allumfassender Kampf gegen die PKK ein.
1993, 2. Juli	Ein Mob legt einen Brand im Madımak-Hotel in Sivas, in dem sich die Teilnehmer an Feierlichkeiten zu Ehren von Pir Sultan Abdal versammelt haben; 35 Menschen kommen in dem Feuer um.

1996, 1. Januar	Zollunion zwischen der EG und der Türkei.
1996, 3. Nov.	Ein Verkehrsunfall in Susurluk (Westanatolien) legt die wuchernden Verbindungen zwischen Staatsorganen, kriminellen Milieus und Rechtsextremisten offen.
1997, 28. Febr.	Eine Sitzung des Nationalen Sicherheitsrats leitet den «Prozess des 28. Februar» ein, der wenige Monate später zum Rücktritt von Ministerpräsident Necmettin Erbakan und zum Verbot der Wohlfahrtspartei führt.
1999, 17. Aug.	Erdbeben von Gölcük im östlichen Teil des Großraums von İstanbul mit nahezu 18 000 Toten.
1999, 11. Dez.	Der Europäische Rat erkennt bei seinem Gipfel in Helsinki die Türkei als beitrittswilliges Land an.
2002, 3. Nov.	Die AKP gewinnt die Parlamentswahlen und übernimmt noch im selben Monat die Regierung.
2003, 14. März	Die Nationalversammlung wählt Recep Tayyip Erdoğan zum Ministerpräsidenten.
2005, 3. Okt.	Beginn der Beitrittsverhandlungen zwischen der EG und der Türkei.
2007, 19. Jan.	Ermordung des armenischen Aktivisten Hrant Dink.
2007, 27. April	«E-Memorandum» (*E-Muhtıra*) des Militärs.
2007, 28. Aug.	Das Parlament wählt Abdullah Gül in das Amt des Staatspräsidenten.
2007, 21. Okt.	Ein Verfassungsreferendum beschließt u. a. die Direktwahl des Präsidenten; die Legislaturperiode wird von fünf auf vier Jahre verkürzt.
2008, 30. Juli	Im Verfassungsgericht wird das notwendige Quorum von drei Fünfteln der Richterstimmen für ein Verbot der AKP nicht erreicht.
2010, 31. Mai	Die israelische Marine kapert in internationalen Gewässern das Schiff *Mavi Marmara* auf seinem Weg zum Gaza-Streifen.
2010, 12. Sept.	Ein Verfassungsreferendum hebt u. a. die Bestimmung in der Verfassung von 1982 auf, die den Verantwortlichen des Militärputsches von 1980 Straffreiheit garantiert. Die Zahl der Richter in den höchsten Institutionen der Judikative wird ausgeweitet.
2011, 11. Febr.	Höhepunkt der Arabellion mit dem durch Demonstrationen erzwungenen Rücktritt des ägyptischen Staatspräsidenten Husni Mubarak.
2011, 17. März	In Syrien geht die Arabellion in einen Krieg über.
2013, 28. Mai	Ausbruch der Gezi-Park-Proteste in İstanbul, die sich auf die gesamte Türkei ausweiten und bis in den Herbst hinein andauern.
2014, 30. Jan.	Die syrisch-kurdische PYD ruft die Autonomie «Westkurdistans» (*Rojava*) aus.

2014, 28. Aug.	Die Nationalversammlung wählt Recep Tayyip Erdoğan zum Staatspräsidenten.
2015, 7. Juni	Bei den Parlamentswahlen überwindet die kurdennahe HDP die Zehnprozenthürde; die AKP verliert erstmals ihre absolute Mehrheit im Parlament.
2015, 10. Okt.	Beim schwersten Terroranschlag in der Geschichte der Türkei sterben in Ankara 102 Menschen.
2015, 24. Nov.	Der Abschuss eines russischen Kampfflugzeugs durch die türkische Luftwaffe führt zu einem vorübergehenden Bruch in den russisch-türkischen Beziehungen.
2016, 18. März	Vereinbarung («Flüchtlingsdeal») zwischen EU und Türkei über die Reduzierung der Fluchtbewegung von der Türkei nach Griechenland.
2016, 15. Juli	Ein Putschversuch endet in den frühen Morgenstunden des folgenden Tags.
2017, 16. April	Erfolgreiches Verfassungsreferendum über den Übergang hin zu einem präsidialen Regierungssystem.
2018, 24. Juni	Im Zuge der Parlaments- und Präsidentschaftswahlen wird das ein Jahr zuvor angenommene präsidiale Regierungssystem eingeführt.
2019, 23. Juni	Der Kandidat der CHP, Ekrem İmamoğlu, gewinnt bei der Wiederholung der Kommunalwahlen in İstanbul das Amt des Oberbürgermeisters.
2020, 10. Juni	Beinahe-Konfrontation zwischen Schiffen der französischen und türkischen Marine im Mittelmeer.
2020, 24. Juli	Anlässlich eines Freitagsgebets wird die Hagia Sophia (Ayasofya) von einem Museum in eine Moschee umgewandelt.
2020, 27. Sept.	Beginn des bis November währenden Kriegs um die Kontrolle von Bergkarabach zwischen Armenien und Aserbaidschan, für dessen Sieg türkische militärische Unterstützung entscheidend ist.
2021, 17. März	Der Generalstaatsanwalt beim Kassationshof (*Yargıtay*) beantragt ein Verbot der HDP und ein mehrjähriges politisches Betätigungsverbot für rund 600 Politiker der Partei.
2021, 19. März	Die türkische Regierung kündigt die İstanbul-Konvention zur Verhütung und Bekämpfung von Gewalt gegen Frauen und häuslicher Gewalt.

Abkürzungen

AFAD	*Afet ve Acil Durum Yönetimi Başkanlığı*, Präsidium für die Bewältigung von Katastrophen und Notlagen
AKP	*Adalet ve Kalkınma Partisi*, Partei für Gerechtigkeit und Entwicklung
ANAP	*Anavatan Partisi*, Mutterlandspartei
AP	*Adalet Partisi*, Gerechtigkeitspartei
BBP	*Büyük Birlik Partisi*, Partei der Großen Einheit
BSEC	Organization of the Black Sea Economic Cooperation
CENTO	Central Treaty Organisation (vorher: Bagdad-Pakt)
CHP	*Cumhuriyet Halk Partisi*, Republikanische Volkspartei
CKMP	*Cumhuriyetçi Köylü Millet Partisi*, Partei der Republikanischen Dorfbewohnenden Nation
DDKO	*Devrimci Doğu Kültür Ocakları*, Revolutionäre Kulturklubs des Ostens
DEP	*Demokrasi Partisi*, Demokratiepartei
DEVA	*Demokrasi ve Atılım Partisi*, Partei für Demokratie und Fortschritt
Dev-Genç	*Türkiye Devrimci Gençlik Dernekleri Federasyonu*, Föderation der Revolutionären Jugendvereine der Türkei
DİSK	*Türkiye Devrimci İşçi Sendikaları Konfederasyonu*, Konföderation der Revolutionären Arbeitergewerkschaften der Türkei
DİTİB	*Diyanet İşleri Türk İslam Birliği*, Türkisch-Islamische Union der Anstalt für Religion (in Deutschland)
DP	*Demokrat Parti*, Demokratische Partei (in den 1950er Jahren)
DP	*Demokratik Parti*, Demokratische Partei (in den 1970er Jahren)
DPT	*Devlet Planlama Teşkilatı*, Staatliche Planungsbehörde
DSP	*Demokratik Sol Parti*, Demokratische Linkspartei
DTP	*Demokratik Toplum Partisi*, Partei der Demokratischen Gesellschaft
DYP	*Doğru Yol Partisi*, Partei des Rechten Weges
EGMR	Europäischer Gerichtshof für Menschenrechte
ESI	European Stability Initiative
FETÖ	*Fethullahçı Terör Örgütü*, Terrororganisation der Parteigänger des Fethullah (Gülen)
FP	*Fazilet Partisi*, Tugendpartei
HADEP	*Halkın Demokrasi Partisi*, Partei der Demokratie des Volkes
HDP	*Halkların Demokratik Partisi*, Demokratische Partei der Völker

HEP	*Halkın Emek Partisi*, Arbeitspartei des Volkes
IGMG	Islamische Gemeinschaft Milli Görüş
IWF	Internationaler Währungsfonds
JİTEM	*Jandarma İstihbarat ve Terörle Mücadele*, Geheimdienst- und Anti-Terror-Einheit der Gendarmerie
KCK	*Koma Civakên Kurdistan*, Union der Gemeinschaften Kurdistans
MGK	*Milli Güvenlik Kurulu*, Nationaler Sicherheitsrat
MİT	*Millî İstihbarat Teşkilâtı*, Nationale Nachrichtendienstorganisation
MNP	*Millî Nizam Partisi*, Nationale Ordnungspartei
MSP	*Millî Selamet Partisi*, Nationale Heilspartei
MÜSİAD	*Müstakil Sanayici ve İşadamları Derneği*, Verein unabhängiger Industrieller und Unternehmer
NATO	North Atlantic Treaty Organization
OHAL	*Olağanüstü Hâl Bölgesi*, Zone des Ausnahmezustands (in den kurdischen Gebieten Südostanatoliens)
OYAK	*Ordu Yardımlaşma Kurumu*, Anstalt des Militärs für gegenseitige Unterstützung
PDK	*Partiya Demokrata Kurdistanê*, Demokratische Partei Kurdistans (im Irak)
PKK	*Partiya Karkerên Kurdistanê*, Arbeiterpartei Kurdistans
PYD	*Partiya Yekitiya Demokrat*, Partei der Demokratischen Union (in Syrien)
RP	*Refah Partisi*, Wohlfahrtspartei
SHP	*Sosyaldemokrat Halkçı Parti*, Sozialdemokratische Populistische Partei
SP	*Saadet Partisi*, Glückseligkeitspartei
THKO	*Türkiye Halk Kurtuluş Ordusu*, Volksbefreiungsarmee der Türkei
THKP-C	*Türkiye Halk Kurtuluş Partisi – Cephe*, Volksbefreiungspartei der Türkei – Front
TİİKP	*Türkiye İhtilalci İşçi-Köylü Partisi*, Revolutionäre Arbeiter- und Bauernpartei der Türkei
TİKA	*Türkiye İşbirliği ve Koordinasyon Ajansı Başkanlığı*, Präsidium für Internationale Kooperation und Koordination der Türkei
TİP	*Türkiye İşçi Partisi*, Türkische Arbeiterpartei
TKP-ML	*Türkiye Komünist Partisi/Marksist-Leninist*, Kommunistische Partei der Türkei – marxistisch-leninistisch
TOBB	*Türkiye Odalar ve Borsalar Birliği*, Union der Kammern und Börsen der Türkei
TOKİ	*Toplu Konut İdaresi Başkanlığı*, Präsidium für die Verwaltung von Massenwohnraum
TÜİK	*Türkiye İstatistik Kurumu Başkanlığı*, Präsidium des Instituts für Statistik der Türkei
Türk-İş	*Türkiye İşçi Sendikaları Konfederasyonu*, Verband der Arbeitergewerkschaften der Türkei

TÜSİAD	*Türk Sanayicileri ve İşadamları Derneği*, Verein türkischer Industrieller und Unternehmer
UÇK	*Ushtria Çlirimtare e Kosovës*, Befreiungsarmee des Kosovo
UNFICYP	United Nations Force in Cyprus
YPG	*Yekineyen Parastina Gel*, Volksverteidigungseinheiten (militärischer Arm der syrischen PYD)

Bildnachweis

Vorsatz vorne: Library of Congress, Geography and Map Division

Die Karte aus dem Jahr 1927, also noch vor der Schriftreform von 1929, zeigt die Türkei mitsamt ihren damaligen Verwaltungsbezirken. Eingerahmt wird die Karte rechts von einer türkischen Marianne und links von einem türkischen Soldaten, bekrönt wird sie oben in der Mitte von einem Porträt Mustafa Kemals. Die farbliche Markierung der Karte legt die Zugehörigkeit des griechischen Westthrakiens, der griechischen Inseln in der Ostägäis und Zyperns zur Türkei nahe und überschreitet damit die von Lausanne 1923 festgelegten Grenzen.

Seite 17: © akg-images/Rainer Hackenberg | *Seite 24:* © Photo Ingi Paris/akg-images | *Seite 29:* © akg-images/Rainer Hackenberg | *Seite 56:* © akg-images | *Seite 69:* © akg-images/TT News Agency/SCANPIX HISTORICAL | *Seite 70:* © akg-images/Elsengold Verlag/Sammlung Wolfgang Holtz | *Seite 71, 77, 81, 83:* © akg-images | *Seite 89:* © akg-images/Pictures From History | *Seite 99:* © akg-images/Mondadori Portfolio | *Seite 103:* Wikimedia Commons, https://tr.wikipedia.org/wiki/İzmir%27in_Kurtuluşu#/media/Dosya:KiMOiG.jpg | *Seite 111:* © akg-images/Keystone | *Seite 123:* © akg-images/Rainer Hackenberg | *Seite 133:* © akg-images/Fototeca Gilardi | *Seite 135, 140:* © akg-images | *Seite 143:* © Roland and Sabrina Michaud/akg-images | *Seite 145:* © akg-images | *Seite 150:* © akg-images/arkivi | *Seite 151:* © Jacqueline Guillot/akg-images | *Seite 153:* © akg-images/Rainer Hackenberg | *Seite 159:* public domain, https://de.wikipedia.org/wiki/Cumhuriyet_Halk_Partisi#/media/Datei:Cumhuriyet_Halk_Partisi_Logo.svg | *Seite 164:* © akg-images | *Seite 191:* © akg-images/*WHA*/World History Archive | *Seite 196:* Photo by Bertil Videt, CC-BY-SA-3.0-migrated, https://de.wikipedia.org/wiki/Gecekondu#/media/Datei:Gecekondu.JPG | *Seite 199:* © Henning Langenheim/akg-images | *Seite 200, 209:* © akg-images/Guenay Ulutuncok | *Seite 214:* By Samhanin, https://de.wikipedia.org/wiki/Adalet_Partisi#/media/Datei:Flag_of_the_Justice_Party_(Turkey).svg | *Seite 215:* https://de.wikipedia.org/wiki/Adalet_ve_Kalkınma_Partisi#/media/Datei:AKP_Logooo.svg | *Seite 216:* © akg-images/IMAGNO/Votava | *Seite 217:* © picture alliance/ZUMAPRESS.com | *Seite 237:* © ullstein bild/AP | *Seite 240:* © akg-images/picture-alliance | *Seite 247:* © akg-images/AP | *Seite 266:* © akg-images/Pictures From History | *Seite 273:* © picture-alliance/dpa | *Seite 275:* © Paul Glaser/picture alliance/ZB | *Seite 281:* © akg-images/picture-alliance/UPI | *Seite 294:* © picture-alliance/dpa | *Seite 305:* © akg-images/Guenay Ulutuncok | *Seite 331:* © Minasse Wondimu Hailu/picture alliance/AA | *Seite 347:* © Aytac Unal/picture alliance/AA | *Seite 352:* © akg-images/picture-alliance | *Seite 355:* © akg-images/picture alliance/AP Photo | *Seite 377:* © Aykut Unlupinar/picture alliance/AA | *Seite 378:* © picture alliance/Ministry Of Justice/EPA/dpa | *Seite 385:* © 2020 Handout/Getty Images | *Seite 389:* © akg-images/SNA

Karten
Vorsatz hinten, Seite 31, 78, 87, 96: © Peter Palm, Berlin

Anmerkungen

Vorbemerkung

1 Hughes, *İstanbul* 2018, 24.

Einführung

1 İçduygu, *Demography* 2012, 333. – Nach Unicef, *World's Children* 2019, 192, betrug im Zeitraum 2008–2018 das Bevölkerungswachstum in der Türkei 1,5 % und wird in den Jahren 2018–2030 auf 0,7 % sinken.
2 Gelvin, *New Middle East* 2018, 7.
3 Hütteroth, *Türkei* 1982, 18.
4 Nach Kreiser, *Kernraum* 1979, kann die Dichte von religiösen Stiftungen (*evkaf*) zur Bestimmung eines osmanischen Kernraums in Westanatolien und Südosteuropa dienen.
5 Hütteroth, *Türkei* 1982, 262.
6 Schultz, *Türkei* 2004, 50, zitiert hier Theodor Kraus: Über das geographische Wesen der fünf traditionellen Kontinente. In: Mexner, Josef/Kegel, Gerhard (edd.): *Festschrift für Leo Brandt*. Köln, Opladen 1968, S. 693–717, hier 711.
7 Hütteroth, *Türkei* 1982, 20 f. – Hale, *Modern Turkey* 1981, 5, merkt übrigens zu Recht an, dass Inneranatolien so gebirgig ist, dass von einem «inneranatolischen Hochland» zu sprechen eigentlich nicht angebracht ist.
8 Siehe die Karte in Vryonis, *Decline of Medieval Hellenism* 1971, zwischen den Seiten 14 und 15.
9 In diesem Buch wird durchgängig von Südosteuropa gesprochen, auch wenn manches für den Begriff «Balkan» sprechen würde, vor allem wenn man für die ehemals von den Osmanen beherrschten Gebiete Südosteuropas eine gesonderte Bezeichnung finden will. Eine überzeugende Erläuterung und Abgrenzung der Begriffe «Balkan» und «Südosteuropa» findet sich bei Sundhaussen, *Europa balcanica* 1999, sowie Sundhaussen, *Balkan* 2003.
10 Stieger, *Vergessene Minderheiten* 2017, 115, 151.
11 Siehe hierzu Höpken, *Türkische Minderheiten* 1989; Hering, *Osmanenzeit* 1989; Höpken, *Kulturkonflikt und Repression* 1994. Zur Situation nach 1990: Gangloff, *Politique balkanique* 2001, 350 f.

12 Siehe Waal, *Caucasus* 2019, 149, 249, zu den starken Antipathien in der georgischen Bevölkerung gegenüber der Türkei.
13 Ghaplanyan, *Post-Soviet Armenia* 2018, 152–175. – Bei Beginn der armenisch-aserbaidschanischen Auseinandersetzungen 1988, also noch in sowjetischer Zeit, war der Status von Nagorny Karabach der einer «autonomen Region» innerhalb der Sowjetrepublik Aserbaidschan mit einer deutlichen armenischen Bevölkerungsmehrheit.
14 Siehe zum Beispiel International Crisis Group, *Turkey and Iran* 2016.
15 Çarkoğlu/Eder, *Water Conflict over the Euphrates-Tigris River Basin* 2001, 57.
16 Das Deutsche kennt nicht die im Englischen verfügbare Unterscheidung zwischen *Turkic* für «turksprachlich» und *Turkish* für «Türkeitürkisch», also das in der Türkei gesprochene Türkisch.
17 Zu der Vielfalt der Turksprachen siehe Johanson/Csató, *Turkic Languages* 1998 und zur Entstehungsgeschichte der türkischen Ethnien die fordernde Darstellung bei Golden, *Introduction to the History of the Turkic Peoples* 1992.
18 Eine Einführung bietet Hillman, *Emperor's New Road* 2020.
19 Für das Beispiel einer solchen vorsorglichen Versicherung siehe Andrews, *Introduction* 2002, 41.
20 Im Vergleich zur Türkei sind andere Länder in der Region ohnehin ethnisch deutlich vielfältiger beziehungsweise nicht von einer demographisch dominierenden Ethnie bestimmt. So machen die schiitischen Persischsprecher als die bestimmende Gruppe Irans nur rund 60% der Bevölkerung aus. Unter den anderen 40% stellen die Azeri-Türken mit 16% und die Kurden mit 10% die größten Gruppen, siehe Axworthy, *Iran* 2017, 126.
21 Dieser anschauliche Vergleich findet sich bei Findley, *Turks in World History* 2005, 5.
22 Zu (ehemals) nomadischen Bevölkerungsgruppen in der Türkei siehe beispielhaft die Einträge in Andrews, *Ethnic Groups* 2002, 58–62 (*Yörük*), 63–68 (*Türkmen*), 68–71 (*Tahtacı*), 71–73 und 435–438 (*Abdal*), 472–475 (*Karaçadırlı*) und 524–537 (*Alevisme nomade*).
23 Andrews, *Introduction* 2002, 18, siehe auch 31, 40, 56.
24 Kentel, *Identité nationale turque* 2001, 368. – Nach Karpat, *Introduction* 2000, xvi, kamen im Zeitraum zwischen 1856 und 1995 rund neun Millionen Migranten aus Südosteuropa, Kaukasus und von der Krim in das Gebiet der heutigen Türkei; ihr Anteil an der Bevölkerung der Türkei beträgt demnach aktuell rund 40 bis 50%.
25 Zum Beitrag der Tscherkessen zum wirtschaftlichen Aufstieg der heutigen jordanischen Hauptstadt Amman siehe Hamed-Troyansky, *Circassian Refugees* 2017.
26 Özbek, *Tscherkessen in der Türkei* 2002, 581, 587. – Zu den Tscherkessen in der frühen Republikzeit siehe Yelbaşı, *Circassians of Turkey* 2019.
27 Zu den Lasen siehe Benninghaus, *Laz* 2002.
28 So schätzt Procházka, *Die arabischen Dialekte* 2002, 12, den Anteil

der Arabischsprecher in der bedeutenden Region der Çukurova auf 70 000 Menschen.

29 Nach Andrews, *Ethnic Groups* 2002, 73 f., fanden sich Schiiten ursprünglich vor allem um die ostanatolischen Städte Kars und Iğdır. Gemäß United States Department of State, *International Religious Freedom Report* 2019, 2, schätzt die schiitische Gemeinde der Türkei ihren Anteil an der Bevölkerung heute auf 4 %. Dies wären mehr als drei Millionen Menschen – eine wohl zu hoch gegriffene Zahl.

30 Brink-Danan, *Jewish Life in 21st-Century* 2012, sieht, auch am Beispiel der Fünfhundertjahrfeiern 1992 zur Aufnahme der sephardischen Juden im Osmanischen Reich, einen grundlegenden Widerspruch jüdischer Existenz in der heutigen Türkei – zwischen einer notwendigen unbedingten Assimilation an die türkische Mehrheitsumgebung im Alltagsleben bei gleichzeitig politisch (mitunter) gewünschter Zurschaustellung eines jüdischen Andersseins als angeblichem Beweis für eine ungebrochene Kontinuität osmanisch-türkischer «Toleranz».

31 Côrte-Real Pinto/David, *Choosing Second Citizenship* 2019. Zur Geschichte der jüdischen Gemeinde in der Türkei siehe die zahlreichen Veröffentlichungen von Rıfat N. Bali, u. a. Bali, *Model Citizens* 2012.

32 Stoll, *Religion und Laizismus* 1998, 41, gibt folgende Zahlen für die späten 1990er Jahre an: Griechisch-Orthodoxe 16 000; Armenier 45 000; Syrisch-Orthodoxe 15 000; Chaldäer 2000; Katholiken 6500; andere christliche Konfessionen 9850.

33 Anastassiadou, *Grecs d'Istanbul* 2012, 372.

34 Rum Yetimhanesi için 40 Milyon Euro Gerekiyor, *Hürriyet*, 30. Juli 2019, http://www.hurriyet.com.tr/kitap-sanat/rum-yetimhanesi-icin-40-milyon-euro-gerekiyor-41287933 [1.8.2019]; Berberakis, *Büyükada Rum Yetimhanesi* 2020.

35 Nach Bardakci et al., *Religious Minorities* 2017, 135, treten neben die heute geschätzt 40–50 000 Armenier mit türkischer Staatsangehörigkeit mehr als 100 000 illegale Arbeitsmigranten aus Armenien.

36 Suciyan, *Armenians in Modern Turkey* 2016 konstatiert, neben der systematischen Untergrabung der im Vertrag von Lausanne gewährten Garantien für Nicht-Muslime, eine von Staat und Gesellschaft geteilte Leugnung armenischen Leidens während des Ersten Weltkriegs.

37 Eine – ungeachtet der veralteten Terminologie – klare Einführung in die verwickelte Entstehungsgeschichte der «morgenländischen Kirchen» findet sich bei Spuler, *Gegenwartslage der Ostkirchen* 1948.

38 Nestmann, *Ethnische Differenzierung* 2002, 571. Nach Bardakci et al., *Religious Minorities* 2017, 177–189, stehen offensichtlichen Versuchen der türkischen Regierung in den 2000er und frühen 2010er Jahren, die Beziehungen zu den Westsyrern zu verbessern, alltägliche Repression und Übergriffe im Tur Abdin gegenüber.

39 Yacoub, *Year of the Sword* 2016, 2, spricht von West- und Ostsyrern zusammenfassend als einer «assyrisch-chaldäisch-syriakischen Nation».

40 Es gibt zudem kleinere kurdische Bevölkerungsgruppen in den benachbarten Ländern Armenien, Aserbaidschan, Georgien, Jordanien, Libanon und Turkmenistan, in der Regel als Folge von Flucht oder Zwangsumsiedlung.

41 Nach Behrendt, *Nationalismus in Kurdistan* 1993, 25, ist das in der Türkei hauptsächlich gesprochene Kurmancı von neueren Gesellschaftsentwicklungen weitgehend unberührt geblieben, so dass Kurmancı und andere kurdische Sprachen «weder von ihrer lexikalischen noch der strukturellen Spannweite her die sozio-politischen Realitäten des modernen gesellschaftlichen Lebens angemessen ausdrücken können».

42 Kurdische Hanefiten lassen sich im Randgebiet der Osttürkei, etwa um Arpaçay in der Provinz Kars, finden; Nestmann, *Ethnische Differenzierung* 2002, 563.

43 Nestmann, *Ethnische Differenzierung* 2002, 563. – Die beiden anderen sunnitischen Rechtsschulen, neben den Hanefiten und Schafiiten, sind die der Malikiten und Hanbaliten.

44 Andrews, *Introduction* 2002, 36, verweist auf die Zeitschrift des «Instituts für die Erforschung der türkischen Kultur» (*Türk Kültürünü Araştırma Enstitüsü*), in der in den Jahren 1982–1984 fünfzehn Artikel mit dieser Argumentation erschienen. Die 1961 erschienene 2. Auflage des Werkes *Doğu İlleri ve Varto Tarihi* (Ankara 1948), in dem der – übrigens kurdische – Autor M. Şerif Fırat behauptete, dass die Kurden türkischen Ursprungs seien, führte zu heftigen Protesten von Kurden am 8. Mai 1961, bei denen 315 kurdische Demonstranten erschossen und 754 verwundet wurden; McDowall, *Modern History of the Kurds* 2004, 406 f.

45 Siehe den geistreichen Hinweis von Massicard, *Alevis in Turkey and Europe* 2013, 104, dass angesichts der Deutung der Kurden als «Bergtürken» von den Aleviten als «Bergsunniten» gesprochen werden könnte.

46 Nach Bardakci et al., *Religious Minorities* 2017, 99, sind bis zu einem Fünftel der Aleviten kurdischsprachig.

47 Aleviten wurden in der Geschichte der Türkischen Republik nur ein einziges Mal statistisch erfasst, und zwar im Jahr 1963 in den «Dorfbestandsuntersuchungen» (*Köy Envanter Etüdleri*) des damaligen Dorfministeriums. Das Material wurde zwar nie publiziert, aber durch Wissenschaftler, die Einsicht nehmen konnten, bekannt gemacht; siehe hierzu Hütteroth, *Türkei* 1982, 277.

48 Hirschler, *Defining the Nation* 2001, 157. – Neben großen Unterschieden in Glaubensinhalten und Ritualen traten bei den Aleviten heute nicht mehr relevante Unterscheidungen hinzu wie tribale Organisationsstrukturen (etwa bei den *Avşar* und *Çepni*) oder Tätigkeitsspezialisierungen wie bei den *Abdal* (die vor allem als Musiker und Beschneider tätig waren) und *Tahtacı* (Holzfäller).

49 Kafadar, *Between Two Worlds* 1995, 76.

50 Zur Vielschichtigkeit dieses Begriffes in osmanischen Texten des 16. Jahr-

hunderts siehe Baltacıoğlu-Brammer, *One Word, Many Implications* 2019.

51 Kehl-Bodrogi, *Alevitentum* 2002, 505.

52 Gökalp, *Alevisme nomade* 2002, 526.

53 Dressler, *Heterodoxy and Syncretism* 2010, 251.

54 Winter, *History of the ʿAlawis* 2016, 7, 270. – Nach Reilly, *Fragile Nation, Shattered Land* 2019, 153, ließ sich Hafiz al-Asad 1972 von prominenten schiitischen Rechtsgelehrten des Libanon bestätigen, dass die Alawiten Schiiten seien und deswegen unzweifelhaft Muslime.

55 Procházka-Eisl/Procházka, *Plain of Saints and Prophets* 2010, 67, 70.

56 Siehe umfassend zu diesen Reformbemühungen Shaw, *Between Old and New* 1971.

57 Lewis, *Emergence of Modern Turkey* 1968, 45.

58 Dementsprechend widmet das Standardwerk *Turkey. A Modern History* von Erik Jan Zürcher mehr als die Hälfte der Darstellung der Zeit vor 1923. Die beiden klassischen Darstellungen von Berkes, *Development of Secularism* 1998 (Erstveröffentlichung 1964), und Lewis, *Emergence of Modern Turkey* 1968, setzen ebenfalls im 18. Jahrhundert ein.

59 Uyar, *Ottoman Arab Officers* 2013, 537 f. – Auch der Anteil der Kurden ist zu bedenken. Nach Bruinessen, *Agha, Shaikh and State* 1978, 381, waren 1925 nicht weniger als die Hälfte der Offiziere und der Mannschaften der in Diyarbakır stationierten Siebten Armee kurdisch.

60 Siehe beispielsweise Schmitt, *Introduction* 2016, für eine kritische Bewertung einer weichgespülten internationalen Forschung zur Begründung der osmanischen Herrschaft in Südosteuropa.

61 Kirişci, *Turkey and the West* 2017, 101.

62 Siehe zum Beispiel Balistreri, *Writer, Rebel, Soldier, Shaykh* 2019, 346, zur fast unmöglichen Aufgabe, eine Gesamtgeschichte des ethnisch, geographisch, sprachlich und politisch äußerst heterogenen Kaukasus schreiben zu wollen.

63 Aytürk, *Bir Defa Daha Post-Post-Kemalizm* 2020, 104–106, weist eindringlich auf die Gefahr hin, den «Kemalismus» zu einem scheinbar einzigen festen Gegenstand zu machen und viel zu wenig auf die unterschiedlichen Strömungen und Zerklüftungen innerhalb des kemalistischen Lagers zu achten.

64 Nach Lord, *Religious Politics* 2019, 13 f., war die Religion in den türkischen Staat viel stärker eingewoben, als man bisher vermutet hätte. Deswegen sei es irreführend, noch von einem «kemalistischen Staat» sprechen zu wollen.

65 White, *Turkey in the 1970s* 2020, 306. – Bora/Can, *Devlet, Ocak, Dergâh* 1991, 38, 50–55, 69 und passim, sehen in Entfremdungsgefühlen, Abstiegsängsten und Groll die wichtigsten Faktoren, die die Jugendlichen Anatoliens in den 1970er Jahren in die Arme des organisierten Rechtsradikalismus trieben.

66 Mardin, *Youth and Violence in Turkey* 1978, 235.

67 Den Begriff der Zuversicht nimmt einer der bekanntesten Aussprüche von Mustafa Kemal Atatürk auf: «Türke, sei stolz, arbeitsam und zuversichtlich!» (*Türk öğün, çalış, güven*). – Der Begriff des Zorns in der Beschreibung der türkischen Politik ist nicht neu. So hebt Öktem, *Angry Nation* 2011, auf den Zorn der Menschen in der Türkei angesichts der Manipulationen durch politische Eliten innerhalb und außerhalb der Türkei ab; Temelkuran, *Euphorie und Wehmut* 2015, 137, 143, 172, 174, sieht Wut und Hass als zersetzendes Element in der türkischen Gesellschaft.

Erstes Kapitel: Abschied vom Osmanischen Reich

1 Gülhane war einer der Pavillons (*köşk*) in den Gärten des Topkapı-Palasts, des damaligen zentralen Sultanspalasts in İstanbul. Nach diesem Pavillon ist der heute öffentlich zugängliche und direkt unterhalb der Palastanlagen gelegene Gülhane-Park benannt.

2 Englische Übersetzungen der beiden Reformedikte finden sich in Hurewitz, *Diplomacy in the Near and Middle East* 1956, vol. 1, 113–116 und 149–153.

3 Toledano, *Social and Economic Change* 1998, 263, schätzt die ägyptisch-osmanische Elite in Ägypten zu Beginn des 19. Jahrhunderts auf rund 10 000 Männer und Frauen.

4 Zu osmanischen Disziplinierungsversuchen, einschließlich Zwangskonversion von Jesiden, im späten 19. Jahrhundert siehe Deringil, *Well-Protected Domains* 1999, 69–75, und Gölbaşı, *Turning the Heretics* 2013.

5 Zugleich darf man den Begriff *millet* nicht überstrapazieren. Braude, *Foundation Myths* 1982, 74, sieht (vielleicht etwas überpointiert, aber dennoch zu Recht) im Verständnis von *millet* als einem immer und überall gültigen Ordnungsprinzip einen «historiographischen Fetisch».

6 Für Etappen in dieser Entwicklung siehe beispielhaft Lijphart, *Democracy in Plural Societies* 1977; Makdisi, *Culture of Sectarianism* 2000; International Crisis Group, *Next Iraqi War* 2006; Abdo, *New Sectarianism* 2017.

7 Zur *bedel-i askeri* siehe Shaw, *Ottoman Tax Reforms* 1975, 430–432.

8 Zürcher, *Turkey* 2010, 67.

9 Feldman, *The Fall and Rise of the Islamic State* 2008, 71.

10 Üngör, *Making of Modern Turkey* 2011, 44, charakterisiert das Gefühl des Verrats durch die eigene christliche Bevölkerung als vergleichbar zur deutschen «Dolchstoßlegende».

11 Ein vielzitiertes Werk von İlber Ortaylı zum osmanischen 19. Jahrhundert lautet «Das längste Jahrhundert des Reiches»; Ortaylı, *En Uzun Yüzyılı* 1983. In der Tat ist es naheliegend, die Zeit von den 1770er Jahren bis zum Ersten Weltkrieg als eine zusammenhängende Periode zu sehen.

12 Hobsbawm, *Das Imperiale Zeitalter* 1989, 38.

13 Shaw, *Between Old and New* 1971, 11, 71.

14 Moltke, *Unter dem Halbmond* 1979, 352.
15 Findley, *Tanzimat* 2008.
16 Toledano, *Egypt's Ottoman Past* 2001, beschreibt eindringlich, wie in der ägyptischen historischen Erinnerung des 20. Jahrhunderts die osmanische Geschichte des Landes verdrängt wird, indem unter anderem aus *Mehmed Ali*, einem aus Kavala (im heutigen Griechenland) stammenden osmanischen Offizier, *Muhammad Ali*, Begründer der modernen ägyptischen Nation wurde.
17 Fahmy, *Mehmed Ali* 2009.
18 Protokoll der Sitzung vom 14. März 1856: Die Vertreter der teilnehmenden Staaten (Frankreich, Österreich, England, Preußen, Russland und Sardinien) «déclarent la Sublime Porte admise à participer aux avantages du concert européen», Testa, *Recueil* 1882, vol. 5, 78.
19 Anderson, *Eastern Question* 1966, 210.
20 Kreiser/Neumann, *Kleine Geschichte der Türkei* 2003, 317.
21 Kimminich, *Einführung in das Völkerrecht* 1992, 323. – Zur europäischen Interventionspolitik im Osmanischen Reich siehe Rodogno, *Against Massacre* 2012.
22 Schölch, *Der arabische Osten* 1987, 383. – Siehe Keddie, *Modern Iran* 2006, 34, zu einer ähnlichen Pattsituation zwischen Großbritannien und Russland hinsichtlich Irans, die zumindest die formale Unabhängigkeit des Landes sicherte.
23 Yapp, *Modern Near East* 1987, 90 f. – Zu einer prophetischen Äußerung aus dem Jahr 1875 durch den damaligen österreichisch-ungarischen Außenminister Andrássy, dass dem Habsburgerreich einmal selbst der Part des «Kranken Mannes» zufallen könnte, siehe Haselsteiner, *Haltung der Donaumonarchie* 1982, 230, Anm. 7. – Clark, *Sleepwalkers* 2012, 349–358, und sein Begriff des «Balkan inception scenario», nach dem die Entente-Mächte Österreich-Ungarn keine Lebensberechtigung mehr zusprachen, kommt dem Argument von Yapp und der Befürchtung von Andrássy sehr nahe.
24 Schmitt, *Levantiner* 2005, 122.
25 Siehe hierzu Eldem, *Capitulations and Western Trade* 2006.
26 Hale, *Modern Turkey* 1981, 37, verweist auf Orhan Conker/Émile Witmeur: *Redressement économique et industrialisation de la nouvelle Turquie*. Paris: Sirey 1937, 33; Karpat, *Transformation of the Ottoman State* 1972, 260; siehe ebenso die häufige und selbstverständliche Verwendung der Begriffe «Halbkolonie» (*yarı sömürge, yarı koloni*) bei Aydemir, *İkinci Adam* 2010, vol. 1, 235, 292, 328, 330, 483.
27 Mommsen, *Imperialismus in Ägypten* 1961, 40.
28 Als der aus der ägyptischen Khedivendynastie stammende Mustafa Fazıl Pascha (1829–1875) in einem Schreiben an die belgische Tageszeitung *Le Nord* das erste Mal den Begriff *jeune Turquie* verwendete, wollten zwei seiner Mitstreiter, Ali Suavi (1839–1878) und Namık Kemal (1840–1888), ein osmanischsprachiges Äquivalent dafür finden und prägten den

Begriff der «Jungosmanen»; Lewis, *Emergence of Modern Turkey* 1968, 153 f.

29 Lewis, *Emergence of Modern Turkey* 1968, 171–173; Mardin, *Young Ottoman Thought* 1962, 35.

30 Zürcher, *Children of the Borderlands* 2003, 280.

31 Zwei Standardwerke zu den Jungtürken bis 1908 sind Hanioğlu, *Young Turks in Opposition* 1995, und Hanioğlu, *Preparation for a Revolution* 2001.

32 Yasamee, *von der Goltz* 1998; van Ess, *Jubiläum* 2018.

33 Hanioğlu, *Atatürk* 2011, 48–53.

34 Mazower, *Salonica* 2005, 279. – Zudem wird oft auf den italienischen nationalistischen Geheimbund der *Carbonari* als Vorbild für die jungtürkische Bewegung verwiesen.

35 Pomiankowski, *Zusammenbruch des Ottomanischen Reiches* 1928, 31.

36 Lewis, *Emergence of Modern Turkey* 1968, 225 f.

37 In diesem Sinne argumentiert die grundlegende Biographie von Kieser, *Talaat Pasha* 2018.

38 Zu einer Erläuterung des Begriffs des Kataklysmus siehe Kieser/Öktem/Reinkowski, *Introduction* 5 f.

39 Zu einer kritischen Bewertung dieser Annahme und einem Plädoyer, die Entwicklung nach dem Ersten Balkankrieg offener zu sehen, siehe Öztan, *Point of No Return* 2018.

40 Hall, *Balkan Wars* 2000, schildert die Militärgeschichte der Balkankriege; Ginio, *Ottoman Culture of Defeat* 2015, widmet sich der osmanischen Erfahrung des Krieges; zu diplomatiegeschichtlichen Aspekten siehe Kuneralp/Tokay, *Ottoman Diplomatic Documents* 2012, vol. 7.

41 Clogg, *History of Greece* 1992, 83; Clark, *Sleepwalkers* 2012, 43.

42 Kreiser, *Atatürk* 2008, 71; Zürcher, *Young Turk Legacy* 2010, 64.

43 Zur aus dem Trauma der Balkankriege entstehenden «Belagerungsmentalität» der damaligen osmanischen politischen Elite siehe Kaya, *Western Interventions* 104, 135–141.

44 Atay, *Zeytindağı* 1957, 41. Zu ähnlichen Argumentationen bereits vor dem Ersten Weltkrieg siehe Aksakal, *Ottoman Road to War* 2008, 25–28.

45 Wallach, *Militärhilfe* 1976, 150, verweist hier auf PA-AA (Politisches Archiv, Auswärtiges Amt) Türkei 142, Band 38: Privatbrief von Wilhelm II. aus Korfu am 3. April 1914.

46 Pomiankowski, *Zusammenbruch des Ottomanischen Reiches* 1928, 17. – Großbritannien griff an den osmanischen Fronten in besonderer Weise auf seine kolonialen Ressourcen zurück. Vier Fünftel der vom britischen Empire eingesetzten indischen Soldaten versahen ihren Dienst an den Kriegsschauplätzen in der arabischen Welt; der größte Anteil von ihnen, 590 000 Mann, kämpfte in Mesopotamien; Rogan, *Fall of the Ottomans* 2015, 71.

47 Siehe hierzu Hagen, *German Heralds of Holy War* 2004, und Lüdke,

Jihad Made in Germany 2005; zu einem Beispiel allzu zuversichtlicher Annahmen über mögliche Erfolge Deutschlands siehe die Denkschrift von Max von Oppenheim in Epkenhans, *Geld darf keine Rolle spielen* 2001.

48 Tunçay, *Siyasal Tarih* 1989, 46.

49 Pomiankowski, *Zusammenbruch des Ottomanischen Reiches* 1928, 183.

50 Ahmad, *Ottoman Perceptions of the Capitulations* 2000, 18.

51 Herbert, *Geschichte Deutschlands* 2014, 158: Russland verlor «ein Drittel seiner Bevölkerung, seines Eisenbahnnetzes und seiner landwirtschaftlichen Anbaufläche, mehr als die Hälfte seiner Industrie und fast 90% seiner Kohlevorkommen».

52 Siehe die militärgeschichtliche Darstellung bei Erickson, *Palestine* 2016, 28–74, zu den beiden Suez-Offensiven.

53 Siehe Yenen, *Young Turk Aftermath* 2019, zu einer umfassenden Geschichte des jungtürkischen Exils nach dem Ersten Weltkrieg.

54 Rogan, *Fall of the Ottomans* 2015, 56; Erickson, *Ordered to Die* 2001, 211; Pomiankowski, *Zusammenbruch des Ottomanischen Reiches* 1928, 144.

55 Foster, *1915 Locust Attack* 2015, 370; Pomiankowski, *Zusammenbruch des Ottomanischen Reiches* 1928, 165; Zürcher, *Turkey* 2010, 163 f.

56 Morris/Ze'evi, *Thirty-Year Genocide* 2019, 373–380.

57 Morris/Ze'evi, *Thirty-Year Genocide* 2019, 373, 488, 496. – In den letzten zwanzig Jahren ist die Literatur zum armenischen Genozid rasch angewachsen. Drei Standardwerke seien hier, neben den in dieser Darstellung ohnehin angeführten, beispielhaft genannt: Bloxham, *Great Game of Genocide* 2005; Kévorkian, *Génocide des Arméniens* 2006; Suny, *They Can Live in the Desert* 2015.

58 Morris/Ze'evi, *Thirty-Year Genocide* 2019, 244–253.

59 2004 veröffentlichte die Menschenrechtsanwältin Fethiye Çetin das Buch *Anneannem,* in dem ihre Großmutter kurz vor ihrem Tod über ihre armenische Herkunft berichtet. Altınay/Çetin, *Grandchildren* 2014, enthält eine Sammlung von Erinnerungsberichten heutiger Musliminnen und Muslime über ihre armenischen Großmütter.

60 Gençer, *Armenische Frage* 2005, 199. Trumpener, *Germany and the Ottoman Empire* 1968, 21, 28 f., 69 f., 72, 75, 96, 108, 112, 126–130, 134, 204 f., 269, 349 f., 367–370, kommt zur – aus heutiger Sicht – wohlmeinenden Einschätzung, dass die deutsche Seite grundsätzlich wenig Einfluss hatte und in nahezu allen Streitfragen einknickte, weil es das Osmanische Reich als unverzichtbaren Bündnispartner einschätzte.

61 Ihrig, *Justifying Genocide* 2016, 114, 136.

62 Kaiser, *Deutsche Diplomatie* 2005, 213, zitiert hier aus einer Notiz von Bethmann Hollweg, Berlin, 17.12.1915, als Antwort auf ein Schreiben Metternichs an Bethmann Hollweg vom 7.12.1915, A 36184, PA-AA (Politisches Archiv, Auswärtiges Amt) Türkei 183/40, Nr. 711.

63 Goltz, *Denkwürdigkeiten* 1929, 428.

64 Siehe hierfür beispielhaft McCarthy, *Death and Exile* 1995.
65 Djemal, *Erinnerungen* 1922, 314 f., 318, 354, 357–359.
66 Halaçoğlu, *Armenierfrage* 2006, 85, 95.
67 Siehe Gerlach, *Extremely Violent Societies* 2010, 92–102, über staatliches und individuelles Profitstreben inmitten des armenischen Genozids. Nach Keyder, *Exchange of Populations* 2003, 45, entwickelte sich dank der reichlichen, zur Plünderung bereitstehenden Besitzungen der anatolischen Christen die liberale Wirtschaftsordnung der spätosmanischen Zeit in der frühen Republik Türkei zurück zu einem Staat klassischen patrimonialen Zuschnitts, der Land und Wohltaten zuverlässig an seine Klienten verteilte.
68 Siehe neben dem bereits ausführlich diskutierten Werk von Djemal, *Erinnerungen* 1922, in dem der Abschnitt zu den Armeniern «Die armenische Frage» lautet, als nur ein weiteres Beispiel Öke, *Ermeni Meselesi* 1986 (die englische Übersetzung des Buches von 1988 hieß dementsprechend *Armenian Question*). Öke stellt ebenfalls die «armenische Frage» in den Kontext des internationalen Mächtespiels und führt ihren Ursprung auf die manipulative Politik der Großmächte zurück.
69 Der polnisch-jüdische Jurist und Friedensforscher Raphael Lemkin prägte den Begriff des «Genozids» getragen von der Einsicht in die Art und Weise, wie die Armenier in Anatolien ohne jede völkerrechtliche Sanktion vernichtet wurden; Power, *Problem of Hell* 2002, 17–20.
70 Hierzu grundsätzlich Ihrig, *Justifying Genocide* 2016.
71 Hosfeld, *Operation Nemesis* 2005.
72 Zu einer früheren Fassung des Argumentationsganges in diesem Kapitel siehe Kramer/Reinkowski, *Türkei und Europa* 2008, 93–99. – Zur Zentralität dieser Frage für das türkische Selbstverständnis bis in die jüngste Gegenwart siehe Bayraktar, *Politik und Erinnerung* 2010.
73 Zu den wenigen ergangenen Urteilen und dem frühen Ende dieses Sonderkriegsgerichtshofes siehe Akçam, *Armenien und der Völkermord* 1996.
74 Zürcher, *Turkey* 2010, 147 f.
75 Plaggenborg, *Ordnung und Gewalt* 2012, 223.
76 Oran, *Peace Treaty of Sèvres* 2010, 66. – Eine im Internet zugängliche vollständige englischsprachige Fassung des Vertrags findet sich unter https://wwi.lib.byu.edu/index.php/Peace_Treaty_of_Sèvres; ein Auszug bei Hurewitz, *Diplomacy in the Near and Middle East* 1956, vol. 2, 87–89.
77 Die Entente-Mächte ließen die US-amerikanische Regierung am 11. Januar 1917 wissen, das Osmanische Reich solle, da es «sich der westlichen Zivilisation als vollkommen fremd erwiesen habe», aus Europa vertrieben werden; Toynbee, *Western Question in Greece and Turkey* 1970, 328. Siehe auch Barr, *Line in the Sand* 2011, 64 und MacMillan, *Paris* 2001, 437, zur starken Antipathie von Lloyd George gegenüber «den Türken».

78 Leonhard, *Der überforderte Frieden* 2018, 1077.
79 Kreiser, *Atatürk* 2008, 157, gibt die folgenden Zahlen an: 38 000 Engländer, 59 000 Franzosen, 17 000 Italiener und 90 000 Griechen.
80 Aydemir, *İkinci Adam* 2010, vol. 1, 139, 153, 155.
81 Zu einer detaillierten Darstellung der lokalen und regionalen Vorgängerorganisationen siehe Tunçay, *Siyasal Tarih* 1989, 60–68.
82 Hanioğlu, *Atatürk* 2011, 99–101.
83 1897 forderte von der Goltz, das Osmanische Reich solle sich in ein türkisch-arabisches Reich umwandeln, anstatt ein schwaches Byzantium zu bleiben. In diesem Zusammenhang schlug er die Verlagerung der Hauptstadt nach Konya oder Kayseri oder sogar nach Damaskus, Mosul oder Bagdad vor; Colmar Freiherr von der Goltz: Stärke und Schwäche des türkischen Reiches. In: *Deutsche Rundschau* 24.93. (1897), S. 95–119; Angabe nach Yenen, *Envisioning Turco-Arab Co-Existence* 2020, 8 f.
84 Tunçay, *Siyasal Tarih* 1989, 81.
85 Zürcher, *Turkey* 2010, 138 f., 151.
86 Kreiser, *Atatürk* 2008, 230 f.
87 Behrendt, *Nationalismus in Kurdistan* 1993, 395.
88 Hanioğlu, *Atatürk* 2011, 119–123; Tellal, *Relations with the Soviets* 2010, 97. – Eine Übersetzung des sowjetisch-türkischen Vertrags vom März 1921 ins Englische findet sich bei Dmytryshyn/Cox, *Soviet Union and the Middle East* 1987, 473–480.
89 Aydemir, *İkinci Adam* 2010, vol. 1, 187.
90 Zur Einordnung des Falls von Smyrna in den größeren Kontext der Vertreibungen der Griechen aus Anatolien siehe Morris/Ze'evi, *Thirty-Year Genocide* 2019, 381 ff.
91 Rogan, *Frontiers of the State* 1999, 220 f.; Yenen, *Envisioning Turco-Arab Co-Existence* 2020. Siehe aber die stärker einschränkende Sicht bei Tamari, *Year of the Locust* 2011, 14.
92 Siehe hierzu Abou-el-Haj, *Social Uses of the Past* 1982, und Barbir, *Memory* 1996.
93 Siehe zum Beispiel Kürkçüoğlu, *Arap Bağımsızlık Hareketi* 1982, 249–252.
94 Zur informellen Teilung der Region vor dem Ersten Weltkrieg siehe Khalidi, *Economic Partition* 1988. Fromkin, *Peace to End all Peace* 1989, 401, gibt eine erschöpfende Aufzählung der Vereinbarungen unter den Entente-Mächten.
95 Zum Text der Vereinbarung siehe Hurewitz, *Diplomacy in the Near and Middle East* 1956, vol. 2, 18–22.
96 Zu einer früheren Fassung der Argumentation siehe Reinkowski, *Ein neuer Naher Osten* 2017, 95 f.
97 Schmitt, *Levantiner* 2005, 15.
98 Die pauschale Benennung aller christlichen Europäer als «Franken» geht vermutlich auf die Zeit der Kreuzzüge zurück; Lewis, *Muslim Discovery of Europe* 2000, 22.

99 Schmitt, *Levantiner* 2005, 73. – Die Herablassung, ja geradezu Verachtung von europäischen Beobachtern gegenüber den Levantinern ist sehr ähnlich zu den europäischen Deutungen «des Balkans», der Teil von einem selbst, aber zugleich befremdlich ist; siehe hierzu grundsätzlich Todorova, *Imagining the Balkans* 1997.
100 Criss, *Istanbul during the Allied Occupation* 1999, 30; Deleon, *White Russians* 1995.
101 Pink, *Geschichte Ägyptens* 2014, 211, 219 f.
102 Owen/Pamuk, *Middle East Economies* 1998, 7, 11, 22–24, 27.
103 Reichmuth, *Die muslimischen Republiken der Nachkriegszeit* 2014.
104 Kreiser, *Atatürk* 2008, 174.
105 Oran, *Peace Treaty of Lausanne* 2010, 127.
106 Zürcher, *Turkey* 2010, 161; Tunçay, *Siyasal Tarih* 1989, 80. – Siehe auch die Sammlung der telegraphischen Korrespondenz zwischen Lausanne und Ankara in Bilal N. Şimşir: *Lozan Telgrafları.* Ankara: Atatürk Kültür Dil ve Tarih Yüksek Kurumu 1990.
107 Die Gesamtheit der Protokolle der Verhandlungen – aus Sicht der Entente-Mächte – findet sich in *Lausanne Conference on Near Eastern Affairs, 1922–3: Records of Proceedings and Draft Terms of Peace.* London: HMSO 1923. Eine vollständige im Internet zugängliche englischsprachige Fassung des Vertrags findet sich unter https://wwi.lib.byu.edu/index.php/Treaty_of_Lausanne, Auszüge des Vertragswerks bei Hurewitz, *Diplomacy in the Near and Middle East* 1956, vol. 2., 119–127.
108 Oran, *Peace Treaty of Lausanne* 2010, 129.
109 Die zeitgenössische osmanischsprachige Formulierung lautete *Hakimiyet bila kaydü şart milletindir,* auch zu finden im ersten Artikel des «Gesetzes zur grundlegenden Ordnung» (*Teşkilat-ı Esasiye Kanunu*) von 1921.
110 Pink, *Geschichte Ägyptens* 2014, 189.
111 Jäschke, *Ismet Inönü* 1942, 3.
112 Hale, *Modern Turkey* 1981, 39; Owen/Pamuk, *Middle East Economies* 1998, 13, 17.
113 Deringil, *Turkish Foreign Policy* 1989, 14.
114 Bayar, *In Pursuit of Homogeneity* 2014, 112.
115 So die Deutung von Rumpf, *Minderheiten in der Türkei* 1993, 465.
116 Rumpf, *Minderheiten in der Türkei* 1993, 459.
117 Der offizielle und eher plumpe Vorwand lautete, dass andere religiöse Gruppen wie etwa die «orientalischen Christen» freiwillig auf ihre Schutzrechte verzichtet hätten; Oran, *Peace Treaty of Lausanne* 2010, 135. – Allerdings wurden auch die drei durch Lausanne privilegierten Konfessionsgemeinschaften einige Jahre später gezwungen, öffentlich eine – völkerrechtlich ungültige – Verzichtserklärung abzugeben; Pekesen, *Ende der jüdischen Gemeinden* 2012, 153 f.
118 Rıza (Nur, 1879–1942), nach İsmet (İnönü) der zweite Mann in der türkischen Delegation, äußert offen in seinen Erinnerungen, dass «die Kızılbaş [also die Aleviten], die echte Türken sind und zwei Millionen

zählen», auf keinen Fall als religiöse Minderheit berücksichtigt werden durften, weil «sie [die Entente-Mächte] uns sonst bunt durcheinandergewürfelt hätten»; Nur, *Hayat ve Hatıratım* 1968, vol. 3, 1044 f.

119 Morris/Ze'evi, *Thirty-Year Genocide* 2019, 385, 393, 467–472 474, 487.

120 Lewis, *Emergence of Modern Turkey* 1968, 355; Clogg, *History of Greece* 1992, 49.

121 Weitz, *Paris System* 2008, 1334.

122 Zum internationalen und regionalen Kontext dieser Einigung siehe Tejel, *Making Borders from Below* 2018.

123 Provence, *Last Ottoman Generation* 2017, 91.

124 Özersay, *Montreux Straits Convention* 2010. Der Vertragstext von Montreux findet sich bei Hurewitz, *Diplomacy in the Near and Middle East* 1956, vol. 2, 197–203.

125 Provence, *Last Ottoman Generation* 2017, 103, 166.

126 Kreiser, *Atatürk* 2008, 141.

127 Tunçay, *Siyasal Tarih* 1989, 75; Zürcher, *Turkey* 2010, 159.

128 Hale, *Turkish Politics and the Military* 1994, 68 f.; Balistreri, *Turkey's Forgotten Political Opposition* 2015, 179; Zürcher, *Turkey* 2010, 174, 176.

129 Bruinessen, *Agha, Shaikh and State* 1978, 360.

130 Üngör, *Making of Modern Turkey* 2011, 118, zeigt allerdings, mit Verweis auf ein Dokument im osmanischen Hauptarchiv (*Başbakanlık Arşivi*, DH.ŞFR, İAMM, Nachricht nach Konya am 28. Juni 1915), dass bereits im Juni 1915 die damalige «Direktion für die Ansiedlung von Stämmen und Immigranten» (*İskan-ı Aşair ve Muhacirin Müdüriyeti)* anordnete, die Kurden seien verstreut über Anatolien hinweg anzusiedeln, um ihre Sprache und nationalen Traditionen möglichst bald auszulöschen.

131 Bruinessen, *Agha, Shaikh and State* 1978, 353–406, schildert ausführlich die Hintergründe und den Verlauf des Aufstands.

132 Zürcher, *Turkey* 2010, 172. Nach Mango, *Atatürk* 1999, 428, nahm Mustafa Kemal in seinen Reden bereits seit Gründung der Republik niemals wieder das Wort «Kurde» in den Mund.

133 Bruinessen, *Agha, Shaikh and State* 1978, 75.

134 Plaggenborg, *Ordnung und Gewalt* 2012, 145.

135 Siehe Altınay, *Myth of the Military Nation* 2004, 33–58, zu Sabiha Gökçen als Symbolfigur des türkischen Militärs. – Zur erstmals im Februar 2004 von der in İstanbul erscheinenden armenischen Zeitung *Agos* vorgebrachten Vermutung, dass Sabiha Gökçen in Wirklichkeit ein armenisches Waisenkind war, siehe Ulgen, *Sabiha Gökçen's Secret* 2010.

136 Zur systematischen Politik einer Verleugnung dieser Ereignisse durch den türkischen Staat und zum Ringen der Nachkommen mit den psychologischen und erinnerungspolitischen Folgen siehe Törne, *Dersim* 2019.

137 Plaggenborg, *Ordnung und Gewalt* 2012, 263. Siehe aber das anderslautende Argument von McDowall, *Modern History of the Kurds* 2004, 210, dass der türkische Staat die Kurden auslöschen wollte, aber an der «schieren Größe der Aufgabe» scheiterte.

Zweites Kapitel: Die kemalistische Republik (1923–1950)

1 Pamuk, *Economic Change* 2008, 275; Keyder, *Exchange of Populations* 2003, 43. – Andere Autoren kommen auf einen geringeren Bevölkerungsanteil der Christen vor dem Ersten Weltkrieg: McCarthy, *Muslims and Minorities* 1983, nennt für 1911/12 im Gebiet des späteren türkischen Staatsgebiets einen Bevölkerungsanteil der Christen von 16,5 %; Karpat, *Ottoman Population* 1984, 188 f., für das Jahr 1914 im gesamten Osmanischen Reich 17,6 %.

2 Nach der Annahme seines Familiennamens unterzeichnete Mustafa Kemal nur noch mit «K. Atatürk»; Mango, *Atatürk* 1999, 498.

3 Vocelka, *Glanz und Untergang* 2001, 382; Türköz, *Naming and Nation-Building* 2018, 108–113, 143–160.

4 Jenkins, *Political Islam* 2008, 102, weist daraufhin, dass «Kemalismus» erst mit dem 1936 erschienenen Werk *Kemalizm* von Munis Tekinalp (1883–1961) zu einem gängigen Begriff wurde.

5 Mango, *Atatürk* 1999, 28 verweist auf albanische und slawische Vorfahren; laut Hanioğlu, *Atatürk* 2011, 24, sah sich die Familie selbst als Nachkommen der Eroberer aus Anatolien.

6 Mazower, *Salonica* 2005, 35 f.

7 Mazower, *Salonica* 2005, 77. – Zu den Sabbatäern allgemein siehe Baer, *Dönme* 2010. – Baer, *An Enemy Old and New* 2013, schildert die Entstehung einer Verschwörungstheorie über ein angebliches jüdisch-sabbatäisch-zionistisch-freimaurerisch-jungtürkisches Komplott, das über Jahrzehnte hinweg in islamistischen und rechtsextremen Kreisen kursierte und in den 2000er Jahren sogar von sich als links verstehenden Autoren wie Yalçın Küçük, Ergün Poyraz und Soner Yalçın übernommen und mit großen Publikationserfolgen weitergeführt wurde.

8 Lewis, *Emergence of Modern Turkey* 1968, 243–245.

9 Hanioğlu, *Atatürk* 2011, 83; Kreiser, *Atatürk* 2008, 14.

10 Strauss, *Disintegration of Ottoman Rule* 1998, 311.

11 Hanioğlu, *Atatürk* 2011, 81, bezieht sich hier auf die Originalquelle vom 20. September 1917 in: *Atatürk'ün Bütün Eserleri*, vol. 2, *1915–1919*. İstanbul: Kaynak Yayınları 1999, 120–125.

12 Kreiser/Neumann, *Kleine Geschichte der Türkei* 2009, 308 f.

13 Lewis, *Emergence of Modern Turkey* 1968, 263.

14 Zum historischen Kontext siehe Nafi, *Abolition of the Caliphate* 2013.

15 Siehe zu diesen beiden Kalifatsaspiranten Schiffauer, *Gottesmänner* 2000, beziehungsweise Gerges, *ISIS* 2017, 129–143. – Zwei Tage nach der Aufhebung des Kalifats in der Türkei hatte sich bereits Husayn ibn Ali (1853/1856–1931), Scherif von Mekka und in den Jahren 1916–1924 König des Hedschas, zum Kalifen erklärt; Feldman, *The Fall and Rise of the Islamic State* 2008, 95.

16 Zürcher, *Turkey* 2010, 184.
17 Hanioğlu, *Atatürk* 2011, 50.
18 Hanioğlu, *Atatürk* 2011, 50, 105, 108 f.
19 Zum grundsätzlich problematischen Konstrukt des «Westens» siehe beispielsweise Osterhammel, *Flughöhe der Adler* 2017, 101–114.
20 Jenkins, *Political Islam* 2008, 95.
21 Siehe hierzu eine programmatische Schrift von Ziya Gökalp mit dem Titel «Türkisierung, Islamisierung, Modernisierung»; Gökalp, *Türkleşmek, İslamlaşmak, Muasırlaşmak* 2010. In den Jahren zuvor verstreut erschienene Beiträge Gökalps wurden erstmals 1918 in Buchform unter diesem Titel veröffentlicht.
22 Hale, *Turkish Politics and the Military* 1994, 53.
23 Hanioğlu, *Second Constitutional Period* 2008, 105, weist darauf hin, dass der jungtürkische Intellektuelle Kılıçzâde Hakkı (1872–1960) bereits 1913 in der programmatischen Schrift «Wachtraum» (*Pek Uyanık Bir Uyku*) nahezu all die Reformen benannte, die später von Mustafa Kemal umgesetzt wurden.
24 Die Zeitangaben zu den einzelnen Reformschritten sind in der Literatur nicht immer eindeutig. In diesem Kapitel richten sich alle Angaben nach den zuverlässigen Beiträgen von Jäschke, *Geschichtskalender* 1927–1929, 1930, 1931, 1933, 1935. Zu Gotthard Jäschke selbst siehe Kreiser, *Jäschke* 1998.
25 Zum türkischen Wortlaut der Verfassungen von 1921 und 1924 siehe https://www.anayasa.gov.tr/tr/mevzuat/onceki-anayasalar/1924-anayasasi/ [30.8.2020].
26 Hanioğlu, *Atatürk* 2011, 157.
27 Hirsch, *Land Atatürks* 1982, 265.
28 Jenkins, *Political Islam* 2008, 99.
29 So der Untertitel des Buches von Lewis, *Turkish Language Reform* 1999. Siehe auch das umfassende Werk in drei Bänden von Steuerwald, *Untersuchungen zur türkischen Sprache* 1963, 1964, 1966.
30 Ausgerichtet von der 1931 gegründeten und bis heute bestehenden Türkischen Historischen Gesellschaft (*Türk Tarihi Tetkik Cemiyeti*, später *Türk Tarih Kurumu*). Zu ihren heutigen Aktivitäten siehe https://www.ttk.gov.tr.
31 Lewis, *Emergence of Modern Turkey* 1968, 359.
32 Hanioğlu, *Atatürk* 2011, 195; Zürcher, *Turkey* 2010, 191; Laut, *Das Türkische als Ursprache* 2000.
33 Zu der für das Osmanische Reich typischen gegenseitigen Durchdringung von Staatsislam und Staatssäkularismus siehe Mardin, *Turkish Islamic Exceptionalism* 2005, 148 f.
34 Nach Jenkins, *Political Islam* 2008, 95 f., wurden infolge von Aufruhr gegen das Hutgesetz mindestens 36 Demonstranten hingerichtet, mehrere Hunderte erhielten Gefängnisstrafen.
35 Georgeon, *Religion, Politics and Society* 2017, 177, 187.

36 Abdullah Cevdet: Şehzade Mecid Efendi Hazretleri'yle Mülâkat. In: *İctihad* 57 (20. März 1913), 1257; zitiert nach Hanioğlu, *Atatürk* 2011, 56.
37 Kreiser, *Atatürk* 2008, 237.
38 Als 1935 einige radikale Anhänger den Schleier verbieten wollten, unterstützte Atatürk den Vorschlag nicht; Hanioğlu, *Atatürk* 2011, 208 f. – Reza Schah erließ im Januar 1936 das Verschleierungsverbot für Frauen unter dem Eindruck eines Besuches in der Türkei im Juni und Juli 1934; Marashi, *Performing the Nation* 2003.
39 Schulze, *Geschichte der islamischen Welt* 2016, 133.
40 Hanioğlu, *Atatürk* 2011, 155 f.
41 Siehe Kriss/Kriss-Heinrich, *Volksglaube im Bereich des Islams* 1960/1962, zum reichen, aber mittlerweile nahezu vollständig untergegangenen Traditionsbestand eines «Volksislams».
42 Schulze, *Geschichte der islamischen Welt* 2016, 16.
43 Scott, *Seeing Like A State* 1998, 88 f. – Zu einer etwas anderen Fassung des Begriffs «Hochmoderne» siehe Herbert, *Europe in High Modernity* 2007.
44 Duru, *Ankara'nın İmarı* 2017, 109, 114–121.
45 Herbert, *Geschichte Deutschlands* 2014, 365.
46 Dogramaci, *Kulturtransfer* 2008, 17.
47 Beispielhaft seien hier Vertreter aus geistes- und sozialwissenschaftlichen Fächern genannt: Assyriologie: Benno Landsberger (1890–1968); Germanistik: Traugott Fuchs (1906–1997); Hethitologie: Hans Gustav Güterbock (1908–2000); Indologie: Walter Ruben (1899–1982); Klassische Philologie: Georg Rohde (1899–1960); Recht: Ernst Eduard Hirsch (1902–1985); Romanistik: Erich Auerbach (1892–1957); Sinologie: Wolfram Eberhard (1909–1989); Stadtplanung: Gustav Oelsner (1879–1956); Wirtschaftswissenschaften: Wilhelm Röpke (1899–1966).
48 Ein derzeit vom deutschen Auswärtigen Amt finanziertes Programm der Alexander von Humboldt-Stiftung zur Unterstützung gefährdeter Wissenschaftler ist nach Philipp Schwartz benannt. Siehe https://www.humboldt-foundation.de/web/philipp-schwartz-initiative.html.
49 Zu Auerbach in der Türkei siehe Konuk, *East West Mimesis* 2010, und Bormuth, *Auerbach* 2020.
50 Das deutsche Exil in der Türkei ist ausführlich beschrieben worden, siehe u. a. Widmann, *Exil und Bildungshilfe* 1973; Cremer/Przytulla, *Exil Türkei* 1991; Hillebrecht, *Haymatloz* 2000.
51 Lier, *Ritter* 1998; van Ess, *Im Halbschatten* 2013.
52 Nicolai, *Moderne und Exil* 1998, 12, 20, 42 f.; Dogramaci, *Kulturtransfer* 2008, 32 f.
53 Nicolai, *Moderne und Exil* 1998, 148.
54 Dogramaci, *Kulturtransfer* 2008, 268.
55 Die «Rückforderung» der unmittelbar dem türkischen Festland gegenüberliegenden Ägäis-Inseln war aber immer ein Anliegen der spätosmani-

schen und später türkischen Politik; siehe Trumpener, *Germany and the Ottoman Empire* 1968, 28 f. zur Zeit des Ersten Weltkriegs; Mango, *Atatürk* 1999, 378, zu den Verhandlungen in Lausanne; nach Önder, *Die türkische Außenpolitik im Zweiten Weltkrieg* 1977, 190, finden sich im Archiv des deutschen Auswärtigen Amtes Hinweise darauf, dass die Türkei für einen möglichen Beitritt zu den Achsenmächten die dem türkischen Festland gegenüberliegenden Ägäis-Inseln beanspruchte, aber auch Zypern und die Kontrolle über die von Mosul über Palmyra nach Tripolis (Libanon) reichende Erdölpipeline.

56 Rumpf, *Minderheiten in der Türkei* 1993, 472.

57 Jenkins, *Political Islam* 2008, 104 f.

58 Bayar, *In Pursuit of Homogeneity* 2014, 108, 117 f., 121.

59 Hale, *Modern Turkey* 1981, 71; Zürcher, *Turkey* 2010, 200; Lewis, *Emergence of Modern Turkey* 1968, 298; Koçak, *Türkiye'de Millî Şef Dönemi* 2010, vol. 2, 506–509, 514 f., 567. – Eine Sammlung von Augenzeugenberichten zur Vermögenssteuer findet sich bei Bali, *Varlık Vergisi* 2012.

60 Zum Verlauf der antijüdischen Ausschreitungen in Thrakien 1934 bzw. zur vermutlichen Urheberschaft des Staates siehe Pekesen, *Ende der jüdischen Gemeinden* 2012, 38–54, 255–263.

61 Birand/Yıldız, *Son Darbe* 2012, 112, verweisen hier auf die Denkschrift von Doğu Ergil: *Doğu Sorunu: Teşhisler ve Tespitler: Özel Araştırma Raporu*. Ankara: Türk Odalar ve Borsalar Birliği 1995. In den 1990er und 2000er Jahren gab es eine ganze Reihe von Denkschriften, die für eine Politik der Öffnung gegenüber den Kurden eintraten; Atmaca, *Kürt Sorununda Çözüm Süreci* 2014, 33–36.

62 Hanioğlu, *Atatürk* 2011, 187; Jenkins, *Political Islam* 2008, 81.

63 Neu hinzugetreten ist der arbeitsfreie «Tag der Demokratie und Nationalen Einheit» (*Demokrasi ve Millî Birlik Günü*) am 15. Juli, der an den gescheiterten Putschversuch von 2016 erinnert. – Zum Umgang der AKP-Regierungen mit den kemalistischen nationalen Feiertagen siehe Özyürek, *Commemorating the Coup* 2016.

64 Hanioğlu, *Atatürk* 2011, 187.

65 Sehr zu Recht weist Plaggenborg, *Ordnung und Gewalt* 2012, 56, auf die «analytische Hilflosigkeit» in den bisherigen Darstellungen zum Kemalismus hin.

66 Vergleiche Hoffmann/Hoffmann, *De Gaulle as Political Artist* 1974, 217, die den Gaullismus in seiner «ideologischen Leere» eher als eine «Haltung und nicht als eine zusammenhängende Doktrin» beschreiben.

67 Koçak, *Türkiye'de Millî Şef Dönemi* 2010, vol. 1, 31 f.; vol. 2, 82–84.

68 Plaggenborg, *Ordnung und Gewalt* 2012, 126, 256 f.

69 Heper, *İnönü* 1998, 45.

70 Kreiser, *Atatürk* 2008, 182

71 Hanioğlu, *Atatürk* 2011, 205.

72 Plaggenborg, *Ordnung und Gewalt* 2012, 142; Jenkins, *Political Islam*

2008, 102 f. – Impressionistisch durchgeführte Umfragen von Zeitschriften und Magazinen (in den Jahren 1925–1928) zu Erwartungen und Hoffnungen in der Bevölkerung zeigen keine Hinweise auf eine Ablehnung der neuen staatlichen Ordnung; dies ist allerdings keineswegs überraschend, da diese Äußerungen im öffentlichen Raum und damit unter staatlicher Aufsicht stattfanden; vgl. Demirel, *Cumhuriyet Kurulurken Hayaller ve Umutlar* 2019.

73 Davies, *Im Herzen Europas* 1999, 105; ebenso MacMillan, *Paris* 2001, 208.

74 Kreiser, *Atatürk* 2008, 300; Zürcher, *Turkey* 2010, 172.

75 Dogramaci, *Kulturtransfer* 2008, 291–293.

76 Koçak, *Türkiye'de Millî Şef Dönemi* 2010, vol. 2, 22, weist daraufhin, dass die beiden Titel eines *Değişmez Genel Başkan* und *Millî Şef* schon unter Atatürk gebräuchlich waren. Prägende Begriffe wurden sie aber erst in der Zeit unter İnönü.

77 Siehe hierzu Toprak, *Türkiye'de ‹Millî İktisat›* 1982.

78 Armstrong, *Grey Wolf* 1937, 222, kommentiert zuverlässig polemisch, dass Mustafa Kemal von Wirtschafts- und Finanzfragen weniger Ahnung hatte «als ein einfacher levantinischer Büroangestellter einer Bank in Istanbul».

79 Owen/Pamuk, *Middle East Economies* 1998, 18–20.

80 Plaggenborg, *Ordnung und Gewalt* 2012, 154; Hale, *Modern Turkey* 1981, 55.

81 Koçak, *Türkiye'de Millî Şef Dönemi* 2010, vol. 2, 370, 435; Owen/Pamuk, *Middle East Economies* 1998, 24; Hale, *Modern Turkey* 1981, 75.

82 Koçak, *Türkiye'de Millî Şef Dönemi* 2010, vol. 1, 157 f.; vol. 2, 54, 96 f., 568–580.

83 Koçak, *Türkiye'de Millî Şef Dönemi* 2010, vol. 2, 104–106; Zürcher, *Institution-Building* 2004, 104–108.

84 Koçak, *Türkiye'de Millî Şef Dönemi* 2010, vol. 2, 115–125.

85 Aydemir, *İkinci Adam* 2010, vol. 1, 334 f.; Hütteroth, *Türkei* 1982, 430 f. – Zur Einbettung der Bagdad-Bahn in die damaligen internationalen Machtkonstellationen siehe Schöllgen, *Imperialismus und Gleichgewicht* 2000, 86–176, und McMeekin, *Berlin-Baghdad Express* 2010.

86 Hale, *Modern Turkey* 1981, 90; Tekeli/İlkin, *Cumhuriyetin Harcı* 2010, vol. 3, 444.

87 Türkeş, *Balkan Pact* 1994; Volk, *Turkey's Historical Involvement* 2013, 16.

88 Deringil, *Turkish Foreign Policy* 1989, 71 f.; Koçak, *Türkiye'de Millî Şef Dönemi* 2010, vol. 1, 239–241.

89 Koçak, *Türkiye'de Millî Şef Dönemi* 2010, vol. 2, 576.

90 Deringil, *Turkish Foreign Policy* 1989, 112, 144.

91 Deringil, *Turkish Foreign Policy* 1989, 32–40.

92 Zu türkischen Befürchtungen hinsichtlich sowjetischer Gebietsansprüche an die Türkei siehe Koçak, *Türkiye'de Millî Şef Dönemi* 2010, vol. 2, 144 f., 147, 149, 154 f., 183, 190; Deringil, *Turkish Foreign Policy* 1989, 166.

93 Koçak, *Türkiye'de Millî Şef Dönemi* 2010, vol. 2, 178, 240 f., 264, 273.
94 Zürcher, *Turkey* 2010, 206 f.; Hale, *Modern Turkey* 1981, 67. – Im Jahr 2000 lag die Lebenserwartung bereits bei durchschnittlich 71 Jahren (69 für Männer und 72,9 für Frauen); İçduygu, *Demography* 2012, 331.
95 Koçak, *Türkiye'de Millî Şef Dönemi* 2010, vol. 2, 545; Karpat, *Turkey's Politics* 1959, 159.
96 Karpat, *Turkey's Politics* 1959, 144 f.; Koçak, *Türkiye'de Millî Şef Dönemi* 2010, vol. 2, 558–560.
97 Zur Geschichte der Parteien nach 1908 siehe Tunaya, *Türkiye'de Siyasal Partiler* 1998.
98 Aydemir, *İkinci Adam* 2010, vol. 1, 391.
99 Karpat, *Turkey's Politics* 1959, 191.
100 Angaben zu Stimmanteilen und Parlamentssitzen weichen in der Literatur immer wieder (wenn auch meist unerheblich) voneinander ab. In der Folge werden alle Angaben zu Stimmergebnissen und Parlamentssitzen für den Zeitraum bis 2011 nach Türkiye İstatistik Kurumu, *Milletvekili Genel Seçimleri* 2012, angegeben.
101 Zürcher, *Turkey* 2010, 218.

Drittes Kapitel: Prekärer Pluralismus (1950–1980)

1 Koçak, *Türkiye'de Millî Şef Dönemi* 2010, vol. 2, 21, 27 f., 360, 561 f., 570, 580, kommt zum klaren Urteil, dass İnönü bis 1946 keine Liberalisierungsbestrebungen erkennen ließ.
2 Patel, *Projekt Europa* 2018, 110.
3 Ahmad, *Modern Turkey* 1993, 134; Owen/Pamuk, *Middle East Economies* 1998, 122.
4 Deringil, *Turkish Foreign Policy* 1989, 180.
5 Kirişci, *Turkey and the West* 2017, 31, 33; nach Koçak, *Türkiye'de Millî Şef Dönemi* 2010, vol. 2, 546, aber bestand für die Türkei nach dem Zweiten Weltkrieg keine Möglichkeit mehr, ihre frühere Schaukelpolitik fortzusetzen.
6 Yeşilbursa, *Turkey's Participation in the Middle East Command* 2000, 71.
7 Zur Beteiligung der Türkei am Koreakrieg siehe Solomonovich, *Korean War* 2021.
8 Gasimov, *Turkish Wall* 2019, weist daraufhin, dass die anti-sowjetische Rhetorik in den türkischen Geisteswissenschaften nachhaltig von turkstämmigen Migranten aus dem sowjetischen Raum geprägt wurde.
9 Dawletschin-Linder, *Diener seines Staates* 2003, 85, 138, 150, 156.
10 Alper, *Jakobenlerden Devrimcilere* 2018, 33, Fußnote 43, weist daraufhin, dass das kemalistische Lager erst in der Konfrontation mit der DP und ihrer Nachfolgerpartei in den 1960er Jahren für sich die Begrifflichkeit von Kemalismus (*Kemalizm*) und Atatürkismus (*Atatürkçülük*) entwickelte.

11 Owen/Pamuk, *Middle East Economies* 1998, 106 f.
12 Hale, *Modern Turkey* 1981, 88–95, 103; Zürcher, *Turkey* 2010, 225–229.
13 Hale, *Modern Turkey* 1981, 100 f.; Ahmad, *Turkish Experiment* 1977, 365; Dawletschin-Linder, *Diener seines Staates* 2003, 170.
14 Çolak, *Karaoğlan* 2016, 99.
15 Owen/Pamuk, *Middle East Economies* 1998, 110.
16 Zürcher, *Turkey* 2010, 222. – Özbudun, *Constitutional System of Turkey* 2011, 8, weist daraufhin, dass das Konzept eines «nationalen Willens», das in bestimmender Weise die Idee einer Herrschaft der Mehrheit enthält, bereits die Verfassung von 1924 prägt.
17 Gunn, *1960 Coup* 2015, 126.
18 Weiker, *Turkish Revolution* 1963, 20 f.
19 Alkan, *Önsöz* 2016, X.
20 Dawletschin-Linder, *Diener seines Staates* 2003, 238 f.; Weiker, *Turkish Revolution* 1963, 53; Hale, *Turkish Politics and the Military* 1994, 104, 121–125.
21 Dawletschin-Linder, *Diener seines Staates* 2003, 198–200; Ahmad, *Turkish Experiment,* 1977, 156; Zürcher, *Turkey* 2010, 240.
22 Picard, *Arab Military* 1990, 190. – Ein Überblick zum Stand der Forschung zur Rolle des Militärs in der arabischen Welt in den 1950er und 1960er Jahren findet sich bei Owen, *Role of the Army* 1978.
23 Weiker, *Turkish Revolution* 1963, 31; Ahmad, *Turkish Experiment* 1977, 164; Dawletschin-Linder, *Diener seines Staates* 2003, 247–258; Hale, *Turkish Politics and the Military* 1994, 144.
24 Botschafter Fletcher Warren in einem Telegramm an das Department of State, 28. Mai 1960, in *Foreign Relations of the United States*, 1958–1960, vol. 10, Teil 2, 845–848; zitiert nach Gunn, *1960 Coup* 2015, 120.
25 Pamuk, *Economic Change* 2008, 281; Hütteroth, *Türkei* 1982, 469.
26 Angaben nach İmar ve İskan Bakanlığı: *13 Büyük Şehirde Gecekondu.* Ankara: İmar ve İskan Bakanlığı 1965, 5–6; zitiert nach Karpat, *Gecekondu* 1976, 11. In den folgenden Jahren stiegen die Zahlen nicht mehr wesentlich an. Ende der 1970er Jahre lebten rund zwei Drittel der Bevölkerung in Ankara in *Gecekondu*s und in İstanbul sowie Adana rund 45 %; Hale, *Modern Turkey* 1981, 223.
27 Karpat, *Gecekondu* 1976, 26, 28, 58, 87, 134; Owen/Pamuk, *Middle East Economies* 1998, 117. – Bereits im Rahmen der Weltwirtschaftskrise entstehen erste Slums in den arabischen Städten, auf Arabisch bis heute «Zufälligkeiten» *(ʿašwāʾīyāt)* genannt; Schulze, *Geschichte der islamischen Welt* 2016, 148. Die Bewohner der arabischen «Zufälligkeiten» erlebten nicht dieselbe Aufstiegsgeschichte wie die der *Gecekondus.*
28 Karpat, *Gecekondu* 1976, 183. – Mit den Jahren verwandelten sich diese Solidaritätsnetzwerke allerdings zunehmend in utilitaristische Formen von Klientelismus, Erman, *Urban or Rural* 1998, 557.
29 Hale, *Modern Turkey* 1981, 224; Wedel, *Gecekondu-Viertel* 2004,

Absatz 26. – Zu Beispielen eines klar utilitaristischen Wahlverhaltens der *Gecekondu*-Bewohner siehe Karpat, *Gecekondu* 1976, 211–225.

30 Karpat, *Gecekondu* 1976, 35, 44 f., 106 f., 140 f., 156–158, 161 f., 173 f.

31 Hoerder, *Cultures in Contact* 2002, 520.

32 Abadan-Unat, *Turks in Europe* 2011, 8.

33 Bei einer Bevölkerung von 20,8 Millionen mit Migrationshintergrund in Privathaushalten nach Geburtsland bzw. Geburtsland mindestens eines Elternteils im Jahr 2018, Bundesministerium des Inneren, *Migrationsbericht 2018*, 2020, 204.

34 Nach Abadan-Unat, *Turks in Europe* 2011, 89 f., war die Bereitschaft von türkischen Frauen, sich als Arbeitsmigrantinnen in Europa zu verdingen, wohl in der Erwartung begründet, dass alleinstehenden Frauen der Familiennachzug leichter gewährt werden würde.

35 Manche der getroffenen Regelungen erwiesen sich als kontraproduktiv. Als 1975 die deutsche Regierung unterschiedliche Kindergeldbeträge für in Deutschland und im Ausland wohnende Kinder einführte, um die Sozialkosten zu senken, hatte dies den nicht beabsichtigten Effekt, dass Eltern jetzt vermehrt ihre Kinder nach Deutschland holten.

36 Abadan-Unat, *Turks in Europe* 2011, 21 f.

37 Siehe als nur ein Beispiel Ateş, *Große Reise ins Feuer* 2003, 249.

38 Collier, *Exodus* 2013, 70, weist daraufhin, dass im Vergleich zum ohnehin schon wenig aufnahmefähigen Europa Deutschland eine besonders geringe Absorptionsfähigkeit für Migration zeigt. Miller, *Strangers in Our Midst* 2016, 96, 99, 129, kritisiert Deutschland und die Schweiz ausdrücklich dafür, dass selbst lange in einem der beiden Länder lebenden Arbeitsmigranten die Staatsbürgerschaft verweigert wurde – eine Situation, die sie ökonomisch verwundbar machte und einem sozialen Ausschluss unterwarf.

39 Parla, *Precarious Hope* 2019, 14–17.

40 Kirişci, *Turkey and the West* 2017, 37; Harris, *Turkey and the United States* 1975, 59.

41 Ataöv, *N. A. T. O.* 1970, 154–170 spricht von einem US-amerikanischen «Kulturimperialismus» und «Neo-Kolonialismus» in der Türkei.

42 Stone, *Balkan Pact* 1994; Pirjevec, *Tito* 2016, 299.

43 Guzansky, *Israel's Periphery Doctrine* 2014; Schonmann, *Back-Door Diplomacy* 2013, 92–94; Bengio, *Turkish-Israeli Relationship* 2004, 42–45.

44 Standardwerke zur Geschichte Zyperns sind Mallinson, *Cyprus* 2005, und Richter, *Geschichte der Insel Zypern* 2004–2009.

45 Zur politischen und wirtschaftlichen Bedeutung der Erdgasvorkommen im östlichen Mittelmeer siehe International Crisis Group, *Aphrodite's Gift* 2012, und Roberts, *Hydrocarbon Resources* 2020.

46 Unter dem Eindruck der türkischen Intervention auf Zypern 1974 und des darauf folgenden westlichen Embargos gab die Nationalistische Bewegungspartei (*Milliyetçi Hareket Partisi, MHP*) die Losung «Der Türke hat keinen anderen Freund als den Türken» (*Türk'ün Türk'ten başka*

dostu yoktur) aus; Bora/Can, *Devlet, Ocak, Dergâh* 1991, 49. – Der Eindruck auf türkischer Seite, dass der Westen in der Zypernfrage allein die griechische Position unterstütze, führte, neben anderen Gründen, zu einer zögerlichen Wiederannäherung der Türkei an die UdSSR ab dem Jahr 1964; Karpat, *Turkish Soviet Relations* 1975, 101–105. – Zum griechischen Eindruck wiederum, dass die USA in der Zypernfrage letztlich auf Seiten der Türkei stünden, siehe Clogg, *History of Greece* 1992, 5, 170.

47 Asderis, *Tor zur Glückseligkeit* 2018, 290.

48 Siehe hierzu ausführlich Vryonis, *Mechanism of Catastrophe* 2005.

49 Nach Brey, *Bevölkerungsstruktur* 1998, 497, lebten 1960 auf der Insel 442 521 griechische Zyprioten, die damit 79,5 % der Bevölkerung stellten, und 104 350 türkische Zyprioten, mit einem Anteil von 18,8 %. Die restlichen knapp 2 % verteilten sich auf Armenier, Maroniten und alle anderen Bevölkerungsgruppen.

50 Kuniholm, *Turkey and Nato* 1985, 220.

51 Ker-Lindsay, *Cyprus Problem* 2011, 68–71.

52 Hale, *Modern Turkey* 1981, 245–247.

53 Siehe Birand, *Türkiye'nin Ortak Pazarı Macerası* 1985, 41, 70, 94, 96, 100 f., 125 zum ständigen Selbstvergleich der Türkei mit Griechenland, und 55, 73 f., 111 f. zur schlechten Vorbereitung der türkischen Seite einschließlich mangelnden genauen Wissens über die eigenen volkswirtschaftlichen Grunddaten in der frühesten Phase der Beitrittsverhandlungen.

54 Birand, *Türkiye'nin Ortak Pazarı Macerası* 1985, 113.

55 Zur außerordentlich raschen Ausbildung einer Links-Rechts-Polarität im französischen Parlament 1789 siehe Laponce, *Left and Right* 1981, 47–52. Ausführlich ist Eßbach, *Religionssoziologie* 2014, 561–659, im Kapitel «Ewige Rechte, ewige Linke».

56 Dawletschin-Linder, *Diener seines Staates* 2003, 242.

57 Öktem, *Angry Nation* 2011, 41. Ahmad, *Turkish Experiment* 1977, 237, 377, weist daraufhin, dass das Bild der beiden Buchstaben *A* und *P* auf den beiden aufgeschlagenen Seiten eines Buches gar nicht so unverfänglich war. Das Buch konnte nämlich als der Koran und die beiden Buchstaben *A* und *P* als die Initialen von *Allah* und *Peygamber* (der Prophet Muhammad) verstanden werden.

58 Ahmad, *Turkish Experiment* 1977, 235 f.; Türk, *Muktedir* 2014, 73.

59 Çolak, *Karaoğlan* 2016, 15, 132–134; Ahmad, *Turkish Experiment* 1977, 261.

60 Landau, *Radical Politics* 1974, 97–112, 131.

61 Marcus, *Blood and Belief* 2007, 21.

62 Bozarslan, *From Kemalism to Armed Struggle* 2020, 119.

63 In der binnentürkischen Wahrnehmung war die Türkei ein wichtiger Akteur des Kalten Kriegs. Vermutlich, weil sie ihre Aufgaben, als Eckpfeiler der NATO zu dienen, so gut erfüllte, ist sie Gesamtdarstellungen des Kalten Krieges nur verstreuter Erwähnungen wert. So findet sich zum Bei-

spiel in Leffler/Westad, *Cambridge History of the Cold War* 2010, einem dreibändigen Werk mit 72 Artikeln, kein einziger Beitrag mit direktem Bezug zur Türkei. Ein sehr ähnliches Bild vermittelt Westad, *Cold War* 2018.

64 Ganser, *NATO-Geheimarmeen* 2008, 369 und passim. In diesem Sinne auch Öktem, *Angry Nation* 2011, 53, 55, 60.

65 Rumpf, *Einführung in das türkische Recht* 2016, 28; Özbudun, *Constitutional System of Turkey* 2011, 11, 122; Çolak, *Karaoğlan* 2016, 104. – Eine Übersetzung der Verfassung von 1961 ins Deutsche, versehen mit ausführlichen Erläuterungen, findet sich in Hirsch, *Verfassung* 1966. Zum türkischen Wortlaut der Verfassung von 1961 siehe https://www.anayasa.gov.tr/tr/mevzuat/onceki-anayasalar/1961-anayasasi/ [30.8.2020].

66 Ahmad, *Turkish Experiment* 1977, 250 f., 377. – Ab 1972 verwendete die CHP den stärker konturierten Begriff einer «Demokratischen Linken» (*Demokratik Sol*); Çolak, *Karaoğlan* 2016, 142–144.

67 Çolak, *Karaoğlan* 2016, 139, bezieht sich hier auf Bülent Ecevit: *Atatürk ve Devrimcilik*. İstanbul: Tekin Yayınevi 1976, 7 f.

68 Ahmad, *Modern Turkey* 1993, 132; Hale, *Modern Turkey* 1981, 141–144; Keyder, *State and Class* 1987, 148; Ahmad, *Turkish Experiment* 1977, 275.

69 Keyder, *State and Class* 1987, 151 f., 161; Owen/Pamuk, *Middle East Economies* 1998, 95, 112, 251.

70 Die politische Natur des Rentier-Staates erläutert (wenn auch mit etwas essentialisierenden Untertönen) Beblawi, *Rentier State* 1987.

71 Zu Rentierstaaten zweiter Ordnung, die etwa aus ihrer geostrategischen Bedeutung oder über Remissen von Gastarbeitern hohe Renten beziehen, siehe Schlumberger, *Autoritarismus in der arabischen Welt* 2008, 121.

72 Gunn, *1960 Coup* 2015, 104; Hale, *Modern Turkey* 1981, 240.

73 Hale, *Modern Turkey* 1981, 231; Owen/Pamuk, *Middle East Economies* 1998, 112 f.

74 Alper, *Jakobenlerden Devrimcilere* 2018, schildert anschaulich die Radikalisierung der Studentenschaft in den 1960er Jahren, die sich anfangs noch als Verbündete der CHP und des Militärs sah, deren radikalste linke Fraktionen aber um 1970 bereits den Weg hin zum bewaffneten Kampf gewählt hatten.

75 Mello, *Radicalization and/or Reformism in Working Class Politics* 2020, 100–103.

76 Landau, *Radical Politics* 1974, 55 f.

77 Nach Landau, *Radical Politics* 1974, 189, Fußnote 115, scheinen die *mukaddesatçı* diesen Begriff deswegen geprägt zu haben, um die so offensichtliche Verbindung zu islamistischen Positionen nicht ausdrücklich zu benennen.

78 Jenkins, *Political Islam* 2008, 131; Hale, *Modern Turkey* 1981, 119 f.; Rumpf, *Einführung in das türkische Recht* 2016, 29.

79 Lord, *Religious Politics* 2019, 228; Keyder, *Social Change and Political Mobilization* 2020, 27; Hale, *Turkish Politics and the Military* 1994, 192.

80 Ahmad, *Modern Turkey* 1993, 151.
81 Hale, *Turkish Politics and the Military* 1994, 211.
82 Ahmad, *Modern Turkey* 1993, 159 f., 167.
83 Zum Begriff des «Eroberers von Zypern» siehe Çolak, *Karaoğlan* 2016, 171.
84 In der ersten Regierung der Nationalistischen Front konnte die MHP mit nur drei im Parlament vertretenen Abgeordneten drei Ministerposten erringen; Bora/Can, *Devlet, Ocak, Dergâh* 1991, 50.
85 Hale, *Modern Turkey* 1981, 237 f.
86 Landau, *Radical Politics* 1974, 39 f.
87 Kürkçü, *Türkiye Sosyalist Hareketine Silahlı Mücadelenin Girişi* 2007, 496, spricht von nur «zwischen 100 oder 150 Militanten», die zum bewaffneten Kampf bereit waren.
88 Landau, *Radical Politics* 1974, 203f.; Bora/Can, *Devlet, Ocak, Dergâh* 1991, 46–48; Bora, *Narrating the Enemy* 2020, 149.
89 McDowall, *Modern History of the Kurds* 2004, 414.
90 Erman, *Liberated Neighborhoods* 2020, 187, 206.
91 Nach Bora/Can, *Devlet, Ocak, Dergâh* 1991, 51, 71–77, war es seit dem Jahr 1978 Ziel der MHP und ihrer zahlreichen Unterorganisationen, die Gesellschaft in einen Zustand der Terrorisierung zu versetzen.
92 Gourisse, *Violence politique en Turquie* 2014, 265; Birand, *Generals' Coup* 1987, 149; Ahmad, *Modern Turkey* 1993, 169.
93 Bora/Can, *Devlet, Ocak, Dergâh* 1991, 84, Endnote 28; Birand, *Generals' Coup* 1987, 37.
94 Gourisse, *Violence politique en Turquie* 2014, 281–297. Bora/Can, *Devlet, Ocak, Dergâh* 1991, 74, weisen darauf hin, dass die in ihrem Gewaltausmaß «überdosierten» Massaker in Kahramanmaraş der MHP als eindeutig Verantwortlichem auf die Füße fielen und zu einer Entfremdung des Militärs von ihr führte.
95 Birand, *Generals' Coup* 1987, 49, 51, 56. Siehe auch die Recherche von Mumcu, *Papa – Mafya – Ağca* 1984.
96 Hale, *Turkish Politics and the Military* 1994, 232.
97 Siehe zum Beispiel Bösch, *Zeitenwende* 2019 mit Kapiteln unter anderem zu Iran, Afghanistan und zur «zweiten Ölkrise»; Lesch, *1979* 2001, konzentriert sich auf die Revolution in Iran im Februar, den ägyptisch-israelischen Friedensvertrag im März und den sowjetischen Einmarsch in Afghanistan im Dezember 1979.
98 Birand, *Generals' Coup* 1987, 39, 96; Jenkins, *Context and Circumstance* 2001, 38.
99 Birand, *Generals' Coup* 1987, 190 f.
100 Eligür, *Mobilization of Political Islam* 2010, 90; Cemal, *Özal Hikayesi* 1989, 317; Jenkins, *Political Islam* 2008, 141.
101 Hale, *Modern Turkey* 1981, 106 f.; Keyder, *State and Class* 1987, 160; Owen/Pamuk, *Middle East Economies* 1998, 120.

Viertes Kapitel: Die Verheißungen des islamische Konservatismus (1980–2013)

1 Westad, *Cold War* 2018, 472, 531.
2 Cemal, *Özal Hikayesi* 1989, 178; Bora/Can, *Devlet, Ocak, Dergâh* 1991, 150–153.
3 Willis, *Islamist Challenge in Algeria* 1996, 111–116.
4 Westad, *Cold War* 2018, 554.
5 So verliert zum Beispiel in der Darstellung von Schulze, *Geschichte der islamischen Welt* 2016, die Türkei, nach einer eingehenden Diskussion der spätosmanischen und frühesten Republikzeit, für die folgenden Jahrzehnte jede Bedeutung, um erst in den 2000er Jahren wieder deutlich sichtbar hervorzutreten.
6 Hanioğlu, *Atatürk* 2011, 46 f.
7 Auf Seite des Militärs waren dies der Generalstabschef und die Kommandierenden der vier Teilstreitkräfte Heer, Marine, Luftwaffe und Gendarmerie sowie der MGK-Generalsekretär (ohne Stimmrecht); auf ziviler Seite waren Staatspräsident, Ministerpräsident und die Minister für Äußeres, Inneres und Verteidigung vertreten.
8 Thumann, *Geldmaschine der Armee* 2016.
9 Birand, *Shirts of Steel* 1991, 7–8, 10–13; Jenkins, *Context and Circumstance* 2001, 13, 23. – Angesichts des geringen Alphabetisierungsgrades könnte die Militärausbildung in den 1940er und 1950er Jahren für die Prägung der männlichen Bevölkerung wichtiger gewesen sein als die Schule; Jenkins, *Political Islam* 2008, 123.
10 Jenkins, *Context and Circumstance* 2001, 16.
11 Zum Argument einer Vorbildfunktion des Kemalismus auch auf internationaler Ebene siehe einen Beitrag des damaligen CHP-Abgeordneten Celal Bayar in der Parlamentsdebatte vom 29. Mai 1944: «Wie jeder Türke bin auch ich mir dermaßen sicher über die Richtigkeit und Gültigkeit des kemalistischen Regierungssystems, dass meiner Überzeugung nach über kurz oder lang alle Nationen der Welt sich in einem unserem Regime ähnlichen Regierungssystem wiederfinden werden»; TBMM ZC, Devre 7, İçtimâ 1, Cilt 10, 64, İnikat, 29.5.1944, zitiert nach Koçak, *Türkiye'de Millî Şef Dönemi* 2010, vol. 2, 356.
12 Rumpf, *Das türkische Verfassungssystem* 1996, 91. – Eine komplette Übersetzung der Verfassung ins Deutsche findet sich hier auf den Seiten 317–377; eine türkische Fassung findet sich unter https://www.mevzuat.gov.tr/MevzuatMetin/1.5.2709.pdf [30.8.2020].
13 Özbudun, *Constitutional System of Turkey* 2011, 45 f., verweist hier auf die Präambel und die Artikel 5, 13, 14, 26, 28 (dreimal), 30, 68, 81, 103, 122 und 133.
14 Özbudun, *Constitutional System of Turkey* 2011, 19 f., 77, 130: So ernennt der Präsident den Ministerpräsidenten und nimmt seinen Rücktritt

an; er kann Gesetze an die Nationalversammlung zur erneuten Behandlung zurückverweisen; er hat umfangreiche Ernennungsrechte für bedeutende Institutionen wie für die höchsten Gerichte oder Universitätsrektorate.

15 Özbudun, *Constitutional System of Turkey* 2011, 130; Rumpf, *Das türkische Verfassungssystem* 1996, 374 f. – Dieses Privileg hatten sich allerdings auch schon die Verantwortlichen des Putsches von 1960 gesichert; Özbudun, *Constitutional System of Turkey* 2011, 13.

16 Özbudun, *Constitutional System of Turkey* 2001, 19, 44.

17 Alle Gesetze finden sich auf den staatlichen Webseiten www.resmigazete.gov.tr oder www.mevzuat.gov.tr.

18 Jenkins, *Political Islam* 2008, 144; Özbudun, *Constitutional System of Turkey* 2011, 23. – Das Gesetz Nr. 2932 wurde 1991 aufgehoben, der in der Verfassung gewählte Ausdruck «gesetzlich verbotene Sprachen» 2001 gestrichen; Özbudun, *Constitutional System of Turkey* 2011, 33, 51.

19 Jenkins, *Political Islam* 2008, 142; Kaplan, *Din-u Devlet* 2002, 120.

20 Jenkins, *Political Islam* 2008, 142: Cemal, *Özal Hikayesi* 1989, 240.

21 Cemal, *Özal Hikayesi* 1989, 48–55.

22 Cemal, *Özal Hikayesi* 1989, 41.

23 Die SHP wiederum entstand 1985 aus dem Anschluss der nicht überlebensfähigen Populistischen Partei (*Halkçı Parti*) an die von Erdal İnönü geführte «Partei der Sozialdemokratie» (*Sosyal Demokrasi Partisi*).

24 Ahmad, *Modern Turkey* 1993, 186; Abrahamian, *Khomeinism* 1993, 15.

25 Halliday, *Iranian Foreign Policy* 2002, 92; Skocpol, *Rentier State and Shi'a Islam* 1982.

26 In anatolischen Kleinstädten der 1970er Jahre kam es oft zu einer Art politischer Arbeitsteilung: Der ältere Bruder war Mitglied in der rechtszentristischen AP, der jüngere in der MHP; Bora/Can, *Devlet, Ocak, Dergâh* 1991, 54.

27 Zu einer vergleichbaren Kategorisierung siehe Bora, *Türk Sağının Üç Hâli* 2009, 8, der den Nationalismus als «festen», den Islamismus als «flüssigen» und den Konservativismus als «gasförmigen» Zustand der türkischen Rechten beschreibt.

28 Wild, *Gott und Mensch im Libanon* 1972, 225.

29 Dawisha, *Arab Nationalism* 2003, 25–32.

30 Aleviten lassen sich unter den Denkern des türkischen Nationalismus ebenfalls nicht finden, sehr wohl aber Kurden, wie Ziya Gökalp, der wohl wichtigste Vordenker des türkischen Nationalismus, oder Juden wie Munis Tekinalp (geboren als Moiz Kohen).

31 Lewis, *Emergence of Modern Turkey* 1968, 264. – Diese in den 1920er und 1930er Jahren taktisch gebotene Darstellung von Religion hat späteren Autoren den Blick auf deren komplexe Rolle verstellt, siehe zum Beispiel die zahlreichen unbeholfenen Hinweise in Ahmad, *Turkish Experi-*

ment 1977, 242, 371–373, 375, 377, 382, dass Religion nicht «ausgenutzt» (*exploited*) werden dürfe.

32 Schulze, *Geschichte der islamischen Welt* 2016, 109.

33 Eine philosophische Betrachtung, wie problematisch all diese Begrifflichkeiten sind, findet sich bei Ahmed, *What is Islam* 2016.

34 Nach Hallaq, *Impossible State* 2013, ist die Idee, einen auf der Scharia beruhenden idealen islamischen Staat in der Moderne wiederzubeleben, nicht nur aussichtslos, sondern geradezu unmöglich. Zugleich aber wendet sich Hallaq gegen die selbstgewisse westliche Haltung, dass der im Westen entstandene moderne Staat alternativlos sei.

35 Schulze, *Geschichte der islamischen Welt* 2016, 80.

36 Für die zuversichtlich gestimmten Autoren Courbage/Todd, *Unaufhaltsame Revolution* 2008, 36, zeichnet sich für die islamische Welt – nach einer Phase des gewaltbereiten Islamismus, in der wir uns gegenwärtig befänden – «mit hoher Wahrscheinlichkeit eine entislamisierte muslimische Welt ab, welche die gleiche Entwicklung durchlaufen hat wie einst das christliche Abendland und der buddhistische Ferne Osten».

37 Als ein besonders deutliches Beispiel für einen solch negativen Deutungsstrang siehe Lewis, *What Went Wrong* 2002, der argumentiert, die Muslime hätten darin versagt, eine angemessene Antwort auf die Moderne zu finden, und sich daher in religiöse und kulturelle Regression geflüchtet.

38 Siehe hierzu grundsätzlich Körner, *Politische Religion* 2020.

39 Für Beispiele von Organisationen der rechtskonservativen Strömung jenseits der politischen Parteien siehe Lord, *Religious Politics* 2019, 218.

40 Der Rechtskonservativismus ist jedoch nicht so flüchtig, dass er für die politikwissenschaftliche Forschung nicht beobachtbar wäre; man sehe nur die zahlreichen Beiträge in Belge/Çiğdem, *Mufazakârlık* 2009.

41 Bielefeldt, *Muslime im säkularen Rechtsstaat* 2003, 41.

42 Der abwertende Vergleich zwischen einem materialistischen Westen und spirituellen Orient ist ein allgemeines Phänomen der Auseinandersetzung von Intellektuellen Asiens mit dem Westen; Conrad, *Global History* 2016, 30, verweist etwa auf Okakura Tenshin (1862–1913) in Japan und Rabindranath Tagore (1861–1914) in Bengalen.

43 Siehe aber Vömel, *Turkish Islamism* 2019, der eine internationalistische Ausrichtung des türkischen Islamismus in den späten 1970er Jahren feststellt.

44 Yavuz, *Secularism and Muslim Democracy* 2009, 138.

45 Plaggenborg, *Ordnung und Gewalt* 2012, 80.

46 White, *Islamist Mobilization* 2002, 71; Türk, *Muktedir* 2014, 223 f.

47 White, *Islamist Mobilization* 2002, 74.

48 Jenkins, *Political Islam* 2008, 139, 165. – 2008 fiel das Verbot für das Kopftuch an den Universitäten, 2014 für Mädchen ab zehn Jahren an den Schulen; Rogg, *Türkei* 2017, 202.

49 Schimmel, *Mystische Dimensionen des Islam* 1985, 16, 148.

50 Schimmel, *Sufismus* 2005, 68 f. – Zu den Nakschbendis im Kontext eines globalen Islam siehe Weismann, *Naqshbandiyya* 2007.
51 Çakır, *Ayet ve Slogan* 1991, 38; Mardin, *Turkish Islamic Exceptionalism* 2005, 158.
52 Die Gülen-Bewegung misst dem Studium der Schriften von Said Nursî so viel Bedeutung bei, dass man ihr sogar die Vernachlässigung des Studiums des Korans vorgeworfen hat.
53 Tee, *Gülen Movement* 2016, 24; Hendrick, *Gülen* 2013, 72.
54 Lord, *Religious Politics* 2019, 194. – Mardin, *Religion and Social Change* 1989, 80f. und 87, weist daraufhin, dass Said Nursî in spätosmanischer Zeit die Gründung einer kurdischen Universität im ostanatolischen Van betrieb, in der islamische Traditionswissenschaften gemeinsam mit moderner Philosophie und Naturwissenschaften gelehrt werden sollten.
55 Nach Balci, *Islam in Central Asia* 2018, 59, verwendete die Gülen-Bewegung in den von ihr betriebenen Schulen in Zentralasien – angesichts der dortigen starken säkularen Prägung der Bevölkerung und politischen Elite – eine Strategie der Anziehung durch tätiges «Vorbild» (*temsil*).
56 Tee, *Gülen Movement* 2016, 124–126.
57 Lord, *Religious Politics* 2019, 225.
58 Landau, *Pan-Turkism* 1995, 42.
59 Eligür, *Mobilization of Political Islam* 2010, 96–102; Bora/Can, *Devlet, Ocak, Dergâh* 1991, 128–55 (einschließlich eines bemerkenswerten Vergleichs des *Aydınlar Ocağı* mit *Opus Dei* auf den Seiten 135–137).
60 Lewis, *Emergence of Modern Turkey* 1968, 347.
61 Grundsätzlich zu diesem Phänomen siehe Zürcher, *Children of the Borderlands* 2003, 282.
62 Topal, *Ziya Gökalp in Context and Tradition* 2017.
63 Bora/Can, *Devlet, Ocak, Dergâh* 1991, 45; Landau, *Pan-Turkism* 1995, 96, 157.
64 Landau, *Pan-Turkism* 1995, 115–118; Koçak, *Türk Milliyetçiliğinin İslam'la Buluşması* 2009, 602.
65 Bora/Can, *Devlet, Ocak, Dergâh* 1991, 48.
66 Siehe Bora/Can, *Devlet, Ocak, Dergâh* 1991, 87–126, zum Schock der MHP über ihre Behandlung durch die Militärjunta nach 1980.
67 Bora/Can, *Devlet, Ocak, Dergâh* 1991, 68.
68 Landau, *Pan-Turkism* 1995, 115–118; Akgün/Çalış, *Tanrı Dağı Kadar Türk* 2009, 599.
69 Tapia, *Turkish Extreme Right-Wing Movements* 2011, 305.
70 Streeck, *Gekaufte Zeit* 2018, 119. Gemäß Herr/Sonat, *Fragile Growth Regime* 2014, 52, sank der Repräsentationsgrad der Gewerkschaften in der Türkei von 35,3 % im Jahr 1975 auf 5,8 % im Jahr 2008.
71 Herr/Sonat, *Fragile Growth Regime* 2014, 39, Fußnote 18. – Harvey, *Neoliberalism* 2005, 88, verweist auf das schwache Wachstum in den USA und im Großbritannien der 1980er Jahre; für Südamerika lässt sich gar von einem verlorenen Jahrzehnt sprechen.

72 Harvey, *Neoliberalism* 2005, 16, 19, 83, 119; Streeck 2018, *Gekaufte Zeit* 2018, 87, 93, 96.
73 Streeck, *Gekaufte Zeit* 2018, 153.
74 Pamuk, *Economic Change* 2008, 291.
75 Lord, *Religious Politics* 2019, 171, 174.
76 Obwohl Weber in seinem ursprünglich 1904/1905 erschienenen Werk *Die protestantische Ethik und der Geist des Kapitalismus* zu zeigen versucht, wie der Calvinismus mit seiner Lehre der Gnadenwahl die Menschen unbarmherzig zu rastloser Berufsarbeit antreibt, sieht er sich dennoch zu dem Vorbehalt genötigt, in seiner Abhandlung solle keineswegs die «töricht-doktrinäre These» verfochten werden, dass «der Kapitalismus als Wirtschaftssystem ein Erzeugnis der Reformation sei»; Weber, *Protestantische Ethik 2006*, 105 f.
77 European Stability Initiative, *Islamische Calvinisten* 2005, 28.
78 Jenkins, *Political Islam* 2008, 149; Ahmad, *Modern Turkey* 1993, 192.
79 Als seine Mutter Hafize im Mai 1988 starb, gab die von Özal geführte Regierung einen Erlass heraus, der die Beisetzung seiner Mutter neben dem Grab von Mehmet Zahid Kotku in der Süleymaniye gestattete; Cemal, *Özal Hikayesi* 1989, 158.
80 Türk, *Muktedir* 2014, 158 f.
81 So Owen/Pamuk, *Middle East Economies* 1998, 119, die diese damalige Meinung des IWF keineswegs teilen.
82 Cemal, *Özal Hikayesi* 1989, 306.
83 Pamuk, *Economic Change* 2008, 287–289.
84 Turgut Özal am 27. März 1989. In: *Başbakan Turgut Özal'ın Yurtiçi-Yurtdışı Konuşmaları: 13.12.1988–31.10.1989* [s. l.: s. a.], 115; zitiert nach Türk, *Muktedir* 2014, 150.
85 Turgut Özal am 16. September 1989. In: *Başbakan Turgut Özal'ın Yurtiçi-Yurtdışı Konuşmaları: 13.12.1988–31.10.1989* [s. l.: s. a.], 92; zitiert nach Türk, *Muktedir* 2014, 144.
86 Damit standen türkische Politiker in der Tradition des Osmanischen Reiches: Kein einziger osmanischer Sultan hat jemals die Pilgerfahrt unternommen, obwohl Mekka für vier Jahrhunderte Teil des osmanischen Herrschaftsgebiets war; Rafeq, *Arab States and the Ottoman Heritage* 1989, 349.
87 Cemal, *Özal Hikayesi* 1989, 200–203.
88 Patel, *Projekt Europa* 2018, 206 f.
89 Clogg, *History of Greece* 1992, 191 f.
90 Jenkins, *Political Islam* 2008. 151.
91 Lord, *Religious Politics* 2019, 204–206.
92 Aydın, *Relations with the Caucasus and Central Asia* 2010, 755, 757.
93 Siehe die Webseite der Organisation: www.bsec-organization.org/.
94 Zu Beispielen einer neo-osmanischen Agenda bei İsmail Cem siehe Örmeci, *Portrait of a Turkish Social Democrat* 2020, 20, 62, 97, und passim.
95 Nur wenige Tage zuvor, am 26. Oktober 1994, war der Friedensvertrag

zwischen Israel und Jordanien unterzeichnet worden. Israel war in der arabischen Welt kein Paria mehr, und damit erschienen enge Kontakte der Türkei zu Israel als weniger anstößig.

96 So argumentierte Bolukbasi, *Turkish-Israeli Alliance* 1999, 29 f., dass wegen der anhaltenden Auseinandersetzung der Türkei mit Syrien und Irak über die Wassermassen des Euphrat und Tigris weiterhin gute Voraussetzungen für eine türkisch-israelische Zusammenarbeit bestünden.

97 Als schließlich zum 1. Januar 2005 die neue Türkische Lira (mit dem Symbol ₺) mit dem Verhältnis von eins zu einer Million zur alten Lira eingeführt wurde, war eine Million alte Lira weniger als einen Euro wert.

98 Birand/Yıldız, *Son Darbe* 2012, 50: Interview mit İsmet Sezgin (1928–2016, DYP-Innenminister in den Jahren 1991–1993).

99 Türk, *Muktedir* 2014, 180–182.

100 Birand/Yıldız, *Son Darbe* 2012, 61.

101 Lord, *Religious Politics* 2019, 181–191.

102 Jenkins, *Political Islam* 2008, 154.

103 Buğra, *Class, Culture, and State* 1998, 531.

104 Jenkins, *Political Islam* 2008, 154 f.

105 Türk, *Muktedir* 2014, 174; Birand/Yıldız, *Son Darbe* 2012, 56; Ahmad, *Turkish Experiment* 1977, 383 (bezieht sich hier auf die *Cumhuriyet* vom 28. April 1970). – Zur Rolle des Freimaurertums in spätosmanischer Zeit und der Republik Türkei siehe Dumont, *Freemasonry in Turkey* 2005.

106 Erbakan hat wiederholt mit Stolz auf den hohen Bildungsgrad in seiner eigenen Partei verwiesen. Bei den 1973 zur Wahl antretenden Parteien gab es 160 Ingenieure in acht Parteien; davon war die Hälfte Mitglied der Nationalen Heilspartei, Türk, *Muktedir* 2014, 198.

107 Siehe die Webseite der Organisation: https://developing8.org/.

108 Birand/Yıldız, *Son Darbe* 2012, 193–195, 198.

109 Jenkins, *Political Islam* 2008, 161 f.; Birand/Yıldız, *Son Darbe* 2012, 211, 222, 225. – Neben Erbakan waren dies der frühere Justizminister Şevket Kazan, vier RP-Abgeordnete und der Bürgermeister von Kayseri, Şükrü Karatepe; Jenkins, *Political Islam* 2008, 164.

110 Lord, *Religious Politics* 2019, 181–191.

111 So Hale, *Turkish Politics and the Military* 1994, 290–295.

112 Birand/Yıldız, *Son Darbe* 2012, 245, bezieht sich hier auf eine Aussage von Hasan Ekinci (Abgeordneter der DYP für die Provinz Artvin).

113 Birand/Yıldız, *Son Darbe* 2012, 249, bezieht sich hier auf ein Interview mit Meral Akşener, damals DYP-Politikerin und Innenministerin im Kabinett Erbakan.

114 Jenkins, *Political Islam* 2008, 164: Interview von Jenkins im Februar 1998 mit General Doğan Beyazit, Generalsekretär des Nationalen Sicherheitsrates (*MGK*) in den Jahren 1993–1995.

115 Nach Massicard, *Alevis in Turkey and Europe* 2013, 65, sind die einzig neutralen und allseits akzeptierten Symbole des Alevitentums *semah* (ritueller Tanz) und *saz* (Langhalslaute).

116 Massicard, *Alevis in Turkey and Europe* 2013, 142, weist jedoch auf in den 1980er Jahren kursierende Ideen zur Schaffung eines *Alevistan* hin.

117 Eine Auflösung des Alevitentums meinte 1966 İbrahim Elmalı, der damalige Direktor der *Diyanet*-Behörde, feststellen zu können; Massicard, *Alevis in the 1960s* 2020, 55. Hütteroth, *Türkei* 1982, 277, stellte voreilig in Aussicht, dass sich die Aleviten in der Gesamtbevölkerung der Türkei auflösen würden, «noch bevor man hinreichend über ihre Zahl oder gar über ihre heterodoxen Glaubensvorstellungen informiert ist».

118 Bumke, *Kurdish Alevis* 2002, 518; Vorhoff, *Alevitische Identität* 1995, 82.

119 Sing, *Tempestuous Affair Between Marxism and Islam* 2018, 69.

120 Birand/Yıldız, *Son Darbe* 2012, 29–39. Zur Umwandlung des Hotels in einen Gedenkort zu Beginn der 2010er Jahre siehe Çaylı, *Conspiracy Theory as Spatial Practice* 2018.

121 Birand/Yıldız, *Son Darbe* 2012, 97–103, nennen als mutmaßliche Drahtzieher hohe Beamte.

122 Deren Weltzentrum heute übrigens in der albanischen Hauptstadt Tirana liegt; siehe Elsie, *Derwischsekten Albaniens* 2004, 3–7.

123 Der Vorschlag ging sogar so weit, einen bekannten Aleviten, Feyzullah Ulusoy, erblicher Vertreter des Hacı Bektaş-Konvents, zum Direktor dieses neuen Departements zu benennen.

124 Lord, *Religious Politics* 2019, 142–150; Vorhoff, *Alevitische Identität* 1995, 180, 188; Bardakci et al., *Religious Minorities* 2017, 102 f.

125 Strohmeier/Yalçın-Heckmann, *Die Kurden* 2000, 146.

126 Nestmann, *Ethnische Differenzierung* 2002, 546, beschreibt diese Grenze zugleich als «Hauptkulturscheide» zwischen einem hauptsächlich türkisch besiedelten Gebiet (im Westen und Norden) und einem südostanatolischen Minoritätenraum, der «sich als kulturelle Grenz- und Übergangsprovinz zum Kaukasus, Iran und Syro-Arabien auffassen» lässt.

127 Aydemir, *İkinci Adam* 2010, vol. 1, 309, 311, 343, Fußnote 1.

128 International Crisis Group, *Turkey's Kurdish Impasse* 2012, 2.

129 Hale, *Modern Turkey* 1981, 222–225.

130 Aydemir, *İkinci Adam* 2010, vol. 1, 308.

131 Die Vorstellung eines türkischen Kolonialismus in Kurdistan wird mit İsmail Beşikçi (geb. 1939) verbunden, der allerdings den politischen Status Kurdistans und des kurdischen Volkes «sehr weit unter dem einer Kolonie» im regulären Sinne sieht; Beşikçi, *Kurdistan* 1991, 16. Zur intellektuellen und politischen Persönlichkeit Beşikçis siehe Ünlü, *İsmail Beşikçi* 2012.

132 Aydemir, *İkinci Adam* 2010, vol. 1, 317.

133 Çelik/Garapon, *Nouvelle génération d'élites kurdes* 2017.

134 Siehe hierzu Yegen, *Turkish Left and the Kurdish Question* 2016, 166 f.

135 Urbane und oft gebildete Menschen kehrten damit, gewissermaßen gegen den Strom schwimmend, in ihr Land zurück – aber nicht, um das Land zu bestellen. Der kurdische Nationalismus der PKK unterschied sich damit

nicht von anderen Nationalismen: Man redete von Bauern und Boden, schuf aber Städter; zu diesem Effekt siehe Gellner, *Nations and Nationalism* 1991, 107.

136 McDowall, *Modern History of the Kurds* 2004, 399–402, 421, 423.

137 Marcus, *Blood and Belief* 2007, 94, 96, 108–110, 134–140, 145–151, 172 f., 217, 245, 260–266.

138 Turgut Özal: Kimseden Korkumuz Yok. In: *Milliyet,* 27. August 1986; zitiert nach Aydin/Emrence, *Zones of Rebellion* 2015, 90.

139 Marcus, *Blood and Belief* 2007, 97 f. – Zur Rolle der Nachfolgeorganisation der Hamidiye im Ersten Weltkrieg siehe Klein, *Margins of Empire* 2011, 170–183.

140 Marcus, *Blood and Belief* 2007, 248 f.; Aydin/Emrence, *Zones of Rebellion* 2015, 104.

141 Bilgen, *Southeastern Anatolia Project* 2018, 134; Strohmeier/Yalçın-Heckmann, *Die Kurden* 2000, 190.

142 Aydin/Emrence, *Zones of Rebellion* 2015, 36 f., 45–48; Strohmeier/Yalçın-Heckmann, *Die Kurden* 2000, 111; International Crisis Group, *Turkey's Kurdish Impasse* 2012, i.

143 Da die Zehnprozenthürde für «unabhängige» Bewerber nicht gilt, konnten kurdische Politiker bei den Parlamentswahlen von 2007 und 2011 bereits 24 bzw. 36 Sitze für sich gewinnen; Sayarı, *Political Parties* 2012, S. 187.

144 Mutlu, *Economic Cost* 2001, 73.

145 Tansu Çiller: Ya bitecek, ya bitecek. In: *Sabah,* 11. August 2009, http://www.sabah.com.tr/Siyaset/2009/08/11/tansu_ciller_ya_bitecek_ya_bitecek [21.11.2020].

146 Birand/Yıldız, *Son Darbe* 2012, 16 f.; Herzog, *Small and Large Scale Conspiracy Theories* 2014, 198.

147 Birand/Yıldız, *Son Darbe* 2012, 18 f.; McDowall, *Modern History of the Kurds* 2004, 433, 437 f.

148 Nach Gingeras, *Last Rites* 2010, 173, hat die extreme Betonung der Sicherheit des Staates zur Entstehung und der Fortdauer eines «Tiefen Staates» von der spätosmanischen Zeit an bis heute geführt. Vorsichtiger aber ist Gingeras, *Heroin* 2014, 259.

149 Aydin/Emrence, *Zones of Rebellion* 2015, 65f.; Jenkins, *Political Islam* 2008, 185–200.

150 Herr/Sonat, *Fragile Growth Regime* 2014, 38–40.

151 Cagaptay, *New Sultan* 2017, 82.

152 Pamuk, *Economic Change* 2008, 290 f.

153 Cagaptay, *New Sultan* 2017, 88; Ahmad, *Modern Turkey* 1993, 196.

154 Kirişci, *Turkey and the West* 2017, 137.

155 Dawletschin-Linder, *Diener seines Staates* 2003, 194, bezieht sich hier auf einen Bericht der Zeitung *Cumhuriyet* vom 21. Oktober 1957.

156 Hale, *Modern Turkey* 1981, 124.

157 Herr/Sonat, *Fragile Growth Regime* 2014, 40.

158 Acemoglu/Ucer, *Ups and Downs of Turkish Growth* 2015, 6.
159 Berlinski, *How Democracies Die* 2017.
160 Herr/Sonat, *Fragile Growth Regime* 2014, 40, 57 f.; Taymaz/Voyvoda, *Beat of a Late Drummer* 2012, 105–110; Pamuk, *Economic Change* 2008, 271.
161 White, *Islamist Mobilization* 2002, 59.
162 Jenkins, *Political Islam* 2008, 168; Özbudun, *Constitutional System* 2011, 140.
163 Jenkins, *Political Islam* 2008, 173 f., 178.
164 Özbudun, *Constitutional System* 2011, 75, 140; Öktem, *Angry Nation* 2011, 184.
165 Bardakci et al., *Religious Minorities* 2017, 109–121.
166 Atmaca, *Kürt Sorununda Çözüm Süreci* 2014, 42.
167 Yalçın Akdoğan, AKP-Ideologe, wies in einem Interview mit der Tageszeitung *Sabah* am 16. August 2003 jede Verbindung der AKP zum politischen Islam zurück und lehnte sogar die Bezeichnung «muslimische Demokraten» ab; Yavuz, *Secularism and Muslim Democracy* 2009, 2. Dazu die Äußerung von Erdoğan am 7. Dezember 2009; zitiert nach Türk, *Muktedir* 2014, 33.
168 Türk, *Muktedir* 2014, 330.
169 Jenkins, *Political Islam* 2008, 169, bezieht sich hier auf eine Erhebung der Bosporus-Universität, dargestellt in einer Serie der Tageszeitung *Milliyet*, 15.–18. November 2002.
170 Tarham Erdem: Türban Dosyası, 1. In: *Milliyet*, 27. Mai 2003; Angabe nach Jenkins, *Political Islam* 2008, 178.
171 Der Verfasser dieses Buches versicherte selbst Mitte der 2000er Jahre in einem Vortrag, dass sich im besten aller möglichen Szenarien die AKP zu einer Art «muslimischen CDU» entwickeln könne. Siehe auch die zuversichtliche Einschätzung von Hermann, *Wohin geht die türkische Gesellschaft* 2008, 141, dass Recep Tayyip Erdoğan «den langen Weg vom Islamisten zum muslimischen Demokraten zurückgelegt» habe.
172 Jenkins, *Political Islam* 2008, 179.
173 European Stability Initiative, *Mord in Anatolien* 2011, berichtet ausführlich und faktenreich zum ultranationalistischen Hintergrund der Attentate und zum stillschweigenden Gutheißen der Taten durch staatliche Organe.
174 Jenkins, *Political Islam* 2008, 170, 173.
175 Jenkins, *Political Islam* 2008, 170, 172, 180 f.
176 Siehe Özbudun, *Constitutional System* 2011, 133–143, mit einer klaren Kritik an einer nicht durch die Verfassung gedeckten Usurpation von Regelungsräumen durch das damalige Verfassungsgericht. – Özbudun war zugleich Vorsitzender eines wissenschaftlichen Gremiums, das 2007 den Auftrag zur Ausarbeitung einer neuen Verfassung erhielt. Das Vorhaben wurde nicht verwirklicht.
177 Özbudun, *Constitutional System of Turkey* 2011, 32.

178 Nach Öktem, *Angry Nation* 2011, 45, wurden die «September-Ereignisse», also das Pogrom gegen die griechisch-orthodoxe Gemeinde von İstanbul im Jahr 1955, vermutlich vom *Seferberlik Tetkik Kurulu* geplant und gesteuert.
179 Jenkins, *Between Fact and Fantasy* 2009, 14 f.; Lord, *Religious Politics* 2019, 217, Fußnote 8.
180 Öktem, *Angry Nation* 2011, 108.
181 Die Ergenekon-Prozesse zerfielen zudem in Unterverfahren wie etwa die *Balyoz* («Vorschlaghammer») genannten Prozesse seit 2010.
182 Rodrik, *Ergenekon and Sledgehammer* 2011, 106 f.; Cagaptay, *New Sultan* 2017, 110. – Jenkins, *Between Fact and Fantasy* 2009, 56, 62 und passim, weist auf die Unhaltbarkeit und verschwörungstheoretische Anlage der Anklageschriften hin.
183 Siehe aber den Rücktritt des Generalstabschefs Necip Torumtay (1926–2011, im Amt seit Juli 1987) am 3. Dezember 1990, der mit der eigenmächtigen Politik Özals in der Frage einer Unterstützung der US-Politik im Golfkrieg nicht einverstanden war und sich (wie übrigens auch die USA) dagegen wandte, dass die Türkei Truppen an den Golf entsendet; Ahmad, *Modern Turkey* 1993, 201.
184 Kirişci, *Turkey and the West* 2017, 60.
185 Siehe das projektierte Budget für das Jahr 2015 in *Hürriyet,* 13. Oktober 2014, https://www.hurriyet.com.tr/ekonomi/butcede-aslan-payini-maliye-bakanligi-aldi-27371830 [6.1.2021].
186 Hazar, Türkiye Afrika'da 2012, 33, 36; Vahap Munyar: Biz Avrupalılar gibi hammaddeyi götürmeyiz, *Hürriyet* 26. März 2011; zitiert nach Afacan, *Afrika Açılımı* 2012, 17. – Das Argument des Antikolonialismus wird von übereifrigen türkischen Beobachtern der Afrika-Politik weit ins historisch nicht Tragbare geschoben: So habe das Osmanische Reich dank seiner afrikanischen Besitzungen die weitere Ausdehnung des spanischen und portugiesischen Kolonialismus in Afrika verhindert; Hazar, *Türkiye Afrika'da* 2012, 30 f.
187 Einen guten Überblick über die Aktivitäten und Erwartungen türkischer Außenpolitik formuliert die seit 1999 bestehende offiziöse Zeitschrift *Insight Turkey,* die vom regierungsnahen Think Tank *SETA* (*Siyaset, Ekonomi ve Toplum Araştırmaları Vakfı/Foundation for Political, Economic and Social Research*) herausgegeben wird. Siehe hierzu: https://www.insightturkey.com und https://www.setav.org/en/ [16.3.2020].
188 Kentel, *Identité nationale turque* 2001, 367. Für den Syrienkrieg der 2010er Jahre trifft diese von Kentel um die Jahrtausendwende gemachte Einschätzung (also über ein mangelndes Interesse der türkischen Öffentlichkeit an gewaltsamen Auseinandersetzungen in der östlichen arabischen Welt) aber nicht mehr zu.
189 Gangloff, *Politique balkanique* 2001, 344.
190 Öktem, *New Islamic Actors* 2010, 22–25.
191 Jenkins, *Political Islam* 2008, 171 f.

192 Waal, *Caucasus* 2019, 242 f.
193 Aydın, *Relations with the Caucasus and Central Asia* 2010, 774, 777.
194 Kirişci, *Turkey and the West* 2017, 157–158.
195 Cagaptay, *New Sultan* 2017, 97: Alle Mitgliedsstaaten müssen jedem der 35 einzelnen Kapitel zustimmen.
196 Am 1. Mai 2004 traten neben Zypern die Staaten Estland, Lettland, Litauen, Malta, Polen, Slowakei, Slowenien, Tschechien und Ungarn bei, am 1. Mai 2007 Bulgarien und Rumänien, am 1. Juli 2013 Kroatien.
197 Kirişci, *Turkey and the West* 2017, 77.
198 Jenkins, *Political Islam* 2008, 178, nennt 67,5 % Zustimmung im Jahr 2004, 57,4 % im Jahr 2005 und 32,2 % im Oktober 2006; Jenkins stützt sich hier auf die Ergebnisse einer Umfrage, veröffentlicht in *Milliyet* am 24. Oktober 2006 unter der Überschrift «Das Volk vertraut der EU nicht» (*Halk AB'ye güvenmiyor*). Zu anderslautenden, aber in der Tendenz vergleichbaren Zahlen siehe Kirişci, *Turkey and the West* 2017, 18.
199 Kirişci, *Turkey and the West* 2017, 139.
200 Sing, *Against All Odds* 2017, 139, weist zu Recht daraufhin, dass diese dichotomische Wahrnehmung in der Weise vorbelastet ist, dass Europa als selbstverständliche Größe erscheint, dagegen «der Islam» als eine klar problematische Entität.
201 Für ein jüngeres Beispiel siehe: Kurz will, dass die EU die «christlich-jüdische Identität schützt». In: *Der Kurier*, 21. November 2019, https://kurier.at/politik/inland/kurz-will-dass-die-eu-die-christlich-juedische-identitaet-schuetzt/400681271 [14.12.2020].
202 Judt, *History of Europe* 2010, 767. – Auffällig ist, dass Tony Judt, der sich hier so eindeutig bejahend zur Europäizität der Türkei äußert, in seiner umfassenden Darstellung Europas nach dem Zweiten Weltkrieg (mit einem Beobachtungsrahmen, der das gesamte Osteuropa umfasst) die Türkei nur beiläufig erwähnt.
203 Wehler, *Türkische Frage* 2004; Winkler, *Ehehindernisse* 2004; Böckenförde, *Nein zum Beitritt der Türkei* 2004, 35.
204 Siehe hierzu die beitrittsfreundlichen Beiträge in Leggewie, *Die Türkei und Europa* 2004.

Fünftes Kapitel: Der Weg in eine andere Republik (seit 2013)

1 Siehe Robinson, *First Turkish Republic* 1963. Celal Bayar, Staatspräsident in den Jahren 1950–1960, sprach in seinen späteren Veröffentlichungen von einer durch den Militärputsch begründeten und damit nicht legitimen «Zweiten Republik»; Dawletschin-Linder, *Diener seines Staates* 2003, 266. Nach Türk, *Muktedir* 2014, 183, argumentierte Erbakan bereits um 1975, dass mit dem Ende der Einparteienherrschaft in den späten 1940er Jahren eine neue Republik begonnen habe.
2 So vertrat die Journalistin Aslı Aydıntaşbaş die Meinung, dass mit dem

kollektiven Rücktritt des türkischen Generalstabs im Juli 2011 eine neue Republik gekommen sei; in Tuysuz/Tavernise, *Top Generals Quit* 2011.

3 Gerges, *Introduction* 2014, 2. Sehr früh weist ein Bericht der International Crisis Group, *Popular Protest* 2011, 10, darauf hin, dass die Deutungen der Arabellion so weit auseinandergingen, dass sich von einer Art «Rorschach-Test» sprechen lasse: Jeder konnte in die Proteste das hineinlesen, was er darin entdecken wollte.

4 Nach Paul, *Arabellion* 2017, 36–38, gingen die Aufständischen nicht weit genug, indem sie nur einen Austausch der obersten Führungsebene des Regimes forderten und nicht – wie für eine Revolution unverzichtbar – ein grundlegend neues Herrschaftsprinzip anstrebten.

5 Zorob, *Zusammenbruch des autoritären Gesellschaftsvertrags* 2013, 229.– Damit steht die arabische Welt nicht allein. Vergleiche den Zusammenbruch des sozialistischen Gesellschaftsvertrags für Osteuropa, geschildert bei Ther, *Neue Ordnung auf dem alten Kontinent* 2014, 42, und bei Sakwa, *Putin Paradox* 2020, 10, für die Sowjetunion. Zur Aufkündigung des Gesellschaftsvertrags im kapitalistischen Westen siehe Streeck, *Gekaufte Zeit* 2018, 127–139, 206.

6 Westad, *Cold War* 2018, 621, bezeichnet die US-amerikanische Intervention im Irak, nach dem gewonnenen Kalten Krieg, als «nutzlosen Krieg» einer «Supermacht im Niedergang».

7 Zu vergleichbaren Fehlkalkulationen Saudi-Arabiens und der Türkei im Syrienkrieg siehe Phillips, *Eyes Bigger than Stomachs* 2017.

8 Türkische Behörden gehen davon aus, dass es im Jahr 2028 rund fünf Millionen Syrer in der Türkei geben wird; International Crisis Group, *Syrian Refugee Youth* 2019, 1. – Balbay, *Suriye Politikasında* 2019, vermutet, dass bereits heute bis zu fünf Millionen Syrer in der Türkei leben.

9 Öktem, *Türkisches Zwischenspiel im Nahen Osten* 2017. – Keineswegs dachte nur die türkische Regierung so. Zu den großen Hoffnungen, die die US-amerikanische Regierung unter Barack Obama in die Türkei als Vorbild und Leitnation in der Arabellion setzte, siehe Cook, *False Dawn* 2017, 38 f. – Siehe auch Tuğal, *Fall of the Turkish Model* 2016, 3 19, 23 f. und passim, der in diesem in den 2000er Jahren so hochgelobten türkischen Modell zugleich den Keim des späteren Autoritarismus sieht.

10 International Crisis Group, *Marching in Circles* 2013, 9.

11 Heydemann/Leenders, *Authoritarian Learning* 2014.

12 Sherif, *Egyptian Muslim Brotherhood's Failures* 2014.

13 Kirişci, *Turkey and the West* 2017, 160–62.

14 Bora, *Turkish National Identity* 1995, 120, schildert eindrücklich neoosmanistische Gedankengänge weit vor dem Regierungsantritt der AKP.

15 Laut Torbakov, *Neo-Ottomanism versus Neo-Eurasianism* 2017, 135, wurde der Begriff des Neo-Osmanismus von dem Journalisten Cengiz Çandar geprägt, der in den frühen 1990er Jahren Berater von Turgut Özal war.

16 Davutoğlu, *I'm Not a Neo-Ottoman* 2011.

17 Davutoğlu, *Stratejik Derinlik* 2001. – Aussagekräftig, weil thesenartig formuliert, ist Davutoğlu, *Principles of Turkish Foreign Policy* 2012.

18 Ramm, *Politik der strategischen Tiefe* 2011, 52.

19 Hale/Özbudun, *The Case of the AKP* 2010, 120.

20 Erdoğan, [ohne Titel] 2012. Siehe Türk, *Muktedir* 2014, 312, zu einer Rede Erdoğans vom 21. August 2013 mit ähnlichem Inhalt. Türk, *Muktedir* 2014, 170 und Birand/Yıldız, *Son Darbe* 2012, 55, weisen darauf hin, dass bereits Erbakan die Platane als Symbol für eine organisch sich ausbreitende osmanisch-türkische Zivilisation verwendete. Die von Erbakan und Erdoğan beschworenen Bilder beziehen sich wohl auf einen angeblichen Traum Sultan Osmans I., des Begründers der osmanischen Dynastie um 1300, zu einem aus seinem Nabel entspringenden Baum, dessen Blätter die Welt beschatten; Finkel, *Osman's Dream* 2005, 2.

21 So kündigte etwa Außenminister Davutoğlu in einer Rede im Jahr 2013 in Diyarbakır an, dass die Türkei «diese uns von Sykes-Picot vorgegebenen Schablonen aufbrechen» werde, Davutoğlu, *Büyük Restorasyon* 2013.

22 Rede von Recep Tayyip Erdoğan am 6. Februar 2018 vor der Parlamentsgruppe der AKP, wiedergegeben in *Hürriyet*, 6. Februar 2018, https://www.hurriyet.com.tr/gundem/son-dakika-cumhurbaskani-erdogan-flas-karari-acikladi-40732853 [8.8.2020]. Siehe hierzu auch Danforth, *Turkey's New Maps* 2016.

23 Akgün et al., *Perception of Turkey* 2011, 10; Akgün et al., *Perception of Turkey* 2014, 8. Diese von TESEV, der «Türkischen Stiftung für wirtschaftliche und soziale Studien» (*Türkiye Ekonomik ve Sosyal Etüdler Vakfı*), in Auftrag gegebenen Erhebungen wurden ab dem Jahr 2015 nicht mehr weiter fortgeführt.

24 Hierzu grundsätzlich Zartman, *Conflict and Resolution* 1991, 16a-b.

25 Als zwei frühe Beispiele für diese These siehe Haass, *New Thirty Years' War* 2014, und Lawson, *A Thirty Years' War* 2014.

26 Für einen solchen Vergleich siehe Münkler, *Der Dreißigjährige Krieg* 2017, 817–843.

27 Steinmeier, *Der Westfälische Frieden* 2016; Milton et al., *Westphalia for the Middle East* 2018.

28 Amnesty International, *Adding Injustice to Injury* 2014, 5–7 und passim.

29 Özel, *Moment of Elation* 2014, 9, 21.

30 Die Gezi-Park-Geschichte ist sicher noch nicht zu Ende. Im März 2021 wurden die Verfügungsrechte über das Gelände der Stadtverwaltung von İstanbul entzogen und der Generaldirektion für Fromme Stiftungen (*Vakıflar Genel Müdürlüğü*) übertragen, siehe Gezi Parkı'nın mülkiyeti İBB'den alındı. In: *Gazete Duvar*, 19. März 2021, https://www.gazeteduvar.com.tr/gezi-parkinin-mulkiyeti-ibbden-alindi-haber-1516611 [23.3.2021].

31 Siehe als ein Beispiel für diesen Deutungsansatz Tuğal, *Resistence Everywhere* 2013.

32 Seufert, *Erdogans Lohn der Angst* 2015.

33 Cagaptay, *New Sultan* 2017, 137; Türk, *Muktedir* 2014, 262–290; Lord, *Religious Politics* 2019, 272–275.

34 Nach Gürsoy, *15 July 2016 Failed Coup* 2019, 287 f., verhinderte die Loyalität der obersten Ränge des Militärs, des Geheimdienstes MİT und großer Teile der Polizei einen Erfolg des Putschs.

35 Altınordu, *Midsummer Night's Coup* 2019.

36 Yavuz, *How Credible Are Alternative Coup Scenarios* 2018, bekräftigt die Deutung der türkischen Regierung, eine allein führende Rolle der Gülen-Bewegung im Putschversuch zu sehen und alle anderen Erklärungsansätze für verfehlt zu halten.

37 Die These eines kontrollierten Putschversuchs vertrat der Vorsitzende der Republikanischen Volkspartei (*CHP*), Kılıçdaroğlu, *Hükümet darbeyi biliyordu* 2017.

38 Lord, *Religious Politics* 2019, 269, 277.

39 Zwar ist die Gülen-Bewegung nur noch ein Schatten ihrer selbst, aber unter Umständen wird sie als Diaspora-Organisation überleben können.

40 Lord, *Religious Politics* 2019, 276; Tartanoğlu, *Türkiye'ye Ağır Yaralı* 2018.

41 Siehe etwa den Hinweis von Özbudun, *Constitutional System of Turkey* 2011, 21, dass 16 Verfassungsveränderungen in den Jahren 1982–2010 nicht gereicht hätten, den illiberalen Charakter der Verfassung von 1982 aufzuheben.

42 Lord, *Religious Politics* 2019, 278–282.

43 Siehe zum Fall Irans Abrahamian, *Khomeinism* 1993.

44 Nach Pabst, *Die Mafia mischt im Kurdenkonflikt mit* 2021, waren im Februar 2021 von den bei den Kommunalwahlen 2019 gewählten 65 Bürgermeistern der HDP nur noch zwei im Amt, und unter den bei den Parlamentswahlen von 2018 gewählten 56 Vertretern der HDP in der Nationalversammlung gab es keinen einzigen Abgeordneten der HDP, gegen den nicht ein Strafverfahren anhängig war.

45 Cagaptay, *New Sultan* 2017, 197 f.

46 Siehe die weiterführenden Hinweise bei Lord, *Religious Politics* 2019, 14, zur Verwendung des Begriffs der «Islamokemalisten» in der türkischen Publizistik. – Cizre, *Fear and Loathing* 2017, verwendet das Bild einer kemalistischen DNA, die die AKP unter Recep Tayyip Erdoğan in sich trage.

47 Calic, *Geschichte Jugoslawiens* 2012, 204; siehe auch Calic, *Tito* 2020, 280.

48 Aytürk, *Post-Post-Kemalism* 2018; Aytürk, *Post-Kemalizm Nedir* 2019, 5.

49 Greene/Robertson, *Putin v. the People* 2019, 205, verwenden den Begriff der «co-construction» für den Beitrag der russischen Bevölkerung in der Stabilisierung des Herrschaftssystems unter Putin.

50 Lord, *Religious Politics* 2019, 93–95, 97, 100, 113, 115–117, 127; Jenkins, *Political Islam* 2008, 127.

51 Das mitunter als Quelle angegebene *Asker Duâsı* von Ziya Gökalp enthält nicht diese Zeilen, siehe Tansel, *Gökalp Külliyatı* 1977, 58. Zum angeblichen Verfasser des Gedichts, Cevat Örnek, siehe den Artikel in *Hürriyet,* 23. September 2002, https://www.hurriyet.com.tr/gundem/o-siiri-kimin-yazdigi-yillardir-biliniyordu-99423 [22.6.2020].
52 Birand/Yıldız, *Son Darbe* 2012, 265 f.
53 Türk, *Muktedir* 2014, 367, bezieht sich hier auf eine Äußerung von Erdoğan vom 5. Februar 2014.
54 Yavuz, *Secularism and Muslim Democracy* 2009, 118–143, ordnet Erdoğan dem Charaktertyp des für seine engere soziale Umgebung einstehenden Raufbolds (*kabadayı*) zu und sieht in Abdullah Gül den Prototyp des «Unterdrückten» (*mağdur*). Tatsächlich ist für die Selbstdarstellung Erdoğans aber die Rolle des Unterdrückten ebenfalls wichtig; Temelkuran, *Euphorie und Wehmut* 2015, 125, 196.
55 Yavuz, *Secularism and Muslim Democracy* 2009, 126.
56 Jenkins, *Political Islam* 2008, 166 f.
57 Sayın, *Yeni anayasa* 2021.
58 Cagaptay, *New Sultan* 2017, 8.
59 Kirişci, *Turkey and the West* 2017, 92.
60 Mango, *Atatürk* 1999, 452; grundsätzlich hierzu Baer, *An Enemy Old and New* 2013. – Bozarslan, *Alevism and the Myths of Research* 2003, 7, verweist auf Spekulationen, Atatürk sei ein Bektaşi. – Zum Hintergrund vergleichbarer Mutmaßungen, dass Tito kein Südslawe sei, siehe Pirjevec, *Tito* 2016, 39, und Calic, *Tito* 2020, 19, 127.
61 Das mitunter Maßlose der heutigen türkischen Außenpolitik lässt sich nicht nur auf den Charakter einer Person, nämlich Recep Tayyip Erdoğan, zurückführen, sondern hängt mit neuen Rekrutierungswegen zusammen. Das diplomatische Corps der Türkei rekrutierte sich bis 2002 weitgehend aus den Absolventen der Fakultät für Politische Wissenschaften an der Universität Ankara (der früheren *Mülkiye*), heute direkt aus den Kadern der AKP; Hansen, *The Era of People Like You Is Over* 2019.
62 Öktem, *Angry Nation* 2011, 131, bezieht sich hier auf Wikileaks-Veröffentlichungen der internen Korrespondenz der US-amerikanischen Botschaft in Ankara mit der Zentrale in Washington, D. C., aus dem Jahr 2004.
63 Als allerdings ein AKP-Abgeordneter aus dem westanatolischen Aydın im selben Jahr, also 2010, Erdoğan als einen «zweiten Propheten» bezeichnete, wurde das von Erdoğan als inakzeptable Äußerung zurückgewiesen; der Abgeordnete musste zurücktreten; Türk, *Muktedir* 2014, 425.
64 Cagaptay, *New Sultan* 2017, 139.
65 Mudde/Kaltwasser, *Populism* 2017, 5 f., beschreiben, wie der Populismus zwei antagonistische Lager behauptet: Den «Reinen», die den Willen der Bevölkerung verträten, stehe die (ehemalige) «korrupte Elite» gegenüber.
66 Zu einer zusammenfassenden Diskussion dieser Merkmale siehe Türk, *Muktedir* 2014, 433–438.

67 Türk, *Muktedir* 2014, 80 f., 89–97, 102.
68 Süleyman Demirel am 27. November 1966. In: Demirel, Süleyman: *Kongre Konuşmaları ve Bazı Konular Hakkındaki Konuşmalardan Özetler* [s. l.: s. a.], zitiert nach Türk, *Muktedir* 2014, 78.
69 Bei einer Rede in Balıkesir 1953 sagte Menderes, dass er es leid sei, immer von Zahlen zu sprechen, um dann gleich darauf auszuführen, dass die Zahl der Radios im Land innerhalb von drei Jahren von 200 000 auf über 600 000 gestiegen sei. Bald werde die Türkei mit einem großen Sprung das Niveau Europas und der USA erreicht haben, siehe Türk, *Muktedir* 2014, 43. Siehe vergleichend Landau, *Radical Politics* 1974, 83, 230, 234, 241, zu Visionen in den 1960er Jahren von einer starken Türkei zugleich im linken bis linksradikalen (personifiziert in der Gestalt des Intellektuellen Doğan Avcıoğlu, 1926–1983) und rechtsradikalen Lager (geführt von Alparslan Türkeş).
70 Ayata/Hakyemez, *Turkey's Past Crimes* 2013.
71 Ahmad, *Modern Turkey* 1993, 192–194.
72 Cemal, *Özal Hikayesi* 1989, 74, 79, 155, 179–183, 187, 195, 198 f., 223, 243, 253–255, 307 f., 313, 319, 350.
73 Cemal, *Özal Hikayesi* 1989, 161.
74 Türk, *Muktedir* 2014, 374.
75 Türk, *Muktedir* 2014, 218. – Türk, *Muktedir* 2014, 314, sieht die Bauwut der AKP in ihrem Zivilisationsbegriff begründet.
76 Ein anderes Beispiel für die langanhaltende Wirkkraft solcher Vorwürfe und Ressentiments ist Israel: Bereits im Jahr 1977 wurde mit dem Amtsantritt von Menachem Begin als Ministerpräsident die bis dahin bestehende Vorherrschaft der Arbeiterpartei in Israel gebrochen. Aber bis heute können rechtspopulistische Politiker wie Benjamin Netanyahu im Milieu der orientalischen Juden (also der Juden, die aus den Ländern des Nahen Ostens nach Israel kamen), aber auch der russischen Juden, die in den 1990er Jahren nach Israel einwanderten, mit Erfolg auf die Erfahrungen von Marginalisierung und schlechter Behandlung durch die damalige säkular-zionistisch gesinnte aschkenazische Elite verweisen.
77 Bei den Reden Erdoğans wechseln je nach Anlass die Register von Aggressivität, Islamismus, Nationalismus und aufgesetztem Kosmopolitismus. Der aggressiven islamistischen Rhetorik in einer Rede anlässlich des 562. Jahrestages der osmanischen Eroberung Konstantinopels steht eine scheinbar versöhnliche Rhetorik angesichts des 100. Jahrestags der Kämpfe um Gallipoli gegenüber (aber dennoch verbunden mit Angriffen auf vorgeblich europäische Islamophobie und unberechtigte armenische Ansprüche); Erdoğan, *İstanbul'un Fethi* 2015, Erdoğan, *Çanakkale 100. Yıl Barış* 2015.
78 Jenkins, *Political Islam* 2008, 166, verweist hier (ohne Seitenangabe) auf Metin Sever/Cem Dizdar (edd.): 2. *Cumhuriyet Tartışmaları*. Ankara: Başak Yayınları 1993.
79 Türk, *Muktedir* 2014, 176.

80 So verwies der Premierminister Ungarns, Viktor Orbán, auf China, Russland und die Türkei als Vorbilder; Kirchick, *Order from Chaos* 2019.
81 Laut Bischoff, *Ankara* 1935, 212–216, konnte die damalige Türkei, je nach Perspektive, als Demokratie oder als Diktatur gedeutet werden.
82 Kirişci, *Turkey and the West* 2017, 183. Zur «Demokratie ohne Demokraten» in der arabischen Welt siehe Salamé, *Small is Pluralistic* 1994, 86, 97.
83 https://freedomhouse.org/countries/freedom-world/scores; https://www.reporter-ohne-grenzen.de/tuerkei; https://www.reporter-ohne-grenzen.de/fileadmin/Redaktion/Downloads/Ranglisten/Rangliste_2002/Reporter_ohne_Grenzen__Rangliste_2002.pdf; https://worldjusticeproject.org/sites/default/files/documents/WJP-ROLI-2020-Online_0.pdf [alle 28.1.2021]. – Siehe zudem den Abstieg der Türkei in den 2010er Jahren in Marshall et al., *Global Report* 2009, 12, und Marshall et al., *Global Report* 2017, 32, von einer «Demokratie» (auf der zweiten Stufe unterhalb einer «voll ausgebildeten Demokratie») zu einer «geschlossenen Anokratie» (auf der vierten Stufe, vor der niedrigsten Stufe der Autokratie).
84 Zürcher, *Turkey* 2010, 4.
85 Kisilowski, *Poland* 2017.
86 *The Guardian*, 16. Oktober 2019, https://www.theguardian.com/us-news/2019/oct/16/trump-claims-kurds-are-much-safer-as-us-troops-leave-syria [24.6.2020].
87 Shareef, *The United States, Iraq and the Kurds* 2014, 173.
88 McDowall, *Modern History of the Kurds* 2004, 184, 192, 197, 207.
89 Seufert, *Von der Lösung der Kurdenfrage* 2015, 56 f. – Ders., *Kurden als zentraler Faktor* 2015, 70.
90 Nach Lack, *In den kurdischen Gebieten Syriens* 2018, 66, wurde im Dezember 2016 der Begriff *Rojava* fallengelassen und die Bezeichnung «Demokratisches Föderales System Nord-Syrien» beschlossen, um so einen im Begriff *Rojava* durchscheinenden kurdischen Alleinvertretungsanspruch in der Region zurückzunehmen.
91 Zu den sehr engen Bindungen zwischen PKK und PYD siehe Kaya/Lowe, *PYD-PKK Relationship* 2017.
92 Savelsberg, *Kurdish PYD and the Syrian Civil War* 2019, 359.
93 Lack, *In den kurdischen Gebieten Syriens* 2018, 72–74.
94 Harris, *Quicksilver War* 2018, 108.
95 International Crisis Group, *Russia and Turkey* 2018, 3. – Von türkischer Seite wurde die Idee einer Pufferzone bereits in den Jahren 2011/2012 erwogen; Harris, *Quicksilver War* 2018, 32.
96 Die wichtigsten Operationen waren «Schutzschild Euphrat» (*Fırat Kalkanı Harekâtı*) von August 2016 bis März 2017, «Olivenzweig» (*Zeytin Dalı Harekâtı*) von Januar bis März 2018, «Friedensquelle» (*Barış Pınarı Harekâtı*) im Oktober 2019 und «Schutzschild Frühling» (*Bahar Kalkanı Harekâtı*) im Februar und März 2020. – Mittlerweile verfügt die Türkei aber auch im Irak über mehr als zehn Stützpunkte, auf

denen mehrere Hundert Soldaten stationiert sind; Rogg, *Die Türkei verlegt den Kampf* 2020.

97 Seufert, *Ernüchternde Bilanz kurdischer Politik* 2018, 83.

98 International Crisis Group, *Human Cost of the PKK Conflict in Turkey* 2016, 2. – Zu seit den 1980er Jahren geführten, bis heute aber ergebnislosen innertürkischen Diskussionen über eine mögliche föderale Struktur der Türkei, siehe Köker, *Eyalet sistemi* 2017.

99 Hermann, *Säbelrasseln im Mittelmeer* 2020.

100 Zu den Begleitumständen der Umwandlung der Hagia Sophia 1934 in ein Museum siehe Kreiser, *Das Werk einer verrückten Periode* 2020.

101 Zum Aktionsplan «Menschenrechte» siehe: Cumhurbaşkanı Erdoğan İnsan Hakları Eylem Planı'nı açıkladı. In: *Haber Türk*, 2. März 2021, https://www.haberturk.com/son-dakika-cumhurbaskani-erdogan-insan-haklari-eylem-plani-ni-acikladi-haber-2990856 [23.3.2021]; zum Antrag auf ein Verbot der HDP siehe: Yargıtay Cumhuriyet Başsavcılığı, 600'den fazla HDP'li hakkında siyasi yasak istedi. In: *Haberler.com*, 17. März 2021, https://www.haberler.com/yargitay-cumhuriyet-bassavciligi-600-den-fazla-hdp-14001400-haberi/ [20.3.2021]; Pabst, *Erdogan kündigt Istanbul-Konvention* 2021.

102 Siehe Lewis, *Geopolitical Imaginaries* 2018, 1616 f. und 1626 f., zur Sicht Europas bei russischen Eurasianisten. Eine ähnliche Herabstufung Europas findet sich übrigens auch bei Kaplan, *Return of Marco Polo's World* 2018, 5–8.

103 Türkische Darstellungen des türkischen Eurasienbegriffs sind meist sehr oberflächlich; eine Ausnahme ist İmanbeyli, *Failed Exodus* 2015.

104 Nach Burbank/Cooper, *Empires in World History* 2010, 18, hat das chinesische Imperium gemeinsam mit dem römischen die beiden dominierenden Grundmuster imperialer Reiche in der Weltgeschichte entwickelt, während das Osmanische Reich eine bedeutende Syntheseleistung in der Zusammenführung unterschiedlicher (arabischer, byzantinischer, mongolischer, persischer und türkischer) imperialer Traditionen aufweist.

105 Zu China siehe Brown, *The World According to Xi* 2019, 84, 89, 91.

106 Vor der Wiederversöhnung mit Russland im Juni/Juli 2016 führte Erdoğan gegenüber dem NATO-Generalsekretär aus, dass das Schwarze Meer zu einem «russischen See» geworden sei; International Crisis Group, *Russia and Turkey* 2018, 14.

107 Siehe hierzu die Vielzahl von Beiträgen in der Sondernummer «Vergleichende Toxikologie: Herrschaft in Russland und in der Türkei» in der Zeitschrift *Osteuropa* 68.10–12. (2018). Ein kurzer, aber inhaltsreicher Vergleich zwischen den Regimen Erdoğans und Putins findet sich bei Heinemann-Grüder, *Ende der Illusionen* 2018.

108 Siehe Kapitel Krastev/Holmes, *The Light That Failed* 2019, 77–137, zu der von Putin seit den frühen 2010er Jahren betriebenen Politik der «Nachahmung als Vergeltung», mit der die moralische Überheblichkeit des Westens bloßgestellt und die als menschenrechtlicher Universalis-

mus getarnten geostrategischen Interessen des Westens entlarvt werden sollen.

109 Zur Aufdeckung illegaler Waffenlieferungen des türkischen Geheimdienstes MİT zu Beginn des Jahres 2014 und ihren Folgen siehe Dündar, *I Revealed the Truth* 2015.

110 Siehe den kontrafaktischen Beitrag von Hähnlein/Seufert, *Türkei verlässt die Nato* 2018.

111 Ammann, *Zweckbeziehung* 2016, 5; vgl. auch Kirişci, *Turkey and the West* 2017, 164: Die Gefahr der negativen Effekte des syrischen Kriegs auf die Türkei wird von einem ehemaligen Mitglied des Parlaments als Gefahr einer «schleichenden Pakistanisierung der Türkei» bezeichnet.

112 Zu Deutschland siehe Adar, *Neubetrachtung der politischen Einstellungen türkischer Migranten* 2020. – Auch wenn die Fluchtmigration von Aleviten, Kurden oder politischen Aktivisten in die Schweiz auffällig ist, so war sie doch (mit 15%) nicht ausschlaggebend. Allerdings sind die Aleviten in der Schweiz mit rund 30–40% unter den türkeistämmigen Migranten überproportional vertreten; Suter Reich, *Differenz, Solidarität und Ausgrenzung* 2013, 79, 82.

113 Die entsprechende der *Diyanet*-Behörde unterstellte Organisation in Österreich heißt «Türkisch-islamische Union für kulturelle und soziale Zusammenarbeit in Österreich» (*Avusturya Türk İslam Kültür ve Sosyal Yardımlaşma Birliği*) und in der Schweiz «Türkisch-islamische Stiftung der Schweiz» (*İsviçre Türk Diyanet Vakfı*).

114 Für ein historisches Beispiel eines solchen Kultusprotektorats siehe Deusch, *K.(u.)k. Kultusprotektorat* 2009.

115 So Kabis, *Interview mit Emmanuel Todd* 2002, in dem Todd von einer «Islamisierung der Türken» durch die deutsche Gesellschaft spricht.

116 Ganz in diesem Sinne ist Schiffauer, *Die Gewalt der Ehre* 1983, zu lesen.

117 In diesem Sinne sind Darstellungen wie von Herbert, *Geschichte Deutschlands* 2014, die die Migration von Muslimen nach Deutschland ausschließlich unter der Perspektive der Arbeitsmigration der 1960er sowie der frühen 1970er Jahre und ihren Folgen sehen, nicht mehr zeitgemäß.

118 Siehe hier die konträren Positionen von Schiffauer, *Nach dem Islamismus* 2010, 22, 25, und Koopmans, *Das verfallene Haus des Islam* 2020, 250.

119 Siehe die konträren Positionen von Nökel, *Töchter der Gastarbeiter* 2002, 13, und Kelek, *Die fremde Braut* 2005, 242.

120 Deringil, *Turkish Foreign Policy* 1989, 86, bezieht sich hier auf Feridun Cemal Erkin: *Les Relations Turco-Soviétiques et la question des détroits.* Ankara: Başnur Matbaası 1968, 164.

121 Gonlubol, *NATO, USA and Turkey* 1975, 37.

122 Süleyman Demirel: Federasyon, Sevrdir. In: *Milliyet* 15. August 1993; zitiert nach Aydin/Emrence, *Zones of Rebellion* 2015, 96.

123 Pomiankowski, *Zusammenbruch des Ottomanischen Reiches* 1928, 162. Zu einem Beispiel für die Fortführung dieser Argumentation in der

apologetisch orientierten Historiographie der jüngeren Republikzeit siehe Eryılmaz, *Gayrımüslim Teb'anın Yönetimi* 1990, 217.

124 Siehe zum Beispiel Çetinsaya, *Rethinking Nationalism and Islam* 1999, 362.

125 Nach Gran, *Islamic Roots of Capitalism* 1979, hatte sich in Ägypten auf der Grundlage schon lange bestehender Handelsbeziehungen im mediterranen Raum eine eigenständige kapitalistische Wirtschaft herausgebildet, die im frühen 19. Jahrhundert von einem einseitigen Abhängigkeitsverhältnis von Europa verdrängt wurde. – Zum Konzept einer «islamischen Aufklärung» siehe die beiden Beiträge von Schulze, *Das islamische achtzehnte Jahrhundert* 1990, und *Islamische Aufklärung* 1996, mit einer beeindruckenden Anschlussfähigkeit an europäische philosophiegeschichtliche Debatten, aber fragmentarisch, wenn es um den Nachweis einer vermuteten Aufklärung in islamischen Kontexten geht.

126 Tezcan, *Second Empire* 2009. – Siehe den milden Revisionismus bei Yaycioglu, *Partners of the Empire* 2016, nach dem es im Jahr 1808 den *einen* günstigen Moment eines grundsätzlich anderen Entwicklungspfades der spätosmanischen Geschichte gegeben habe, der jäh abbrach. – Das Argument, dass eine mögliche endogene Modernisierung durch die Diktatur einer Reformbürokratie im 19. Jahrhundert verhindert wurde, findet sich schon bei Mardin, *Young Ottoman Thought* 1962, 168. Siehe ebenfalls Feldman, *The Fall and Rise of the Islamic State* 2008, 60 f., 77–79, 90, und passim, nach dem die Scharia in den klassischen islamischen Staat bis ins 19. Jahrhundert auf eine natürliche und konstruktive Weise integriert war. Die osmanische Reformpolitik des 19. Jahrhunderts habe diese Konstruktion zerstört und letztlich die autoritäre Tradition des Staates im Nahen Osten begründet.

127 McDowall, *Modern History of the Kurds* 2004, 198, 426.

128 Zum Ausmaß des Unglücks unter der Jugend in der Türkei siehe Mumay, *Schuldlos verschuldet und unglücklich* 2020.

129 Gall, *Spurning Erdogan's Vision* 2019.

130 Cemal, *Özal Hikayesi* 1989, 315, sieht sogar in den Jahren Özals als Ministerpräsident (1983–1989) eine «zivile Verlängerung des 12. September-Regimes».

Literatur

Abadan-Unat, Nermin: *Turks in Europe. From Guest Worker to Transnational Citizen*. New York NY, Oxford: Berghahn Books 2011.
Abdo, Geneive: *The New Sectarianism. The Arab Uprisings and the Rebirth of the Shiʿa-Sunni Divide*. New York NY: Oxford University Press 2017.
Abou-el-Haj, Rifaat Ali: The Social Uses of the Past: Recent Arab Historiography of Ottoman Rule. In: *International Journal of Middle East Studies* 14.2. (1982), S. 185–201.
Abrahamian, Ervand: *Khomeinism: Essays on the Islamic Republic*. Berkeley et al.: University of California Press 1993.
Acemoglu, Daron/Ucer, Murat: *The Ups and Downs of Turkish Growth, 2002–2015. Political Dynamics, the European Union and the Institutional Slide*. Cambridge MA: National Bureau of Economic Research 2015, https://www.nber.org/papers/w21608 [21.11.2020].
Adar, Sinem: *Eine Neubetrachtung der politischen Einstellungen türkischer Migranten in Deutschland. Analyse des Wahlverhaltens jenseits von «Loyalität gegenüber der Türkei» und «Mangel an demokratischer Kultur»*. Berlin: Stiftung Wissenschaft und Politik 2020, https://www.swp-berlin.org/fileadmin/contents/products/studien/2020S06_Adar_Migranten.pdf [1.12.2020].
Afacan, İsa: Türk Dış Politikası'nda Afrika Açılımı. In: *Ortadoğu Analiz* 4.46. (2012), S. 10–18.
Ahmad, Feroz: *The Turkish Experiment in Democracy 1950–1975*. London: Hurst 1977.
Ahmad, Feroz: *The Making of Modern Turkey*. London, New York NY: Routledge 1993.
Ahmad, Feroz: Ottoman Perceptions of the Capitulations 1800–1914. In: *Journal of Islamic Studies* 11.1. (2000), S. 1–20.
Ahmed, Shahab: *What Is Islam? The Importance of Being Islamic*. Princeton NJ, Oxford: Princeton University Press 2016.
Akçam, Taner: *Armenien und der Völkermord. Die Istanbuler Prozesse und die türkische Nationalbewegung*. Hamburg: Hamburger Edition 1996.
Akgün, Birol/Çalış, Şaban: Tanrı Dağı Kadar Türk, Hira Dağı Kadar Müslüman: Türk Milliyetçiliğinin Terkibinde İslâmcı Doz. In: Belge, Murat/Bora, Tanıl (edd.): *Modern Türkiye'de Siyasi Düşünce*, vol. 4: *Milliyetçilik*. 4. Auflage. İstanbul: İletişim 2009 (Erstauflage 2002), S. 584–600.
Akgün, Mensur/Gündoğar, Sabiha Senyücel/Levack, Jonathan/Perçinoğlu,

Gökçe: *The Perception of Turkey in the Middle East 2010. Key Findings.* İstanbul: TESEV 2011, http://tesev.org.tr/en/yayin/the-perception-of-turkey-in-the-middle-east-2010/ [6.4.2019].

Akgün, Mensur/Gündoğar, Sabiha Senyücel: *The Perpection of Turkey in the Middle East 2013. Key Findings.* İstanbul: TESEV 2014, http://tesev.org.tr/wp-content/uploads/2015/11/The_Perception_Of_Turkey_In_The_Middle_East_2013.pdf [6.4.2019].

Aksakal, Mustafa: *The Ottoman Road to War in 1914. The Ottoman Empire and the First World War.* Cambridge, New York NY: Cambridge University Press 2008.

Alkan, Mehmet Ö.: Önsöz. Darpsız Darbesiz Demokrasi. In: Alkan, Mehmet Ö. (ed.): *Osmanlı'dan Günümüze Darbeler.* İstanbul: Tarih Vakfı Yurt Yayınları 2016, S. XII-XVI.

Alper, Emin: *Jakobenlerden Devrimcilere: Türkiye'de Öğrenci Hareketlerinin Dinamikleri (1960–1971).* İstanbul: Tarih Vakfı Yurt Yayınları 2018.

Altınay, Ayşe Gül: *The Myth of the Military Nation. Militarism, Gender, and Education in Turkey.* New York NY; Houndmills, Basingstoke: Palgrave Macmillan 2004.

Altınay, Ayşe Gül/Çetin, Fethiye: *The Grandchildren: The Hidden Legacy of «Lost» Armenians in Turkey.* New Brunswick, London: Transaction Publishers 2014.

Altınordu, Ateş: A Midsummer Night's Coup: Performance and Power in Turkey's 15 July Coup Attempt. In: Çiçekoğlu, Feride/Turan, Ömer (edd.): *The Dubious Case of a Failed Coup: Militarism, Masculinities, and 15 July in Turkey.* Singapore: Palgrave Macmillan 2019, S. 7–39.

Ammann, Beat: Eine immer schwierigere Zweckbeziehung. Der Putschversuch in der Türkei illustriert die zunehmenden Differenzen mit den USA. In: *Neue Zürcher Zeitung*, 21. Juli 2016, https://www.nzz.ch/international/putschversuch-in-der-tuerkei/spannungen-im-verhaeltnis-usa-tuerkei-eine-immer-schwierigere-zweckbeziehung-ld.106628 [1.9.2019].

Amnesty International: *Adding Injustice to Injury: One Year on from the Gezi Park Protests.* London: Amnesty International 2014, https://www.amnesty.org.uk/files/adding_injustice_to_injury.pdf?CDLPuDOBgZqPGsOR834rmK1hTRvJ5Qih= [14.8.2020].

Anastassiadou, Méropi: *Les Grecs d'Istanbul au XIXe siècle. Histoire socioculturelle de la communauté de Péra.* Leiden, Boston: Brill 2012.

Anderson, Matthew Smith: *The Eastern Question, 1774–1923: A Study in International Relations.* London: Macmillan 1966.

Andrews, Peter Alford (ed.): *Ethnic Groups in the Republic of Turkey.* Wiesbaden: Ludwig Reichert 2002.

Andrews, Peter Alford: Introduction. In: Andrews, Peter Alford (ed.): *Ethnic Groups in the Republic of Turkey.* Wiesbaden: Ludwig Reichert 2002, S. 17–52.

Armstrong, Harold Courtenay: *Grey Wolf: Mustafa Kemal. An Intimate Study of a Dictator.* London: Penguin 1937.

Asderis, Michael: *Das Tor zur Glückseligkeit. Migration, Heimat, Vertreibung – die Geschichte einer Istanbuler Familie*. Berlin: binooki 2018.

Ataöv, Türkkaya: *N. A. T. O. and Turkey*. Ankara: Sevinç 1970.

Atay, Falih Rıfkı: *Zeytindağı*, 4. erweiterte Auflage. İstanbul: Dünya Yayınları 1957.

Ateş, Seyran: *Große Reise ins Feuer. Die Geschichte einer deutschen Türkin*. Berlin: Rowohlt 2003.

Atmaca, Metin: Özal'dan Erdoğan'a Kürt Sorununda Çözüm Süreci. In: Samur, Halkan/Kısacık, Zelal Kısılkan (edd.): *Türkiye'nin Demokratikleşmesi. Etnik-Dini Kesimler Üzerinden Değişmenin Analizi*. Konya: Çizgi Kitapevi 2014, S. 19–52.

Axworthy, Michael: *Iran. What Everyone Needs to Know*. Oxford et al.: Oxford University Press 2017.

Ayata, Bilgin/Hakyemez, Serra: The AKP's Engagement with Turkey's Past Crimes: An Analysis of PM Erdoğan's «Dersim Apology». In: *Dialectical Anthropology* 37.1. (2013), S. 131–143.

Aydemir, Şevket Süreyya: *İkinci Adam*. 3 Bände. 13. Auflage. İstanbul: Remzi Kitabevi 2010 (Erstauflage 1966).

Aydin, Aysegul/Emrence, Cem: *Zones of Rebellion. Kurdish Insurgents and the Turkish State*. Ithaca NY, London: Cornell University Press 2015.

Aydın, Mustafa: Relations with the Caucasus and Central Asia. In: Oran, Baskın (ed.): *Turkish Foreign Policy, 1919–2006. Facts and Analyses with Documents*. Salt Lake City UT: The University of Utah Press 2010, S. 750–789.

Aytürk, İlker: *Post-Post-Kemalism? Why Is Studying the Turkish Far Right More Relevant Now Than Ever?*, 16. Mai 2018, Vortrag am Institut d'études de l'Islam et des sociétés du monde musulman und Ecole des hautes études en sciences sociales, https://soundcloud.com/iismm/post-post-kemalism-why-is-studying-the-turkish-far-right-more-relevant-now-than-ever-i-ayturk [1.9.2019].

Aytürk, İlker: Post-Kemalizm Nedir? Post-Kemalist Kimdir? Bir Tanım Denemesi. In: *Varlık* (2019), S. 4–7.

Aytürk, İlker: Bir Defa Daha Post-Post-Kemalizm: Eleştiriler, Cevaplar, Düşünceler. In: *Birikim* 374/375. (2020), S. 101–119.

Baer, David Marc: *The Dönme: Jewish Converts, Muslim Revolutionaries, and Secular Turks*. Stanford CA: Stanford University Press 2010.

Baer, Marc David: An Enemy Old and New: The Dönme, Anti-Semitism, and Conspirary Theories in the Ottoman Empire and the Turkish Republic. In: *Jewish Quarterly Review* 103.4. (2013), S. 523–555.

Balbay, Mustafa: Olmayan Suriye Politikasında Şuursuzluk. In: *Cumhuriyet*, 25. Juli 2019, http://www.cumhuriyet.com.tr/koseyazisi/1504006/Olmayan_Suriye_politikasinda_suursuzluk_.html [26.7.2019].

Balci, Bayram: *Islam in Central Asia and the Caucasus since the Fall of the Soviet Union*. London: Hurst 2018.

Bali, Rıfat N.: *Model Citizens of the State: The Jews of Turkey During the Multi-Party Period*. Lanham: Lexington Books 2012.

Bali, Rıfat N. (ed.): *Varlık Vergisi: Hatıralar – Tanıklıklar*. İstanbul: Libra 2012.

Balistreri, Alexander E.: Turkey's Forgotten Political Opposition: The Demise of Kadirbeyoğlu Zeki Bey, 1919–1927. In: *Die Welt des Islams* 55.2. (2015), S. 141–185.

Balistreri, Alexander E.: Writer, Rebel, Soldier, Shaykh: Border Crossers in the Historiography of the Modern Caucasus. In: *Kritika: Explorations in Russian and Eurasian History* 20.2. (2019), S. 345–364.

Baltacıoğlu-Brammer, Ayşe: One Word, Many Implications: The Term «Kızılbaş» in the Early Modern Ottoman Context. In: Erginbaş, Vefa (ed.): *Ottoman Sunnism*. Edinburgh: Edinburgh University Press 2019, S. 47–70.

Barbir, Karl: Memory, Heritage, and History: The Ottoman Legacy in the Arab World. In: Brown, L. Carl (ed.): *Imperial Legacy: The Ottoman Imprint on the Balkans and the Middle East*. New York NY: Columbia University Press 1996, S. 100–114.

Bardakci, Mehmet/Freyberg-Inan, Annette/Giesel, Christoph/Leisse, Olaf: *Religious Minorities in Turkey: Alevi, Armenians, and Syriacs and the Struggle to Desecuritize Religious Freedom*. London: Palgrave Macmillan 2017.

Barr, James: *A Line in the Sand. Britain, France and the Struggle for the Mastery of the Middle East*. London et al.: Simon & Schuster 2011.

Bayar, Yeşim: In Pursuit of Homogeneity: The Lausanne Conference, Minorities and the Turkish Nation. In: *Nationalities Papers* 42.1. (2014), S. 108–125.

Bayraktar, Seyhan: *Politik und Erinnerung: der Diskurs über den Armeniermord in der Türkei zwischen Nationalismus und Europäisierung*. Bielefeld: transcript 2010.

Beblawi, Hazem: The Rentier State in the Arab World. In: Beblawi, Hazem/ Luciani, Giacomo (edd.): *The Rentier State*. London et al.: Croom Helm 1987, S. 49–62.

Behrendt, Günter: *Nationalismus in Kurdistan. Vorgeschichte, Entstehungsbedingungen und erste Manifestationen bis 1925*. Hamburg: Deutsches Orient-Institut 1993.

Belge, Murat/Çiğdem, Ahmet (edd.): *Modern Türkiye'de Siyasi Düşünce*, vol. 5: *Mufazakârlık*. 4. Auflage. İstanbul: İletişim 2009 (Erstauflage: 2002).

Bengio, Ofra: *The Turkish-Israeli Relationship: Changing Ties of Middle Eastern Outsiders*. New York NY: Palgrave Macmillan 2004.

Benninghaus, Rüdiger: The Laz: An Example of Multiple Identification. In: Andrews, Peter Alford (ed.): *Ethnic Groups in the Republic of Turkey*. Wiesbaden: Ludwig Reichert 2002, S. 497–502.

Berberakis, Stelyo: Büyükada Rum Yetimhanesi: 1964'te Kapısına Kilit Vurulan ve Restorasyon Çalışmaları Başlayan Binanın Hazin Öyküsü. In: *BBC News Türkçe*, 3. Oktober 2020, https://www.bbc.com/turkce/haberler-turkiye-54401378 [15.3.2021].

Berkes, Niyazi: *The Development of Secularism in Turkey*. New York NY: Routledge 1998 (Erstauflage 1964).

Berlinski, Claire: How Democracies Die: Guilty Men. In: *The American Interest*, 24. April 2017, https://www.the-american-interest.com/2017/04/24/guilty-men/ [28.1.2021].
Beşikçi, İsmail: *Kurdistan: Internationale Kolonie*. Frankfurt a. M.: isp-Verlag 1991.
Bielefeldt, Heiner: *Muslime im säkularen Rechtsstaat: Integrationschancen durch Religionsfreiheit*. Bielefeld: transcript 2003.
Bilgen, Arda: The Southeastern Anatolia Project (GAP) Revisited: The Evolution of GAP over Forty Years. In: *New Perspectives on Turkey* 58. (2018), S. 125–154.
Birand, Mehmet Ali: *Türkiye'nin Ortak Pazarı Macerası, 1959–1985*. İstanbul: Milliyet 1985.
Birand, Mehmet Ali: *The Generals' Coup in Turkey. An Inside Story of 12 September 1980*. London et al.: Brassey's Defence Publishers 1987.
Birand, Mehmet Ali: *Shirts of Steel. An Anatomy of the Turkish Armed Forces*. London, New York NY: I. B. Tauris 1991.
Birand, Mehmet Ali/Yıldız, Reyhan: *Son Darbe: 28 Şubat*. İstanbul: Doğan Kitap 2012.
Bischoff, Norbert von: *Ankara. Eine Deutung des neuen Werdens in der Türkei*. Wien et al.: Holzhausens NFG 1935.
Bloxham, Donald: *The Great Game of Genocide. Imperialism, Nationalism, and the Destruction of the Ottoman Armenians*. Oxford: Oxford University Press 2005.
Böckenförde, Ernst-Wolfgang: Nein zum Beitritt der Türkei. In: *Frankfurter Allgemeine Zeitung*, 10. Dezember 2004, https://www.faz.net/aktuell/feuilleton/europaeische-union-nein-zum-beitritt-der-tuerkei-1193219.html [1.9.2019].
Bolukbasi, Suha: Behind the Turkish-Israeli Alliance: A Turkish View. In: *Journal of Palestine Studies* 29.1. (1999), S. 21–35.
Bora, Tanıl: Turkish National Identity, Turkish Nationalism and the Balkan Problem. In: Özdoğan, Günay Göksü/Saybaşılı, Kemâli (edd.): *Balkans: A Mirror of the New International Order*. İstanbul: Eren 1995, S. 101–120.
Bora, Tanıl: *Türk Sağının Üç Hâli: Milliyetçilik, Muhafazakârlık, İslamcılık*. 6. Auflage. İstanbul: Birikim Yayınları 2009.
Bora, Tanıl: Narrating the Enemy: Image and Perception of the «Communists» Among the Radical Right. In: Pekesen, Berna (ed.): *Turkey in Turmoil: Social Change and Political Radicalization During the 1960s*. Berlin: De Gruyter Oldenbourg 2020, S. 137–151.
Bora, Tanıl/Can, Kemal: *Devlet, Ocak, Dergâh: 12 Eylül'den 1990'lara Ülkücü Hareket*. İstanbul: İletişim 1991.
Bormuth, Matthias: *Erich Auerbach. Kulturphilosoph im Exil*. Göttingen: Wallstein 2020.
Bösch, Frank: *Zeitenwende 1979: Als die Welt von heute begann*. München: C.H.Beck 2019.

Bozarslan, Hamit: Alevism and the Myths of Research: The Need for a New Research Agenda. In: White, Paul J./Jongerden, Joost (edd.): *Turkey's Alevi Enigma: A Comprehensive Overview*. Leiden: Brill 2003, S. 3–15.

Bozarslan, Hamit: From Kemalism to Armed Struggle: Radicalization of the Left in the 1960s. In: Pekesen, Berna (ed.): *Turkey in Turmoil: Social Change and Political Radicalization During the 1960s*. Berlin: De Gruyter Oldenbourg 2020, S. 115–136.

Braude, Benjamin: Foundation Myths of the Millet System. In: Braude, Benjamin/Lewis, Bernard (edd.): *Christians and Jews in the Ottoman Empire*, vol. 1: *The Functioning of a Plural Society*. New York NY, London: Holmes & Meier 1982, S. 69–88.

Brey, Hansjörg: Bevölkerungsstruktur. In: Grothusen, Klaus-Detlev/Steffani, Winfried/Zervakis, Peter (edd.): *Südosteuropa-Handbuch*, Band 8: *Zypern*. Göttingen: Vandenhoeck & Ruprecht 1998, S. 488–515.

Brink-Danan, Marcy: *Jewish Life in 21st-Century Turkey: The Other Side of Tolerance*. Bloomington IN: Indiana University Press 2012.

Brown, Kerry: *The World According to Xi: Everything You Need to Know About the New China*. London: I. B. Tauris 2019.

Bruinessen, Martin van: *Agha, Shaikh and State. The Social and Political Structures of Kurdistan*. Rijswijk: Europrint-Secondprint 1978.

Buğra, Ayşe: Class, Culture, and State: An Analysis of Interest Representation by Two Turkish Business Associations. In: *International Journal of Middle East Studies* 30.4. (1998), S. 521–539.

Bumke, Peter J.: The Kurdish Alevis – Boundaries and Perceptions. In: Andrews, Peter Alford (ed.): *Ethnic Groups in the Republic of Turkey*. Wiesbaden: Ludwig Reichert 2002, S. 510–518.

Bundesministerium des Innern [Deutschland] (ed): *Migrationsbericht der Bundesregierung. Migrationsbericht 2018*. Berlin 2020. https://www.bamf.de/SharedDocs/Anlagen/DE/Forschung/Migrationsberichte/migrationsbericht-2018.pdf?__blob=publicationFile&v=15 [18.3.2021].

Burbank, Jane/Cooper, Frederick: *Empires in World History. Power and the Politics of Difference*. Princeton NJ, Oxford: Princeton University Press 2010.

Cagaptay, Soner: *The New Sultan: Erdogan and the Crisis of Modern Turkey*. London, New York NY: I. B. Tauris 2017.

Çakır, Ruşen: *Ayet ve Slogan. Türkiye'de İslami Oluşumlar*. 3. Auflage. İstanbul: Metis 1991 (Erstauflage 1990).

Calic, Marie-Janine: *Geschichte Jugoslawiens im 20. Jahrhundert*. München: C.H.Beck 2012.

Calic, Marie-Janine: *Tito. Der ewige Partisan. Eine Biographie*. München: C.H.Beck 2020.

Çarkoğlu, Ali/Eder, Mine: Domestic Concerns and the Water Conflict over the Euphrates-Tigris River Basin. In: *Middle Eastern Studies* 37.1. (2001), S. 41–71.

Çaylı, Eray: Conspiracy Theory as Spatial Practice: The Case of the Sivas

Arson Attack, Turkey. In: *Environment and Planning D: Society and Space* 36.2. (2018), S. 255–272.
Çelik, Adnan/Garapon, Béatrice: De l'exil à la représentation parlementaire: une nouvelle génération d'élites kurdes en politique (1946–1955). In: *Anatoli. De l'Adriatique à la Caspienne. Territoires, Politique, Sociétés* 8. (2017), S. 205–232.
Cemal, Hasan: *Özal Hikayesi*. Ankara: Bilgi Yayınevi 1989.
Çetin, Fethiye: *Anneannem: Anı*. İstanbul: Metis 2004.
Çetinsaya, Gökhan: Rethinking Nationalism and Islam: Some Preliminary Notes on the Roots of «Turkish-Islamic Synthesis» in Modern Turkish Political Thought. In: *Muslim World* 89.3–4. (1999), S. 350–376.
Cizre, Ümit: Fear and Loathing in Turkey. The Backstory to Erdoğan's Referendum. In: *Middle East Research and Information Project*, 26. April 2017, https://merip.org/2017/04/fear-and-loathing-in-turkey/ [7.10.2019].
Clark, Christopher: *The Sleepwalkers: How Europe Went to War in 1914*. London: Penguin 2012.
Clogg, Richard: *A Concise History of Greece*. Cambridge: Cambridge University Press 1992.
Çolak, Mustafa: *Karaoğlan. Bülent Ecevit*. İstanbul: İletişim 2016.
Collier, Paul: *Exodus: Immigration and Multiculturalism in the 21st Century*. London: Allen Lane 2013.
Conrad, Sebastian: *What Is Global History?* Princeton NJ, Oxford: Princeton University Press 2016.
Cook, Steven A.: *False Dawn: Protest, Democracy, and Violence in the New Middle East*. New York NY: Oxford University Press 2017.
Côrte-Real Pinto, Gabriela Anouck/David, Isabel: Choosing Second Citizenship in Troubled Times: The Jewish Minority in Turkey. In: *British Journal of Middle Eastern Studies* (2019), S. 1–16.
Courbage, Youssef/Todd, Emmanuel: *Die unaufhaltsame Revolution. Wie die Werte der Moderne die islamische Welt verändern*. München, Zürich: Piper 2008.
Cremer, Jan/Przytulla, Horst: *Exil Türkei: Deutschsprachige Emigranten in der Türkei*. 2. Auflage. München: Lipp 1991.
Criss, Nur Bilge: *Istanbul under Allied Occupation 1918–1923*. Leiden: Brill 1999.
Danforth, Nick: Turkey's New Maps Are Reclaiming the Ottoman Empire. In: *Foreign Policy*, 23. Oktober 2016, https://foreignpolicy.com/2016/10/23/turkeys-religious-nationalists-want-ottoman-borders-iraq-erdogan/ [28.1.2021].
Davies, Norman: *Im Herzen Europas. Geschichte Polens*. München: C.H.Beck 1999 (englischsprachige Erstausgabe: *Heart of Europe. A Short History of Poland*. 1984).
Davutoğlu, Ahmet: *Stratejik Derinlik. Türkiye'nin Uluslararası Konumu*. İstanbul: Küre Yayınları 2001.
Davutoğlu, Ahmet: I'm Not a Neo-Ottoman. In: *Balkan Insight*, 26. April

2011, http://www.balkaninsight.com/en/article/davutoglu-i-m-not-a-neo-ottoman [10.4.2015].

Davutoğlu, Ahmet: Principles of Turkish Foreign Policy and Regional Political Structuring. In: *Turkey Policy Brief Series* 3. (2012), S. 1–9.

Davutoğlu, Ahmet: Büyük Restorasyon: Kadim'den Küreselleşmeye Yeni Siyaset Anlayışımız (Rede an der Dicle-Universität Diyarbakır), 15. März 2013, www.mfa.gov.tr/disisleri-bakani-ahmet-davutoglu_nun-diyarbakir-dicle-universitesinde-verdigi-_buyuk-restorasyon_-kadim_den-kuresellesmeye-yeni.tr.mfa [6.4.2019].

Dawisha, Adeed: *Arab Nationalism in the Twentieth Century: From Triumph to Despair*. Princeton NJ, Oxford: Princeton University Press 2003.

Dawletschin-Linder, Camilla: *Diener seines Staates: Celal Bayar (1883–1986) und die Entwicklung der modernen Türkei*. Wiesbaden: Harrassowitz 2003.

Deleon, Jak: *The White Russians in Istanbul*. İstanbul: Remzi Kitapevi 1995.

Demirel, Fatmagül: *Cumhuriyet Kurulurken Hayaller ve Umutlar*. İstanbul: Bağlam 2019.

Deringil, Selim: *Turkish Foreign Policy During the Second World War: An «Active» Neutrality*. Cambridge: Cambridge University Press 1989.

Deringil, Selim: *The Well-Protected Domains: Ideology and Legitimation of Power in the Ottoman Empire, 1876–1909*. London, New York NY: I. B. Tauris 1999.

Deusch, Engelbert: *Das k.(u.)k. Kultusprotektorat im albanischen Siedlungsgebiet in seinem kulturellen, politischen und wirtschaftlichen Umfeld*. Wien et al.: Böhlau 2009.

Djemal Pascha, Ahmed: *Erinnerungen eines türkischen Staatsmannes*. München: Drei Masken Verlag 1922.

Dmythryshyn, Basil/Cox, Frederick: *The Soviet Union and the Middle East. A Documentary Record of Afghanistan, Iran and Turkey, 1917–1985*. Princeton NJ: Kingston Press 1987.

Dogramaci, Burcu: *Kulturtransfer und nationale Identität: deutschsprachige Architekten, Stadtplaner und Bildhauer in der Türkei nach 1927*. Berlin: Gebr. Mann Verlag 2008.

Dressler, Markus: How to Conceptualize Inner-Islamic Plurality/Difference: «Heterodoxy» and «Syncretism» in the Writings of Mehmet F. Köprülü (1890–1966). In: *British Journal of Middle Eastern Studies* 37.3. (2010), S. 241–260.

Dumont, Paul: Freemasonry in Turkey: A By-Product of Western Penetration. In: *European Review* 13.3. (2005), S. 481–493.

Dündar, Can: I Revealed the Truth About President Erdogan and Syria. For That, He Had Me Jailed. In: *The Guardian*, 28. Dezember 2015, https://www.theguardian.com/commentisfree/2015/dec/28/truth-president-erdogan-jailed-turkey-regime-state-security-crime [8.1.2021].

Duru, Bülent: Mustafa Kemal Döneminde Ankara'nın İmarı. In: Cantek, Funda Şenol (ed.): *İcad Edilmiş Şehir: Ankara*. İstanbul: İletişim 2017, S. 107–123.

Eldem, Edhem: Capitulations and Western Trade. In: Faroqhi, Suraiya N. (ed.): *The Cambridge History of Turkey*, vol. 3: *The Later Ottoman Empire, 1603–1839*. Cambridge: Cambridge University Press 2006, S. 283–335.

Eligür, Banu: *The Mobilization of Political Islam in Turkey*. Cambridge: Cambridge University Press 2010.

Elsie, Robert: Der Islam und die Derwischsekten Albaniens. Anmerkungen zu ihrer Geschichte, Verbreitung und zur derzeitigen Lage. In: *Kakanien Revisited*, 27. Mai 2004, http://www.kakanien-revisited.at/beitr/fallstudie/RElsie2.pdf [21.6.2020].

Epkenhans, Tim: Geld darf keine Rolle spielen, Teil 1: Einleitung; Teil 2: Das Dokument. In: *Archivum Ottomanicum* 18. (2000), S. 247–250 und 19. (2001), S. 121–163.

Erdoğan, Recep Tayyip: [ohne Titel], Rede auf dem vierten ordentlichen großen Kongress der AKP am 30. September 2012, http://www.akparti.org.tr/site/haberler/basbakan-erdoganin-ak-part-4.olagan-buyuk-kongresi-konusmasinin-tam-metni/31771#1 [10.4.2015].

Erdoğan, Recep Tayyip: *Çanakkale 100. Yıl Barış Zirvesi'nde Yaptıkları Konuşma*, 23. April 2015, https://www.tccb.gov.tr/konusmalar/353/32664/canakkale-100-yil-baris-zirvesinde-yaptiklari-konusma [1.8.2020].

Erdoğan, Recep Tayyip: *İstanbul'un Fethi'nin 562. Yıl Dönümü Kutlamalarında Yaptıkları Konuşma*, 30. Mai 2015, https://www.tccb.gov.tr/konusmalar/353/32584/istanbulun-fethinin-562-yil-donumu-kutlamalarinda-yaptiklari-konusma [1.8.2020].

Erickson, Edward J.: *Ordered to Die. A History of the Ottoman Army in the First World War*. Westport CT: Greenwood 2001.

Erickson, Edward J.: *Palestine: The Ottoman Campaigns of 1914–1918*. Barnsley, South Yorkshire: Pen & Sword Military 2016.

Erman, Tahire: Becoming «Urban» or Remaining «Rural»: The Views of Turkish Rural-to-Urban Migrants on the «Integration» Question. In: *International Journal of Middle Eastern Studies* 30. (1998), S. 541–561.

Erman, Tahire: «Liberated Neighborhoods»: Reconstructing Leftist Activism in the Urban Periphery. In: Pekesen, Berna (ed.): *Turkey in Turmoil: Social Change and Political Radicalization During the 1960s*. Berlin: De Gruyter Oldenbourg 2020, S. 181–210.

Eryılmaz, Bilal: *Osmanlı Devletinde Gayrımüslim Teb'anın Yönetimi*. İstanbul: Risale Yayınları 1990.

Ess, Josef van: *Im Halbschatten: Der Orientalist Hellmut Ritter (1892–1971)*. Wiesbaden: Harrassowitz 2013.

Ess, Josef von: Ein Jubiläum zum Jahre 2011: Colmar Freiherr von der Goltz, In: Ess, Josef van: *Kleine Schriften*, hrsg. von Hinrich Biesterfeldt, Band 3. Leiden: Brill 2018, S. 2262–2287.

Eßbach, Wolfgang: *Religionssoziologie I: Glaubenskrieg und Revolution als Wiege neuer Religionen*. Paderborn: Wilhelm Fink 2014.

European Stability Initiative: *Islamische Calvinisten. Umbruch und Konser-*

vatismus in Zentralanatolien. Berlin, İstanbul: European Stability Initiative 2005, https://www.esiweb.org/pdf/esi_document_id_71.pdf [6.4.2019].
European Stability Initiative: *Mord in Anatolien. Christliche Missionare und türkischer Ultranationalismus.* Berlin: European Stability Initiative 2011, https://esiweb.org/publications/mord-anatolien-christliche-missionare-und-turkischer-ultranationalismus [26.3.2020].
Fahmy, Khaled: *Mehmed Ali: From Ottoman Governor to Ruler of Egypt.* Oxford: Oneworld 2009.
Feldman, Noah: *The Fall and Rise of the Islamic State.* Princeton, NJ, Oxford: Princeton University Press 2008.
Findley, Carter Vaughn: *The Turks in World History.* Oxford et al.: Oxford University Press 2005.
Findley, Carter Vaughn: The Tanzimat. In: Kasaba, Reşat (ed.): *The Cambridge History of Turkey*, vol. 4: *Turkey in the Modern World.* Cambridge: Cambridge University Press 2008, S. 11–37.
Finkel, Caroline: *Osman's Dream. The Story of the Ottoman Empire. 1300–1923.* London: John Murray 2005.
Foster, Zachary: The 1915 Locust Attack in Syria and Palestine and Its Role in the Famine During the First World War. In: *Middle Eastern Studies* 51.3. (2015), S. 370–394.
Fromkin, David: *A Peace to End all Peace. The Fall of the Ottoman Empire and the Creation of the Modern Middle East.* New York NY: Holt 1989.
Gall, Carlotta: Spurning Erdogan's Vision, Turks Leave in Droves, Draining Money and Talent. In: *The New York Times*, 2. Januar 2019, https://www.nytimes.com/2019/01/02/world/europe/turkey-emigration-erdogan.html?action=click&module=Top%20Stories&pgtype=Homepage [4.1.2019].
Gangloff, Sylvie: La politique balkanique de la Turquie et le poids du passé ottoman. In: Bougarel, Xavier/Clayer, Nathalie (edd.): *Le nouvel islam balkanique. Les musulmans, acteurs du post-communisme 1990–2000.* Paris: Maisonneuve & Larose 2001, S. 317–356.
Ganser, Daniele: *NATO-Geheimarmeen in Europa. Inszenierter Terror und verdeckte Kriegsführung.* Zürich: Orell Füssli 2008.
Gasimov, Zaur: «The Turkish Wall»: Turkey as an Anti-Communist and Anti-Russian Bulwark in the Twentieth Century. In: Berezhnaya, Liliya/Hein-Kircher, Heidi (edd.): *Rampart Nations. Bulwark Myths of East European Multiconfessional Societies in the Age of Nationalism.* New York NY, Oxford: Berghahn Books 2019, S. 186–206.
Gellner, Ernest: *Nations and Nationalism.* 3. Auflage. Ithaca NY, London: Cornell University Press 1991.
Gelvin, James: *The New Middle East: What Everyone Needs to Know.* New York NY: Oxford University Press 2018.
Gençer, Mustafa: Die Armenische Frage im Kontext der deutsch-osmanischen Beziehungen (1878–1915). In: Adanir, Fikret/Bonwetsch, Bernd (edd.): *Osmanismus, Nationalismus und der Kaukasus. Muslime und Christen,*

Türken und Armenier im 19. und 20. Jahrhundert. Wiesbaden: Ludwig Reichert 2005, S. 183–202.
Georgeon, François: Religion, Politics and Society in the Wake of the Young Turk Revolution: The «Ramadan of Freedom». In: Lévy-Aksu, Noémi/Georgeon, François (edd.): *The Young Turk Revolution and the Ottoman Empire. The Aftermath of 1908.* London, New York NY: I. B. Tauris 2017, S. 175–195.
Gerges, Fawaz A.: Introduction. A Rupture. In: Gerges, Fawaz A. (ed.): *The New Middle East: Protest and Revolution in the Arab World.* Cambridge: Cambridge University Press 2014, S. 1–38.
Gerges, Fawaz A.: *ISIS: A History.* Princeton NJ: Princeton University Press 2017.
Gerlach, Christian: *Extremely Violent Societies. Mass Violence in the Twentieth-Century World.* Cambridge: Cambridge University Press 2010.
Ghaplanyan, Irina: *Post-Soviet Armenia: The New National Elite and the New National Narrative.* London, New York NY: Routledge 2018.
Gingeras, Ryan: Last Rites for a «Pure Bandit»: Clandestine Service, Historiography and the Origins of the Turkish «Deep State». In: *Past and Present* 206. (2010), S. 151–174.
Gingeras, Ryan: *Heroin, Organized Crime, and the Making of Modern Turkey.* New York NY: Oxford University Press 2014.
Ginio, Eyal: *Ottoman Culture of Defeat. The Balkan Wars and Their Aftermath.* Oxford: Oxford University Press 2015.
Gokalp, Altan: Alevisme nomade: des communautés de statut à l'identité communautaire. In: Andrews, Peter Alford (ed.): *Ethnic Groups in the Republic of Turkey.* Wiesbaden: Ludwig Reichert 2002, S. 524–537.
Gökalp, Ziya: *Türkleşmek, İslamlaşmak, Muasırlaşmak,* herausgegeben von Osman Karatay. Ankara: Akçağ 2010 (zuerst 1918).
Gölbaşı, Edip: Turning the «Heretics» into Loyal Muslim Subjects: Imperial Anxieties, the Politics of Religious Conversion and the Yezidis in the Hamidian Era. In: *The Muslim World* 103.1. (2013), S. 3–23.
Golden, Peter Benjamin: *An Introduction to the History of the Turkic Peoples. Ethnogenesis and State-Formation in Medieval and Early Modern Eurasia and the Middle East.* Wiesbaden: Harrassowitz 1992.
Goltz, Generalfeldmarschall Colmar von der: *Denkwürdigkeiten.* Bearbeitet und herausgegeben von Friedrich Freiherr von der Goltz. Berlin: Mittler 1929.
Gonlubol, Mehmet: NATO, USA and Turkey. In: Karpat, Kemal (ed.): *Turkey's Foreign Policy in Transition, 1950–1974.* Leiden: Brill 1975, S. 13–50.
Gourisse, Benjamin: *La violence politique en Turquie: L'État en jeu, 1975–1980.* Paris: Éditions Karthala 2014.
Gran, Peter: *Islamic Roots of Capitalism: Egypt 1760–1840.* Austin: University of Texas Press 1979.
Greene, Samuel A./Robertson, Graeme B.: *Putin v. the People. The Perilous Politics of a Divided Russia.* New Haven CT, London: Yale University Press 2019.

Gunn, Christopher: The 1960 Coup in Turkey: A U. S. Intelligence Failure or a Successful «Intervention»? In: *Journal of Cold War Studies* 17.2. (2015), S. 103–139.
Gürsoy, Yaprak: The 15 July 2016 Failed Coup and the Security Sector. In: Özerdem, Alpaslan/Whiting, Matthew (edd.): *The Routledge Handbook of Turkish Politics*. London, New York NY: Routledge, Taylor & Francis Group 2019, S. 284–295.
Guzansky, Yoel: Israel's Periphery Doctrine 2.0: The Mediterranean Plus. In: *Mediterranean Politics* 19.1. (2014), S. 99–116.
Haass, Richard N.: The New Thirty Years' War. In: *Project Syndicate*, 21. Juli 2014, https://www.project-syndicate.org/commentary/richard-n-haass-argues-that-the-middle-east-is-less-a-problem-to-be-solved-than-a-condi tion-to-be-managed?barrier=true [29.7.2016].
Hagen, Gottfried: German Heralds of Holy War. Orientalists and Applied Oriental Studies. In: *Comparative Studies of South Asia, Africa and the Middle East* 24. (2004), S. 145–162.
Hähnlein, Rayk/Kaim, Markus/Seufert, Günter: Die Türkei verlässt die Nato. In: Brozus, Lars (ed.): *Während wir planten. Unerwartete Entwicklungen in der internationalen Politik. Foresight-Beiträge*. Berlin: Stiftung Wissenschaft und Politik 2018, S. 10–15.
Halaçoğlu, Yusuf: *Die Armenierfrage*. Klagenfurt: Wieser Verlag 2006.
Hale, William: *The Political and Economic Development of Modern Turkey*. London: Croom Helm 1981.
Hale, William M.: *Turkish Politics and the Military*. London, New York NY: Routledge 1994.
Hale, William M./Özbudun, Ergun: *Islamism, Democracy, and Liberalism in Turkey: The Case of the AKP*. London, New York NY: Routledge 2010.
Hall, Richard C.: *The Balkan Wars 1912–1913: Prelude to the First World War*. London, New York NY: Routledge 2000.
Hallaq, Wael: *The Impossible State: Islam, Politics and Modernity's Moral Predicament*. New York NY: Columbia University Press 2013.
Halliday, Fred: Iranian Foreign Policy since 1979: Internationalism and Nationalism in the Islamic Revolution. In: Cole, Juan/Keddie, Nikki (edd.): *Shi'ism and Social Protest*. New Haven CT: Yale University Press 2002, S. 88–107.
Hamed-Troyansky, Vladimir: Circassian Refugees and the Making of Amman, 1878–1914. In: *International Journal of Middle East Studies* 49. (2017), S. 605–623.
Hanioğlu, Şükrü: *The Young Turks in Opposition*. New York NY: Oxford University Press 1995.
Hanioğlu, Şükrü: *Preparation for a Revolution: The Young Turks, 1902–1908*. Oxford, New York NY: Oxford University Press 2001.
Hanioğlu, Şükrü: The Second Constitutional Period, 1908–1918. In: Kasaba, Reşat (ed.): *The Cambridge History of Turkey*, vol. 4: *Turkey in the Modern World*. Cambridge: Cambridge University Press 2008, S. 62–111.

Hanioğlu, Şükrü: *Atatürk: An Intellectual Biography*. Princeton NJ, Oxford: Princeton University Press 2011.

Hansen, Suzy: «The Era of People Like You Is Over»: How Turkey Purged Its Intellectuals. In: *The New York Times*, 24. Juli 2019, https://www.nytimes.com/2019/07/24/magazine/the-era-of-people-like-you-is-over-how-turkey-purged-its-intellectuals.html [15.8.2020].

Harris, George S.: Turkey and the United States. In: Karpat, Kemal (ed.): *Turkey's Foreign Policy in Transition, 1950–1974*. Leiden: Brill 1975, S. 51–72.

Harris, William: *Quicksilver War: Syria, Iraq and the Spiral of Conflict*. London: Hurst 2018.

Harvey, David: *A Brief History of Neoliberalism*. New York NY: Oxford University Press 2005.

Haselsteiner, Horst: Zur Haltung der Donaumonarchie in der Orientalischen Frage. In: Melville, Ralph/Schröder, Hans-Jürgen (edd.): *Der Berliner Kongreß von 1878. Die Politik der Großmächte und die Probleme der Modernisierung in Südosteuropa in der zweiten Hälfte des 19. Jahrhunderts*. Wiesbaden: Steiner 1982, S. 227–243.

Hazar, Numan: Türkiye Afrika'da: Eylem Planının Uygulanması ve Değerlendirme On Beş Yıl Sonra. In: *Ortadoğu Analiz* 4.46. (2012), S. 29–38.

Heinemann-Grüder, Andreas: Das Ende der Illusionen. Wie weiter mit Russland und der Türkei? In: *Osteuropa* 68.10–12. (2018), S. 261–270.

Hendrich, Béatrice: Von Pfeilen, Strahlen und Glühbirnen: Das Emblem der «Partei für Gerechtigkeit und Entwicklung» (AKP). In: Balta, Evangelia/Salakidis, Georgios/Stavrides, Theoharis (edd.): *Festschrift in Honor of Ioannis P. Theocharides*, vol. 2. Istanbul: ISIS 2014, S. 105–121.

Hendrick, Joshua D.: *Gülen: The Ambiguous Politics of Market Islam in Turkey and the World*. New York NY, London: New York University Press 2013.

Heper, Metin: *İsmet İnönü. The Making of a Turkish Statesman*. Leiden: Brill 1998.

Herbert, Ulrich: *Geschichte Deutschlands im 20. Jahrhundert*. München: C.H.Beck 2014.

Herbert, Ulrich: Europe in High Modernity. Reflections on a Theory of the 20th Century. In: *Journal of Modern European History* 5. (2007), S. 5–21.

Hering, Gunnar: Die Osmanenzeit im Selbstverständnis der Völker Südosteuropas. In: Majer, Hans Georg (ed.): *Die Staaten Südosteuropas und die Osmanen*. München: Südosteuropa-Gesellschaft 1989, S. 355–380.

Hermann, Rainer: *Wohin geht die türkische Gesellschaft? Kulturkampf in der Türkei*. München: dtv 2008.

Hermann, Rainer: Säbelrasseln im Mittelmeer. In: *Frankfurter Allgemeine Zeitung*, 23. Juli 2020, https://www.faz.net/aktuell/politik/ausland/griechisch-tuerkischer-konflikt-saebelrasseln-im-mittelmeer-16872333.html [29.1.2021].

Herr, Hansjörg/Sonat, Zeynep M.: The Fragile Growth Regime of Turkey in the Post-2001 Period. In: *New Perspectives on Turkey* 51. (2014), S. 35–68.

Herzog, Christoph: Small and Large Scale Conspiracy Theories and Their Problems: An Example from Turkey. In: Butter, Michael/Reinkowski, Maurus (edd.): *Conspiracy Theories in the United States and the Middle East. A Comparative Approach*. Berlin: De Gruyter 2014, S. 194–211.

Heydemann, Steven/Leenders, Reinoud: Authoritarian Learning and Counterrevolution. In: Lynch, Marc (ed.): *The Arab Uprisings Explained. New Contentious Politics in the Middle East*. New York NY: Columbia University Press 2014, S. 75–92.

Hillebrecht, Sabine: *Haymatloz. Exil in der Türkei 1933–1945*. Berlin: Verein Aktives Museum 2000.

Hillman, Jonathan E.: *The Emperor's New Road. China and the Project of the Century*. New Haven CT: Yale University Press 2020.

Hirsch, Ernst E.: *Die Verfassung der Türkischen Republik*. Frankfurt a. M., Berlin: Alfred Metzner 1966.

Hirsch, Ernst E.: *Aus des Kaisers Zeiten durch die Weimarer Republik in das Land Atatürks. Eine unzeitgemäße Autobiographie*. München: Schweitzer Verlag 1982.

Hirschler, Konrad: Defining the Nation: Kurdish Historiography in Turkey in the 1990s. In: *Middle Eastern Studies* 37.3. (2001), S. 145–166.

Hobsbawm, Eric J.: *Das imperiale Zeitalter 1875–1914*. Frankfurt a. M., New York NY: Campus 1989 (englischsprachige Erstausgabe: *The Age of Empire 1875–1914*. 1987).

Hoerder, Dirk: *Cultures in Contact: World Migrations in the Second Millennium*. Durham NC: Duke University Press 2002.

Hoffmann, Stanley/Hoffmann, Inge: De Gaulle as Political Artist. The Will to Grandeur. In: Hoffmann, Stanley: *Decline or Renewal? France since the 1930s*. New York NY: Viking 1974, S. 202–253.

Höpken, Wolfgang: Türkische Minderheiten in Südosteuropa. Aspekte ihrer politischen und sozialen Entwicklung in Bulgarien und Jugoslawien. In: Majer, Hans Georg (ed.): *Die Staaten Südosteuropas und die Osmanen*. München: Südosteuropa-Gesellschaft 1989, S. 223–254.

Höpken, Wolfgang: Zwischen Kulturkonflikt und Repression. Die türkische Minderheit in Bulgarien 1944–1991. In: Heuberger Valeria/Kolar, Othmar/Suppan, Arnold (edd.): *Nationen, Nationalitäten, Minderheiten: Probleme des Nationalismus in Jugoslawien, Ungarn, Rumänien, der Tschechoslowakei, Bulgarien, Polen, der Ukraine, Italien und Österreich 1945–1990*. München: Oldenbourg 1994, S. 179–202.

Hosfeld, Rolf: *Operation Nemesis: Die Türkei, Deutschland und der Völkermord an den Armeniern*. Köln: Kiepenheuer & Witsch 2005.

Hughes, Bettany: *Istanbul: Die Biographie einer Weltstadt*. Stuttgart: Klett-Cotta 2018 (englischsprachige Erstausgabe: *Istanbul: A Tale of Three Cities*. 2017).

Hurewitz, Jacob C.: *Diplomacy in the Near and Middle East. A Documentary Record, 1535–1956*. 2 Bände. New York NY: Van Nostrand 1956.

Hütteroth, Wolf-Dieter: *Türkei*. Darmstadt: Wissenschaftliche Buchgesellschaft 1982.

İçduygu, Ahmet: Demography and Immigration/Emigration. In: Heper, Metin/ Sayarı, Sabri (edd.): *The Routledge Handbook of Modern Turkey*. New York NY: Routledge 2012, S. 328–337.
Ihrig, Stefan: *Justifying Genocide: Germany and the Armenians from Bismarck to Hitler*. Cambridge MA et al.: Harvard University Press 2016.
İmanbeyli, Vügar: «Failed Exodus»: Dugin's Network in Turkey. In: Laruelle, Marlène (ed.): *Eurasianism and the European Far Right: Reshaping the Europe-Russia Relationship*. Lanham: Lexington Books 2015, S. 145–174.
International Crisis Group: *The Next Iraqi War? Sectarianism and Civil Conflict*. Middle East Report 52, 27. Februar 2006, https://d2071andvipowj.cloudfront.net/52-the-next-iraqi-war-sectarianism-and-civil-conflict.pdf [19.2.2013].
International Crisis Group: *Popular Protest in North Africa and the Middle East (I): Egypt Victorious?* Middle East/North Africa Report 101, 24. Februar 2011, https://www.crisisgroup.org/middle-east-north-africa/north-africa/egypt/popular-protest-north-africa-and-middle-east-i-egypt-victorious [22.4.2019].
International Crisis Group: *Aphrodite's Gift: Can Cypriot Gas Power a New Dialogue?* Europe Report 216, 2. April 2012, https://www.crisisgroup.org/europe-central-asia/western-europemediterranean/cyprus/aphrodite-s-gift-can-cypriot-gas-power-new-dialogue [8.6.2020].
International Crisis Group: *Turkey's Kurdish Impasse: The View from Diyarbakir*. Europe Report 222, 30. November 2012, https://www.crisisgroup.org/europe-central-asia/western-europemediterranean/turkey/turkey-s-kurdish-impasse-view-diyarbakir [6.4.2019].
International Crisis Group: *Marching in Circles: Egypt's Dangerous Second Transition*. Policy Briefing: Middle East/North Africa Briefing 35, 7. August 2013, https://www.crisisgroup.org/middle-east-north-africa/north-africa/egypt/marching-circles-egypt-s-dangerous-second-transition [22.4.2019].
International Crisis Group: *The Human Cost of the PKK Conflict in Turkey: The Case of Sur*. Crisis Group Europe Briefing 80, 17. März 2016, https://www.crisisgroup.org/europe-central-asia/western-europemediterranean/turkey/human-cost-pkk-conflict-turkey-case-sur [2.8.2020].
International Crisis Group: *Turkey and Iran: Bitter Friends, Bosom Rivals*. Crisis Group Middle East Briefing 51, 13. Dezember 2016, https://www.crisisgroup.org/middle-east-north-africa/gulf-and-arabian-peninsula/iran/b051-turkey-and-iran-bitter-friends-bosom-rivals [13.7.2020].
International Crisis Group: *Russia and Turkey in the Black Sea and the South Caucasus*. Europe Report 250, 28. Juni 2018, https://www.crisisgroup.org/europe-central-asia/western-europemediterranean/turkey/250-russia-and-turkey-black-sea-and-south-caucasus [13.7.2020].
International Crisis Group: *Mitigating Risks for Syrian Refugee Youth in Turkey's Şanlıurfa*. Europe Report 253, 11. Februar 2019, https://www.crisisgroup.org/europe-central-asia/western-europemediterranean/turkey/253-mitigating-risks-syrian-refugee-youth-turkeys-sanliurfa [2.8.2020].

Jäschke, Gotthard: Die Türkei seit dem Weltkriege II. Türkischer Geschichtskalender für 1929 mit neuem Nachtrag zu 1918–1928. In: *Die Welt des Islams* 12.1/2 (1930), S. 1–50.
Jäschke, Gotthard: Die Türkei seit dem Weltkriege III. Türkischer Geschichtskalender für 1930. In: *Die Welt des Islams* 12.4. (1931), S. 137–166.
Jäschke, Gotthard: Die Türkei seit dem Weltkriege IV. Türkischer Geschichtskalender für 1931–1932. In: *Die Welt des Islams* 15.1/2 (1933), S. 1–33.
Jäschke, Gotthard: Die Türkei in den Jahren 1933 und 1934 – Geschichtskalender. In: *Mitteilungen des Seminars für Orientalische Sprachen zu Berlin* 38. (1935), S. 105–142.
Jäschke, Gotthard: Ismet Inönü. In: *Zeitschrift für Politik* 32.1. (1942), S. 1–5.
Jäschke, Gotthard/Pritsch, Erich: Die Türkei seit dem Weltkriege. Geschichtskalender 1918–1928. In: *Die Welt des Islams* 10. (1927–1929), S. 1–154 (auch erschienen in Buchform: Berlin: Deutsche Gesellschaft für Islamkunde 1929).
Jenkins, Gareth: *Context and Circumstance. The Turkish Military and Politics*. Oxford: Oxford University Press 2001.
Jenkins, Gareth: *Political Islam in Turkey: Running West, Heading East?* New York NY et al.: Palgrave Macmillan 2008.
Jenkins, Gareth: *Between Fact and Fantasy: Turkey's Ergenekon Investigation*. Washington DC: Central Asia – Caucasus Institute & Silk Road Studies Program 2009, http://www.silkroadstudies.org/resources/pdf/SilkRoadPapers/2009_08_SRP_Jenkins_Turkey-Ergenekon.pdf [30.10.2020].
Johanson, Lars/Csató, Éva Ágnes (edd.): *The Turkic Languages*. London, New York NY: Routledge 1998.
Judt, Tony: *Postwar. A History of Europe since 1945*. London: Vintage Books 2010 (Erstauflage 2005).
Kabis, Veronika: Interview mit Emmanuel Todd. In: *Die Tageszeitung*, 19. August 2002, S. 14.
Kafadar, Cemal: *Between Two Worlds: The Construction of the Ottoman State*. Berkeley CA et al.: University of California Press 1995.
Kaiser, Hilmar: Die deutsche Diplomatie und der armenische Völkermord. In: Adanir, Fikret/Bonwetsch, Bernd (edd.): *Osmanismus, Nationalismus und der Kaukasus. Muslime und Christen, Türken und Armenier im 19. und 20. Jahrhundert*. Wiesbaden: Ludwig Reichert 2005, S. 203–235.
Kaplan, Robert: *The Return of Marco Polo's World: War, Strategy, and American Interests*. New York NY: Random House 2018.
Kaplan, Sam: Din-u Devlet All over Again? The Politics of Military Secularism and Religious Militarism in Turkey Following the 1980 Coup. In: *International Journal of Middle East Studies* 34.1. (2002), S. 113–127.
Karpat, Kemal H.: *Turkey's Politics: The Transition to a Multi-Party System*. Princeton NJ: Princeton University Press 1959.
Karpat, Kemal H.: The Transformation of the Ottoman State, 1789–1908. In: *International Journal of Middle East Studies* 3. (1972), S. 243–281.
Karpat, Kemal H.: Turkish Soviet Relations. In: Karpat, Kemal H. (ed.): *Tur-*

key's Foreign Policy in Transition, 1950–1974. Leiden: Brill 1975, S. 73–107.
Karpat, Kemal H.: *The Gecekondu: Rural Migration and Urbanization*. Cambridge et al.: Cambridge University Press 1976.
Karpat, Kemal H.: *Ottoman Population 1830–1914. Demographic and Social Characteristics*. Madison: University of Wisconsin Press 1984.
Karpat, Kemal H.: Introduction: Turks Remember Their Ottoman Ancestors. In: Karpat, Kemal H. (ed.): *Ottoman Past and Today's Turkey*. Leiden: Brill 2000, S. VII-XXII.
Kaya, Murat: Western Interventions and Formation of the Young Turks' Siege Mentality. In: *Middle East Critique* 23.2. (2014), S. 127–145.
Kaya, Zeynep/Lowe, Robert: The Curious Question of the PYD-PKK Relationship. In: Stansfield, Gareth/Shareef, Mohammed (edd.): *The Kurdish Question Revisited*. New York NY: Oxford University Press 2017, S. 275–287.
Keddie, Nikki R.: *Modern Iran: Roots and Results of Revolution*. New Haven CT: Yale University Press 2006.
Kehl-Bodrogi, Krisztina: Das Alevitentum in der Türkei: Zur Genese und gegenwärtigen Lage einer Glaubensgemeinschaft. In: Andrews, Peter Alford (ed.): *Ethnic Groups in the Republic of Turkey*. Wiesbaden: Ludwig Reichert 2002, S. 503–510.
Kelek, Necla: *Die fremde Braut. Ein Bericht aus dem Inneren des türkischen Lebens in Deutschland*. 4. Auflage. Köln: Kiepenheuer und Witsch 2005.
Kentel, Ferhat: Les Balkans et la crise de l'identité nationale turque. In: Bougarel, Xavier/Clayer, Nathalie (edd.): *Le nouvel islam balkanique. Les musulmans, acteurs du post-communisme 1990–2000*. Paris: Maisonneuve & Larose 2001, S. 357–395.
Ker-Lindsay, James: *The Cyprus Problem. What Everyone Needs to Know*. New York NY: Oxford University Press 2011.
Kévorkian, Raymond: *Le génocide des Arméniens*. Paris: Jacob 2006.
Keyder, Çağlar: *State and Class in Turkey: A Study in Capitalist Development*. London: Verso 1987.
Keyder, Çağlar: The Consequences of the Exchange of Populations for Turkey. In: Hirschon, Renée (ed.): *Crossing the Aegean. An Appraisal of the 1923 Compulsory Population Exchange Between Greece and Turkey*. New York NY, Oxford: Berghahn Books 2003, S. 39–52.
Keyder, Çağlar: Social Change and Political Mobilization in the 1960s. In: Pekesen, Berna (ed.): *Turkey in Turmoil. Social Change and Political Radicalization During the 1960s*. Berlin: De Gruyter Oldenbourg 2020, S. 12–28.
Khalidi, Rashid Ismail: The Economic Partition of the Arab Provinces of the Ottoman Empire Before the First World War. In: *Review. A Journal of the Fernand Braudel Center for the Study of Economies, Historical Systems and Civilizations* 11.2. (1988), S. 251–264.
Kieser, Hans-Lukas: *Talaat Pasha: Father of Modern Turkey, Architect of Genocide*. Princeton NJ: Princeton University Press 2018.

Kieser, Hans-Lukas/Öktem, Kerem/Reinkowski, Maurus: Introduction. World War I and the End of the Ottoman World. From the Balkan Wars to the Armenian Genocide. In: Kieser, Hans-Lukas/Öktem, Kerem/Reinkowski, Maurus (edd.): *World War I and the End of the Ottomans: From the Balkan Wars to the Armenian Genocide*. London, New York NY: I. B. Tauris, S. 1–26.

Kılıçdaroğlu, Kemal: Hükümet darbeyi biliyordu, çocuk kandırmasınlar. In: *Birgün*, 14. Januar 2017, https://birgun.net/haber-detay/kilicdaroglu-hukumet-darbeyi-biliyordu-cocuk-kandirmasinlar-143086.html [9.1.2020].

Kimminich, Otto: *Einführung in das Völkerrecht*. 5. Auflage. Tübingen, Basel: Francke 1993.

Kirchick, James: Order from Chaos: Is Hungary Becoming a Rogue State in the Center of Europe? *Brookings Institution*, 7. Januar 2019, https://www.brookings.edu/blog/order-from-chaos/2019/01/07/is-hungary-becoming-a-rogue-state-in-the-center-of-europe/ [12.5.2019].

Kirişci, Kemal: *Turkey and the West: Faultlines in a Troubled Alliance*. Washington: Brookings Institution Press 2017.

Kisilowski, Maciej: Poland. Authoritarian, not Patriotic: Jarosław Kaczyński Is Building a State Apparatus that Will Do Whatever It Takes to Protect the Regime. In: *Politico*, 28. November 2017, https://www.politico.eu/article/poland-far-right-fascist-not-patriotic/ [26.9.2020].

Klein, Janet: *The Margins of Empire. Kurdish Militias in the Ottoman Tribal Zone*. Stanford CA: Stanford University Press 2011.

Koçak, Cemil: Türk Milliyetçiliğinin İslam'la Buluşması Büyük Doğu. In: Belge, Murat/Bora, Tanıl (edd.): *Modern Türkiye'de Siyasi Düşünce*, vol. 4: *Milliyetçilik*. 4. Auflage. İstanbul: İletişim 2009 (Erstauflage 2002), S. 601–613.

Koçak, Cemil: *Türkiye'de Millî Şef Dönemi (1938–1945): Dönemin İç ve Dış Politikası Üzerine Bir Araştırma*. 5. Auflage. İstanbul: İletişim 2010 (Erstauflage 1996).

Köker, İrem: Eyalet sistemi: Evren, Özal, İnönü ve Erdoğan ne Demişti? In: *BBC News Türkçe*, 14. April 2017, https://www.bbc.com/turkce/haberler-turkiye-39599042 [10.11.2020].

Konuk, Kader: *East West Mimesis: Auerbach in Turkey*. Stanford CA: Stanford University Press 2010.

Koopmans, Ruud: *Das verfallene Haus des Islam. Die religiösen Ursachen von Unfreiheit, Stagnation und Gewalt*. München: C.H.Beck 2020.

Körner, Felix: *Politische Religion. Theologie der Weltgestaltung – Christentum und Islam*. Freiburg: Herder 2020.

Kramer, Heinz/Reinkowski, Maurus: *Die Türkei und Europa. Eine wechselhafte Beziehungsgeschichte*. Stuttgart: Kohlhammer 2008.

Krastev, Ivan/Holmes, Stephen: *The Light That Failed. A Reckoning*. London: Allen Lane 2019.

Kreiser, Klaus: Über den «Kernraum» des Osmanischen Reiches. In: Grothusen, Klaus-Detlev (ed.): *Die Türkei in Europa*. Göttingen: Vandenhoeck & Ruprecht 1979, S. 53–63.

Kreiser, Klaus: Gotthard Jäschke (1894–1983): Von der Islamkunde zur Auslandswissenschaft. In: *Die Welt des Islams* 38.3. (1998), S. 406–423.
Kreiser, Klaus: *Atatürk. Eine Biographie*. München: C.H.Beck 2008.
Kreiser, Klaus/Neumann, Christoph K.: *Kleine Geschichte der Türkei*. 2. aktualisierte und erweiterte Ausgabe. Stuttgart: Philipp Reclam jun. 2009.
Kreiser, Klaus: Das Werk einer verrückten Periode. In: *Süddeutsche Zeitung*, 24. Juli 2020, S. 11.
Kriss, Rudolf/Kriss-Heinrich, Hubert: *Volksglaube im Bereich des Islam*. 2 Bände. Wiesbaden: Harrassowitz 1960, 1962.
Kuneralp, Sinan/Tokay, Gül (edd.): *Ottoman Diplomatic Documents on the Origins of World War One*, vol. 7: *The Balkan Wars: 1912–1913*. İstanbul: İsis Press 2012.
Kuniholm, Bruce R.: Turkey and NATO. In: Kaplan, Lawrence S. / Clawson, Robert W./Luraghi, Raimondo (edd.): *NATO and the Mediterranean*. Wilmington DE: Scholarly Resources 1985, S. 215–237.
Kürkçü, Ertuğrul: Türkiye Sosyalist Hareketine Silahlı Mücadelenin Girişi. In: Gültekingil, Murat (ed): *Modern Türkiye'de Siyasi Düşünce*. İstanbul: İletişim 2007, S. 494–516.
Kürkçüoğlu, Ömer: *Osmanlı Devleti'ne Karşı Arap Bağımsızlık Hareketi, 1908–1916*. Ankara: Ankara Üniversitesi Siyasal Bilgiler Fakültesi 1982.
Lack, Katharina: Die Lage in den kurdischen Gebieten Syriens: Politische Akteure und ihre Entwicklung seit 2011. In: Seufert, Günter (ed.): *Die Kurden im Irak und in Syrien nach dem Ende der Territorialherrschaft des «Islamischen Staates»: Die Grenzen kurdischer Politik*. Berlin: Stiftung Wissenschaft und Politik 2018, S. 58–78.
Landau, Jacob: *Radical Politics in Modern Turkey*. Leiden: Brill 1974.
Landau, Jacob: *Pan-Turkism. From Irredentism to Cooperation*. Bloomington IN: Indiana University Press 1995.
Laponce, Jean A.: *Left and Right. The Topography of Political Perceptions*. Toronto et al.: University of Toronto Press 1981.
Laut, Jens Peter: *Das Türkische als Ursprache? Sprachwissenschaftliche Theorien in der Zeit des erwachenden türkischen Nationalismus*. Wiesbaden: Harrassowitz 2000.
Lawson, Greg R.: A Thirty Years' War in the Middle East. In: *The National Interest*, 16. April 2014, http://nationalinterest.org/feature/thirty-years-war-the-middle-east-10266 [10.8.2016].
Leffler, Melvyn P./Westad, Odd Arne (edd.): *The Cambridge History of the Cold War*. 3 Bände. Cambridge et al.: Cambridge University Press 2010.
Leggewie, Claus (ed.): *Die Türkei und Europa. Die Positionen*. Frankfurt a. M.: Suhrkamp 2004.
Leonhard, Jörn: *Der überforderte Frieden: Versailles und die Welt 1918–1923*. München: C.H.Beck 2018.
Lesch, David W.: *1979: The Year That Shaped the Modern Middle East*. Boulder CO: Westview Press 2001.

Lewis, Bernard: *The Emergence of Modern Turkey*. 2. Auflage. New York NY et al.: Oxford University Press 1968.

Lewis, Bernard: *The Muslim Discovery of Europe*. London: Phoenix 2000 (Erstauflage 1982).

Lewis, Bernard: *What Went Wrong? The Clash Between Islam and Modernity in the Middle East*. New York NY et al.: Perennial 2002.

Lewis, David G.: Geopolitical Imaginaries in Russian Foreign Policy: The Evolution of «Greater Eurasia». In: *Europe-Asia Studies* 70.10. (2018), S. 1612–1637.

Lewis, Geoffrey: *The Turkish Language Reform: A Catastrophic Success*. New York NY et al.: Oxford University Press 1999.

Lier, Thomas: Hellmut Ritter in Istanbul 1926–1949. In: *Die Welt des Islams* 38.3. (1998), S. 334–385.

Lijphart, Arend: *Democracy in Plural Societies. A Comparative Exploration*. New Haven CT: Yale University Press 1977.

Lord, Ceren: *Religious Politics in Turkey: From the Birth of the Republic to the AKP*. Cambridge: Cambridge University Press 2019.

Lüdke, Tilman: *Jihad Made in Germany. Ottoman and German Propaganda and Intelligence Operations in the First World War*. Münster: Lit 2005.

MacMillan, Margaret: *Paris 1919. Six Months That Changed the World*. New York NY: Random House 2001.

Makdisi, Ussama: *The Culture of Sectarianism. Community, History, and Violence in Nineteenth-Century Ottoman Lebanon*. Berkeley CA et al.: University of California Press 2000.

Mallinson, William: *Cyprus: A Modern History*. London, New York NY: I. B. Tauris 2005.

Mango, Andrew: *Atatürk*. London: John Murray 1999.

Marashi, Afshin: Performing the Nation: The Shah's Official State Visit to Kemalist Turkey, June to July 1934. In: Cronin, Stephanie (ed.): *The Making of Modern Iran. State and Society under Riza Shah 1921–1941*. New York NY: Routledge 2003, S. 99–119.

Marcus, Aliza: *Blood and Belief. The PKK and the Kurdish Fight for Independence*. New York NY, London: New York University Press 2007.

Mardin, Şerif: *The Genesis of Young Ottoman Thought: A Study in the Modernization of Turkish Political Ideas*. Princeton NJ, Oxford: Princeton University Press 1962.

Mardin, Şerif: Youth and Violence in Turkey. In: *European Journal of Sociology* 19.2. (1978), S. 229–254.

Mardin, Şerif: *Religion and Social Change in Modern Turkey: The Cause of Bediüzzaman Said Nursi*. New York NY: State University of New York Press 1989.

Mardin, Şerif: Turkish Islamic Exceptionalism Yesterday and Today: Continuity, Rupture and Reconstruction in Operational Codes. In: *Turkish Studies* 6.2. (2005), S. 145–165.

Massicard, Elise: *The Alevis in Turkey and Europe. Identity and the Managing of Territorial Diversity*. London, New York NY: Routledge 2013.
Massicard, Elise: Alevis in the 1960s. From Mobility to Mobilization. In: Pekesen, Berna (ed.): *Turkey in Turmoil: Social Change and Political Radicalization During the 1960s*. Berlin: De Gruyter Oldenbourg 2020, S. 49–62.
Marshall, Monty G./Cole, Benjamin R.: *Global Report 2009: Conflict, Governance, and State Fragility*. George Mason University: Center for Systemic Peace 2009, http://www.systemicpeace.org/vlibrary/GlobalReport2009.pdf [15.5.2019].
Marshall, Monty G./Elzinga-Marshall, Gabrielle: *Global Report 2017: Conflict, Governance, and State Fragility*. Vienna, VA: Center for Systemic Peace 2017, http://www.systemicpeace.org/vlibrary/GlobalReport2017.pdf [15.5.2019].
Mazower, Mark: *Salonica. City of Ghosts: Christians, Muslims and Jews 1430–1950*. London et al.: Harper Perennial 2005 (Erstauflage 2004).
McCarthy, Justin: *Death and Exile: The Ethnic Cleansing of Ottoman Muslims, 1821–1922*. Princeton NJ: The Darwin Press 1995.
McCarthy, Justin: *Muslims and Minorities. The Population of Ottoman Anatolia and the End of the Empire*. New York NY: New York University Press 1983.
McDowall, David: *A Modern History of the Kurds*. 3. Auflage. London, New York NY: I. B. Tauris 2004.
McMeekin, Sean: *The Berlin-Baghdad Express: The Ottoman Empire and Germany's Bid for World Power, 1898–1918*. London: Allen Lane 2010.
Mello, Brian: Radicalization and/or Reformism in Working Class Politics. In: Pekesen, Berna (ed.): *Turkey in Turmoil. Social Change and Political Radicalization During the 1960s*. Berlin: De Gruyter Oldenbourg 2020, S. 93–111.
Miller, David: *Strangers in Our Midst: The Political Philosophy of Migration*. Cambridge MA: Harvard University Press 2016.
Milton, Patrick/Axworthy, Michael/Simms, Brendan: *Towards a Westphalia for the Middle East*. London: Hurst 2018.
Moltke, Helmuth von: *Unter dem Halbmond. Erlebnisse in der alten Türkei 1835–1839*. Tübingen, Basel: Erdmann 1979.
Mommsen, Wolfgang: *Imperialismus in Ägypten. Der Aufstieg der ägyptischen nationalen Bewegung 1805–1956*. München: Oldenbourg 1961.
Morris, Benny/Ze'evi, Dror: *The Thirty-Year Genocide. Turkey's Destruction of Its Christian Minorities, 1894–1924*. Cambridge MA: Harvard University Press 2019.
Mudde, Cas/Kaltwasser, Cristóbal Rovira: *Populism: A Very Short Introduction*. New York NY: Oxford University Press 2017.
Mumay, Bülent: Schuldlos verschuldet und unglücklich. Mehr als die Hälfte der jungen Türken will ihr Heimatland für immer verlassen. In: *Frankfurter Allgemeine Zeitung*, 11. September 2020, https://www.faz.net/aktuell/feuilleton/brief-aus-istanbul/brief-aus-istanbul-viele-junge-tuerken-wollen-das-land-verlassen-16947226-p2.html [29.1.2021].

Mumcu, Uğur: *Papa – Mafya – Ağca.* 3. Auflage. İstanbul: Tekin 1984.

Münkler, Herfried: *Der Dreißigjährige Krieg. Europäische Katastrophe, deutsches Trauma 1618–1648.* Berlin: Rowohlt 2017.

Mutlu, Servet: The Economic Cost of Civil Conflict in Turkey. In: *Middle Eastern Studies* 47.1. (2011), S. 63–80.

Nafi, Basheer M.: The Abolition of the Caliphate in Historical Context. In: Rasheed, Madawi al-/Kersten, Carool/Shterin, Marat (edd.): *Demystifying the Caliphate. Historical Memory and Contemporary Contexts.* London: Hurst 2013, S. 31–56.

Nestmann, L.: Die ethnische Differenzierung der Bevölkerung der Osttürkei in ihren sozialen Bezügen. In: Andrews, Peter Alford (ed.): *Ethnic Groups in the Republic of Turkey.* Wiesbaden: Ludwig Reichert 2002, S. 543–581.

Nicolai, Bernd: *Moderne und Exil: Deutschsprachige Architekten in der Türkei 1925–1955.* Berlin: Verlag für Bauwesen 1998.

Nökel, Sigrid: *Die Töchter der Gastarbeiter und der Islam. Zur Soziologie alltagsweltlicher Anerkennungspolitiken: Eine Fallstudie.* Bielefeld: Transcript 2002.

Nur, Rıza: *Hayat ve Hatıratım.* 4 Bände. İstanbul: Altındağ Yayınevi 1967, 1968.

Öke, Mim Kemal: *Ermeni Meselesi 1914–1923.* İstanbul: Aydınlar Ocağı Yayınları 1986.

Öktem, Kerem: *New Islamic Actors after the Wahhabi Intermezzo. Turkey's Return to the Muslim Balkans.* Oxford: European Studies Centre 2010, https://www.academia.edu/1220435/New_Islamic_actors_after_the_Wahhabi_intermezzo_Turkeys_return_to_the_Muslim_Balkans [5.10.2019].

Öktem, Kerem: *Turkey since 1989. Angry Nation.* London et al.: Zed Books 2011.

Öktem, Kerem: Türkisches Zwischenspiel im Nahen Osten. Neo-imperialer Islamismus und die AKP zwischen Farce und Tragödie. In: *Leviathan. Berliner Zeitschrift für Sozialwissenschaft* 31. (2017), S. 134–152.

Önder, Zehra: *Die türkische Außenpolitik im Zweiten Weltkrieg.* München: Oldenbourg 1977.

Oran, Baskın: The Peace Treaty of Lausanne. In: Oran, Baskın (ed.): *Turkish Foreign Policy, 1919–2006. Facts and Analyses with Documents.* Salt Lake City UT: University of Utah Press 2010, S. 126–140.

Oran, Baskın: The Peace Treaty of Sèvres. In: Oran, Baskın (ed.): *Turkish Foreign Policy, 1919–2006. Facts and Analyses with Documents.* Salt Lake City UT: University of Utah Press 2010, S. 63–77.

Örmeci, Ozan: *Portrait of a Turkish Social Democrat: İsmail Cem.* 2. überarbeitete Auflage. İstanbul: Libra Yayınları 2020.

Ortaylı, İlber: *İmparatorluğunun En Uzun Yüzyılı.* İstanbul: Hil Yayını 1983.

Osterhammel, Jürgen: *Die Flughöhe der Adler. Historische Essays zur globalen Gegenwart.* München: C.H.Beck 2017.

Owen, Roger: The Role of the Army in Middle Eastern Politics – A Critique of Existing Analysis. In: *Review of Middle East Studies* 3. (1978), S. 63–81.

Owen, Roger/Pamuk, Şevket: *A History of Middle East Economies in the Twentieth Century*. London, New York NY: I. B. Tauris 1998.
Özbek, Batiray: Tscherkessen in der Türkei. In: Andrews, Peter Alford (ed.): *Ethnic Groups in the Republic of Turkey*. Wiesbaden: Ludwig Reichert 2002, S. 581–590.
Özbudun, Ergun: *The Constitutional System of Turkey: 1876 to the Present*. Basingstoke, New York NY: Palgrave Macmillan 2011.
Özel, Soli: A Moment of Elation: The Gezi Protests/Resistance and the Fading of the AKP Project. In: Özkırımlı, Umut: *The Making of a Protest Movement in Turkey: #occupygezi*. Houndsmille, Basingstoke: Palgrave Macmillan 2014, S. 7–24.
Özersay, Kudret: The Montreux Straits Convention. In: Oran, Baskın (ed.): *Turkish Foreign Policy, 1919–2006. Facts and Analyses with Documents*. Salt Lake City UT: University of Utah Press 2010, S. 224–232.
Öztan, Ramazan Hakkı: Point of No Return? Prospects of Empire after the Ottoman Defeat in the Balkan Wars (1912–1913). In: *International Journal of Middle East Studies* 50.1. (2018), S. 65–84.
Özyürek, Esra: Commemorating the Coup in Turkey. In: *Jadaliyya*, 18. August 2016, https://www.jadaliyya.com/Details/33489/Commemorating-the-Failed-Coup-in-Turkey [20.11.2020].
Pabst, Volker: Die Mafia mischt im Kurdenkonflikt mit. In der Stadt Kars im äussersten Nordosten der Türkei verschwimmen ethnische, kriminelle und politische Konflikte. In: *Neue Zürcher Zeitung*, 10. Februar 2021, https://www.nzz.ch/international/tuerkei-im-konflikt-mit-den-kurden-mischt-auch-die-mafia-mit-ld.1598661[11.2.2021].
Pamuk, Şevket: Economic Change in Twentieth-Century Turkey: Is the Glass More Than Half Full? In: Kasaba, Reşat (ed.): *The Cambridge History of Turkey*, vol. 4: *Turkey in the Modern World*. Cambridge: Cambridge University Press 2008, S. 266–300.
Parla, Ayşe: *Precarious Hope: Migration and the Limits of Belonging in Turkey*. Stanford CA: Stanford University Press 2019.
Patel, Kiran Klaus: *Projekt Europa. Eine kritische Geschichte*. München: C.H.Beck 2018.
Paul, Axel T.: Arabellion. Vom Aufbruch zum Zerfall einer Region? Revolutionstheoretische Überlegungen. In: *Leviathan. Berliner Zeitschrift für Sozialwissenschaft* 31. (2017), S. 13–43.
Pekesen, Berna: *Nationalismus, Türkisierung und das Ende der jüdischen Gemeinden in Thrakien, 1918–1942*. München: Oldenbourg 2012.
Phillips, Christopher: Eyes Bigger Than Stomachs: Turkey, Saudi Arabia and Qatar in Syria. In: *Middle East Policy* 24.1. (2017), S. 36–47.
Picard, Elizabeth: Arab Military in Politics: From Revolutionary Plot to Authoritarian Regime. In: Luciani, Giacomo (ed.): *The Arab State*. London: Routledge 1990, S. 189–219.
Pink, Johanna: *Geschichte Ägyptens: Von der Spätantike bis zur Gegenwart*. München: C.H.Beck 2014.

Pirjevec, Jože: *Tito: Die Biografie*. München: Kunstmann 2016.
Plaggenborg, Stefan: *Ordnung und Gewalt. Kemalismus – Faschismus – Sozialismus*. München: Oldenbourg 2012.
Pomiankowski, Joseph: *Der Zusammenbruch des Ottomanischen Reiches: Erinnerungen an die Türkei aus der Zeit des Weltkrieges*. Zürich et al.: Amalthea-Verlag 1928.
Power, Samantha: *A Problem of Hell. America and the Age of Genocide*. New York NY: Basic Books 2002.
Procházka, Stephan: Die *arabischen Dialekte der Çukurova (Südtürkei)*. Wiesbaden: Harrassowitz 2002.
Procházka-Eisl, Gisela/Procházka, Stephan: *The Plain of Saints and Prophets: The Nusayri-Alawi Community of Cilicia (Southern Turkey) and Its Sacred Places*. Wiesbaden: Harrassowitz Verlag 2010.
Provence, Michael: *The Last Ottoman Generation and the Making of the Modern Middle East*. Cambridge: Cambridge University Press 2017.
Rafeq, Abdul-Karim: The Arab States and the Ottoman Heritage. In: Majer, Hans Georg (ed.): *Die Staaten Südosteuropas und die Osmanen*. München: Südosteuropa-Gesellschaft 1989, S. 333–353.
Ramm, Christoph: Die Türkei und ihre Politik der «strategischen Tiefe». Abkehr vom Westen, neuer Osmanismus oder nationale Großmachtphantasie? In: Faath, Sigrid (ed.): *Die Zukunft arabisch-türkischer Beziehungen. Nationales Interesse, nicht Religion als Basis der Kooperation*. Baden-Baden: Nomos 2011, S. 51–63.
Reichmuth, Stefan: Der Erste Weltkrieg und die muslimischen Republiken der Nachkriegszeit. In: *Geschichte und Gesellschaft* 40. (2014), S. 184–213.
Reilly, James A.: *Fragile Nation, Shattered Land. The Modern History of Syria*. London, New York NY: I. B. Tauris 2019.
Reinkowski, Maurus: Ein neuer Naher Osten? Zur realen Krise eines epistemischen Systems. In: *Leviathan. Berliner Zeitschrift für Sozialwissenschaft* 31. (2017), S. 95–113.
Richter, Heinz A.: *Geschichte der Insel Zypern*. 4 Bände. Mainz: Franz Philipp Rutzen 2004–2009.
Roberts, John: Hydrocarbon Resources in the Eastern Mediterranean: An Energy Perspective. In: *Süosteuropa Mitteilungen* 60.6. (2020), S. 63–82.
Robinson, Richard D.: *The First Turkish Republic. A Case Study in National Development*. Cambridge MA: Harvard University Press 1963.
Rodogno, Davide: *Against Massacre: Humanitarian Interventions in the Ottoman Empire, 1815–1914*. Princeton NJ, Oxford: Princeton University Press 2012.
Rodrik, Dani: Ergenekon and Sledgehammer: Building or Undermining the Rule of Law? In: *Turkish Policy Quarterly* 10.1. (2011), S. 99–109.
Rogan, Eugene L.: *Frontiers of the State in the Late Ottoman Empire: Transjordan, 1850–1921*. Cambridge: Cambridge University Press 1999.
Rogan, Eugene L.: *The Fall of the Ottomans. The Great War in the Middle East*. New York NY: Basic Books 2015.

Rogg, Inga: *Türkei, die unfertige Nation. Erdoğans Traum vom Osmanischen Reich*. Zürich: Orell Füssli 2017.
Rogg, Inga: Die Türkei verlegt den Kampf gegen die PKK immer stärker in den Irak. In: *Neue Zürcher Zeitung*, 22. Juni 2020, https://www.nzz.ch/international/die-tuerkei-fuehrt-den-kampf-gegen-die-pkk-immer-staerker-im-irak-ld.1562415 [25.6.2020].
Rumpf, Christian: Die rechtliche Stellung der Minderheiten in der Türkei. In: Frowein, Jochen A./Hofmann, Rainer/Oeter, Stefan (edd.): *Das Minderheitenrecht europäischer Staaten*, Teil 1. Berlin: Springer 1993, S. 448–500.
Rumpf, Christian: *Das türkische Verfassungssystem: Einführung mit vollständigem Verfassungstext*. Wiesbaden: Harrassowitz 1996.
Rumpf, Christian: *Einführung in das türkische Recht*. 2. Auflage. München: C.H.Beck 2016.
Sayın, Ayşe: «Yeni anayasa»: CHP, Cumhurbaşkanı Erdoğan'la masaya oturmayacak. In: *BBC News Türkçe*, 5. Februar 2021, https://www.bbc.com/turkce/haberler-turkiye-55949720 [6.2.2021].
Sakwa, Richard: *The Putin Paradox*. London et al.: I. B. Tauris 2020.
Salamé, Ghassan: Small is Pluralistic: Democracy as an Instrument of Civil Peace. In: Salamé, Ghassan (ed.): *Democracy Without Democrats? The Renewal of Politics in the Muslim World*. London, New York NY: I. B. Tauris 1994, S. 84–111.
Savelsberg, Eva: The Kurdish PYD and the Syrian Civil War. In: Gunter, Michael M. (ed.): *Routledge Handbook on the Kurds*. London, New York NY: Routledge 2019, S. 357–365.
Sayarı, Sabri: Political Parties. In: Heper, Metin/Sayarı, Sabri (edd.): *The Routledge Handbook of Modern Turkey*. New York NY: Routledge 2012, S. 182–193.
Schiffauer, Werner: *Die Gewalt der Ehre: Erklärungen zu einem deutsch-türkischen Sexualkonflikt*. Frankfurt a. M.: Suhrkamp 1983.
Schiffauer, Werner: *Die Gottesmänner: Türkische Islamisten in Deutschland. Eine Studie zur Herstellung religiöser Evidenz*. Frankfurt a. M.: Suhrkamp 2000.
Schiffauer, Werner: *Nach dem Islamismus. Eine Ethnographie der Islamischen Gemeinschaft Milli Görüş*. Berlin: Suhrkamp 2010.
Schimmel, Annemarie: *Mystische Dimensionen des Islam. Die Geschichte des Sufismus*. Köln: Diederichs 1985 (englischsprachige Erstausgabe: *Mystical Dimensions of Islam*. 1975).
Schimmel, Annemarie: *Sufismus: Eine Einführung in die islamische Mystik*. 3. Auflage. München: C.H.Beck 2005.
Schlumberger, Oliver: *Autoritarismus in der arabischen Welt: Ursachen, Trends und internationale Demokratieförderung*. Baden-Baden: Nomos 2008.
Schmitt, Oliver Jens: *Levantiner. Lebenswelten und Identitäten einer ethnokonfessionellen Gruppe im osmanischen Reich im «langen 19. Jahrhundert»*. München: Oldenbourg 2005.

Schmitt, Oliver Jens: Introduction. In: Schmitt, Oliver Jens (ed.): *The Ottoman Conquest of the Balkans. Interpretations and Research Debates*. Wien: Verlag der Österreichischen Akademie der Wissenschaften 2015, S. 7–45.

Schölch, Alexander: Der arabische Osten im neunzehnten Jahrhundert (1800–1914). In: Haarmann, Ulrich W. (ed): *Geschichte der arabischen Welt*. München: C.H.Beck 1987, S. 365–430.

Schöllgen, Gregor: *Imperialismus und Gleichgewicht. Deutschland, England und die orientalische Frage 1871–1914*. 3. Auflage. München: Oldenbourg 2000.

Schonmann, Noa: Back-Door Diplomacy: The Mistress Syndrome in Israel's Relations with Turkey, 1957–60. In: Jones, Clive T./Petersen, Tore T. (edd.): *Israel's Clandestine Diplomacies*. London: Hurst & Company 2013, S. 85–101.

Schultz, Hans-Dietrich: Die Türkei: (k)ein Teil des geographischen Europas? In: Leggewie, Claus (ed.): *Die Türkei und Europa. Die Positionen*. Frankfurt a. M.: Suhrkamp 2004, S. 39–53.

Schulze, Reinhard: Das islamische achtzehnte Jahrhundert. Versuch einer historiographischen Kritik. In: *Die Welt des Islams* 30. (1990), S. 140–159.

Schulze, Reinhard: Was ist die islamische Aufklärung? In: *Die Welt des Islams* 36. (1996), S. 276–325.

Schulze, Reinhard: *Geschichte der islamischen Welt. Von 1900 bis zur Gegenwart*. München: C.H.Beck 2016.

Scott, James C.: *Seeing Like a State. How Certain Schemes to Improve the Human Condition Have Failed*. New Haven CT, London: Yale University Press 1998.

Seufert, Günter: Die Kurden als zentraler Faktor der politischen Entwicklung in der Türkei: Wie weiter mit dem PKK-Verbot? In: Seufert, Günter (ed.): *Der Aufschwung kurdischer Politik. Zur Lage der Kurden in Irak, Syrien und der Türkei*. Berlin: Stiftung Wissenschaft und Politik 2015, S. 61–75, https://www.swp-berlin.org/fileadmin/contents/products/studien/2015_S10_srt.pdf [26.6.2020].

Seufert, Günter: Von der «Lösung der Kurdenfrage» zum Umgang mit «Kurdistan». Die Verhandlungen der türkischen Regierung mit der PKK. In: Seufert, Günter (ed.): *Der Aufschwung kurdischer Politik. Zur Lage der Kurden in Irak, Syrien und der Türkei*. Berlin: Stiftung Wissenschaft und Politik 2015, S. 47–60, https://www.swp-berlin.org/fileadmin/contents/products/studien/2015_S10_srt.pdf [26.6.2020].

Seufert, Günter: Erdoğans Lohn der Angst. In: *Le Monde diplomatique* [deutschsprachige Ausgabe], November 2015, https://www.swp-berlin.org/fileadmin/contents/products/medienbeitraege/Erdogans_Lohn_der_Angst.pdf [6.4.2019].

Seufert, Günter: Resümee: Eine insgesamt ernüchternde Bilanz kurdischer Politik und westlichen Engagements im Nahen Osten. In: Seufert, Günter (ed.): *Die Kurden im Irak und in Syrien nach dem Ende der Territorialherrschaft des «Islamischen Staates»: Die Grenzen kurdischer Politik*. Berlin:

Stiftung Wissenschaft und Politik 2018, S. 79–86, https://www.swp-berlin.org/fileadmin/contents/products/studien/2018S11_srt.pdf [26.6.2020].

Shareef, Mohammed: *The United States, Iraq and the Kurds. Shock, Awe and Aftermath*. Abingdon, New York NY: Routledge 2014.

Shaw, Stanford J.: *Between Old and New: The Ottoman Empire under Sultan Selim III, 1789–1807*. Cambridge MA: Harvard University Press 1971.

Shaw, Stanford J.: The Nineteenth-Century Ottoman Tax Reforms and Revenue System. In: *International Journal of Middle East Studies* 6.4. (1975), S. 421–459.

Sherif, Ashraf El-: *The Egyptian Muslim Brotherhood's Failures*. Washington DC: Carnegie Endowment for International Peace 2014, https://carnegieendowment.org/2014/07/01/egyptian-muslim-brotherhood-s-failures-pub-56046 [1.9.2019].

Sing, Manfred: Against All Odds: How to Re-Inscribe Islam into European History. In: *Yearbook of European History* (2017), S. 129–161.

Sing, Manfred: The Tempestuous Affair Between Marxism and Islam: Attraction, Hostility, and Accommodation since 1917. In: Hendrich, Béatrice (ed.): *Muslims and Capitalism. An Uneasy Relationship?* Würzburg: Ergon 2018, S. 51–101.

Skocpol, Theda: Rentier State and Shi'a Islam in the Iranian Revolution. In: *Theory and Society* 11.3. (1982), S. 265–283.

Solomonovich, Nadav: *The Korean War in Turkish Culture and Society*. Basingstoke: Palgrave Macmillan 2021.

Spuler, Bertold: *Die Gegenwartslage der Ostkirchen in ihrer völkischen und staatlichen Umwelt*. Wiesbaden: Metopen 1948.

Steinmeier, Frank Walter: Der Westfälische Frieden als Denkmodell für den Mittleren Osten. Rede von Außenminister Frank-Walter Steinmeier bei den Osnabrücker Friedensgesprächen, 12. Juli 2016, https://www.auswaertiges-amt.de/de/newsroom/160712-westfaelischer-frieden/282196 [2.8.2019].

Steuerwald, Karl: *Untersuchungen zur türkischen Sprache der Gegenwart;* vol. 1: *Die türkische Sprachpolitik seit 1928;* vol. 2: *Zur Orthographie und Lautung des Türkischen;* vol. 3: *Zur Ablösung des arabischen und persischen Grammatikgutes*. Berlin: Langenscheidt 1963, 1964, 1966.

Stieger, Cyrill: *Wir wissen nicht mehr, wer wir sind: Vergessene Minderheiten auf dem Balkan*. Wien: Paul Zsolnay Verlag 2017.

Stoll, Georg: Religion und Laizismus in der Türkei. In: *Konrad-Adenauer-Stiftung Auslandsinformationen* 5. (1998), S. 19–43.

Stone, David R.: The Balkan Pact and American Policy. In: *East European Quarterly* 28.3. (1994), S. 393–407.

Strauss, Johann: The Disintegration of Ottoman Rule in the Syrian Territories as Viewed by German Observers. In: Philipp, Thomas/Schäbler, Birgit (edd.): *The Syrian Land: Processes of Integration and Fragmentation. Bilād al-Shām from the 18th to the 20th Century*. Stuttgart: Steiner 1998, S. 307–329.

Streeck, Wolfgang: *Gekaufte Zeit. Die vertagte Krise des demokratischen Kapitalismus*. 3. Auflage. Berlin: Suhrkamp 2018 (Erstauflage 2015).

Strohmeier, Martin/Yalçın-Heckmann, Lale: *Die Kurden: Geschichte, Politik, Kultur.* München: C.H.Beck 2000.

Suciyan, Talin: *The Armenians in Modern Turkey: Post-Genocide Society, Politics and History.* London, New York NY: I. B. Tauris 2016.

Sundhaussen, Holm: Europa balcanica. Der Balkan als historischer Raum. In: *Geschichte und Gesellschaft. Zeitschrift für historische Sozialwissenschaft* 25. (1999), S. 626–653.

Sundhaussen, Holm: Der Balkan: Ein Plädoyer für Differenz. In: *Geschichte und Gesellschaft. Zeitschrift für historische Sozialwissenschaft* 29. (2003), S. 608–624.

Suny, Ronald Grigor: *«They Can Live in the Desert But Nowhere Else». A History of the Armenian Genocide.* Princeton NJ, Oxford: Princeton University Press 2015.

Suter Reich, Virginia: *Zwischen Differenz, Solidarität und Ausgrenzung: Inkorporationspfade der alevitischen Bewegung in der Schweiz und im transnationalen Raum.* Zürich: Chronos 2013.

Tamari, Salim: *Year of the Locust. A Soldier's Diary and the Erasure of Palestine's Ottoman Past.* Berkeley CA et al.: University of California Press 2011.

Tansel, Fevziye Abdullah (ed.): *Ziya Gökalp Külliyatı*, vol. 1: *Şiirler ve Halk Masalları.* Ankara: Türk Tarih Kurumu Basımevi 1977.

Tapia, Stephane de: Turkish Extreme Right-Wing Movements: Between Turkism, Islamism, Eurasianism and Pan-Turkism. In: Backes, Uwe/Moreau, Patrick (edd.): *The Extreme Right in Europe: Current Trends and Perspectives.* Göttingen: Vandenhoeck & Ruprecht 2011, S. 297–321.

Tartanoğlu, Sinan: Türkiye'ye Ağır Yaralı. In: *Cumhuriyet,* 17. Juli 2018, S. 10.

Taymaz, Erol/Voyvoda, Ebru: Marching to the Beat of a Late Drummer: Turkey's Experience of Neoliberal Industrialization since 1980. In: *New Perspectives on Turkey* 47. (2012), S. 83–113.

Tee, Caroline: *The Gülen Movement in Turkey. The Politics of Islam and Modernity.* London, New York NY: I. B. Tauris 2016.

Tejel Gorgas, Jordi: Making Borders from Below: The Emergence of the Turkish-Iraqi Frontier, 1918–1925. In: *Middle Eastern Studies* 54.5. (2018), S. 811–826.

Tekeli, İlhan/İlkin, Selim: *Cumhuriyetin Harcı*, Band 3: *Modernitenin Altyapısı Oluşurken.* 2. Auflage. İstanbul: İstanbul Bilgi Üniversitesi Yayınları 2010.

Tellal, Erel: Relations with the Soviets. In: Oran, Baskın (ed.): *Turkish Foreign Policy, 1919–2006. Facts and Analyses with Documents.* Salt Lake City UT: University of Utah Press 2010, S. 88–101.

Temelkuran, Ece: *Euphorie und Wehmut: Die Türkei auf der Suche nach sich selbst.* Hamburg: Hoffmann und Campe 2015.

Testa, Ignace de: *Recueil des traités de la Porte ottomane avec les puissances étrangères depuis le premier traité conclu, en 1536, entre Suléyman I et François I jusqu'à nos jours.* 11 Bände. Paris: Aymot, éditeur des archives diplomatiques 1864–1911.

Tezcan, Baki: The Second Empire: The Transformation of the Ottoman Polity in the Early Modern Era. In: *Comparative Studies of South Asia, Africa and the Middle East* 29.3. (2009), S. 556–572.

Ther, Philipp: *Die neue Ordnung auf dem alten Kontinent. Eine Geschichte des neoliberalen Europa.* Berlin: Suhrkamp 2014.

Thumann, Michael: Die Geldmaschine der Armee. In: *Die Zeit,* 28. Juli 2016, https://www.zeit.de/2016/32/tuerkei-militaer-wirtschaft [1.9.2019].

Todorova, Maria: *Imagining the Balkans.* New York NY, Oxford: Oxford University Press 1997.

Toledano, Ehud R.: Social and Economic Change in the «Long Nineteenth Century». In: Daly, Martin W. (ed.): *The Cambridge History of Egypt,* vol. 2: *Modern Egypt, from 1517 to the End of the Twentieth Century.* Cambridge: Cambridge University Press 1998, S. 252–284.

Toledano, Ehud R.: Forgetting Egypt's Ottoman Past. In: Warner, Jayne L. (ed.): *Cultural Horizons. A Festschrift in Honor of Talat S. Halman.* Syracuse NY: Syracuse University Press 2001, S. 150–167.

Topal, Alp Eren: Against Influence: Ziya Gökalp in Context and Tradition. In: *Journal of Islamic Studies* 28.3. (2017), S. 283–310.

Toprak, Zafer: *Türkiye'de «Millî İktisat».* Ankara: Yurt Yayınları 1982.

Torbakov, Igor: Neo-Ottomanism versus Neo-Eurasianism? Nationalism and Symbolic Geography in Postimperial Turkey and Russia. In: *Mediterranean Quarterly* 28.2. (2017), S. 125–145.

Törne, Annika: *Dersim – Geographie der Erinnerungen. Eine Untersuchung von Narrativen über Verfolgung und Gewalt.* Berlin, Boston: De Gruyter Oldenbourg 2019.

Toynbee, Arnold: *The Western Question in Greece and Turkey.* New York NY: Howard Fertig 1970.

Trumpener, Ulrich: *Germany and the Ottoman Empire, 1914–1918.* Princeton NJ: Princeton University Press 1968.

Tuğal, Cihan: «Resistence Everywhere»: The Gezi Revolt in Global Perspective. In: *New Perspectives on Turkey* 49. (2013), S. 147–162.

Tuğal, Cihan: *The Fall of the Turkish Model: How the Arab Uprisings Brought Down Islamic Liberalism.* London, New York NY: Verso 2016.

Tunaya, Tarık Zafer: *Türkiye'de Siyasal Partiler,* vol. 1: *İkinci Meşrutiyet Dönemi 1908–1918.* 3., erweiterte Auflage. İstanbul: İletişim 1998 (Erstauflage: 1952).

Tunçay, Mete: Siyasal Tarih, 1908–1923. In: Tunçay, Mete et al. (edd.): *Türkiye Tarihi,* vol. 4: *Çağdaş Türkiye, 1908–1980.* İstanbul: Cem Yayınevi 1989, S. 25–81.

Türk, H. Bahadır: *Muktedir. Türk Sağ Geleneği ve Recep Tayyip Erdoğan.* İstanbul: İletişim 2014.

Türkeş, Mustafa: The Balkan Pact and Its Immediate Implications for the Balkan States, 1930–34. In: *Middle Eastern Studies* 30.1. (1994), S. 123–144.

Türkiye İstatistik Kurumu: *Milletvekili Genel Seçimleri 1923–2011.* Ankara: Türkiye İstatistik Kurumu 2012.

Türköz, Meltem: *Naming and Nation-Building in Turkey: The 1934 Surname Law*. New York NY: Palgrave Macmillan 2018.

Tuysuz, Gul/Tavernise, Sabrina: Top Generals Quit in Group, Stunning Turks. In: *The New York Times*, 29. Juli 2011, https://www.nytimes.com/2011/07/30/world/europe/30turkey.html [22.4.2019].

Ulgen, Fatma: *Sabiha Gökçen's 80-Year-Old Secret: Kemalist Nation Formation and the Ottoman Armenians*. Dissertation, University of California, San Diego, 2010, https://escholarship.org/uc/item/2mh3z3k6 [13.06.2020].

Üngör, Uğur Ümit: *The Making of Modern Turkey: Nation and State in Eastern Anatolia, 1913–1950*. Oxford: Oxford University Press 2011.

United Nations Children's Fund (Unicef): *The State of the World's Children 2019: Children, Food and Nutrition. Growing Well in a Changing World*. New York NY: Unicef 2019, https://www.unicef.org/media/63016/file/SOWC-2019.pdf [29.1.2021].

United States Department of State, Bureau of Democracy, Human Rights, and Labor: *International Religious Freedom Report for 2018: Turkey*. Washington DC, 2019, https://www.state.gov/wp-content/uploads/2019/05/TURKEY-2018-INTERNATIONAL-RELIGIOUS-FREEDOM-REPORT.pdf [13.12.2020].

Ünlü, Barış: İsmail Beşikçi as a Discomforting Intellectual. In: *Borderlands* 11.2. (2012), S. 2–21, http://www.borderlands.net.au/vol11no2_2012/unlu_intellectual.htm [29.9.2019].

Uyar, Mesut: Ottoman Arab Officers Between Nationalism and Loyalty. In: *War in History* 20.4. (2013), S. 526–544.

Vocelka, Karl: *Glanz und Untergang der höfischen Welt. Repräsentation, Reform und Reaktion im habsburgischen Vielvölkerstaat*. Wien: Ueberreuter 2001 (zugleich Band 7 in Herwig, Wolfram (ed.): *Österreichische Geschichte*).

Volk, Thomas: Turkey's Historical Involvement in Middle Eastern Alliances: Saadabad Pact, Baghdad Pact, and Phantom Pact. In: *L'Europe en formation* 367. (2013), S. 11–30.

Vömel, Jan-Markus: Green was the Name of My Civilization: Turkish Islamism in the Late 1970s. In: *TRAFO – Blog for Transregional Research*, 13. Juni 2019, https://trafo.hypotheses.org/18818 [18.06.2020].

Vorhoff, Karin: *Zwischen Glaube, Nation und neuer Gemeinschaft: Alevitische Identität in der Türkei der Gegenwart*. Berlin: Klaus Schwarz 1995.

Vryonis, Speros: *The Decline of Medieval Hellenism in Asia Minor and the Process of Islamization from the Eleventh through the Fifteenth Century*. Berkeley CA et al.: University of California Press 1971.

Vryonis, Speros: *The Mechanism of Catastrophe: The Turkish Pogrom of September 6–7, 1955 and the Destruction of the Greek Community of Istanbul*. New York NY: Greekworks.com 2005

Waal, Thomas de: *The Caucasus. An Introduction*. 2. Auflage. New York NY: Oxford University Press 2019.

Wallach, Jehuda L.: *Anatomie einer Militärhilfe. Die preußisch-deutschen Militärmissionen in der Türkei 1835–1919*. Düsseldorf: Droste Verlag 1976.

Weber, Max: *Die protestantische Ethik und der Geist des Kapitalismus*. Vollständige Ausgabe; herausgegeben und eingeleitet von Dirk Kaesler. 2., durchgesehene Auflage. München: C.H.Beck 2006.
Wedel, Heidi: Alltagsleben und politische Partizipation: Gecekondu-Viertel als gesellschaftlicher Ort. In: *European Journal of Turkish Studies* 1. (2004), Absätze 1–65.
Wehler, Hans-Ulrich: Die türkische Frage. Europas Bürger müssen entscheiden. In: Leggewie, Claus (ed.): *Die Türkei und Europa. Die Positionen*. Frankfurt a. M.: Suhrkamp 2004, S. 57–69.
Weiker, Walter F.: *The Turkish Revolution 1960–1961: Aspects of Military Politics*. Washington: Brookings Institution 1963.
Weismann, Itzchak: *The Naqshbandiyya: Orthodoxy and Activism in a Worldwide Sufi Tradition*. London, New York NY: Routledge 2007.
Weitz, Eric D.: From the Vienna to the Paris System: International Politics and the Entangled Histories of Human Rights, Forced Deportations, and Civilizing Mission. In: *The American Historical Review* 113.5. (2008), S. 1313–1343.
Westad, Odd Arne: *The Cold War: A World History*. London: Penguin Books 2018.
White, Jenny B.: *Islamist Mobilization in Turkey: A Study in Vernacular Politics*. Seattle: University of Washington Press 2002.
White, Jenny B.: Turkey in the 1970s: The Cultural Logic of Factionalism. In: Pekesen, Berna (ed.): *Turkey in Turmoil: Social Change and Political Radicalization During the 1960s*. Berlin: De Gruyter Oldenbourg 2020, S. 305–323.
Widmann, Horst: *Exil und Bildungshilfe. Die deutschsprachige akademische Emigration in die Türkei nach 1933*. Bern, Frankfurt: Peter Lang 1973.
Wild, Stefan: Gott und Mensch im Libanon: Die Affäre Ṣādiq al-ʿAẓm. In: *Der Islam: Zeitschrift für Geschichte und Kultur des Islamischen Orients* 48.2. (1971), S. 206–253.
Willis, Michael: *The Islamist Challenge in Algeria: A Political History*. New York NY: New York University Press 1996.
Winkler, Heinrich August: Ehehindernisse. Gegen einen EU-Beitritt der Türkei. In: Leggewie, Claus (ed.): *Die Türkei und Europa. Die Positionen*. Frankfurt a. M.: Suhrkamp 2004, S. 155–158.
Winter, Stefan: *A History of the 'Alawis: From Medieval Aleppo to the Turkish Republic*. Princeton NJ, Oxford: Princeton University Press 2016.
Yacoub, Joseph: *Year of the Sword: The Assyrian Christian Genocide*. London: Hurst 2016.
Yapp, M. E.: *The Making of the Modern Near East 1792–1923*. New York NY: Longman 1987.
Yasamee, F. A. K.: Colmar Freiherr von der Goltz and the Rebirth of the Ottoman Empire. In: *Diplomacy & Statecraft* 9.2. (1998), S. 91–128.
Yavuz, M. Hakan: *Secularism and Muslim Democracy in Turkey*. New York NY: Cambridge University Press 2009.

Yavuz, M. Hakan: How Credible Are Alternative Coup Scenarios? In: Yavuz, M. Hakan/Balci, Bayram (edd.): *Turkey's July 15 Coup: What Happened and Why*. Salt Lake City UT: University of Utah Press 2018, S. 309–317.

Yaycioglu, Ali: *Partners of the Empire: The Crisis of the Ottoman Order in the Age of Revolutions*. Stanford CA: Stanford University Press 2016.

Yegen, Mesut: The Turkish Left and the Kurdish Question. In: *Journal of Balkan and Near Eastern Studies* 18.2. (2016), S. 157–176.

Yelbaşı, Caner: *The Circassians of Turkey: War, Violence and Nationalism from the Ottomans to Atatürk*. London, New York NY: I. B. Tauris 2019.

Yenen, Alp: *The Young Turk Aftermath: Making Sense of Transnational Contentious Politics at the End of the Ottoman Empire, 1918–1922*. Basel: Universitätsbiliothek Basel 2019, https://edoc.unibas.ch/71692/1/Alp%20Yenen%20-%20Dissertation-%2020190805.pdf [15.6.2020].

Yenen, Alp: Envisioning Turco-Arab Co-Existence between Empire and Nationalism. In: *Die Welt des Islams* (2020), S. 1–41.

Yeşilbursa, Behçet: Turkey's Participation in the Middle East Command and its Admission to NATO, 1950–52. In: Kedourie, Sylvia (ed.): *Seventy-Five Years of the Turkish Republic*. London: Frank Cass 1999, S. 70–102.

Zartman, I. William: Conflict and Resolution: Contest, Cost and Change. In: *Annals of the American Academy of Political and Social Science* 518. (1991), S. 11–22.

Zorob, Anja: Der Zusammenbruch des autoritären Gesellschaftsvertrags. Sozio-ökonomische Hintergründe der arabischen Proteste. In: Jünemann, Annette/Zorob, Anja (edd.): *Arabellions. Politik und Gesellschaft des Nahen Ostens*. Wiesbaden: Springer VS 2013, S. 229–256.

Zürcher, Erik J.: The Young Turks. Children of the Borderlands? In: *International Journal of Turkish Studies* 9.1–2. (2003), S. 275–286.

Zürcher, Erik J.: Institution-Building in the Kemalist Republic: The Role of the People's Party. In: Atabaki, Touraj/Zürcher, Erik J. (edd.): *Men of Order: Authoritarian Modernization under Ataturk and Reza Shah*. London: I. B. Tauris 2004, S. 98–112.

Zürcher, Erik J.: *The Young Turk Legacy and Nation Building. From the Ottoman Empire to Atatürk's Turkey*. London, New York NY: I. B. Tauris 2010.

Zürcher, Erik J.: *Turkey. A Modern History*. London, New York NY: I. B. Tauris 2010 (Erstauflage 1993).

Personenregister

Seitenzahlen in Fettdruck beziehen sich auf Bildtexte.

Geographisches Register

Seitenzahlen in Fettdruck beziehen sich auf Bildtexte.

Krim
Sewastopol
RUMÄNIEN
Schwarzes
Dobrič
Šumen
Varna
BULGARIEN
Sliven
Burgas
Kastamonu
Zonguldak
Karabük
Ereğli
Pontisches Gebirge
Kızılırmak
Edirne
Çorlu
İstanbul
Üsküdar
Adapazarı
Bolu
Çankırı
Marmarameer
İzmit
Alexandroupolis
İznik
Bandırma
Bursa
Sakarya
Ankara
Kırıkkale
Dardanellen
Canakkale
Eskişehir
Hirfanlı-Stausee
Lemnos
Troja
Balıkesir
Kütahya
Assos
Nevşehir
Pergamon
Soma
Tuz-See
Bergama
Akhisar
Bolvadin
Ägäis
Manisa
Uşak
Chios
Chios
İzmir
Hoyran-See
Beyşehir-See
Konya
Tire
Büyük Menderes
Isparta
Ereğli
Ephesos
Denizli
Burdur
Karaman
Söke
GRIECHENLAND
Herakleia
Milet
Perge
Muğla
Antalya
Halikarnassos
Bodrum
Alanya
Knidos
Anamur
Rhodos
Xanthos
Myra
Rhodos
Türkische
Nikosia
(Lefkosia)
ZYPERN
Iraklion
Knossos
Zakros
Kreta
Mittelmeer
0
50
100
150 km